U0717259

中国近代人物文集丛书

宋教仁集

上册

陈旭麓 主编

中华书局

图书在版编目(CIP)数据

宋教仁集/陈旭麓主编. -2版. -北京:中华书局,2011.9
(中国近代人物文集丛书)
ISBN 978-7-101-08088-9

Ⅰ.宋… Ⅱ.陈… Ⅲ.宋教仁(1882~1913)-文集 Ⅳ.C52

中国版本图书馆CIP数据核字(2011)第130774号

中国近代人物文集丛书
宋 教 仁 集
(全二册)
陈旭麓 主编
*
中 华 书 局 出 版 发 行
(北京市丰台区太平桥西里38号 100073)
http://www.zhbc.com.cn
E-mail:zhbc@zhbc.com.cn
北京瑞古冠中印刷厂印刷
*
850×1168毫米 1/32 · 24½印张 · 6插页 · 600千字
1981年4月第1版 2011年9月第2版
2011年9月北京第2次印刷
印数:8001-10000册 定价:68.00元
ISBN 978-7-101-08088-9

宋教仁遗像之一

宋教仁遗像之二

四千餘年黑闇專制女族沈淪甚於男子振聵發聾女士任之女士而外誰其援之 宋教仁

宋教仁为《亚东丛报》发刊题词

敬祝

海軍襍誌出版

世有海王惟海權是

強晳人擅之武威已

揚惟我震旦何遠

遜乎西邦曰無海

軍乃致不張自有

茲編庶幾興海軍

之句

萌

桃源宋教仁

宋教仁为《海军杂志》出版题词

序　言

辛亥革命是中国近代史上的一次伟大的民主主义革命。这次革命推翻了清朝的反动统治，结束了在中国延续了二千多年的封建君主专制，在九百六十万平方公里的土地上第一次建立了民主共和国，广泛地传播了资产阶级民主思想，虽然很快就遭到失败，没有完成反帝反封建的历史任务，但却为中国人民的解放事业开辟了道路，作出了巨大贡献。全面而系统地研究这次革命，总结其经验和教训，对于我们的社会主义事业并不是没有补益的。因此，为了给研究这次革命特别是这次革命的重要领导人之一宋教仁的思想提供资料，我们编辑了这部《宋教仁集》。

宋教仁，字遯初（亦作钝初），号渔父，湖南省桃源县上香冲人，一八八二年出生于一个地主家庭。早年所受的是传统的封建教育，一九〇四年开始从事革命活动。他与黄兴等在长沙创立了革命团体华兴会，并参加了湖北省第一个革命小团体——科学补习所，因谋于湖南起义失败而逃亡日本，留学东京。他创办了《二十世纪之支那》杂志，促进了同盟会的成立，被推举为同盟会司法部检事长和《民报》编辑，为发动革命做了大量组织和宣传工作。一九一一年一月回到上海，担任了《民立报》的主笔，并与谭人凤等在上海组织成立了同盟会中部总会，积极筹备在长江流域发动革命。一九一二年一月，南京临时政府成立，他任法制院院长，临时政府北迁后，改任农林总长，不久辞职。为在国会成为多数党创造条件，在他主持下，同盟会于同年八月改组为国民党，他被选为理事，代理理事长。一九一三年三月二十日，他因国民党在国会选举中获胜而北上，被袁世凯派人刺杀于上海车站，由此引起了“二次革命”。

宋教仁是个资产阶级民主革命家，典型的辛亥革命时期的人物。在从事革命活动的十年中，他写下了许多诗文，也翻译了不少外文论著，在当时都产生过较大的影响。他死后不久，为了纪念他，刊印了他的日记，即《我之历史》，编辑出版了《宋渔父》第一集、《宋教仁先生文集》、《渔父先生雄辩集》、《宋渔父初集》、《宋渔父林颂亭书牍》、《宋渔父戴天仇文集合刊》等，但所收的诗文都很有限，而且自那以后，半个多世纪以来，没有对他的诗文进行过认真的搜集和整理，散失不少。为了搜集宋教仁的诗文，我们曾沿着宋教仁在国内活动过的地区，先后到过广州、长沙、武汉、北京和南京等地，得到这些地方的有关单位和同志的大力支持与帮助。他们为我们寻找刊载宋教仁诗文的书刊或线索，陪同我们拜访辛亥老人，并召集熟悉情况的同志进行座谈。湖南省博物馆的同志还为我们拍制了他们馆藏的宋教仁的未刊书信，北京大学图书馆的同志借给我们一份《民国元年南北政府来往电稿》的抄件，其中也有宋教仁的未刊电稿。这都为本书增加了不少内容。我们还访问了宋教仁的家乡，宋教仁的孙女宋齐章同志告诉我们，一九四四年日本侵略者占领长沙后，又轰炸桃源，她同她的母亲带着宋教仁的几箱书籍和文稿（其中包括《我之历史》的手稿）去沅陵避难，途中遇到强盗，被劫掠一空；土地改革时，宋教仁留在家里的部分书籍、照片和文具印章等物，都全部上缴，但至今下落不明。这实在是个无法弥补的损失。收入本集的，除了他的日记和《间岛问题》、《程家柽革命大事略》这两篇专著以外，主要部分有评论、函电、书评、讲演等各种文章二百三十余篇，还有九首诗和两篇译文。这些文章涉及的范围较广，也颇庞杂，但却有一个主导思想，就是要推翻清朝的封建统治，建立一个独立富强的资产阶级民主共和国。

同中国许多资产阶级革命党人一样，宋教仁的资产阶级民主革命思想也是以反满的民族革命思想为起点的。这是因为，在清朝反动统治阶级中，满洲贵族占有特殊的地位，他们一贯实行民族歧视政策，压迫国内其他民族，主要是汉族，不仅损害了汉族劳动人民的利益，而且也损害了部分汉族地主和后来产生的资产阶级的利益。因此，从清政权建立开始，全国各地的反满斗争就接连不断，此伏彼起。处于这种历史环境中的资产阶级革命党人，大都受到反满思想的影响，宋教仁也不例外。他在桃源漳江书院读书时，就面对阴暗的时局慷慨陈辞："中国苦满政久矣。有英雄起，雄踞武昌，东扼九江，下江南，北出武胜关，断黄河铁桥，西通蜀，南则取粮于湘，击鄂督之头于肘，然后可以得志于天下"。一九〇四年十一月十日，他在湖南起义失败后由长沙逃奔武昌的路上，又怀着十分沉痛的心情口占长歌："谋自由独立于湖湘之一隅兮，事竟败于垂成"，"嗟神州之久沦兮，尽天荆与地棘，发支那图以大索兮，无一寸完全干净汉族自由之土地"，"则欲完全我神圣之主义兮，亦惟有重展"。他的所谓"自由独立"与"神圣之主义"，显然都是以反对满洲贵族的统治而谋取中国的独立自由为主要内容的。正是基于这种思想，他主张用黄帝纪年代替帝王纪年，直接否定了清朝皇帝的年号，并且身体力行，在一九〇四年开始写日记时就将这一年写为"开国纪元四千六百零二年"。宋教仁的这一主张，为当时多数革命党人所接受，特别是为《民报》所采用。驻日公使吕海寰对此惶恐不安，他向清政府奏报说："遣派学生出洋游学，成才固多，然见异思迁者亦复不少，即如行文纪年，直书黄帝甲子，袭耶稣之名词，置正朔而不奉；又剪发改装，皆仿西制，以为便利。夫正朔服制为帝王行政之大端，倘令该学生自为其政，纷纷效尤，相习成风，纪纲安在？"（《清朝续文献通考》，商务版，第九千六百六十九页）他们的恼恨并不能改变历史的趋向，随后革命党人在国外办的报刊，武昌起义时湖北军政府和响应的各省所发布的文告，大都采用了这种纪年。

通过革命活动的实践和自己的努力探索，宋教仁的视野开阔了，认识提高了，他的思想便逐步冲破反满革命的樊篱，向着民主革命的方向发展。所以，他在参加同盟会时，虽然对孙中山提出的平均地权或土地国有不置可否，但对民族主义和民权主义却是欣然接受的。一九〇六年十月八日，他在日记中更加明确地写道："今而后吾益知民族的革命与政治的革命不可不行于中国矣。"从此，他就不是把清政府当作单纯的民族统治机关来批判，而是把它当作整个封建制度的代表来抨击了。

宋教仁痛斥了清政府的昏愦无能，指出那些外交政策的制订者和执行者对国际形势一无所知，而且"因循苟且，视国事若传舍，无复公忠之义，至于其极，则且不恤营私罔上，学秦桧、严嵩之所为而毫无顾忌"，从而把中国一步一步推向更加危险的境地。他在《西方之第二满洲问题》、《东亚最近二十年时局论》、《二百年来之俄患篇》、《讨俄横议》、《清政府借日本债款十兆元论》以及《论近日政府之倒行逆施》等文中，全面分析了中国在当时的世界上所处的地位和面临的危机，认为日俄战争以后，帝国主义各国之所以对中国"维持均势主义，即所谓领土保全、门户开放、机会均等之三纲领"，绝对不是因为有所爱于中国，实在是因为"各国在中国之势力未均，且各国之他方面情势亦各自不同，不能一致对中国实行分割，故不如暂时维持现在之状况，勿使变更，以待将来"。实际上，帝国主义各国是各怀鬼胎的：日本时刻都在想着独吞中国；沙俄在日夜觊觎中国新疆和东北的大片土地；英国想继续控制长江中下游，并且窥伺云南与西藏，而美国则正在利用其强大的经济力量，拚命向中国内地扩张侵略势力，所以，中国被瓜分豆剖的危险并没有过去。如果这样继续下去，"经济的侵略派与武力的侵略派必相为雄长，以共逐中原之鹿。其形势之分野，则美国为前者之领袖，而英为之辅；日本为后者之领袖，而俄为之辅。不出五年，日英同盟及其他各种协约条约则尽解散，不出十年，日本与美国则干戈相见于太平洋之间，而竞争之目的，则必为极东问题之支那，而为导火线者，又必为满洲问题或监督支那财政问题。斯时吾国若犹不克为主动的外交，以折冲于角逐场中，吾恐第二之波兰问题将复见于东方矣。"宋教仁从当时各国的相互关系来看中国的处境，发出一系列为别人所不及的独到见解，为中华民族的危亡再次敲起警钟，不愧为一个具有丰富国际知识的青年政论家，也不愧为一个头脑清醒的爱国主义者。

但是，对于帝国主义的侵略势力，宋教仁并不主张发动人民群众，组织人民力量，用武力进行坚决反抗。正如《二十世纪之支那》发刊词中所说的那样："在今日情势，排外之心不可无，而排外之暴动不可有。"他只主张运用外交上的纵横捭阖，使帝国主义各国在中国的所谓"连鸡之势"不致发生动摇，以便乘此机会"而汲汲焉改革国政，恢扩国力"。帝国主义各国在中国的所谓"连鸡之势"究竟能够维持多久，取决于帝国主义各国发展的暂时平衡究竟能够维持多久，决不是半殖民地半封建的中国运用外交手段所能决定得了的。宋教仁这种主张的提出，恰恰表现了中国资产阶级在帝国主义侵略势力面前的软弱性格。

揭露反动的清政府对外投降卖国，对内镇压人民的诗文，在宋教仁的全部诗文中占有相当大的比重。他在《既设警部复置巡警道果何为耶》、《因粮于敌之妙用》、《滇西之祸源篇》、《东南各省水患论》、《宁赠友邦，毋给家奴》等文中说，清政府不仅不保护人民的利益，促进工农业生产的发展，反而想尽千方百计，对人民进行残酷剥削和肆意掠夺，人民只能俯首听命，否则就一律"格杀勿论"。清政府除了利用军队镇压革命党人的武装起义之外，还特地设置了控制人民的警察，专门侦探革命党人的秘密活动，这是“专制民贼最阴险毒狠之手段”。更有甚者，清政府“为严索革命党事，对于九广铁道，大让步于英国，而英国允诺粤督在香港搜索革命党”。特别是在四川保路运动开展起来以后，被清政府派去镇压的刽子手端方，竟然打算“借英国兵舰助剿川乱”。这都是反动的清朝封建统治者所高唱的“宁赠友邦，毋给家奴”格言的实际实施。

疯狂的镇压，并不能扑灭全国人民革命斗争的烈火。清政府为了维护其摇摇欲坠的封建统治，于一九〇五年派了五个大臣出洋考察宪政，还颁布了所谓“预备仿行宪政”的谕旨。一九〇七年，他们宣布要在中央开始筹设资政院，令各省筹办谘议局，责成宪政编查馆编制议院选举法和君主立宪大纲。接着又宣布立宪以九年为限，在九年后正式召开国会，推行宪政，同时还颁发了一个《钦定宪法大纲》，装出一副真的要实行宪政的样子，对全国人民进行麻痹和欺骗。正如列宁所说：“所有一切压迫阶级，为了维持自己的统治，都需要有两种社会职能：一种是刽子手的职能，另一种是牧师的职能。刽子手镇压被压迫者的反抗和暴动，牧师要安慰被压迫者，给他们描绘一幅在保存阶级统治的条件下减少痛苦和牺牲的远景（这些话说起来就特别容易，因为不用担保‘实现’这种远景……），从而使他们忍受这种统治，使他们放弃革命行动，冲淡他们的革命热情，破坏他们的革命决心。”（《列宁全集》第二十一卷第二百〇八页）

对于清政府的“立宪”骗局，宋教仁从一开始就进行了深刻的揭露和尖锐的批判。他的《清太后之宪政谈》、《钦定宪法问题》、《宪政梦可醒矣》、《中国古宪法复活》和《希望立宪者其失望矣》等文，就是专门为此而写的。他清楚地看到，实行宪政是有“利于国民而不利于满政府”的，“西太后纵发大慈悲”，也决不会“舍己从人，而行此上背祖宗成法，下削子孙权利之非常举动”的。事实也正是这样。清政府明明承认资政院是议院的基础，具有议决国家预算与决算，制订和修改新的法律(宪法除外)，“奏陈行政大臣侵夺权限违背法律之事”的权力，然而他们的一切举动却“无不侵夺资政院之权限”，甚至修改院章也竟然“专委之于一二家奴，不使国民丝毫参与其间”。至于组织皇族内阁，那就更加不合立宪的原则了，而他们却还厚颜无耻地宣称：“朝廷用人，审时度势，一秉大公。”简直不知人间还有羞耻事。不仅如此，清政府所颁发的《钦定宪法大纲》，完全是模拟日本的“钦定主义”而炮制的，其中规定“大清皇帝万世一系，永远尊戴”，同秦始皇所说的“朕为始皇，二世三世至于万世”，根本没有什么不同。即使是这样，清政府也从来不予遵守，“大纲第十条所谓司法权不以诏令随时更改者，今何如耶？第十六条所谓臣民言论、著作、出版、集会、结社均准自由者，今何如耶？第十七条所谓臣民非按照法律不加以逮捕监禁处罚者，今何如耶？第十九条所谓臣民之财产居住无故不加侵扰者，今何如耶？”由此可见，这种宪法大纲，只不过是清政府“装腔作势抵御人民之利刃”罢了。所以，宋教仁得出结论说：“立宪者，决非现政府所得成者也，现政府之所谓立宪，伪也，不过欲假之以实行专制者也；其所以设资政院，立内阁，非以立宪国之立法机关与责任政府视之者也，故其所以对付资政院之权限与内阁之组织者，亦不得责以立宪之原则者也；其所谓宪法大纲者，不过欺人之门面，赖人之口实，万不可信者也。”

在从事革命活动的过程中，宋教仁是一个积极向西方寻求救国真理的志士。当时西方流行的各种社会主义思潮已经进入了他的视野，并且对它们进行了探索。根据他的日记所载，一九〇六年一月间，他在宫崎寅藏家里作客，结识了日本早期社会主义者、宫崎寅藏的胞兄宫崎民藏，见到并且索得了宫崎民藏谈平均地权的著作《人类之大权》。三月间，他又通过宫崎民藏会见了俄国民粹党人彼尔斯特基。这个俄国革命志士说，他自己“向来系极专主张民主主义的，然观之于美国，民主国也，而其人民仍不自由；法国，亦民主国也，而其人民亦不自由；日本、英、德诸国，其人民政治上之自由，未尝不获多少也，然社会上之不自由，乃益加甚矣。故余近年所主张者，较前稍变，实兼政治、社会两方面并欲改良者也。”后来宋教仁还以“劈斋”为笔名在《民报》上发表了两篇译文。一篇是《一千九百〇五年露国之革命》，描写了一九〇五年俄国工人和农民的革命声势，说俄国九千万农民“一朝悉起而背畔，又何物能拒之耶？”而工人总同盟罢工的口号一经发出，则“职工遂起响应，各种公共之机关全行停止，尔后旬余，国内常为黑暗之世界。”另一篇是《万国社会党大会略史》，叙述了世界社会主义运动发展的概况，文中赞叹说：“自社会革命之说出现于世界，而后人道胚胎，天理萌芽，将来全世界之问题，其于是焉解决乎？”并且将其中引用的《共产党宣言》的最后一段话翻译为：“吾人之目的，一依颠覆现时一切之社会组织而达者，须使权力阶级战慄恐惧于共产的革命之前，盖平民所决者惟铁锁耳，而所得者，则全世界也。”但是，宋教仁对于科学社会主义是认识不清的，直到一九一一年八月他在《民立报》上发表《社会主义商榷》一文时仍然如此。他所说的真正的社会主义，一个是无治主义，即无政府主义，一个是共产主义，实际上是中国古代的大同理想。他断定说，这种社会主义与中国的实际情况不相适合，若是硬在中国推行，“其将来所受之结果”必然不堪设想。如果说当时的中国还不是社会主义革命的问题，那是对的，但是宋教仁把民主革命的土地纲领也当作社会主义的内容加以拒绝，因而被讥为“二民主义”者。

在向西方学习中，宋教仁最感兴趣的是西方资本主义的议会政治和国家制度。他在日本留学的时候就用了许多时间和精力去研究过这些东西，以便为中国的未来绘制蓝图。他陆续翻译了《俄国制度要览》、《日本宪法》、《英国制度要览》、《各国警察制度》、《澳大利匈牙利制度要览》、《美国制度概要》、《比利时澳国俄国财政制度》、《德国官制》以及《普鲁士官制》等，对各资本主义国家的政治制度和政权组织形式有了比较充分的了解。一九一一年四月，他到香港参加广州起义的准备工作时，草拟了文告、约法和中央制度、地方政治机关和设施，共有厚厚的三大本，其内容虽然已经无从查考，但从他在此后不久所写的《论都察院宜改为惩戒裁判所》一文中却可以略窥端倪，他写道："今后吾国政治变革，结局虽不可知，然君主专制政体必不再许其存在，而趋于民权的立宪政体之途，则固事所必至者。"这是宋教仁政治理想的一次比较具体而完整的表述。

所谓"民权的立宪政体"，在当时的世界上主要有两种具体的组织形式：一种是美国的总统制；一种是法国的责任内阁制。宋教仁开始似乎也同意实行总统制，因为《组织全国会议团通告书》中说得很清楚："美利坚合众之制度，当为吾国他日之模范。"而他是"组织全国会议团"的发起人之一。但在不久之后，他变成了一个责任内阁制的坚决主张者，为此他与同盟会的其他人发生了严重的分歧。居正在《辛亥札记》中写道："同盟会于一九一一年十二月二十六日假哈同花园公宴总理（孙中山），宋钝初自宁赴会。席次，克强与英士、钝初密商，举总理为大总统，分途向各代表示意。计已定，晚间复集总理寓所，会商政府组织方案。宋钝初主张内阁制，总理力持不可，克强劝钝初取消提议，未决。克强定期赴宁，向代表会商定。"在修改临时政府组织大纲时，宋教仁仍然坚持要把它变成责任内阁制，遭到多数人的反对，没有成功。

无论是总统制还是责任内阁制，都是资产阶级专政的国家机器，形式虽然不同，实质都是一样的。宋教仁为什么一定要坚持责任内阁制呢？根据他自己的解释，是因为"内阁不善而可以更迭之，总统不善则无术更易之，如必欲更易之，必致摇动国本。此吾人不取总统制而取内阁制也”。而当时有不少人都以为是他自己想当总理，特别是在章太炎发表了“总理莫宜于宋教仁”的宣言以后，他更加遭到别人的猜忌，以致使他不得不一再为自己申辩：“世人诬吾运动总理，由来已久，吾虽无其事，实不欲辩，且因以自励，盖已久矣。夫人之志为总理，岂恶事哉？而乃非笑之如是，吾实不解。国家既为共和政治，则国民人人皆应负责任。有人焉自信有能力愿为国家负最大之责任，此国家所应欢迎者。……人苟可以自信，则不妨当仁不让。世之人亦只问其有此能力与否，不能谓其不宜有此志。吾人惟自愧无此能力，固不欲当此大责任，吾人之志则不讳言，实深愿将来能当此责任者也，且希望人人有此希望者也，惟枉道以得之则不可耳。”这些话表明了他的态度，说出了他要在中国建立责任内阁制的抱负。他之所以一定要坚持责任内阁制，还有一层用意他没有说出来，也一直未被人们注意，那就是为了排除封建旧官僚在革命队伍内部的势力，使中央政府的实际权力掌握在资产阶级革命派手里。他为他未能领导武昌起义，致使大权落入黎元洪之手而悔恨不已，后来他极力劝黄兴在南京开辟新天地，在组织临时中央政府的初期又积极策动推举黄兴为大元帅，黎元洪为副元帅，他自己担任执政，其目的都是为了削弱黎元洪的影响，挽回资产阶级革命派已经失去的权力。至于孙中山回国以后他依然坚持前议，固然是由于他对孙中山有意见，有看法，就象他怂恿章太炎发表的宣言中所说的那样：“孙君长于议论，此盖元老之才，不应屈之以任职事。”（《章太炎政论选集》第五百二十七页）但主要是因为那时候已经内定，如果袁世凯赞成共和，临时大总统的位子就要送给袁世凯。在宋教仁看来，袁世凯是一个“不学无术，其品更恶劣可鄙”的人，限制这种人的权力，当然是完全必要的。不过，值得指出的是，宋教仁过分夸大了责任内阁制的作用。

责任内阁制是与政党政治紧密联结在一起的。因此，决心实行资产阶级民主政治的宋教仁在坚持责任内阁制的同时，也努力从事政党活动。一九一二年三月，同盟会改为公开的政党，他被推举为政事部主任干事，负责研究政治上的一切问题，草创政见，联络在议院及政府任职的各个会员，以谋党见的统一。他对此很不以为然。在《与〈亚细亚日报〉记者之谈话》中他公开宣称："统一、同盟两党，政纲本无不同，故与两党皆有关系。惟同盟会分子复杂，本非政党组织，前此勉强改为政党，原非余之本意；且同盟会多有感情用事之举，尤非政党所宜出。然感情用事，统一党人亦有不免；如将来两党均不能化除意见，余意欲于两党外另求同志，更组织一党，以为国家效力之地。"章太炎也说，宋教仁有"选择同盟会中稳健分子，集为政党，变名更署，与同盟会分离"的打算。（《章太炎政论选集》第五百八十七页）就在这年五月，"民社"与"统一党"、"国民协进会"、"国民公会"等几个小党派联合组成了"共和党"，拥护袁世凯，与同盟会对抗。为了对付共和党，并在国会中造成多数党的声势，以达到实现责任内阁的目的，宋教仁征得孙中山和黄兴的同意，在同盟会的基础上，于八月间联合"统一共和党"、"国民共进会"、"共和实进会"与"国民公党"等几个小党派，组成了"国民党"。

宋教仁对国民党的组成踌躇满志。他满怀喜悦的心情写信告诉海外的同盟会会员说："自斯而后，民国政党，唯我独大，共和党虽横，其能与我争乎？"其实，比起同盟会来，国民党大则大矣，而革命精神却减退了许多。它抛弃了同盟会秘密时期的"平均地权"纲领，取消了同盟会公开后的"男女平等"主张，并把原来的"力谋国际平等"改为"维持国际和平"，失去了积极斗争的意义；况且随着形势的变化，同盟会原有的会员很多都已变成了官僚政客。宋教仁为了扩大国民党的声势，又兼容并包地把一批社会上的官僚政客纳入国民党内，使国民党的成分更加复杂化了，甚至连老同盟会会员谭人凤都目之为“狐群狗党”而拒绝加入。把同盟会改组为国民党，宋教仁是发动者，是主持人，但不全是他个人的过错，而是历史时代的产物，是中国资产阶级同封建势力妥协的表现。

法制是为统治阶级的利益服务的有力工具，任何统治阶级为了维护自己的统治，不但必须制定法制，而且必须施行法制。资产阶级的代表人物宋教仁自觉或不自觉地意识到了这一点，所以他非常强调制订法律特别是宪法的必要性。他在武昌军政府起草过《鄂州约法》，在南京临时政府参加过具有资产阶级宪法性质的《临时约法》的制订工作，而到了北京以后，他更是一直在为制订一部完整的宪法而努力斗争。他说：“宪法者，共和政体之保障也。中国为共和政体与否，当视诸将来之宪法而定。”他主张通过全国民主选举产生国会，由国会制订宪法，既不要受外力的干涉，也不要被居心叵测的人所操纵，否则的话，所制订的宪法就会“变更共和精义”，资产阶级的民主共和就将成为泡影。他还指出，在制订了“良宪法”以后，必须排除各种障碍，坚决贯彻执行一切“政治进行，先问诸法，然后问诸人”，这样才不致使宪法成为一纸空文。他为在中国实行资产阶级民主宪政而煞费苦心，直到他临死的时候还希望袁世凯“开诚心，布公道，竭力保障民权，俾国会得确定不拔之宪法”。所以，孙中山在给他的诔词中说：“为宪法流血，公真第一人！”

宋教仁以改良中国的政治，把中国建成一个独立富强的资产阶级民主共和国为己任，不仅提出了建立责任内阁等一整套政治主张，并为其实现而进行了努力，而且还拟定了一系列内政和外交方面的具体政策，准备在他当政的时候施行。这些具体政策是：整理军政、划分中央和地方行政、整理行政、整理财政、开发产业（包括兴办国有山林、修治水利、放垦荒地、振兴实业、奖励仿造洋货工业和奖励商品输出等)、振兴民政、兴办国有交通业、振兴教育、统一司法、运用外交等。这是一个按照中国资产阶级的面貌改造中国的完整方案,反映了中国资产阶级要求发展资本主义的迫切愿望。然而,由于辛亥革命未能完成它的历史使命,没有提供进行这种建设的适当环境,所以这个方案纵然切实可行,也只能付之东流了。

宋教仁的理想没有实现,却为实现他的理想而被杀,这是宋教仁的悲剧,也是中国资产阶级的悲剧。但是,我们并不能因此而否定宋教仁在辛亥革命运动中所起的积极作用,也不能因此而否认他的资产阶级民主与法制思想是中国近代历史上的一份珍贵遗产。怎样批判地继承这份遗产,是很值得我们研究的一个课题。

前后参加本书材料搜集工作的有袁家毅、陶寿明、陆汉椿、何泽福、郭豫明等同志,并由何泽福同志负责编辑。对于为本书提供资料和方便的上海、广州、北京、南京、武汉、长沙等有关单位和同志,在此表示衷心的感谢。由于我们水平有限,本书在编辑方面所存在的错误和缺点在所难免,诚恳地希望同志们批评和指正。

编辑说明

一、本集根据《我之历史》(即《宋渔父日记》)、《宋渔父》第一集、《宋渔父先生文集》、《渔父先生雄辩集》、《宋渔父初集》、《宋渔父林颂亭书牍》、《二十世纪之支那》、《民报》、《醒狮》、《民立报》、《亚细亚日报》、《民视报》、《临时政府公报》、《政府公报》、《长沙日报》、《地学杂志》以及有关博物馆和图书馆所藏未刊稿整理编辑而成。

二、本集各件均按撰写时间的先后叙次编排；撰写时日不详，而系发表在报刊上的，则按报刊出版年月编次；凡撰写时日难于肯定的，则注明约撰写于何时。《我之历史》(即《宋教仁日记》)则排印于后。

三、本集各件，一律注明来源、发表刊期，并加必要说明；手稿、抄件也注明藏所。

四、本集各件，一般采用原有标题；原来没有标题的，如电报、信札等，则由编者根据内容酌加；原来虽有标题而相互重复者，则由编者酌改。

五、本集各件，均予标点分段。作者原注用(　)标明。凡肯定是错字则加(　)，下加<　>，将正字注于其中。凡缺字或印刷不清而无法辨识者，用□标出。衍文用【　】标明，脱字注于<　>中。

六、本集文字，凡属古体字、异体字，除具有特殊涵义者外，均改为通行字体。

七、本集稿件，有的并非出于宋教仁的手笔，如函电、约章、呈文、公启等，但有他署名或经他审定，均予编入。

八、本集资料中，有污称我国少数民族的字句，表现了大汉族主义倾向，都未作删改，以保留原著的本来面目。有的文章涉及到当时的一些边界问题或邻国关系，因系历史资料，亦仍其旧。

九、凡见于《我之历史》而又未单独发表过的诗文，均不另列单篇，以免重复。

十、《故纸堆中之滇人泪》是宋教仁的一篇注释稿，不同于一般诗文；《国民党宣言》未能肯定出于宋教仁手笔，但可反映他的思想，故把这两篇附录书后，以供研究参考。

目　录

下　册

武昌七夕*

（约一九〇二年八月）

异乡佳节倍魂销，北斗横天影欲遥。
遥忆故园小儿女，应随阿母望河桥。

出亡道中口占**

（约一九〇四年十一月）

满地腥膻岁月过，百年胡运竟如何？
我今欲展回天策，只奈汉儿不肖多。

晚泊梁子湖***

（约一九〇四年）

日落浦风急，天低野树昏。孤舟依浅渚，秋月照征人。
家国嗟何在，乾坤渺一身。夜阑不成寐，抚剑独怆神。

---

* 本诗录自《宋渔父初集》，杞忧书社一九一三年版。《宋教仁日记》第四卷九月二十七日记曰："下午读杜诗，令我百感交集，……不觉使余忆及壬寅岁在武昌作七夕诗，末有'遥忆故园小儿女，应随阿母望河桥'之句。"

** 本诗录自《宋渔父初集》，杞忧书社一九一三年版。

*** 本诗录自《宋渔父初集》，杞忧书社一九一三年版。

黄帝肖像题词*

（一九〇五年一月二十六日）

呜乎！起昆仑之顶兮，繁殖于黄河之浒。藉大刀与阔斧兮，以奠定乎九有。使吾世世子孙有啖饭之所兮，皆赖帝之栉风而沐雨。嗟我四万万同胞兮，尚无数典而忘其祖。

第十姓子孙之一个人宋教仁敬题

汉族侵略史·叙例**

（一九〇五年二月八——二十七日）

集合四百五十余兆神明聪强之血族，盘踞四百六十余万方哩肥美膏腴之地壳，操用五千余年单纯孤立之语言，流传一万四千余形完富美备之文字，其历史学上之关系，实为东洋文化之主人翁，其地理学上之分布，除本族范围之外，且蔓延于马来、澳洲诸岛屿，更越太平洋而遍及于亚美利加之大陆，其人类学上之价值，则不独于亚细亚系统人民占第一等位置，即于世界亦在最优之列。然而此蓬蓬勃勃之民族，自近世纪以来，昧其爱国心，忘其尚武力，被北方一蛮族所征服，丧失其五千余年圣神相传之祖国，为奴隶而无复独立之态度者，已二百六十年；乃至今日，则并遭其主人之厌弃，失其第一重奴隶之资格，又为彼蛮族者所转卖，所再嫁，而为世界上一种最丑最贱最污秽之间接亡国民，徒有文化力而无团结力，如印度之旧邦，徒有繁殖力而无争竞力，如犹太之遗族，横卧长睡，久唤不

---

* 本文见于《宋教仁日记》第二卷一月二十六日，载《二十世纪之支那》第一期（一九〇五年六月二十四日出版发行）。原无标题，这里的标题是编者所加。

** 本文原载《二十世纪之支那》第一期（一九〇五年六月二十四日出版发行），署名公明。文末注有“（未完）”，但未见下文。

醒，奄然苶然，长此终古。呜乎！此民族乎，是非亚东大陆之所谓汉族者乎？顾何以气弱甚，力脆甚，摧残潦倒而无复翻身之望之如此极哉？

泰西日本人之言曰：支那之民族，老大之民族也，奴隶之民族也；其历史，服从之历史也，退守之历史也，无远略之历史也；而其所以成此弱劣之民族者，即此数千年腐败之历史，为其制造厂焉。汉史氏曰：是何言哉！是何言哉！优胜而劣败者，天演之法则也，积极而必消者，物理之循环也，竖观三古，横览六洲，几多民族盛衰消长之故，莫不率是轨道以为比例矣。当夫始生殖始发达之期，其尚武之精神强，其争存之思想富，往往侵略四出，纵横扫荡，战外族而胜之，骎骎乎有风雨雷霆莫之能御之气概，及乎狃于天骄之故习，养成强弩之末势，一旦忽有一他强族者出，如以病犬而搏狡兔，遂不得不失其优胜之势力，丧其主人之资格，以听伏于此新强者之下焉，若希腊民族、若埃及民族、若罗马民族、若蒙古民族皆是，然而其祖若宗之霸图雄业之不可泯灭者，不已留赫赫之纪念于历史上，虽百世之下，犹可称道之以为快也哉？吾乃持此例以观察吾汉族，吾乃持此例以观察吾汉族之历史。

呜乎！吾不观察吾汉族之历史则已耳，吾一观察焉，吾心痛，吾气愤，吾深恨，夫吾子孙之不克常如此也；然吾一观察焉，吾又心慰，吾又气平，吾深幸，夫吾祖宗之犹赖有此也。夫一民族所以集合而能立国于天地间者；其原素虽复杂，而其主要则不外乎排外之主义，与夫进取之政策而已矣。吾当日祖若宗之性质之状态，盖即兼斯二者而生存、而传嬗、而竞争、而澎胀者也。请言太古。太古之汉族，自西南亚细亚迁徙东来，其始也不过游牧于黄河之南岸耳。开国始祖黄帝，逐荤粥，戳蚩尤，登熊湘，而汉族之势力北渡河，抵阴山，南达于江淮之间。是为汉族侵略之第一期。颛顼平九黎之乱，分其子孙为三国。高辛破共工，平有鄫。帝尧战苗蛮于丹水之阳。帝舜分北三苗，流共工于幽州。大禹克玄都，戳防风氏，征有苗而覆其国，而汉族之势力遂渡江而南，蔓延于洞庭、鄱阳、震泽各水域之间。是为汉族侵略之第二期。然此犹太古时之汉族为然耳。请言上古。上古之初期，汉族之发达，殆稍停顿。降及春秋，霸者迭出，各挟其师武臣力，以与外族战。齐平莱夷，亡鄋满，伐山戎，扫清辽碣渤澥沿海之夷族。晋灭诸狄，大启冀北之地。楚人筚路篮缕，以启山林，服群蛮，平百濮，南卷夫沅湘之间。秦霸西戎，灭国二十，辟地千里。当斯时也，中国虽据乱，而对外之势力线盖益开拓焉。是为汉族侵略之第三期。厥后六国及秦，对外政策日益充实。赵首灭中山，攘地北至代，收林胡楼烦，西至云中九原，而汉族之北线又拓。楚人庄蹻，引兵西略地，至滇降苗族而王之，为吾国辟新地讲殖民政策之元祖，而汉族之南线又拓。秦政统一，复以全力对外，南平百粤，置四郡，北逐匈奴，辟地七百里，而汉族经营之迹，遂南临大海，北抵沙漠矣。是为汉族侵略之第四期。然此犹上古之汉族为然耳。请言中古。汉武帝，黄帝以后之第一雄主也，奋其好大喜功之野心，遣将出师，东平朝鲜，降薉貊，南事西南夷，降图伯特族、苗族而郡县之，北伐匈奴，开河西朔方之郡，兵威及于贝加尔湖之北，西通西域，降者三十余国，天山南北，皆为属地。是为汉族侵略之第五期。然此犹中古之汉族为然耳。请言近古。隋杨氏以汉人统一中国，稍展幅员。李唐继之，大行开拓主义，灭突厥，平西域，征服高丽，郡县之制遍于中央亚细亚及西伯利亚、满洲平原、朝鲜半岛等处。是为汉族侵略之第六期。然此犹近古之汉族为然耳。请言近世。朱明奋起草泽，驱逐胡元，光复汉族之故国，且更扩其势力，北逐遗孽，扫空沙漠，南下交趾、缅甸，兵威震于马来半岛之间;又遣舟师，下南洋，征服百余岛国，航海殖民之策，于焉权舆。是为汉族侵略之第七期。凡此者，皆吾五千年来祖若宗所以力征经营拓我版图张我国威之伟业也。其他一二雄才大略之君主，饶勇善战之将士，挟其强武之力，奋其挞伐之威，以对付于外族者，更代不乏人。要而论之，一排外之主义与进取之政策，为之驱策，为之左右而已矣。呜呼，其以视欧人今日之所谓民族帝国主义者，何遽不克逮耶！何遽不克逮耶！

悲夫恫哉！自夫一般庸主、具臣、伪儒、俗士倡为战国尊武一统右文之邪说，与夫戒言开边不勤远略之謷言，而吾汉族排外之主义、进取之政策始涣然废堕矣。语曰："木朽而后虫生之。"又曰："国必自伐而后人伐之。"我既务为闭关自大苟简偷安之策，节节而保守之，步步而退让之，示人以可乘之机，而人乃伺间抵隙，纷至而沓来。五胡也，契丹也，女真也，蒙古也，皆乘我之可欺，攻我之不备，闯进我神州，而紊乱我胄裔，积数十年或百年之力而后逐出之，恢复之。至满洲人则更以其打牲游牧野蛮(匈)<凶>悍之武力，施其犬羊奔突豕蛇横噬之惯技，以与吾族难，一遇而国弱，再遇而国亡，于是吾文明之民族，光荣之历史，遂黑暗惨淡而不睹天日，吾祖若宗拓地殖民之伟略，犁庭扫穴之神功，亦荡然扫地湮没而弗彰。呜呼，宇宙腥膻，江山寂寞，庞然病老，迄于今日，不亦大可悲也哉！

虽然，优胜而劣败者，天演之法则也，积极而必消者，物理之循环也。前此我族之所以致有今日者，原以率是轨道而使然耳，则又安知不可以使彼族焉亦率是轨道而致有将来乎？今之忧时之士，亟亟焉唱为民族主义，与夫复仇主义之说，以冀恢我势力，完我国家，盖其机已大动矣。然吾闻之名哲之言曰："无征不信，不信民弗从。"又曰："前事之不忘，后事之师也。"今吾日日大声疾呼，破颡裂喉，以为言曰："汝其速行民族主义！"然而言者谆然，而听者漠然也。乃更旁征远引，举五洲各国之历史而为言曰："某族能排外，故国独立，某族能复仇，故国自由，汝何不效之？"然而言者谆然，而听者仍漠然也。乃转而检视吾内国之历史，举吾先民之事实而再为言曰："猗欤盛哉！栉风沐雨，战胜外族，扬赫濯之武功者，非汝之某祖乎？取威定霸，开拓疆域，建远大之盛业者，非汝之某祖乎？曾几何时而至今日，汝子孙尽作亡国之民也，汝其何以堪也？”则听者张目切齿，疾首痛心，慨然以奋，跃然以起矣。呜乎，岂非以祖若宗之流风遗烈，较为亲切动人，为子孙所乐道，所欲闻，而以此而告语焉，则所以入之者深，而感之者得其道欤！吾乃采辑自黄帝迄有明，上下五千年间，吾汉族之所以对待外族而最得优势者，述为汉族侵略史，吾祖若宗排外之主义，进取之政策，将略具于是焉。吾四万万尊祖敬宗之同胞乎，起！起！！起！！！二十世纪之中国，将赖汝为还魂返魄之国，迎汝为自由独立之尊神，汝老者壮者少者幼者，其勉乎哉！其勉乎哉！汝毋漠视焉，旁观焉，再遗汝祖宗所造光荣之历史羞也。

一界说。历史者，叙民族之进化，导后来之发达者也。中国者，汉族之中国也。故专叙述汉族历代以兵力征服外族，或灭其国、或略其地、或降其人之各事实，其有外族来侵入，而我族或抵御之、或战胜之、或恢复之者，虽占优势，而与侵略主义无关系，故不采入焉，如汉马援平交趾，晋桓温灭蜀，宋武帝定后秦，南燕、周世宗伐契丹之类是也。

一纪年。我国近年有悟及以帝王称号纪元之非者，乃相率欲用新纪元法，或以唐尧纪，或以夏禹纪，或以孔子纪，然揆之民族主义者，皆无大纪念，无大关系。现又有唱以黄帝生年为纪元之说，似稍合矣。然太古草昧，卒难碻当，且黄帝君主，非教主可例，故不如用其即位之年为纪元，为汉族开国之一大纪念也。计自汉族开国元年癸亥(自)<至>今年乙巳，都凡四千六百零三年。

一种族。外族之与我交涉者，历代名目，时有同异，然称谓之沿革虽多，而古今之系派则一，括而言之，可分九族：

甲、苗族，中国原有之土族也。太古之蚩尤、九黎、共工、有鄫，唐虞之三苗，夏时之玄都、有苗，殷时之荆楚，周时之群蛮、百濮，汉时之夜郎及益州诸夷，唐之南沼，宋之大理，明时云南之诸土司，皆属此族。今云、贵、湘、粤之苗、傜、僮、黎、倮、㑩、仡、佬、僰爨等是也。

乙、越族，亦名安南族，一名交趾支那族，为苗族之别支。夏时之防风，商时之荆蛮（太伯仲雍逃于荆蛮，其俗断发文身，即此），周之七闽、越裳，秦之百粤，汉之繇、越、瓯骆、六朝时之山越，唐之交趾，宋明之安南，皆属此族。今之越南人是也（按今福建、江西、广东间诸山中，有一种土族者，其名者不一，大约皆古时越种也）。

丙、印度支那族，亦名缅暹族，亦苗族之别支。唐之骠国，宋之林邑、暹国、罗斛，明之麓川等三宣抚司及暹罗国，皆属此族。今之缅甸、暹罗、那加人及其他附近之野人是也。

丁、图伯特族，一名西藏族。此族之祖似与汉族之祖同发源于西方者。殷之鬼戎，周之西戎，汉之白马、月氏、卭筰、冉駹等，晋之成蜀、前后秦，唐时之吐番，宋之西夏，明之乌斯藏，皆属此族。今之西藏人及甘肃、四川、青海之番人是也。

戊、突厥族，亦名土耳其族。太古时之荤粥，商之鬼方，周之俭狁、白狄，秦汉之匈奴，晋之前后赵、大夏、西秦，南北<朝>时之元魏、高齐、柔然，唐之突厥、回纥，皆属此族。今新疆回部及土耳其中央亚细亚人是也（内地各省有一种回子，俗称曰“教门”，亦此族也）。

己、通古斯族，一名满洲族。太古之息慎，周之山戎，秦汉时之鲜卑、乌桓，六朝之慕容、宇文，唐之渤海、奚、契丹，宋之辽、金，明之建州、野人，今之满洲人，皆属此族。又太古时之夙沙，夏时之嵎夷，周时之莱夷、淮夷、徐夷，皆当时东夷种族，今皆无存者，不知系何族，似通古斯之别支也。

庚、韩族，一名朝鲜族，其祖先似由通古斯人迁入，后又为汉人混杂。周、秦、汉之朝鲜，唐之高丽、新罗、百济，五代以后至今之朝鲜，皆属此族。

辛、蒙古族。此族发生最迟，宋时起于斡难河，是为胡元。明之鞑靼、瓦剌（卫拉特），印度之莫卧尔，及现今之内外蒙古、青海，皆属此族。

壬、马来族，亦名巫来由族。古时未通中国，明永乐时大航海家郑和以兵下南洋诸国，即此族也。今南洋诸岛之土番及台湾之番人，皆属此族。

一地域。汉族侵略史所包含之地，皆就山脉、河流、海洋自然之势划其区域，今用地文学上之名词分各种如下：

a. 平原

(1) 黄河流域：渭水流域，汾水流域，洛水流域，漳河流域，白河流域。

(2) 扬子江流域：岷江流域，嘉陵江流域，洞庭流域（沅水、湘水），汉水流域，赣江流域，浙江流域，淮水流域。

(3) 西江流域：东江流域，北江流域，闽江流域。

(4) 满洲平原：黑龙江流域，辽河流域。

(5) 西伯利亚平原：色楞格河流域（贝加尔湖之北），叶尔齐斯河流域。

b. 高原

(1) 蒙古高原：漠南蒙古，漠北蒙古。

(2) 新疆高原：天山南路，天山北路。

(3) 西藏高原：前藏，后藏，青海。

c. 半岛

(1) 朝鲜半岛。

(2) 马来半岛。

d. 岛

(1) 台湾岛。

(2) 南洋诸岛。

一时代。近史家以事时变更区分时代，较古史断代为史之法为善。然历史之种类，无定者也，时代与时代相错综者也，必欲划然一定，使各种类之历史皆遵守之，亦势所不可，故不得不因所叙事时之大变更者，各就便宜以区分之。今分汉族侵略之时代如下：一太古时代，自黄帝迄夏禹；一上古时代，自夏迄秦始皇；一中古时代，自秦始皇后迄西晋；一近古时代，自西晋后迄唐亡；一近世时代，自五代迄明太宗；一最近世时代，自明太宗后迄于太平天国。（未完）

黑龙江尚添设民官耶*

（一九〇五年三月十一日）

去冬黑龙江将军奏请清政府添改黑省府厅州县之制，以资治理。政府下其议于议政王大臣，议政王大臣议准，至今遂实行之。计改黑龙分巡道兼按察使仍驻省城，而添设绥兰海兵备道，驻绥化城。其添改府厅州县之制共十缺：

呼兰府属州一县二	（呼兰城）	原厅改
巴彦州	（巴彦苏苏）	新设
兰西县	（双庙子）	新设
木兰县	（木兰答）	新设
绥化府属县一	（绥化城）	原厅改
余庆县	（余庆街）	新设
海伦直隶厅属县一	（海伦城）	新设
青冈县		新设
黑水厅	（齐齐哈尔）	新设

---

* 本文原载《二十世纪之支那》第一期（一九〇五年六月二十四日出版发行），署名勇。

大赉厅　　　　（扎赉特莫
　　　　　　　勒红冈子）　新设

黑龙江者，爱新觉罗氏之巢穴也，其爱之重之保护之经营之而不遗余力者固宜。然吾闻之日本人之言曰：“满洲善后策，非清廷自家所得提议者也。”盖以清廷不能保全领土，既制造满洲问题之动机，则无复有容喙此事之资格，且日俄两国，抛金钱，糜血肉，纳无量之代价，亦无为他人作鹬蚌之理也。乃清廷犹不自知，既不能稍纳代价于战事未结之先，又不能预备一容喙此事之资格于后，而徒冒冒然设郡县，改官制，一若不知日俄之所争者何事，而满洲主权犹可以惟所欲为也者。噫，殆所谓龙伯之战，掀天揭地，而僬侥不知者耶！

呜乎湖南与端方*

（一九〇五年五月二十四日）

湖南巡抚端方初到任时，即调满员来湘，委办警察，近又从荆州驻防内挑选旗兵一百三十名，来湘教练新操。呜乎，彼端方者，诚可谓满人中之极力振作者矣！呜乎，彼端方之极力振作者，乃竟出于满人中矣！呜乎，彼端方辈之满人中，尚知极力振作之为要矣！

夫湖南者，山川交错，形势利便，长江上游堂奥之地域也。湖南之民族，坚强忍耐，富于敢死排外性质之民族也。未开化以前无论矣，自曾国藩、左宗棠死后，湖南民气盖稍稍动焉。近年以来，盖方动焉。庚子唐才常一役，根据地在汉口，而原动力则湖南。去岁甲辰，湖南学生与会党合谋发难于湖南，以出长江，虽皆不成，要为

* 本文原载《二十世纪之支那》第一期（一九〇五年六月二十四日出版发行），署名劈。

湖南人反对满族之萌芽矣。政府忧之，故不能不极力扑灭之。端方之来也，盖特仿俄人置波兰总督之故策，以鉴察湖南人者也。

欧西各国之防制民党也，首恃警察，其次则兵力。盖民党之行为，不外乎阴谋与暴动之二途，有神出鬼没之警察以发其阴谋，有风驰电掣之兵力以遏其暴动，而如然如沸之民党遂破坏摧折饮泣吞声而莫敢谁何，此盖专制民贼最毒狠之政策也。端方而欲鉴察湖南也，则其方法自不得不周，其手段自不得不辣，举警察、练兵之权而悉归诸其同族，此亦意中事矣，尚何所爱于湖南人乎？

呜呼，今而后，湖南人其休矣乎！一言一笑，皆不出满人洞鉴之中，而游说暗杀无论矣；一举一动皆难逃满人压制之列，而斩木揭竿无论矣。呜呼，湖南人其休矣！汉族人其休矣！

呜呼噫嚱！端方可儿。

二十世纪之梁山泊*

（一九〇五年五月二十五日）

二十世纪之梁山泊者何？满洲之马贼是也。

马贼何起乎？盖自俄人闯入满洲以来，用其残忍无人道之手段，洗括其地域而虐待其人民，备极狠毒，惨无天日。满洲人民不堪其虐，乃相与团结屯聚，据塞堡，备器械，习技艺，以为卫身家保妻子之计。其后聚众日多，良莠不一，习为掠财杀人之举者，往往有之，于是满洲官吏指之曰“会党”，目之曰“盗贼”，且以其善骑马也，遂以“马贼”称之，此满洲马贼之所由来也。

马贼发达之历史，离合变迁，不可究极。自去岁日俄开战，各用其牢笼驾驭之法，以招致之，而马贼遂有二个之党派，即日本

* 本文原载《二十世纪之支那》第一期（一九〇五年六月二十四日出版发行），署名劫。

党与俄国党是也。二党之势力，各不相下，今调查其最近之情形如下：

苏长和在田庄台，有部众二百余。曹景彬在营口开典当，有部众二百余。修二大在凤凰城界，距皮子窝东四百里，有部众二百余。贵统领在□□，有部众二十二营。冯麟阁在辽阳西四十里之北河，有马队七百。杜立山在辽阳西黄沙屯，有马队六百余。田日本在小北河，有马队百余。施盛德在凤凰城，有部下五百。于德春在东塔，有部众五百。于仙舟在距皮口二百五十里之沙河子，有部众一千。李贵在沙河子，有部众四万。杨世良亦在沙河子，以采伐林木为业，有部众一千。曲学生在岫巖，有部众五百。徐继顺在岫巖，有部众五百。其余唐山普、老痞达、海沙子等在西北边外，孤雁飞、龙靠天、天下走、天下有、海打长、乐东边等在东北边外。

以上日本党派，尝助日军攻击俄军者也。

刘永清在铁岭，有部众二千余。李四大人在奉天近地，有马队百余。冷振東在通化县一带，有部众千余。李品三为俄军通译，有巡捕队二百余。孟宪章在奉天，有部众□□百。周福程在奉天，为俄通译。孙竹轩在通化，有马队二百余。张兆元为俄国统领，有花榜队千余，及其下迟子敬、李德本、于蓝旗、刘桂林、马大化、石得胜等，皆从俄人，加覔及密都列之指挥，而出没于通化以南怀仁各处。

以上俄国党派，皆为俄军修筑炮台，侦察军情，以抗日军。目下日军连胜，故俄国派大有穷困之状云。

白子臣在得利寺，劭德丰在高家屯，马德胜及祈长年在毕利河，闵德胜在瓦房店，曲贵屯在曲家屯，李明德在东灯，车世玉在普兰店，沈赞成在长山寺，各有坚固之巢穴，一呼吸间可号召部众三五百人。胡玉山与胡升山在高丽营，有部众八百。于除吉在新民屯东四十里，有部众五百。张五虎（兄弟五人）在奉天西北四十里，有部众五百。顾人仪与顾人邦在皮子窝东北百四十里，有部众四百。高细真在皮子窝附近东登，有部众二百。斐子品在奉天北三百五十里之通江子及百家沟，有部众千余。孟老爷在岫巖界内碧流海东四百里，有部众二百。贵权与徐老总在岫巖界内之鸡头鱼，有部众数百。

以上无党派，或独自啸聚，或受满州官吏命令。

马贼之情形，既如此矣。夫马贼者，非皆我黄帝之子孙，四万万民族之分子乎？东三省虽为清人巢穴，然其土民，除吉黑半属通古斯族外，奉天一省汉人居十之七八，盖奉天原为汉族故地；且二百年汉人之出关谋生者亦不少，但因与满人不平等，故大半皆为穷民，近日遂流为马贼，而坐食无忧之满人，则无一人为此焉。徒以清政府不纲，国力削弱，不惜以祖宗巢穴拱手赠人，遂使我数十万神明华胄之同胞流离转徙，无地可脱，无家可归，乃不得不效稗官野史中所谓宋江、吴用辈之仁义，与夫鲁达、武松辈之豪杰，以藏身而保命，其事甚奇，而其心亦甚苦矣。虽然，一室被盗劫，乃不思报复于盗与招盗之人，顾或有媚盗以害同室焉，或有媚招盗之人以冀免劫者焉，其不出此二途者，则倚赖他盗以抵御之，求其合全室之人，一心群力以死御盗，终不可得，不亦无耻之甚乎？呜乎！我祖宗汉武、唐宗所经营的玄菟、乐浪郡之同胞，我先民袁崇焕、熊廷弼所经略的沈阳、宽甸间之遗族，公等有十倍于杜兰斯树独立旗时之土地，有五倍于玛志尼建共和国时之徒众，负此资格，遇此机会，而乃不知自由独立为何物，惟献媚于盗与招盗之人，且旁及他盗焉，呜乎，不亦大可羞也乎！

虽设学部亦何益耶*

（一九〇五年五月二十六日）

近闻政府拟设学部，仍仿六部例，设尚书以下官，并闻有用荣庆为尚书之说。政府之举行新政，此又其一端。

夫设一总机官，合全国之教育提絜而维持之，使之整齐划一而日趋于完善，此固极文明之事，东西各国行之而已效者也。虽然，彼东西各国之政府，立宪政府也，共和政府也，其执政，文明之国民也，以文明之国民组织此总司教育之机关，以行此立宪共和政府一部分之事，故其事举而效速。今日何如之政府乎？其执政何如之执政乎？其将来充此学部之各员亦曾受过毫末之教育而稍知学务之条理焉否乎？使其果行也，行见其仰专制鼻息，用束缚手段，以完全之奴隶教育普及于国民已耳；否则敷衍搪塞，徒饰天下耳目，如外、商两部之故态焉，此必然之事也。呜乎！我国民其尚日望政府之维新变法以自强乎？

中立国之防务仅如斯而已乎**

（一九〇五年五月二十六日）

可怜哉，无海陆军备之国乎！无论战也，即作壁上观亦有难者焉。

俄国波罗的海舰队之东来也，有借福建厦门为根据地之说，清政府乃饬闽督，加意戒备，以守中立。于是闽海岸皆办防务，而厦

* 本文原载《二十世纪之支那》第一期（一九〇五年六月二十四日出版发行），署名公明。

** 本文原载《二十世纪之支那》第一期（一九〇五年六月二十四日出版发行），署名勇。

门尤为亟亟。厦门道与水师提督共拨勇三百名为巡警军，又另拨提标一哨驻鼓浪屿，又令绅士办民团，雇民船数只，以巡逻金门。嘻！其设防亦不可谓不勤。

呜呼！中立国之防务，固仅如斯而已乎？平日既一心以压制家奴为务，而于防备外人之政策毫不注意焉，及乎临时，乃仓皇补苴，东涂西抹，殆如儿戏。夫俄人苟尚不欲侵犯中立强行闯入焉则已耳，藉非然者，区区数百乌合之佣兵，数只螗臂之民船，其将以当俄舰之一炮乎？呜乎，无海陆军备之国如是如是！

西方第二之满洲问题*

(一九〇五年六月二十四日)

咄！咄！！咄！！！西方第二之满洲问题出现！

前月，新疆库车、喀什噶尔有回民滋事，通欵俄兵，请其保护，致俄兵入伊犁、嗒尔巴哈台、喀什噶尔者，以数千计。新抚行文止之，俄人不听，且筑兵房，修炮垒，以为久据之计。近日新抚及伊犁将军又电告清外部，称俄兵由伊犁进至迪化府，入绥来县城，居民皆纷纷逃避。俄人之举动，如是如是。

夫俄人者，惯以贪狠狡狯之手段侵占人土地者也。其对于新疆也，日思乘间伺隙实行占入，以固其中央亚细亚之藩篱，以遂其侵略印藏，抵制英人之政策，特以前此数年，远东之经营未毕，不暇西顾，故未大放厥势耳。今者辽海之战局既不得胜利，远东之势力将随黑龙江之春冰熔解消化以俱尽，而英人西藏之侵略，日眈眈其逼近，为俄人者，其能默尔而息乎？既不得志于东封，乃不得不肆其西封，此固俄人统一欧亚之素志也。

---

* 本文原载《二十世纪之支那》第一期（一九〇五年六月二十四日出版发进）署名公明。

且夫回民以野蛮(匈)<凶>顽之举动，必不能成如何之气象，其程度大约与满洲之马贼无异。俄人乘势侵入，师出有名，既得进步之阶，必起望蜀之念。其对回民也，则曰“吾为汝保护”，其对清政府也，则曰“吾代为平匪”，否则“吾保护吾商务”，永久占据，节节渐进，而斯拉夫之蛮族，哥萨克之铁骑，遂援庚子满洲之成例，分布充斥于天山南北之间。

虽然，英人者，与俄势不两立者也。阿富汗北印度之壤，久与俄人相冲突，近乃乘俄人之不暇，施其捷足先得之策，扩张权力于西藏，而示俄人以形势。今俄人忽焉攫新疆而有之，其势足以越叶尔羌、和阗及困都开士山诸道，南下以蚕食西藏。英人阴忌俄人之逼己也，必阳为仗义执言，迫其退兵，还地中国。斯时也，其英俄协商之问题乎？抑英俄战争之先声乎？然无论如何之结局，吾断堂堂老大帝国以土地为人之角逐场者，必反退居第三国之位置，而无复地主之资格，此无可疑者也。

吾今为言以告我国民曰：西藏之喇嘛，将为朝韩皇帝；新疆之巡抚，伊犁之将军，将为增祺；天山南北之官吏，将为辽阳之知州，海城之知县；伊列塔里木河沿岸之民族，将为黑龙江畔之男女。呜乎，西方第二之满洲问题出现，吾国民听者！吾国民听者！

清太后之宪政谈*

（一九○五年八月二十二日）

近日满政府有立宪之议，有某大臣者谒见西太后，西太后语曰：“立宪一事，可使我满洲朝基础永久确固，而在外革命党亦可因此消灭，候调查结局后，若果无妨害，则必决意实行”云云。

---

* 本文原载《醒狮》第一期（一九○五年九月出版发行），无署名。《宋教仁日记》第二卷八月二十二记曰：“作《清太后之宪政谈》一篇。”

咄！汝那拉氏，汝尚希望汝满洲朝之永久确固乎？汝尚希望革命党之消灭乎？汝尚希望一行立宪，即可达此二者之目的乎？夫满政府之程度果能行立宪与否，现今之国民果宜于立宪与否，与夫立宪以前，天然必经之时代果已经过与否，此问题非短言所能决，吾姑不研究，吾所研究者，即那拉氏所谓"若果无妨害"之一言。夫立宪何事？宪法何物？而亦虑其有妨害乎？虑妨害谁耶？政府耶？抑国民耶？满洲人耶？抑汉人耶？

利害不两立者也，人我不相容者也；利人则害我，利我则害人，此天下之通义也。西太后，满人也，握政府之无上权者也，则所谓妨害者，必虑其妨害满政府也，可以预决，虑其妨害满政府，则必虑其有利于汉人也，亦可以预决。

呜乎！立宪一事，非利于国民，而不利于国政府者乎？非利于汉人，而不利于满人者乎？西太后纵发大慈悲，其能舍己从人，而行此上背祖宗成法、下削子孙权利之非常举动耶？且西太后纵能行之，而此二百万披毛戴角之通古斯人，其皆能降心相从以让人耶？其他吾不具论，吾但提最简要之二三问题以为比例：

一立宪国民，其义务必平等，其最普通者，则纳国税是也。乃满政府定制，汉人皆纳地丁漕粮，而满人既占居汉人土地者，反给丁粮养赡之，而令其坐食，今能停给此项而今其与汉人同纳国税乎？

一立宪国民，其权利必平等，其最普通者，则人人有被选举之权利是也。满人只居汉人二百分之一，则被选举为官者，亦应适如其率。乃满政府定制，京内各部寺院堂官，则满汉平均，属官则满多于汉，其内务府、理藩院等，及京外之将军、都统，则并无一汉人，今能破除此不平等之例，而将来选举议员，即一准人数以为率乎？

一立宪国民，有监督财政之权。汉人所纳国税，那拉氏任意挥霍，今能由议会制定其数，而一切财政皆能行预算、决算法，使国民尽知乎？

其余一切满汉不平等之制，则更无论焉。然则满政府必不能实行立宪也明矣；即能行之，亦必非真正立宪，不过如朝鲜之宪法、俄罗斯之宪法（现俄国议行立宪，八月十九已下召集国会之诏，然各国新闻皆评其为似是或而非之宪法，俄国国民亦大不满意，谓其不过一时怀柔之策），或不然，而英人对于印度之宪法、日本对于台湾之宪法也明矣，吾汉(之)<人>切勿为那拉氏之言所愚焉可也。

呜呼，吾汉人犹有日夜希冀满政府之和平改革者，其亦不可以已乎！其亦不可以已乎！

俄人运动蒙古矿产*

（一九〇五年八月二十三日）

上海某报之言曰："俄使署前曾派一德人、一英人赴蒙古查勘矿苗，近日俄驻津倭提督遂派参谋柯布罗夫、副参谋费士汗得二人来京，谋承办蒙古矿产，已往谒某当轴，意图运动云。"

某报之言如此，其事之揭晓及其结果均不可得而知，然第就俄人之惯技论之，则亦对于清廷应有之事。

盖俄人者，视蒙古为其第二之满洲者也。自辽海战云日剧，俄人满洲之经营已如梦幻，如水泡，而其勃勃之野心仍发奇痒，不能自抑，乃掉头而向于蒙古方面，以为亡羊获兔之计；又因时机未熟，不能即为军事上之侵略，则不得不用吸取主义，布宗教（现据俄人统计，蒙古人入俄国希腊教者，已三万七千二十余名），扩商务，谋揽铁道，私购土地，种种方法，不一而足，而攫得矿山采掘权，亦其一端，故尤极力设法运动之。噫，俄人之野心诚可畏哉！

---

* 本文原载《醒狮》第一期（一九〇五年九月出版发行），无署名。《宋教仁日记》第二卷八月二十三记曰："作《俄人运动蒙古矿产》时评一篇。"

或曰俄人非真有侵夺蒙古土地之野心者也，乃者俄国诸太公及诸贵族，尝组有采伐森林、开掘矿产之会社于东方，以为吸收东方宝藏之计，此举亦不过是等会社营利图富之利私谋而已。呜乎，信如此言，则俄人之是等会社固与英国之印度公司不同，而此举亦无足惊异矣，蒙古其或无虑乎？虽然，吾特恐俄人不如是之易易耳。

袁世凯乃敢与国民宣战耶*

（一九〇五年八月二十六日）

抵制美国华工禁约之运动方正激烈磅礴，薄海内外无不大声疾呼，摩拳擦掌，极力实行，遂使全美惊愕，寰球震动，此正我国民气伸张之好时运也。乃不意丧心病狂之袁世凯，竟有禁止抵制美约之事。

袁世凯通示直隶各州县及天津商民，略曰："此次拒约之事，实系国家交涉事件，其关系甚大，倘播扬风潮，附和雷同，不但有误国计，且恐累及大局，务宜速止运动，安居乐业"云云。

《大公报》者，在天津极力主张拒约之日报也。袁世凯以其煽动民心，故亦封禁之。

推袁世凯之意，不过以美总统调停日俄和局，恐因此伤美总统感情，致于满洲问题有不利耳。嗟乎！拒约何事，而有关于满洲问题耶？拒约何为，而惧伤美总统感情耶（美总统不以苛待华工为然，已下优遇华人之会矣）？且拒约之事解散，不过使数十万之侨民再受痛苦而已，何能购满洲之土地，使复还耶？拒约之事解散，使数十万之侨民再受痛苦，不过得美人之欢心而已，何能使日本人亦

* 本文原载《醒狮》第一期（一九〇五年九月出版发行），无署名。《宋教仁日记》第二卷八月二十六日记曰："作时评一则：《袁世凯乃敢与国民宣战耶》。"

乐以满洲之土地来还附耶？即使拒约解散矣，得美人之欢心矣，并间接使日本乐以满洲还附矣，而以数十万侨寓之性命，换其一姓一家祖宗凋零之巢穴，其心亦何忍耶？噫！袁世凯固满政府惟一之忠奴也，其迎合主意，献媚取巧，压制同胞，效忠异族，乃如是耶！乃如是耶！

虽然，袁世凯之势力所及，不过一直隶耳，而举中国之为直隶者，尚十有八也，不过一天津耳，而举中国及海外之为天津者，尚不啻数百千也，不过一《大公报》耳，而举国及海外之为《大公报》者，尚无虑数十也，袁世凯乎，汝果能一一禁止之乎？噫，汝误矣！

陈星台先生《绝命书》跋*

（一九〇五年十二月二十五日）

此吾友陈君星台《绝命书》。劈斋每一思君，辄一环诵之，盖未尝不心悁悁然悲而泪涔涔然下也。曰：呜乎，若君者，殆所谓爱国根于天性之人非耶？

当去岁秋，湖南事败，君与劈等先后走日本，忧愤益大过量，时时相与过从，谈天下事，未尝不哽咽垂涕泣而道也。今岁春，东报兴瓜分谣，君愈愤，欲北上，冀以死要满廷救亡，殆固知无裨益，而思以一身尝试，绝世人扶满之望也。既而友人沮之，不遂行。然其尝言曰："吾实不愿久逗此人间世也。"盖其抱死之目的以俟久矣。

居无何，留学界以日人定学则，议群起力争。始劈浼君曰："君能文，盍有所作以表意见乎？"君曰："否。徒以空言驱人发难，吾岂为耶！"越数日，学界则大愤，均休校议事，君犹无动。迄月之十一日，

* 本文原载《民报》第二号（一九〇六年一月二十二日出版发行），署名劈斋。惟曹亚伯《武昌革命真史》谓此文为黄兴所作。

其同居者则见君握管作文字，至夜分不辍。其十二日晨起食毕，自友某君贷金二元出门去，同居者意其以所作付剞劂也，听焉。入夜未归，始怀疑。良久，有留学生会馆阍者踵门语曰：“使署来电话称，大森警吏发电至署，告有一支那男子死于海，陈其姓，名天华，居神田东新社者”云。呜乎，于是知君乃死矣，痛哉！天未明，男偕友人某氏某氏赴大森视之。大森町长乃语曰：“昨日六时，当地海岸东滨距离六十间处，发见一尸，即捞获之。九时乃检查身畔，得铜货数枚与书留（寄信保险证），余无他物，今既已殓矣。”则率引我辈观之。一槥凄然，倭式也，君则在焉。复审视书留，为以君氏名自芝区御门前邮达中国留学生总会馆干事长者。当是时，君邑人已有往横滨备棺衾，拟厝于华人墓地，乃倩二人送君尸于滨，男与某等乃返。抵会馆，索其邮物，获之，则万言之长函，即此《绝命书》也。一人宣读之，听者数千百人，皆泣下不能仰。夫以君之所志，使其所怀抱得毕展于世，无少残留，则吾民族受其福胙，其所造于中国前途者，岂有涯耶！而乃竟如是已焉，吾人得毋有为之悼惜不置者乎！

虽然，吾观君之言曰：“以救国为前提。”又曰：“欲我同胞时时勿忘此语，力除此四字①，而做此四字之反面，恐同胞不见听或忘之，故以身投东海，为诸君之纪念。”又曰：“中国去亡之期，极少须有十年，与其死于十年之后，曷若死于今日，使诸君有所警动。”盖君之意，自以为留此身以有所俟，孰与死之影响强，吾宁取夫死觉吾同胞，使共登于救国之一途，则其所成就较以吾一身之所为孰多耶？噫！此则君之所以死欤？君之心则苦矣。

吾人读君之书，想见君之为人，不徒悼惜夫君之死，惟勉有以副乎君死时之所言焉，斯君为不死也已。乙巳十一月晦，男斋谨

① 指“放纵卑劣”，是当时日本《朝日新闻》对中国留学生反对《取缔清韩留日学生规则》的诋毁语。见《民报》第二号《陈星台先生绝命书》。

泣跋。

既设警部复置巡警道果何为耶*

（一九〇六年一月六日）

清政府因北京炸裂弹之发也，君臣上下，魂飞胆裂，口噤心悸，茫茫然无所为计，乃急设警部，将大整顿警察之政，以防辇毂之安全。近日则又有议推行各省，每省巡道除盐粮外皆改为巡警道，以广兴所属地方之警察。噫，清政府伺察汉人之手段，乃愈出愈工矣！

盖凡革命运动之起也，不外中央与地方之二方面。巴犁市民之流血，木斯科地下之炸弹，此中央之革命也。北美十三州之群起，全俄虚无党之蔓延，此地方之革命也。而其方法亦可括之为二：一为暴动，一为暗杀。暗杀为秘密之行为，不待言矣。暴动必先有种种之阴行，种种之预备，亦不外乎秘密之运动。而政府之防制之也，即按其方面、分其手段以应付之，其整军队以扑暴动者无论矣，而伺察秘密之运动，尤为切要之政策。左思右索，舍神出鬼没之警察之外，固无有良于此者矣。故整顿警察者，专制民贼最阴险毒狠之手段也。清政府而欲伺察汉人也，则不为(西)‹东›施之学步将何为耶？

呜乎，今而后，吾汉人一言一笑，一行一动，无论何地何时，皆将入其干涉之中，归其鉴察之列矣！呜乎，今而后，吾汉人其休矣乎！吾汉人其休矣乎！

---

* 本文原载《民报》第二号（一九〇六年一月二十二日出版发行），署名劈斋。

南洋华人求入日本籍*

（一九〇六年一月八日）

可怜哉，无政府保护之民乎！无论遇强国也，即当弱小之国亦有难堪者焉。

南洋舍列伯司岛，荷兰领印度群岛之一也，有华人三十余万在焉。全岛五万方哩，土人近百万，有四酋长自治，皆无大势力。其官吏、军队皆荷兰人为之，其全岛生计界之中枢，则悉握于华人之手，华人之势力甚强。然荷兰官吏甚虐待华人，不可言状，清政府又不能保护，至于近日全岛华人因日本战胜，欲求归化日本，藉以托庇。有陈福禄者，全岛华商之巨擘也，乃亲至日本，求日政府收容之，但日人以格于国际惯例，尚未允许也。

呜乎！此三十万人者，非皆我羲农黄帝之子孙，我最亲爱之同胞乎？徒以二百年前异族占据祖国，不能生聚教训，以安其业，乃相率去国门谋衣食糊其口于四方，叨天之幸，不藉国家之政策，得殖财产，长子孙，以雄视海外，其事亦良苦矣。特天演竞争，优胜劣败，以无国力无群智之侨民，与文明强有力者相遇，终不能不居于屈辱之地位，此固势无可如何者也。然苟彼政府者或稍稍垂念此无告之民，施其保护之策焉，则虽不能与之并驾齐驱，亦当不至受奴隶牛马之虐待；乃观其所为适成反比例，平日既以防家奴媚邻友为政策，十八省之民族，皆将拱手以献于人，何有于区区无关痛痒之侨民耶，且正宜利用外人以摧残夫家奴内乱之接济响应焉耳。夫人孰不知爱国，然挺而走险，急何能择，亦人情所常有矣，我同胞固有不得已之苦衷而后为此者也。噫，异族政府之狠戾固如是耶！

* 本文原载《民报》第二号（一九〇六年一月二十二日出版发行），署名勥斋。

虽然，吾对于吾同胞亦有不能不一言者。语曰："以怨报怨。"又曰："宁可亡国，不可忘国。"夫吾同胞之祖国为何国乎？加吾同胞以虐待者为何人乎？使外人所以能加吾同胞以虐待者又为何人乎？我同胞何不思之甚耶？犹太人者，亡国之遗民也，散居世界，无处不受虐待，然犹能互相联结，越国响应，且有声言恢复祖国者焉，至今犹不失为有名誉之民族也。公等乎，公等乎，其果能忘此四百余州锦绣庄严之河山乎？其果忍污此四千余年神圣光荣之历史乎？毋亦犹太人之不若耶！

烈士陈星台小传*

（一九〇六年一月二十二日）

烈士名天华，字星台，湖南新化县人。性敦笃，善属文。少时即以光复祖国为志，不事家人生产作业，虽箪瓢屡空，处之怡然，日惟著述以鼓吹民族主义；近年革命风潮簸荡一时者，皆烈士提倡之也。年三十一，尚未娶，或劝之娶，烈士泫然曰："匈奴未灭，何以为家！"每读中西史志，于兴亡盛衰之感，则涕泗横流，其爱国之忱，发于天性如此。

岁癸卯，留学日本。时值俄据东三省，瓜分之祸日迫，朝野皆束手无计。烈士大痛，啮指血成书数十幅，备陈灭亡之惨，邮寄内地各学<堂>，闻者莫不悲愤。

去年秋，湘中志士谋起义湖南，联络粤鄂，以共倾政府。烈士

---

* 本文原载《民报》第二号（一九〇六年一月二十二日出版发行），无署名。林述庆《陈家鼎革命大事记》（见姜泣群编《宋渔父林颂亭书牍》，中华艺文社一九一三年版）云："陈天华投海死，本部推宋教仁作传，而推陈君送烈士榇，盖天华为中国革命鼓吹原动者，宋、陈均与天华故同里交，尤为文字密友也。"伯夔（即汤公介）《同盟感旧录》（《见《建国月刊》第九卷第五期）亦云："自星台烈士蹈海，渔父为纪其事于《民报》。"

闻之，即星夜附轮归长沙，筹划布置，昼夜不辍。不幸未发即败，清政府飞檄逮捕。烈士间道走江西，至上海，与诸志士合谋再举。适万福华之狱起，逮捕益急，不得已，复游日本。盖自是憔悴忧伤，泪痕萦萦然不绝于目矣。今年春发意见书，思单身赴北京有所运动，为同学所阻止。十一月，日本文部<省>颁发关于留学生规则，烈士益见中国之将邻于亡，革命之不可一日缓，作《绝命书》累万言，遂自投日本大森海以殉。呜呼！使天而不亡我汉族也，则烈士之死贤其生也；使天而即亡我汉族也，则我四万万人其去烈士之死之年几何哉？呜呼痛已！烈士所著书，其已都成集者《猛回头》、《警世钟》、《最近政见之评决》、《国民必读》、《最后之方针》、《中国革命史论》皆风行于世；其散见于他书者，尚俟厘订。烈士死时年三十一，乙巳年十(二)<一>月十二日也。

尼夫阿利亚之独立*

（一九〇六年一月二十二日）

呜乎！二十世纪，殆民族主义收成功结残局之时期乎？殆被征服民族与征服民族起最惨猛激烈之竞争而无有已之时期乎？观于尼夫阿利亚之畔俄而益信焉。

尼夫阿利亚者，西俄罗斯之一州也，南邻国墟社屋凄凉惨淡之波兰，西接新造雄飞庄严灿烂之独逸，土地不过三十万方里，人口仅约二百余万。当十三世纪间，原为独立之公国，至十四世纪中，合并于波兰。厥后波兰分割，尼夫阿利亚遂为俄罗斯之领土。然尼夫阿利亚人民，与俄人种类不同，语言不同，有特殊之性质，虽处俄人专制之下，而其恢复祖国争回自由之希望，固未尝一日忘也，特以时势未至，不可即告成功。近世以来，俄国革命之势，不可遏抑，

* 本文原载《民报》第二号（一九〇六年一月二十二日出版发行），署名勇斋。

莫斯科地下之炸弹，高加索市中之竿木，迫于俄君臣之魂梦，波兰、芬兰与俄人世为仇雠，尤极力为独立之运动，至于近日，蔓延益甚，举全俄罗斯帝国，几无一寸干净地，而尼夫阿利亚人素以恢复祖国争回自由为念者，遂乘隙而起。尼夫阿利亚之运动，长远秘密，其详不可遽得，而吾人据最近之所闻者，则如下：

十二月六日　尼夫阿利亚人暴动起。（伦敦电）

十二日　尼夫阿利亚人攻立(卞)<卡>市首府，杀州知事，宣言建立共和政府。（伦敦电）

十五日　立(卞)<卡>市革命党已建设假政府，风闻立卡市之通信机关，皆被遮断破坏，革命党已获全胜。（伦敦电）

十六日　在立卡之军队、劳动者农民之间，有猛烈之争斗，使用机关炮。（(革)<华>盛顿电）

二十日　尼夫阿利亚之革命党已次第坚其根底。（伦敦电）

二十二日　在立卡市西四十里，军队与革命党起惨淡之战斗，死伤数百人，内革命党占大部分。（伦敦电）

二十三日　立卡革命党前曾因德人之干涉，拘禁德人若干，今已释放。（柏林电）

二十四日　尼夫阿利亚人组织之共和政府，已设置官省，收受租税。（柏林电）

二十五日　立卡市革命党前顷对于德国运送船，动多少之暴行，以后渐归镇静之模样。（柏林电）

二十七日　尼夫阿利亚人攻入维提布斯科州，宣布尼夫阿利亚共和国之意思。（伦敦电）

合以上诸电观之，尼夫阿利亚共和国固已成立，且一切组织，亦似稍有条理，非野蛮暴动者可例。噫，婆海之风云日急，东欧之形势遂变，若尼夫阿利亚者，真可畏可敬也哉！

或曰，强弱异势，大小异形，尼夫阿利亚人纵为一时之快举，岂能当哥萨克马蹄之一蹴，行见其终归于消灭而已矣。嗟乎！为此言者，殆论其势而不论其理者也。夫生于天地间，而能成为一民族者，皆具有特别优异之精神与独立不羁之资格者也，使不幸而为他民族所征服所支配，则此民族者，毋宁亡尽，无孑遗焉，皆不可不出万死以力图恢复者也，即无所成就，亦不失为世界上名誉光荣之民族，其为愈多矣。杜兰斯哇人、非律宾人皆战败之民族也，然其价值其幸福，较前日为何如乎？天下事顾可以成败论耶？吾人对于尼夫阿利亚，吾但知手舞足蹈表极端之同情，为之高呼万岁，且自愧不如焉斯已矣。

抑俄罗斯近日之内乱亦甚矣，莫斯科之帝都几为暴徒所占领，东极西伯利浦盐斯德之乱，西抵黑海黑海舰队，南及高加索回教徒之乱，北至北冰洋北冰洋面太马半岛亦骚乱谋独立，其主魁传檄各市，称古时曾为独立国，今当恢复云，无不斩木揭竿，风起水涌。俄政府当此内顾不暇，疲于奔命之际，即极欲扑灭此偏西新造之国，必不能举全力以专注之明矣。尼夫阿利亚虽弱小乎，苟善为之，内修政事，外讲邻交，成败之数岂可谅耶！

呜乎！世有受国亡种奴之祸同于尼夫阿利亚，而挟有为之资则百千倍于尼夫阿利亚者，其亦闻风而兴起焉否耶？

一千九百〇五年露国之革命*

（一九〇六年二月十——二十日）

露国之革命，其机之熟盖已久矣。波兰人、芬兰人（芬兰人因去年十一月初之诏敕回复其自治，近来已归静稳。波兰人亡国之怨甚深，则尚未也）、犹太人等，以种族不同，故多年苦露国之虐政

* 本文原载《民报》第三号（一九〇六年四月五日出版发行）、第七号（一九〇六年九月五日出版发行），署名劈斋。

而起暴动者，犹不足论。露国人民中，有教育知识者，尝发挥其自由学说，劳动社会皆抱愁怨，农民则以土地处分而怀不平，全陆海军亦起愤慨之念。前年以来，黑海等方面之叛乱、反抗，其最者也。近日其满洲军将校又连袂同盟，促国政之改革。盖自日露战争，露国陆海军大败之结果，政府败德弊政，悉暴露于世。人民皆以为政府不可信，而轻蔑，而憎怨，益思摈斥之，于是骚扰反抗，同盟罢工，以及人种上之怨恨，遂乃溃然决裂，一勃一起，至以酿成今日之大危机。露帝及其政府怖国内之趋势，而不能速断，屡以姑息之法令，欲弥缝一时，然其效殆难逆睹。夫国民议会之召集，果能抑遏革命之大势乎？此不能无疑也。使召集国会之令，早发于前年，或犹可系国民之望。今也国民既已为层累之要求，加以一般政府数为空言，以失信于国，大势已去，不可挽回。而露帝复欲挥其独裁之权，以重苦国民，不信之政府，则又欺诈百出，助桀为虐，至危急之际，乃始宣言曰："其信我，其置无限之信用于我。"噫！其谁听之。专制之毒既深，闾阎之怨日甚，自今以往，露国政府虽何如诚意坦怀，改其政治，以为弥缝之术，然权利不尽获，自由不尽复，亦恐不足以偿人民之愿望，而挽国内之大势，行见露国皇室之颠覆已耳。独裁君主制之不见客于现世界也，固如是哉。

革命之端绪

露国革命之起因，其远者无足论矣，其近因则起于前年八月大压制家内务大臣布拉威被暗杀。经几许内纷之后，进步派之米尔斯奇公袭其职，地方议会被其暗诺。是年十一月开莫斯科大会，认许私人身体之自由，民家之不可侵，与地方之自治，为官民和协之手段，议决设置国民议会，使人民参与立法权，决定豫算案，并监督国政。此宣言出，遂为惹动国民起事之端绪。当是时，政府禁各新闻论议此事。各新闻市町村会劳动社会其他民间之各团体皆起响应，教员等之教育社又合众团体结一大团体，称为"同盟之同盟"，至执改革运动之牛耳。其所绝叫者，则要求速开地方议会国会，用单选普通选举法，为无名投票云云。于是圣彼得堡、莫斯科及其他都府在大学之学生，皆为示威运动。而莫斯科总督色尔鸠斯太公勒军队以击学生者，不久遂为暗杀之牺牲焉。

职工之骚扰

圣彼得堡职工之响应，为昨年一月二十一日之大骚动是也。盖传播自由主义社会主义于职工及农民间，而使之投入革命党者，此既往四十年间革命党所皆劳心焦思者也。夫欧洲劳动问题之大势，前已侵入露国而不能拒矣，况有域提曾为多年藏相者之产业政策适足以诱之耶。观于千八百九十六年至千九百年之间，露都及中露之大同盟罢工，波兰及西露西南露犹太劳动团体之事，则露国劳动社会之夙受影响于西欧之劳动问题，无可疑矣。

斯时也，有怪僧加奔者，奔走于劳动者社会间，鼓吹革新之思想，遂纠合同志，要求宪法上之保证，与经济之改良，相约上书于露帝，而二日内加入同盟者遂有六七万之众，皆以虽遇铳火不避自誓。其一月之三十一日，排去于冬宫之时，其数又增男女老幼约二十万人。当时，露帝始则言当引见之于冬宫，而其后则急避于芝亚尔斯科叶色罗离宫，反使军队邀击之，死者数千，使露都市街上忽然化为一大修罗场，其残忍凶暴，今人每一记忆尚战(慓)<栗>不堪也。

民变与军队

于是政府威压人民之暴举，遂为咒诅政府之动机。其始不过为社会主义之唱导，继则民主共和之说，亦加于稳和之党派中。人民皆吞声含怨，誓不仆露国皇室与政府不止。

其后五日，波兰之华骚市遂有大同盟罢工之事，罗束资市及其他波兰之各工业市府矿山地方等，皆大罢工以应之，波兰全体殆如火之燎原。其所要求者，曰八时间劳动，赁金增加，曰政治上之自由，曰波兰之自治，曰波兰议会之设置是也。

此次之结果，则军队之弹压是也。计二日中，华骚市男女之被杀者三百人，罗束资市一百人，索罗斯德斯四十二人，其他波兰全体罢工之所，无不见有死伤者。民怨益加，尔后波兰总督、警官、宪兵、刑事侦探等，日被暗杀。据八月中之计算，此种暗杀之行，有九十五个之所，而人民以庇护凶徒被捕缚者，亦无处无之矣。

农民之暴动

又此际通露国国内皆有农民之暴动，此种暴动已于二年前，即频发者。每年自冬季至收获时，农民则劫据贵族之庄园，夺取其财产，且以贵族灭弃赋农民之诏敕，无异盗土地权者，乃频为土地国有之要求。盖农民占露国人民之十九，其众最可畏。彼等虽无智而蒙昧，而负担政府之租税，政府所恃为侵略之具之陆军，皆自此出，即谓为露国独裁君主之城壁者，实在农民，亦不为过言也。此九千万人(露国人口现称一亿三千万)，至一朝悉起而背畔，又何物能拒之耶？彼等虽愚，亦孰知都会之事，不徒革命党之频诱已也。都会之职工十九皆为农民，常往来都鄙之间。去年之农民大会，及地方之村会，皆为政治上之要求，主张言论集会之自由与普通选举权者，已藉甚于农民间。革命主义之传播甚广，已无容疑矣。

故以地方农民暴动之一事，亦足以致露国之革命，况又加之以职工之反抗，教育社会公然之背畔，波兰、芬兰、高加索、西伯利亚、波罗的沿海诸州、小露西亚之完全自治之要求耶。露国政府殆未可一日安寝也。

通露国之情者，谓政府苟于前年十二月决然许行宪法，或犹可遏止革命之大势。然当局之人不能深思明决，而徒事姑息。初诏改革国政，除束缚法律慰谕农民(前年十二月二十五日敕令)而发公示，则暗攻击地方议会议员及地方议会行动之僭越，且牵束之，至一月二十一日露都大骚动之起，亦惟弹压之是事，而任多列波夫以圣彼得堡之总督，二月一日劳动者首领之谒见露帝也，犹以骚动之罪，须归之于劳动者，进步派之内相米鲁斯奇以事不可为而辞职，寻总督色尔鸠斯太公被暗杀于莫斯科，而弹压政略之效，遂不得见矣。然而庙议犹不大改，三月三日敕内相布立金起国民议会设置之调查会案，而独裁君主制之根本法，则不许动摇，布立金又迟迟不进，于是各地同盟罢工扰乱遂起。政府仍用愚民之手段，四月扩张地方议会之权，许信教之自由，又五月许若干之让与于犹太人及波兰人，而一面举多列波夫为军为内务警察次官，授之以独裁官之权，此人民所以不信政府也。六月十九日，地方议会议员赍再度之莫斯科(五月五日)大会之决议(普通选举)，拜谒露帝，上言请速召集议会。露帝虽诺之，而布立金之宪法案渐与露国民之所期大相径庭，再致国内之纷乱。地方议会议员，自七月十九日至二十日，三度在莫斯科大会排斥布立金案。农民同盟亦开八月十五日大会，要求普通选举、立法参与权、财政监督权、无谢金教育及分配教会、国家所有之土地，与之前后并应。而回教徒之暴动，巴枯及拉西维安之虐杀，痾德沙之扰乱，战舰克利亚士波德姆金之反乱，波兰再度之同盟罢工，鲁束资、华骚之虐杀，七月二十八日之大市战，尼夫阿利亚州立卡市数次之暴动等，全国纷如乱麻而莫可收拾。八月十九日，豫期国民议会设置之诏敕乃下焉。

十月之大同盟罢工

虽然，此诏敕者，乃徒买国民一般之失望与憎恶者也。此诏敕之内容，只为谘询顾问之府，且其议员选举之权，限于极少数者也。人民皆以此为滑稽之谈，虽稳和之地方议会议员之唱导者，亦嚣然不平，而政府又不自惩，反用专横之行动，遂驯致十月之总同盟罢工。哀哉！露国独裁之君主，遂不能不为此翻倒，而使人民奏立宪之凯歌矣。

此十月之大总同盟罢工，如右所叙，实倒独裁君主制之大原因也。其发也，实由长久岁月间，有绵密周到之经画，而为“同盟之同盟”之指导而去者也。一切之公用机关，皆须使之窒废，此即同盟所执之主义方针矣。

递信大臣之跛扈

先是，十月十五日，莫斯科有印刷职工之同盟罢工，然一度即平复。寻至十五日，铁道职工等遂送代表人于圣彼得堡，谒递信大臣希尔科夫公，而提出要求之条件，若不听，则当以同盟罢工以胁之。代表人既抵露京，未几有飞语于莫斯科曰：“代表人若干名被捕缚，馀则皆禁面谒”云云。此语或为欲使铁道职工激怒而发，未可知也。然职工等皆愤然大怒曰：“政府既用暴力矣，其罢工乎！”遂皆罢工。汽车停止，乃希尔科夫不质问代表人以罢工之原因，仓皇驰至莫斯科，集职工等傲然而语之曰：

“汝等愁诉十六时间之劳动乎？余亦勤勉劳苦者也，且时间较汝等为尤长，朝必七时起床。汝等虽谓无读书休养之馀暇，然一日尚有八时间之馀暇也，每日分一时间读书，则每年非有三百六十五时间耶？此外复有何馀暇之必要乎？且教育教育云者，世人未免视之过大者也，自余视之，虽去教育亦可耳。余在土耳其及其他之诸国，尝见有目不识丁之人，亦不失为好人物者矣。余言决非伪造，汝等皆好男子也。余今将动机关车，请来共动之，其各复职事”云云。

希鲁科夫公之为此告诫，固以为铁道员等必欣欣然色解而来听我之言矣，公盖误解露国人之性质者耳，不知彼等已非复前日之露国人。自公就职，以露国人心久变，至于勃起而欲颠覆政府，欲其不为激烈之举动，安可得耶？

于是“同盟之同盟”乃传号令曰：“总同盟罢工！”职工遂起响应，各种公共之机关全行停止，尔后旬馀，国内常为黑暗之世界。

同盟罢工之压迫

此次之总同盟罢工,有整齐之步武,静肃坚确,实露国政府所骇异,而外人所惊叹者也。德国之社会党,年来尝以总同盟为劳动者之最终武器,盛主张之,然人皆视之为空言,而不能实行。今露国劳动者以最烈最可恐者之势,一次应用之,遂得以仆露国独裁之政治,其结果必及于欧洲诸国。德国伯尔伯等之总同盟罢工,今后若一发起,虽不能必免为军队所压倒蹂躏,然其效果足使人心动摇,无疑矣。露国政府以武断之政治,欲一时镇定其爆裂,岂能断其根株耶。

总同盟罢工之令下,各处汽车遂一时停止。莫斯科资鲁夫各驿几千之旅客皆绝进退之路,仰食于官,而起卧于车中者数日。其始仅有莫斯科也,继则有圣彼得堡、芬兰诸处,终则至于露西亚全帝国。国内交通断绝,宛如太平洋之孤岛,消息不灵,食料腾贵,莫斯科市中,至于小儿所食之牛乳亦无之,其他各市府则病者之医药亦不能给,至有有因之死者。

如此现象,国人皆欢迎翼赞不绝,虽穷困苦迫之境日甚一日,而乃不少变。革命党诸首领,皆有蹈死不悔之气象。最可畏者,则人人废肉绝食,至于憔悴枯槁以静待政府之旨。露都市街无电灯及瓦斯灯,人人皆手持烛物洋灯以行。新闻纸休刊,邮便局员不受书信,电信亦尽停止,或不终日停止,则日旰不收来电。剧场停演,商店闭户,巡逻兵士或入宿之,其悲惨之光景殆不可名状。当是时,若号令一下,命其蜂起,则全部将化为一大修罗场,亦意中事耳。然而各首领皆相戒不发,惟各市府街巷间,人民三五鸠集会议,大学几万之男女幼童,群聚堂内,相语相励而已。多勒波夫乃禁此等会议,放铳火以胁其解散。然国民无一人有丝毫暴行者,妇人孺子亦皆静肃沉着,以持身而守秩序。多勒波夫遂失放矢之的,惟张空拳,怒目视之。

由是举朝皆愕然失色，然而露帝尚未动也。其左右依孤拉的夫、斯地新士哥、斯都尔默等，数以及今不速断，则诸马罗夫朝必即覆灭说露帝，各地方贵族又时时无电劝帝决意，惟域提则数请听容民意，谆谆劝讽，声泪俱下，如此者十有余日。是时，露帝宫中混乱若斗之状，实出人想像外，朝则独裁派之代表者，夕则立宪派之代表者，更番驰往，至伯德尔厚离宫(帝时在此当芬兰湾之海岸，距露都十八哩)说帝，其始犹乘汽车，继以汽车不通，则行汽船。然而民意益坚，形势日变，拜谒之时间弥长，而待决定亦弥切。幸而域提意见胜，已议决制定宪法，百事略定矣。乃至翌日庙议又一变，罢域提，召提督希加希约夫代为首相。令下，希提督固辞。帝重发召命，然传命者中途被阻，提督遂不至。盖希提督明知反动派皆主张一齐弹压之说，其事正危，而惮以一身当其冲也。独裁政体运命问题之难决，固如此矣。

虽然，当此时事之进行正速，皆不能与因循之庙议相持，国内之情形，遂益加重。今日之所救济者，至明日反为怨愤之材料。民间要求，亦日加多。政府遂定议草立宪诏，与域提之告示，并仰露帝之裁可。会露都与伯德尔厚间，有一掌电话交换者，少女亦一致罢工，以致电话不通。由是伯德尔厚离宫内以为另有异变，上下大骚，流言四起，或曰圣彼得堡今炽如火，或曰陆军反矣，于是露帝之意始决，重召域提，时十月二十九日之夜也。翌日，域提来谒露帝，面谈最久，议革诏敕，遂皆得如域提之意。

呜乎十月三十日

至十月三十日(礼拜一)，露国独裁君主最后之幕遂收捲矣。露帝左右，惟域提伯及宫内大臣弗利德留男侍坐，自凭机上，展笔书诏。其时宫中官僚皆默然低首，露帝乃顾域提及弗利德留男曰：

“朕甚乐署名于此诏敕也。此可信为增进人民福祉之道，而人民福祉即朕平素行动之所准者也。朕至今日所以犹支持独裁君主制与大权者，断非为一身之故，是大臣皆以不可缺国民福祉，要盟朕躬，朕亦自信其然。朕之权利与特权，原无与于朕身之娱乐，岂复有所为而吝之不敢耶？前者数日忧心忡忡，非为朕躬也，思虑国事，彻夜不睡，故身心皆惫耳。朕固系念于人民之休戚者，宪法一事，何不可早许之有？而今而后，乃知所以增进国民福祉之道，思之不胜庆幸也。”

露帝语毕，徐徐画结于十字架，此露国敬神家谨行之皆惯也。域提等及官僚皆肃然噤声。露帝从容正色，伸手执笔，凝视诏敕之余白而静署“尼古拉斯”之字，乃置笔焉。呜乎！露帝遂非复独裁之君主矣，独裁君主之制遂为露国历史上之一物矣，露国人民，遂得自由之权利矣。于是域提不能仰视，各官僚等亦咽泣，然露帝则犹沈着从容无异平日云。

人民之大胜

以铳火之声，漂血之迹，而得奏革命之功，此可为露国人民之大胜矣。虽然，在欧洲各国无论何人，皆未尝预期露国人民能一朝得如许权利也。盖彼等欧洲人眼中，以为革命而诉之于干戈，此不可行之事。露国独裁君主，有多数陆军为之尽力，当今之有兵力者，万能者也，况又有铁道、电信、电话、速射炮、机关炮诸不可敌之物耶。彼拳铳者，非枪炮敌，爆裂弹者，不能使哥萨克兵奔溃，圣彼得堡之绞首台，西伯利亚之餐雪窟，皆应付人民之好处所也，故陆军而忠于君主，则革命之事必不能行，其言如此。然而露国人民出之以法国革命以来所未行之新手段，谓政府能以暴力应付暴力，徒诉于干戈固无益也，若能痳痹其所以用暴力之诸机关而使之降服，则彼等将何为乎？故铁道、电信等，皆不为政府用，饮食不给，消息不通，至军队皆不得食粮。盖若使政府能长任人民之所为而无惧，则同盟罢工亦无何等之资力，必各社会一致运动，全国皆敌，使之无可如何，虽有陆军，亦无所用，则彼政府断不能坐待饿死之来，而后有转圜之机矣，是即所以屈服政府之策也。

露帝及政府之屈服也，始则狐疑逡巡，新旧思想相斗于胸中，其结果终使人民得大胜利。其署名于诏敕，盖由于观察大势，不得不然。虽然，露国人民其果能视此为温和立宪相宜之事，而共助政府以定立宪政治之基础焉否耶？

人民之新要求

果也，此诏敕既失时机，于政治极无干系，除温和一部之人民外，皆甚不满。盖庙议迁延不决之际，人民益自觉其有力而增加其要求，诏敕所言之改革，至是虽温和自由派之最少数者，亦不满足（诏敕中许国民议会以真立法权，及扩张选举权，身体之不可侵权，信教、言论、结社、集会之自由权，且创设内阁制度等，皆不满于人民），且人民以政府让步，为无能力之证，必期全贯彻其新要求而后止，曰宪法制定议会，曰国事犯者之大赦，曰戒严令及诸弹压法以之撤回，曰裁退各市府之陆军而置人民之卫兵，曰多勒波夫之免职，皆其所绝叫者也，遂且声言此等要求若不听，则同盟罢工，决不休止。诏敕发布之翌日，露都遂有翻赤色旗、唱革命歌之一大队与守旧派大起冲突，此诏敕又为新骚扰之信号焉。

域提伯之政界

与诏敕发布同时，任新内阁总理大臣之域提伯，乃思维对付此等要求之策而峻拒之，曰："诏敕既言自今以后不经国民议会之协赞，虽何等法律亦不能行，我等其开国民议会而后徐议后图可也。国民议会之决议为国民之意思，则政府誓当遵由之，且此涉于旧法束缚者，当固诏敕之新精神而宽其施行。惟其然则政府无论何等之法律命令，皆断不许为市井之人所威吓，以国家破灭为口实而强久施行者也。"于是域提伯乃使温和自由党（地方议会议员）入阁，共当艰难之局。

虽然，温和自由党亦不应域提之命，彼等亦不信政府之改革，其扬言曰:“诏敕成于仓猝之间,未除去国家根本之弊害,不足以改良国政。诏敕虽许人民参与立法权,监督政府之行动,然不示以如何监督之方法,又将来之国民议会与现在之帝国参议院之关系如何,亦未一言,若犹同于前八月之诏敕,是一无所改革也。且政府果真意改革,则当先行大赦,以表政府之诚意,此诏敕之发布,皆先年从事改革而呻吟于牢狱之人之功,先赦之,以为人民大胜之第一果实,此必不可无者。至普通选举之制,宪法制定议会之设置,则更不可缺者也。”于是地方议会议员中之少数人,虽或有果应其入阁劝诱之命者,而其多数人则以此为域提割民间势力而为征服之政略也,若被其欺而入内阁,则必至失吾党之势力,遂设计排斥域提之召。

危机时之舆论

当是时,世人之论者多咎温和自由党之不助政府,而域提及其赞成者亦以尔后之骚扰,归之于自由党之不肯分其责。咎自由党而并及政府者,则曰:“政府之所谓改革者,虚伪耳。此当然之疑也,不仅证之历史而已,政府今日实守旧之分子为多,故人民如不可不先自政府得诚意之实证,如普通选举,政府悦而许之则可,苟徒以此维系自由党,则不得限制温和者之多数于国民议会。至于宪法制定议会,则政府必峻拒之。究竟决行何等政体,亦不可知之数矣。抑普通选举之法,行之实毫无所阻也。露国人民忠于露帝及罗马诺夫朝者犹多,由选举之国民议会,必将维持立宪君主之制,政府前既失信于民,则此际以大英断而一新民心之术,必不可无者也。至若大赦,亦其一端,行之亦实无所忧耳。”此舆论之一派也。其专咎自由党者,则曰:“露帝既许宪法,是必于其皇室之存立见为万不可缺,且不可不以之为结果者。当此之时,能使此宪法成立者,不徒为域提一人之任,国内温和党皆宜期其大成者也。夫露国人民,有中古时代之生活思想者,十人而九,一朝较英国千六百八十八年之革命所赢得者尤多,无论诏敕有如何暧昧之缺点,然以危急仓猝之际草之，虽美国宪法起草者之哈密顿亦岂能免是乎？但有域提但之诚意任责而奏请之,即宜助之而徐图国政之改良可也。夫独裁君主制之原则既亡矣,论者虽曰专制然犹为,机械俨官僚辈皆欲乘机恢复旧制,即独裁君主制变形存于域提之背后,域提纵愿温和党之赞助，而时势将拒绝之，则此革命动机之社会党所要求者,非推倒立宪君主制而强取民主共和制,不止露帝及域提又何能许之云云。然使温和自由党为社会党所动，而仿法国革命驾哥宾党之主义,则主张普通选举与宪法制定议会,露国多数之人民，亦何取乎？且自由党已主张仿效法国革命之护国兵，而欲设置市民兵矣，是非投国家而供社会党之用者耶。十月三十日之宪法自由党而不援助,是即不为国家之秩序计进步,而为国内骚扰之新祸阶也。上下官民之轧轹,白党(守旧党)赤党(革命党)之攻击,犹太人之虐杀,皆其结果耳。革命之乱日益激烈,遂不得不使域提为武断独裁官矣。”此又舆论之一派也。是等诸说虽不知孰为正议，然此后情形,必各如其所言,不可诬也。

当是时,各地方主张守旧者甚多,而以南露为甚。彼等为知事官吏等所教唆,举死力以保旧制,决意维持所有之地位财产，自诏敕发布以前，既嗾使市井无赖之徒，所谓弗利堪者，加迫害于各(攻)<改>革派及犹太人,于是各地方益一致蜂起,欲使彼等恐怖而弃其运动,剑光铳火,使市府皆化为战场,焚家屋,毁财产，杀人如麻,虽妇女小儿亦不能免。莫斯科、乌夫亚、密音斯科、哈尔科夫等流血之惨,经历数日之久，而痾德沙为尤甚。兵士巡查自为首领，加而杀戮劫掠于人民。计一周间所杀老幼男女之数，较法国大革命时代之数尤多,其惨状可知矣。

尔后之大势

当入阁商议及人民骚动之后，未几各地方又大纷乱。反动派蜂起，农民所至响应，袭击地主，劫掠田园财产。在高加索州有阿米利亚人与鞑靼人之大战斗，此皆由官吏之教唆者也。时陆海军亦乘此纷乱，泄其不平，为巴斯多波及库隆希达大扰乱。外国人在露国者皆恐惧逃归，欲其本国政府派遣军舰以保护之。自是杀人放火劫掠之事，军队之弹压，市街之争斗，逐日不绝，至波兰亦有大罢工之骚扰，于是政府发布戒严令，以为防制。及域提与自由党之商议全破裂后，域提乃以从前之官僚组织内阁，而政府遂大占反动派势力。其间虽有处处之改革策，皆不满足人民之要求，政府与人民此后遂益反目，而民间之要求益强，至十二月遂有波罗的沿海州之战斗，形势尤恶，诸大市府同盟罢工骚扰不绝，遂于莫斯科见年终之大战云。斯时也，露政府之财政信用亦薄，经济上大见困难，或云将不免为国家之破产云。然政府惟镇抚内讧不暇，无由施行改革之事，国民议会之召集，亦不能速行，龃龉复龃龉，轧轹又轧轹，遂入于一千九百六年之新天地以迄于今日矣。

此篇由日本东京《日日新闻》译出，所记皆去年间之事。露国革命之进行，至今年尚未有已。国民议会虽经召集，帝国宪法虽经发布，然官僚派犹盘据露帝左右。政府与议会日见冲突，势如水火，至前月露帝遂以强力解散议会。全露人民皆愤慨起反抗，陆海军亦加入革命运动。现露帝犹在蒙尘中，其结果尚未知若何，吾人且拭目以观其后。抑吾有感者，综观露国人民对于政府之方法，总不外革命。此革命专指暴动、暗杀、同盟罢工等之一切以强迫力反抗政府者而言。与要求之二者，其要求所遂之度，则常视革命之度之强弱为准，然常不相应，但得如十与三四之割合而已。今而后，要求之法将无所用于露国，亦未可知耳。然则此二方法之孰轻孰重，孰缓孰急，盖可见矣。世有言政治革命，徒主张要求而谓无事于他方面者，其亦知所反焉否耶？噫！

万国社会党大会略史*

（一九〇六年四月八——十七日）

叙　论

自社会革命之说出现于世界，而后人道胚胎，天理萌芽，将来世界之问题其于是焉解决乎？

世界者，人类共有之世界也。现世界之人类，统计不下十五万万，然区别之，得形成为二大阶级：掠夺阶级与被掠夺阶级是矣。换言之，即富绅 Bourgeois 与平民 Proletaruns 之二种也。前之一种，独占生产之机关；一种以劳力而被其役使。资本与劳力乃生出佣金之一问题，其不平等之极，一若陟天堂，一若居地狱。不有以救之，世界人类其尽为刍狗矣。

且夫平民非羸弱也。吾人试纵横运左右之手，空气之抵抗力，不似无所感乎？然一至压榨器之下，加以异常之压力，非生出可恐怖之爆裂弹之原料者耶？空气犹然也，而况于人类乎？财产盗夺矣，权利躏蹂矣，人格辱矣，而犹谓有不动之理乎？果也，平民自觉之声，遂借布尔敦 Proudon 之咽喉而发也。曰："财产者，赃品也。"噫！是言也，非平民对于富绅宣战书耶？

阶级斗争之幕既开矣，旗鼓堂堂，为执戈立矛，而进于两阵之间。然富绅者，有政府、警察、军队、学人、僧侣等为之援助者也，平民军之阵势，其将何如乎？"彼等徒蚁集耳，徒高声叫唤耳"，其果如所云云焉否耶？

---

* 本文原载《民报》第五号（一九〇六年六月二十六日出版发行），署劈斋。

"多数者,势力也。"平民幸而蚁集,幸而得多数,是即至优强之势力也。其结阵而进战也,可决其必得战利品耳。马尔克之作Karl Marx《共产党宣言》Communist Manifesto也,其末曰:"吾人之目的,一依颠覆现时一切之社会组织而达者,须使权力阶级战慄恐惧于共产的革命之前,盖平民所决者,惟铁锁耳,而所得者,则全世界也。"又曰:"万国劳动者其团结!"呜乎!是可以观万国社会党之大主义矣。

万国社会党之起原

万国劳动者同盟The International Workingmen's Associafion

欲知万国社会党之起原,则万国劳动者同盟其嚆矢矣。万国劳动者同盟,实由于马尔克之指导而成,而亦为经济的情势必然之结果也。其始也,当一千八百六十六年,在瑞士国之瑞内瓦湖畔催开大会;其次则为一千八百六十七年瑞士罗森劳之大会;又其次则为一千八百六十八年比利时比律悉京城之大会;又其次则为一千八百六十九年瑞士巴塞耳之大会。每大会时,则各国劳动者代议士必增加,其发达正可惊者也。

虽然,万国劳动者同盟,以急于团结之故,遂不暇问旗色之如何,至一千八百七十二年开大会于和兰之哈古市,无政府党(即巴枯宁派Bakouninist)与社会党((会)<即>马尔克派Marxist)乃以此问题而惹起争论焉。因是之故,两党遂布离散之势。

干的联合大会

一千八百七十七年九月,巴枯宁派与马尔克派,因欲谋统一之故,开两党联合大会于比国之干的市,欧美各国之诸劳动团体来会者四十五名,内巴枯宁派计有十名。

虽然,社会党依然社会党也,无政府党依然无政府党也。社会党者，欲使一切之生产机关为国家所有；无政府党者，绝对的排斥国家，主张单归于自由自治团体之所有。当是时，无政府党虽论争正力，终以多数之决议宣言如左：

“社会所以存在之基础之土地，与其他一切之生产机关，若被握于个人或特别之阶级之掌中而为私有财产时，则其必然之结果，必使劳动阶级受压迫贫穷饥饿而不能遁免。故大会宣言：以自由自治之团体组织之，而以土地及其他一切之生产机关，归于代表全国民之国家之所有。”

然“国家”二字，究竟非无政府党所能纳受之文字也。无政府党者，除准备激烈革命之外，他之政治的运动毫不关与者也，而社会党则欲由政治的运动以全万国平民之解放。时则有折衷派出谋所以调停之，然两党毫不让步，折衷派亦噤口焉。

于是干的大会遂不能达其目的，巴枯宁派皆连袂而去会。比利时、法兰西、英吉利、德意志、丹麦、意大利诸国之代表者，乃调印于团结契约，决议设万国劳动者通信本部，而大会遂散。

伦敦万国劳动者大会

英国者，马尔克尝亡命之地，而建筑劳动者运动之基础者也，其驱激烈的产业革命之劳动者而使走入万国劳动者同盟，当以此国为最甚矣。然英国国民有徒喜实行之癖，常不免流于姑息因循之弊。彼等始见夫一千八百七十一年法国劳动者之败于巴黎暴动Commune也，则喁喁然少倾向其颈焉，既而见夫万国劳动者同盟之发布赞同此事之宣言也，则恐怖战栗掩耳而走矣，于是其足遂渐远于万国劳动者同盟之激烈场，其口遂仅甘于社会改良主义之温和说。

乃至一千八百八十八年，劳动组合出代议士斡旋而开伦敦万国劳动者大会，其所规定凡非劳动者团体劳动组合二人以上之当事者而营共同之事业谓之组合产业组合之直接代表者，不能出席，是盖所以妨德国社会党首领之来会也(即马尔克派)。盖当时法国社会党中有可能派 Possibilist 者，与马尔克派尤为势不两立。可能派者,虽亦以共产制度为信仰之条件，然以为使一切生产机关归于国家或社会之所有,则犹须期于数十年或数百年之后,故主张先使之归于自治村邑之所有，尤为易易。其主张与马尔克派所祖述者大相龃龉，呈两派分立之状者已久。及开会时，德国、澳大利、瑞士、美利加之社会党代表者遂不出席，惟以代表百十万劳动者之百十名代议士而开会焉。其决议者甚多，有明年当开次期大会于巴黎之一条,是即巴黎万国社会党大会之萌蘖也。

第一回巴黎万国社会党大会

马尔克派之运动及第一回大会之开会

当可能派之排斥马尔克派也,马尔克派闻之乃走和兰,集会于哈古市，讨议对于可能派之态度当如何。集者，德之立布克勒希 Bebel Liebknecht、法之拉发尔孤 Lafargue、比之俄尔德尔 Ansecle Volders 及和兰之牛温秀士 Croll Nieuwenhuis 等是也。其决议之结果,以马尔克派申请加入于可能派大会，若不纳时，则别开马尔克派大会于巴黎焉云云。及可能派准备以六月十五日开会，果不许马尔克派之加入,于是马尔克派先于可能派开会之一日,即六月十四日,遂开大会于巴黎,此即旧万国劳动者同盟之复活而万国社会党大会之第一回也。近时万国社会党运动之步伐整齐，皆基于此矣。

先是,旧万国劳动者同盟大会常由五六十名之代表者而成,而其所代表者亦不过十国以内,至是马尔克派万国社会党大会,有三百八十一名之代议士,所代表者有二十余国,其一名代议士为由五千以上之劳动者所推出者。由是观之，此次其所代表之劳动者之数,至少亦当超过二百万以上,可谓众矣。

此大会之决议，多系万国劳动者保护法案，今摘记其大要如左：

一、减缩劳动时间为八时间。

二、十四岁以下之幼儿禁其劳动，自十四岁至十八岁之少年劳动者，不使为六时间以上之劳动。

三、除有甚为紧急之性质之工业外，使全废夜业。

四、妇人及十八岁以下之少年劳动者，断不使为夜业。

五、不使妇人为特别有害身体之劳动。

六、使与劳动者以一周三十六时间之休憩。

七、设置自政府支给其报酬之监督官，使极力监督一切之工场；但监督官之半数，当使之自劳动者选出。

八、禁止有害劳动者之健康之一切工业及一切劳动。

既决议矣，然犹以为不足，乃更进而谋实行之方法，其重要者则曰：

"一千八百九十年五月一日，各国社会党团体为八时间劳动之故，当行大示威运动。"

满场一致，皆决议焉。尔来五月一日，遂为万国劳动者之大纪念日，其示威运动，亦逐年赴于旺盛之途，至于泰东之日本，亦闻风兴起焉。日本社会党去年已成立。

五月一日

以五月一日定为万国劳动者团体之大示威运动日，此固巴黎马尔克派大会之所决议，然其所以遂能决议，而至于现今之状态者，则基于北美社会党之提案也。先是，一千八百八十六年五月一日，北美之劳动者为八时间劳动之故，起大示威运动，而不能达其目的，遂传檄于巴黎大会，求万国劳动者团体之协力，故此次大会遂容其提案而满场决议也。

当此提案之通过巴(里)<黎>大会也，各国之政府、绅士、资本家等固皆以为并无何事，不过空啸者也。乃未几而期日既至矣，示威运动之势甚形强大，彼等始惊恐而一变其态度，遽遽然惧不免于迫害焉。何以故以此等手段，实为激烈革命运动之第一步故。

虽然，社会党者，平和党也，行此示威运动于世界之工业大都会，皆以静肃整齐为之，而毫不紊其秩序，即先以禁止解散为绝叫者之富绅派诸新闻，亦皆各表赞美之意，警察官亦访示威运动之首领于其家而感谢其持平静之态度，盖激烈革命运动之文明气象无过于是矣。

第二回比律悉万国社会党大会

一千八百九十一年八月，由马尔克派巴黎大会之决议，开第二回万国社会党大会于比国之比律悉，各国代表者之来集者都凡三百六十名。夫第一回巴黎大会既使各国社会党之团结复活矣，此第二回比律悉大会者，即所以使此团结益成立其组织者也，故其所议多关于此等之事。如八月二十一日之议决，可谓为其重要者矣，其决议之大要曰：

“现今之(现)<社>会制度，资本家阶级愈掠夺劳动阶级之政治的权力，使劳动阶级之经济的状态，益益危殆。当此之时，同盟罢工 Strike 及关系断绝 Baycott 者，皆劳动者出于不得已之最良武器也，是即所以排击使劳动者堕落政治的及经济的地位之公敌之来袭者也，是即所以使劳动者之政治的及社会的地位在现今社会就可能之范围中，而向上发展者也。

虽然，若误其时机，而使用此武器乎，则虽与劳动阶级以利益而必蒙多大之损害矣，此不可不知者也，故劳动者而欲用此武器也，不可不熟虑精察其时机及其方法。

且也欲使其目的达于完全结果之域，则劳动者须先自组织团体，而此已组织团体者之团结力，尤不可不被防护于强固之基础之上也。对于政府及资本家之企图，不可不绝对反抗之，若其国之法律而禁止劳动者之团结乎，则劳动者尤不可不尽力而图其废止。

诚如是也，则万国各设立其国之劳动者团体焉，果资本与劳动者之间而起争斗时，可径通告之于各国劳动者团体，将以协力而举行万国劳动者团结之实。”

此决议者，实由德国革命党经验之结果而来者也。德国革命者在狡猃专制家毕士麦宰相之下，受社会党镇压令之束缚，苦斗困战，不可名状，经此残暴之后，遂生出如斯之议案于此次大会焉。此议既决，遂不啻起万国劳动军于一命令之下，一鼓而使绅士资本家惊倒狼狈，以为将军从天而下者矣。

虽然，当时提出于大会中之议案，尤足使万国绅士资本家(鹫)<惊>倒狼狈者，则更有和兰社会党首领牛温秀士之提案，谓：

“当国际战争方始时，两交战国之劳动者当以总同盟罢工而应动员之命。”

是也，但此案未经通过，当时会场只决议反对国际战争而止，然社会党进步之猛烈，亦是以见矣。

第三回租利希万国社会党大会

当马尔克派之开第一回大会也，英国劳动组合之团体，皆走集于可能派旗下，而附从其温泉和说。今也马尔克派之主义既年盛一年，彼等乃渐悟前日之误，遂去可能派而再投于马尔克派之故巢。一千八百九十三年八月遂开万国社会党大会于瑞士之租利希Zurich市，悬马尔克半身之肖像，以六国之语言绝叫“万国劳动者团结万岁”。因革尔士亦提其龙钟之老体，自伦敦来会，祝其友马尔克之胜利焉。

此次出席者都凡三百三十八名，内有犹太人社会党团体之代表者，及和兰小学校教员团体之加入者，皆此次大会之特色也。今举其代表者之数及其国籍如左：

国　籍	代表者数	国　籍	代表者数
澳洲	1	西班牙	2
巴西	2	比利时	17
丹麦	2	布勒加利亚	2
法兰西	41	德意志	98
和兰	6	英吉利	65
哪威	1	意大利	22
匈牙利	10	澳大利	34
罗马利亚	5	波兰	10
瑞士	117	俄罗斯	1
色尔维亚	1	美利加	3

既入议事，乃接续比律悉大会而再提议团结组织之事。于是基于前次所决议者，规定当组织各国社会党团体，及统一社会党之万国本部，且选举各国劳动委员，以联络各国社会党团体间之交通，使无遗憾，认许阶级斗争，使生产之法成为社会的，而以一切之团体及一切之政社属之。

其他如速减少劳动为八时间，如极力谋得普通选举权，皆此次大会议事之重要者也。牛温秀士之战时总同盟罢工案，亦提出于大会，然仍以多数而被否决。

第四回伦敦万国社会党大会

一千八百九十六年七月二十七日，开万国社会党大会于伦敦，实万国社会党第四回之大会也。大会之地所以必择于伦敦者，欲使尔来渐近于马尔克派主义之英国劳动团体合同而统一也。开会之先，德国之新革尔 Liedknecht Singer、澳国之爱德雷 Adier、英国之叶尼诺马尔克 Aveleng Elinar Marx、瑞士之希革 Greulich Sigg 等，登坛而握手，会众皆唱革命之歌，以表万国劳动者团结之意。

所可惜者，欲合同英国劳动团体诸派之目的仍未能完全达到。开会之第四日，牛温秀士战时总同盟罢工案，又被否决。和兰社会党代表者之多数，拥其首领牛温秀士而出，酿成议场宣嚣之态，是则此次大会之耻辱，而万国社会党历史之污点也。然所提议各事，终以多数而决议焉，其重要者则有如左：

一、凡达于成年者有总选举。

二、劳动者自治之权。

三、妇人解放。

四、当反对殖民政策。

五、十六岁以下之少年，当课以义务教育。

六、解放大学，使听讲者不纳学金。

七、十八岁以下之劳动者，使禁夜业。

八、土地国有。

九、与小学生徒以午食。

十、全废常备军，使以民兵代之。

十一、次期大会当于一千八百九十九年开于德国，或一千九百年开于法国。

右诸条中惟第八条之土地国有问题，讨议其方法者正为纷繁，莫衷一是。其最后议，则惟决各随其国情，采适当之方法以行之而已。

此次大会尤有注意者，则奖励农民之团结是也。前此各国社会党皆仅注目于工业大会，视农民若无正关与也者，至是始以农民之团结为革命之一大要素，各国遂皆势力运动，而社会党势力自是愈膨胀矣。

第五回巴黎万国社会党大会

一千九百年之九月，法京巴黎开万国大博览会。此固各国人士荟萃之好时机也，社会党乘之，乃开万国社会党大会于巴黎，以谋党势之扩张，自九月二十三日至二十八日，亘一周间而散会。此次代表者之数，多为以前所未曾有，其国籍及其数如左表：

国籍	代表者数	国籍	代表者数
法兰西	473	俄罗斯	23
德意志	55	波兰	17
德意志妇人	2	美利加	5
澳大利	10	丹麦	19
意大利	10	和兰	9
比利时	37	西班牙	4
哪威	1	亚尔然丁	1
布勒加利亚	1	葡萄牙	3
徐格(Cgekh)居于澳领波希米亚北部之一民族，系斯拉夫种	2	爱尔兰	3

此次大会所议决之事更夥，其重要者：

一、万国社会党之团结当使更加强固之方法。

二、关于劳动时间与佣金之最低额，设万国的规约。

三、劳动者之解放，为社会的阶级而组织平民之团结。

四、常备军之全废，万国的平和之建设。

五、殖民政策。

六、海上劳动者之团结组织。

七、普通选举，直接立法。

八、与富绅诸党之联合。

九、五月一日之示威运动。

十、多拉斯特之问题。

十一、总同盟罢工。

而第一条使万国社会党更加强固之方法，后议决分为四项：

（一）设万国社会党中央委员。

（二）设万国社会党本部于比国之比悉律市。

（三）设万国代议士委员会，使在各国国会中之社会党代议士之政治的行动皆成一致。

（四）设万国社会党图书馆及万国社会党记录所。

议既决，于是第五回之巴黎大会乃告终。告终之日，举行巴黎大祭，祭奠巴黎暴动殉难劳动者伯尔拉希 Pere.Lachaise 之墓地也。各国代表者，皆排列而礼，呼“社会革命万岁”，礼毕遂散会，呜乎盛矣！

第六回安斯德旦万国社会党大会各国委员之指定

万国社会党第六回大会一千九百〇四年八月十四日至八月二十日开于和兰安斯德旦 Amsterdam 市之喀布音乐堂。此次大会自世界各国社会党团体所派遣之代议员超于千人以上，其间所指定之各国委员如左：

英吉利 { 亥德满 H.M.Hyndman
国尔基 H.Quelch

亚尔然丁 { 堪比耶 A.Camdier
乌加尔德 M.Ugarte

德意志 { 阿俄尔 J.Auer
新革尔 P.Singer
科芝开 K.Koutsky

澳大利 { 阿德雷 V.Adler
斯卡勒 E.Skaret

比利时 { 芳德维尔 E.Vandervelde
安希雷 E.Anseele

波希米亚 { 勒麦克 A.Nemed
苏克普 Er.Soucnp

西班牙 { 依革勒希 Iglesias
国节多 A.G.Quejido }

法兰西 { 维扬 E.Vaellant
普勒色 F.de Pressense }

和兰 { 特洛尔斯 P.Troelstra
斐安哥尔 H. Van Kol }

匈牙利 { 维尔特勒 T.Wellner
皆拉利 E.Garani }

意大利 { 斐耶利 E.Ferri
纠拉的 F.Turauti }

哪威 { 革林根 O.Kringen
杰伯森 G.Teppessn }

波兰 { 杰德尔折约克 B.Tedryejowoki
俄由拉鲁加 C.Wojnarawska }

俄罗斯 { 普勒加罗夫 G. Plekhanoff
革利吹士克 B.Krelschewsky }

瑞典 { 布兰青 Hj. Branting
威克满 C.Wickman }

澳州 爱鲁 Che.Epre

布勒加利亚 海拉科 N.Harlakaw

丹麦 伦德色 P.Knudsen

美利加 黑伦 G.D.Herron

日本 片山潜 S.Kafayama

芬兰 卡利 T. K. Keri

瑞士 浮尔和尔 W.Furhaly

色尔维亚 士施罗利 V.Mstoyanoritah

日俄两国议员之握手

右之委员中，和兰之斐安哥尔为会长，俄国之普勒加罗夫，日本之片山潜为副会长。以十四日开会，会长先为开会之演说，次两副会长代表日俄两国之社会党立演坛而握手为礼。片山氏以英语对普氏而言曰：“吾兹与俄国之代表共相见，吾正喜。吾日本今也非对于俄国起惨绝之战争者乎？吾日本之社会党则自一千八百九十六年以来，时时希望日本之社会的革命也。”普氏对之而为答词曰：“俄国人民非望战争者也，实为俄国人民公敌者之政府，以其冒险的专制的政策挑发日本者也。今也俄国已陷于困境，实为当然之报酬，所难堪者，吾人民耳。虽然，若使俄国而得胜利乎，则吾人民之为牺牲者更不知如何矣。日本者，非为吾人除去专制主义之巨象之一足者耶？”呜乎！此握手也，实世界社会党发达历史之可大书特书者也，且不(仪)<仅>对于世界之同志而已，实对于世界各国之君主贵族富豪绅士及一切之阶级而表示社会运动为世界一致之运动者也。社会党之主义，为民胞物与之主义，为太平大同之主义，无国界，无阶级，只以纯粹之人道与天理为要素，不于此益可见耶？

日俄战争反对之决议

于是日本社会党员提出反对日俄战争之议案，其词曰：

> “日俄战争者，毕竟不过两国之资本家的专制政府之行动已也，然两国平民社会因之受惨痛之损害者不少矣。故吾日本之社会主义者，对于安斯德旦万国社会党大会之各员，希望各督励自国之政府，尽其全力，使日俄战争速告结局，并求此提议之通过焉。”

此议案既提出大会，满场一致皆决议如左：

> “今也，当俄国专制政治因战争而受打击之(防)<际>，吾人社会党当为政府与资本家制度之故，而为牺牲，对于被虐杀

之日俄两国平民，谨表敬意。各国社会党，当各以其方法反对此战争之蔓延及永续。”

社会党硬软二派之分裂

次于日俄战争反对之问题，而足以引起世界之耳目者，则关于世界一般社会党之政策之讨议是也。此问题之由来，则起于法国之多勒夫斯事件。多勒夫斯者，法国陆军之一大尉也，以其为犹太人种，故(掌)<尝>被擯斥于法人。法国王政党乃利用之，欲煽动无智之军人，因颠覆共和政府，以恢复专制政治。然社会党人则大不然，社会党人以为，吾党姑无论〔外〕专制立宪共和及其他如何政体之上，恶其结局之不平等固为同一程度也。然就其掠夺平民之一切自由权利而论之，则与其为王党专制之政治，宁仍共和政治，毕竟犹稍胜一筹耳。故社会党百端以援共和党政府，其结局遂组成哇尔德克内阁，而社会党员弥尔兰Milerand氏乃入阁为商务大臣，于是王政党之阴谋遂(组)<阻>而共和制终得维持焉。虽然，(维)<弥>尔兰入阁之后，不守社会党之目的者也，彼反助资本家政府之暴戾政策，以残害劳动阶级者也。当是时也，则有革斯德 Guasde 一派起者，而反对(维)<弥>尔兰之入阁，又有鸠尔斯 Jaujcs 一派者，则助(维)<弥>尔兰氏，法国社会党遂分二个之党派。革斯德派者，主张马尔克以来之强硬政策，排斥一切之调和让步说，纯然取革命的态度者也；鸠尔斯派者，主张不妨为多少之让步，与他之急进诸万政党提携而组织联合内阁，以渐握政权者也。一千九百年开巴黎国社会党大会之时，革斯德派曾提出强硬政策以求决议。当时各国委员不欲容喙于法国社会党内轮之轧轹，遂通过所谓科芝开 koutsky 议案，大抵以调和两派而折衷之为主义而已。然二派仍皆以不如其所主张之故，而甚不满足也。其后(维)<弥>尔兰虽因背社会党之主义而除名，而软派之思想则转蔓延于各国焉，一时稳和派改良派临机应变派入阁派等之势力几于无处无之，遂与马尔克派革命派非调和派并驾齐驱矣。此社会党硬软二派分裂之原因也。

社会党硬软二派分裂趋势之进行则何如乎？一千九百〇三年，德国社会党开内国社会党大会于德勒斯达 Lresden 市。软派首领佛尔美 Former 提出纲领改正案，为四时间之演说，大略言为须实行社会主义之故，不可不变易其手段。而硬派首领伯伯尔则大反对之，斥其为降服于富豪之政策。于是(故)<改>正案终以少数而被否决，而伯伯尔等之提案遂得通过，即所谓德勒斯达决议者是也。其两议之辞曰：

吾人者，断不为如改正派调和之企图者也，吾人目的非以从速变更现在之社会组织而现共和民政之社会为归宿者耶。(被)<彼>改正派者，实须改易其根据于阶级斗争之革命的政策，而仅谋现在社会组织之改良者也，吾人其可不纠正之耶？吾人实信夫将来之阶级斗争断不可有缓和之态度者耳，吾人今为宣言曰：

(一) 吾党今对于由资本家制度所生之政治上及经济上之状态，不感有何等之责任，故如政府有援助彼等阶级而足以续长其权力之一切手段方法，则抗拒之。

(一) 吾社会民主主义，从一千九百年巴黎万国社会党大会所采用之科芝开议案，不许参列于资本家政府。

吾人更进一步曰：为彼等资本家与政党联合之故，故当排斥为现在社会之矛盾与反目者之一切企图也。

如斯之决议，而德国社会党硬派之势力遽增。

又一千九百零四年四月，意大利社会党亦开大会，硬软两派之纷争亦正激烈，其卒也，亦为马尔克派独占胜利。

又，法国社会党之革命派开内国大会，亦决议采用德勒斯达之议案。

于是万国社会党硬派之势力遂为中中点，而软派者几如疾风扫叶，虽有残存，亦无几许矣。

至是开此次大会，此争点遂为议场之一大问题，主硬派者以德之伯伯尔为代表，主软派者以法之鸠尔斯为代表。二人者，皆雄(辨)<辩>家也，遂登演坛，为数日之舌战，而皆不能分胜负。和兰之维安德尔威氏乃提出两派折衷之议案，然亦被废弃焉。次乃投票而决德勒斯达案，其揭晓则除比利时、丹麦、和兰、瑞典、瑞士、亚尔然丁告中立外，赞成原案者为德、澳、匈、俄、意、西、美、波希米亚、布勒加利亚、日本、波兰及英之社会民主党、法之革斯德派等，而反对者则不过英领诸殖民地及英之独立劳动党、法之鸠尔斯派而已，于是原案遂得大多数硬派之主张终究于大会，大会决议案之全文，遂基于德勒斯达案而成立。

一国一党之决议

社会党硬派既以大多数而制胜利矣，乃又为一国一党之议决。伯伯尔诸氏另以此事提出一案，得全会一致之赞成而通过之，遂决议如左焉，曰：

> 本大会今宣言于世界，凡劳动阶级对于资本家制度之斗争，不可不发展其全力，故一国内只可有一致之社会党，犹如一国内只有一层之劳动阶级也。我社会党各国之同志乎，其如为保本党一致之故，而尽全力之义务。

夫硬软两派之激战也，社会党似有内部轧轹之患，固有令人不无遗憾者矣。然此一国一党之议案竟被全体一致之通过焉，则仍足以见社会党公德心之圆满而团结力之强固矣。其后法国之二派遂合同而成一大政党，英美各国诸派亦为联合之交涉，各国一党之决议遂渐睹实施之状况。呜乎，人道与天理不诚为尽人能知之而能行之者哉！

第六回之大会终结

八月二十日，安斯达旦万国社会党大会豫定闭会之期日也。

闭会之前，复议决每年须为八时间劳动之故而为示威运动，每年五月一日之劳动祭日须休业，又豫定次期大会一千九百〇七年开于德国倭敦伯国之斯士德加德市据最近所闻，万国社会党大会第七回因祝俄国革命之胜利且援助其势力之故，现拟改于俄国某都市开之。决议既毕，会众皆拍掌，呼万岁而散会，第六回万国社会党大会遂告终结。

此篇从日本《社会主义研究》杂志中译出，以原文篇幅文格稍有不整，略为修改。万国社会主义进行之势方兴未已，故记事亦不得即视此为杀青之期，如近日法国社会党两派已经复合，别生出“社会主义与爱国心”之一问题，将来次期万国大会必为剧烈之争点。吾人暂搁笔，以试目俟之焉可也。

编者识①

思　家*

（一九〇六年十月一日）

去国已三载，思家又一秋。亲忧知白发，闺怨定蓬头。
禹域腥膻满，天涯道路悠。有家归未得，期待灭仇雠②。

秋　晓**

（约一九〇六年十月）

旅夜难成寐③，起坐独徬徨。月落千山晓，鸡鸣万瓦霜。
思家嫌梦短，苦病觉更长。徒有抚戈志，飘零只自伤。

---

① 此为《民报》编者，即宋教仁。
* 本诗录自胡韫玉编《南社丛选》（上海国学社一九二四年版）诗选卷二。
② 《宋教仁日记》第五卷十月一日记此诗末句为“期待灭匈奴”。
** 本诗录自《宋渔父初集》，杞忧书社一九一三年版。
③ 此句又作“为客苦宵长”。

安东县* 庚戌年在东三省运动起义

（约一九〇七年四月）

平沙临驲路，荒市倚江村。郡县鸡林古，华夷鸭水分。

蕃营朝放马，胡外夜降神。都护今何在？安东空复存。

间岛问题**

（一九〇八年）

序

间岛交涉起，日久未解决。夫岂地志之不详有所藉口哉？

长白山顶有天池，其水之北流者为松花江，源源之东南流者为土门江，西南流者为鸭绿江，亦既尽人而知之矣。国家之兴也，东征西讨，日辟国百里，人莫得而非之；其衰也，城狐社鼠，宵小亦得而陵侮之，何也？强权不足以制之也。间岛以韩人占垦始有此名，要其地在土门江北。此题解决，以辩明土门江所在为准，土门江所在，以水之有东南流者为准，其他之说，皆支离不经者也。康熙壬

---

* 本诗录自《宋渔父初集》，杞忧书社一九一三年版。宋教仁受同盟会东京本部委派，于一九〇七年三月二十六日偕白逾桓和日人古川清从日本去东三省运动起义，四月一日到达安东，嗣因白逾桓在碱厂招兵被捕，复遄返日本。"庚戌"为一九一〇年，疑有误。

** 这是宋教仁的一本专著，录自《地学杂志》第四十六至七十三号。文前有张峻案语云："是书宋氏成于前清光绪三十四年，韩熙隆元年，日本明治四十一年。脱稿时，沪上某书肆曾印行之，舛驳甚多。迨问题解决，宋氏拟加更正，易名《中韩疆界考》，志未竟而身先殒，稿纸散逸余书簏中，几至盈寸。追忆往事，多不幸言中之处，爰按遗文，略为序次，以资有志研究东北地理历史者之一助。"该杂志未载"序"和"例言"，这里的"序"和"例言"均录自一九〇八年上海某书肆的单行本。

辰，乌喇总管穆克登与韩官李义复等会查边界，至长白山审视，西为鸭绿，东为土门，于分水岭勒石为记；惟土门江源有伏流数十里，于所谓天然界限尚有未完，因更立木栅、土石堆，借人为以补其缺。咸丰间，韩人绘图，尚明载木栅、石堆（土堆不载，年久坍尽，与地平矣），今纵又有变迁，准其地望，复勘当自得之。是书援引韩国公私图籍，运用国际公法学理，以证明土门既即图门，则土门江北之间岛，无论从何方面立论，皆应为我领地，盖不惟历史事实一一有利于我，并早经对手人确认故耳。彼自诩文明强国之第三者，纵令怀抱野心，视耽欲逐，亦岂能向壁凿空，以推翻此不可移动之铁案也耶？

虽然，我自甲午而降，兵威不振者久，此外交当局者所为恨无强权，藉作英雄用武地也。顾吾则谓兵威非真强权、而舆论乃真强权。十余年来，外交失败，书不胜书，苟有舆论以质其后，始虽小小失败，率未尝以失败终，例如某事某事，其尤著已，况今日之外交当局者，固世界列强争推为经验最富、手腕最敏之大人物乎？

窃意是书一出，舆论必由之而唤起，于是政府之远猷，国民之舆论，相与有成，俾我东西四百里，南北四百七十里，大小略等台湾之间岛，竟能完璧以归，以保障我朝长百山发祥重地。此则吾侪刊布之微意，并愿我朝野爱国诸彦采及刍荛者尔。

光绪戊申七月在沪付梓时识

例　言

一、间岛之地，并非海岛。其地初无名称，韩鲜人因越垦之故，称为“垦土” kentu，原为普通名词，后乃变为固有名词，又转为“垦岛”，又转为“韩岛”，又转为“间岛” kənto，今日人遂以间岛为名，而我国各公私文牍亦沿袭之。此本书以《间岛问题》之由来，从通称也。

一、是编所依据者，以日韩人历史地理书及游历笔记为多，盖侨居海外，无从多得祖邦故籍，且欲假盗器以御盗也。

一、编中纪年，皆用中国、朝鲜、日本三国对照。

一、编中记道里尺度，亦有不尽用中国制者，如英里则作哩，英尺则作呎，日里则作哩，日尺则作呎，韩里则分注韩里于其下，是其例也。

一、引用书籍，日本、朝鲜人所著者，则加日本、朝鲜字于著者姓名上，中国历朝人所著者，则加唐宋等字于著者姓名上，本朝人则否。

一、编中地名释以今地者，皆准中韩二国现行制度。

第一章　间岛问题之起原

呜呼！近日极东外交界，忽有新发生之一问题，使我国人应付此问题，不幸而失当，则大之将起瓜分之渐，小之亦招失地之羞，危急存亡，间不容发。呜呼！我国人尚未之知耶？

中国满洲与日属韩国接壤之处，有一大地域，名曰“间岛”kantao，原为中国领土已久。近日本忽生异议，谓其地当属韩。其驻韩统监府于去岁七月（清光绪三十三年）遣陆军大佐斋藤季治郎率僚属宪兵往其地，设统监府间岛派出所，以保护韩民为名，实欲据而有之。时清政府惊愕抗议，遣陈昭常为边务督办，率兵前往，以从事防御及勘界事宜；复由外务部向日本交涉，口舌文书，辩难十余次，迨今数阅月，遂酿成极东外交界所喧传之间岛问题焉。

间岛既为中国领土，果何原因而成为中日二国间争议之一问题乎？此不可不先考察者也。

原夫间岛之位置，在豆满江之北，长白山附近，而横亘于满洲东南之野。满洲东南与韩国接壤之一带土地，当清廷初起时，土著从龙，移徙入关者大半，而长白山附近，以发祥重地，故复严封禁。

于是西起边外，东逮珲春，皆渐变为荒凉之域，其疆界有暗昧不明之势。康熙五十一年（朝鲜肃宗三十八年，日本中御门天皇正德元年），清廷始命乌拉总督穆克登审查边界，会合朝鲜委员李善溥、李义复、赵台相等，登白头山，探得山顶水源，西为鸭绿，东为土门，两国委员，乃以合意勒碑纪标于分水岭上。其所谓土门，即今之豆满江（一名徒门江，曰图们江，满洲语谓为图门乌拉，意谓万江，言众水注会之义也）。盖当时实以豆满、鸭绿二江定为国境，豆满江以北，今之间岛，固划归中国领土矣。阅百余岁，至清咸丰时（朝鲜哲宗时，日本孝明天皇时），清廷割弃吉林省东南部与俄罗斯，俄人招徕韩民，开垦豆满江外荒地，因是韩民年年渡江移居者夥，渐流入于中国珲春山谷间，浸及海兰河两岸，到处垦地构居，遂成村落，清官吏未之闻知。迨至清光绪七年（朝鲜前王即太皇帝十八年，日本天皇明治十四年）吉林将军铭安，命知府李金镛办理珲春招垦事宜。金镛踏查荒地，过嘎牙河，始发见韩人越江开垦之事。时韩人占有八区，所垦面积达八千余晌（晌者，满洲语也，一晌各地多少不同，延吉厅附近一晌地为十五亩），朝鲜咸镜道刺史发给地券，载入册籍，名其地曰垦土 kentu，又曰间岛。铭安与边务督办吴大澂，拟以越垦韩民，编入珲春及敦化县民籍，旋因朝鲜国王上书清廷，愿自行收还韩民，清廷允之，命铭安等照会朝鲜六镇郡守赵秉稷等，限一年内听其收还。次年，敦化县知县又发告示，令韩民退去，于是韩民安土重迁，纠合钟、稳、会、茂四郡人，相与诉于钟城府使，谓国界之土门非豆满江，豆满江北地非中国领土，钟成府使则照会敦化知县，请审查边界，是为中韩疆界问题之权舆。

阅二年（光绪十一年，朝鲜前王二十二年，日本明治十八年），朝鲜遣安边府使李重夏，清廷遣委员德玉、秦煐等，会同查勘分水岭界碑及豆满江发源之处。清光绪十三年，又查勘一次。德玉援引旧例，主豆满江为界，朝鲜不能难。惟豆满江上源有数水，德玉等欲以石乙水为正源,朝鲜欲以红土水为正源,争论不决,遂中罢。未几,清吉林将军长顺奏设垦务局于局子街,丈量韩民所垦地亩,征收租税,查编韩民之不愿退去者,入中国民籍,且照会朝鲜官吏,以后韩民不得再移居垦地。清光绪十四年,又于豆满江沿岸,设立界碑十座(按即"华夏金汤固河山带砺长"等字界牌),于是问题得一时解决。惟时清廷政令腐败,当日禁止韩民,不过一时外观;又北韩地脉硗确,生计维艰,故韩人渡江垦地耕作者仍众。其人约有三种:一昼渡江耕作,夜复归者;一为中国人佣工者;一移家构屋而居者。自是中国禁令益弛,韩人日益加多,较中国人移居者且倍之,清官吏不复能禁。光绪二十八年,乃设延吉厅于局子街,以治其地。当是时,中国人及清廷官吏,对于韩人往往骄慢,韩人怨望,不欲属治清廷,而主张间岛属韩之议复起。光绪二十三年(朝鲜改号韩国光武元年,日本明治三十年),韩国北咸镜道观察使赵存禹作意见书五条,请韩政府与清廷交涉。次年,钟城人吴三甲上书韩廷,亦请清查边界。同年,韩庆源郡守朴逸宪,查勘白头山界碑,作报告书,亦持豆满非国界之说。由是间岛问题复起。迨至庚子之役,俄人据满洲,并及间岛,欲笼络韩人,以收大利,窥知韩人争间岛之心甚切,使其驻韩公使韦贝与韩外部大臣李道宰协商,许以间岛主权之半让归韩国,行韩国共同政治,并提出约章草案五款(第一款,居住于韩国咸镜道间岛之俄国人民与韩国人民,为欲互相和睦亲厚而各从事于产业,以间岛及其附近三哩以内之地,组织为一州,由两国人民共同协治行政,俄国政府对于此事申明无何等之异议。第二款,前款揭记之州长,由居住该地之韩人及二年以上居住该地之俄人以投票法选任之,选举者及被选举者之资格,须每年纳诸种税五圆以上,未曾犯破廉耻之罪者,每五年改选一次。第三款,州长在其管内,有关于行政、财政、兵事、卫生、教育、宗教上一切之统治权,且为保安境内之故,得经俄韩两国政府之认许,组织相当之警备兵。第四款，该地域内若生扰乱，而州长不能自为镇抚之时，及第三国对于该地而为紊乱安宁秩序之干涉之时，俄韩二国政府当协同一致，讲适宜防御法，或互相照会，约以出兵。第五款，本条款非将来有不可避之障碍及适当之理由，不得解废之，若将来加正追补于此条款时，须要两国政府全然表示合致之意思）。其约章未实施而罢。

时俄人移居间岛者渐多，俄国遣官驻地陀所（亦曰艾丹域）管理之，韩国亦遣李范允为韩间岛视察官，保护韩民，与中国官吏鼎立而三。次年，清廷迫韩国撤回李范允，韩国政府将允诺，而范允抗争之，起兵作乱，自称北垦土管理使，未几，为清吉强军统领胡殿甲、延吉厅同知陈作彦所败，委弃韩民遁去。作彦与韩国官史因定善后章程十二条，稍稍收回主权。日俄开战，俄人因战败，亦撤退地陀所官。至清光绪三十一年，韩国为日本保护国，日本驻韩军司令官长谷川好道巡视北韩，至会宁，韩国有一进会者，上书好道，请其保护间岛韩民，未几，又派代表至统监府，再四诉之。日本初犹不知注意，后数调查，知形势便利，物产丰富，于经营东韩北满大有所资益，乃托词受韩政府倚嘱，而设统监府派出所于其地。于是原为中韩间之一问题者，至是遂变为中日间之问题，而益纠葛纷乱，以至于今日。要而言之，间岛问题，始则胎其源于清廷之放任，继则导其流于韩民之北渡，而扬其波于俄人之南下，终则综其汇于日本之越俎代庖，是其起原也。

第二章　间岛问题之争议

间岛问题之起原，既如上所述，吾人研究将来解决此问题之结果，非探索二侧各持之理由，孰当孰否，以为准的焉不可也。今试论次日韩侧政府先后抗争之口实，及两国人士之铨议，次此列中国侧辩争之条件，以为评释之材料焉。

（甲） 日韩侧：

日韩侧之理由甚复杂，其主要者如左（以下韩人所言里数皆韩里，韩里约当中里十分之七）：

清光绪八年，朝鲜钟城等四郡民，上府使李正来书曰（见日本小藤文次郎《韩满境界私考》）：

"敦化县今新设界限，从某至某，未能明审，遂指豆满以北为土门以北者。土门在分水岭定界处，豆满源出本国界内，非清国之所知也。清国之或称土门，或称图们，皆有所由。土门者，分界处土门也。图们者，庆源以下入海处也。本国通称豆满为图们，乃译音之殊也。今指豆满以北为土门以北，乃入居土门以南之清国民，见我民春耕秋归，以过江为禁，因认为占耕而被其诬告，致敦化县有告示而使之归也。请以此意照会敦化县，俾即查界归正。"

清光绪九年，钟城府使李正来照会敦化县曰：

"本国只知豆满以外，更有土门江别派，按故有地图为据，实未曾往溯流。今此别邑人民，私往穷源，归以为告，乃派弁往审白头山分水岭，搨得康熙朝穆总管碑记，踏审土门源流，果与人民所告相符，另为别派。滨江皆悬崖陡壁，至黄口岭而还，绘有新图，与旧地图校阅，则土门江与分界江间，有不相属处，曾以为疑，今此遣人踏勘又如此。请烦贵县派人约同先审白头山定界碑，知土门发源之处，继而查明界限，辨别疆土为妥。兹据民人所呈，并将土门江分界江以南旧图，移模一本，新图一本，分水岭定界碑墨搨一本，赉送查照商办可也。"

清光绪十一年，朝鲜勘界使李重夏启曰（见韩国丁若镛《大韩疆域考》）：

"以定界碑形便言之，界碑在大泽南麓十里许，而碑之西偏数步地有沟壑，为鸭绿之源，东偏数步有沟壑，为土门之源，连设石堆，土高数尺，堆上林木繁衍，已有老而拱者，明是当年标限，而至大角峰尾中间，沟形忽窄，土岸对立如门，盖指此也。豆满江上流众水发源中最近于封堆者，是红土水水源，而横隔漫坡，相距已为四五十里之远。以土门上下形便言之，碑东乾川东迤百余里，始出水东北流，转而北入松花江。松花江，即黑龙江上源之一脉也。吉林宁古塔等地，皆在其中。中国派员，以为中国朝鲜交界，本以图们江为界，总署礼部奏议，亦云查勘图们江旧址。今此碑东之沟，是松花江上流，与东为土门之义不符，转多疑贰之说。臣以为下流虽流入于松花江，而标限之碑堆既如彼，土门之形便又如此，迥不接于豆满江上流，则我国之人，认以土门定界，初无一毫欺隐，故苦口力(辨)<辩>。而彼专欲以图们江正源定界，臣则惟以碑堆之界为证，两相葛藤，彼此矛盾。(中略)红土水形便，则距西边鸭绿之支流，相距为七十五里，与立碑处南北相距为一百三十里，西豆水正流，则至于吉林地，而与立碑处相距为四五百里，初无相关。处处指正，一一辩论，是以劈破其疑。中国派员又以碑界江源与中国图志不合，终以为疑，互相争持，各无指定之道。"

清光绪十三年李重夏辩驳书曰(见朝鲜《通文馆志》):

"谨案钦定会典，载明大图们江出自长白山东麓，二水合而东流。今此红土水出自长白山东麓，与圆池水合而东流，此外更无东麓之水。又案一统舆图，大图们江头源，两间无水之处，适与标志相符，则红土水为大图们江头源，了然无疑。至石乙水则其发源非长白山，乃小白山也，非第一源，乃第二源也，图典共可据也。"

韩光武二年(清光绪二十四年，日本明治三十一年)，北咸镜道观察使赵存禹提出意见五条:

"(一) 白头山分水岭形便。分水岭岭西有巨壑，西挟白山，东挟分水岭，即鸭绿江发源处也。碑东有湿浦，南挟大角峰，北挟碑后山，两峰土壁如门，约数十里，故曰土门。自碑东石堆为数十里，土堆为五十里，堆止处水出，即杉浦也。自杉浦至北甑山西边，陵口、黄口、大小沙墟、九等墟各洞水，合流三百余里，至两两沟入于松花江。

（二）北甑山、下畔岭、分界江、长引江、兀口江形便。自分水岭一脉东落三百里为北甑山，甑山之南，有水曰兀口江，正南流二百余里，至茂山之下，入于豆满江。甑山之东，又有一水，曰长引江，自分水岭土门江东流三余里，过甑山，入于松花江。土门以东甑山以南之为我地，的确无疑，而况甑山以东水与西北间水，东流入于豆满江，而源流只隔下畔岭如八字样者。

（三）豆满江形便。源出于长山岭池，与分水岭立碑处相距九十里。

（四）居民情形。自茂山越边，长或百余里、数十里，广或三十里、五六十里，东北界至稳城界六百里之地，韩民移入者，已过数万户，皆受清人之压制，清人不满韩入百分之一。

（五）此地闲旷数百余年，两国互相禁止，清人发差焚卡，驱我刷还。我人或入，则清人依律枭首，自壬午以后，始不能禁止。”

韩光武三年，庆源郡守朴逸宪报告书曰（见《大韩疆域考》）：

“碑之东西分之沟壑，宛如八字样。碑堆之去豆满江源为九十余里，而初不接于土门发源，指豆满江为土门者，不得其说者也。自碑址从东沟而下，往往石堆延至二十里许，达大角峰，自此筑土堆，迤东至七十里，合为一百八十余堆，堆上之木已拱，中间有土壁如门样者，约数十里，此土门之源也。至杉浦水始出，迤至北甑山之西陵口、黄口、大小沙墟、九等墟、两两沟等处，流五六百里许，与松花江合，东至黑龙江入于海。自土门上源至下流入海以南，固是界限内地，而我国虑开边衅，严禁流民，虽虚其地，故清国认为己之疆土，遂先占垦，割让俄人千有余里，亦不甚惜。夷考当年土门定界，究不若是。”

又开陈六条意见书（见《大韩疆域考》）：

“(一) 与赵书同。

(二) 豆满江、土门江二水之辨。据《关北志》云,古人谓童巾(属钟城)以上称伊后江,以下谓之豆满江,茂山、会宁、钟城三邑之江,实为鱼润江,而即伊后之变称也。初无豆满之名,安得谓为土门之转音,况与分水岭发源之土门更无涉乎。

(三) 下畔岭发源之水,或称博尔哈通(一曰布尔哈图)河,或称分界江,无乃古人之指此为土门下流者,而浪得分界之名乎(自注:分界江源出下畔岭,合于小地名土门子水,而至二百里夹心子入于隐城入豆满江)。

(四)(五)(六) 略。”

日本明治四十年九月十日,东京《报知新闻》记国友重章等间岛探险报告曰:

“间岛者,全然韩国之属地也。第一以白头山之分界碑为确证。清国虽主张土门江与豆满江字音相同,而欲以豆满为国界,然土门江者,俗称吉林土门,发源于白头山下,稍稍东流,折而西北,合于松花江,与豆满江全异流域。且自山上分界碑至土门水源之间,约有六哩(此哩为英里,下仿此),处处置石冢,以为特殊之境界标识,至水源流出,始以水为境界线,不得谓与豆满江混同也。豆满之名称,系众水相合之义,自稳城以下,有嘎牙河、海兰河、爱呼江,及其他许多之细流来汇,故如其字义,有豆满江之称。其以上则韩人称为鱼润江,清人称为爱呼江,无有称为豆满者。故清国以之混同于土门江,实牵强附会之说也。无论名义上实际上,二水皆全然各别者也。次由地势上观之,白头山以北,自哈尔巴岭以东,亘于老爷岭之山脉,蜿蜒起伏,为一带分水岭,河水亦夹山东西而分流,其成为天然之国境,固已确然无疑,不容多辩。

次由实力上观之,此地自百七十年来,已全离清国之支配,敦化县之政治,不能及哈尔巴岭以东,珲春城之管辖,不能越嘎牙河以西，其间已成为无人之境。迨韩人移入，始建村落，设市邑，至于今日。其二十五万之人口中，韩人已占二十万，土地财产之所有权，亦多归于韩人，其实为韩人之割据占有，情形如此。若一旦移归清国管辖，于势亦不可能。然则无论从何方以观，间岛当为韩国领土，皆可断其为适当矣。间岛之区域，世人有种种议论，兹以清国主权所及之范围，与韩人势力所扶殖之范围为标准，而下公平之判断，则举嘎牙河以西，哈尔巴岭以南之地域，属之韩国，似较稳当。其广袤东西四十里，南此二十里内外，有我邦一府县之面积。若更极端解释分界碑之文字，而以土门江以东，悉为韩属地，则吉林省之大部分，皆得主张为韩领也。现某当局者，谓白头山以东，为东间岛，白头山以西，即土豪韩登举所辖有名之夹皮沟金坑所在地，为西间岛，且将有所经营，果尔，则今后此问题愈形如火益热之状矣。

盖间岛之地方，于我国军事上、经济上，皆有重大之关系者也。军事上姑置不论，单就经济上观察之，该地一带，不似北韩地方之硗确。其后方虽有长白山之深山大泽，而该地则土地平坦，金矿甚富，适于牧畜。日露战争时，曾为露军之物资供给地。且其地势东邻海参崴，北近吉林，出北满洲最为便利，天下有事之日，其重要固不俟论，即在承平之际，运用满洲的经营政策时，亦于我国发展势力上有非常之关系。此我国上下识者所由以一致之意见，而认此地为最占重要之位置者也。要之，间岛今日，事实上已为韩国之势力范围，唯条约表面上，尚觉其少欠明了耳。我统监府既以非常之用意与决心，设立派出所，以与延吉厅对峙，则今后虽尚不免稍有纷争，然不久名实上均当变为韩国之物，此固征之目下形势而可断言者也。”

日本人稻叶君山东京《报知新闻》论文：

“间岛有二个之区别，一西间岛，一东间岛。东间岛系豆满江对岸地域，即今日所争之问题。西间岛在鸭绿江对岸，即鸭绿江与凤凰诸边门间之一带地域也。清政府于西间岛，现设许多县治，俨然视为满洲领土，然吾以为果系历史的研究，则尚有多少可议之余地。在世人往往有先入为主之癖，每以既成之地图，为观念之要素，设以此种言论告之，便大起奇异之感。噫，此种陋习，非吾人所当极力排斥者耶！”

日本明治四十年十一月十九日东京《每日电报》：

“间岛问题，今清国犹为非理之抗争，以应归韩国之东西两间岛，而居然持不逊之态度，以对于我官宪，岂非关于我官宪威信之案件耶。吾人近日闻清国政府，以一失间岛，列国将群起效尤，要求利益均沾为口实，而峻拒日本之要求，不知间岛原非清国领土，何故惧列国之效尤乎。又清国政府提出，袁世凯驻韩时，韩国王所致清国之手书，以证间岛当属清领，此亦不足为据。袁世凯昔日之驻韩也，几致韩国陷于不利之地位，用威胁骗诈手段，以欺弄韩国，韩太皇帝虽有赠清廷之手书，书内虽有以图们江为国境之明文，亦不足证间岛之非韩领。盖无论太皇帝手书之内容如何，而间岛要为韩领则无疑也。吾人对此较九洲稍小较四国稍大之间岛地方，甚切望我国人之注意焉。”

同年八月二十日《报知新闻》：

“鸭绿上流长白山间有一地方，自昔不属清国，亦不属韩国，而为土豪韩登举所统辖，已形造一种之独立国王。清韩两国互争其所属，历久不决。此际一进会及在韩京之我邦人，以画策之进步，终决定该地为韩领，而为我邦之势力范围矣。”

同年十一月二十八日，日本租借地关东州大连市《辽东新报》：

“当日露奉天会战之告终也，有鸭绿江左岸大韩岛地方二百四十余村之韩人，上书于义州郡守，则大韩岛久为清人占据，请收回归韩，义州郡守即请于安东军政署，未及与清廷交涉而罢。考大韩岛系自浑江、鸭绿江落口以北，至帽儿山一带之地，此地名南间岛。嘎牙河以南至图门江左岸，延及长白山，由白头山以至帽儿山，则名北间岛。若北间岛之境界问题解决时，则大韩岛所在之南岛之境界问题，亦不可不从而解决也。”

日本间岛派出所员学村生报告（日明治四十年十一月二十三日大阪《朝日新闻》）：

“我派出所现认为间岛之区域者，自茂山间岛以东达稳城，北限哈尔巴岭之谓也。普通所谓珲春间岛及韩边外，尚正计及在内，然已有我四国之比，约得八百方哩。若他日珲春间岛韩边外，皆得算入间岛领域内，则与我九洲相伯仲矣。”

日政府二次致中国外务部文（日明治四十年九月二日）：

“康熙五十一年，清韩两国勘界委员，曾于白头山分水岭建立界碑，记明土门江以南至豆满江之间之地域，即韩国所称为间岛。但该处究属何国领土，则为清韩两国多年来争议之问题。曩在明治三十七年，清国政府更派员向韩政府提议勘界，适以日俄之役，事遂中止，以至今日，此事尚未解决。是以豆满江为清韩两国之国境，在韩国亦未承认。至延吉厅，系彼此争论时，清国自行设置，近在六七年之事，韩国政府自未承认，并以该厅对于居住韩民之行政行为，曾经抗议，更自设间岛管理官，配置兵丁，以保护韩民，并执行其他行政事务。后因日俄之役，该地为俄所占，韩国所设上项机关，暂时休止。俄兵退后，秩序大紊，匪盗横行，居住韩民，不能安堵，遂因此来请保护。日本政府不能默置，故已派斋藤中佐前往。”

日政府致中国外务部答辩书（见日明治四十年十月二十四日《辽东新闻》）：

“豆满江为天然境界之说，无历史之可证者也，不过臆测独断而已。试由历史观之，韩国李朝之祖先，皆起自满洲，现珲春等处，犹有其陵基可证，而谓豆满为自古天然境界，有是理乎？清国置延吉厅于间岛，而韩国不抗议者，非不抗议也，清国当时不过以韩国政府给予该地韩人地券之故，而发生间岛所属问题，因之并不知照韩国，自行设官治理焉耳，而韩国至今固未尝一有承认之言动也。清国立境界碑于豆满江流域，韩国虽不抗议，然而此种任意之行为，于划定境界上，实无何等之意义也亦明矣，况韩国已经抗议者耶。又谓韩国政府尝要求清国交还该地韩人之一节，日本政府已向韩国政府搜查此等文书，实不见有此等事实。至谓分水岭界碑，无确实之境界明文，此言尤为浅薄。分水岭上之界碑，实昔日清韩两国官吏，各奉命会合而建之者。观碑面有奉旨查边之文，可知当日实为划定境界之证，岂可谓为无意思之建设物耶。要而言之，就以上事理而论，间岛属韩之说，虽不十分有据，然谓为所属不明之地域，则无不可者也。”

右皆日韩侧所主张之理由也。

（乙）中国侧：

中国侧之理由，见于清政府外交文书者，颇为简单，大要如下：

清光绪十六年吉林将军长顺奏折（见《吉林通志》）：

“朝鲜流民占垦吉林边地，光绪七年，经前任将军铭安、督办边防事宜吴大澂奏准，将该流民查明户籍，分归珲春及敦化县管辖。嗣因朝鲜国王垦请刷还流民，咨由礼部转奏，经该将军等复准，予限一年，由该地方官设法，悉数收回。复因限期已满，该国仍不将流民刷还，反任其过江侵占，经前任将军希元咨由总理衙门奏准，派员会勘。乃该国始误以豆满、图们为两江，继误指内地海兰河为分界江，终误以松花江发源之黄花松沟子有土堆如门，附会土门之义，执意强辩，仍由总理衙门奏明复勘，续经希元派员勘明，石乙水为图们江正源，议于长水分界，绘具图说，于十三年十一月奏奉谕旨，钦遵咨照该国王遵办在案。乃该国不知详考，遽信勘界使李重夏偏执之词，坚请以红土水立界，龃龉难合。现在朝鲜茂山府对岸迤东之光霁峪、六道沟、十八崴子等地方，韩民越垦，约有数千，地约有数万晌，此处既有图们江天然界限，自可毋容再勘。该国迁延至今，断难将流民刷还，应祇奉谕旨，饬令领照纳租，归我版籍，先行派员清丈，编甲升科，以期边民相安。”

同年总理衙门议复奏折(见《吉林通志》):

“臣等查吉林朝鲜界务，前经两次会勘，所未能印定者，特茂山以上，直接三级泡二百余里之图们江发源处耳。至茂山以下，图们江巨流，乃天然界限。江南岸为该国咸镜道属之茂山、会宁、钟城、庆源、庆兴六府地方，江北岸为吉林敦化县及珲春地方，该国勘界使亦无异说。”

东三省总督徐世昌复外务部书:

“查间岛之名，昉自韩人，而日人袭之，为中土舆志所无，其地即延吉厅治之和龙峪、光霁峪也。和龙峪在图们江之北四十里，其江之南，为韩之会宁府，今则捏名为西间岛。光霁峪在和龙峪之东，隔江与韩之钟城府对峙，今则捏名为东间岛。二峪皆在图们江之北，茂山以东。吉韩以图们江为界，江北自应属吉。且自茂山以东，江流浩瀚，界限分明，又非如茂山以西之二百八十余里，尚待探寻江源，如光绪十三年之争执红土石乙两水者。故无论称为间岛，与称为和龙峪、光霁峪，总之既在江北之岸，即属吉省边界，毫无疑义。故昔日之所争在江源，仅红土石乙二水数十余里之距离，尚且各执一说，勘而未定，今则越江而北，有囊括南岗一带之意，关系甚重。而日人之蓄谋深远，特先展拓韩国地图，以为将来争执地步，又非昔日关系可比。卷查韩人自光绪二十六年以来，屡屡搔扰，其所藉口者，讹图们为豆满，而以豆满为其境内之水，指延吉厅北境之布尔哈图河之上有土门子，地名以土门，一声之转，附会为图们江，虽强词饰辩，语多不经。然日人亦即利用此说，以图侵占。为今之计，惟有声明鸭绿、图们为吉奉两省界江，二水同出长白山，西南流为鸭绿，以界奉韩，正东流为图们，以界吉韩，适成人字形之环抱朝鲜。水可嫁名，而山难移易，据此辩论，自立于不败之地。其二为夹皮沟与间岛之关系。查夹皮沟距省三百里，距延吉厅约五六百里，与南岗一带，相距甚远，不相干涉。虽日人所刊私议间岛杂说，亦将该处包括在内，不足为据。其称为秘密国独立国者，实指夹皮沟练总韩登举而言。查韩登举系山东人韩效忠之孙，流寓已久，广有田地，每年输大小租银于吉林府，约银千两以外。该处山深林密，时有不靖，居民皆设练会自卫。前将军以韩登举世居该地，且有产业，特派为练总，俾之保障一方。前月韩登举来辕禀谒，年约三四十岁，察其举止言语，尚是戆直一流人物。日人乃以秘密独立等字，将诬韩登举以割据之名者，盖必指为地非我属，人非我民，而后假代平祸乱之名，以行其侵占边圉之实，设谋至狡，用意至远，甚可虑也。”

外务部照复日本政府文（光绪三十三年七月二十九日）：

“准照称康熙五十一年，中韩勘界委员曾于白头山分水岭立碑，记明自土门江以南至豆满江间即间岛等语。兹准该省督抚函称，土门河者，为图们之一支流，发源于长白山之北，南流入图们江，距和龙峪较远，旧时亦有译图们江为土门江者，究与韩人所指之土门河无涉。图们江为吉韩天然界限。光绪初年，韩民越界开垦，前吉林将军铭安等，请将垦民归珲春、敦化管辖，韩王以该国垦民，未便因其在和龙峪一带占种地亩，即隶中国之籍，恳请刷还韩国，是以韩王确认和龙峪一带为中国领土之证。康熙年间，长白山碑，有东为土门之说，此土门即图们译音之变，非江北支流之土门河也。若土门河源有土阜若门，因以得名，和龙峪名大磊子，光霁峪俗名钟城对子，并无间岛之称。查豆满江为图们江之转音，方言互殊，实为一水。韩以图们、豆满为二水，光绪十一年间，即经总理衙门奏驳有案。至土门江为图们江译音之变一节，亦与康熙五十年迭次所奉上谕相符，是图们江即豆满，又土门江，不得以土门河为土门江也。图们江确为中韩天然境界，从无间岛名目，遍稽典籍，信而有证。惟穆克登碑文，并无分界字样，自不得以界碑论。来照又称豆满江为中韩国境，韩尚未认延吉厅之设，近在六七年之事，韩政府自未承认，并以该厅对于韩民之行政，曾经抗议，更自设间岛管理官，配置兵丁，以保护韩民等语。查此节所称之豆满江，当即指图们江而言，该处既在中国境内，中国自设厅治，本毋庸韩国承认。光绪十一年，北洋大臣奏设和龙峪通商局光霁峪分卡，并于图们江下游设西步分卡，是为图们江北岸设立局卡之始。十五年，吉林又设水师于图们江西步，均不始于近六七年。且中国界碑计共十处，建立已久，韩国迄未抗议，时越十八、九年之久，直至日俄战争之际，始有韩兵官李范允越界滋扰，迭经本部照会韩使，并咨行驻韩许使知照韩政府，将李范允撤回有案，是中国政府并无准韩官管理该处之事。”

右皆中国侧所主张之理由也。

综以上所列，日韩侧之主张，共计有五说：一以海兰河为土门江，而指为国境者；一以红土水为土门江，而指为国境者；一以松花江之一源为土门江，而指为国境者；一不明言何水为土门江，而泛指豆满、鸭绿二江以北及长白山一带地域，为韩国领地者；一不明言何水为土门江，亦不明指何处为国境，而惟不认豆满江为国境者。中国侧之主张，只有以豆满江为国境之一说，但其中亦有二小异点，即一则承认分水岭界碑，而以豆满江上源之石乙水当碑文土门江之说，一则不认分水岭界碑，而援引历史证据，及现实证据，以豆满江为国界之说是也。二侧之主张，果孰是而孰非，即解决此问题时准的之所在。

第三章　间岛之国际法的观察

吾人今文对此问题而为国际法上之研究，以谓间岛从来之性质，实有确切不移之界说，而不容一毫矫诬者也。夫国家版图之取得也，其方法要有二式：增殖（岛屿之出现，沙洲之长成，如唐时中国扬子江崇明岛之出现是也）、时效（取得非所应得之土地，而经过时期已久，他国默认之者，其后无论何时，他国不得再有异言，如中国库页岛昔时为日本所得，而中国不知为何时之事，其后遂为日领是也）、先占（不属何国之无主土地，而以国家统治权力行使及之者，如西班牙发见南美洲，葡萄牙发见非洲是也）三者，为本来取得 Acquisition originally；交换（如日俄两国以桦太岛〔库页岛〕千岛交换是也）、赠与（如意大利赠尼斯（于）<予>法国是也）、买卖（如美国买俄之阿拉斯加是也）、割让（如日本割取台湾于中国是也）、合并（如美国合檀香山于菲律滨是也）五者，为传来取得 Acquisition derivative。国家境界之划定也，其种类亦不外二形：一以山川、湖海、沙漠、荒原为境界者，名曰天然的境界 Natural boundary；一以两国合意订立条约而确定标识者，名曰人为的境界 Artificial boundary。此版图取得之方法，与境界划定之种类，皆国际法上所认为确定国家领土立权之必要形式也。更变其形以为说，则前者基于历史的事实，后者基于地理的事实与政治的事实，又皆国际法上所认为确定国家领土主权行使范围（即国境）之必要实质也。是故国与国之间，因领土主权行使范围之故，而发生争议也，苟非一国欲倚强力为解决者，无论如何，皆不可不考究其领土主权之孰先取得，自然地势之孰为便利，境界条约之如何协定，以为解决之条件也。

间岛领土主权之历史。中古以前无论矣，唐之中叶，通古斯人种之靺鞨族，起于粟末河（今松花江，）建渤海王国（渤海高王元年〔唐武后圣历二年，新罗孝昭王八年，日本文武天皇三年〕始称震国王，有高句丽、扶馀、沃沮靺鞨故地，至唐元宗开元二年，唐封为渤海郡王。见《唐书》)。其南疆有今韩国咸镜平安南北四道(当时以铁岭〔今韩国咸镜南道安边府西南〕、泥河〔今大同江〕与新罗为界。见《唐书》及高丽金永等《三国史记》、日本吉田东伍《日韩古史断》)，豆满江流域，实为其畿辅重地(渤海有五京，东京即今咸镜北道镜城郡。见朝鲜韩致渊《海东绎史》)，是间岛为通古斯人地见于史籍之始。阅二百年，辽人并灭渤海，间岛为女真族所有，而为辽之羁縻地(辽灭渤海，改为东丹国。渤海东部遗族中有女真人，居南方者号熟女真，隶辽籍，居北方者号生女真，不隶辽籍。后辽复封生女真完颜部〔即金之祖〕为女真军节度使，生女真遂亦属辽，其地为今松花江东南地及牡丹江流域、豆满江流域皆是。见《辽史》、《金史》及《吉林通志》)。时朝鲜统一于高丽王氏，以咸兴(今咸镜北道咸兴郡)、耀德(今同南道永兴郡西有耀德镇)、孟州(今平安南道宁远郡东南有孟州岭)、宁远(今郡)、清塞(今同南道照川郡)、云州(今同北道云山郡)、威远(今同北道义州郡南)与辽属之女真为界(见朝鲜柳希龄《东国史略》，日本小藤文次郎《韩满境界私考》)。辽末，女真屡窥高丽边境，高丽遣将北伐，一时稍拓东北土宇(女真康宗四年〔高丽睿宗二年〕，高丽遣尹瓘北伐女真，获地抵先春岭〔未详，或谓在今咸镜北道庆源郡〕，筑九城守之。时当宋徽宗大观元年，日本崛川天皇嘉永二年也。后二年，高丽复归九城于女真以和。考九城地，《金史》谓之海兰甸，今咸镜南道咸兴以北，及同北道吉州、端州二郡以南是也。见《金史》及朝鲜郑麟趾《高丽史》《尹瓘传》)。然未几仍复旧疆，以伊勒呼岭(今咸兴郡西北之黄草岭是)及定州(今同南道定平郡)之都连浦亦名和尼水(在同郡北二十里以上。俱见《金史》、《高丽史》)为界。其后迄于女真代辽建金之后(其间惟高丽睿宗十二年得保州〔今平安北道义州郡〕于金西北一隅，稍展至鸭绿江岸而已。见《高丽史》及宋徐竞《宣和奉使高丽图经》），间岛为通古斯人地，二百年间不变。降及元代，高丽叛臣降元，失地二次（高丽高宗四十五年〔元宪宗八年，宋理宗宝佑六年，日本后深草天皇嘉元二年〕高丽和州〔今咸镜南道永兴郡〕 迤北叛降元，元因置双城府，以铁岭为界〔铁岭属同南道〕。又阅十一年，高丽元宗十年，西京诸城叛降元〔西京属今平安道平壤郡〕，元因置东宁府，以慈悲岭〔在黄海道瑞兴郡西六十里〕 为界。见《高丽史》及《元史》），间岛益与高丽远距，为女真部落（即金遗族）所盘踞，而统摄于合兰（亦作海兰）府（见《元史》）。元之中世，高丽收回失地（忠烈王十六年〔元世祖至元二十七年，日本伏见天皇正应三年〕，元以东宁府归于高丽。又高丽恭愍王五年〔元顺帝至正十六年，日本南朝后村上天皇正平十一年，北朝后光严天皇延文元年〕，南京千户李子春〔即朝鲜太祖之父桓祖也〕以双城等府降于高丽，高丽复收回和、登、定、长、预、高、文、宜八州，宣德、元兴、宁仁、耀德、静边等镇，以伊板岭〔今端州、吉城二郡间之摩天岭〕为界。见《元史》及顾祖禹《方舆纪要》、《高丽史》、《地理志》、《东国文献备考》、《大韩疆域考》）。然豆满南北，仍为女真。元亡明兴，女真复侵高丽边境，高丽窥中国多事，借以蚕食女真部落，然间岛仍属于明之女真军民府（洪武初，女真降附，置兀者野人女真乞例迷军民府，时女真人侵扰高丽边境，据高、和、定三州〔高州今高原郡〕。洪武二十年，高丽言于明，谓高、和、定三州为高丽铁岭旧壤，请还之。明太祖引自古以鸭绿江为界，而铁岭既已置卫，不允，其后卒谕户部，以铁岭北东西归于辽东，铁岭南归于朝鲜。考明初铁岭卫置于故银州〔今盛京铁岭县〕东南五百里之铁岭城〔未详，盖在今兴京厅管内鸭绿江边〕。而高丽所请之铁岭，则与咸镜南道相距有数百里之遥。盖明初辽东以外女真诸部，皆属羁縻，不深悉其情事。高丽以三州失于女真，名已属明，故请还之。明祖不知其颠末，且不知高丽亦有铁岭，误以所请地即为辽东之铁岭也，故初以鸭绿江为国界拒之，后经审究，始知其误，乃复循渤海高丽旧迹，以咸镜南道之铁岭为界也。然自是朝鲜太祖代兴，女真部落渐被蚕食矣。见《明太祖实录》，原本《读史方舆纪要》，清高宗《钦定续考》、《大韩疆域考》)。成祖时，划开原(今盛京开原县)以东，建奴尔干都司，分置卫所，羁縻诸部，间岛则属于建州、野人二部(明初，女真分三大部：曰建州女真，曰海西女真，曰野人女真。建州女真，一曰兀良哈〔与大宁都司之兀良哈异〕，一曰藩湖野人，与朝鲜接壤。成祖时，女真诸部悉境归附，乃改建奴尔干都司〔一作尼鲁罕都司〕，分置诸卫所，授其部长为都督等。其建州部中，有毛〈怜〉女真，有建州女真。野人部中，有兀者卫。毛怜在西，左卫在东，兀者又在东，皆有今豆满江流域地。建州左卫都督猛可帖木儿〔清官书作孟特穆，即清肇祖〕，原为鄂多里部酋长，其所居地曰阿木河鄂多里，即今敦化县阿木河，亦作干莫河，亦作俄漠惠，即今韩国惠宁郡，盖今韩国咸镜北道之一部，北越间岛，迄与敦化之境，皆其势力圈地也。明英宗正统二年〔朝鲜世宗十九年，日本后花园天皇永亨九年〕猛可帖木儿为野人部之七姓人所杀，朝鲜乘间遣兵逐女真人，置会宁镇于阿木河，宁北镇于伯颜愁所〔今钟城镇〕，次第拓地，至豆满江南岸，遂先后改置会宁、钟城、稳城、庆源、庆兴六府①，号六镇，自女真人失豆满江南地，与朝鲜始划江为界。以上见《大明一统志》、《明成祖实录》、明徐日久《五边典训》、陈建《皇明从信录》、叶向高《苍霞草》、天都山人《建州女真考》、马文升《抚安东夷记》、朝鲜洪凤汉等《东国锺献备考》)。于时高丽亦亡，李氏朝鲜代兴，朝鲜太宗、世宗先后北伐，东建六镇(见上注)，西置四郡(元时高丽西北境，虽以鸭绿江与元为界，然皆为女真人所盘据出没之地。朝鲜太宗十六年〔明成祖永乐十三年，日本称光天皇庆永二十二年〕始分甲山府〔今咸南道甲山郡〕内悬远之地，置闾延郡〔今平安北道慈城郡闾延地面〕。世

① 上海某书局刊本作会宁、富宁、钟城、稳城、庆源、庆兴六镇。

宗十八年，割闾延地，置茂昌县〔今同道厚昌郡东境〕，二十四年置虞芮县〔今同道江界郡北境〕，又明年置兹城县〔今郡〕，号四郡。世祖元年，以女真入寇，复废四郡，移其民于龟城江界以定其地。其后女真人复出没其间，或入据之，至明末清国方兴时始已。自是乃与清廷相约，禁民移居，空其地，称为废四郡，至前皇七年〔同治九年〕始立慈利、厚昌二郡，以迄于今。见《东国文献备考》、朝鲜《通文馆志》、《大韩疆域考》），始划豆满、鸭绿二江及白头山，以与女真为界。至明末清人初起时，女真有东海窝集国（窝集亦作兀者，即野人女真），其瓦尔喀部，虎尔喀部，实居今间岛地（清国之先，原出于金，自猛可帖木儿以鄂多里酋长附明，为建州左卫都督，徙居阿木河，为七姓野人所杀，其子董山〔即清官书之光善〕逃归故地，复嗣职。猛可帖木儿有弟，曰凡察，正统六年，亦来归附，乃以为建州右卫指挥，居辽阳迤东苏子河畔之赫图阿拉〔今盛京兴京厅西南四十里老城〕。成化时，董山合建州卫李满住及凡察屡扰明边，明遣兵灭之，旋复以董山子妥罗〔一作脱罗〕为指挥。未几，左右二卫皆为他女真人所据，其后妥罗之弟锡宝齐篇左有子，曰福满〔即清兴祖〕者，于嘉靖时复入居右卫，为都指挥〔或曰为都督〕，传子觉昌安〔一作叫场，即清景祖〕，始稍蚕食诸部，称贝勒。万历初，与其子塔克世〔一作塔失，即清显祖〕同为明将李成梁所杀。塔克世子曰努尔哈赤〔即清太祖〕，复继之，旋升都督龙虎将军，以次吞并建州、海西诸卫，称皇帝，是为后金，传子皇太极〔即清太宗〕，改国号清，是即清国之始〔以上据《明神宗实录》、天都山人《建州女真考》、周文邦《边事小记》、叶向高《苍霞草》、高拱《边略》、徐日久《五边典训》、陈仁锡《皇明世法录》、茅元议《武备志》、王在晋《三朝辽事实录》、顾炎武《圣安本纪》、《皇明从信录》、日本林泰辅《朝鲜史》、朝鲜无名氏《朝野纪闻》及清太宗《敕建大金喇嘛注师宝塔记》诸书，与清人诸官书异，诸官书皆谓猛特穆始居赫图阿拉，而不载董山、凡察、福满事，盖清人忌讳，不欲认猛可帖木儿、董山为祖，故变易其词也〕。盖清人初起时，本在今间岛、敦化之间，其后领右卫，乃徙于今兴京，而左卫故地及同部之毛怜卫，尽为野人女真所据，即瓦尔喀人与虎尔喀人也。魏源《圣武记》《国朝龙兴记》云，东海三部，曰窝集部〔中略〕，曰瓦尔喀部，沿瓦尔喀河，入鸭绿江，濒海两岸，在兴京南，近朝鲜，沿鸭绿、图们二江之间及诸海岛，为东海瓦尔喀部，安楚库优斐城属焉。曰虎尔喀部，虎尔喀河出吉林乌拉，经宁古塔城，行七百里至三姓城，入混同江，北沿大乌拉河松花江，至混同江南岸，为虎尔喀部，札库城属焉。曹廷杰《东北边防辑要》《明季三卫分建诸国考》云，自长白山东北至三姓下数百里，沿今牡丹江及混同江南岸居者，通称虎尔喀部，自图们江沿抵图们江口，自乌苏里江源抵乌苏里江口，凡此两岸居者，通称瓦尔喀部，皆东海窝集部也。按由以上二说推之，间岛北部为当日之虎尔喀部地，南部为瓦尔喀部地，盖无误也）。清太祖、太宗，次第征服二部，间岛遂尽入版图，亦以豆满江为界（事具见《开国方略》、《满洲源流考》、《东华录》、《圣武记》诸书。又朝鲜《通文馆志》《纪年编》云，仁祖大王十七年，尹晖回言尼应古太部落，议设架捕四雕训戎，镇民越界来猎，偷去架雕及雉兔，并其人与物捉送，另差训练佥正郑允诚，即将庆源人李立押解，仍付送回一口咨报，户部回咨，称国王既言李立似非身犯，本部焉肯强坐之，从来以江为界，纵见倦雉坠地，亦无越取之理，今乃出边偷取，但雕乃微物，恐由小及大，渐成乱阶，故令马吏查实复禀云云〔按朝鲜仁祖十七年，系清太宗崇德四年，明思宗崇祯十二年，日本明正天皇宽永十六年〕。尼应古太，即宁古塔训戎镇，即今庆源郡，地在豆满江南岸，其所咨报户部，即清之户部，盖当时朝鲜已服属于清，故人民有越边偷盗之事，即报之上国也，越界者为豆满江南岸之朝鲜人，而户部回咨中明言以江为界，可见当日两国，实以豆满江为界，无疑也）。厥后清人统一中国，制定绥抚满洲世仆之制，盛京东边有库尔喀人者(亦作库雅喇，亦作库尔喀气，亦作库尔喀齐，即前之虎尔喀也)，设佐领三人、骁骑校三人统治之，属珲春协领，而隶于宁古塔将军下，每年入贡江獭，礼部筵宴，户、工二部给赏(见《大清会典》)，迄于乾嘉时不衰，盖犹是间岛地方之部落也(《满洲源流考》云：库尔喀在图们江北岸，与朝鲜庆远相对，一曰库雅喇。杨宾《柳边纪略》云：东边部落贡盛京者，曰库雅喇，俗与窝集同，产海豹、江獭，其地在土门江北岸，与南岸朝鲜庆远相对，去宁古塔五百里，岁一贡〔其所谓庆远，当为庆源之误〕。萨英额《吉林外纪》云：珲春协领一员，防御二员，库尔喀气佐领三员，骁骑校三员。其下注云：库尔喀气，朝鲜附近，居住满洲。日本丸家善七校刊《朝鲜国志》云：珲春之库尔喀齐，与朝鲜只隔土门江。按以上各说，皆可证土门江地，即库尔喀人所居，今延吉厅珲春附近一带皆是也)。由以上观之，则夫间岛之领土主权，自唐中叶迄于明末，即属通古斯人之传来取得者，自明末迄于间岛问题之起，即属于通古斯人之清国传来取得者，不特与朝鲜国家绝无关系，即与朝鲜民族亦无丝毫之关系也。

次言间岛自然之地势。夫南满、北韩之间，山岭河川夥矣，然其天然形胜，足以贯东西而限南北者，则莫如白头山及豆满、鸭绿二江。白头山蜿蜒磅礴于数百里之间，高八千呎（见俄国大藏省《满洲通志》)，为长白山主峰。其分道四出者，有黑山岭(东北走，其分支北走，即英喀岭脉)、费德里山(西北走，又西为摩天岭脉)、小长白山(东南走，此与吉林省东境之小长白山异，韩人俗称为长白山，日本小藤文次郎以其与白头山之长白山混，故易为小长白山，今从之)、太白山(南走，折而西为狼林山脉，狄输山脉）之诸山脉，然要皆以白头山为发轫之太祖。豆满、鸭绿二江，同发源于白头山顶，东西分流，东为豆满江源，西为鸭绿江源。豆满江源，东流数里，入于地下石缝中，潜流四十里，复现出为石乙水(说详见下节。

日本明治四十年九月二日大阪《朝日新闻》《间岛纪行》(十六) 云:从白头山之分界碑而东,其第一相距最近者,名曰汗河,系松花江之水源,即在碑东之下方,其次则为石乙水,系豆满江之水源,约在碑东四十馀中里之处云云。盖自碑东第一次发源处,流数里,复入地下,潜流约四十里,再流为第二次发源,合之适为四十馀里。朝鲜《通文馆志》亦明言出于分水岭,伏流四十里,而为豆满江源。合而观之,豆满江源潜流及再现为石乙水,其事甚确也。大阪《朝日新闻》曾于去年特派一人探险间岛及长白山一带情形,其纪行之笔记,即逐日登于该新闻中,所记皆实地探查之结果,必确实也),东流至碧桃花甸南,与其北源之下乙水合(见《吉林通志》)为鱼润江(亦曰于伊后江,亦曰爱呼江),又东北流经间岛南,茂山、会宁、钟城北,始为大水,称豆满江,又东北流,经稳城,折而东南,经庆源、庆兴,入于日本海,其水长计六百五十里(见日本守田利远《满洲地志》,及日本参谋本部《满洲地志》),其流域为黑山岭脉与小长白山脉间之谷地。南北各自其山发源者,有红土水、长山岭河、红溪河(又有阿几个江、兀口江之名,亦曰小图们江)、海菊河(以上在北)、红丹水、西豆水、朴水、城川甫、下乙川、干木河、五龙川(以上在南)之诸流。鸭绿江源西流数里,折而南至惠山,又折而西至间延,又折而西南,始为大水,又西南流入黄海,其水长计一千一百里(见参谋本部《满洲地志》,日本矢津昌永《韩国地理》),其流域为费德里山脉与太白山脉间之平原。南北各自其山发源者,有二十四道沟诸水,佟家江(亦名珲江)、叆河(以上在北),鉯川江、虚川江、厚州江、慈城江(以上在南)之诸流,然要皆以豆满鸭绿为归宿之终点。由地文上言之,此一山二水,似故为识别满洲平原与朝鲜半岛之境域者。由人文上言之,此一山二水,似故为阻限满洲人种与朝鲜人种之关系者。近人之言曰,朝鲜者,东亚之意大利·斯干的那比也,长白山者,东亚之阿尔伯山,而豆满鸭绿者,东亚之多尔尼亚河也,其言盖甚允矣。然则白头山及豆满鸭绿二江者，实为当日满韩间天然境界，而间岛之应谁属，观于此亦可知其梗概矣。

次言间岛境界之条约。东洋诸国以国际法不发达故，夙无完全之境界条约固已，然国与国接，则不能不有划界之事，有划界之事，则虽无现时境界条约之形式，而其实质则无不备具者也。中韩之间岛境界亦然，征于康熙五十一年定界之事可知矣。朝鲜《通文馆志》，彼邦纪录历代以来事大交邻之官书也。其《纪年编》曰："肃宗大王三十八年，穆克登等至长白山查边，以参判朴权为接伴使，同咸镜监司李善溥迎于原州，克登由兴京入头道沟，入鸭绿江，至厚州相会。四日至惠山，舍舟登山，穷江源，至白头山顶潭水边，刻石立碑曰：'乌喇总管穆克登奉旨查边，至此审视，西为鸭绿，东为土门，故于分水岭上，勒石为记。康熙五十一年五月十五日。笔帖式苏昌，通判二哥，朝鲜军官李义复、赵台相，差使官许标、朴道常，通官金应瀗、金庆门。'穆克登带有画师，随处缮写山川地域，为图二本，一进皇帝，一送本国。又移文伴使监司曰：'我亲到白头山，鸭绿、土门俱自山发源，东西分流，原定江北为中国境，江南为朝鲜境，历年已久，无异议，外于分水岭立有界碑。但从土门源审视，流至数十里，不见水痕，经石缝暗流至百里，方现巨水，此无水之处，人不知边，所以往来越境。如何设立坚守，使人知有边界，不敢相犯，庶可以副皇帝轸念民生之至意。'伴使监司以依移文，或筑土，或聚石，或树栅，乘农隙起役等由申覆。"又朝鲜洪凤汉等《东国文献备考》纪当日查勘之情形，更多详实，其《舆地考》曰："洪世泰记云，肃宗三十八年，乌拉总管穆克登来白头山定界，我国遣接伴使朴权，咸镜监司李善溥，往遇克登于三水府之莲困。克登但与译官金应瀗、金庆门同上山。自挂弓亭下沿五时川，北度柏德七十里，剑门二十五里，昆长隅十五里，有大山当前，乃西度江水，斩木缘岸，行五六里，路断，复从山坡行。山名桦皮德，视柏德峻，行八十馀里，有一小泽，又东行三十馀里，登韩德立支当，行数十里，树渐疏，山渐露，自此山皆纯骨，色苍白，东望一峰插天，即小白山也。迤过山址西十馀里，至山顶尚有二三十里，稍东有一岭，小白之支也。陟其上脊，望见白头山，雄峙千里，一苍顶，如覆白瓮于高俎。从岭底行数里，山皆童濯。行五六里，山忽中陷，成堑，横如带，深无底，广仅二尺，或跃过，或接手以渡。四五里，又有堑，劈木作架以渡。稍西数百步，行至山顶，有池如颤穴，周可二三十里，复不可测，壁削立，若糊丹垣，坼其北数尺，水溢出，为黑龙江源（按此松花江东源中之二道白河也，松花江下流入黑龙江，故亦名此为黑龙江源），又东有石狮子，色黄尾鬣如欲动者，中国人谓为望天吼云。从冈脊下三四里，有泉出，未数十百步，峡坼为大壑，中注。又东逾一短冈，得一泉二脉，其流甚细。克登坐叉水间，顾庆门曰，此可名为分水岭，遂勒石为记。克登归后，移文曰：'立碑后，从土门源审视，流至数十里，不见水痕，从石缝暗流至百里，方现巨水，此无水之处，如何使人知有边界，不敢相犯。'我国以'土门源断处，或筑土，或聚石，或树栅，以接下流之境'申复云。"此二书所载，亦足尽当日之事实矣。盖白头山顶潭水，除此方溢出为松花江之一源外，复由南方浸润潜伏，于短冈东西，发为二泉。江东者即土门江源，亦即豆满江源（朝鲜无名氏《山经表》白头山条注云，山由鸭绿土门两江之间，南至于胭脂峰，土门即豆满江上流，可知土门江源即豆满江源甚确），冈西者即鸭绿源，从石缝暗流百里方现者（按其实不过约四十里，谓为百里者，当日就人行道迂回之里程而言也），即石乙水。自鸭绿江发源，迄于下流入海之间，及自豆满江发源，迄于不见水痕处，与自再现为石乙水，迄于下流入海之间，既为天然境界线，自不必另作标识。而两源相距之间，及自豆满江源不见水痕处，迄于再现为石乙水之间，既无可识之水流，复非最高之山脊（白头山最高山脊，即潆水所在之峰也），则皆不可不另作标识，以补天然境界线之缺。故当日穆克登与朝鲜委员,即以两源及再现之石乙水为张本,而设立土堆、石堆、木栅之种种人为标识焉。至其事实之性质,则所谓移文,所谓申覆,即境界条约案之提出,及合意之表示也。所谓立碑,所谓筑土,所谓聚石,所谓树栅,即境界划定之点线也(不过无今日所谓科学的境界线 Scientific boundary line 而已。又当时朝鲜为中国属国,故无对等形式之约章及缔结方法也),盖纯然具有境界条约之实质,已无容致疑者。而此条约内所协定之间岛人为境界,即在豆满江上流,亦已得有确证矣(韩国李范允《北舆要选》云:白头山界碑高二尺,广一尺馀,额题大清二大字,横书,正面九行,石质青,琢而不磨)。

附录　朝鲜古山子《大东舆地图》

朝鲜古山子校刊之《大东舆地图》(在日本东京帝国图书馆见之,署曰:"当宁十二年辛酉岁刊。"盖朝鲜哲宗十二年,中国清咸丰十一年),载康熙五十一年定界之迹,甚为明晰,尤足以证豆满发源于分水岭,潜流地下,复现为石乙水,及当日筑土、聚石、树栅之事。今勾录其豆满江上流分水岭附近之图,以供参考。

图中上方之大山,为白头山,山南大池,为闼门潭,潭之下方,为分水岭。岭西有一水,为鸭绿源,岭东有一水,为豆满源。豆满实两国分界之所在,故曰分界江,即界碑文中所谓土门江也。南有石堆、木栅,即水源潜流地下处,当日所立之标识,以正无水之界者。惟不见土筑之堆,殆年湮代远,已坍废欤。大池东有一水源,不明记其下流入于何水,水栅有一小水,注曰乾川,合于土门。此二水皆未能确指为今何水,或系错误,亦未可知,抑乾川即所称下乙水乎?其馀图中方位、地望、道里,皆多与今不符,自因当日图学尚不发达之故。然其载明界碑及石堆木栅,以证当日实划豆满江为国界之迹,则甚确也。

三者既如是，然则间岛当为中国领土，其条件已完全具备矣。间岛问题，当以判为中国领土为最多之解决，其准的亦已了著矣。由是以衡度二侧主张之理由，则其是非可得而言焉。

第四章　间岛问题学理的评释

窃以为日韩侧各说，盖无一而非矫诬之论也，兹分别辨之如下。

(1) 以海兰河为土门江，而指为国境者。考海兰河有三源：北曰头道沟，源于小孤山；中曰二道沟，源于窝集岭(亦曰英额岭)之牛心山；南曰三道沟，源于老岭。南、中二源，合流至西古城北与北源合，又东右受四、五、六、七道沟水，至东盛涌街，又东折而北，至局子街，东合于布尔哈图河(源于哈尔巴岭)，又东左受嘎牙河，又东南入豆满江(见《吉林通志》、日本守田利远《满洲地志》)。其源距白头山界碑所在处，虽至近之三道沟，亦有二百余里，不足言人为的境界也。其流不及豆满江长大之半(《满洲地志》云：海兰河长四十余里。)，不足言自然的境界也。自古以来，为通古斯人域内之流(《金史》《元史》《地理志》皆有海兰路，即以海兰河得名者)，不足言领土主权之历史也。且其名称，或别有合兰、哈兰、孩獭、骇浪、海狼等名，从未有称以土名者(布尔哈图河上源，有一小水名土门河，其地亦名土门子，然与此更无涉也)，有之，则自韩人捏造始。故海兰河非界碑上所指之土门，不能当国境之标识，不言可知。盖无地理思想之韩民，首唱此说，故其荒谬若是也。(又日本明治四十年六月五日大阪《朝日新闻》《间岛纪事第十四信》云："关于国界问题，彼长白山头境界碑上之土门二字，果何物乎？以为地名，则在布尔哈图河岸哈尔巴领山下，距界碑之北，有六百里有余，以为水名，则既非松花江之上流，亦非布尔哈图河之支流，惟豆满江源，足以相当，然果为豆满江源，则应不至于起国界议论，此外可疑者，惟有一海兰河，故非穷探海兰河水源不可焉。”又云：“朝鲜人所著《大韩疆域考》，谓有土门子之小地名之布尔哈图河，昔日曾号为分界江，其地图中因妄绘该水源系向南曲屈而发于长白山者，以今日我辈之实察衡之，布尔哈图河，既系发源于哈尔巴领，则此书实无三文之价值也。又第十六信云：“海兰河源在此处〔即下距峰密沟五十里之处〕，上方仅十里，白头山则尚在其南二百里，其间有名老岭之一大山脉〔亦长白山之一脉〕横亘之，以庶此二者焉。”合而观之，尤足见海兰河及布尔哈图河之非土门也）。

（2）以红土水为土门江而指为国境者。考红土水源于黑山岭之红土山，东南潴为圆池，溢而南流二十余里，入豆满江（见《吉林通志》及日本东亚同文会《长白山附近图略》），其源距界碑处实百里而近，中间尚隔北甑山，不足言人为的境界也。其流虽亦可谓豆满江之一派，然较为短小，地学家例以源远者为正流，不足言自然的境界也。至于领土主权之历史，则更无可言之价值矣。论者所谓豆满上流，众水中与石堆最近者为红土水之说，所谓红土水出长白山之东麓，此外更无东麓水之说，所谓碑堆在红土水以上无水之处，适与标识相符之说，均属臆测。且此水下流入豆满江，非与豆满江各别者，即假定为真土门，亦足证豆满江北之非韩领也。此说足见韩人作茧自缚，绝无意识耳（日本明治四十年十月二十四日《辽东新报》载，有小川运平说，以红土河为豆满正源，而主张间岛为韩领，其说尤谬。盖小川氏犹不知间岛之位置在江北，而信口妄谈者也）。

（3）以松花江之一源为土门江而指为国境者。考松花江有二源：南曰头道江（亦曰松嘎里江，亦曰额赫诺因河），东曰二道江。二道江又有二源：南曰娘娘库江（亦曰尼雅穆氏雅库河，又曰娘木娘库江，又曰两两河），北曰富尔哈河。此即指娘娘库江之上流而言者。娘娘库江上流曰黄花松沟，亦曰汗河，源于白头山东，东北流，至北甑山西北，左受西来一小水，又东北流至红土山北，右受东南来一小水，又东北流，右受里马鹿沟和通集河，又折而西北，左受四道白河、三道白河、二道白河、头道白河诸水。二道白河，即自闼门潭溢出之水，古所称为松花江正源者。又西入韩边外境，与富尔哈河合，即为二道江。二道江又西流与头道江合，即成松花江巨流。自此以下，北流贯韩边外境，入吉林，左受辉发河，右受拉发河，又北左受伊通河，又西北左受嫩江，又折而东，左右受牡丹江等诸大水，入于黑龙江(见齐召南《水道提纲》、《满洲地志》及《长白山附近图略》)此水之发源，当长白山分水岭之东，与界碑相距亦近。论者谓碑东有石堆土堆之迹，土堆终点，水源流出，似亦可引为此水即土门之证，然实则与土门无何等之关系也。界碑所指之土门，乃在水发源之南，当日两国往复文书，明言其自分水岭界碑处，东流数十里，忽入石缝不见水痕，于是接以土堆，继以石堆，复继以木栅，栅终处，水复现，始为巨水。而此水则在界碑所指之土门北，且如论者之所云，是石堆在上，土堆在下，并无木栅。又土堆终点始见水源，石堆以上绝无水迹，皆与当日之情状不符。则无论其说之实否，要之，此水必非当日界碑所指之土门水源无疑。惟因其适当土门源不见水痕处之北，且其源较土门木栅终处之水为近于界碑，而韩人屡次查勘者，皆不知土门有二重水源，故反以此水为碑东最近之水，当即界碑所指之土门，而不知以此水较木栅终处之水，或以为近，以此水较土堆以上之水，则为远于界碑者也。是不足以言人为的境界矣。古今解释土门江者，无不言其东流(或东南流)入海(《明史》《地理志》云：徒门河经建州卫东南一千里入于海。《盛京通志》云：长白山东南流入海者为土门江。《柳边纪略》云：长白山在乌喇南千三百余里〔中略〕，南流入海者三：曰土门江，曰鸭绿江，曰佟家江。)，而此水则北流入黑龙江，又无土门之名义(松花江，满洲语谓为松阿哩乌拉，意为天河也〔见清高宗《御制诗注》〕，与土门意异。又论者所举之吉林土门河，亦与土门江不同。吉林土门河，亦作鸡林土门河，亦有略称为土门河者，即辉发河之上流，发源于盛京柳河县西南吉林哈达山〔即荫哈亮山脉，古名纳绿窝集〕，初名柳河，东北流受数小水，始名吉林土门河，又东北流过海龙府，左受辽吉善河，右受三屯河，又折而东，过辉发城〔明末之辉发国〕，始名辉发河，又东入吉林省，左右共受交河等四十余水，入于松花江〔见《盛京通志》、《吉林通志》、《满洲地志》、日本参谋本部《满洲全图》〕。其源距白头山已四五百里，不得与土门江混，且不得与松花江混也，惟何秋涛《朔方备乘》《艮维窝集考》谓辉发河即图门河，又即《明史》之徒门河。考《明史》徒门河，明言东南一千里入海，此则东北七百里入松花江，其非一水无疑，盖何氏不知朝鲜北界有图们江，其书中亦不载，故误以此当之，与论者同一毛病也），非当日划为国界之水可知，不足以言自然的境界矣。自发源处至下流入黑龙江，屈曲千里，其以东以南，自古即为通古斯人之根据地（古时靺鞨〔即勿吉〕地，今吉林府东北境〔见《盛京通志》、《吉林通志》〕。唐时渤海之上京，今绥芬厅宁古塔西南之东京城是〔见方拱乾《宁古塔志》、萨英额《吉林外记》、曹廷杰《东三省舆地图说》〕。辽时女真军〔即金之祖〕在混同江东，今吉林省东南境〔见《大清一统志》、《吉林通志》〕。金时之上京，今宾州厅阿勒楚喀城南之白城是〔见《东三省舆地图说》。又吴桭臣《宁古塔纪略》谓在宁古塔西沙岭，《柳边纪略》谓在吉林府东张广才岭〕。元时之开元路，明时之奴尔干都司，亦皆含有今吉林省地。清初乌喇国，今吉林府北乌拉城，即其国都也。均见《盛京通志》、《吉林通志》、《满洲源流考》），当间岛之北，且数百里，不足以言领土主权之历史矣。是故论者所谓碑东之水源，非土门江之所谓源也，土堆、石堆，非土门江之所谓堆也，土壁如门，非土门江所谓土门之义也。杉浦、陵口、黄口、大小沙墟、九等墟各水源，皆不与土门江相涉者也。盖土门自土门，松花自松花也。论者主张此说不已，一则曰，自上流至下流入海以南，皆原为界限内地；再则曰，土门以东，北甑山以南，即韩地无疑。使以前说为是，则今之吉林省东半部及俄之沿海省一带，皆当为韩领，其面积较全韩十三道犹且過之，其妄不辩可知。使以后说为是，则茂山以上，豆满江北百里之地，当为韩领。然茂山以下之江北地，既无何等之说明，则其东境，将以何者为止乎？且土门东流入海，及原以土门为国界之说，既为定论，则论者不问如何主张，皆不可不求一东流入海，可当土门之水以为国界之标识，而后其说乃得自完。乃仅利用黄花松沟之上流，指为间岛西方一部之国界，其北方则绝未指出一东流入海之水，可划为国界者，于是乃生出北甑山以南一语，似欲以北甑山为国界者，指鹿为马，希图影射，可笑孰甚也。至于附和此说者，谓哈尔巴岭一带山脉，东西分水，为天然之国界，哈尔巴岭以东，清国政令久废，韩人移往，事实上即占领此地云云，此更为不经之说。夫天然境界者，乃人为境界未定以前自然之标识，非既有人为境界之后，犹可以此压倒彼者也（以人为境界优于天然境界故也）。哈尔巴岭虽亦号称大山脉，然仍为长白山脉之支系，自古中韩国界，既以白头、豆满、鸭绿之天然境界为标准，而定有人为境界矣，则此外自不得再移他山他水，以为境界，而哈尔巴岭，亦非可除外例者也。哈尔巴岭以东，自清初即属中国宁古塔所辖之境，既有库尔喀佐领之设，则非废弃政令可知（清初东三省皆施军政佐领，即与各省道府相当之地方官也）。韩民移住虽多，然韩国国家统治权，初未行使（韩人占地，不过土地所有权，与统治权绝异），既非战时敌地占领之义，复非平时无主地先占之例，事实上何得谓为占领耶？盖此说之诸理由，皆牵强附会之词，在各说中最为无根据者也。

（4）不明言何水为土门江，而泛指豆满、鸭绿二江以北地及长白山一带为韩国领地者。此说系日本人窥知前三说皆不确当，而欲避其弱点，以冀惑人耳目者，又见中国政令久旷之长白山一带，可以垂涎，故并指鸭绿江北地亦为间岛。且虚造南间岛或西间岛之名目，而称豆满江北地为东间岛或北间岛，甚且以韩边外及兴京、凤凰二厅亦为间岛地焉。夫白头、豆满、鸭绿确为国境，而豆满江北地，不得为韩领，亦既如前所述矣。则鸭绿江北地，无论历史上地理上，皆自然无丝毫理由，可以指为韩领也，况韩边外犹在其所谓南间岛之北，兴京、凤凰二厅，又清廷之发祥重地，中国久已行使统治权者耶(韩边外，明时为建州左卫地，清初为长白山部讷殷人地。兴京，明时为建州右卫地及建州卫地，清兴始祖居之，赫图阿拉地即此，清太祖时，建为兴京凤凰厅，明时为定辽中卫属边内地，清初得之，置凤凰城)。为此说者，理由甚浅，无暇多驳，适见日人之贪纵骄慢，不暇择言，故如此无忌惮耳。

附录　驳豆满江、鸭绿江北为局外中立说

日本人有主张豆满、鸭绿江北为局外中立地 Neutral district 之说者，冀以动摇中国之领土权，以便援饰国际惯例，攫为己有。其主张之有力者，一为小藤文次郎《北韩旅行谈》，谓海兰河与豆满江间之地域，实当日清、韩间局外地，两国皆相约不可侵略，惟不许第三国占领之而已。一为今年一月五日至十三日大阪《朝日新闻》，谓清初豆满江北及鸭绿江北地，系朝鲜领土，海兰河布尔哈河流域及浑江以西地，系两国间之中立地，在昔满洲人构居垦地于豆满北岸，朝鲜尝要求清国禁止之，清国政府屡次欲置番所于鸭绿江北岸，与朝鲜交涉，朝鲜亦尝抗议不许云云。然细考当日事实，则皆非是，当日两国既定以豆满、鸭绿为国界，尝恐边民往来滋事，因于沿江北岸二三里近处，严禁盖屋种地(此事始于康熙五十四年。见《大清一统志》、日本丸家善七校刊《朝鲜国志》)，有违犯者，朝鲜则报告上国，请禁止之。此固实事，然此乃中国严边禁之策，以中国

土地中国人民而自处分之，并非放弃主权者可比，朝鲜以两国人民接近，恐酿边衅，将不利于小国，故援例陈请耳（当日朝鲜人民侵越中国边境之事，尝数数见，而中国人民则绝无一次，朝鲜官吏因边民越境获罪至死者，亦尝有之，故朝鲜政府以严边禁为己利而尝陈请耳。事在朝鲜英祖二十四年，乾隆十二年也），非有要求禁止之权利也。且其地实只二三里（当日朝鲜英祖咨中国礼部文，亦明言之。见《通文馆志》），无涉及海兰河及布尔哈图河之事，海兰河及布尔哈图河二流域，当日固完全为中国之领土也，是不得谓为局外中立及朝鲜领土明矣。鸭绿江北及浑江以西之地，则当日所谓围场参山之禁地，所以保清廷发祥重地之尊严者，封禁之制，最为严厉（见康熙十六年，乾隆四十一年，雍正十年，道光二年、七年上谕），非特无放弃主权之事，实为严格行使主权之域，谓为局外中立地，及朝鲜领土，尤为诬妄。且当日鸭绿江南岸，今韩国之厚昌、慈城二郡，亦在禁地范围内，朝鲜未设官治理（见前第三章第二节注。又朝鲜前皇于同治九年咨请清礼部设立厚昌、慈城二郡文内，有“江界废四郡与上国迹裔，限以衣带，原系禁地”之语。可见当日二郡系禁地，亦可见江北地为中国领也）。若以江北为朝鲜领土，则清廷亦可主张江南二郡为中领，有是理乎？至谓抗议不许清廷设置番所，当日亦无此事。中国自清初即已于鸭绿江北岸设汛防边，并不闻有朝鲜干涉。惟雍正八年（朝鲜英祖七年，日本中街门天皇享保十五年），乾隆十年（朝鲜英祖二十二年，日本樱町天皇延享二年），盛京将军奏请于蟒中哨地方（今安东县东鸭绿江北岸），增设汛地，清世宗、高宗皆恐不便朝鲜人民，会礼部询问朝鲜国王，王覆咨有“设汛诚恐小邦边民不知禁令，或有得罪”之语，两次皆止，不果设。然此不过中国抚字藩属之意，并非因其地为非中国领土而朝鲜得抗议之而止者。若无抚字藩属之意，则虽设汛，朝鲜不得有违言也。观于当日清高宗停止设汛之上谕曰：“欲设汛之处，在原定界内，与朝鲜边界无涉，惟恐设汛后，朝鲜人不知禁令，或有得罪，朕心有所不忍”云云(以上均见《通文馆志》)，即可知之矣。此尤足以证其地非朝鲜领土及局外中立地也。小藤氏为彼邦硕学，盖亦误认当日事实性质及地域范围，故作为是言。大阪新闻之说，非带有政略臭味之狂论，则武断之妄谈耳。

(5)不明言何水为土门江，亦不明指何处为国境，而惟否认豆满江为国境之说者。此说之理由，首谓豆满江为天然国境之说，无历史可证，而以李朝祖先起自满洲，现珲春犹有其陵墓为口实，不知李朝祖先，原起于高丽之全州(今全罗北道全州郡。见高丽《李穑牧隐集》《李公神道碑铭序》及朝鲜肃宗钦定《璿源系谱纪略》〔朗源君侃纂修《朝鲜王家谱序》也〕)。至李穆祖(名安社)，因避乱，乃迁三陟〔今江源道三陟郡〕，又迁德源(今咸镜南道德源府)，降于元，为元南京千户所达鲁花赤，又迁斡东(元之南京千户所，初隶开元路，后隶合兰府〔亦作海兰〕，其地今未详。考《元一统志》云：宁远县南曰南京，又南曰合兰，又南曰双城。宁远，今咸镜南道洪原郡西，合兰，今同道咸兴郡，双城，今同道永兴郡，则南京必为今咸兴郡北洪源郡西南一带地方可知也。斡东，亦元合兰府地，今俄国南乌苏里郡波些图地，是当珲春南豆满江东)。其子翼祖(名行里)袭职，又迁赤岛〔今同北道庆兴府南造卵岛湾海中〕，复还德原，终乃定居于合兰府(咸兴郡)，历度祖(名椿)桓祖(名子春)，皆世居之，为元臣不变。桓祖于元至正十六年(高丽恭愍王五年，日本南朝后村上天皇十一年，北朝后光严天皇延文元年)，以合兰、双城等府叛元，附于高丽，始复为高丽臣。太祖(名成桂)因其余烈，乃篡王氏得国(以上均见《李穑牧隐集》、《璿源系谱纪略》，及朝鲜魏昌祖《北道陵殿记》、日本林泰辅《朝鲜史》)。综其颠末，惟穆祖为元安抚女真部落，暂居斡东，为豆满江外地，其余诸处之可称李朝发祥地者，皆在江南，为今韩国内域(韩人为丰沛之地，为一咸兴也)，并无所谓起自满洲之事实。又李氏祖先陵墓，今皆在咸兴郡附近(见朝鲜魏昌祖《北道陵殿记》)。穆祖与其妃，因卒于斡东，曾暂葬于斡东之八池地方，然未几亦皆迁葬咸兴(《北道陵殿记》：德陵在咸兴府西北六十里加平社，癸座丁向，即我穆祖大王寝园，安陵即我穆祖大王妃孝恭王后李氏寝园，两陵同园异茔。又云：两陵初在庆兴府城南，太宗庚寅同迁于此。又云：旧德陵在庆兴府城南十二里许赤地坪中圆峰上，旧安陵在德陵之北四里许。又云：旧德陵安陵在庆兴府北豆满江外斡东地，即时钱山来脉八池之南，俗传自此迁于赤池坪，而年月不可考云。以是考之，盖穆祖夫妇，因卒于斡东，故暂葬之，及后迁居朝鲜内地，以斡东为女真人地，故迁葬之于庆兴，又迁葬于发祥地之咸兴也)。今珲春附近，亦无所谓有李朝祖先之陵墓也(惟朝鲜人俗语相传，穆祖有一妾，亦葬于斡东，太祖迁二陵时，以其不足重弃之，然此固不足谓为祖先陵墓，且今俄领波些图附近及珲春附近，亦不见有是也。见朝鲜南九万《抚夷堡记》)。且当时豆满江南北及珲春等处，为元领土(元时豆满江北为合兰府水达达路地，江南为合兰府及双城府地。见《元史》《地理志》、《明史》《地理志》、《大明一统志》、明顾祖禹《方舆纪要》、朝鲜卢思慎《东国舆地胜览》同郑麟趾《高丽史》)，李朝祖先，亦为元臣民。豆满江虽尚未成为国境，然亦不能谓为间岛当属韩领之证据，适足以证明间岛当属中领而已。而至有明中叶，朝鲜北拓六镇，划豆满江为界以来，豆满为天然国境之事，实固已确定不移者也。又谓清国设延吉厅，韩国未尝有承认之言动，豆满江设立界碑，系清国任意行为，于划境上无何等之意义，不知国际法上有默认时效之例，苟甲国行为，经一定之时间，而乙国犹不能抗议者，则虽违法背约，亦有效力，而乙国不能再有异言。假令间岛即为韩领，然设官立碑，非同细事，韩国既不抗议已久，则虽无承认之言动，亦视同默认可也。况间岛夙为中领，中国设施，不过行使主权之经过，既非违法背约，不须韩国之承认，况韩国亦已明明承认者耶（光绪十五年，吉林将军长顺命和隆峪商务总局委员章鸿锡，会同朝鲜咸镇道官吏，将豆满江韩人私设桥渡，概行撤毁，在光霁峪分卡及西步江分局开市处所设渡，所有往来，彼此照验方可放行，是韩国明明承认光绪十四年设碑分界于豆满江之事实也。又光绪三十年，延吉厅同知陈作彦等与韩国定立善后章程十二条，韩国认延吉厅有定立条约之资格，是明明承认延吉厅在该地存在之事实也）。又谓韩国尝要求交还韩人一事，日本政府已向韩国搜查所有文书，实无此事，则尤可嗤。今使韩国政府对日本而抗议曰："明治三十八年，伊藤与韩国所定之保护条约，今韩国已搜查所有文书，实不见有此事，请速撤还统监。"则日本将以此抗议为是而从之乎？抑亦再演逼宫废帝之活剧乎？以堂堂一国主权者，对于他国正式交涉之文书（事在光绪八年，谓为光绪元年者，恐有误。日本各新闻乃以为系袁公世凯驻韩时〔袁赴韩时，在光绪十年〕，迫挟韩主所为，尤为强妄之说），而欲以此一语抹杀之，冀以隐讳韩国承认其地为中领之据，不意自认为赫赫东亚霸国者，而有此童稚之言动也（明治四十年十月，东京《日日新闻》、《读卖新闻》等所载日本答书与此少异，其末段谓韩王请求清国交还韩人一事，乃因当日清国官吏强令韩民剃发，故韩国欲区别而移出之，以证其为韩民者；又韩国政府在间岛内有发给地券于韩民之事云云。其说亦不足证间岛之非中领，盖既不欲韩人变为中国人，而请其交还，则是承认中国有统治权于该地明矣；发给地券之事，光绪十六年，尽经吉林官吏烧弃之，而韩国亦无异言，足见韩国从前发给地券之不法，而该地为中国领土也）。至于主张分水岭界碑，固当日之事实，然考碑文既无所谓"土门以南豆满以北即间岛地"之语，则不谓为凭空控造者不可，自欺欺人，其偵孰甚焉。日本帝国刑法，伪造文书或变造者，处三年以上之惩役。在国内则法律森严，对国外则政府躬自蹈之，所谓文明者，固如是耶？综观此说，始终不明言间岛当为韩领，维持境界不明之说，较各说尤为狡诈无赖。盖以一国政府而对于外人争议，实一国威信所关，不可即为过甚之词，故不欲切实主张，以为后日转圜地步，惟支吾其说，以图侥幸一当，而不知其说之无理已若斯也。

若夫解释土门江非豆满江之说，其所列举言语学上、地理学上之证据，自亦足以自完其说者。然果以学理的解释绳之，又皆皮相之论也。吾人今更举地理学上、言语学上之真正证据，而并加入历史学上之言，都凡为三，以论究而规正之焉。

土门江之历史关系，以金元时代为最盛。《金史》《世纪》曰："景祖兵势稍振，统门水温特赫部来附。"又《太宗本纪》曰："天会九年，命以徒门水以西和屯、星显、潺蠢三水以北闲田，给海兰路诸穆昆。"又《呼克传》曰："呼克，统门蠢水合流之地，乌库里布人也。"按海兰路，即海兰甸故土，为今海兰河以南咸兴郡以北地（见《东国文献备考》、日本小藤文次郎《北韩山脉水系考》）。浑蠢水，为今珲春城南之珲春河（见清高宗钦定《辽金元三史国语解》）。温特赫部、和屯水、星显水（亦作锡馨水）、潺春水（亦作珊沁水）虽不能详指为今何地，然考女真景祖对国境，以白山耶悔（亦作叶赫）、统门耶懒（亦作扎兰）诸部来附，东南拓地，由海兰河流域东抵绥芬，西括长白，南包六镇，而分别按其地域，则白山诸部，即长白山地（见《吉林通志》），耶悔诸部，即六镇地（见《大韩疆域考》），耶懒诸部，即绥芬厅地（据《金史》。耶懒与习品相近，恤品亦作率宾，即今绥芬厅境，则耶懒亦当为绥芬附近，或俄国南乌苏里郡地，考南乌苏里郡海参崴东有雅兰河，南流三百里入海，雅兰、耶懒、扎兰，皆一音之转，耶懒之称，当日或因此水以名乎）。惟所馀统门诸部，不得所指，是统门必为今海兰河流域豆满江北地，而统门水之温特赫部，亦当为其一部可知。又女真康宗时，有遣硕硕欢往海兰甸立幕府于潺蠢水之事，此幕府当即为海兰路治所之张本。《金史》《地理志》谓海兰路治，南至高丽界五百里，西北至上京七百里，东北至恤品路五百里，以今地望推之(上京，今宾州厅西南之白城。恤品，今绥芬厅，金与高丽国界，今韩国定平、咸兴二郡)，当在豆满江中流以西地方，则海兰路治所在之潺蠢水及其附近之和屯、星显二水，必为间岛南部入江诸水中之三水可知（《大韩疆域志》谓星显水为咸镜南道三水郡中三水之一，恐误)。夫统门水之温特赫部，既为豆满江北地，则统门水即豆满江无疑矣。统门合流之浑蠢水，既为珲春城南之珲春河，而今日在珲春城南与珲春河合流者，惟一豆满江，则统门水即豆满江又无疑矣。徒门以西之和屯、星显、潺蠢之水，既为豆满江中流以西地方之水，则徒门水亦即豆满江又无疑矣。夫统门、徒门二者，皆与土门字异音转之同一名词，此古今言土门江者之定说也(见《大清一统志》、《吉林通志》及日本近籐守重《边要分界图说》)。然则，土门江即豆满江之说，不已于此得确实之本原耶？此历史学上之证据一也。

土门江之地理考证，自前明清初已稍稍著于世。《大明一统志》曰:"长白山高二百里，其巅有潭，周八十里，阔复莫测，南流为鸭绿江，北流为混同江，东流为阿也苦江。"《明史》《地理志》曰:"徒门河流经建州卫东南一千里入于海。"《大清一统志》曰："按《明一统志》，长白山高二百里，其巅有潭，周八十里，阔复莫测，南流为鸭绿江，北流为混同江，东流为爱呼江。"考天下之山，未有高至二百里者，明志所云，殆出于传闻。其潭名闼门潭，今实测所得，裁二十九里有半，与通志三四十里不甚相悬。明谓八十里，亦约略之词也。爱呼原作阿也苦，今无其名，恭读高宗纯皇帝御制《盛京赋》云:"粤我清初，肇长白山，鸭绿、混同、爱呼三江出焉。"则爱呼当为图们江，古今称名之异耳(图们别源之红溪河，一名阿几个江〔见齐召南《水道提纲》〕。盖阿也苦之变音，亦用以称正流也)。《盛京通志》曰："长白山在船厂东南一千三百余里，西南流入海者为鸭绿江，东南流入海者为土门江，南流经船厂城东南出边者为混同江。"又曰："土门江在宁古塔城南六百里，源出长白山，东北流，绕朝鲜北界，复东南入海。"齐召南《水道提纲》曰："土门江源出长白山顶东麓，曰土门色禽，东流若隐若现，数千里折东北流，又东南流入大海。"《朝鲜国志》(日本丸家善七校刊，著者姓名不传)曰："土门江在国东北界，源发长白山东南麓，东南流入海。"此皆言土门江之地理者。建州卫，即今兴京厅附近及吉林府东南境。船厂，即今吉林省治。宁古塔，即今吉林省绥芬厅辖地，其南六百里，则今延吉厅南境。混同江，即今松花江源之二道白河。徒门、爱呼、图们三者，与土门皆为一水，已不待言。综合而推理之，则所谓土门江之地理的考证，实可得数要点。其始发源在长白山之东南麓(即白头山之南麓，以山之全脉言则为东麓)：(一)以长白主峰白头山顶之潭水为水脉；(二)其水既出，复陷，陷而复现；(三)当二道白河水源之南；(四)鸭绿江水源之东；(五)其地望去兴京以东稍南，约一千里，去吉林省治以南约一千三百余里；(六)既发源，向南流，不远，即折而东，绕朝鲜北界；(七)折而东北，流经延吉厅南境；(八)又折而东南入于海；(九)其流域当朝鲜东北之国界；(十)此土门江之源流位置方向，大略如是也。今试以南满北韩间，求其一一与此诸点相合者，舍豆满江，不能有二，其源流位置方向之详，前既已言之矣。上源之石乙水，既发源于白头山顶潭水之南，潜行地下复出，是前之五点相合也。下流既经间岛之南，六镇之北，以入海，是后之四点相合也。盖不烦言，而土门江即豆满江之理由已得解矣。此地理学上之证据二也。

豆满江名称之原起，实出于满洲语(即女真语)，而朝鲜人以汉字译成之者(见朝鲜李端夏《北关志》)。满洲语原作[illegible]，译意为万数(见清高宗钦定《金史语解》)。其音在汉语上一音为重舌次清音

（透母），与鱼韵（语韵御韵亦同，俗之虞韵亦同）字之切音，下一字为重唇半浊音（满母。在唐释守温三十六母中为微母），与元韵（阮韵愿韵亦同，俗之先、潜、铣等韵亦同）字之切音。在英语上一音为“T”“U”（同ōō）之缀音，下一音为“u”“E”“N”之缀音（在日本语上一音为“メ”“コ”“ン”，韩国语上一音为“ㄷ”“ㅜ”，下一音第一在“□”，第二无适当之音可合，第三为“ᐯ”〔第二亦可强作“에”〕）。以发音学 Phonetics 之理法准之，则上一音者，舌头闭无声之父音，“U”与高后部之母韵“I”也。下一音者，唇闭鼻有声之父音“Ꝏ”与中前部之母韵“C”，而复加以鼻音“Ꝏ”者也（发音学之记号，用英国伯尔 Alexamda Melaille Bell 之视话音字 Visille Speech，其法世界各国语音，皆能表明。见伯尔《发音记述学》、日本远藤隆吉《发音学》、日本伊泽修二《音韵新论》）。自来汉语译外国语固有名词之例，凡遇舌头闭无声父音，与高后部母韵之音，常以重舌次清音（透母）与鱼、语、御等韵之切音字译之。凡遇唇闭鼻有声父音，与中前部母韵之音，常以重唇半浊（满母）音与元、阮、愿等韵之切音字译之。此正例矣。但汉语每因时代及地方不同，往往生音韵变迁之弊，由是译外国语时，亦尝随时代及地方而有伪译之事，应译为重舌，次清音与鱼、语、御等韵之切音字，则常误为重舌清（端母）轻舌次清（天母。在唐释守温三十六母中为彻母等音字）等音字，或尤、萧、有、筱、宥、啸、幼、物等韵字（若一名词中，其下之音为唇音时，则常附加鼻音于鱼、语等韵之尾，而为东、董等韵），应译为清唇半浊音与元、阮、愿等韵之切音字，则常误为轻唇半浊（明母）重唇清（帮母）等音字，或真、寒、蒸、侵、覃、庚、轸、旱、证、寝、感、梗、震、翰、拯、沁、勘、映等韵字，惟大半以不出双声（同父音）叠韵（同母音）二者之一之范围为限而已。此固稍明语言学者所能道也。故“𨔼”一语，《金史》《太宗本纪》作“图们”，《明史》《地理志》亦作“徒门”，《大清一统志》、《盛京通志》等作“土门”，清高宗钦定《金

史语解》乃定作"图门"。此等于双声、叠韵二者，皆与原音吻合为正译，《金史》《世纪》作"统门"，则上一字为伪译。至于朝鲜之译者，以应为重舌次清音与鱼、语、御韵之上一字，于叠韵之范围内，而作重舌清音之豆字焉，以应为重唇半浊音与元、阮、愿等韵之下一字，于双声之范围内，而作旱韵之满字焉，则二字皆伪矣。盖朝鲜汉字，多存中土古音，凡从豆之字，皆附以두音（即朝鲜文之舌头闭无声父音，与高后部母韵也。豆字，唐以前读徒侯切〔见《唐韵》〕，为重舌次清音。朝鲜文化多从汉、魏、晋、唐时由中国传入，故文字亦多存唐以前音也。又豆满江上流来汇之西豆水，朝鲜人亦作西头水，不可见彼国豆字，读为次清音也）。朝鲜谚文（朝鲜字母），原无中前母音，凡元韵之字半读为"ㅓ"韵（即朝鲜文之中广部母韵，而加以鼻音者，盖读为旱、翰等韵矣，亦有读为东韵者，皆其国音韵不全之故也），其讹为豆满者，亦彼国应有之事。然要其与土门、图们为同物，则仍然也。又满洲语"ᡨᡠᠮᡝᠨ"，讹译为豆满二字之例，不独土门江为然也。此外中国、朝鲜古今书籍中，于译他种之名称时，亦尝有之。女真人有称为"ᡨᡠᠮᡝᠨ"之姓氏者，《金史》《宣宗纪》作"陀满"，《东国通鉴》《高丽纪》作"豆门"（《高丽纪》云：肃宗八年二月，东女真将军豆门小高夫、老豆门恢八等五十人来朝。），《八旗姓氏通谱》作"图们"。金时有号为"ᡨᡠᠮᡝᠨ"之部落者，《金史》《世纪》作"统门"（与前之统门水不同，或即是居统门水域附近者），《金史列传》（卷六十四）作"陀满"，清高宗钦定《金史语解》作"图门"。图们门三字，正译也，陀、豆、统、驼、满五字，皆讹译也，而其为译语，则无变也。更足见豆满二字，用以译"ᡨᡠᠮᡝᠨ"一语之非奇异矣。然则豆满、土门，果为名异实同之一名词，而土门江即豆满江之说，更无何等之疑异也。此言语学上之证据三也。

今夫日韩侧所持之证据曰，豆满江发源于朝鲜国内也；曰石乙水发源，非长白山，乃小白山也；曰豆满正源，出于长山岭池，与界碑相近九十里也；曰豆满之名称，为众水相合之义，下流会合诸水，故称为豆满，上流则韩人称为鱼润江，清人称为爱呼江，并无豆满之名称，不得与土门混同也。夫以吾人学理的解释言之，豆满正源，既在长白山东南麓，则非朝鲜国内之地，而即为前明以来所谓土门源所在之中韩两国界地可知矣。石乙水既为山顶潭水水脉之豆满正源，又在长白山主峰白头山之南（再南即小白山），则虽与小白山相接近，不得谓为即小白山，而仍为土门发源之白头山可知矣。长山岭河既为北自黑山岭发而归宿于豆满江之一水（见前），则出于长山岭池之水，不得谓为豆满正源，而豆满正源仍应求之于土门发源之长白山东南麓可知矣。"土门"既译意为"万"，则与所谓众水相合之义无别（朝鲜李端夏《北关志》亦云：豆满江出白头山，女真语谓"万"为"豆满"，众水汇流，故名万。），而"爱呼"又既为"图们"古今称名之异，则爱呼、图们、土门、豆满皆为名异实同之一水可知矣（论者谓"鱼润"为"於伊后"之变种，考"於伊后"当即"阿也苦"之转，鱼润则为大红丹水别称，非豆满正源也。又有论者，谓上流无豆满之名称，考日本参谋本部《满洲地志》云，图们江发源于长白山之东麓，谓为图们色禽，色禽者，河源之义也，东流折而东北五十海里，受西北来一小水云云。则是上流无豆满之名称之说，亦不足据也）。故是数说者，皆不足以维持土门非豆满说之存立，而适足以证明土门即豆满说之确凿者也，谓之为皮相之论，岂过刻耶！

然则中国侧之主张，究为如何？曰中国侧者，皆确有根据，惟稍欠详实者也。盖中国对于间岛之土地，既有领土主权取得之历史与自然的人为的之境界，其为有领土主权于该地者，已彰彰可信。清政府前次既主张豆满上源之石乙水为土门江，而指为国界，此次复援历史的现实的证据，以言豆满江北地当为中领，其根据已巩固矣。惟所举之事实，颇嫌简略。又此次照会中，有"分水岭石碑无境界明文"之说，似不详审穆克登定界之事，斯为缺点耳。然于主张该地领土权之论据，则无害也。且夫间岛当为中国领土，尚不乏其证也。在昔穆克登既定界碑，曾自白头山浮土门江而下，由茂山下至庆兴海口（朝鲜《通文馆志》云，克登曾从土门水道以下约行三百里，到茂山，又造四小舟，水陆并下至庆兴海口，还至庆源，越江至厚春乃去）巡视边界。使土门非豆满，又使豆满非国界，则何缘得至茂山及庆兴海口乎？此其一也。穆氏定界以后，清廷曾遣宁古塔那去官兵，至豆满江岸，设立屯庄，以严边禁（《大清一统志》云：康熙五十四年，以珲春之库尔喀齐等处与朝鲜只隔土门江，恐居人往来生事，今将安都立他木驽房屋窝铺，即行拆毁，与宁古塔那去官兵之屯庄，俱令离江稍远居住）。此其二也。自清崇德四年以来，朝鲜六镇人民，尝有越豆满江盗物伐木之事，被满洲官吏捕获交还治罪，并六镇官吏，亦坐罪者，共计二十余次（朝鲜史志所载者，仁祖十七年〔崇德四年〕一次，二十年一次，肃宗六年一次，十六年一次，三十年一次，三十六年一次，英祖五年一次，九年一次，十五年一次，十七年一次，二十六年一次，三十二年一次，三十七年一次，哲宗八年一次，前皇三年一次，八年一次），是豆满江以北原不许朝鲜人越雷池一步者。此其三也。从来两国定例，中国宁古塔、珲春等处人民，渡豆满江至会宁、庆源二处市易（《大清会典》云，宁古塔人每年往会宁市易，库尔喀人等每二年一次，往庆源市易）。顺治十七年（朝鲜显宗二年，日本后西院天皇万治元年），清礼部咨朝鲜国王文，明言“珲春与交易处所止隔一河”（朝鲜《通文馆志》卷三《事大》篇，载有此文）。此其四也。是咸丰十年，中国割地与俄，豆满江地距海二十里左岸，全归俄国，使豆满北地，果系韩领，则此二十里必不得听其割让。又光绪十年，李鸿章为俄韩陆路商约事致朝鲜国王书，明言“自图们江口上溯二十里，左岸为俄国国境，右岸为朝鲜国境，该地以外，以图们江为大清吉林省境。”（日本各报译载此书者甚多，今从日文译）而朝鲜亦不闻有反驳之言。此其五也。光绪七年，清廷命吴大澂为边务督办，设靖边军，屯垦于珲春局子街各处，其后十五年，又设图们江水师，置炮船以固边防，而朝鲜皆无异议，反倚赖之以为北韩之保障，是明认豆满江为国境。此其六也。光绪十一年，清韩协定通商事宜，清廷开豆满江北岸和龙峪等处为商埠，设商务总局于和龙峪，设分卡于光霁峪、西步江二处，且其通商约章第一条云："两国边界，敦化县南与会宁、钟城，珲春与庆源，互相往来贸易，其稽查之事，各按边界定律办理。"其后十五年，吉林将军长顺复命商务总局委员章鸿锡与朝鲜边界官撤毁豆满江桥渡，尤为朝鲜承认豆满江北为中领之证。此其七也。光绪十二年，朝鲜国王咨北洋大臣文中，明言"图们豆满为一江转音，则疆界已大定"云云(见朝鲜《通文馆志》)，尤承认豆满为国界之证。此其八也。是八者，皆二百年来两国关于豆满江北交涉之事实，而不可湮没者也。岂犹不足资助中国侧所提出之理由，而益使之强实有力乎？要之，界碑所载之土门，实为今日之豆满江，豆满江北之间岛，当为中国之领土，无论从何方以言，皆已成为固定不摇之铁案，此固凭之事实，而可信者。特恐清政府不能引证事实，根据学理，以为交涉，且无国力以盾其后耳。而不然者，吾不知日本将何恃而不败也。

附录　驳日本九州《实业新闻》《间岛问题论》

前稿既成，复见日本九州《实业新闻》(自明治四十一年二月八日至十一日)有《间岛问题》一篇，其作者著曰："在东京法学士鬼谷子。"盖隐名也。其主旨在力论间岛非中国领土，而以历史论及法理论为其根据，颇为彼国有力之言，兹故另驳之于左。原文曰：

(前略)欲决定日清二国对于间岛之主张孰为正当，则不可不先从历史上以观察其所属究竟如何。远古以前不可知矣。当神宫皇后征伐三韩时，豆满江一带之地，皆为高丽领土，此历史所证明者。而斯时三韩既为我日本之藩属国及纳贡国，则间岛即谓为曾服属于我国威之下者，亦无不可。惟事去今已远，对于现问题不能为直接之证据。厥后满洲方面有渤海王国兴起，间岛乃归其版图。次渤海而兴者为女真国，亦领有间岛。再次至于元朝，间岛又为元领地。时则朝鲜现朝开国君李成桂之六代祖名李安社者，方仕于元，为元之地方官，领有间岛一带。至成桂，以英雄之资，不甘臣元，则起兵占领朝鲜全土，开现王朝之基业，间岛地方，遂归朝鲜之统属。当是时，朝鲜为统治间岛之故，特在豆满江岸设置茂山、会宁、钟城、隐城、庆兴、庆源六镇，其对于间岛之关系可知矣。当李成桂以前，朝鲜尚未成为国家，其历史的事实，与现问题固无关涉。自成桂开国以后，亙于李朝初期之间，间岛盖确为朝鲜统治下之土地，此则可注目之事也。盖自是而后，间岛历史之事实，与现问题遂有直接之关系。未几，清国现朝王始祖，有爱新觉罗氏之一豪杰者，举兵于间岛附近敦化地方，征服豆满江北，即今之间岛一带，使其居民，悉为臣妾，复率其部落，进捣中央，支那遂开清朝之天下。盖斯时间岛既被征服，又从清朝入关而行一种之民族移转也，于是有不能不注意者。当时之爱新觉罗氏，果曾以间岛为领土，而有永久统治之意思乎？吾人今日不能徒以率其居民以为转移之一事，为推测其意思有无之据，故颇难确答也。今即让一步而认其真有永久统治之意思，然以国际法眼光观之，凡徒以兵力征服他国领土者，皆不足为领土取得之源泉，必经对手国之承认，其领土权始行移转。虽今日国际法之法理，可否适用于当时之状况，犹不能臆断，然要之间岛领土权之曾否移转于清国，则不得不谓为犹属疑问也。爱新觉罗氏既率间岛居民西征以后，间岛遂变为空虚无人之地，清韩二国，互相禁止人民入居其间。此禁止入居之意思，今以法理释之，可为三解：一解为清韩二国皆以间岛为己国领土以外之地而禁止之者；二解为二国皆有领土权于其地，而清国以任意之处分，为政略上之禁止者；三解为甲国视为己国领土以外之地，而乙国视为己国领土而禁止之者。此三解中果以何者为正当，吾人以不详知当时之法律命令，不敢确下判断。惟从外观上论之，则所谓禁止入居者，谓为一种中立地或缓冲地之设定行为，似无不可也。及康熙帝时，因划定南满洲国境之故，遣天主教徒一人于间岛方面，探查情形，其所作地图及备忘录，曾记明豆满江北一带为中立地。厥后三年，康熙帝乃以独断，决定豆满、鸭绿二江，为满韩国境，以二水发源之长白山为己国领土，于时间岛始混入清国版图之内。盖帝以长白山附近为自己举兵之地，实祖宗发祥之灵域，不可不严加保护，故敢出以大胆之妄断也。当是时，帝复遣划界委员会合朝鲜官吏，登长白山绝顶，设立石碑为境界标识，其碑文有“西为鸭绿东为土门”之语。以今实地证之，碑西发源之水，固为鸭绿江，碑东发源之水，实非豆满江，而为松花江之一源，韩人称之为土门江，正当间岛之西北境。以是知碑文所指之土门，即此土门江。而间岛应为朝鲜之领土，愈确实也。（中略）要之，爱新觉罗氏勃兴以后，朝鲜并无抛弃间岛领土权积极的根据，不过欲买清国的欢心，而认为中立地带。此种情态，固迄于间岛问题之起，上下二百年间，而持续不变者。（中略）今也间岛为朝鲜领土之证据，虽不能确举，然谓为所属未定之地域，则其理由正不患不足。我政府之主张既已如是，是我之理由，不谓之正当不可也。

总观其立论，不外征引历史，援引法理，以证间岛非中国领土。其尤用意者，在(辨)<辩>护日本政府之说，谓纵非朝鲜领土，亦当解为所属未定之地，其狡焉之心，盖如见矣。夫欲决定间岛问题，不可不先从历史上以为观察固矣。然为历史上之观察，而辄误解当日事实之性质，或有意割裂武断焉，以为自完其说计，皆不可者也。论者其坐斯弊乎？当神宫皇后之征伐三韩也，日本威力固尝及于朝鲜半岛，然当时曾为日本之藩属国或纳贡国者，不过南方之百济、任邹等国，其北方之高丽，则俨然为独立王国，虽以隋炀帝、唐太宗之雄武而不能取胜，何尝有服从日本之事乎？高丽无服从日本之事，则安得谓间岛曾服属日本国威之下哉？朝鲜现朝，虽起于李安社之仕元，然考安社所居之官职，为南京五千户所达鲁花赤，其所领之土地，为斡东一带。以今地证之，南京实今咸镜北道咸兴郡北地，斡东实今俄领波些图地，与间岛实风马牛不相及。其后不甘臣元者，亦非李成桂，乃安社之孙，成桂之父，名李子春。子春以双城等府叛元，降于高丽，成桂藉其余烈，乃篡高丽王位，受明太祖封，为朝鲜国王。时则女真部落在北强盛，成桂乃遣金宗瑞北伐，拓地至豆满江，始建六镇守之，划江为界，江北则仍为女真，并无间岛归朝鲜统属之事，亦无六镇统制间岛之事也(朝鲜《东国文献备考》云：咸镜道，古朝鲜属国沃沮地，汉置玄菟郡，后徙郡于辽东，更以沃沮为县，属乐浪东部都尉。后汉建武中，罢都尉，封其渠帅为沃沮侯，后为高句丽所有。唐灭高句丽，以其地属安东都护府，新罗得其南境，隶溟州，其北地没于渤海，因为女真所据，称曷懒甸，高丽划定州都连浦为界。高宗时，和州迤北叛附元，元以和州为双城府。至恭愍王时攻破之，复其地，称朔方道，本朝初拓地至豆满江。又云：明宗二十二年李浚书示许天使曰："〔前略〕东北曰咸镜，东抵豆满江〔下略〕"云云。观此，知朝鲜自新罗以后，未尝辖地至豆满江北，信而可徵也〔明宗二十二年，为明世宗嘉靖四十五年，日本正亲町天皇永禄九年〕)。清初征服间岛部落之事，论者欲以今日国际法之法理解释之，谓领土权果否转移于清朝，犹属疑问。考当日间岛地方，原为东海瓦尔喀部、虎尔喀部属地，二部名义上为明之羁縻卫，而其实皆独立之部落。清太祖、太宗征服诸国，二部尽收入版图之内，以今日之法理论之，实合于甲国强制合并乙国之例，非领土权一部移转之例可比。强制的合并者，国家灭亡之一例也，而犹欲以所谓"必经对手国之承认"之法理绳之,其迂愚亦可知矣。自清太宗时与朝鲜划境,即以豆满江为界,其后又设有库尔喀佐领三人、骁骑校三人,又有那古官兵、宁古塔官兵之屯庄,在豆满江北岸二三里外,常川防戍,则不能谓为无永久统治之意思,不更可信哉?至于两国互相禁止人民入居之说,尤为大谬。当日两国之既定界也,其始以恐边民滋事之故,相约禁止人民渡江越境(见朝鲜《通文馆志》)。其后以两国人民只隔一江,尝生冲突,清廷乃自撤屯兵、居民,离江二三里。绎其性质,前者虽为国际的禁约,然其实为消极性质,只禁止中人之渡至江南、韩人之渡至江北而已。后者则为国内的行政,亦不过为自安边境计,对于己国之领土臣民,而为行政之处分而已,皆未尝于豆满江以北,划定纵横数百里之地,而互相禁止曰:无论中韩人,皆不得入居此地也。夫既无互相禁止入居之事,则论者援引国际法理,以释禁止入居意思之三解,及推定间岛为中立地、缓冲地之说,皆可谓之拟于不伦,不待辩驳而已自倒矣。又当日间岛亦非空虚无人之地,所谓民族移转者,不过一部之人从龙入关,其未移转者,仍自不少。观于当日两国通商成案,有宁古塔人每年渡江往会宁市易(昔日间岛亦属宁古塔也)、库尔喀人等每年二次渡江往庆源市易之例(见《大清会典》)。可知当日会宁、庆源江北地方,仍有生息之居民。既有居民,不能再禁他人之来此,尤足证互相禁止入居之说之不实也。又谓康熙时天主教往探查间岛,其地图及备忘录,曾记明该地为中立地,吾人未见其地图及备忘录为何物,不敢确言其真伪。惟考康熙时,遣查满韩境界之举,共有四次:康熙十六年,吴木纳等登长白山观闼门潭;二十三年,勒楚等至鸭绿江为韩人所杀;二十九年,查山等由鸭绿江至图们江南岸(考此次礼部咨朝鲜国王文云:发祥之地,关系甚大;所差大臣查山等将册前往详阅,而鸭绿江至土门南岸一带,俱系朝鲜驿站,俱行预备云云。以南岸俱系朝鲜驿站一语推之,则北岸必系中国境土可知,此亦一证也);五十一年,则穆克登设立石碑之事也。穆氏事姑不论矣，其三次皆未尝指间岛一带为中立地之迹，固已信而可徵者也。论者所指，果为何事耶？吾人虽不敢断言其为杜撰，然实不知其何所据而云然，毋亦流于误解臆测之所致乎？若夫解释穆氏界碑土门之说，吾人前者既详辩之。要之，无论从何方面立论，碑文之土门，即国界之豆满江，固已无一毫之疑义者也。

抑论者之主张，不但陷于谬妄已也，为前后立论，自相矛盾之处，亦不少焉。既主张李朝开国时，领地及于豆满江北之间岛，而又谓统治间岛之六镇在豆满江岸。江岸者，江南岸也。矛盾一也。既主张清韩二国曾有互相禁止人民入居之事，而所下国际法的三解中，又谓"清国以任意之处分，为政略上之禁止者"，"甲国视为己国领土以外之地，而乙国视为己国领土而禁止之者"，似已承认此举为中国一方的行为者。矛盾二也。既主张康熙帝以妄断决定豆满、鸭绿为国界，而又谓帝遣委员定界立碑，碑文土门非豆满江。矛盾三也。既主张两国设定间岛为中立地，而又持所属未定说。矛盾四也。夫天下未有不能自定其说，而犹能伸张其理由者，论者之谬妄如此，其殆所谓无驳辩之价值者乎。噫，论者休矣！间岛之局，既将大定，今而后，可不复再倚重论者之讨议。论者其再费数年之日月，殚精竭思，从事于满韩史学、国际法学、论理学之研究焉可也。

第五章　间岛地志 附录韩边外志略

间岛在昔原为无名之地（哈尔巴岭以南一带，惟总称为南岗而已）。自清咸丰时，朝鲜人渡江越垦，呼为垦土 kentu，本为普通名词。其后人数日多，垦土日广，复别之为数区，直茂山者，曰茂山垦土，直会宁者，曰会宁垦土，直钟城者，曰钟城垦土，直稳城者，曰稳城垦土，遂有渐变为固有名词之势。又当是时，钟城之北，豆满江中泥沙淤积，生出一岛，朝鲜人亦争往垦，名曰间岛 Kantao（中国人称曰江通，亦曰夹江，在钟城与光霁峪之间，宽里许，长约十里，韩人今呼曰古间岛，土地甚肥，适于农，居民数十户，皆韩人，其地亦属延吉）。间岛与垦土，语音相近，称呼之间，不免混淆，因是乃有误指垦土为间岛者。及境界问题起，韩人希图影射，又造为韩土、韩岛、大韩岛、大间岛等称。迨至日人侵入其地，不知始末，始专以间岛称之。自是"间岛"二字，遂变为该地之通名，现日政府且定为经制之名称焉。但其主张之范围，颇缺明瞭，故其疆域四至，亦难推定。其始韩人之所谓垦土，原为豆满江北沿岸一带，境界问题发生时，所主张者，为海兰河豆满江间。其后或持北甑山以南说，或持松花江以东说。日人继之，更张其词，有谓英额岭以东，哈尔巴岭以南，东抵俄境为间岛者；有谓松花江以东，哈尔巴岭以南，东迄嘎牙河为间岛者；有谓韩边外及豆满、鸭绿江北地均为间岛者。众论纷纭，莫衷一是。盖日人惟抱侵略之野心，原无确实之证据，故其所说，亦因各人之观察而自歧异。吾人参照各说，观其政府实行经营之迹，窥测其用意之所在，盖西自黄花松沟及英额岭，北至喀尔巴岭及老爷岭，东迄嘎牙河，南抵豆满江，凡延吉厅之西部，及绥芬厅西南之一角，实其所欲争之地，而认为问题所涉之范围者，谓为间岛之疆域，似无不可。此外若韩边，若鸭绿江北，若珲春，不过间岛问题之关系地而已。故兹叙述间岛之地理的情事，亦以此为范围焉。

1. 沿革。间岛为古时东夷肃慎氏之域。周时为涉国地。秦及汉初为朝鲜属国东沃沮（一曰南沃沮）地。汉武帝灭朝鲜，以东沃沮地为玄菟郡（治沃沮城）。后为貊人所侵灭，徙郡于辽东之高句丽。元帝时，复为沃沮地，属于乐浪东部都尉（治不耐城，辖单单岭东七县）。后汉光武帝时，罢都尉，封沃沮为县侯。三国西晋时，沃沮属于高句丽国。南北朝陈时，为靺鞨人白山部所有，亦复属于高丽(即高句丽也)。至唐高宗时,灭高丽,其地属于安东都护府,后复没于靺鞨,而新罗复属之。渤海时,西南部为东京龙原府地,东北部为恤品府(亦作率宾)地。辽时,南部为女真人温特赫蒲卢毛朵等部地,北部为率宾府地。金时,南部为海兰路地,北部为上京路会宁府地。元初为南京万户府地。世祖时,为辽东总管府地,后复改置开元路,及海兰府水达达路(亦作硕达勒达路),东大部属海兰府水达达路地,西少部属开元路地。明初为兀者野人女真军民府地。未几,改军民府为三万卫(明初,因女真人来附,置军民府,未几,改三万卫,皆治鄂多里(今敦化县),洪武二十年始徙卫于开元,即今开元县也。见原本《读史方舆纪要》,今本《方舆纪要》经清廷删削者甚多,其辽东一卷尤甚,著者于日本西京曾见大阪《朝日新闻》所藏之原本。永乐时,西南部属毛怜卫,中部属建州左卫,东北部属兀者卫(亦作高集)。中叶以后,豆满江上流属毛怜卫,下流属兀者卫,海兰河流域为爱丹卫(今艾丹城,其治地也),布尔哈图河流域为布尔哈图河卫,嘎牙河流域为树哈卫西境,俱为女真部落(见《吉林通志》),而以奴尔干都司羁縻之。明末,南部为瓦尔喀部地,北部为虎尔喀部地,俱属于东海窝集国。清初,为宁古塔城辖地。康熙五十三年,改属珲春城,置协领治之,其东北部,则仍属宁古塔。光绪七年,改珲春协领为副都统。光绪二十九年,以珲春地设延吉厅于局子街,以宁古塔地设绥芬厅于三岔口("绥芬"盖即古"恤品"之转音也),地分属之,迄今不变。

2. 面积人口。间岛之地,西起东经约百二十七度五十分,东迄东经约百二十九度五十分,南起北纬四十一度三十分,北迄北纬四十三度五十分。广三百一十里,长四百七十里,面积约十万余方里,较日本四国稍大,较台湾稍小。惟人口甚为稀薄,且客民多,土著少,不能确实统计。据最近日人之调查,共计间岛全境有户一万七千四百余,人口九万四千余。分计之,则中国人三千七百余户,二万七千余人，男一万八千余，女九千余，朝鲜人一万六千三百余户，七万七千余人，男四万四千余，女三万三千余，盖平均一方里强仅得一人之率也。

3. 地势山川。间岛地势，自西而东，起伏屈曲，成为一大缓斜地。西北环山，东南滨河，中间许多山脉河流，纵横贯列。其山脉之大者，自白头山东走为北甑山(高五千余尺，顶平，有喷火口)，为长山岭。又东稍北为大秫稭垛山(又曰下畔岭)，为青山，为南丘山，为胡里改山(又曰兀良哈岭)，为盘岭。自北甑山迄盘岭，蜿蜒五百余里，通称为黑山岭山脉。自大秫稭垛山分一支北走为老岭，为五道羊岔岭，为富集岭(高六千尺，自窝集岭分一支西走，入韩边外境，为牡丹岭山脉)，为哈尔巴岭(高二千六百尺)，再折而东，为平顶山，为和欢山(高二千八百余尺)，为马尔胡里岭，为老爷岭，为松岭(自是分二支，南为穆克德亨山脉，东北为完达山脉)。自老岭迄富集岭，蜿蜒二百里，为东西一大分水岭，敦化、延吉由此划界，通称为英额岭山脉。自富集岭至老松岭，蜿蜒三百里，为南北一大分水岭，通称为哈尔巴山脉。英额岭山脉，自五道羊岔岭，又分支东走，终于冒儿山，为马鞍山脉。哈尔巴岭山脉，自和欢山又分支南走，终于延吉冈，为四方台山脉。黑山岭山脉，横列于豆满江北岸，山之南面，陡斜急侧，北面缓慢倾叠，成为一带之丘陵性地，称曰“南冈”。英额岭山脉，与哈尔巴岭山脉，为间岛二面之轮廓，山势高峻，成为一带之高原性地，于间岛有建瓴之势。马鞍山脉，在海兰河、布尔哈图河之间，居间岛之中央，地势较为低平，称曰“西冈”。四方台山脉在嘎牙河布尔哈图河之间，山势蔓延四出，东西各成缓斜面，称曰“北冈”。其河流之大者，豆满江，海兰河，已如前述。布尔哈图河，源出于哈尔巴岭，东南流，左受头道沟、二道沟、北二道沟，又东南流，左受城场沟、粮米台河、庙儿沟、土门子河，又东南流，右受榆树河、胡仙洞河、锡林河，又东流，左受朝阳川(亦曰太平沟)、延吉河,又东至局子街东南,入于海兰河,全水计长二百余里。嘎牙河,源出老松岭,西南流,右受哈达河,又东南流,左受牛圈河、石头河,又东南至萨奇库站西南,右受阿穆达河,左受小嘎牙河,又南,左受噶哈里河,又西南,至太平岭东(即瑚珠岭),左受大荒沟,右受苦水白草沟,又东南,左受旺青河,又南,右受牡丹川,又南,至嘎牙河屯东南,入海兰河,全水计长四百余里。豆满江流域北岸属间岛者,大抵险峻之豁谷性地居多,在间岛中较为硗瘠之区。海兰河流域,土地旷衍,沃野相属,实三冈交通上、产业上之中心点。布尔哈图河流域,上流为一带之谷地,下流为一带之平原,间岛北部之堂奥在焉。嘎牙河流域,西岸属间岛者,半系丘陵,半系平原,承四方台山脉东缓斜面之余势,亦东北方面之门户也。

4. 地质。间岛地质,大抵以太古界之片麻岩、花冈岩,古生界之玄武岩,中生界之沙岩、页岩为主,以太古界之千枚岩,古生界之粘板岩砂利,中生界之灰岩、砾岩为副。中央三冈地方,多砂岩、页岩,而间以砂利、砾岩。西南部白头山以东为玄武岩,由古时溶流凝结而成者。西北部高原地,则系片麻岩、花岗岩及千枚岩、粘板岩、灰岩等之混合质。约而言之,周围之山岳地方,多火成作用,中央之低地,多水成作用。此其地质之大要也。

5. 气候。间岛气候,大略与满洲大陆大同小异。雨雪之期,比较的多,夏期降雨尤甚,雷霆甚少。东部春夏多东南风,秋冬多西北风,西部春多西南风,夏秋冬多北风。寒暑变化颇激,夏期温度最高时,达于摄氏三十二度,乃至三十九度,冬期最低时达于零二十度,乃至零三十六度,盖本为大陆气候,而以近于海洋之故,复稍变化者也。

6. 政治。间岛政治之组织,属于清政府之官治者,以延吉厅为最高机关。厅之长官,为抚民同知,兼理事衔,正五品,属吉林分巡道,掌地方赋税、词讼之事。兼理事者,得兼理满洲人之事务也。其下有和龙峪分防经历一员，正八品，掌初级裁判及开垦、捕盗之事务。教谕一员，从八品，掌教育事。巡检兼司狱一员，正九品，掌监狱事。其特殊之机关，巡警局掌警察事务，总局设于厅治，分局设于头道沟等处。通商局掌陆路通商事务，一设和龙峪（分防经历兼之），一设光霁峪。山海税局，掌收税事务，总局设于厅治，分局设于土门子各处，荒务局掌开垦升科等事务。交涉局掌外交事务，均设于厅治，局员皆委用官吏或士绅任之。此外珲春副都统及其下之协领、佐领、骁骑校等官，经制上应有辖治间岛之职务。宁古塔副都统及其下之协领、佐领、骁骑校等官，绥芬厅同知及其下之知事、教谕、巡检等官，经制上应有辖治间岛东北部之职务。然大抵皆归于有名无实矣。

属于自治者，为社、村、乡约、团练、公议会等。社为垦民随地区分，数十家或数百家相合立之，以共理垦地课租事。村有村长，掌地方争讼、盗贼、水火之事。乡约，合数村置之，或置于无村长之一村，大约亦如村长。团练，合数乡数村组成之，有练长，练兵勇，备器械，以防御盗贼。公议会，为市镇商人所设，谋商业上之便益者。此等自治团体之中，尤以乡约、团练之权利为最大。

自光绪七年，清廷又设有督办边务处于珲春，专掌边务事宜，以珲春副都统兼之。去岁又改驻延吉厅，派专员任之。计其组织，督办一员，会办一员，交涉科长、参谋科长、书记科长、庶务科长、执事官、俄文译员、东文译员各一人。其下间岛各地方，又设派办处十余所，掌民政警察之事，所员若干人。

日本去岁设立之派出所，原有所长、总务课长等数人。今岁三月，日皇以勅令发布间岛派出所官制，共计所长一人，奏任事务官二人，奏任技师一人，属技手、通译共五人，皆判任。宪兵队长、警部、邮便局长等各一人。

7. 军备。间岛之军备，以吴大澂创设靖边军于珲春为始。光绪二十八年，移靖边军于宁古塔，复设吉强军驻延吉厅，以防备珲春、延吉一带之地。计现今专属于间岛域内者（去岁边务督办率来之北洋常备军，不在其列），吉强军共四营，在间岛者有三营，中营驻局子街及帽儿山、朝阳川等处；马队五哨，计二百人，左营驻头道沟及和龙峪、光霁峪、西古城等处；步队五哨，计四百人，右营驻老头沟、铜佛寺、土门子、瓮圈拉子、嘎牙河等处；步队五哨，计五百人。全军有统领一人，营有管带一人，哨有哨官，哨长各一人，军器皆系新式，操法亦颇齐整。靖边军左路共三营，在间岛者有一哨，驻骆驼褶子。步兵五十人，有队长一人统之，军器皆系新式，有小砲二门，操法不甚精良。捕盗营共一哨，驻局子街，计步兵五十人，有哨官一人统之。经厅亲兵队共一哨，驻和龙峪，计步兵五十人，有哨长一人统之。水师营共一哨，驻于珲春之西步江，间岛南部沿江一带，皆属其汛地，计水兵四十名，三板船一只，四板船二只，噶尔萨炮七门，有领哨一人统之。此外珲春副都统之骑兵（珲春副都统所辖，共计协领二员，佐领八员，防御四员，骁骑校八员，笔帖式五员，助教一员，领催四十名，前锋五名，甲兵五百五十四名。佐领八员中有世管佐领二人，即库尔喀人世职也），在昔共辖间岛一带之地。今则仅同虚设，不足与于间岛军备之数矣。

8. 交通。间岛以开辟最迟之故，交通甚不便利。近年移民日多，官治渐兴，交通机关，乃逐次发达。要而计之，可分为三：一曰陆路；一曰水运；一曰邮便。

间岛陆路之交通，以海兰河流域为中心点，分支四出，如蜘蛛之四布。由局子街东行，经瓮圈山、依兰河、苇子沟、嘎牙河而往珲春者，为一道。由局子街西行，经朝阳川、官道沟、铜佛寺（自此又分二道，南道往头道沟，西南道经天宝山）、老头沟、五峰岭（一名五个顶子山）、土门子、甕圈拉子、榆树川、小庙沟、粮米台、大庙沟、城场沟、二道沟、头道沟、哈尔巴岭，而往敦化及额木索者，为一道。此二道皆沿布尔哈图河岸而行，地势平衍，路亦广阔，原为驿传大道，间岛、珲春、吉林一切交通运输，无不由此者。由嘎牙河北行，经白草沟、上嘎牙河屯、瑚珠站、小三岔口、老松岭，而往宁古塔者，为一道。此道虽多山谷，亦可通行无阻，自上嘎牙河屯以北，珲春往宁古塔之驿路也（自上嘎牙河屯东南行，经王清凉水泉子米占而至珲春）。由局子街南行，经帽儿山、六道沟、和龙峪、王八脖子，而往会宁者，为一道；由六道沟东行，经东盛涌街、光霁峪，而至钟城者，为一道（由光霁峪西北行，达局子街，东北行达嘎牙河，亦多大道）。此二道为间岛与朝鲜间交通之孔道，沿途复有许多支路，纵横联络，间岛一切货物，无不由此出入。由六道沟西行，经阛门咀子、东古城、头道沟、天宝山、三道河子，而往敦化县南境者，为一道。此道沿海兰河北岸而行，自头道沟以下，亦为物资流通之道。由头道南行，经西古城、三道沟、外四道沟、石洞沟，而往茂山者，为一道。此道越黑山岭脉，路颇陂仄，车马仅能通行，为朝鲜移民往来之地。由头道沟西行，经二道沟、蜂蜜沟、王家塘子、窝集岭、五道扬岔，而往韩边外者，为一道。由三道沟西行，经土山子、澄子沟、老岭，而往娘娘库者，为一道。此二道皆行于丛山老林之中，路途险恶，车马不能通行，不过樵夫猎户，出入其间而已。

间岛水道虽多，然足供交通之用者甚少。豆满江自发源处至嘎牙河口，殆尽流于山谷之间，河水浅急，且多屈曲，无舟楫之便。惟盛夏水涨时，长白山中木筏，顺流南下，达于茂山、会宁等处。海兰河、布尔哈图河、嘎牙河三水，河身狭仄，河砥沙石填积，仅局部间可行槽船，或流下木筏，亦不能为长途之航路也。

间岛邮传机关，在昔仅有由珲春北达宁古塔之驿站，每驿设站丁十人乃至三十人，牛马十五头乃至三十头，专以传递官家公文为职，以笔帖式或委员掌之。及设立延吉厅后，益感交通之必要，由是邮政电线，逐次发达。电线由局子街东至珲春，再由珲春北经萨奇库站达宁古塔，又由局子街西经额木索达吉林省城。局子街有电报局，有委员、领班、报生若干人，皆隶于吉林总局。邮政有官民之别，官设者为文报局（邮政局尚未设立），递送公文及官家函件，民间书信亦间有出资托送者。民设者为信局，系奉天义合信局之分店，以传递普通书信，及汇兑金银为业务。近日日本侵入，又立邮便局于六道沟，开设电线邮政，其线路由六道沟达会宁，可与朝鲜京城及日本本国直接。

9. 产业。间岛之产业，以农商为最，而林矿次之。其余工业、猎业、渔业、牧业等，亦间有之，然不甚发达也。

农业。间岛地味肥沃，黑土居其大半，深三四尺（惟局子街一带稍次），种植甚宜。总计全土之耕地，约可得七百余万亩。其农产物甚繁多，产出之额亦丰富，尤以海兰河下流及布尔哈图河下流一带为最。其各种产额之比较，随地而异。布尔哈图河下流，首小麦，次玉蜀黍（俗曰包米，亦曰包谷），次高粱，次粟，次豆。布尔哈图 河上流，首小麦，次粟，次玉蜀黍，次豆。嘎牙河流域，首高粱，次小麦，次粟，次豆，次玉蜀黍，次麻，次烟草，次鹦粟。头道沟流域，首小麦，次豆，次高粱，次玉蜀黍，次磨菇。二道沟流域，首高粱，次小麦，次玉蜀黍，次豆，次鹦粟，次麻，次蔬菜。三道沟流域，首小麦，次粟，次玉蜀黍，次高粱，次黄烟，次鹦粟，次人参。海兰河下流，首小麦，次高粱，次豆，次玉蜀黍，次稻，次粟，次稷（俗曰糜子），次瓜类。其农业制度，有大农制、小农制及组合制之三种。大地主雇人自种及贷地于人而收其田租者，为大农制。小地主自耕自食及佃户借地耕作者，为小农制，以数人或数十人相聚，而从事垦地耕作者（名曰帮耕，此制较上二者尤多），为组合制。三者之间，以组合制为最发达。

林业。间岛三面环山，自古号为东北窝集之地（窝集亦作渥集，亦作乌集，亦作渥稽，满洲语“森林”之意，古之沃沮、勿吉、渥稽等国名，皆音同字异之一语），故森林甚富。自白头山蜿蜒而东，迄于大秫稭垛山，以松、桦、榆、柞、柳、椴、杨等为主，长百余里，广四五十里，深茂蓊蔚，不见天日，其老大者，高十余丈，周丈四五尺。黑山岭一带，以松、枂、枞、枫、柳、杨等为主，长二百里，广三四十里，其老大者，高七八丈，周四五尺。英额岭一带，以柞、松、椴、椧、榆、檞等为主，长二百里，广百余里，其老大者，高十余丈，周丈余，为间岛森林之冠。哈尔巴岭一带，以松、桦、椴为主，长三百余里，广四五十里，其老大者，高十余丈，周五六尺。四方台山一带，以柞、桦、椴为主，长百余里，广四五十里，其老大者，高七八丈，周五六尺。冬春之季，入山采伐，造为木材或薪材，以马车及人力运送出山。有河流处，则编为木筏，流下至局子街、头道沟、敦化县及韩国六镇等处销售，每年出产之额不鲜。

矿业。间岛到处皆露矿脉，以金、银、石炭为最富，铜、铁亦不少。惟土民不知开采之法，故矿业甚不发达。其已经发见开采者，都凡有八：一为天宝山银矿，在延吉厅西百里胡仙洞河之上流，山之南腹有三坑，光绪十七年湖北人程光第禀官开采，产额甚富，其后为俄人所破坏，前年，程又与日人中野次郎合办，去岁为清官吏封禁；一为官道沟金矿，在厅西四十里，数年前开采，矿苗甚佳，惟以采法不良，产额甚少；一为二道沟口金矿，在厅西百里，十余年前开采，产额甚富，现犹有八九百人，照常从事，每年产金约万余两；一为蜂蜜沟金矿，在厅西南百五十里，七年前开采，从事者常有六七百人，每年产金约三四千两；一为东南岔沟金矿，在厅西南百五十里，数年前开采，从事者常有百余人，每年产金约千余两；一为白草沟铜矿，在厅东北八十里，数年前开采，产额不甚富；一为三道沟炭矿，在厅西南百三十里，十余年前开采，产额颇富；一为老头沟炭矿，在厅西六十里，数年前开采，产额颇富。其余南、北、西三冈各地，又有炭矿数处，则仅土民开采，以供常时燃料而已。

渔业。间岛四大河流皆产鱼。布尔哈图河及嘎牙河，以鲑鱼（俗名大麻哈鱼）为大宗。海兰河以鲇鱼为大宗。豆满江以鳟鱼（俗名赤眼鱼）为大宗。其余鲶、鳗、鳖等，亦到处皆产。有专业渔户（满洲人为多），从事采捕，制为干鱼，输出于珲春各处。

猎业。西部英额岭、长白山一带，人民多以狩猎为生，其狩猎物，以虎、熊、狍子、貛、狐、灰鼠、鹿、麝、雉、戴胜、鹡鸰等为主。北部哈尔巴一带，人民亦于农隙从事狩猎，其猎产物以雉、鹿、猞猁狲、貉等为主。南部黑山岭一带，人民亦间有兼事狩猎者，其猎产物以熊、狍子、貛、狐、鹿、雉、鹤、雁等为主，猎获之物制为皮货、药剂、食品等，输出于满洲各地，及朝鲜、西北利亚等处，其额甚不少。

牧业。凡豪农佃户及大商家，皆从事于牧畜，一家多者至数百头，其牧产物以豚、马、牛为最，骡、羊、鸡、鸭次之，除自供使驭及食用外，多输出于西北利亚各处。

工业。间岛以原始的产业丰富之故，工业亦颇兴盛。惟制造法极粗劣，生产之率不能发达，故不能与外国之机械工业相比较。然其种类及产类，亦颇不少。其工业物，以酒、油、面粉为大宗。酒有高粱酒、黄酒（粟酿者）、红酒（麦酿者）之别，而高粱酒为最多。造酒之工场曰“烧锅”，局子街有六户，头道沟有六户，东盛涌街有二户，皆为大规模之工场，常使用牛马十余头，乃至三四十头，人夫二十余人，乃至百余人，每日能出酒七八百斤。其他光霁峪、和龙峪等处，亦有小烧锅一二户，每日能出酒数十斤，乃至百余斤。油有豆油、蓖麻油、胡麻油、苏油、棉油之别，而豆油为最多。其工场曰“油房”，局子街有四户，头道沟有三户，光霁峪、和龙峪等处亦有一二户，常使用人夫数人乃至十余人，每日能出油百余斤。面粉有麦粉、豆粉、粉条、素面之别。其工场曰“磨房”（制粉条者亦曰粉条房），局子街有五六十户，其他各处或数户十余户，常使用磨盘一二具，人夫数人乃至十余人，每日能出粉二三十斤乃至百余斤。此外丝业、麻绳业、皮货业、染业、织业以及各种小手工业，亦无处不有。大抵除供本土消费外，皆输出于朝鲜、西北利亚、珲春、吉林等处。

商业。间岛以界于吉林、朝鲜、俄国之间，商业颇为发达。其市场以局子街、和龙峪、光霁峪、头道沟、东盛街、六道沟为最盛。局子街有商店三百余户，为对于珲春、宁古塔、绥芬厅、敦化县及俄领波些图、海参崴之需供地。输出物以粟、豆、高粱、油、酒、木材、皮货、砂金、豆粕、干鱼、磨菇、人参为大宗，输入物以茶、盐、纸、蜡、火柴、绸布、陶器、香、药材、席、石油、糖、洋烛、俄国纸烟、俄国布匹、时计、牛皮、洋布、洋纱、棉花等为大宗。和龙峪有商店五十户，光霁峪有商店二百户，二处为对于东朝鲜之供给地。输出物以米、粟、豆、高粱、麦、酒、油、人参、蔬菜、木材、皮货为大宗，输入物以石油、盐、糖、布匹、陶器、绸布、麻布、木棉带、日本布、日本糖、日本纸烟、日本火柴、日本药材、日本海产物、日本杂货为大宗。头道沟、东盛街、六道沟各有商店一二百户不等，为对于间岛境内之货物集散地。粟、豆、高粱、麦、酒、油、木材、人参、皮货等之贸易甚盛。此外各地之小市镇，其贸迁有无者，亦随地有之也。

10. 社会。间岛社会之状态，可分为四：

人种。二百年前，居民皆属通古斯族之满洲人种（南部为瓦尔喀人，北部为虎尔喀人）。其后韩民越垦，乃混入朝鲜人种。二十年来，中国人殖民其地，故汉人种亦繁滋焉。计今各人种分布之势力，汉人以布尔哈图河、嘎牙河流域为根据，海兰河流域亦间有之（山东登莱人为多），势力最大，为地主、商人、农民者居多。朝鲜人以海兰河以南豆满江沿岸为根据，海兰河以北及西部二道沟一带亦间有之，势力较汉人稍弱，为农民劳动者居多。满洲人则甚寥落，惟散居嘎牙河流域及海兰河下流一带，势力甚微，多无业之民。又近日六道沟、局子街各地，日本人有移入者，人数甚少，大半系倡伎及无赖，其势力尤不足称。

语言。昔时使用满洲语，三十年前使用朝鲜语，汉人移入后，汉语乃通行各地。现今全土，无论满汉人，大抵尽用汉语，朝鲜语惟朝鲜人用之。满洲语虽满洲人亦多不能解者。此外俄国语及日本语亦间有一二。

宗教。人民尚未开化，故信仰宗教颇盛，分门别类，约有数种：一佛教，局子街以东，佛寺不少，僧侣亦众，和龙峪一带，韩国佛教甚行，惟其势力皆颇微弱；二道教，各处市镇乡村，往往有关帝庙、财神庙等，庙中多道士居之，皆奉道教龙门派（邱长春派），居民有丧祭之事，必延道士主之，势力较佛教稍振；三回教，其教徒散居各种社会，势力颇大，有礼拜寺在珲春；四在理教，全土汉人，什五六皆信此教，其教起于清初康熙时，有明遗臣杨存仁（亦名莱茹，字佐臣，明万历进士，山东即墨县人），痛明亡之惨，谋在山东起兵图恢复，不果，乃入劳山学道，数年，周游燕、齐间，自言遇见圣宗关尹子降世度化，人多信之，得弟子尹某等八人，立教名在理教，设公所于天津，传播渐广，遂遍于燕、齐间，后因山东人移住满洲，此教随之传来，故间岛地方，亦盛行，其教义参合儒、释、道三教，而以正心修身克己复礼为归，不供像，不烧香，禁食烟酒，而不禁茹荤，其组织，每一地方设公所一，有老师父一人总之（称曰大爷），每年上元浴佛，中元腊八各节，教徒诣公所集会，名曰摆斋，现局子街、四道沟各有公所一所；五天主教，各处无赖之徒及劳动者信之，六道沟有教堂一所，牧师为法国人，教徒约二千八百人，局子街亦有教堂一所，牧师为中国人，教徒约四百余人，皆系天主旧教，此外亦兼有信耶稣新教者，属于珲春长老教堂；六天道教，南部地方，朝鲜人多信之，为朝鲜一进会所创立，一进会主张亲日维新，故此教徒皆短发洋服，以“出政则一进，入家则天道”为宗旨。六者之外，满洲人间信萨满教（金时有女巫名萨满者创立，现今东部西北利亚及黑龙江、吉林之满洲人多信之，以祈祷咒诅为事，其教曰师萨满巫者，有跳神帮君之别），汉人间信巫教，然其人甚为鲜少，不足称数。

民俗。南北民俗，各自不同。北部大抵与满洲各处相同，食物以高粱、玉蜀黍为主，衣服为满洲制，最不洁，居家皆设坑，盛夏亦燃火，眠食其上，富于迷信守旧之念，好祭鬼神仙狐，嗜赌博，婚丧祭祀，重繁文缛节，其满洲人，尤信巫蛊。然其民性忠实朴厚，有坚强忍耐之风，吸烟、嗜酒、妇女缠足之弊，比中国本部稍少。南部大抵与朝鲜同，食米谷，服装如前明制，色尚白，居室席地而坐，性温柔敏巧，而流于怠惰委靡，亦重迷信，善守旧，起居饮食，最不喜清洁。二者比而观之，北部较南部，盖稍胜矣。

11. 地方志。间岛土地未辟，人口稀疏，地方市镇村落可称者甚少，今记其调查所知者如下：

局子街，即延吉厅治，在吉林省治东八百五十里，当布尔哈图河与延吉河会流之北。市街长二里，宽一里，跨布尔哈图河而居。诸官署、商店多在河北（河南亦曰南营，亦曰艾丹城，亦曰芝丹，曰地陀所，明时之爰丹卫治所也）。商务颇盛，木店、布店、酒店居多。居民共约三百余户，人口约一千三百人。其附近地方为一大平原，东西约二十里，南北五十里，土地肥沃，耕地甚多，居民富庶，实间岛北部之天府也。

和龙峪，亦名大拉子，在延吉厅南九十里，当南邱山脉之斜面，中韩陆路之通商地也。南至会宁五十里，北距六道沟四十里，东经八道河子至光霁峪四十里，为往来孔道，有分防经历厅驻焉。居民五十余户，人口约五百余。商务颇盛，有药铺、洋货店等。

光霁峪，亦名钟城崴子，在厅东南六十里，当豆满江之北岸，亦中韩陆路之通商场也。南距钟城十里，西距东盛街三十里，有通商局驻焉。居民二百余户，人口约二千三百余。商务颇盛。

东盛街，亦名东盛涌街，在厅南五十里，西距六道沟二十里。居民百余户，商务颇盛，为间岛南部货物集散之一市场。其附近地为一小原野，耕地颇多，居民亦富庶。

八道沟，在厅南三十里，距六道沟约二十里，人口百余户，多农业。

六道沟，亦名龙井村，在厅南五十里，居民二百余户，人口千余，商务颇盛，当东盛街、和龙峪、头道沟间往来之孔道，亦间岛南部货物集散之一市场也。日本间岛派出所即设于是处，附属之邮便局、宪兵队、警察署、病院等皆在焉。日本人约有二百余。其附近之地为一稍大之平原，东西约二十里，南北约五六十里，沿沟两岸，耕地甚多，尤多水田，居民甚富庶。

头道沟，亦名三河镇，在厅西南八十里，当头道沟之北岸，东距六道沟六十里，居民四百余户，商店三四十家，商务颇盛，为间岛西部商业上之中心点。其附近地为一大村落，土地肥沃，耕地颇发达，居民亦甚富庶。

朝阳川，在厅西十里，居民数十户，商务颇盛，农业亦多。

铜佛寺，在厅西五十里，居民百户，商店十余家，余皆农业。

土门子，亦名石门山，在厅西八十五里，地沿土门子河两岸，居民三百余户，商店二三十家，农商业皆颇盛。

烟筒折子，在厅南三十里，居民约二百余户，皆业农，颇富裕，土地肥沃，耕地甚多。

帽儿山，在厅南三十里，当帽儿山南麓，为交通孔道。居民百余户，大半农业，商店仅数家，耕地颇多。

八道河子，在厅南六十里，当八道河沿岸之谷地，亦交通孔道。居民十余户，农商各半，土地亦沃。

东古城，在厅西南六十里，西距头道沟三十里，居民十余户，皆业农。此地有古城，相传为金时海兰路副总管所筑，城址四方，土墙，广约一百五十步。

西古城，在厅西南九十里，北距头道沟十里，当三道沟右岸，居民二十余户，皆业农。此城亦有古城，亦金时所筑。光绪三十年，土人掘地得一银印，方大二寸，镌“上京路万户钡字号印”九字，右旁镌“贞祐二年九月日”七字（贞祐为金宣宗年号，贞祐二年，当宋宁宗嘉定七年，高丽高宗元年，日李顺德天皇建保二年），盖此地金时为上京路辖地也。

二道沟，在厅西南一百三十里，东北距头通沟五十里，居民三十余户，商店四五家，农业亦颇盛。

三道沟，在厅西南一百三十里，北距头道沟五十里，居民三十余户，以农樵狩猎为业。

外四道沟，在厅西南二百二十里，北距三道沟九十里，居民数十户，皆业农。

石洞沟，在厅西南二百六十里，在豆满江北岸，东距外四道沟四十里，为通茂山之道。居民四五十户，皆业农，商店数家。

长坡岭屯，在厅西南三百五十里，当江溪河西，东距石道沟九十里，居民十余家，业农。

长山岭屯，在厅西南四百五里，当长山岭河东，东距长坡岭五十里，居民十余家，业农樵。

碧桃花甸，在厅西南四百三十里，当石乙水与下乙水合流之北，东距长山岭屯二十五里，居民数家，业农樵及狩猎。

白草沟，在厅东北七十里，为往宁古塔孔道。居民数家。

嘎牙河屯，在厅东五十五里，当嘎牙河海兰河会流之北，为往珲春之孔道。居民约百五十户，皆业农，商店数家。其地为一小平原，土甚肥沃，耕地亦发达。

上嘎牙河屯，在厅北百里，当嘎牙河西岸，为珲春往宁古塔之孔道，居民数十家，多业农。

瑚珠站，在厅东北一百十里，南距上嘎牙河屯十里，居民数家，有驿站在焉。

骆驼砬子，在宁古塔城南二百六十里，南距瑚珠站五十里，地属绥芬厅。居民数十户，业农樵，土地颇沃。

老松岭屯，在宁古塔城南一百九十里，南距瑚珠站七十里，当老松岭南麓，为宁古塔南来之大道。居民十余家，皆业樵，间营商业。

附录 韩边外志略

韩边外，原为吉林府辖地。当七十余年前，有山东登州人韩效忠（亦名显忠，号瑞臣）者，在夹皮沟为挖金贼首领，占领附近一带之地。清吉林将军遣人讨之，不克，乃招抚之。效忠阳受抚而阴修兵备，逐渐扩张其领域，遂至全有今地（效忠绰号边外，因呼其地曰韩边外，人亦呼为韩国或韩家），而成为独立自治之部落，清官吏授为练长之职。光绪二十三年，效忠卒。子受文弱病，受文子登举承其后，为现今韩边外之统领。其疆域东西长二百里，南北广百里。东以古洞河（界敦化县）为界，南以头道江南山为界，西以那尔轰大鹰沟为界，北以牡丹岭为界，面积约二万余方里，人口约五万余。其治所初在木旂沟（亦曰金城，亦曰地阴子，明时之穆城卫地也），在松花江之东岸，木旗河之南，北距吉林省治二百二十里，后分治于桦树林子（亦曰桦皮甸子），亦在松花江东岸，南距木旗沟三十里。领统居桦树林子，下有总理、管事等员属之。其领内分为团练会九区，会有会首一人，掌地方民政、裁判、赋税、军备之事（曰夹皮沟会，曰金银别会，曰古洞河会，曰帽儿山会，曰黎子沟会，曰梆锤沟会，曰那尔轰会，曰头道流河会，曰大沙河会）。每会养兵十余人，乃至五十人，合桦树林子、木旗沟二治所之护勇计之，共有兵六百余人。其地当长白山之北缓斜面，松花江上流之头道江二道江诸水贯流其中，诸山脉纵横起伏，成为一大豁谷之高原地。地质属太古界之结晶片岩系，以片麻岩、云母、石英等为多。气候甚寒，多北风，雨雪较盛。居民皆系汉人（山东人最多），风俗习惯，皆与山东省相同。交通甚不发达，自桦树林子北行渡松花江，经大鹰沟，可至吉林。东行沿漂河而上，可至敦化。南行可至木旗沟，自木旗沟西行，渡松花江，经宽街，可至海龙府。东行沿木旗河而上，可至敦化。南行经二道沟、头道沟、色勒河、高丽房、贝勒庙子、老银厂、二道岔，可至夹皮沟。自夹皮沟东行，经金银别、二道江、两江口、大沙河、古洞河，可至间岛及娘娘库。南行经高丽沟子、头道流河，沿二道江而上，可至濛江、湯河及临江县（娘娘库、濛江、汤河、临江县皆在长白山脉之西北缓斜，而鸭绿江之北，韩边外之南，即日本人谓为西间岛，或南间岛者。娘娘库为娘娘库河以西南之地，广长各数十里，有团练会，会首名五老哵。汤河为头道江上流之地，当费德里山之北面，广长各七八十里，有团练会之首，名纪□□。二地皆系自治村落，与韩边外无异。濛江，为道头江以东以西之地，当汤河之北，广长各百余里，吉林将军设有开垦局治之，居民亦立团练会自治。临江县，在费德里山脉之南，鸭绿江北岸，自帽儿山以东，至二十四道沟，皆其辖地，东西二百余里，县属盛京兴京厅，纯然之官治地也。今岁春，清东三省总督奏请增设州县于奉天吉林二省，娘娘库隶桦甸县，以湯河及濛江地设立濛江州，皆属吉林省，以临江县东部增设长白府，属盛京省，刻下尚在经营中也），皆系险恶之道路，车马不能通行之处。产业以矿业、林业、猎业、人参业为重，农业、渔业次之，工商业无足称者。矿者多砂金，领内到处皆有，而以夹皮沟、古洞河、太沙河，金银别为最。林产多松、桦、椴、楸、榆等，由松花江输出于吉林。猎产多虎、熊、狍子、狐、灰鼠、麝等，各处有窝棚，从事狩猎。人参多在那尔轰附近一带，为领内最贵重之物。农产多玉蜀黍、豆、高粱、粟，渔产多鲤、鲫，产额均不少。现统领登举（号子昇）自光绪二十三年袭职，至二十五年，吉林将军保为尽先守备，后又升为都司。去岁，吉林巡抚又保升参将，授为南山一带总练长。今年春，东三省总督已奏请将其地设立桦甸县，以收其自治权云。

第六章　间岛与东亚政局之关系

上文所述间岛问题之真相，与间岛地方之情事，已略具如是矣。

虽然，间岛者，介于中日俄三国势力圈之间，于东亚政局之关系，甚为深切重要，盱衡时局者，又不可不明形势也。夫日本之所以强词夺理，宁犯不韪而不惜汲汲焉必欲攫间岛为己有者，其原因与目的果何在哉？亦曰半在间岛，半不在间岛而已矣。何者？满洲、朝鲜，极东问题之导火线，而日本所卧薪尝胆，竭全国之力以经营之者也。日本国于东海群岛，星罗棋布，当太平洋交通之孔道，其国防以南北二海面为最急，而北面之日本海，左控三韩，右望乌港，与俄人共有险要，尤其为存亡安危之所系。使不经营朝鲜以为屏蔽，则日本海不能高枕，而俄人直可抚其背而扼其吭。朝鲜与满洲，有唇齿辅车之势，使经营朝鲜而不经营满洲以为藩篱，则朝鲜不能高枕，而俄人仍可捣其腋而断其臂。且也日本国小而贫，大有人满之患，欲求尾闾，常不可得，顾瞻四方，惟弱小之三韩与老大之支那，尚可以逞其鲸吞蚕食之志，而实行其海外经济政策，故前此所以掷金钱、糜血肉，必驱逐先入之俄人者，正为此也。今者强敌已去，大欲方遂，国防经营与经济经营，正在同时并进之中，效秀吉之雄图，祖义经之遗策，故已踌躇满志矣。虽然，满洲、朝鲜与日本本国，间以大海，地势不相接，形援不相属，而满洲僻处西北，尤有鞭长莫及之势，自日本而往满洲，非渡对马海峡，纵贯朝鲜半岛而至东安，则必航黄海，绕朝鲜西岸而走大连，行程往复，辄经旬日；且俄人虽一时败退，然北满洲之势力依然存在，藉东清铁道与松花江之利，与其沿海省连为一气，不啻围绕日本势圈（南满洲、朝鲜）

北东二面，而使之不能越雷池一步。中国亦藉口主人翁之资格，屡持收回权利之说，近且欲筑新法铁道，以夺南满铁路之势。夫统日本、朝鲜，满洲之全局而论之，日本在东，朝鲜在西，满洲在西北，而日本海阻绝其间，恰成犄角之形。由日本而控制满韩，与其绕行远途之对马海峡与黄海方面，不如径走直道之日本海之为愈也。由朝鲜而绾络日满，与其专事正面之西朝鲜，不如并用背面之东朝鲜之为愈也。由满洲而回顾韩日，抵抗中俄，与其拘守土地较硗、物产较乏之南满洲，不如进取沃野天里、粟资十年之北满洲之为愈也。以北满洲资济东朝鲜，为东朝鲜吐纳日本海，再以日本海维系日本本国之国防经济，夫然后东亚之大势，乃在吾掌握中，而可以为所欲为，此亦形格势禁之理也。日人知其然，故近年以来，汲汲从事于此方之经营，不遗余力。调查松花江流域之富源，组织长白山开发之会社，遣测图队于吉林，扩渔业权于沿海省，筑永兴湾为军港，辟清津为商埠，修会宁至清津之铁道，开日本北岸与朝鲜东岸之航路（前日本大阪商船会社所经营由敦贺经元山城津而至清津），凡所以直接间接谋日本北面海上国防经济之充实者，无不持筹握算，日进不已，其成效亦略有可观矣。惟是，东朝鲜沿岸一带，土地硗瘠，物产贫乏，虽有元山城津清津诸港，而陆上之富源不继，输出入之货物不多，兴盛之势，殆难骤望。北满洲天府之松花江流域，与东朝鲜诸港距离颇远，崇山巨岭，间阻其间，虽有会宁清津铁道，而一越豆满江，则除险恶之道路及粗笨之马车外，几无交通机关之可言，运输联络，甚形不便。苟非再于东朝鲜北满洲之中间，求一形援相济指臂相倚之域以为络绎南北传接交通机关之枢纽，则北满洲之货物终不能流通，东朝鲜沿岸之商务终不能发达。所谓以北满洲资济东朝鲜，以东朝鲜吐纳日本海之计划，终不能实现，而日本北面海上之国防经济，终不能充实。夫欲于北满洲东朝鲜之中间。求一形援相济指臂相倚之域，则舍所谓较四国稍大较九州稍小之间岛，岂再有二焉者耶？呜呼，是即日人所以必欲攫间岛之一大原因欤！

今夫浙布河逾哈岭绝额多里之城，走俄木索之驿，西指乎吉林之邦，此北满洲平原之一大都会，松花口航路上流之终局，而吉长铁道东端之起点也。越海兰，渡图们，入北咸镜之郊，经东沃沮之野，南临乎日本之海，则左走威波（海参崴港、波些图港），右通敦舞（日本之敦贺、舞鹤二港）之东朝鲜诸港湾在焉。横绝嘎牙，直走珲春，掠波图之浦，涉阿穆尔之津，东抵乎尼古勒斯科之市（即双城子），非俄人东清铁道、乌苏铁道纵横联贯东下乌港之冲要乎。是皆间岛之形势矣。

盖间岛者，实中日俄三国势力接触之缓冲地带，而具有控引东西临制南北之潜势力之要区也。苟有一国焉，捷足先得，规画而经理之，则大之可以抵御二国之势力，小之亦足以巩固自国之边圉。往者，中国尝用之矣。吴大澂自吉林南来，开道路，兴垦政，修守备，扼豆满江以为重防，而吉省东南边境，藉以无事者十余年。日俄战前，俄人亦尝用之矣。俄将爱古斯都自珲春西上，据芝丹城，分兵屯守帽儿山南北，招抚马贼，四出侵略（俄人于英额岭山中招抚马贼，编为军，号花膀子队，日俄战后始解散），而长白山间及北韩境上，殆化为俄人之权域者数岁。此固徵之往事而可信者也。今也，日人乘俄人败退之余，因中国放任之势，思欲伺间抵隙，割而有之，其用意所在，非所谓司马昭之心，路人皆知者乎？盖亦曰，于东朝鲜北满洲之中间，求一形援相济，指臂相倚之地，以为络绎南北传接交通机关之枢纽，而确立其北面海上国防经济之大计画而已。

吾人为之借箸代筹，遥揣其经营间岛之目的，盖不外有四：一曰交通；一曰产业；一曰殖民；一曰军事。

所谓交通上之目的何也？夫六道沟者，日人所认为经营间岛之根据地也(去岁冬,统监府已筹经费六百五十万元,为修筑六道沟市街之用)。自六道沟而北,越哈尔巴岭,过敦化而至吉林,约八百里,为间岛与北满洲交通之孔道。自六道沟而南,经会宁而至清津,约百五十里,为间岛与东朝鲜交通之孔道。此长距离之交通线,实间岛枢纽南北之筋脉。其南线既于会宁、清津间设有轻便铁道,而会宁、六道沟间,近且复谋延长之,其北线之全部,亦有议敷设者。惟以领土问题未经决定,故尚不果从事耳(今春彼派出所以测量路线设立木标,为边务督办所毁折)。使其得有间岛,则必实行其政策,鸠工庀材,径事经营,先筑轻便,继改广轨,期岁之间,南线全部,当能蒇事,而间岛东韩之交通,即可畅达。比及三年,北线一部,亦当经始,虽其西端在间岛域外者,或不克任意修筑,然以其强势诈力,临制易与之清廷,岂不能再仿东清、安奉、吉长之故事。苟外交上策略有效,吾意其不出十年,此延长线之工事,亦必实施而告成功,而间岛北满间之交通,亦可自由联络。诚如是也,则将来东清铁道之陆运,与松花江之水运,皆将减杀其东向之输送力,以折入于间岛铁道,与其南满铁道并驾齐驱。而自日本国越日本海贯东朝鲜以迄北满洲之海陆交通,亦可成一直线,畅行无碍,直不啻收缩满韩日三域之地势,而使之接近焉,此其便利为何如耶。

所谓产业上之目的何也?间岛物产丰富,为北咸镜道及俄领乌苏里各地所仰藉,其贸易之势圈,北抵松花江,南迄朝鲜沿岸,东极海参崴,盖亦产业竞争之奥区矣。惟殖产兴业之事向不发展,故尚未臻于盛境。使日本得有间岛,则必大挥其产业政策,以从事开发,奖励农业,开掘矿山,采伐森林。此犹其细事,其大焉者,盖将俟珲春开埠条约之实施(乙巳中日满洲条约已定开珲春为通商埠),与间岛南北铁道之告竣,而谋日本、东韩、北满三域工商业之联络发达。以北满之物资,由铁道而输出于间岛,则东经珲春,可以散于俄领各地,而夺俄人之势力,南下清津,可以供东韩地方之缺乏，及日本内国工业原料之需要。以日本之商品由海道经清津而输入于间岛，则北出吉林，可供北满洲一切生食之消费。斯时也，陆上之六道沟，与海上之清津，互相出纳，同为南北之门户，而北满、东韩之富力，皆由是而吸收于日本之手。其结果，将使日本内国之制造贸易，亦必日益进步，夫岂特间岛产业云尔哉。

所谓殖民上之目的何也？间岛以七万方里之面积，而人口不及十万，以中国本部每方里能容四十人之率则之，尚可容人口四百万，以日本每方里能容五十人之率例之，尚可容人口五百万。且也风土干燥，气候温和，适于居处，为殖民之良地。使其归于日本，则必视为海外一大尾闾，而力行其移民事业，利用日本北面与间岛间之海陆交通，而便其出航之途，利用北满东韩诸般出产之开发，而启其生活之资，利用三冈各处荒地之待辟，与劳力之需增，而固其永久占居之业。且不特间岛而已，北满洲，天府之国，人口密度亦甚稀疏，使间岛吉林间之交通一日发达，则大和民族澎涨之范围，更可进而及于松花江流域，此亦必然之势也。十年之间，形见亚东大陆一隅，涌出一新日本，未可知耳。

所谓军事上之目的何也？夫日俄之在满洲，势不两立，此夫人而知之者也。今而后，若果有第二之日俄战役乎，则其角逐之场，必不在他处，而在北满洲之平原。俄人既擅东清铁道与松花江之利，东西联络，有率然在山之势。为日本者，苟仅恃关东半岛之一隅，及南满铁道之独线，以为攻取之资，其不为强弩之末者几何？而间岛者，为北满洲之后门，当日本海之捷道，实足以出奇制敌而有余者也。使日本而得间岛，则必屯宿重兵，建为巨镇，近与朝鲜之驻屯军相提携，远与南满之守备队相呼应，平时可用以捍御北韩，镇压叛乱，一旦有事，则西出吉林，可以捣哈尔宾之冲，南道珲春，可以抄海参崴之后，北下宁古塔，可以劫东清铁道而截之为二。虽最后之结果，未可预知，而要之足以制俄人一时之死命，使其太平洋沿岸与其本国之交通，不能不北退而经由黑龙江之迂途（现俄人已经决计筑黑龙江铁道，为此故也，然其成功尚不可知），则固无所于疑者也。此尤日人最终之大希望也。

以上四者，皆日人对于间岛之目的，一言以蔽之曰：要为日本北面海上之国防经济而已矣。抑夫日本人果有间岛，以达其国防经济之目的，其影响之及于中国者，又岂浅鲜也哉。满洲全土，原为东北重地，不幸前此盲昧之政府，昧于利害，拱手以委诸虎狼之强俄，误国大错，固已聚九州之铁，不能铸之。天牖其衷，日人出而代为讨伐，俄人败创之余，食之不能下咽，始以两国协议，各分其半，以保平衡。又以互相猜忌防制之故，不得不标榜门户开放、机会均等之主义，以外示维持和平之度。因是中国对于满洲之主人翁资格，表面犹保存不坠，此正所谓鹬蚌相持，渔人得利也。为中国者，苟能利用此机会，直起急追，内修政理，外结好二国，十年之后，或能恢复旧业，亦未可知。乃忽使日人又无端由间岛侵入北满，再夺俄人之半部。夫俄人果为所夺，则举满洲南北全土悉化为日本之势力范围，而失平衡之局。失平衡之局，则势必使中国再处于一国垄判权域之下。斯时也，清廷不能再用去虎进狼之策，又不能以自力抵抗之，惟有俯首结舌，一任日人之所为而已。而所谓东北重地者，非终于改图变色，又岂得已乎。夫当今之中国，尚能保持残喘，受各国保全领土之处分，不即蒙瓜分之祸，而使我国民获乘间图强之机会者，何为也哉？以各国之均势故也。使满洲全土而悉入于日本也，是日本独占优胜之地位，而破均势之局也，各国其不能默尔而息明矣。张牙舞爪，纷至沓来，以共逐中原之鹿。噫，禹域虽大，尚有吾人啖饭之所乎！他日读“谁生厉阶，至今为梗”之诗，恐不能不追怀间岛问题耳。涓涓不塞，将成江河，世有关心东亚国际政局者，安得不于此问题而再三加之意也。

第七章　间島问题之解决

然则中国应付间岛问题之策当何如？曰间岛者，中国之领土也，始终使之不失为中国之领土，斯可矣。世之人有持调停之说，主张局外中立制与共同协治制者，皆迂远不切事情之论也。夫国家间，苟因领土主权行使范围之故而发生争议，除一国欲以强力解决外，无论如何，皆不可不依据历史的、地理的、政治的事实，以为解决之标准者也。使间岛之历史的、地理的、政治的事实，而悉属暗昧难知之数也，则亦已耳，然衡以吾人之评释，所谓领土主权之历史也，自然之地势也，境界之条约也，皆已确切不移，如前之所陈述，固已显然，非暗昧难知之类比也，则不得以非中国领土之义解之，而调停以终事也明矣。

且夫国际问题之起，其原动既有政策上之目的潜于其间，则被动国亦不可不视其目的以应付之，使无大害于我焉，此外交上之恒术也。日人之谋间岛，其目的既在北满洲之侵略，为中国者，即使明知间岛为所属不明之地，不能提出其历史的、地理的、政治的证据，犹当挥外交上之手腕，防御而抵抗之，而况既有种种之证据，确为中国之领土者耶。且论者亦知局外中立制与共同协治制之性质，为不适于间岛者乎？局外中立制者，国际争议调和之方法也。有一地焉，因历史上及政策上之事故，各国争之，相持不下，若归于一国，则此国将占优势而失平衡，故关系各国互相协议，立为永世局外中立国，或永世局外中立地，以条约保证其安全，而使独立自治（永世局外中立国，除防御外，不得与外国有战事，平时不能参预他国开战之交涉）.如一千八百六十七年，普法二国会议于伦敦（因卢森保驻兵问题），以卢森保为永世局外中立国，一千八百八十五年，欧洲各国会议于柏林，以孔哥殖民地为永世局外中立国，一千八百十四年，普鲁士荷兰二国以摩勒斯立邑为永世局外中立地（二国因分划该邑及其所属锌矿，意见不合，遂以为中立地，其条约规定，两国皆不得筑城塞、设军备于其地，惟两国裁判所得行使司法权而已，其地今在普国与比利时国之中间，距比领拉些伯尔五哩，有人口三千余），一千八百十五年，俄奥普三国以瓦消公领一部之格拉高为永世局外中立地（三国因分割瓦消公领地，争论不决，遂将一部之格拉高市与其传来领土合立为永久自由独立之中立市，在三国保护之下，其地今属奥国），皆其例矣。

虽然，此局外中立制协定之际，不可不先具二个之条件：一其地方须有历史上传来之资格；二其人民须有政治上相当之能力。此二者即不能得兼，亦必有一焉而始可，否则将不能举独立自治之实，终必至于扰乱安宁，折而入于强者之一国焉而后已也。间岛虽号为形势利便物产丰饶之区，然历年荒芜，治理未修，编户鲜少，人智未辟，既无历史上之资格，又无政治上之能力，其不能举独立自治之实，盖已瞭然矣。苟施行局外中立之制，则困难现象，必层见叠出。为中立国耶，将不能有统治其国家之主权者与政府，及维持其国家之政治。为中立地耶，将不能有自治之组织，及自治之实质。流弊所至，致使全土数百里间，变为秩序紊乱之域，盗贼巢窟其中，奸宄构结于外，稍有事故，日人藉为口实，乘之而入，不旋踵间，间岛全土，皆可归其掌握。其结果，孰与全让间岛异，惟迟速稍差耳（或曰割鸭绿江北地及韩边外以益间岛，戴韩边外之豪酋韩登举为主权者，以建为中立国，当可成事云云。此不过滑稽之说也）。共同协治制者，国际法上之变例也。有一地焉，因历史上及政策上之事故，甲国争之，乙国抗之，而乙国之势，尝弱于甲国，甲国于是运用策略，议设为两国共同协治地，相约各遣官吏、共同行政，以互保其安宁，如一千八百五十八年，清俄二国以乌苏里江东为共同协治地，一千八百六十四年，普奥二国以休勒斯益、荷斯丁二州为共同协治地，皆其例矣。虽然，此共同协治制施行之际，强者之甲国必恃其国力，利用其主权之半，以力征经营其地，势或凌驾于乙国之上，久之，其地非终变为甲国之领土不止，此亦国际先例所屡见不鲜者也。间岛既为日人垂涎之地，而又有土著之韩人，趋炎附势以助之，其势已足凌驾中国而有余，苟施行共同协治之制，则举凡该地之政治、军备、产业、交通诸事，皆不能不与日人共同处理，而使之握主权之半。夫天下未有势力不相等，而尚可与共同治事者，以取守势而弱之中国，而欲与取攻势而强之日本，于区区之间岛域内，相提相携，相守以信，吾不知其将谁欺也。倒持太阿，授人以柄，虽欲不亡，其可得哉！是故此二策者，皆绝对不能行于间岛者也。

然则，始终使不失为中国领土之策，其可必行乎？曰是未可必也。虽然，清廷果能引证事实，根据学理，坚持不让，以为谈判，亦实什有八九耳。夫外交之惯技，虽曰重权谋，尚诈力，然表面之标榜，则未有不以道德、仁义、平和为口头禅者，非真国交断绝之际，固犹不敢显以强力占人之土地，而悍然不顾也。世有尧其面而跖其心者，始也不知其伪也，故为所盗也。今乃知之，则抗言曰：汝果欲吾物耶，其速明火执杖而来；吾力不汝敌，将开吾门而任汝之席卷也；若尧言尧服而来，吾将与汝揖让周旋不懈，终不与汝以间耳。噫！果如是，吾知尧之必大窘也。间岛问题，何尝不如是耶，亦视乎清廷谈判之态度何如耳。曰：使谈判终不协，日本终不吾让，将奈何？曰：以今日之形势推之，日本盖终不能如是也。然使其果如是，则吾又岂另无应付之策耶？

今夫处理国际争议之最后手段，有所谓强硬的者焉，有所谓和平的者焉。强硬的手段（返报复仇，船舶抑留，平时封锁等），非吾今日所敢企及，无论矣。平和的手段，以法理为甲胄，以事实为干橹，固由吾力所能行之者也。平和的手段有三：一曰居中调停，听第三国周旋或和解也；一曰国际审查，两国以合意设置审查委员会,使审查问题之真是非,以豫备解决也;一曰仲裁裁判,两国以其事件付与仲裁裁判,而听其处决也。居中调停,与两国间政策上有意见之冲突时所用,其性质不适于境界问题,又无论矣。仲裁裁判、与国际审查,一为两国间有法律条约上解释援引之争议时所用,一为两国间有事实上见解歧异、不能妥协时所用,其性质在阐明争议之真因,发挥事实之真象,与境界问题,正为相适,固又吾所亟宜采用者也。使间岛谈判而果不协乎,吾则以为可即用国际审查之手段,以博其次之胜利。先以缔结国际审查条约,提议于彼,得其同意,而后遣精明强固熟悉间岛情形之人员,与彼会合组织所谓国际审查委员会者,以为公平诚实之审查,作为记录,报告两国。夫间岛问题,里面虽基于日人侵略北满之野心而起,然表面之争议,彼曰不明地域,此曰自国领土,固犹是单纯之境界问题,正所谓事实上之见议歧异,而适用国际审查之手段者。以此提议,日人盖不能悍然拒而不应者也。果应矣,而间岛为中国领土之证据既确实,则此委员会所审查报告,终不能湮没,盖又可知也。虽其效力,无拘束之性质,不能强日人之承诺,然既经此郑重反覆审查之后,日人即顽,必不能靦颜而再抗言曰:此仍不足为据也。时则吾再以严格之谈判继之,吾意日人除撤回其间岛派出所外,盖无他策耳。使国际审查而犹不协也乎,吾则以为可再用仲裁裁判之手段以博最后之胜利。一千八百八十一年,智利与亚尔然丁国安的士山境界问题,委英国仲裁裁判,一千八百八十九年,巴西与法领基阿那境界问题,委瑞士仲裁裁判,皆为国际之成例,吾不妨效而行之。拟定主张,备列证据,或提出海牙公会,或欧洲一国裁决,折以公议,质以大义,吾意日人其终不能不俯而就我主张也又明矣。噫,若是者,又岂难能之事哉!亦患乎清廷之不知之而不能断行之耳矣。

难者又曰,子之说善矣,吾不能难之,吾且姑为子意,假谓日人终必吾让,虽然,日人岂果甘心弃间岛者?其让也,不过一时理屈耳，后此能保其不从他方变其态度而来乎？子之理想，其终能达哉？曰：唯唯，否否。不然，吾但就现势而论耳。吾以为现日人对于间岛之态度，不妨以如是方法应付之云尔，此外非吾之所敢知也。虽然，亦尝熟思之矣。夫使日人果从他方变其态度而来，吾意其大要当不外二事：一曰要求间岛韩民之保护权；一曰要求间岛、吉林之铁道敷设权。要求韩民之保护权，则仍可以设立官署，施行政治，而为经营一切之基础，虽领土权犹在中国，而亦可以徐图进行之法。要求间岛、吉林间之铁道敷设权，则仍可以北下北满洲，南贯东朝鲜，而便其本国北面海上国防经济政策之实施。二者之结果，皆与攫得间岛之领土权，无所轩轾。夫固可恐之阴谋也，然而吾之待之，亦不患无术也。何者？自日韩保护关系成立，韩人之在中国者，与日本人同归日本领事之裁判权，间岛韩民虽多，然其大半既编入中国国籍，属中国统治之下，无须他国之保护，其余者，可与日本人同受其驻札吉林领事之管辖，更无设置特别保护制度之理。吾自一面清查户籍，整顿民政，以实行吾统治之权力，一面以此正当之理由，拒绝其要求，不获已，则许其设杂居地，置专管领事，以让步焉，已足以夺其口实，折其狡焉之心而有余矣。间岛、吉林之铁道，既为吾完全领土内之物，则允许其敷设与否，皆吾自操其权，更何要求之足惧哉？要之，领土权而果得保全，即可谓间岛问题已得良好之解决，过此以往，无论日人变如何之方面，持如何之态度，苟清政府始终不蹈前次之覆辙，惑其甘言，受其威迫，拱手让之，开门揖之，夫固不患其再来也。

嗟呼，数十年来失地之祸烈矣！兴安岭南之失也以势怯，乌苏里江东之失也以虑疏，香港、台湾之失也以力屈，帕米尔、云南诸土司之失也以知瞢，旅顺、大连之失也以愚而受欺，胶州、威海、九龙、广州湾之失也以虚而被胁。凡此者，何莫非原于外交上失败，而资人以窥伺中原之前导也？呜呼，失地之影响，茫茫禹甸，几成为釜中鱼、俎上肉者屡矣！迄今思之，其能无噬脐之悔也？呜呼，前车岂远乎哉！清廷今日外交当局者，其尚一回首焉，勿再贻白山黑水之羞，而使鄂多里城边之鬼，不安于地下也。

《比较财政学》凡例*

（一九一〇年）

一原书既为日文，汉日文法各异，故翻译时更易删削者不少；然皆不失原意，亦出于不得已，非敢立异也。

一原书引用欧西名家著述，其书名皆仍欧文，今皆附以汉语意译。

一原书术语辞名，有用日本方言及生涩之汉语者不鲜，今皆审定通雅之字易之，其万无汉语可易者，则仍旧而注释于其下。

一各国度量衡及币制，势不能皆易华制计算，故只于书中始见处注明合华制若干，其余皆仍其旧，惟于卷末附中外对照表，以备参考。

一原书出版在四年前，其所列各国比较表，皆当时统计，今日各国财政状况多所变革，译者爰编《各国最近财政史论》一卷以附于后，非敢云续，聊以示列强近今政策之一班耳。

一卷末附有释名一卷，译者就书中所有术语名辞参考经济法律各辞典编辑而成，于读者当亦不无裨益。

一印刷工事进行颇速，编中为手民误植，未尽斠改者当自不鲜，俟再版时更正之，阅者谅焉。

译者识

* 本文录自宋教仁译《比较财政学》，上海中国图书公司一九一二年十月第二版。

东亚最近二十年时局论*

（一九一一年二月八日——三月二十七日）

顷者道路相传，英人进兵云南，以窥川藏，俄人因改订商约，派西蒙古领事问题，有下战书据外蒙古之势，虽其事之真伪未可知，然英、俄、德、法、美、日各国近益张目怒齿，挟其武力金力，以狡焉思启，几令人有应接不暇之势，则现今吾国之危状也。虽然，此其事非始自今日，盖自庚子战后，各国易用变相的侵略政策以来，已成此政局者也。更溯而上之，则自甲午战后，各国用正相的侵略政策之反动力也。夫天下事必有其始作俑，而后其结果乃见，则前此各国所以群起用正相的侵略政策以临吾国者，其最初之原因与事实，吾人可不研究之乎？作东亚最近二十年时局论。

第一节　近世时局之发端

呜呼，自海通以来，东亚天地嚣然不靖者，垂百年矣！其弊之极，遂使吾数千年文明古国日就衰敝，奄奄待尽，以至今日。前识之士，多方谋所以挽救之，而推论弊源，则归本于西力东渐。以吾人观之，窃谓西力东渐，固不失为祸吾中国之一原因，然此犹由于世界进化大势使然，盖有莫之为而为者。其有假同洲同种之谊，怀吞噬中原之心，日日伺吾隙，窥吾间，以数数谋我者，此则真为东亚祸源唯一之主原因。吾中国既往将来之大敌国，吾人不可不知之，且不可不记忆之也。所云为何？则日本是已。

日本者，自古及今，以并吞东亚为遗传之国是者也。盖其为国，僻处东海，仅有火山岛屿数四，往往不能自赡给。其国人自汉

* 本文原载一九一一年二月八、九、十一、十三日、三月二十五、二十七日《民立报》，署名渔父。

魏以来，濡染诸夏文化，凡国家制度，社会生活，皆力图上进，不欲故步自封，而瞻望吾中原大陆，河山锦绣，文物灿烂，有如天国，固不得不起垂涎之念；且其民族夙具岛国根性，轻僄嗜利，尚武喜动，不能恒远安于坐守，故自中古以降，其国之君若民，无日不以侵掠国外为事。六朝时有神功皇后者（或谓即魏书之卑弥呼），征服任那国（今朝鲜庆尚道金海郡），为其侵入大陆之始，其后以盛唐征高丽之威不能夺之，延及宋元，终始崛强东方；元范文虎以百万舟师临之，亦遭挠败。明时有平秀吉者，窥吕宋，伐高丽，且声言将长驱入汉土四百余州，幸当时天朝声威鼎盛，师武臣力，又彼国德川幕府继秉国钧，因防内患，偃武守成，不暇远略，故仅得无事。然自是而后，遂抄掠我沿海各省，前后涉两世纪，不少戢，以迄于近世矣。此上下千余年间，彼之所以逐逐者，既已如是也。

虽然，是犹不过彼民族酝酿郁积，自然膨胀之结果，而一时雄杰利用之而然者，非其举国上下，卧薪尝胆，处心积虑，挟全力，用全智，视为立国唯一之大政策，以周匝完全之计画而行之者也。乃观于最近四十年来，则更有进矣。自彼王政维新，国势丕变，其有识者，觉西力东渐，世界大通，非复人口尟少土地狭隘之国所能竞争生存，乃悉力整理内政，以亟图国外发展。西乡隆盛，彼中所称为维新三杰之一者，实以征韩为其毕生政见。琉球三岛，为吾国之藩服五百余年者也，而突然无故取以为县。台湾生蕃，吾领内之属民也，害彼漂民，亦为细故，而彼不恤遣大军犯人领土权以掠夺之，盖实利其土地。此皆明治初年之事，尔时彼国内政犹未就绪也。及乎明治十四年以后，彼国萨长政府成立，伊藤、山县、井上诸豪秉政，外仿泰西之文物制度，内行立宪政治，国势蒸蒸日上，世界潮流同时并进，对外发展，遂有不得不然之势。前此孤立海中者，今则当太平洋孔道，为亚洲大陆外障，非勉为大国不可焉。前此人口增率不大，可以聚国族于斯者，今则每岁增加三十万以上，非求尾闾之地不可焉。前此国民经济需供不多，可以自给者，今则工商之业为国命脉，非求供给之来源与需要之顾客不可焉。而环顾四方，惟脆弱之朝鲜与老大之支那尚可问鼎之轻重，于是殿手三韩，伸足辽左，长驱以入禹域之政策，遂为彼国唯一之国是，而东亚天地无宁日焉。是日本吞并东亚政策之所由来也。

第二节　近世时局之开展(世人不知之最近东亚秘史)

(一)朝鲜问题诱起者谁乎？

日本吞并东亚之大政策，既以朝鲜为发轫地，故经营朝鲜，实为不可一日缓之事。虽然，朝鲜者，中国五百年之“藩属”也。当甲午以前，中国虽不竞，然犹负睡狮之威名，以睥睨于东亚，日人固不敢显然获罪大国，以侵犯朝鲜也，于是彼国乃先行豫备之方略，第一使朝鲜脱中国之羁绊独立，使中国不能干涉，第二煽动朝鲜内乱，以便己国藉为口实，因而干涉。于时朝鲜服事中朝日久，未尝直接与他国立约通好，彼则乘我当路愚暗，百端诱迫朝鲜，以修交事。始焉朝鲜再三拒不纳，光绪元年遣军舰击江华岛胁之，始得成约，约中有与日本平等之文，此为日人进行之第一着。自是乃派遣花房义质为公使，驻韩京执行政策，说韩廷招其陆军中尉掘本礼造等为顾问，假韩廷以金四十万圆，助其改革政治，诱韩人金玉均等，使日唱独立维新之说，鼓动民心。又因大院君之变，遣兵屯戍，卒使玉均等作乱争权，喋血宫门，酿成所谓甲申之变。事既定，彼又藉口中国军士害彼侨民，遣伊藤博文来与李文忠订结善后条约，所谓《天津条约》是也。约款有三：曰两国同时撤去在韩之兵；曰两国皆不遣将官为韩教练军队；曰将来有事，两国派兵须互相知照。由是朝鲜问题一时落着。夫以国际法理论之，朝鲜既为人藩属，无直接与他国立约修交之资格者也，有之亦必其宗主国先为承诺者也。日人摹仿西洋文物已二十年，岂犹有不明是理者，而竟敢冒不韪，阴与立通商之约，非有他目的，孰能为是？韩廷以事大之故，内政不修固矣，然亦无与于第三国事，既假以金力，复贷以人才，且津津焉开导以自由独立之新义与变法自强之大计，岂真出于武士道国之侠义所使然哉？《天津条约》款节简率，猝观之似彼无何等之利益，然中国对于朝鲜派兵撤兵，皆宗主国权内之自由，奚待第三国施于条约上之限制者？自有此约，而日人对于朝鲜所攫得之容喙权，遂因是而公认，而确定，与中国相等衡。易言之，不啻使中国之宗主权分其半与彼共之，又不啻使中国自降格弃其宗主权，使朝鲜入于独立国之列。前此吾国人论此次交涉，犹谓李文忠之因应得宜，而岂知其为日人所弄如是乎！此固半由于尔时吾国人之不明国际法与外交政策为何物，然日人之处心积虑以谋朝鲜，不已如司马昭之心路人皆知者耶？噫！自是而后，朝鲜之运命遂决于日人之掌中矣。

（二）甲午战役挑发者谁乎？

厥后不十年，中日二国因东学党乱事，遂有甲午之役。是役也，人但知东学党作乱，中国出兵代剿，日本亦出兵保护侨民，以致冲突而然也，而不知日本尚有种种之秘密运动，使中国不得不出兵平乱，又不得不抗议日本之不撤兵以出于战也。夫东学党果以何原因而发乱者乎？吾国人之言曰："东学党者，朝鲜之叛徒，怨望政府之虐政而发者也。"日人之言曰："东学党者，朝鲜之独立军，反对政府之事大而发者也。"而岂知其皆大不然。以吾人所闻，盖日人久欲以一战驱逐中国在韩势力，而苦无出兵之口实，乃阴遣武士一队，煽动东学党作乱，以诱中国之出兵讨伐，而己亦出兵相抗，以激成战争者也。东学党之始起也，原为宗教上之团结（今之天道教即其遗派），初无干与政治之事也。日人有内田良平者，彼中武术之名家，而以侵略满韩为目的之黑龙会之领袖也（良平自甲午以来，为韩人一进会顾问，日人废韩皇结合并条约等，皆良平之功居多）。

日政府欲利用东学党，乃以此任举付良平，并给以外务省之机密费数万金。良平乃与其徒结一团体，曰“天佑侠”，榜其旨曰“扶助人道”，相率至朝鲜，以助朝鲜独立，说东学党总督全琫准。琫准为所惑，以良平等为司令、参谋之职，良平遂挟东学党传檄四方，夺城戕官，蹂躏南韩一带。韩廷遣招讨使洪启勋讨之，反为所败，公州以南，皆为贼有。韩人大震，乃求援中国出兵平乱，于是日人遂亦乘机遣海陆军星夜赴韩，使其驻华使臣照会吾政府曰：“朝鲜内乱蜂起，敝国为保护在朝之公使领事官署并侨民，故遣军赴之，谨依《天津条约》奉告大国。”既而中国军至，党人遁，中政府不知堕日人之术中也，以相与撤兵为言。日人则再使天佑侠煽乱，而拟言残党未靖，顽不应，复书曰：“敝国固有不撤兵之权利与必要也。”且胁韩廷废弃中韩条约，声言非中国属国，而以变法案迫其实行。中国不能堪，遂决计出于一战，而祸乃成。此实二国开战里面之原因也。总而观之，其始终一切举动，无非欲激成战争，以驱逐中国之势力，断绝中国容喙之关系，而其所用手段，极尽人世之狡狯。语曰：“国际无道德。”又曰：“大外交家之伎俩，日以卖人为事。”盖彼国之二三牛鬼蛇神，亦深有得乎此道者也。夫甲午一役，实吾国盛衰一大关键也。前乎此，吾虽屡与皙种龃龉，然未尝大创，人犹不敢公然侮之，自是役之败，割地一行省，赔款二百兆，而吾国之声威顿减，虎视眈眈之群雄，遂张牙舞爪，纷至沓来，而吾国几于不国。然究其原因，则所谓天佑侠之一团者，不谓为最初之导火线焉不得也。甚矣，日人种因之远而结果之宏也。

（第二节尚未完）

（附言：著者在东京某日人为外交官者处，见有一书，名曰《天佑侠》，记内田良平与其徒清藤幸七郎、末永节等挟东学党发乱于南韩事，始末甚悉，询其书所自来，则即幸七郎所著者，日政府恐宣明秘密，已禁止发卖云。）

第三节　近世时局之纷纠

（一）各国租借港湾划定势力范围之动机

吾前既言甲午一役实为吾国盛衰一大关键矣，则且述甲午以后数年间中国之衰状，以推论日本实为祸首之益不诬。

近世吾国濒于危急存亡之运者，盖莫甚于光绪丙丁之交与庚子之岁，而丙丁之交为尤甚。盖庚子之役，虽以八国之师，虔刘神京，然实我有以招之，而其时各国保全中国之议已略定，丙丁之交，则各国合谋瓜分吾国，为兆已见，而去不亡仅一间者也。其时活动最剧者，首为德国，以杀二教士之故，突然据胶州湾，终租借之，且胁吾国与订山东不割让他国之约；次为俄国，租借旅顺、大连，攫得满洲种种特权；次为英国，租借威海卫，并订长江流域不割让他国之约；次为法国，租借广州湾，并订云南、两广不割让他国之约；次为日本，亦订福建不割让他国之约。弱小如意大利，亦觊觎三门湾而未果。此外，铁路、矿山为之攫去者，尤难更仆数。四面楚歌，令人应接不暇。幸利害关系素轻之美国出，而提倡保全开放之说，各国亦以势力未均，相持不久，故未即举瓜分之实耳。然尔后各国之在中国，有广大之势力范围，有极东政策之根据地，以为将来瓜分之张本者，实确定于是。迄今中国政治，无事不受其掣肘，至欲兴复海军而不能得一良好军港，欲修布铁路而不许任用自国之资本、技术，其影响之恶，为何如也！

虽然，此亦奚足怪各国者。天下事无无果之因，亦无无因之果，必有所以使各国不得不出于是而后然者也。吾人试一推究其因果关系焉可乎？

夫德国之所以先发端据胶州湾，终租借之，且划山东为势力范围者，以俄国方与中国订立密约，垄断满洲，并欲得胶州湾之租借权，故先发而制人也。英之所以借租威海，划长江流域为势力范围，法之所以租借广州湾，划云南、两广为势力范围者，以保持与他国之平衡而皆受动于德国者也。俄之所以租借旅大者，以德人已取胶州湾，使吾国不得已以是相偿，而其所以与吾订立密约，垄断满洲，并欲得胶州湾之租借权者，则以纠合德法，干涉日人，使退还辽东半岛，有取谢于吾国之权利也。假使日本不败中国，不攫朝鲜，不割取台湾、辽东半岛，则俄人不致嫉妒，无三国干涉退还辽东之事也；无三国干涉退还辽东之事，则中国无酬谢俄国之必要，不致订立密约，许以满洲种种特权，并许租借胶州湾也；无订立密约之事，则德国不致有此海贼的行为，而英法亦不致效尤也。是故简单言之，使各国定瓜分之策，而陷中国于危急存亡者，皆直谓日本一战阶之厉焉可也。抑当日犹幸有三国干涉之一举耳，藉非然者，则日人食之既下咽，各国援均沾利益或维持平衡之说，亦要索与辽东半岛相当之土地，都计五六强国，须赠出五六辽东半岛（当时取台湾，而各国不为是要索者，以台湾无甚关于各国之利害也，辽东半岛则不然），中国之祸岂仅割去港湾、划定势力范围而已哉！夫以新兴之日本，猝得过大之势力于中国，必招他国之嫉妒干涉，或起而效尤，以致极东大局摇动，此其理，岂以伊藤、井上、陆奥诸俊物而犹有不喻者？而顾煮豆燃萁，急于相煎如是，亦实以一时志满意得，不复顾虑，且以为虽因是而动摇极东大局，犹可以再分一杯羹也，故当各国要索甫遂之际，以福建不割让他国之约相迫，实其前后心事和盘托出之证也，所难堪者，唯吾国耳。吾故曰：□□者，实扰乱东亚和平之张本人也。

（二）庚子北方战役之里面观与侧面观

吾人观于庚子北方之变及当时各国里面侧面之态度，而后乃知西欧诸国初未尝有分割中国之心也，而后乃知当时惟□□二国心存分割，而□□尤谋之不遗余力者也。

夫以十一国联军潮涌而来，致使宗社陆沈，天子下堂，四百余州命脉，不绝如带，此固列国行动一致之结果，而最为危急存亡之现象也。然而吾国不于此时而遂亡者何也？以英、美、德、法四国皆知当时分割中国之不利，益欲暂存置之以为后图也。

夫英国与中国互市最早，而关系最密，其在吾国商务，居各国之最上位，不欲吾国分裂，致使其极东经济的地位受危害，此势之所必至也。美国素持门罗主义，素无大关系于中国，而当时政府又极欲扩张其商业于远东，故亦不欲中国折入于列强之手，而为所垄断也。德、法二国虽各有其相当之势力范围，然经济的地位既不如英，武力的侵略又不如俄（当时俄人已占满洲），地理的关系更不如日，故亦以暂不分割为利者也。是故联军入京之日，英、美二国即倡保全之议，联军总帅德将摩氏之发令进军也，英将希氏以本国政府有令停战拒之。北京陷后，未二阅月，英、德二国即有领土保全、门户开放之协约，且通牒于法、美、奥、意、俄、日诸国。诸国中除俄□外，皆无不表衷心之赞成者，亦足见当日各国之情实矣。使无□、俄二国者心怀叵测，暗藏祸胎，则东亚时局从此或可以少息肩，不致有今日之危象，亦未可知耳。

然而阴险雄黠之俄，与骄矜贪狠之□，则固不出于是也。彼二国盖处心积虑，反对各国之保全政策，而欲破坏之使无余地者也，俄国之举动无论已，请专论□□。

今夫联军之兵力，其始非甚雄厚也，不过遣东舰队之水兵千二百人耳，而□□则先各国，速遣重师，增大军势，惟恐不及。又联军之战斗力，亦非有万胜之算也，使仅有欧洲兵队与吾为敌，胜负之数，尚未可知耳，而□□则力战不懈，较各国功尤多，因以博得世界最勇武之称誉（西人评此役者，谓当日中国军实不可侮，幸有□军，故联军不至败也，□□人亦以此自夸），此非当日□□活动最剧之事实乎？夫拳匪为祸日烈，杀德使臣，害日书记，各国使署又陷于重围，危在旦夕，兴救援师，问违约之罪，固其宜矣。然同此救援，同此问罪，□□非独有异于各国也，而顾所以如是者，实中心别有存焉者也。详言之，即彼欲藉此变乱，痛捣吾国，使陷于纷纠之极，不可收拾，而后谋与各国协议分割也。盖彼国自退还□□后，深恨吾国引俄人之入满洲，而欲图报复已久，且以新获□□、福建划为势力范围，一时兴高采烈，以为极东政局可以为所欲为，乘此乱局，联络各国，瓜分支那，割闽、浙而有之，正今日之所有事，故当纷纭扰攘之际，而力图实行如是焉耳。且独谋分割中国之手段，不仅在北方已也，当联军云扰之日，彼乘各国之不暇，又尝谋行疾雷不及掩耳之手段于南方。盖是时吾国有□□党人者，方谋起事于广东，彼使其□□总督□□氏，阴与结纳，招其党首，□□使居□□，而以党军至厦门时，出兵援助相许，约事成后，割福建、浙江相偿。未几党军遂起于惠州，谋东趋厦门，既而某党首领悟，复电止其军。某国某督则阴遣人焚厦门之□□教堂，而声称为中国匪徒所为，亟遣舰队来厦，以兵登陆，置炮于道署后山，将遂据厦，适彼□□内阁罢，□□□□执政，乃中止。

夫煽动人国之内乱，因乘其敝，遂据而有之，此美人所以灭斐律宾也。藉名保护教徒，出师问罪，因以割据土地，终墟其国，此法人之所以灭安南也。使□□而果无分割中国之心也，则欲得厦门奚为者？欲得福建、浙江又奚为者？其故不待智者而后知矣。合其北方武装的举动对照而观之，则其包藏祸心之实状不已昭然若揭也耶？有为□□(辨)<辩>护者曰：方北方战乱之未发也，□□不尝与英国唱保全中国之议乎？及联军入京后，英、德协商之成立也，□□不又极力赞成保全主义乎？何子之厚诬人也？应之曰：不然。夫外交手段不必其尽为正面者也，必常变相因，反正相助，而后可以言妙用。北方战役前之英□协商及战役后保全提议之赞成，皆□□之反面的态度也，何者？□□者，新兴之国也，其举动尝为人所嫉忌，而甲午战后，举国创痍，尚未尽复，善后经营，尚未尽就，不能露骨以行其政策，此固□□之苦心也。其与英协商也，欲得英之欢心，以恐俄，使不即占满洲，破坏均势，以便己之徐徐图之也。其赞保全主义也，惧德人之利用英国，且以各国皆一致赞成，不立异以启疑忌之心也。然其日日伺间抵隙，以图一当之野心，则固不因是而稍减者也。藉非然者，则当各国联军正停战议和之日，而行间道，出奇兵，欲用美人在斐律宾、法人在安南之故智者，又何为乎？此尚可以诡辨为之原者哉？

（三）庚子以后侵略保全两派之真相

吾前既述□□于庚子北方变乱时欲分割中国矣，然而□□之狡谋，究未尝见诸实行，且其后未几，复与英人结同盟条约以保全中韩为主旨，及俄人割据满洲，彼又兴仗义之师，以是之故，世人往往不觉其有如是之野心，而反称其为保全派，故吾兹再揭其庚子以后之事实，以发其覆。

夫日英同盟之缔结也，在一千九百二年之正月。其时英德协商已成立。英德协商者，以保全中国为标榜，美、法、奥、意诸国皆无不承认之者也。盖自庚子乱后，吾国得以不蒙瓜分之祸者，至是其局乃大定。□□虽有异志，然以新战之后，不敢明目张胆，独违群议，以逞其虎狼之行，故亟亟焉求一援助之国。于时俄人方占据满洲，久假不归，有破坏保全主义之势，而德人亦稍稍反覆，谓满洲实在英德协商范围之外，英人忧现状之不能维持也，又以南斐事件方急，不能兼顾东方也，故亦不得不求可以抗俄之国以为己之声援。环顾四方，惟一□□表面上之利害，大概与英相同；而又为新进之邦，方日夜欲入大国之群，以为光宠，故不惜降志辱身，弃其名誉孤立之地位，以与□□握手。此为日英同盟之颠末，其原因盖在英国欲利用□□以维其极东经济的地位，非出于□□有真欲保全中韩二国之本心也。不观之日英同盟前后之形势乎？当同盟之未成立也，□□初未尝有联英之计划也，而实有联俄之举动。千九百一年，伊藤博文之游俄，其任务迄今世人不得明悉，盖其间非有秘密之计划不得，吾人但读本年阳历二月十二日日本《时事新报》所载大隈重信之言，可以知之矣。大隈氏之言曰："回顾明治三十三年，清国有团匪之乱，北京之外交团危在旦夕，英国东洋舰队司令官希摩亚率联军上陆攻天津，不克，我日乃不得已增遣大军助之，遂陷天津、北京，使清国为城下之盟（中略）。事既定，列国乃决议保全清国领土，英德且立协约证之，既而俄国据满洲不退，德国又阴庇之，英国为德所欺，乃不得不与我日本握手。当是时，我日本之外交甚陷于困难之地，庙议皆以为欲维持东洋平和，非联结俄国不可，于是我国大政治家兼大外交家伊藤公带机密之使命亲赴俄京，此明治三十五年之事也。以此之故，英国政治家之胸臆为之冲动，日英同盟遂突然成立，盖实为外交上之奇观。夫以东洋之一小国而得与文明最高且素以名誉孤立睥睨列强之大英帝国握手，不可谓非我国外交之成功矣。吾人每一念及，不禁愉快不已者也。"其所言如此，则彼国当时不欲联英而实欲联俄之隐衷不已如见乎？

夫俄国，以吞并满洲席卷黄河以北为志者也，而日本乃欲联之，其目的果何在耶？而谓有保全中国之本心者能出于是乎？又同盟既成之后，□□而果有保全之本心者，则当力持满洲亦在保全范围内之说，以诚心反对俄人之据满洲，乃□□则不然。方俄人与中国订立密约之日，满洲为俄有者已二年余，其间□□不闻有抗议之事，其有心观望，而冀幸俄国之侵略主义得占优胜，而己亦思附其后，已洞若观火，迨俄人侵入朝鲜，大有排斥日本之心，于是□□乃不得已始抗议，然犹再三提出协商之说，愿以满洲奉俄，而己攫朝鲜，其不顾满洲，不欲反对俄人侵略主义之真意，乃毕露。夫俄人之占满洲，除德、法二国外，其他持保全主义者，无不衷心反对之者也。而赞成保全主义之□□，乃独不然，非别有肺肠焉，不能如是也。是故以此等事实证之，□□与英国同盟之举，非主动的，而受动的，非实利的，而虚荣的，非利人的，而利己的，非真心的，而假面的，简而言之，非有真欲保全中、韩二国之本意，不过藉以要结英国，且以消各国对己之疑忌，缓各国对清侵略之急激进行，以待己之毛羽丰满，盖已昭然若揭者也。

至于□□之与俄国开战，世人往往称其义侠，吾谓此役亦非有所爱于中国而然者，不过因与俄人交换满韩之协商再三不成立，朝鲜将去而己亦危，乃不得不出于一战也。其原因不在保中国，而在保自国，其目的不在救护满洲，而在垄朝鲜也。使俄人当日而稍让步，允许□□之提议，以朝鲜为其势力范围，吾知□□必表满足之意，虽无日俄之战可耳。观□□当日宣战诏书，曰："□□政府，以韩国之独立及其领土保全为保自国康宁安全之故，视为紧要不可缺之事，故有使韩国之地位不安者，□□政府无论如何之行为，皆不能看过。"夫为满洲问题而开战，而宣言乃专置重于韩国，与英同盟之条约明明言保全清韩二帝国，而此诏书乃专言韩国而不及清国，其故不可深长思耶？夫义侠之人有之矣，天下岂常有义侠之国乎？此稍有思辨力者，所当知之事也。曩者世之人论庚子以后之时局，辄以俄法德为侵略派，日英美为保全派，吾谓俄国者，真侵略派，而□□者，伪保全派也。噫，吾国人其以为如何矣？

第四节　近世时局之转变

（一）日俄战役以后各国之休息

日俄战役者，真侵略派与伪保全派消长倚伏之关键也。自有此战，而前此主张分割中国之说，乃烟消雾散而不复存在于世界。及乎菩兹马士媾和以后，未几又有第二次日英同盟之继续，及日法、日美、日俄诸协约之成立，皆以领土保全、门户开放、机会均等为主旨，而日英同盟乃至以攻守相共之约为质，尤为强固之保证。此等同盟协约皆以□□为主动力，一时东亚政局有关系之各国，几无不环仰□□而听其指挥，即□□亦俨然以保全东亚之主人翁自命，亦可谓极一时之盛矣。虽然，吾固言之矣，□□者，伪保全派也，伪者，无时无事不用其伪，则其于满洲战后所以如是热心于保全主义者，其原因与目的不可知乎？请得而备言焉。

夫□□以并吞东亚大陆为究竟之目的者也，而达此目的之方面有二：一在北为满洲，以朝鲜为策源地；一在南为福建，以台湾为策源地。二者之中，以满洲方面为尤重。自三国干涉以后，□□虽退避于满洲，而转其锋以福建，然以庚子前后英、美二国盛唱保全主义与厦门阴谋事件失败之故，福建方面亦不得如意，乃又不能不置重于满洲。俄人之占据满洲，正其嫉妒愤恨不已者也，未开战以前，不过欲借之以破坏保全派之势力，且亦实惧俄强大，故再三以交换满韩之提议乞于俄国。乃俄人得陇望蜀，必欲并韩以欺□□。□□挺而走险，孤注一掷，以至于战；邀天之幸，又获胜利，此正□□得偿夙愿以达满洲方面之大目的之机会也。故菩兹马士媾和之际，彼乃竭全力以与俄折冲，竟得攫有旅顺、大连之租借权，南满洲之铁道、矿山种种特权，朝鲜之优越权，其踌躇满志，盖可知矣。彼其意盖以为继自今策源朝鲜，包举满洲，以雄飞东西大陆之方针，始可确定，此后正宜统筹全局，用万全之策，以达最后之大目的者也。夫策大功者，不为其速，图实利者，不居其名。□□既欲统筹全局，用万全之策，以达最后之大目的，则其不操之过急，而从容以将事，不愿招人疑忌，使生阻力，而圆滑以进行，此又必为桂、伊藤、小村等之所及知者矣。然则，暂时休息，以图远大；结交各国，使毋先我为之，以待己之毛羽丰满，岂非自然应有之事乎？且夫以战后之□□，而经营朝鲜、满洲之二大地域，亦不可谓为易事矣。鸡林八道之壤虽褊小，而箕子卫满之流风遗泽犹在，不能猝然俾其不祀也。斯拉夫哥萨克之铁骑虽号称逊去辽沈之间，而东清铁道之挽输，松花江之漕运，犹存于黄龙府（长春府）以北，难保无句践复仇之虑也。死伤四十万，费财二百兆，以区区三岛之力，非生聚教训十年，不能再用者也。是故□□之战后经营，必以满韩为根本政策，而又不能不行之以渐者亦势也；行之以渐，则又不能不善事各国，俾勿先入关中王之，亦事之不得不然者也。呜乎，此则□□之所以结种种同盟协约之原因与目的欤！

国际法之新发明*

（一九一一年二月九日）

檀香山领事梁国英，控侨民于美国裁判所，亲到堂受讯。各国领事在吾国者，则裁判其国人之诉讼。后者公法家称曰“领事裁判权”，前者未见其例，吾无以名之，名之曰“领事被裁判权”。

噫！若梁国英者，亦可谓国际法上之新发明家也，牺牲国权，贡献学界，固不应如是乎！

因粮于敌之妙用**

（一九一一年二月九日）

日本南满铁路公司，以十五万元赠东三省为防疫费，救灾恤邻，可谓合古之道矣。

虽然，吾闻南满铁道，每日收自华人货客之车价，平均一万元。今其所赠，其半月之营业收入耳。

且以之较辰丸问题一百二十万元者何如？以之较长沙乱事六十万元者又何如？以之较甲午战役二百兆元者更何如？试一思之。

---

* 本文原载一九一一年二月九日《民立报》，署名渔父。

** 本文原载一九一一年二月九日《民立报》，署名渔父。

兵法有因粮于敌者矣，此原则昔时用以战争，今日则用以交际，善用者固无所往而不得其宜哉。

蒙古之祸源篇*

（一九一一年二月十日）

近日法报、德报皆记俄人因与中国改订商约，议设西蒙古各地领事，势将决裂，有下最后通牒，并发兵攻入伊犁、库伦之说。以常理论之，其事固所必无。然俄人近日因改约事，要挟百端，欲大伸其对蒙古之政策，则固不可掩之事实。此等风说，实非无因而起也。

俄人之窥伺蒙古，不自近日始也，而其谋之专，行之急，则于近今为尤甚。此次商约问题之要挟，不过乘机动作之一端，今而后其步步逼紧之势，当更未有艾也。

盖自近东问题解决以来，俄人南下以出黑海之策不行，而彼得大帝遗传之帝国主义政策，又不能息，乃不得不肆其东封之志，而东方侵略政策于焉以立。东方侵略之方面有三：一曰中亚；一曰蒙古；一曰满洲。中亚方面，自波斯问题与英人冲突一时不能得势，乃专其力于满洲；日俄之战，满洲又为日人所阻，东出太平洋之政策，又不能实现，乃更不得不转其锋于蒙古，是固事有必至，理有固然者也。

至于近日，则更有不得不尔者焉。日俄媾和以来，俄人保守北满，有东清铁道以联络欧亚，有海参崴以吞吐海陆。其对于日本复仇之念甚炽，故犹有根据北满南下，以与日本再战之志。数年之间，谋修黑龙江铁道，设海参崴保护贸易制度，盛移欧俄人民于东部西伯里亚，各种举动，皆其预备也。至近日则因美人势力侵入满

* 本文原载一九一一年二月十日《民立报》，署名渔父。

洲之故，与日本共其利害，非释前怨以同谋防御不可。前次美人倡满洲铁道中立之议，两国瞿然惊惧，以有第二次协约，且更进而谋交通产业等种种之同盟，于是俄人在北满之势力，因以固定，而不能再图进取；且也日本既得南满，尚犹以为未足，时有窥伺东蒙古之心，尤为俄人所忌，故俄人苟攫蒙古而有之，则东可以抗制日本，南可越长城而席卷中原，极东政策，可期大成矣。此其最近原因一也。

自英、俄二国冲突于中央亚细亚，俄人有西举波斯、阿富汗，东掠新疆、西藏，以控制印度之势，虽屡为英人所遏，然俄人开拓土耳其斯坦，修筑中亚铁道，怀抚波斯，因而利用之，英人亦不能得优势。此日俄战役以前之现象也。至近日则俄人因战败之余，不能复与英竞，乃悉举中亚方面诸问题，与英和协。光绪三十三年，英俄协约成立，划定波斯、阿富汗之势力范围，协定两国皆不干与西藏之事，于是俄人对于中亚方面之政策，乃不得不暂藏其锋。中亚方面既无可为，则不得不再求尾闾之地。又其对于英人之疑虑未能泯灭（近日因德俄协商尤甚），窥伺印度、西藏之心犹炽，尤不得不豫植其势力于西蒙古、新疆各处，以为将来之地。故乘此改约问题以力图扩张者，亦其宜也。此其最近原因二也。

要而论之，俄人之志，固不仅在蒙古，而必得蒙古势力，方可以实施其中亚政策与近东政策，此莫斯科诸政治家所日夜绞脑筋呕心血者也。是故其所计划与施行者，无一不可为其政策之左证：反对锦爱铁道也，擅设洮南领事，以拓东蒙古商业也，谋筑张恰铁道也，暗贷巨金于蒙王，以怀柔蒙人也，皆其极东政策系统中之方略，以为侵入北中国之地步者也；谋设科布多、迪化、哈密诸领事也，开通叶尼塞、额尔齐斯诸河航路，以便西蒙古国境贸易也，延长中亚铁道，以近新疆境上也，派遣乌梁海、科布多等处之远征队也，笼络蒙古、新疆等处喇嘛僧、回教徒也，皆其近东政策系统中之方略，以为席卷中亚各国属地，控制印度之地步者也。凡此悉彼国近年逐渐进行不已，且或大睹功效者。惟以战后国力未充，且以日英两国监于其旁，尚未敢露骨行之耳。

夫最近东亚之国际政局，以各种同盟协约为机轴，其对于中国，无不以领土保全、机会均等为言者。俄人之在北方，更有日俄、英俄二协约，固不敢显然用强力于今日明矣。然正惟其不用强力，故汲汲焉用变相的政策。二协约者，即所以确定两国政策接触之范围，以互相尊重者也。正惟其不用强力于今日，故汲汲焉用豫备的政策。二协约者，即所以确定两国政策将来实施之约束，以互相信守，而姑维持现状以待者也。此盖今日列强墟人国屋人社之最新法，而俄人尤号称神乎其用焉耳。抑日内道路传闻日、俄、德三国同盟之事，德国者，向为极东问题侵略派之中坚，而以黄河流域为势力范围者也，使其事果不虚（记者固揣此事未必真），则扬子江以北之局势，将为此三国所均分支配。而俄人之对蒙古，因此国际协定之确认，当益肆行无忌。今而后，大漠南北行见哥萨克马蹄之蹂躏不远矣。呜呼，吾秉国钧以当外交之冲者，其亦有所动于中焉否耶？

钦定宪法问题*

（一九一一年二月十一日）

朝廷编定宪法，皆模拟日本之钦定主义，以为日本皇统万世一家，天下最有利安全之宪法，莫日本若也。

虽然，近日日本亦有幸德秋水等，谋以炸弹危其皇室，则又何以称焉？

甚矣，日货之不中用也。

* 本文原载一九一一年二月十一日《民立报》，署名渔父。

奇拔之建议案*

（一九一一年二月十二日）

资政院议员罗杰提出治水建议案，其第四条“论排除恶水，请编定下水道法”，谓下水既别有道，则支川之势削。考下水道，为设于地下之自来水管，日本谓之下水道，居民饮用，有取缔之规则，谓之下水道法与治水无涉。罗氏盖在日本学速成法政时，得知其名目，迄今尚未忘也。请问罗氏，微细之水管，何足以消水患？且果以下水道排除恶水，则市民尚堪饮用耶？

噫！议员中佼佼者，犹且如是，宪政前途可知耳。

滇西之祸源篇**

（一九一一年二月十五——十六日）

片马问题之解释

近日道路相传，英人遣兵入云南片马，筑营而居，为永据计，且声言高黎共山以西为其领地。我政府闻此警耗，瞿然惊惧，纷纷议防御，议交涉，几不知所措；滇人亦毅然以领土权促当道力争。将来作何解决，尚在不可知之数，亦西南边防上一大问题也。

此事发生之原因，传闻各异其词。或谓片马与英属缅甸接壤，滇吏向不治理，匪类匿迹其间，时出扰害两国商民，故英人遣兵防戍。或谓片马为野人山地，去年中国官吏发见由滇经过野人山入藏之道，派兵驻扎，而英人指为英国领土，故亦遣兵抵御。或谓英人于去夏潜移腾越西边界碑，冀侵占边地，迤西道与之交涉，相争不

* 本文原载一九一一年二月十二日《民立报》，署名渔父。

** 本文原载一九一一年二月十五日——十六日《民立报》，署名渔父。

下，英领事径调兵入占片马。三说未知孰为真实，然要之因我国素不关心边事，以致境界不明，启人觊觎，乃有此祸，则当为此事之真相也。

片马之地，中国图籍载者少，英国新出地图中有之。其地望在北纬二十六度格林尼址东经九十八度三十五分之交，当腾越西北大塘关外高黎共山之西。英人谓滇缅交界为高黎共山，犹在片马东五英里，故其地为英属。中国人则谓滇缅交界，原为恩买卡河，片马已在河东，且野人山各夷向纳中国贡赋，供役属片马各寨，素分隶各抚夷执有道光时兵部札副，故应为中属，且据滇缅续约为盾。吾人以谓英人之说，直是矫诬之言，吾国之说，颇得实据，惜误解滇缅续约，反有授人口实之虞耳。

考滇边界务之交涉，始于英灭缅甸以后，自光绪二十年与英人会同查勘划定，缔结条约，始克无事。其后光绪二十五年，复行查勘，订立续约，其腾越西北之界，两次约文皆载在第一条，无有异同。其文曰："两国边界自北纬二十五度三十五分格林尼址东经九十八度十四分，即北京西经十八度十六分之尖高山起，随山脊而行，向西南至瓦仑山尖，即高良山，由此直至萨伯坪"云云。考尖高山与瓦仑山，皆即高黎共山之一脉(高良即高黎共，一音之转)，约文所载，是明定两国境界自北纬二十五度三十五分格林尼址东经九十八度十四分高黎共山起，向西南至瓦仑山尖，皆以高黎共山为界国矣。然高黎共山由此而东北，尚蜿蜒不绝，而约中无何等之载明，则自北纬二十五度三十五分格林尼址东经九十八度十四分以北，当日未定在条约以内可知。换言之，即自此以北之高黎共山，未尝以为国界也。是英人之误一也。片马之地，既在北纬二十六度格林尼址东经九十八度三十五分，则尚在当日划界起点之地之北稍东，不得以为当日条约范围内之地明甚；既非当日条约范围内之地，则不得以为已划归英国之地，更彰彰矣。是英人之误二也。夫英人之说之不足据如此。其或狃于条约之文，未详审地望之实，而漫为此言，亦未可知。然而出以利人土地之心，而行违法之举动，则甚为英人不取也。吾国引历年抚治夷人之事实以为证据，此大得体，然以滇缅续约为盾，则亦未审当日条约所指之地望，滇缅续约实未尝规定北纬二十五度三十五分格林尼址东经九十八度十四分以北之界线，则何得漫然引以证据耶？若果如所说，则自此以北之高黎共山，亦不可不为分界之标识，岂非反假人以柄乎？故其所据，实不足以折服英人也。

然则如何而可？曰有条约者，据约以折冲，条约所不及者，则新开交涉，另订补充之约，此国际之惯例也。北纬二十五度三十五分格林尼址东经九十八度十四分之高黎共山以南，既有明约，固无所容其疑矣。其以北之境界，自昔原在野人山地之内。曩者薛庸菴为驻英星使，尝与英人力争野人山主权，滇缅条约成时，卒以总署王大臣援之不力，割以与英。然而潞江以西，恩买卡河以东之间，其境界未尝明定，此实当日之疏漏也。今宜乘此时再与英人新定划界条约，我既有历年收赋役给札副之事，则是历史的证据已确实，又有恩买卡河旧界之迹，则是地理的证据亦已具备，固不患英人之不我服也，是在秉国钧者之善为因应耳。

嗟乎！自缅甸、越南沦亡以还，滇中有日蹙百里之势。光绪二十一年，猛连车里亡于法，二十五年，腾越边外诸土司失于英，西南二面，遂致门户洞辟，边事日非，滇中危急存亡之象，迫在眉睫，迄于近日，滇越铁道由南而北，已贯滇南之腹，滇缅铁道南线由西而东，亦捣滇西之(液)<腋>，皆前此当局愚昧不暗边事之结果也。今者英人经营野人山地日益进步，而其北缅铁道下达密芝那府，正当腾越西北之冲，盖其虎视耽耽之谋，欲据高黎共山，东下渡潞江，出大理，附云南之背，以取高屋建瓴之势也，片马之事，不过其见端耳。噫，我当局者，其勿再蹈前此之覆辙乎！

片马地理之考证

吾人于昨日本报解释片马问题之真相，既略述片马地望在北纬二十六度格林尼址东经九十八度三十五分之交，当腾越北方大塘关外高黎共山之西麓矣，今且再叙片马之地理的状态，以益证吾所主张之不诬。

片马之地势。片马原为一寨，属云南省永昌府保山县，距保山县治北稍西二百八十里，东邻大理府云龙州之六库寨，南望马面、大塘二关，西通北缅之密芝那，北方为野人山腹地。自大理云龙西来与自腾越北来往野人山之道，皆会于此，足称迤西之要害；若据而有之，则南可以制永昌，东可以窥大理。乾隆时，尝因夷人寇片马各寨而迤西震动，即其证矣。盖高黎共山之险，不可与敌共之者也。

片马之沿革。周秦时为滇国地（《云南通志》谓力些人自庄跻通滇时已有之。力些人，即片马居民种族，见后），汉为益州郡地，后汉为永昌郡地，蜀汉为云南郡地，晋、宋、齐因之（俱见《大清一统志》）。梁末，入于蛮（见《皇朝舆地通考》）。南诏国时，为云龙甸地，大理国因之。元平大理，为云龙甸军民府地（俱见《云南通志》）。明为茶山里麻长官司地（《云南通志》《腾越州志》）。国朝初为大理府云龙州土目（叚）<段>氏地。乾隆十二年，因腾越边外官寨夷人劫掠云龙州土目（叚）<段>连第管下片马、鱼洞二寨，经官兵剿平，乃以段氏管地移属腾越，徙居登埂，片马寨亦随之（见《云南通志》）。道光中，又移隶土目左氏，仍属腾越。光绪二十年，与英国订划界条约，弃永昌腾越边外野人山地，其约中明载"自北纬二十五度三十五分格林尼址东经九十八度十四分以北，俟将来查明情形，再定界线。"（同条约第四条）因是片马等寨之界，反成暗昧。光绪二十五年，又与英订划界续约，腾越西北边诸土舍，均割与英，左氏亦亡，片马由是又无人治理，以迄于今日。

片马之人文。片马之居民为力些Lasli人种(亦作猓猓,亦作猓玁),一名赤发野人,相传为缅甸之马留人与中国人之混合种。所用言语,近世言语学者谓其属于藏缅语辞。其人囚首跣足,高鼻深眼,衣麻衣,服毡衫,无文字,善用矢,性情桀敖,勇悍而质直,多从事幼稺农业,时以土产出与汉人交易,汉人亦多往商其地者。盖善抚而用之,亦边徼之保障也。

由以上观之,则片马之地原为我属而非英属如是,原不可弃为英属而不可不保持为我属又如是。惟以光绪二十年之约,使北纬二十五度三十五分格林尼址东经九十八度十四分以北之地变为不明之域,且以吾国官吏素事放任,故有此次之纠葛耳。使假吾国仍复因循苟且,听其侵略,吾知英人必执前约高黎共山为界之文,欺吾当局,以为久假不归计,复延长其密芝那铁道,使至斯地以为根据,然后据前此云南如修建铁道允与缅甸铁道相接之约(《滇缅条约》第十二条),要求展至滇省内地,以冲吾之心腹。此盖事有必至者也,吾当局可不猛然深省也耶?

非律宾独立说*

(一九一一年二月十六日)

近闻非律宾议会全会一致议决,以非律宾独立事请愿于美国陆军卿。

记者曰:自非人血战失败以后,而独立之气不少衰,能乎否乎?亦东亚一大问题也。

使美国而许其独立,则美国在东方之关系必一变,而日本对美之关系亦一变,中国因日美关系所受之影响,必更一变。

虽然,吾恐其与中国人之请愿国会同一结果。

---

* 本文原载一九一一年二月十六日《民立报》,署名渔父。

假仁义与真面目*

（一九一一年二月十八日）

英人既侵入片马各寨矣，而复闻有俄人谋占伊犁之事。四面楚歌，几令人应接不暇也。

说者曰：此其远因在均分满洲之日俄协约，其近因在犄角北清之日俄德同盟，其从因在和解中东问题之俄德协商，其主因在变更极东政局之日英同盟摇动。前此之事保全派为政，故虽持侵略主义者，而亦引满不发，而今假保全派之某国，乃得施其假仁义。今后之事，侵略派将为政，故虽持保全主义者，而亦染指欲尝，而真侵略派之俄国，乃益现其真面目。今年殆其过渡之年乎？

呜呼！此消息而竟确实耶？此观察而竟的中耶？

自由行动之流行**

（一九一一年二月十九日）

英人因划界之不谐也，宣告自由行动，则有侵入片马各寨之事。俄人因改约之不谐也，亦为宣告自由行动，此后尚不知若何结局。

自由行动，盖今日各国对我最锐利之武器也。

君子曰：凡事必有作俑，安奉铁道之事，岂可忘耶？

---

* 本文原载一九一一年二月十八日《民立报》，署名渔父。

** 本文原载一九一一年二月十九日《民立报》，署名渔父。

二百年来之俄患篇*

（一九一一年二月二十日——三月四日）

第一章　中俄交涉之回顾

近日俄人跋扈飞扬之事日益盛，其要索百端，则无不借口于以前之条约。虽然，以前之条约，岂果如俄人之解释而不少误乎？吾人将据国际法之理以论断俄人要索之不当，并以发其对于蒙古之政策之狡谋，以警告国人，故先表列二百年来中俄条约之重要事项，以为吾论之预备，亦以表明俄人所借口之条约之为何物耳。

（一）《尼布楚条约》（康熙二十八年）

一失尼布楚诸地（额尔古（彼）<纳>河以西地，今之萨拜喀勒省南部）。

一失外兴安岭北海岸地（秋哥德岬以北地。越界之人照属地主义治罪）。

一两国人民（猎户）不得擅越境，犯者送所在官司惩处；若越境者十数相聚，持械捕猎，杀人抢掠者，奏闻正法。（中文四，俄文二）

一两国人民有文票者，许其交通贸易（按约文不定交通路与贸易场，然实只国境之通行与贸易也）。（中文六，俄文六）

一两国人民现在已移居于他一国内者，仍旧，但以后不得再移居。（中文五，俄文五）

（二）《北京条约》（康熙三十二年，彼得帝遣伊斯布阑尾的使北京请之，遂得许如左）

一俄人三年一次得至北京贸易，但只以商队为限，人数只许

* 本文原载一九一一年二月二十日——三月四日《民立报》，署名渔父。

二百人，贸易期只许八十日。

一贸易不纳税（其后康熙五十八年，俄商务委员始送商队至北京）。

（三）《恰克图条约》（雍正五年）

一划定恰克图以东境界。（三）

一国界零星贸易定于尼布楚（俄）恰克图（中）两处，皆可构屋而居，以栅内为限，并免税。（四）（国境贸易）

一许设教堂于北京。（五）（传教权）

一许俄人六人学中语于北京。（五）

一乌带河等处仍旧置为两间之地，两国皆不占据。（七）（中立地）

一越境者、逃走者及杀人行窃者，皆于拿获地方正法，中人在俄者斩，俄在中者绞。（十）（属地主义法）

一两国人偷入占据地方盖房屋居住者及出入杂居者，均迁回本处。（三）（禁杂居）

一通行之道，商道只由尼布楚恰克图正道，官道只由恰克图一路。（三、六）（交通限制）

（四）《恰克图追加条约》（乾隆三十三年。见法文《外交书汇纂》）

一废前约第二条。

一持械越境犯罪者，中国蒙古台吉与俄领人公同调查报告与处理国境事务处（办事大臣）。中人犯强盗者，送理藩院；俄人送俄国元老院，皆处死。杀人者在每界处正法。盗物者罚十倍归原主。盗不遂者杖百。捕不获时，两国卡伦官吏公同查办；若仍不获，则告于处理国境事务处，卡伦官吏兵士任偿十倍于原主。越境者拿捕；若为捕猎者杖百，藏匿者杖百。（复杂性质之条约）

（五）《恰克图通商条约》（乾隆五十七年）

一两国人盗贼人命事件，会同边官员审讯明确后，本处属下人由本处治罪，你处（指俄国）属下人由你处治罪，各行各知照，余照旧。（五）（会审例属人主义法）

一准俄人照旧往恰克图互市。（一）（按前此因俄人滋事仍闭市也）

（六）《伊犁塔城通商条约》（咸丰元年）

一两国商人准在伊犁塔城互市。（二）

一中国由伊犁营务处派员照管，俄国派商务委员照管。（二）

一贸易皆不抽税。（三）

一通行由一定之卡伦。（四、五）

一俄人须在贸易亭贸易，若往街市，必由俄商务委员给照方可，违者送俄官究办。（九）（居住限制）

一两国商人争斗小事，两边官员究办，重案照恰克图现办之例办理。（七）（乾隆五十七年约也）

一逃犯互相送交，各省究办。（十）

一贸易亭由中官指定一处，令俄人自造房屋。（十三）

一俄商牲畜践踏田苗坟墓者，交俄商务委员究办。（十一）

一给与俄商墓地、牧地。（十四、十一）

一贸易期间，每年清明后入卡，冬至停止。（八）

（七）《爱珲条约》（咸丰（元）〈八〉年）

一黑龙江割与俄人。（一）

一乌苏江以东之地为两国共有。（一）

一乌苏里江、黑龙江、松花江（松花江为内地河）流域，居住两国之人，一同交易，两国官员在两埠照看。（二）（国境贸易及内地贸易）

（八）《**天津条约**》（咸丰八年）

一两国行文以后不由理藩院及俄国元老院，由军机大臣、大学士与俄外部直接，两国官员往来均平等，照各国例。（二）（旧日中国藩属视俄）

一准俄人在上海、宁波、福州、厦门、广州、台湾、琼州通商。（三）

一海路通商一律纳税。（四）

一设立以上各处领事，并派兵船，领事得与各国一律，有其权责。（五）

一以上各处，两国人民有事故时，中官与俄领事会同办理。（七）（会审）

一俄人得设立天主教堂于以上各处，并传教内地。（五、八）

一中国若有重待外国通商等事，凡有利益之处，准俄国一律办理。（十二）（最惠国条款均沾）

一陆路通商处所，凡商人数目、货物、本银不复限制。（四）

（九）《**北京条约**》（咸丰十年）

一东边乌苏里江、兴凯湖、白稜河、瑚布图河、珲春河、图们江以东之地割与俄。（一）

一西边自沙宾达巴哈界碑处起，西经宰桑湖，再西南顺天山之特穆尔图绰尔，南至浩罕，划为国界。（二）

一第一条交界各处，准随便贸易，不纳税。（四）（国境贸易）

一库伦、张家口亦准贸易。（五）（内地贸易）

一库伦准设领事。（五）

一俄人往中国通商，一处不得过二百人。

一喀什噶尔亦准试行贸易。（六）

一喀什噶尔俄商，中国给与地亩，准其自造行栈、教堂，并给与墓地、牧地。（六）

一中国在俄国各处可设领事。（八）

一俄国在喀什噶尔、库伦埠设领事。（八）

一商人一切事件，两国领事及地方官商办(会审)。倘有犯罪之人，各按本国法律治罪；若系争讼小事，亦会同查办，各治所属之人之罪；若系卖买字据之事，亦会同令其依字据办理（依本国法）。大小案件，领事官与地方官各办各国之人，不可彼此妄拿。若有杀人、抢夺、重伤、谋杀、故烧房屋等重案，俄人犯者，将该犯送交俄国，按律治罪，中国人犯者，听中国按律治罪。（八）查办边界大小事件，亦由边界官员会同办理，照第八条。（十）

一逃犯互交。（八）

一俄国官民之书信文件，准在中国自行送递。（十二、十三）

（十）《陆路通商条约》(同治八年)

一两国边界贸易，在百里内，均不纳税。（一）

一准俄商往蒙古各处贸易，亦不纳税。（二）

一俄国通行商道往天津者，只限于自恰克图由张家口、东坝、通州以抵天津。（三）

一俄国货往天津者，任听其在张家口贸易，但须纳一正税，惟不得在该口设立领事官及行栈。（四、五）

一俄国货运往天津者，纳进口税减三分之一。（五）

一俄国在南北各海口贸易，均须照各国办理。（九）

一俄国在天津、通州、张家口贩买土货，由陆路回国，均须分别纳出口税。（十一至十四）

（十一）《伊犁事件条约》(光绪七年)

一俄国交还伊犁，割霍尔果斯河西地与俄。（一、七）

一俄人在伊犁地方置有田地者，准仍旧营业。（四）

一伊犁北边以自奈峒山过黑伊尔特什河至萨乌尔岭为界，

弃宰桑湖东地与俄。(八)

一准设嘉峪关吐鲁番领事,并准于科布多、乌里雅苏台、哈密、乌鲁木齐、古城将来商务盛后设领事。(十)(注意)

一嘉峪关、吐鲁番均准俄人盖屋、放牧、立墓。

一俄领事遇有两国人争端,与地方官会同查办。(十一)

一俄人在蒙古贸易,照旧不纳税,其在伊犁、塔城、喀什噶尔、乌鲁木齐、天山南北各城贸易者,亦暂不纳税,俟将来兴旺时再议纳税。

一俄国应设领事各处及张家口,准俄商建造行栈,或自置地,或由官指给。

一陆路通商兴旺时,可按值百抽五例缴出进口税。

一黑龙江、松花江、乌苏里江应准两国人行船(松花江非交界之河,而亦许其行船)。

一吐鲁番非通商口岸,设立领事,十八省东三省不得援为例。张家口非设领事地,其建造行栈他处不得援为例。(十一、十三)

一此约及附约十年后可议改订,如六月前不发议改,仍照行十年。(十五)

一将来俄国陆路通商兴旺,必须另定税则时,由两国商定进出口均按值百抽五之例。(十六)(蒙古当亦在内)

(十二)《陆路通商续约》(光绪七年)

一俄货自恰克图、尼布楚往天津者,自俄边经科布多、归化城往天津者,及由天津回国者,均须由张家口。(一、八)

一俄货由陆路来在张家口销售者,纳进口正税;在天津及肃州、嘉峪关销售者,纳进口税减三分之一;自肃州、嘉峪关或张家口再入内地者,纳一子税。(四、五、六、七、八)

一俄商在天津、通州、肃州、嘉峪关买货回国者,纳出口正

税；在张家口及内地买货回国者，纳一子税。（十、十一）

（十三）**《东省铁路条约》**（《喀希尼条约》。光绪二十二年）

一准俄人建造东清铁道，由赤塔起通过黑吉二省至海参崴。（一）

一准俄国屯兵于铁道沿线。（五）

一两国货物由铁道出入者，纳进出口税。

一沿道矿山，准俄人开采。

（十四）**《旅大租借条约》**（光绪二十四年）

省略。

（十五）**《东省铁道续约》**（光绪二十四年）

一准俄人建造南满铁道，其条款大约与东清铁道本线同。

（十六）**《东省铁道交涉局条约》**（光绪二十七年）

一铁道界内各地设立交涉局，哈尔滨设立总局，由将军及铁道公司派员专管铁道公司有关之事件及居住界内一切华人之案件，由局员与公司总监工或其代理人会同查讯。

（十七）**《北满洲税关条约》**（光绪三十三年）

一边界贸易在百里内不纳税，东清铁道之满洲里、绥芬河二站暂行准此办理。（一）

一东清铁道各站分别划定界线，在界纳三分减一税。（二）

（十八）**《哈尔宾条约》**（宣统元年）

一东清铁路界内承认中国主权。（一）

一铁路界内各埠设立公议会，中外人民平等公选议事人，议定一切公益事件，再以议事人与交涉局总办、铁路公司总办各派之一员，立办事处。

以上所列，都凡十八条约，其余无关宗旨，或已失效力者不录，亦足见中俄二国交涉之久且繁也。综合而条理之，其目的上之分类，有关于领土权者，有关于行政权者，有关于司法权者，有关于行政者，有关于征税者，有关于贸易者，有关于居住者，有关于家屋土地者，有关于交通者，有关于产业者，有关于宗教者；其范围上之分类，有专指国境者（恰克图、满洲里、绥芬河），有专指内地陆路者（蒙古、新疆、满洲），有专指海口各埠者（天津等处），有专指海口与内地陆路之中间地者（张家口、肃州、嘉峪关）；其时效上之分类，有永久者，有定期者（如同治八年之《陆路通商条约》，申明五年后议改，光绪七年之《伊犁事件条约》，申明十年后议改是也）；其实质上之分类，有双务者（如《北京条约》第八款，两国领事各按照本国法律治人民罪是也），有偏务者（如《恰克图通商条约》第三款，只载嗣后俄国守边官须慎选贤能与我游牧官逊顺相接，是也）；其效力上之分类，有确定者，有未确定者（保留后日再议者，如《伊犁事件条约》十款，谓如科布多、乌里雅苏台、哈密、乌鲁木齐、古城五处俟商务兴旺，始由两国陆续商议添设领事，十二款谓天山南北两路各城贸易暂不纳税，俟将来商务兴旺，由两国议定税则是也）；其性质上之分类，有定为通例者，有定为特例者（如《伊犁事件条约》十款，谓吐鲁番非通商口岸而设立领事，各海口及十八省东三省内地不得援以为例，十三款谓张家口无领事而准俄民建造铺房、行栈，他处内地不得援以为例是也）。若夫以时代而为区别，则《恰克图通商条约》以前，本于属地主义，以后本于属人主义；《天津条约》以前，专采自由主义，以后兼采制限主义；《伊塔通商条约》以前，无治外法权，以后有治外法权；《爱珲条约》以前，中国占优势，以后俄国占优势。又以地理为区别，则蒙古、新疆及边界采自由制度，十八省东三省采保护制度；蒙古、新疆及边界无最惠国条款均沾之例，十八省东三省有最惠国条款均沾之例；蒙古、新疆及边界与各国通商惯例异，十八省东三省与各国通商惯例同，比其大较也。

以前之条约，其梗概既如是，则夫俄人此次要求之条件，果合于以前之条约与否，吾国果可据以前之条约以为驳拒与否，与夫以前之条约果有弊害与否，果能乘此次改约机会以为修正与否，皆可得而言焉。吾人由是将述对于此次交涉之所见也。

第二章　近日中俄改约问题

此次中俄交涉问题之条项，以政府秘不外宣之故，莫得悉其内蕴，惟借外报所传，粗知梗概，外报亦简略，不能详其原委，故仅略举大端而已。大端盖有六：一曰俄人在蒙古自由贸易也；二曰俄人在蒙古保有治外法权也；三曰俄国在松花江设关收税也（按此条西报载之不明，吾以谓当是松花江税关问题）；四曰俄国设置蒙古、新疆各处领事也；五曰中国地方官仇视俄领事之不当也（按此条无甚价值，不知俄人何以相提并论，疑自误）；六曰俄人在蒙古购地造屋也。六者之中，除第五款为非条约上问题不论外，余五款者，皆是条约上重大事项，而北方存亡安危之所系者。此外西报又传俄人有要求以唐努乌拉山为界之事（按此条恐不确），若果真实，则不独关于政治上、经济上之交涉，而且有领土丧失之惧，尤不可轻视之大问题也。俄政府已于前日令其驻华使臣照会我国，且谓若不允者将自由行动。我国政府旋即答复，允者二，拒者二，允而加但书者二，将来如何收局，尚不可知。夫此等之条项，其是非利害，有关于法理上者，有关于事实上者，从两方面以观察之，然后其真是非利害可得而见也。吾人请逐次为说如左：

（一）俄人在蒙古自由贸易问题

此条项，就法理言，则俄人有可据之理由，而就事实言，则我国万不可许之者。吾尝论俄人在中国之贸易，都计可分四种：一国境贸易；一内地陆路贸易；一海路贸易；一海路与内地陆路中间地贸易（可谓为准海路贸易）。国境贸易者，俄商在交界百里内往来贸易，不纳关税者也（《尼布楚条约》（六），《恰克图条约》（四），咸丰十年《北京条约》（四），同治八年《陆路通商条约》（一），光绪三十三年

《北满税关条约》(一))。内地陆路贸易者，俄商由陆路往来内地各处贸易，亦不纳关税者也(咸丰元年《伊塔条约》，十年《北京条约》(五、六、七)，同治八年《陆路通商条约》(二)，光绪七年《伊犁事件条约》(十二))。海路贸易者，俄商在各国公共通商口岸贸易，照各国通商惯例，须纳关税者也(咸丰八年《天津条约》(三、四)，同治八年《陆路通商条约》(九))。海路与陆路之中间地贸易者，俄商由陆路往来各内地各处贸易，而酌准各国通商惯例，须纳关税一部分者也(同治八年《陆路通商条约》(四、五)，光绪七年"续约"(四、五、七)，光绪卅三年《北满税关条约》(二))。国境贸易、海路贸易与海陆中间地贸易姑不具论矣，内地陆路贸易，即蒙古与新疆天山南北路各处是也。蒙古内地之贸易，始规定于咸丰十年之《北京条约》(五)，继规定于同治八年之《陆路通商条约》(二)，终规定于光绪七年《伊犁事件条约》(十二)，皆无不反复申明以不纳税为主旨者，此盖由于吾国当日不解国际贸易为何物，惟知傲慢自大，诩为优待远夷而然，而亦实基于俄人注目深远之所致也。今日者，行之既已二百余年，而值此改约之际，忽然欲剥夺其既得权，此必非俄人所乐许者，而况其狡焉思启之心，较前愈炽，其又安能禁其不质前约以为要挟也乎？所谓就法理言，俄人有可据之理由者此也。

国际贸易，有输出、输入二税。此次俄人所欲免而中国所欲不允者，不知并指输出入税，抑单指输入税。考各国关税，近世皆只征输入，而所以区别自由贸易与制限贸易者，亦只视乎输入税之有无。俄人所争者，盖亦单指输入税而言可知。夫自由贸易，今日世界各国亦有行之而有利者，然其主义实出于发达自国产业，以自国之意思行之者，未尝有出于奖励他国产业，由他国之要挟行之者也。蒙古之地，土地垝薄，人民图僿，原无可与他国通易之物，所谓贸易，不过以输入西伯利亚皮货、织物与输出茶叶、药材为大宗。此后吾国若仿沿海各口通商例，征收关税，而特免俄人之输入税，则是大开漏卮之穴，而使蒙古之经济主权悉握于俄人之手，甚或延及于内地之产业亦未可知耳。是其不可者一。自来蒙古虽为俄所窥伺，然犹为各国势力之缓冲地，故各国皆不甚注目。近来满洲问题既解，蒙古邻近之交通渐次发达(南有京张铁道，北有西伯利铁道)，移殖人口亦日益多，生产力较前增加，故各国近来注目于此者，亦日益深，若日美二国，其尤甚者也；且将来锦洮铁道、张绥铁道、张恰铁道等开通又不在远，各国之关系必愈密切，使此次改约而仍不收回关税之权，则将来若许他国通商于蒙古，亦必援均沾之例，而吾国北方之产业必永无救济之日。是其不可者二。所谓以事实言万不可许者此也。

由是观之，俄国有条约上之主张，而我国惟有事实上之关系，欲拒驳之固难，欲不拒驳之则又不得，固此次交涉最棘手之问题也。虽然，俄人所主者，过去之例也，我国所主者，未来之事也；俄人所主者，是非问题也，我国所主者，利害问题也。国际条约之事，为国家安危所关，不可以过去之是非而定将来之利害，固彰彰矣。且此次交涉，为改约而起，前此蒙古贸易之条约，无不有将来可以(会议酌改)之文(咸丰十年《北京条约》(十四)，同治八年《陆路通商条约》(二十二)，光绪七年《伊犁事件条约》(十五))，则不纳税一节，亦可归于会议酌改条项之中；既可会议酌改，则我拒绝其自由贸易之提议，亦非事理之不应有者也。使我政府而果能洞知交涉之款窍，深顾北方之大局，据理力争，坚持不懈，则俄人苟非真欲恃强力以解决者，吾知樽俎折冲之间，固大胜利之余地在也。

(二)俄人在蒙古保有治外法权问题

此条项就法理言，俄人亦有条约上之权利，就事实言，则我国固不必许之，虽或万不得已，亦须提出相当之条件者。夫此所谓治外法权，盖单指领事裁判权而言，即甲国人于乙国领土内，不服从其国法权，而由自国领事裁判之，谓为属人主义之制度，与普通所谓治外法权相异者也(普通所谓治外法权者，甲国之元首、公使及军队、军舰在乙国领土内不服从其国之统治权之谓，与领事裁判权原不同,盖普通治外法权，为相互的平等的领事裁判权，为一方的不平等的也,但世人多混称之)。凡文明国对于非文明国,以其政治法律不完全故，则特设此权。我国而遂为非文明国乎？吾固不忍言之,然自海通以来,各国在我国久行此权,则固不可隐讳。俄人自乾隆五十七年订立《恰克图条约》，有两国人民交涉各治其罪之文,为治外法权之滥觞。其后咸丰元年复结《伊塔通商条约》,准俄人入我内地贸易，并得派遣商务委员，与以究办俄人案件之权(七、八)。当时所谓商务委员,实即领事,是为俄人在我国确立领事裁判治外法权之始。及咸丰八年《天津之约》，又许其设立领事于海路各埠,一切权责,照各国例(五、七),于是其领事裁判之权更复推广。其后咸丰十年北京之约(八),光绪七年伊犁事件之约(十一),皆无不规定领事有会同查办照本国法治罪之权，是其在我国之治外法权,原由条约上而来,固不可掩之事实也。

虽然,俄国与我壤地相接，东西万余里，其来我国贸易、劳动、殖产、传教者,随处有之,其关于蒙古,则更有条约上(同治八年《陆路通商条约》二)许其“前往毋阻”之自由,故近年俄人之来蒙古各处者甚众。而除库伦、科布多、乌里雅苏台外，其他各处,固皆未尝有允其设立领事之约者,因是其关于俄人之一切行政司法事件,吾国官吏狃于曩日之习惯(《尼布楚条约》四款：擅自越界捕猎、偷盗者,送所在官司惩外;《恰克图条约》十款：如有持械越境杀人、行窃者,于拿获地方正法。盖曩日原为属地主义之制，迄今各处，犹有其遗习也),尝自为治理,若东蒙古之洮南等处,若西蒙古之阿尔泰等处,其尤著者。此亦事实上不得不然之事矣。

盖治外法权制度,与领事及租界二者有不可离之关系,必有领事而后乃得有实施此权之机关，必有租界而后乃得有集中此权之地域,若二者皆不具,则此制度不能确现。俄人在蒙古,即成是现象者也。今若使俄人于蒙古获有此治外法权,则必使之遍蒙古设立领事及租界,否则亦必禁其贸易、劳动、殖产、传教之自由而后可,然此又皆不可行不能行之事耳。夫俄人此次亦要求增设领事矣,此条项当别论之。贸易、劳动、殖产、传教之自由,大抵皆有明约,即无约者,亦已成为不文之法,且俄政府亦未尝不阴为奖励劝诱,虽自我国言固为不利,然既成之事实,亦无可如何者,则不能置之不顾而慢然议设领事裁判权于各地也亦明矣。使此条项而果如俄人之要索乎,吾恐自是俄人既握商权,复增官力,政治的关系偕经济的关系而并进,经济的地位借政治地位而益固,举内外三十余部一百六十余旗之域,悉听斯拉夫人之横行,非终为埃及、沙摩亚(二国皆以外人领事裁判权阻害一国政治经济,致亡其国)之续焉不得也。且夫我国受治外法权之祸亦甚矣,今日朝野上下,莫不引为奇耻,而欲去之。顷者立宪之诏既下,汲汲焉定刑律,设审判,无非为收回此权之张本。前岁与瑞典定通商条约,彼允以将来法律完善时撤去领事裁判权之但书,加入约中,是不可谓无见信于人之成效矣。今与俄人改约而复认其保留此制,吾不知我国政府何以骤负初心如是其易乎?后日若与各国开撤回治外法权之交涉时,而或以是为反对之藉口,是今日之事遗祸于大局,不亦深且远耶?故自各方面论之,此条项实有不可承认之理由也。然则如何而可?曰是有变通之法焉。蒙古之地大矣,库伦、科布多、乌里雅苏台三处,前此条约已许俄人设立领事者,暂仿沿海通商各埠之例,划一区域(不必定为租界亦可),认其有领事裁判权,犹必仿中瑞条约之例,于新约中加但书,载明俟若干年后我国法律改良时即当撤销,其外内外蒙古各地,无俄人之贸易者,绝对不许其染指;有俄人杂居其处者,则仿前岁中日图们江界约于江北韩人杂居地听其杂居而收其治外法权之例,亦划一区域许其自由置地、造屋、贸易、居住，而我握其一切之权，与内地无异。果如是也，则蒙患庶乎其有昭苏之望也。然而苟欲行此，则亦非有相应之准备与实力焉不可也，吾将更端于后幅有以论之耳。

今日本应论俄人要求之第三项，但单传闻异辞，未能确悉内容，吾向以为即松花江税关问题，昨阅东报所传，知又非是，故不即评释，俟查明再论之，而今日直及于第四项。

（四）俄国设置蒙古、新疆各处领事问题

此条项当分别言之，一为前此条约已允其设领事之地，一为未尝允其设领事之地。闻我政府前日答复，已尽行允许，惟以尚未至其时为辞，以吾人观之，则亦未见其尽善也。夫国与国间，因交通贸易而相互设立领事，此近今国际之通例，原不足为疑惧。俄人前此与吾立约，亦先后允其于蒙古、新疆各都会设立领事：伊犁、塔城，咸丰元年允之者；库伦、喀什噶尔，咸丰十年允之者；吐鲁番、哈密，光绪七年允之者；乌鲁木齐、古城、科布多、乌里雅苏台，则与吐鲁番同时允之，而申明俟商务兴旺时始实行设立者。其外阿尔泰、绥远城、张家口、洮南府各处，要求新设亦为国际常事，固无所容其惊恐者也。虽然，有对于文明国之领事制度，有对于非文明国之领事制度。前者，其驻在国任外人有往来、居住、贸易之自由，且其政治修明，法律完善，足以统治、保护外人，故领事除普通权责外，无何等行政上司法上之特权。后者，其驻在国政治不良，法律不备，不足以任外人之保护，且因一国之经济产业，不尽发达，难使其国人与外人自由竞争，不得不设特别地域（租界）以限外人之居住、贸易，故领事于普通权责外，尝有司法上或行政上之特权。吾人固不愿我国人于后者之列者也，然百年以来，各国在我国之状态，则固已成实事，不可掩者。吾前者不有言乎？谓各国久行治外法权于我国，又谓治外法权与领事及租界有不可离之关系，皆即为是也。

是故新设一领事，即新增一治外法权之施行机关，且不可不新辟一租界，任其管辖，此固吾国历次之惯例如是矣（日人在东三省及苏州、杭州、沙市皆然）。今果使俄人而悉设领事于蒙古、新疆各地，则不得不为之另辟租界，任其国之商人置地造屋居住贸易，又治外法权既不能撤销，更不能不照例使之行其裁判及一部行政之权（警察、工程等）。夫沿海各埠租界之为厉，吾国人所痛心疾首者也，而其所以如是者，实以其领事有裁判权及租界行政权耳，今复听俄人推广其机关而为厉于北方之奥区，又乌乎可也？我政府而果知其为害乎？则径情直遂，辞而辟之，固为上善；如其力不胜也，则亦宜尽其所能，至以与力争，至万不得已而后许之，且必附以相当之条件，以为将来收回领事裁判权之预备者也。而乃游移其辞，曰尚未至其时，又不分别可设与不可设，而统与以承认，吾不知当局诸公果真为俄人自由行动之恫喝所震耶？何绝不为吾北方大局一加之意也？

俄人要求之第五项，前日西报皆传为责中国地方官仇视俄领事之不相当，记者即疑有误。昨日得本馆京函，始知俄国所要求者，为俄国领事须与中国地方官会审，故今日改其题目论之。

夫所谓附以相当之条件者何也？曰是宜避其锐而击其虚。俄人所要求者，设领事耳，与此相关者，治外法权问题耳，皆为条约上之权利，是其锐之不可当者也。治外法权问题，吾既言之矣。设立领事，照各国通商例，除裁判权外，既可握租界之行政权，则租界必为其相随而起之问题。设立租界，非条约上之规定也，此则其可乘者也。又阿尔泰、绥远城、洮南府为前此条约未规定之处；张家口虽曾规定可以贸易，而同治八年之约，已经申明不设领事，亦其不应提出者也。我国宜于前此已允之各处，及俄人已经设立之各处（库伦、塔城、伊犁、迪化、喀什噶尔），承认其设立，而前此未尝允者，则直拒而绝之。其承认设立者，又宜加以但书，规定划一区域，归其专管，使俄人得自置地造屋居住贸易其间(此贸易之自由与俄人所要求之自由贸易不同)，此区域之划定法，则不宜再使为租界，须仿光绪三十一年中日东三省条约，申明自行开为商埠，而拒绝其领事之行政权(其已经立租界者亦收回)，其领事裁判权则依吾前所陈，亦为收回之预备。夫领事非恶也，领事而有附丽之治外种种特权，乃为恶耳，去其治外种种特权，而容其为普通国际保护商业之一机关，以存之而后始为平允也，徒事惊惧，因循苟且，遂致欲留以为将来再次纠辖之问题，不亦偾乎？或曰：然则所谓划一区域使之自由置地造屋居住贸易者，不与俄人所要求者无以异乎？曰是有说，吾将于次节中论之焉。

(五)俄国领事与中国地方官会审问题

此条项闻我国政府又已允之。但吾谓所允亦未免失之过泛，固宜加以制限而后可者。考会审制度，为一种之类似混合裁判，实随领事裁判权而发生，有领事裁判权制度，则必有会审制度。盖外国人既有由领事裁判之治外法权，而又不能不与本国人有交涉，苟因交涉事故而起争讼，则不得不有司其裁判者，裁判权而专归于一国，则他一国应有裁判其人民之权被其蹂躏，故立一通融之法，使外国领事与本国官会审以相互保，维其裁判权与本国法院参用外人为判官之混合裁判稍异，此会审制度之所由来也。我国自与各国立约通商，允外国领事行裁判权，因以有此制度已久，沿海各埠，往往设立会审公廨，由我国派员与彼领事共掌其事，盖数十年于兹矣。俄人通我之始，原无所谓治外法权及会审制者，自乾隆五十八年恰克图之约(五)规定，边界官员会同审讯罪犯，为会审制之权舆。然此时既无领事之设，且约中又有“你处(指我国)属下人由你处治罪”之文，盖不过两国边界官会同以行审讯，其定案处刑，皆各自为政，非真正附随领事裁判权之会审制也。其后《伊塔通商条约》(七)准其伊塔二处之商务委员(即领事)究办案件,且申明照恰克图现例办理,故其领事以获有领事裁判权故,亦得行其一部之会审制(即审讯权),及乎咸丰十年之约(八),规定"两国商人事件两国官员商办,有犯罪者,照《天津和约》第七条,各按本国法律治罪。"《天津和约》第七条者,即规定中国官员与俄领事在海路各埠会同审理之例者也。于是俄人在蒙古、新疆之真正领事会审权始确立。自是以降,经光绪七年伊犁事件之约,迄今未变。是俄人在蒙古、新疆之会审权,亦条约上之根据也。

虽然,会审既为相互保维裁判权之制,则凡裁判权之全部(即传呼权、审讯权、定案权),与夫附随裁判权之司法行政权(即检察权、逮捕权、公诉权、行刑权、司法监督权等),皆不可不平等互相保维。又会审既为裁判两国人民有交涉争讼之制,则凡两国人民无论何者为原被告之争讼,亦不可不平等互相裁判,且两国人无交涉之争讼及无领事裁判权之外人争讼,更不当入其范围之中,此法理上应有之事也。我国各埠领事会审之制,其始创为先例者为英国,而各国皆仿照之者。其行之最久,为各埠之模范者,则首推上海租界。英国于咸丰八年与我结《天津条约》,其第十六条即规定会审制者,前二项言华人凌害英人者,由中国查办,英人犯事者,由英官查办,后一项言两国交涉事件,当会同审断,其所谓两国交涉事件,即指华人凌害英人,而为被告之案件而言,此外无有关于英人凌害华人而为被告之规定。同治七年订立《上海租界会审章程》,第一条言华民控告华民及洋人控告华民,皆归其讯断,第二条言案件牵涉洋人者,必须领事会同审断,其所谓牵涉洋人之案件,即指洋人控告华人之案件而言,此外无有关于华人控告洋人案件之规定。是会审之制仅及于本国人为被告之争讼,而不及于外人为被告之争讼也,其失平等者一。又租界会审章程第三条,谓凡为洋人聘佣服役华人之案件,须先以所犯案件移知领事,请其交出,并由领事来堂听讼,既非洋人为原告以控告华人之案件,而徒以佣役关系,使领事干涉其传呼权、审讯权。是会审之制并及于两国人民无交涉之本国人争讼,其失平等者二。又会审章程第六条,谓无领事管束之洋人案件,仍邀一外国官陪审,无领事管束之洋人应完全服属我法权者,而亦以讯审权与彼共之,其失平等者三。又光绪中修改会审章程,第一条言,会审公堂于捕房解讯及会审案件,应分立华文册档案件,而可由外人设立之捕房解讯。是我固有之司法警察权、检察权,亦被其侵害,其失平等者四。又修改章程第六条,凡提究传讯租界华人各票,应由领事画押盖印。是专关于本国人之检察权、传呼权,亦被其总揽,其失平等者五。合而观之,我裁判权中之各部,及附随裁判权之司法行政权,实为其所侵蚀,我应完全保有之本国人裁判权,及无领事国人裁判权,实为其所干涉,我应相互均沾外国人裁判权,实为其所独占,此其大略也。上海既如是,其他通商各埠皆无不有然。故自通商以来,不但不能保维裁判权,实益损失主权极多,虽有直理,不能置办,虽有抑屈,不克伸张,国人之身命财产皆被外人之蹂躏而不获保护者,不知凡几,致使外人反轻侮嘲笑,目我为埃及、缅甸、婆罗洲之续(三国皆以混合裁判为亡国一原因),此非我朝野上下近日所引为大痛者乎?夫俄人条约上会审权之规定,一则曰会同,再则曰会同,皆只混括言之,无以上所述不平等之形者也。今若因改约而漫然许俄人由领事裁判权以行会审于蒙古、新疆,则必仍仿沿海各埠之例,给以种种不平等之权,可知即或稍变通之,亦不至大易其实际,是使瀚海东西、天山南北之间,复流无穷之毒,吾恐自是斯拉夫之民族益将高视阔步,而蒙、回数千万编氓之众益受其法权之抑屈,遂终沈九渊耳。夫既许人以领事裁判权,其辱国病民已足为亡国之一原因矣,而况又与以继长增高之不平等会审制乎!既不能争领事裁判权,而区区致力于会审制之平等,不揣其本而齐其末,已觉可耻之甚矣,而况并此而不能得之乎！此吾人所为三叹息于政府之愚弱也。

然则其果能撤销此会审制乎？曰：唯唯，否否。夫领事裁判权一日不撤销，即会审制一日不能不存在者也。既认其有领事裁判权矣，则且将就焉，而姑致力于会审制，以图补偏救弊之法，亦未始不可者也。谓宜乘此改约之谈判，与彼另定会审专章，循前此各约混括无分别之"会同"意义，以争回彼我平等会审之权，凡沿海各埠所行之一切不平等制度，皆宜废绝，虽不能言收回其领事裁判权，亦差强人意之事也，而蒙古、新疆人民受保护身命财产之赐，则不鲜矣。今者我国允许之照复已去，无事再论，吾惟望其于商订约文时加之意焉耳。

（六）俄人在蒙古新疆购地造屋问题

此条项闻我政府亦已允之，盖亦因俄人有条约上之理由而然者，吾则以谓亦宜加以制限而后可者也。夫所谓购地造屋者，即得享有土地所有权与家屋所有权之谓，属于国际民法所谓外国人财产权之一部者也。俄人而得购地造屋，即俄人得享有土地所有权、家屋所有权之谓也。俄人始与我立陆路内地通商之约(《伊塔通商条约》)，即于伊塔二处指定，给与住人存货之地(十三)及墓地(十四)、牧地(十一)，并得建造行栈，后立《北京条约》，于喀什噶尔亦然。及乎《伊犁事件条约》，泛定俄国应设领事各处，皆准俄民建造铺房行栈或自置地方，或照伊塔之约由官给地，又承认俄人占领伊犁时所自置田地照旧管理。盖允彼以土地家屋之所有权已久，惟始尚由我国指定土地，彼无自由设定土地所有权之事，继则改为或自置，或指定(又不划定区域)，而自由设定之权乃听彼得任意为之。约言之，即俄人在蒙古、新疆终获有无制限之土地家屋所有权者也。夫国际民法上之外国人财产权，有应许其享有者，有不应许其享有者，其应许其享有与否之分别，一视乎其国之经济文化等之状态何如以为标准，使其国经济发达，文化增进，其国人可与外人自由竞争，则财产权大抵皆许外人完全享有之，使其国经济不发达，文化未增进，其国人尚不能与外人自由竞争，则大抵加以制限者居多。家屋所有权于一国经济文化较无重大关系，故各国无不公之于外人，此无论矣；土地所有权之应许与否，则现今世界各国政治家、立法家所殚心竭虑研究之一问题也。欧美各国以其国民经济文化差相等齐之故，大抵许外人享有，然如美国各州，巴尔堪半岛诸国，亦有不许者。日本在昔禁止外人取得土地甚厉，前岁始议开放，然犹附以各种之条件。即此次交涉主人翁之俄国，亦厉行禁止之制者也。盖此等诸国，或人口稀疏，或产业幼稚，或人种、宗教、风俗习惯与外人绝异，不能自由开放，使其一国之经济文化大受剧变，故不得不采制限政策如是焉耳。夫谓我国民不能与外人为自由之竞争，此厚诬我国民者也，然而审观我经济文化之一切状态，则尚未臻于发达增进之域，则又非矫诬之辞也。吾尝谓我国将来之土地政策宜亟师社会主义之意，禁豪强兼并，设增价税，以保护多数国民之利益，使一国经济平均发达，本国人犹宜制限其所有之分量，而谓外国人可许其自由占取也耶？今夫蒙古、新疆者，于我国中最号称经济不发达、文化不增进之地域者也，语其人口，则不及千万，语其产业，则尚未脱游牧时代，其人种则半开化也，其宗教则迷信也，其风俗习惯则无不居劣败之地者也，是不能与强悍狡黠之俄人自由竞争也亦明矣，而我乃以无制限之土地所有权许俄人享有之，是不啻许其有自由杂居内地之权也，是不啻以蒙古、新疆充俄人之殖民地也。近来俄人之侵入蒙古、新疆者，除探险队、行商队外，构屋永居者几于无处不有之。去岁洮南府之交涉，犹在人记忆中之事，席卷之势，盖已将成矣。自是而后，若仍不讲制限之法，吾不知俄人滔滔之势，将伊于胡底耳。每一思当日我政府之铸此大错，安能不为之痛哭流涕也？虽然，吾人审观当日许俄人置地之约，虽为混括无制限之辞，未尝有场所及数量之规定，然正惟其混括，则亦不得解为即无场所及数量之规定。盖场所及数量问题，当日固保留之以待再议者，且约文不泛言凡蒙古、新疆全境，而只言“应设领事各地”，则实专指领事驻扎之地，已不烦言而解，固不得包括全蒙古、新疆者也。今宜乘此改约之际，亟严然申明此意，以力争上游，苟得折彼盛气，则即提出允彼置地造屋之场所与数量问题，以与彼磋商，无论所许场所之良否、数量之多少为何如也，但得使彼允与我磋商场所及数量即可矣，而后再以专章定之，则不制限而自制限者也，是即与吾再三反复陈言谓宜划一区域使彼置地造屋居住贸易之说也，果如是，则祸患庶乎其稍瘳矣。抑吾闻之，日本当维新以前，亦尝许外人以土地所有权，盖其当日愚暗亦与我无异，及乎维新以后，乃悉收回之，而又以外人既得之权之不能没也，乃为变通之法，改为土地永久租借权（日本名“永代借地权”），一以符立法上土地不与外人之精神，一以和外交上条约已规定之事实。我国沿海各埠许外人之租地，亦即是制也。我政府而果善于樽俎折冲也，又何尝不可仿行也耶？

记者前日以为俄人要求之第三项，是松花江设关收税，后阅东报，知有误，曾申明俟查明再论。昨得本馆京函，始悉为俄国在交界百里以外俄境设关收税之误，且其次序亦非第三而为第一，应与二十二本报所列第一项“俄人在蒙古自由贸易问题”相易，故兹改题以补论之。

又俄人照会中，其所要求自由贸易与治外法权二项，亦非专指蒙古而言，其长城外地方及新疆全境亦包含之，盖由《伊犁事件条约》实以此为范围也。本报前此据西报所传皆有误，亟宜更正。二十四日拙论专言蒙古，与事实不符，亦拟再补论之。其二十五日拙论新疆之事，虽亦脱漏，然情事与蒙古同，阅者于文中有言蒙古者，即视为新疆亦在内焉可也。

（一）俄国在交界百里以外俄境设关收税问题

此条项不关中国领土以内之事，为俄国主权所应有者，我政府已承诺之，似无所容□研究。虽然，吾人固不欲干与人国内政上立法之事，而关于条约上之解释，则有一疑问焉，固不能不亟一商榷之者；盖此疑问其解释有不利于我之虞，我国人亦不可不注意者也。咸丰元年伊塔通商之约，开中俄两国内地陆路通商之始局者也，其第三条曰："通商为两国和好，彼此两不抽税。"夫此条文果何所指而云然乎？以条约缔结之关系言，则此约为规定俄人在伊塔二处贸易事项者，此条文之适用，亦当以伊塔二处为限。然以两面言，则固明明曰彼此两不抽税，"彼"云"此"云者，不可解为指抽税客体之商人而言，而必须解为指抽税主体之两国政府而言，此理有固然者也；既解为两国政府，则伊塔二处固为中国之领土，不能容俄国政府有抽税权利，亦为常识所得判解之事，由是不得以俄国政府可抽税与否之规定，为对于伊塔二处而设，又可知者也。换言之，即约文中所谓两不抽税之主体之一方，既为俄国政府，则其所规定不抽税之消极的义务，不属于中国领土内，而属于对手国之俄领土内者也。夫以条约而限制两国之课税权，亦国际数见不鲜之常事。当日俄国对于中国久居不平等地位〔咸丰八年以前之中俄交涉事务，中国以理藩院掌之，俄国以元老院掌之，皆规定于条约，即此可知也〕，中国既予以免税之惠，则俄国亦不能不以互惠之例予中国也亦明矣，故俄国亦规定不课中国在俄国贸易之税，亦当事之所应有者也。其后伊犁事件之约，此条款亦未见更易，以第十九条"从前条约未更改者仍照旧行"之文例之，则俄国政府不课我税之义务，迄今不谓为犹有效力焉不得也。或曰：中国在俄国之内地贸易，自咸丰十年之约始规定者也，伊塔条约即如以上之解释，又安见果为对于中国商人在俄国内地之贸易而设耶？曰：是固然。然吾读《尼布楚条约》，已有准两国人互相往来贸易之文(六)，且未尝规定只限于国境贸易，虽当日我国人夷狄视俄，实际上或未有往俄内地贸易者，然无论何时可往俄内地贸易之权利，则未尝制限者也，既未尝制限，则缔结伊塔条约之时，对此权利而与以免税，固非不适当之解释矣。咸丰十年之约，以始立国境贸易、内地贸易二种分别之故，故于规定交界各处无税交易（四）之外，乃重申前义曰“中国商人亦可往俄国内地行商”云耳（五款二项）。其不明规定不纳税者，非取消中国人免税之例也，以伊塔之约，既规定之，故不再申明也，观其约中关于俄人在中国之内地贸易，亦不申明免税之事，即可知其意矣。

且夫以经济的眼光观察此条项，又极不可轻视之问题也。蒙古、新疆之现状，未脱乎游牧之域，其产业既不足称道，则原始业生产品之输出不能不设法奖励而保护之，此稍有识者所能言也。俄国既为我尾闾之域，则我虽无条约上之权利，犹当乘改约机会，以谋对手国之让步，近世各国每值改正条约，关税辄为其一大问题，即可见矣，而况有条约具在，善为解释即得此权利者乎！去岁俄国设义尔古德各处关税，我国商人尝以展期乞于彼政府，而彼亦允诺之，此亦足见我商人之解此利害，而俄政府亦非无因而后然者也。使我以上解释而果不误乎，则我国当乘此据理力争而不容稍让，何事惊惶失措而敬谢不敢也？彼事事力争上游，我事事不问其原由如何，而惟知退屈迁就，而犹曰“谨守条约”，此人之所以宣告自由行动而不稍顾虑也。抑吾闻伊塔条约有满洲文、俄文之本，吾所据为译本，固不知满洲文、俄文之本为何如也。若果能对照而尽发其复，而又不蹈中英《天津条约》十六条三项之覆辙（《天津条约》此条英文与汉文不同），则又何患协定关税制度之不能施诸罗刹之邦也？

结　论

以上所述，大端若是。要而言之，俄人此次对于蒙古、新疆之举动，其蓄意深而规划甚巨，其目的所在，要不外乎欲握蒙古、新疆之政治势力经济势力，以图展其极东政策中东政策（中亚方面）之雄略。盖圣彼得堡诸政治家处心积虑者，已非一日，此次适逢改订条约之期，为彼最易藉口之机会，故乘时而作，欲以其所处心积虑之方策，使益明现于条约，垂为国际成文法上之现定。我国而欲讲抵抗之策，亦不可不注意于此点。较量事实，运用政治的方法，固为必要，而根据条约，提出法理的理由，亦所当有事者，果能统贯以前诸条约（有效力于今日者），而研究详实，参以现今蒙古、新疆之政治的经济的各种状态，审其利害，酌其先后缓急，可者许之，不可者拒之，与彼为严整公明之交涉，吾意俄人虽狡黠，岂真悍然而不顾道理乎？且吾人更可进一解焉。此次俄人所盾之理由，以«伊犁事件条约»为主要，盖以该条约有十年改订之期，而本年正月适为期满之时故也。然条约改正之事，为旧约死、新约生之过渡，当旧约期限将满之前，一方可以通告其事，而申明满后之旧约无效，苟旧约已至其所通告之期，而新约犹未成立，则两方皆为无条约之国，不得再以旧约之条文使之复活，此国际之常例也。此次应改之«伊犁事件条约»亦有期满前六月通告之规定（十五）使我政府于去岁八月即通告该约无效，而此后新约当协议再订，则今日俄人已失可藉口之根据，其不能（盾）<循> 前约以为责备，可断言也；即彼有要求之新条件，亦只可于协议新约时提出，尔时乃视两方谈判之巧拙如何，而前约不能以为口实亦可知矣。且不特如是而已，自咸丰以后诸条约，大抵为偏务的性质，而我国常居不利之地位，其«伊犁事件条约»则尤甚，除此次俄人所要索之外，固犹不鲜其例者也。使我果通告废约，而以新条项提出与之协议，则虽不能全部改正，然必有若干条可为协议问题，苟辅以公正明敏之手段者，吾知其未始不得获胜利也。乃我政府则不知出此，倒持太阿而授人以柄，致酿成安奉铁道事件以来第二之奇辱，真所谓冥顽不灵之被动的外交也。

虽然，吾人固未尝以此奢望政府者也。往事既已矣，继自今惟愿政府图亡羊补牢之策，答复之书虽已去，今后协议新约条文之事，则犹重大之责任也。闻新约之决定期以二月十日，当局诸公不审方作何研究，为何准备，以应尔时之折冲，使果能失之东隅，收之桑榆，吾蒙古、新疆之域受惠岂浅鲜耶？呜乎！自日俄第二次协约立，而俄人东下满洲之策息，自德俄协商成，而俄人南出波斯之计阻，今日者，俄人遗传之大彼得政策，固惟有横断蒙古，驶进中原，突贯新疆，席卷西藏、印度、阿富尔，或可易于集事，此其极东政策与中东政策所以必置重于蒙古、新疆之主因也，近年以来，其所设施与计划，无不可为其左证，此次之要索，不过其乘机而动之一端耳。今而后，吾知黄河以北，皆将有不能高枕之势，而此次改约之交涉，则正其政策成败势力消长之关键也。呜乎，当局诸公固可不慎重将事也哉！

补论俄人在蒙古新疆自由贸易问题

此条项前日拙论因西报误传，脱漏新疆，且所论亦有未尽，故补论之。

此次俄人所要索之各项，以在蒙古、新疆自由贸易一项为最关利害，而我所得拒驳者，亦以此为最易。乃政府答复之词，则只言照约办理，暂不纳税，而不明斥其要求，可谓柔弱之甚者也。夫自所谓变相侵略政策发明以来，世之墟人国屋人社者，往往习用经济的侵略政策，而贸易尤为先驱，诚以一国之经济力大半为贸易所支配故也。贸易发达之法不一，而以输出入于其国时得减免关税为最要;苟能自由出入贸易于其国，则其经济主权即可入于掌中，而其国亦随之，此近世通商史上数见之事也。俄人知其故而尤能神其用,故前此乘洪秀全之乱,于同治八年条约索得蒙古贸易免税之权利,又乘伊犁退还之役,于光绪七年条约索得新疆贸易免税之权利,及至今日,又欲乘改订条约之机,肆其要挟,使其权利益得确定。此其志,盖路人皆知之者。以蒙古、新疆文化野劣、产业枯槁之域，当之其不能与之竞争而抵抗之也亦明矣。前此我外交当局迫于一时之利害，贸然以此存亡攸关之权利与彼，其失策已不可及,今若更展其期限,以诺其要求,是直以蒙古、新疆充俄人第二之西伯利亚也。且俄人之所以肆其要索者，以有同治八年及光绪七年之条约固矣,然详审二次条约之全文,固非永久绝对许其贸易不纳税者也。

补论

光绪七年之约,其第十二款曰(此约文,据日本东亚同文会《东亚关系特种条约汇纂》):

“俄国人民在中国蒙古地方设官及未设官之处，均准其贸易,照旧不纳税。

“俄国人民在伊犁、塔城、喀什噶尔、乌鲁木齐及关外之天山南北两路各城亦准其贸易,暂不纳税,俟将来商务兴旺，有须由两国议定税则之必要时,即将此免税之例废弃。”

观约文之意,则蒙古贸易因有前此条约,故不得已以照旧不纳税允许之,而新疆贸易则明谓不纳税之期,只在“暂”时，将来中国政府固有征税之权利者也。然此犹只专言新疆，且第十六款则更有广泛之意,其文曰:

“将来俄国陆路通商兴旺，如出入中国货物必须另定税则，较现在税则更为合宜者,应由两国商定，凡进口出口之税，均按值百抽五之例定拟。”

以此文与该约各条及前此各约参观，其所谓“现在税则”者，固专指陆路与海路中间地贸易（即张家口、肃州、嘉峪关）之税则而言，而其所谓“陆路通商”，所谓“出入中国货物”，非解为凡陆路通商各地及凡出入中国各埠之货物不可，既解为凡陆路通商各地及凡出入中国之货物，则蒙古、新疆之通商亦属于陆路之内，其出入蒙古、新疆之货物亦不得谓非出入中国之货物明矣。约文明谓俟通商兴旺，即由两国按值百抽五例定拟税则，是蒙古、新疆将来亦在征税之列，固理所应尔也。且此次条约专为蒙古、新疆关系而设，约文所指舍蒙古、新疆亦无他可当之者也。惟前后约文中所谓商务兴旺，不指定何时为标准，颇为解释上之一疑问。然观该约第十款之文，有曰：

“科布多、乌里雅苏台、哈密、乌鲁木齐、古城五处，俟将来商务兴旺时，由两国协议添设领事。”

此所谓“商务兴旺”，殆即与第十二款所谓商务兴旺、第十六款所谓陆路通商兴旺相映者。盖当时立约者之意，以为设领事与课税，为利害相反之二事，将来一国若以己所利者提出要求，则他一国亦有所应之，以为对抗，故设此互相抵换之制，以为后日纷议之豫备，其用心亦良苦矣。今者蒙古、新疆各处，其贸易果臻于发达之域，而可课税与否，固不易言，且自我发议，彼亦未必承诺。然俄人前此所规定科布多、乌里雅苏台等处设领事之约，此次亦要求实施，则不谓俄人已认蒙古、新疆各处为贸易发达之域不可；既认为贸易发达之域，即是设领事与课税二者皆已臻实施之期矣，我以课税条项提出以复彼焉，亦何不可之有乎？不特此也，此次俄人复主张有在交界百里以外俄境征收华商关税之权利，依吾人所见，以解释《伊塔条约》第三款“彼此两不抽税”之意义，则俄国对我亦有不课税之义务，要求其弃此主张，固亦准据成约之一条项，若以此条项与彼所要求在我领内自由贸易之条项对抗而抵换之，吾谅俄人当亦不能不稍有顾虑也。乃我政府不知出此，惟姑息其辞，而徒曰“照约办理”，使此有关西北存亡安危之条约上权利，拱手让人，是真百思不得其解者也。

政府之罪恶大矣*

（一九一一年二月二十五日）

渔父曰：自俄国下哀的美敦书，而吾政府仓皇失措，不知所为，惟知秘密，不欲使国人洞悉其无能，以致国人不能指陈利害，造成舆论，以助外交声势，政府之罪恶大矣。

承化寺说**

（一九一一年三月四日）

此次俄人要求设领事之地，有承化寺，即阿尔泰首府（亦名萨拉时美 Shalasume，本报前日误作钦化，各报亦有误作萨拉齐者，有误作西拉苏美者），在科布多城西南五百里，额尔齐斯河北岸。阿尔泰原为科布多辖地，光绪三十三年始以乌梁海七旗、新土尔扈特二旗和硕特一旗，由科布多分离，设阿尔泰办事大臣，驻扎额尔齐斯河北之承化寺，故成为西北边之重镇。其地北枕阿尔泰山，南走塔巴哈台，西抱卜伦托海，西北一面接连俄境，扼额尔齐斯河之上游，击楫而下，可以冲俄人之肘腋。前此分疆治理，原为防俄，故俄人极欲先发制人，扶殖势力于其地。现俄商居此贸易者不少，其

---

* 本文原载一九一一年二月二十五日《民立报》，无标题，这里的标题是编者所加。

** 本文原载一九一一年三月四日《民立报》，署名渔父。

要求设领事实有深意也。

俄人主张之理由，以其地原属科布多，科布多为伊犁事件条约所允设领事之地故也。然详审条约之意，其所指乃科布多城，非科布多所辖之地之全境也，况今日承化寺又不属科布多耶？

噫，俄人真无赖也哉！

滑稽之官制一斑*

（一九一一年三月二十日）

近时政府议改官制，称各省曰“各行省”，盖始于光绪三十三年改定东三省官制，于是公署曰“行省公会署”，议厅曰“行省议会厅”，凡关于省者，皆以行省称之，而官家文牍，私人纪录，几无不然。以吾人观之，亦可谓不祥之一朕兆也。

考行省之称，盖权舆于元。元人土宇广大，以中央集权之制难以施治，乃稍行地方分权之制，于中央置中书省，于地方置行中书省，设官皆略相同。其行中书省虽为地方最高官署，然其实为地方区域之性质者少，为中央政府之分立机关之性质者多，犹南北朝时之行台，明时之行太仆寺（元时亦有行尚书省），今日日本之所谓某某出张所，中国之某某分府分州分厂分局也，略之曰“行省”，其后遂沿以为地方区域之称呼。明初亦仿元制，洪武中叶后，因废中央之中书省，故改地方之行中书省为布政司，自是经制上遂无行省之名，惟习惯上相沿旧称，往往乃呼为省。至于本朝设督抚为地方长官，居布政司上，督抚为兵部、都察院兼差，故称部院，然地方区域则不可以部院称之，又不可能仍称布政司，故不得已亦称省，实则本朝之地方区域，无经制之称呼也。

中国历代地方制度，或曰州，或曰道，或曰路，原无定名，称曰

* 本文原载一九一一年三月二十日《民立报》，署名渔父。

省亦无不可。今日以为宜采是名也，则直曰省可矣，乃称曰行省，有行省则必有中央之本省，否则犹公司之徒有支店无本店，不知今日北京之中央本省为何也？吾惟见阁也，部也，院也，监也，处也，厅也，五花八门，令人记忆不清而已。卤莽灭裂，一至于是，乃至垂为法令，举朝上下，贸然从之，无一人能知之，其敷衍粗率而毫未经心因革损益之间，不已证明之而有馀乎？

近日所谓法令条教，其卤莽灭裂类似者，一阅其政治官报，几于页页见之。吾固知制度之立，在实而不在名，然至于名而亦不能立，则国家不祥之事，孰有过是者？噫，天下事盖可知矣！

讨俄横议*

（一九一一年三月二十一日）

呜呼，近日俄人之举动，其蛮横无理，盖可谓自有国际交涉以来，未见其例者哉！前月中旬之照会，既以自由行动恐喝吾政府，而吾政府亦既敬谨听命，承诺其要求条项矣，顷者乃复为第二次之照会，谓中国答复有关约章者，未满俄政府之意，显有不愿和平之态度，难免扰乱两国邦交云云。而其后面之举动，则方日日耀兵，以示威于我满、蒙、新疆。合前后观之，其蔑视国际法，其蔑视条约，其玩弄我政府，侮辱我国民，已洞若观火。此次而果任其跋扈飞扬，不稍为计，是吾人直甘为亡国民，甘听其影响所及，酿成瓜分之祸而不辞矣。呜乎，是可忍也，孰不可忍也！

俄人之所以出于是者，以改订条约问题也。吾国与俄人所结之《伊犁事件条约》，今年为第三次期满之日，其已得之种种特权，恐因改约被我收回，乃为先发制人之计，于未期满之前，肆其要求。其要索之条件，大都违约背法，已不俟论，即其要索之形式，已是不

* 本文原载一九一一年三月二十一日《民立报》，署名渔父。

法之举，欺吾太甚，足令人发指，目眦尽裂者也。夫国际条约之缔结，以双方合意为必要之条件者也，其期满改订亦无不然。前此之《伊犁事件条约》既声明十年限满后可以商议酌改，且曰如限满前六个月未请商改者，应仍照行十年。既言商议酌改，是明谓期满六月前，两国政府无论何方，皆有通告改订之权，一经通告，一方即宜与之商议新约，不能顽强不应者也。既言如未请商改，应仍照行，是明谓若一请商改，则不应仍照行者也。盖一方既通告改订，则是条约中条款必是与此一方之情事不合，不能适用，故此一方之政府不欲再照行之，而其条约之实质已失此一方之合意，不能再有效力，非再以新生之合意，另定新约不可也。此盖国际之通例，而亦《伊犁事件条约》正当之解释也。吾国政府去岁秋间既以改订《伊犁事件条约》与俄人互相通告，而俄人又无他种之异词，则是明明已承认前约期满后之当归无效。而前约期满之时日实应扣至本年八月为止，自此以后，前约条款已失效力。苟新约未成，则两方皆为无条约之国，而可以自国主权，在自国领土内施。其关于他一方之立法行政，故俄人之于我国，虽在前约期满前，不能据以为拥护期满后之权利之符明矣。苟其不然，是即俄人自违前约所谓商议酌改之精神者也。乃俄人一则曰“依据条约”，再则曰“中国破坏条约”。夫前此之条约，前此中国皆依据之，而未尝破坏，即如俄人此次所要求之六条，亦未尝有不照行之事，亦为俄人所认知者，则其所指应为将来新约，此将发生而未发生之新约，而强人以依据，责人以破坏之罪，天下岂有是国际法理乎？

然则所谓善用外交操纵之术以为因应者，何也？曰是有三策：以强硬手段为正当防卫，俨然拒绝其要求之全部，不稍退让，此上策也；择其重要条项而拒绝之，以为半部退让，此中策也；全不拒绝，惟再延约数年以为后计，此下策也。三者之策，各有其利害，请论崖略如左：

俄人举动之蛮横无理，即彼欧西之舆论亦多不直之。其所要索之条项，又皆为未来新约之事，无有藉口前约之理由存乎其间，其国内情伪不能以此事而遂与我一战，已瞭如指掌，我政府对此固不难以强硬手段对付之者也。前次我政府之答复，对于其所要求六条，大抵已允许之，然吾详观答复文义，无一语及于将来新约。盖单就俄人责我破坏条约之点而加以(辨)〈辩〉驳者，严严论之，此答复所允许之各条，只能解为对于前约之追认，而不能解为对于将来新约之承诺，其效力只能及于前约之期满前，而不能及于期满后也(即俄人照会所要求者，亦未明言及将来新约也)。今宜再度正式照会彼国，而言曰:"《伊犁事件条约》在今年八月以前我当谨如尊命，遵守无违，八月以后则当按照该约十五款，全部废除，所有俄人在蒙古、新疆自由贸易等各种特权，皆归无效。至于新约，则两国当和衷协议另订。"夫果如是，吾意俄人必不能再以破坏前约责我，其所要求之各条项，皆将变为无用之长物，苟其必欲攫而有之，则非另以之作为新约之条件而要索之不可。我既得居上游之势，是未尝无可胜之机也。夫俄人既处心积虑，欲保有前约之种种特权，则必不因是而遂中止明矣，其重振旗鼓，肆其咆哮，向我要索，固意中事。然此时乃视谈判之巧拙如何，不能再以前约为口实，则正宜赌之于外交手段，诉之于实力者也。

使俄人而果来乎，吾惟当严整其词，断然拒绝，且声言曰:"贵国若自由行动，敝国亦可自由防御。"彼或耀兵示威于满、蒙、新疆各处，而我宜严兵守备边境，勿令阑入，虽如何恫喝，亦屹然不为之动；一方力为开战之准备，以其原委理由布告天下，声明即有破坏平和之事，我国不任其责。夫俄人之不能与我战亦既昭然，则断不能因此而遂实行宣战也，然后乃以敏巧之外交谈判，折冲其间，吾意俄人亦无能为耳。夫外交之胜败，虽视国力，然亦存乎当事者之人。前年婆兹马士之日俄媾和，俄国虽战败，而犹得外交胜利之名誉，千八百十四年维也纳之各国会议，法国虽灭亡之馀，而犹能联英、盟奥、抗普，以挽既倒之颓势，其故不可思乎？是故俄人之虚声恫喝，实不足恐者也。此吾之所谓上策如是也。虽然，我政府未必能行此策也，则不能不思其次矣。俄人此次要求之条项，都凡有六：一曰俄国在国界百里外俄境征收华人关税也；二曰俄人在蒙古、新疆、长城外自由贸易也；三曰俄人在蒙古、新疆保有治外法权也；四曰俄人在蒙古、新疆各处置领事也；五曰俄领事与中国地方官会审也；六曰俄人在蒙古、新疆及长城外置地造屋也。六者之中，尤以自由贸易与置地造屋二者为最不利于我，盖以蒙古、新疆人口稀疏，文化野劣，产业、贸易皆极幼稚，俄人永保此二特权，是即使蒙古、新疆终变为俄人之经济的领土者也。故我拒绝其要求，亦以此二者为最要，馀者第一为俄国内政之事，第三、第五为各国在我国久行之制，第四为普通之惯例，皆有可以容忍之处也。

质而言之，即是欲以前此已得之权利要索再规定于新约中，而牵强其辞云耳。噫！蠢尔俄人，尔误矣。尔欲继续享此权利，尔但傲然曰“改定新约，须以尔许之权利与我，否则吾自由行动”，不犹直捷乎？何为是牵强前约而责吾以期满后犹须依据，以自陷于不合论理之失态也？前约所定，吾国固断乎无期满后须犹依据之义务者也。夫俄人所为，其不合国际法，不遵条约，并不能使其主张之理论免去矛盾，如是俄人岂不自知之？而乃以是欺吾国民，迫吾政府，如弄小儿，其尚有我国民及当局诸氏在其心目中乎？

虽然，吾国人其勿以是为可恐也。俄人非真能以是与我战者，其责我扰乱邦交，其宣告自由行动，其日日耀兵示威于满、蒙、新疆，皆彼虚声恫喝之狡计，斯拉夫人惯用之长技也。自由行动云者，虽然作俑于前岁日本之对于定奉铁道，然实为国交断绝之变名，然他国领土内而自由行动，惟两国开战时得为之。俄人以自由行动通牒宣告，固不啻对我挑战，故西报谓为半哀的美敦书，其侮辱吾实甚。然俄人而果欲与我一战，则直驱其哥萨克之铁骑南下牧马可可也，自珲春以迄于喀什噶尔，无在不可以任其驰骋，何事徒为大言，使敌设备乎？天下岂有如是之战略耶（俄人进兵伊犁之说，虚张声势，亦彼作势以恐人者）？日本前岁之宣告自由行动，同时即在铁道自由开工，然亦未尝有所得战事。今俄人宣告已阅月矣，而其所要求之条件，则大抵现今皆实享有之，无待以自由行动攫得，其他则除进兵占领土地外，无可以当此者，而迄今彼亦不敢公然为此也，是其虚声恫喝明矣。且俄人今日果能以此改约事而与我一战乎？吾人观其外交形势，察其军备政策，审其交通计划，考其财政预算方针，虽不无预备将来战争之形迹，然本年之中未尝有与一外国开战之计划，则实事也，盖亦以满洲战后，创痍未复，不敢轻启外衅故耳。是故以吾人断之，彼虽日日言自由行动，日日耀兵示威，亦可预料其必不能实行开战者也。使吾当局诸氏者洞悉伪情，屹然不动，毅然辞而拒之，详审形势，善用外交操纵之术以为因应，以待其策术之穷，何患乎彼之虚声恫喝也？

交涉之始时，全部拒绝之固宜，若谈判不协，万不能使其全局撤回，则我不妨先为让步，以第二、三、四、五款酌量允许，馁其盛气，而后再与力持自由贸易与置地造屋二问题。夫俄人所据以为口实者，《伊犁事件条约》也。以吾人详审此条约，其第十二款虽言俄人不纳税，然第十二款但书及第十六款明有中国将来可以征税之文，其第十三款虽言准俄民建造铺房行栈，或在自置地方，或（中略）在地方官所给地，然所谓自置地方，实专指第四条所谓俄人在占领伊犁时所置田地交收伊犁后，仍准照旧营业之文而言，其所谓官给地亦专指领事所驻地而言，非谓俄人可自由置地造屋于各处，则我之拒绝，实为遵条约之精神，俄人亦不能有反对之辞者也。苟能拒绝此二者，则此次改约之主点已得胜利，而蒙古、新疆所受俄人经济的侵略庶乎稍息，其他之问题则固不必计较焉亦可矣。前日我政府之答复，对于此二者虽已声明依据条约办理，然实未能详细解释约文，以与争辩。今而后，吾甚望政府诸氏之注意也。此吾之所谓中策如是也。

虽然，吾恐我政府亦未必能行此策也，则更不得不思其次矣。自咸丰以来，我国与俄所订诸约，大抵皆为偏务的而非双务的，即其他各国与我所订诸约，亦不能及，而《伊犁事件条约》则尤为不利之甚者，不言改订则已矣，今既有改订之动机，则预备谋所以另立完全对等之双务的条约，亦根本之要图也。惟是俄人顷者方处心积虑，日日谋扩张其权利，而我国国势极弱，对于各国之条约改正事业，亦未着手，则必不能许我之完全对等矣，故宜用缓进之法，目下不必与争；惟声明仍照原约，再行十年，或能商减至三五年尤宜。夫前约既明谓限满前六月如不请改则仍照行矣，则今日仍依原例，延展数年，且未尝有背俄人要求之六条，俄人不至不允者者也；然后我一方力为改正之准备，定法律，整军事，修筑张恰、库科、兰伊诸铁道，振兴蒙古、新疆产业贸易，俟数年之后，显有效绩，国力充实，乃再通告俄人，开改正谈判，尔时既不患俄人之胁迫，可以一举而收奇功，较今日与彼徒为枝枝节节之争议，胜数倍也。特患当局因循成性，让步之后，犹是无所事事，不能收最后之结果耳。此吾之所谓下策如是也。

以上三者，虽各有长短，苟能真实行之，皆足以解决此次之交涉问题而有余，是在当局诸氏之妙用而已。噫，蠢尔俄人，岂足畏哉！

门外汉之华人*

（一九一一年三月二十二日）

工部局，租界之地方自治机关也，昨日乃开大会议事，共到会

* 本文原载一九一一年三月二十二日《民立报》，署名渔父。

者有英人，有德人，有美人，有日本人，而独不见华人。

上海人日日言地方自治矣。卧榻之旁，岂容他人酣睡！吾不知对此将作何感想也。

无常识之一斑*

（一九一一年三月二十三日）

近日中俄、中英交涉日急，吾国人对此能悉其原委而道其利害者，已不少概见，乃至抄译东西报并交涉条项中最重要最普通之地名，亦不能晓，展转舛误，真可叹也。

伊犁，西北重镇，稍阅地图即知者也。前日某党报纸皆仍西音译为廓尔扎、库尔扎、古尔哲等称，甚至一篇之中，一作伊犁，一作库尔扎，令人目眩。例一。

库伦亦人人所知者也，本年第二期《国风报》作乌拉圭，盖亦译西音而又误解者。乌拉圭者，南美洲之一共和国，与此无涉者也。例二。

其余尚多不能记忆。噫！以代表舆论之报纸而亦如是，某党人之无常识可知矣。

今而后，某党人讲求各种普通之知识为第一要义也。

滑稽之新名词**

（一九一一年三月二十四日）

近人于凡开始一事，辄名曰“开幕”，乃至资政院开院，谘议局开局，学堂开学，会所开会，皆曰“开幕礼”，“开幕式”，盖亦喜用新

* 本文原载一九一一年三月二十三日《民立报》，署名渔父。

** 本文原载一九一一年三月二十四日《民立报》，署名渔父。

名词之一端。考“开幕”一语，原自日本输入。日本剧场演剧时，必用大幕，蔽其舞台，俟设备物事毕，乃卷幕开演，故谓之“开幕”。日人作文辞，遇有事物开始，亦往往称曰“开幕”，盖不过假其辞以为形容，与称作事场所曰“舞台”，称当事人物曰“役者”（即戏子脚色之意），事同一例。然以为形容语则可，以为经制之名称则不可也。中国留学生不知此意，以为凡一切事物之开始皆可谓为“开幕”，漫然输入，遂普及中国，可笑矣。

使此称呼果宜也，则如称资政院开院为开幕者，亦称资政院为“资政剧场”，“资政舞台”，称议员为“资政院役者”（戏子）可乎？又剧场所谓“开幕”，实以有幕可开，犹如铁道开始曰“开车”，造币厂开始曰“开炉”然也。今所谓资政院、谘议局者，亦有幕乎？无之而称曰“开幕”，则亦何不可称为“开车”、“开炉”乎？

噫！吾国人近年之所谓新知识，如是而已。

宪政梦可醒矣*

（一九一一年三月二十五日）

资政院者，宪法上机关乎？抑行政法上机关乎？

中国今日只有宪法大纲，且尚未有施行之效力，而资政院之发生，则由于一纸之上谕，何从得云宪法上机关？目为行政法上机关，犹觉其太新式耳。

是故其总裁之任命也，罢免也，皆与普通之奴隶大臣同一形式，固可随意招来挥去者也。

吾国人尚望其由此养成宪政，尚选举许多议员，以希协赞立法，预备许多政党，以谋监督政府，真作梦矣。

---

* 本文原载一九一一年三月二十五日《民立报》，署名渔父。

或曰：伦贝子兼为宪法纂拟大臣，恐其听民选议员之运动，编成民主共和的宪法，故易之云。噫！中国之议员果有此程度乎？

答问津者*

（一九一一年三月二十六日）

得问津者来函曰：公作天声人语，往往吹毛求疵，"开幕"一语，虽为日谚，然既为开始之意，且彼已通用，吾亦何不可采用？高谈阔论，自表博学，国人大病，公宜戒之。

答曰：谨谢盛意。但吾绝非吹毛求疵，不过欲提起国人之研究心。即如"开幕"一语，日人虽通用，然实为假借语。再举例明之，盖犹如中国之称"作俑"称"滥觞"，今若称资政院行开院式为"行作俑式"，称谘议局行开局礼为"行滥觞礼"，可乎？请公思之。

吾国人事事摹人皮相，不研究实际，实为病国之因，吾痛伤之，故指摘一二，即自己亦以为研究不足者甚多，高谈阔论云乎哉？

外债感言**

（一九一一年三月二十七日）

今后列强之支那政策，经济的侵略政策之擅长时代也，而其枢机则惟于借款存在之，此尤经济的侵略政策之新发明耳。前乎此，惟埃及尝一用之，今兹则东渡重洋而至东亚大陆矣。

粤汉、川汉两铁路道借款，英、法、德、美竞承受之者也。锦爱铁道借款，统一币制借款，美国独承受之者也。此二交涉尚未了，又忽有邮传部政府费借八百兆元于日本正金银行之事，政府汲汲

* 本文原载一九一一年三月二十六日《民立报》，署名渔父。

** 本文原载一九一一年三月二十七日《民立报》，署名渔父。

焉以监督财政之口实予人，盖惟恐不速者也。

夫各国之相争借款，看中北京政府之财政信用乎？垂涎区区四五厘之利息乎？抑真出于欲助中国变法维新之义侠心乎？不知当道诸公何以解之。

噫！埃及之英、法领事为索债而逼废埃王、流放大臣之活剧，公等岂欲一观之乎？

论南满铁路属地行政权混杂之害*

（一九一一年三月二十八——二十九日）

自日人管理南满洲铁路以后，铁路属地界内时有中日两国人民冲突之事。人民冲突不已，兵士、警察继之，兵士、警察冲突不已，官吏随之，由是两国政府为之生交涉伤感情受损害者不鲜。以吾人近日所闻安奉线路之桥头站与抚顺线路之千金寨二处事件，尤可谓为未有之惨祸也。今略纪二事之颠末。前月杪，桥头站日本警务支署警吏捕得华人某甲，中国铁路巡警闻之，至日署索交，日署不允，遂起争论。时有中国工人助华巡警，日署则召其守备队兵及他日人共数百人来援，遂大冲突，华工死一人，伤十余人，日人伤二人，日兵犹未已，齐集华警局围之，以炸药毁局门，且摔下我国旗始散归，遂成为两国间之交涉。又本月初，千金寨日本警务支署巡查殴中国巡警局员于途，华警兵阻之，遂互殴，两国工人、兵士皆来助斗，华警兵、日巡查皆死，日人又围华巡警局，殴死数人，始已，亦成为两国间之交涉。二次之事件，皆起于两国警察兵士之间，其原因皆为行使警察权之冲突，其结果则皆断脰流血，贻祸国家。噫，此而犹不思补救之法，其为患尚可胜言乎！

原夫日人之管理南满洲铁路也，各车站皆画有广大之属地，盖

* 本文原载一九一一年三月二十八——二十九日《民立报》，署名渔父。

中国前此已与俄国，而日本自俄承继之者。属地界内一切之行政权，皆其南满洲铁道会社掌之，其军政权，则归于守备队。南起旅顺，北至长春，与夫安东、奉天间，抚顺、苏家屯间，都凡大小站数十区，其一切警察、教育、土木、卫生、租税、产业等，皆为其会社权力内之事。日人几视此种地域为其领土，故各处界内皆设警务署，地稍小者则设警务支署，以理警察行政，如上海等处租界之巡捕房然。此其行使警察权之所由来。然铁路属地，大抵皆附设于中国原有各市镇之侧，与各市镇境土相连。各市镇者，完全中国行政权所及之地也，故自然有各种之行政机关。中国市镇与彼铁路属地之交界发生事件，或中国市镇人民与彼铁路属地人民及彼国人民之间发生事件，两国行政大小官吏皆以为己之权力所应及，故不能袖手以观，而争行其职权。又安奉路沿线各站，尚未设定所谓属地，彼虽设行政机关，而施行之范围不能划定，尤易与中国之行政机关相抵触，故一遇两国人民相互之事件及车站附近发生之事件，两国官吏更多龃龉。此两国警察权冲突之所由来也。

行政权之为物，国家主权之一部分也。国家主权者，国家领地之上，施行此权力之主体，可一而不可二者也。苟其有他之主权，则必其地域变更所属之国家主权而后可者也（如占领、合并、割让、借租、委任统治等），若犹未经过此变更，所属主权之形式，则虽有如何之原因，不能容与我主权抵触之他主权掺入者也。南满洲铁路属地者，果属谁国之主权乎？岂已变更其所属国家主权乎？何至有行政权抵触之事如此其甚耶？此其解释，不可不一为明之矣。

吾人以谓南满铁路属地之性质，固犹是完全为中国之领土，未尝有变更所属主权之事，绝对不容有他主权掺入其间者也。

日本之得南满洲铁路，盖基于日俄媾和之《菩兹马士条约》，该条约第六款曰："俄罗斯帝国政府当以长春、旅顺间之铁道及其一切支线与夫附属铁路之一切权利、特权、财产、产业不受补偿，而以大清国政府之承诺，移转割让于日本帝国政府。”此固日本由俄国取得南满铁路及其他权利之渊源也。其后又与中国结《北京条约》，得中国之承诺，其条约第一款曰：“中国政府将俄国按照日俄和约第五款及第六款允让日本国之一切，概行允诺。”第二款曰：“日本国政府承允按照中俄两国所订借地及造路原约实力遵行。”则是日人经营管理此铁道一切权利，皆当遵依中俄合办东清铁路公司条约也。考东清铁路初约续约，及有关于南满铁路之《哈巴罗夫条约》，皆未尝有以铁路属地界内主权许与俄政府或该公司之明文。前岁俄国政府以东清铁路条约第六款有“凡该公司之地段，一概不纳地税，由该公司一手经理”之文，强解“一手经理”为行政权委任之意，主张东清公司有铁路属地界内之行政权。中国政府以谓“一手经理”者，不过许与公司以经理铁路及建设各种营造物之谓，坚不许诺。其后屡次折冲之结果，乃订立《东清铁路界内公议会条约》，此条约之规定，第一即声明铁路界内中国主权不得稍有损失（第一款），第二则声明，凡中国主权应行之事，中国政府皆得在铁路界内施行（第二款），第三则声明，铁道界内中外人民，设立公议会，办理地方公益（第六、七、八、九、十款），而东清铁路公司总办与中国之铁路交涉局总办监察之（第十三款）。公议会者，铁路属地界内之自治机关也。而铁路总办与交涉局总办监察之者，不过铁路公司得一部分之自治行政监督权也（此所谓公司总办，公司条约第一条明规定为由中国政府选派，且申明即洋文约中之伯理玺天德，乃公议会条约第十五款则谓伯理玺天德为中国督办大臣，而与交涉局同监察公议会者，则另有铁路总办，不知所指为何，若此总办即前约之伯理玺天德，则监察权固亦中国政府所选派之人与交涉局共掌之也），此外亦未尝有以铁路属地界内主权许与俄政府或该公司之明文。是俄人之东清铁路公司，自设立以迄于今日，固未取得铁路属地之主权已彰彰矣。日本所承继俄人之南满铁路，既应遵依俄人之东清铁路条约，则初续约及《哈巴罗夫条约》、《公议会条约》皆不可不视为准则者，视为准则，则南满铁路属地之主权丝毫不揽保有之，此固理论之一贯者也。是故以法理言，南满铁道属地犹是完全为中国之领土，未尝有变更所属主权之事，日本固不得以其主权掺入，而行政权尤不应行使其间者也。

乃者，日俄战役之方急也，日人连战连捷，南满铁路之大部分皆归其占领。斯时中国政府当军事倥偬之余，辽沈全域祖宗邱墓之乡亦不能保，何有于区区之铁路属地？故势万不能与之争，而管理行政之权，皆归于彼。又日人以军事的运输之不捷便也，于既占领之地域内不告中国而修造安东至奉天之轻便铁路，亦行使其行政权于沿路，及战事既息，日人以承继俄人之权利求中国之承诺，而结《北京条约》。中国既不能要求其撤回行政权于先，当交还满洲土地之际，又不能据东清条约以抗议于后，故日本之南满洲铁道会社既立，而铁路属地界内之行政权遂巩固掌握而不能动，其安奉铁路亦援东清旧约（《哈巴罗夫条约》）得造营口鸭绿江间支路之文，胁中国承认为南满支线，改为广轨，而已设立之警察、军备等机关，则益扩张，使成固定。曩者中国政府尝欲课铁路界内华人之租税，安奉沿路且有巡警局之设，盖亦犹有维持主权之心者，以日人抗之甚力，故未能收毫末之功。是虽由于中国政府外交之不善，而日人之强横非法，不顾条约，则固实事也。夫国家领土上之主权，可一而不可二，既为原则，则苟反此原则，而有他主权之掺入者，其地域必不能晏然无事，此自然之势也。以南起旅顺，北讫长春，中间包举安东、奉天、抚顺、苏家屯之数十区域，合计不下数万方里之土地，而一任邪马台民族之蹂躏，其生起两国官吏、人民之冲突，而至于杀人满地，贻害生民，岂不宜乎？而况乎安奉线路诸站更无明了之属地界限，尤易惹起两国权力之抵触者乎？自今而后，吾恐感情日益恶，凶行日益习，剧烈冲突之事将日不暇给矣。

然则，如何而可？曰：开整严之谈判，据约力争，能收回全部，上也；仿东清之例，收回官治权，而允设混合之自治体，彼我共有其监督权，次也；南满干路既为已成之问题，颇难折冲，安奉支线原非东清之故例，当易为力，避难就易，收桑榆之效，又其次也；若夫畏葸成性，因循不断，弃可争之权利，容他人之鼾睡，终使发祥之地变为三韩之续，斯策之至下者矣。噫！是在秉国之善自抉择耳。

政府借日本债款十兆元论*

（一九一一年三月三十——三十一日）

呜乎！吾国近日发生一极危险之事件，其影响较之俄窥蒙古、伊犁，英占登埂、片马，而犹重大十倍，直可使吾国变为埃及、朝鲜者，吾国人其犹未之知乎？

前三日，外电忽报北京政府向日本横滨正金银行借债十兆元，已于二十五日签约，其债款之用途，则以充邮传部之行政经费及补以前之亏款。此消息之传来，始吾人犹以为未实，今则世界各国已喧传为极东之一重大事件，而竞加批评；日本朝野下上，又无不额手称庆，赞美其外交之奏功。噫嘻！此消息而竟成事实耶？噫，哀哉耗矣！

夫吾人非反对借外债者也，且极主张借外债者也，惟以管理债款之方法，使用债款之目的，与夫选定债权国之政策，皆非审慎周详，以研究其真正利害，而后逐绪行之不可。而现政府皆不足以语此，故素昔不敢主张现政府之借外债，今则已矣。彼竟借最危险之外债矣，其管理方法，使用目的，已足病国，固不俟论，而其最可恶者，则选定债权国政策，直是全昧于国际形势，开门揖盗，以断送四百余州之运命，故吾国人不可不深恶痛绝之也。

---

* 本文原载一九一一年三月三十——三十一日《民立报》，署名渔父。

今试略言其故。自日俄战役既终，世界各国之对中国政策，皆变为维持均势主义，即所谓领土保全、门户开放、机会均等之三纲领是也。其所以如此者，岂真有所爱于中国哉？实以各国在中国之势力未均，且各国之他方面情事亦各自不同，不能一致以对中国而实行分割，故不如暂维持现在之状况，勿使变更，以待将来。而中国得以暂延余命，以有自振之机会，亦即在此者也。此形势之成立，尤以日本之力为最多，盖以日本盟英结法，亲俄和美，四面八方，皆彼为枢纽之故，但其原因，既非真有所爱于中国，且各种同盟协约，亦为暂时性，而非永久性，将来必有破裂之日，则各国自皆不能不豫备将来应付之政策。而近世纪来，各国所谓对外侵略之政策有二种：一正相的侵略政策，以武力为先驱；一变相的侵略政策，以经济力为先驱。二者之中，变相侵略政策尤为最新发明之利器，各国所以灭人国，墟人社，大半皆采用此利器者，故各国预备将来应付中国之政策，亦有采用此新法之势。其政策之手段，除经营产业、贸易、交通外，而尤以经济上投资与政治上贷款为最有效，其见之最早而谋之最剧者，则为英、美二国，其次德、法诸国亦汲汲焉注力此点。如近来川汉、粤汉铁路借款，始则英国独占其利，继则德、法、美三国先后加入；锦爱铁路之借款，虽有日、俄之嫉忌，而美国终仡仡不休，期于必成；币制改良之借款，美国既捷足先得，英、法、德三国亦要求均沾利益。此皆可谓为对吾中国新政策之见端者，此亦足以觇方今国际形势变化推移之大概矣。虽然，彼等之争先恐后而来投资或贷款者，既非一国，而其间又往往有互相疑忌争夺之事，则苟有一国垄断其利，而破坏各国均势之局者，其他各国必不能默尔而息，此亦势之所不得不然者。有此连鸡之势，互相牵制，此正吾国善有以自处之一机会也；不特有以自处而已，更宜进而为牵制各国之动力，使各国不得不成连鸡之势，以长久维持均势之局，此尤为吾国今日外交之要诀，而借债亦当如是者也。

盖以吾国今日之状况论之，资本缺乏，产业幼稚，国民经济枯槁之现象，已达于极致。各国投资贷款之来，虽由于其经济的侵略政策，而吾苟能谙于管理之法，使用之途，与夫一切关于财政之准备，亦未尝不可利用之，以润泽吾枯槁之经济现象。惟各国既争先恐后，视为大利，而不许一国之垄断，则其间苟有一国焉而占特别之优势者，各国群起嫉之，即足使均势之局立至动摇。又或吾管理之法，使用之途，与夫一切财政之准备，未能改善，以致偿还之义务不能践，则均势动摇之后，彼占特别优势之一国，必至藉口以干涉吾财政。夫至于动摇均势之局，且使债权国而干涉吾财政，则吾国之事，尚可问乎？故今日而不言借外债则已，苟言借外债，则善讲管理之法，使用之途，与夫一切财政之准备，固为必要；而施操纵之术，审取舍之方，使各国中不致有一国得占投资贷款特别之优势，尤为必要中之必要也。是即吾所谓选定债权国之政策也已。

今夫日本者，以雄飞东亚大陆为志者也。其战后内政之整理，满、韩之经营，亦既略就其绪，则今日者，正其豫备对外发展之期也。其所恃以为平和保障之日英同盟，此后又仅有四年之期限，将来期限满时，若不能再继续，东亚之政局必为一变。而现今各国之解得此消息者，既已豫备经济的侵略政策，以为将来应变之张本，一旦果有国际政局动摇之事，此等经济的侵略政策之势力，必滔滔乎弥漫于东亚大陆，则今日者，又其不可不豫备与各国经济的侵略政策相呼应之方略之期也。一二年来，彼之所以节节进行者，已不鲜矣：为对清贷款机关之不备，则劝诱各大资本家，而有组织东亚兴业会之事；因对清金融机关之不灵，则怂恿全国商业会议所（即商会），而有设立日清银行之案；正金银行，则议增资本矣；台湾银行，则设支店于中国各地矣；粤汉、川汉铁路之借款，则议加入币制借款，则议分担种种举动，皆其将欲实行经济的侵略政策之见端也。至于近日，彼国益觉经济的侵略之适宜于吾国，学者政治家无日不主张贷款政策，载其言论于新闻杂志，故彼政府处心积虑，日夜思有以拊吾背，扼吾吭，以致吾死命者，遂至欲超绝各国经济的侵略政策，不受牵制，独立行动，而为贷款之计画，其日夕辇多金以运动吾外务部、邮传部之官吏者，盖已成为公然之秘密，其眼光之远，心思之敏，手段之辣，可谓无以复加矣。使吾秉国钧者而稍有知觉，则当深拒固绝之，惟恐不速，斯为至善，若必不得已，亦宜使之加入各国共同借款，以保连鸡之势，而后可者也。乃竟丧心病狂，甘于吞饵自毙而不辞，竟借其十兆元之巨款，使其经济力单独盘据于吾国政府之上，而招各国嫉妒之心。今而后，各国皆默尔而息毫无责言则已耳，苟各国中有不与日本利害相同者，则必不能听日本之独立行动，得吾财政上将来可以干涉之权者也。夫机会均等之主义，日本所日日宣诸口者，今日本而先破坏之，则各国尚能长守之乎？不能长守之，即是破坏现在各国均势之局，而谓此时吾国犹得有高枕之日乎？且即无均势破坏之惧，然以吾国之政治、财政现象言之，债务偿还之约，亦不能不为一问题。今而后果吾国之政治日臻良善，财政日就整理，偿还之义务如约不爽，则亦已耳，然此乃万无可望于现政府者。吾料数年之后，吾财政既益枯竭，彼乃挟其债权之威力以逼吾偿还，吾不能偿还者，是即吾国财政被其干涉之日甚或监督之矣。夫至于吾国财政，被日本国之干涉或监督之，各国亦不能忍者也，则岂非犹是破坏均势之局乎？斯时而谓吾国犹有幸乎？

吾尝谓吾国今日而欲联与国，惟美为害较少。然苟有借债于美之事，则亦惟国民产业之资，可单独倚赖于彼，若现政府而专由美国借巨大之债，不使他国均沾，则亦最危险之事也，观于币制改良借款百兆元，其始仅有美国，而英、法、德三国必加入之而后已，即可知矣。以号为好和平重人道之美国，独占吾国之借债而犹不可，而谓其他国可以使其独占耶？而况素以雄飞东亚大陆为志之日本耶！呜呼，吾国而有此昧于国际形势，开门揖盗之政府，吾国人苟犹与之共戴天者，岂人类也哉！

亡国之臣*

（一九一一年四月一日）

昔明毅皇帝之言曰："朕非亡国之君，诸臣皆亡国之臣。"噫，今日之北京政府何其毕肖也乎！

邮部尚书盛宣怀，卖尽吾国铁路、矿山之元凶也，乃犹以为未足，尚不能使外人制吾死，乃今复受日本之运动，借其债款一千万元，非亡国之臣不能者也。

川粤汉借款，商之三年矣，而犹未成，币制借款，商之二年矣，而犹不谐，目下皆盛承继主持之者也，而独于日本借款，则以疾雷不及掩耳之手段了之，不有原因，能如是耶？

吾闻去岁英、法、德、美之议币制借款也，有无论何时皆不许一国垄断中国借款之约，今此借款若遇四国责言，吾不知何以对之也。破各国均势之局，授日人干涉吾国财政之口实，神州命运断送彼手，老贼误国之罪，擢发难数矣哉！

或曰：盛前年游日养病，日人盛欢迎之，尔时已与日人有密约，前次亲美主义之唐绍仪为邮尚，突然罢之而代以盛，而未三月又有此次之举，闻日人此次之运动费，已上三十余万金，此中消息，盖可知云。

---

* 本文原载一九一一年四月一日《民立报》，署名渔父。

临时吃墨水*

（一九一一年四月三日）

渔父在编辑室，摩顶君来访，谈次忽及鬼，渔父为述一事，一室粲然，今记于左曰：

曩居乡里时，尝闻父老言，邻村有请乩仙者，每请必其村中已死之王酒鬼至。王酒鬼者，生平善饮酒而喜诙谐之长者也，故至辄索酒而言休咎，无一验。众厌之。一日，议请吕仙，焚符良久，乩忽判曰："吾吕洞宾至也。"于是众皆肃然伏地稽首，请仙判示，今岁乡试得丧事。乩判曰："须各吃墨水一碗。"众皆磨墨和水饮之，讫，口手皆黑，再请仙判。乩走书曰："平素不读书，临时吃墨水，无须问前程，赶快洗黑嘴，吾非吕洞宾，依然王酒鬼，哈哈哈！"众起皆愤然辱之，叩乩已不动矣。

渔父曰：噫！是不足异焉，吾国今日之言宪政者，言国会者，言政宪者，言教育者，言实业者，言外交者，言军备者，乃至大小百端之事，何一非临时墨水者哉？

噫，安得王公千万人降乩于全国也！

再论政府借日本债十兆元**

（一九一一年四月四——七日）

吾前日既著论，言此次借于日本十兆元之债款，足以动摇各国均势之局，启日本将来干涉吾国财政之口实，而为吾亡国之一原因矣，则吾国人对此次借债，不可不直起急追，以图善后之策，此稍有

---

* 本文原载一九一一年四月三日《民立报》，署名渔父。

** 本文原载一九一一年四月四——七日《民立报》，署名渔父。

人心者所当有事也。不幸吾国上下，大抵鲜经济、财政之知识，乏外交形势之观察，对于此种问题，往往若视为不足轻重者。然吾人深为悲痛，故兹不惮烦，复为危词以告焉。

日本此次所以超绝各国，而独立行动以贷巨款于吾者，其原因在嫉忌美国借款五十兆元(美金五十兆元合中金百兆元)，而其目的则欲以特别债权之关系，预备将来表示其在中国势力较优异于各国之张本，且豫备将来行动亦可独立，而不必与各国同其步调者也。何则？自日俄二国分据满洲，美国首先唱不平之说，去岁且有满洲铁路中立之提议；近日锦爱铁路，美资本家又力谋贷款修筑，以分日俄之势。盖美人未尝有利吾土地之心，惟欲扩其极东商业，且近世彼国国力充实，资金横溢，欲求尾闾之地于国外者已久，而对于吾国之关系，又不如各国之攫有势力范围及其他各种利权，故对于吾国之政策，不得不弃武力的方针，而采经济的方针，惟以日俄二国肆其蚕食鲸吞之志，将以吾国为第二之埃及、波斯，而垄断其利益，故又不得不力赞中国之排斥日俄二国，而已乃谋占取经济上之特别优势，此美资本家摩尔根等所以力运动吾政府借其五十兆元之债款，而其大统领塔虎特、国务卿诺克斯等亦竭全力以主持之者也。以是之故，日本遂不能不与美生利害关系之冲突。美之目的，既在反对日俄二国而已占取优势，则美之势长，即日本之势消。此五十兆之借款若果成功，又或吾政府果徇美人之请，聘美人为财政顾问，则美人藉此以制驭吾政府，何事不可为之？不特日本在满洲之路矿商业受其侵蚀，即其雄飞东亚大陆之大政策，亦将为所妨阻，而不得行其志，此日本之大不利也。且不仅如是而已，五十兆(兆)<元>款，主持者虽为美国，而英、法、德三国资本家，亦已参加分担，且有四国关于借款之协约，俨然有美国率英法诸国为经济的侵略派以对抗日俄二国之武力的侵略派之势；虽英与日有攻守与共之同盟关系，而英之资本家、商业家往往非议之，亦几至于动摇（此固由于日英关税问题而然者，而英人大半不快于日本则可知；英国《太晤士报》之驻北京主笔玛礼森博士，其尤著者也）。若日本而任其所为，则美国将为经济的侵略派之盟主，而屏日本于局外，东亚之政局必为之一变，此尤日本之大不利也。日本忧之，而思所以抗之，盖已久矣。去岁曾阴行种种手段于我当局，欲破美人之计画，今岁又用反间策，以罢免号称亲美派之唐绍仪，皆其公然在人耳目间者。然此犹为消极的方法，而非积极的方法。至于近日，彼政府盖以为苟不自进而与各国共逐中原之鹿，以图捷足先得之利，则不足以抗美国雄大之势力与坚忍之政策也，故勃然跃起，为先发制人之计，乘美国借款商议中止之机会，行疾雷不及掩耳之手段，贷此十兆元之巨款于吾，以为对抗美国，钩饵吾政府之地步，其画策之周，见机之敏，行事之捷，盖可谓无复以加矣。

东京有《报知新闻》者，彼国有力之一报纸也，当此次借债未签约之前五日（阳三月十九日）曾载有题为《借款与极东》之一论文，力排美国借款之事，足见其国人对于此问题之用意。其言曰："清国之借款问题，由美国摩尔根银公司运动其大统领塔虎特氏与国务卿诺克斯氏，遂成为美国政府对清之一大政策。但其间有二个之困难问题：一为清国之拒斥财政顾问；一为列国之运动加入。二者之中，尤以后者为最困难。盖支那问题与西方之巴尔干问题相似，有各国之利益线交互错综于其间，不许一国之单独行动。美国此次借款之举，既不与各国协议，而单独行动，有侵犯各国利益范围之势，其影响所及，可以使东洋之平和生大危险，故各国皆不欲美国之占此强势，而有加入之运动；且立一新主义，以无论何种借款，各国皆须共同分担相约，此固美国所最不喜者。然美国若峻拒其加入，则各国皆必一变其态度，而仰日俄二国为主力，以大为飞跃，将使美国孤立于极东。（中略）故美人不得不将计就计，而听英、法、德三国之加入，其结果遂使五十兆元债款成为四国分担之局。(中略)虽然，以是而遂谓美国之外交全未达目的者，非也。(中略)以吾人观此次借款之用途，清国政府虽宣言充币制改革之费，(中略)然此万不能信者。以去岁资政院所发表本年不敷款五千万元之豫算案及近日所传以美国千万元充东三省生产费之外电参观之，则此五十兆元者，盖将以其半补填行政费，以其半充经营满洲，排斥日本势力之费用。(中略)即前此唐绍仪等之美清同盟论，亦将因是实现者也。夫此借款而果用以补填行政费与经营满洲，是惹起日清两国间之危险事件者也，是与去年德国之笼络土耳其，使之背法而借德债无异者也，是与往年俄国之侵入朝鲜，以压迫日本势力无异者也。(中略)质言之，是即驱逐日本于亚细亚以外者也，我日本而犹不注意乎？(中略)吾恐极东之波澜，将激腾于近日矣。"

其言如此，其中伤美国借款，其离间中美二国关系，毫无忌惮，已达极致。吾人读未终篇，见其欲对抗此借款之心，欲破坏此借款之心，昭然若揭也。一般之舆论既然，而谓其政府不处心积虑为先发制人之计也得乎？此日本所以独立贷巨款于吾之原因也。

虽然，贷款之原因，固起于嫉忌美国之借款五十兆元，而贷款之目的，则不在专抗美国之一国也。吾既言之矣，日本者，以雄飞东亚大陆为志者也。自满洲战役告终以来，彼以战后经营方急，不暇外顾，力倡领土保全、门户开放、机会均等之主义，而戴平和之假面，且与英、法、俄、美诸国结种种之同盟协商，其对于东亚大陆之关系(除朝鲜、满洲)已与各国为连鸡之势，而一时难于脱离。近年虽其战后经营稍稍就绪，不日又可以其向来所持之武力的侵略政策，实现于东亚大陆，然各种同盟协商未解，彼亦有不能不与各国同其步调之势，与各国同其步调，则虽攫得大利，而不能不与各国共之，若特别占取优异之势，以成其雄飞东亚大陆之志，则必不可得者也。此固彼国近来所顾虑之一大问题，而联保全派说与联侵略派说，所以相持不决者也（日人去岁以前有主张联俄者，有主张继续英日同盟者，纷纷莫定，至近日乃有渐趋于联俄说之势）。幸而天诱其衷，美国首为妨害日本之计画，将以其经济的侵略政策，动摇东亚现在之政局，使连鸡之势有可以解散之朕兆，而日本亦有可以独立行动之机会，此盖彼所喜出望外者矣，故自客岁以来，彼之方针忽焉一变：俄国，彼前此不两立之仇敌也，则与之结近于同盟之协约；英国，彼永年之盟邦也，则对之现冷淡之态度，皆其公然不以为讳者。近又因美国五十兆元借款草约之成立，野心益不可制，而独立贷巨款与吾国，则正彼国得有将来表示在中国势力较优异于各国之张本，及将来行动亦可独立而不必与各国同其步调之张本者也。今而后，若果各种之同盟协商解散，又或即不解散，而吾国终不能自立，吾意彼必益施其运动之手段，乘吾财政之困乏，而谋源源接济之策，陷吾国于永不能超度之地，然后以保护各债权国中最多数之债权为借口，而争先以独力干涉吾财政，否则即不能多贷吾债款，而既有单独之债权，亦必藉之以独力干涉吾财政，再不然，亦必俟吾国有大变故或财政糜乱之日，以各国系共同债权而己国系单独债权为理由，而排斥他国以独力干涉吾财政；且甚焉者，以有特别较优异于各国之势力之故，或主张有干涉吾内政之优先权焉，亦未可知。此皆势有必至，理有固然者也。

吾尝读埃及亡国史矣。埃及于一千八百六十二年借英国债一千八百五十万元，为借外债之始。一千八百六十四年，复借英法二国债二千八百五十二万元。其后一千八百六十五年至七十年，先后又借英法二国债一万二千五百余元，而英国债尤占多数。其始，埃廷骤得多金，国中经济现象，外观忽增丰润，埃王及埃政府诸人固以为治国理财之无上妙法也。时则有宗主国之土耳其，虑埃生患，干涉埃廷。然英人百端附会理财学说，以甘言诱埃王，且以四百万金赂土廷，卒使土廷缓其干涉，遂使埃廷益信其说，大放厥辞，以输入英法之债，不数年则达于五万万元以上。先借之债，积息既多，偿期渐至，而埃廷使用债款之法，又不得宜，殆全数耗于挥霍之途，国中经济现象，实际并无起色，对于外债纳息偿本之义务，往往不能实践，政府财政有难于支持之势，及乎债主愈迫，国帑愈窘。英国领事始胁埃廷聘英人为顾问，不数年，又迫埃廷设清理财政局，以英法人为总办，于是开局之始，即置埃廷度支尚书于重典，多雇英法人为局员，监督岁入，收管铁路关税；然犹不足以践偿还之义务，乃倍加人丁税、营业税以充之；然犹不足，乃减埃廷官吏薪俸，及其他行政费以充之；然犹不足，乃诉埃王于会审公堂，没收埃王私产以充之；然犹不足，乃以英法人为度支尚书及农、工、商尚书，以握经济行政财务行政之实权，以图整理；然犹不足，乃大罢废埃人官吏，代以欧人，以节縻费；然犹不足，乃裁全国兵饷，加贵族租税；然犹不足，乃强迫埃民预纳数年租税。由是埃及全国民穷财尽，政府卒至莫名一钱，英法债主愈迫，遂至逼废埃王，拥立新主。埃民愤极，起兵反抗。英人以债权较多，关系较密之故，遂以独力出兵至埃讨乱。迨事平，英人遂以埃及为保护国，代为整理财政及一切政治，而埃及乃亡，迄无复翻身之日。计前后仅二十年，以借债之故，致使国墟社屋，有史以来，未之前闻者也。

综其始末观之，其始各国窥埃及财政困难，皆欲运动贷款，以饵埃廷。埃廷上下，昧于财政知识，为半通之输入外资说所误，惟迷信于借债，不知选定债权国之政策。而英国注目埃事最早，且有苏彝士运河股东之关系，遂捷足先得，而为最大之债权者，故一切对埃之举动，皆力主惨虐，虽有法人为之和，而实则不啻英人之独立行动，及乎出兵讨乱，且不俟法人，而遂以独力施其最后之手段以亡埃。其原因虽半由于埃及之自取，然英人以优异之势力之故，而后始得达独力吞并之目的，则不可掩者也。向使埃人稍明世事，英人不致因债权而占有优异之势力，则必不能猝使埃及有如是之结果明也。是故一国对于他国，当列强角逐之际，而忽得独立行动之债权，与夫即非独立行动，而较他国为多数之债权者，即必藉此优异于他国之势，而以独立干涉其财政，甚或及于内政，固历史所明示之事例矣。而谓以雄飞东亚大陆为志之日本，能不如是也，其孰信乎？噫，吾今而后，乃见日本之日日以债权国之权威，骄我而胁我矣！

且夫日本之经济财政现象，近年虽为急激之发达，然尚未能脱债务国之地位者也。其政府之负债，不下二百六十余兆元，较号为极贫之吾国（中国国债合计百二十余兆元）犹且倍之。其全国之富力，合计只得二千五百十余兆元，较欧美各大国不及十之一也。其贸易则入超也（入口货超于出口货，漏卮甚多），其金融则紧迫也，其财界则销沉也（日人名曰不景气），其金利则高腾也，甚者其发行于伦敦之公债，市价低落，往往不及中国之四厘利息公债（去岁中国四厘利息公债之伦敦市价，尝往来于百磅与百二磅之间，而日本则除军事公债及五厘利息公债外，皆在九十三磅与九十九磅之间），是其财政信用，亦非富厚也。盖无论从何方面以观，彼之经济力皆无有为巨大债权国之资格者。无巨大债权国之资格，而顾为之惟恐不及，其尚可谓为普通经济的国际贷借关系乎？吾尝谓日本最善用其外强中干之国势，以行政治的贷款政策。当明治初叶，彼国维新尚只萌芽，财政之困不减吾国今日也，而对于琉球，乃贷数万金于其国王，其后数年，遂遣监督官赴琉，再数年，遂挟琉球王入朝而改置冲绳县矣。又满洲战役以后，彼国财政亦非有余裕也，而对于朝鲜，乃先后贷数百万巨款，遂迫朝鲜政府用日人为财政顾问，于是财政事非询顾问不得施行，朝鲜政府遂等虚设，而政权一为日人所握，未几遂结保护条约，置统监，而三韩为墟矣。此皆彼国已经验之往事也。今次对于吾国之举，亦不外竭罗掘之法，为钩饵之具，以收将来大利云耳。闻此次十兆元出资之法，乃以东京、大阪各大银行联为一银行团，各出若干金，以为支付，而以债票付东京、大阪两株式取引所卖出(取引所者，可译作交易牙行，与上海西人之众业公所，华人之交通公司相似，去岁《国风报》译作“懋迁公司”者，即此)。其贷与吾国之条件，则利息五厘，价格九十八元五角，实收九十五元，据置期限十年，偿还期限二十五年，以江苏之漕粮作抵。其表面与吾国交涉之当事人，则为正金银行。夫表面上用正金银行为当事人而政府不与闻者，不欲张大其声，招人指目，故阳为仿效向来各国贷款于吾之态度也。其贷与条件较向来借款不为苛重，且有便利者，即所以为钩饵之手段也。其必以各大银行分担出资者，其经济力不足之证，固非竭全国之力不可者也。要而言之，即善用外强中干之国势，以行政治的贷款政策之最巧妙者也。夫普通经济的国际贷借关系，其影响所及，除多在经济上外，而亦往往有及于政治上者，况处心积虑以为营谋之政治的贷款乎？此吾人对于此次借款所以栗栗危惧而不安于日本者也。

嗟乎，二十年来，日本之跋扈飞扬，亦已极矣！其注重者，大抵在武力的侵略政策，以故有甲午、甲辰两战役之胜利。今乃鉴于国际形势变化推移之局，而复参用经济的侵略政策，驱其资本以角逐于东亚大陆，以制人之死命。经济力与武力同时并进，自是而后，吾不知其所生之结果较甲午、甲辰两役更当何如耳。日本人亦黠矣哉！

噫，吾不解吾国之资政院及因此事受直接祸害之江苏谘议局有协议税法公债事件之职任者(资政院章十四条，谘议局章廿一条)，何以绝无闻问也？

吾国人素来论外债问题，皆只就经济财政方面言其利害，或间及于行政立法之事，然未尝有就外交上立言者。吾以谓外债问题与经济财政并行政立法有密切之关系，此何待言，惟此等事，各国之博士、学士已著有专书，即吾国人迻译东籍，亦汗牛充栋，惟患吾无良善之当局者采用之耳。若夫外债与外交关系，为吾国特有之现象，既无师说，则吾国人不可不亟研究之也，故不惮连篇累牍，陈言如是，阅者谅之。渔父并记。

中国古宪法复活*

（一九一一年四月八日）

语曰:“先圣后圣，其揆一也。”观于今日朝廷之立宪，不其然哉？

今古史上第一专制君主秦始皇帝之大一统也，诏曰:“朕为始皇，二世、三世至于万世。”而朝廷宣布宪法，亦曰:“大清皇帝万世一系，永远尊戴。”

近世史上第一荒淫君主明武宗之威天下也，自封为镇国公威武大将军；而今圣天子涣汗大号，亦曰:“朕亲任大清帝国统率海陆军大元帅。”

猗欤盛哉！则古称先蔑以加矣。

噫，孰谓中国古世无完全美备之立宪制度可师法也耶！

复投函者**

（一九一一年四月十九日）

昨日信义存户，投函本报，其势汹汹，称马君为信义总理。记者曰:误矣，是总董非总理也。

或问:总董有偿还存款责任否？记者曰:有商律在，请今日商会中人一研究。

---

* 本文原载一九一一年四月八日《民立报》，署名渔父。

** 本文原载一九一一年四月十九日《民立报》，署名渔父。

论近日政府之倒行逆施*

（一九一一年六月五——十一日）

自政府宣言预备立宪以来，无日不以筹备宪政为藉口，而行其集权专制之策略，甚至假政策之名，济其私利，视国事若弁髦，往往不惜犯大不韪而为之。至于近日，则益狃于积势，心粗胆大，直为种种倒行逆施之行，速国家之亡而无所顾忌。使长此不变，吾意不出十年，茫茫禹域，必断送于彼辈之手耳。呜呼！吾国民安可不鸣鼓而攻，以急图挽救之方也？

夫政府诸人，犹果是十年以前冥顽不灵毫无知觉之徒，则吾人犹不必深责，以其尚有觉醒之日可望也。而今则异是，彼辈既日日言立宪，言改制，其知非力行新式政治，万不足以图存，盖已瞭如，而乃徒务虚声，假饰面目，既无相应之知识，复无忠实体国之诚意，惟藉其威力，日日为亡国之事，自居于明知故犯之列，是可忍也，孰不可忍也！吾人今试略举近日政府举动之可谓为倒行逆施速国家之亡者如下：

（一）行政组织之卤莽灭裂也。

国势之盛衰强弱，全视其运用国家权力之机关组织为准，而内阁则尤众机关之总汇，行政之首脑也。吾人观于政府之内阁官制，则不能不令人绝望于立宪政治之前途。其全文大抵皆抄译日本之内阁官制，已不成体制，而稍有增减者，则无不成为笑柄。夫各国之内阁员，虽以国务大臣组织之，同时又为行政长官，然实则国务大臣自国务大臣，为宪法上辅弼君主之机关，内阁自内阁，为行政法上会议政务之机关，行政长官自行政长官，为行法上执行政务之机关。三者性质不同，不过就便宜上偶以同式之自然人充任焉云

* 本文原载一九一一年六月五——六日、十一——十一日《民立报》，署名渔父。

耳。其所谓负担责任，非以内阁员之资格与行政长官之资格负担之，乃以国务大臣之资格负担之者，盖国务大臣辅弼君主之故代任其责也。乃吾国内阁官制，则直视此三者为同性质之物，而第二、三条且明明规定关于国务大臣之事项。夫国务大臣须以宪法规定之，方为合理，其负担责任，既为辅弼君主而设，不得解为对于所辅弼之君主负担，而须解为对于议会负担，此理论上所必有者，而立法机关之议会，亦非因宪法不得发生者也。乃宪法上之事项，徒以一纸之命令定之，且有宪法始能明确之大臣责任，既胡乱定于其间，而监督其负责任之议会，目下既未成立，则所谓负担责任者，直无意味之空文耳。更就彼辈署名发布之上谕观之，外务部既有大臣，又复设管理事务，仍旧不改，使其大臣责任不能明确，是尤其不欲使大臣真实负担责任之明证。夫设国务大臣而不能真实负担责任，是犹与前此之军机大臣、大学士何异乎？合全国上下所延颈待命之内阁官制，而立宪政治所托命者，费数年之力而编制之，而结果乃卤莽灭裂如是，其前途不从可知乎？

更有奇异者，既有内阁官制，又有所谓暂行章程，于总理大臣外，复设协理大臣二人。夫所贵乎国务大臣负担责任者，以有专司之政务，得独立自裁以定国家之意思者也。总理大臣与各大臣皆有专司之政务，故得举负担责任之实，而辅弼君主行使统治权，吾不知所谓协理大臣者，其职务为何也？吾人观其暂行章程，只见协理大臣于召集阁议，入对具奏，带领引见等事，皆与总理大臣同等，绝无分别，而其所司政务，则毫未规定，惟于第三条言协理大臣得适用内阁官制第三、九十一条。考内阁官制第三条，为泛定国务大臣应负担责任之文，第九十一条，为详定国务大臣入对及署名手续之文，而关于国务大臣所分司之政务，则未尝一言，是协理大臣无有专司之政务，不能独立自裁以定国家之意思明矣。如是而犹使其负担责任，是不过随总理大臣之意思旅进旅退而已，不得谓为有国务大臣之实质者也;即曰辅佐总理大臣而分其一部之职务,然国务大臣既为独立自裁定国家意思之机关,总理大臣职在为国务大臣首班,定政治方针,保持行政之统一,则不容有二焉以分其权,实理所当然者;如其不然,则必不能定政治方针,保持行政之统一者也。果以协理大臣而分总理一部之责任,事事与总理同等行之,是犹与昔之以数大学士数军机大臣同掌政务不相统一者无丝毫异,其不条理而难举辅弼君主之实,可断言矣。噫！吾知之矣,盖彼辈实无真正改良政治组织之诚意,不过欲遮饰天下之耳目,以笼络人心,故抄译东邻岛国已成之条文,复不伦不类改纂增附,以保留其旧日便于营私推诿不负责任之实质,使成为非驴非马之奇观。是故改制以后,为总理大臣者,仍为领袖军机之庆王,为协理大臣者,仍为伴食军机之那、徐,而那、徐二人实际上之职掌(官制之形式上无职掌),闻系一主内政,一主外交,分总理之负担,侵各部大臣之职司,尤为政权不统一、责任不分明之现象。夫各国之内阁制度,原所以使政权统一、责任分明者也,而吾国设立内阁,其结果乃适相反,亦何贵乎?有此一番改革乎,而欲其公忠体国,共任仔肩,定大政之方针,纲举目张而实行之,岂非缘木求鱼类乎?而况乎居其位者,皆是庸愚昏暗之权贵,既无独立自裁定国家意思之才力,又复种界未泯,满势偏重,不克举调和满汉同寅协恭之效果者耳。噫,已矣！今而后,吾意所谓内阁者,将永蹈前此军机处之覆辙,为彼满人盘踞政权倒行逆施之伏魔殿,委弃国是而不顾,昧于政策而不知,非苟且敷衍以卸责咎,即滥作威福以擅权势,其结果必至国事益坏,民心益失,危亡之祸益不可救药而后止,此事有必至,理有固然者矣。夫数年来,国人引领以望,无不以为内阁一设,即可挽国势之颓败;外人拭目以待,亦无不以此举卜吾立宪成否之前途,以定其分割之缓速,而乃仅以此非驴非马误国殃民之制应之,其不能餍内外人之望亦明也。噫！彼辈之宣言设立内阁,为日已久,聚东西洋游学之政客,于宪政编查馆而搜讨之,岂不知此官制之不合政理者,而乃终以便于营私推诿之故,遂犯不韪而悍然行之,使为速亡之一主原因,吾真不知其是居何心耳。若夫内阁官制中尚有不合法理之处甚多,吾人将别为说以为评释焉。

(一)外交方针之乖谬也。

自日俄战后,吾国在国际之位置乃稍稍定。前此各国以分割、保全二义相竞者,至是乃皆变为一孔出气,尽戴假面,以相约维持均势之局,所谓门户开放、领土保全、机会均等是也。质言之,即前此因各国势力不均(其实则只俄人在满洲势力特优,有碍日本而已),故分为两派,以相角逐,至是俄退日进,两派适得其平,而各国在中国之经营,均未齐备,故相约曰暂时不得分割支那而维持现状也。以是之故,中国虽无异于处各国共同保护之下,然得以苟延余命,使我获有乘间图强之机会,则正赖有此,固不可诬者也。使我当局而稍有知识也,正宜因利乘便,务使其均势之局不至动摇,而汲汲焉改革国政,恢扩国力,俟彼等维持均势之协约解散时,而吾之毛羽亦丰满,而后进而为主动的外交,以与彼等角智斗力焉。此极安全平坦之国是,而就吾国现势而论,固亦舍此无他良法者也。乃观于近日政府之外交则不然,其当局者既昏瞶,不解国际政局为何物,而又因循苟且,视国事若传舍,无复公忠之意,至于其极,则且不恤营私罔上,学秦桧、严嵩之所为,而毫无顾忌,其于外交纵横变化因应取舍之术,固已不啻夏虫之语冰雪。其最近对外举动,有关系于国际形式之大局者,如借日本款一千万元,如借英、德、法、美四国款前后共一万万余元,皆无不与维持均势之义相背,而可陷中国在国际之位置于危险之地。夫日俄战后之国际政局,所以归于和平而得维持均势者,以侵略派之俄败退,而保全派之英与假保全派之日本有同盟之约故也。俄人一败,猝难回复,故暂抑其极东政策之野心,以俯就范围。日本亦因战后疲弊,须暂事修养,故亦欲暂时息肩。而英以欲保护极东经济的地位之故，将求一援助，而适与日本遇，故保全支那之日英同盟于焉成立。日、英、俄三国既归于好而共同一致，则德、法、美诸国亦不得不表赞成之态度，此近五六年来极东大局所以无动摇之患者，职是故耳。换言之，即真侵略派之俄与假保全派之日，皆与真保全派之英相结，而支持东亚和平之局之结果也。今者日俄二国疮痍已复，其对于吾国之关系，又有利害相同之势，方欲亟谋握手，以共临吾国，徒以尚有日英同盟条约及其他之协约，故未敢肆行无忌。以吾无主动的外交能力之国处于其间，则正不可不因势利导，使此连鸡之势得长维持若干年（能长维持一日即得一日之利），使假保全派不能猝卸其面具以与英反目，使真分割派不能猝露其锋芒以与日同盟，庶足以长保极东一日之平和，而多与我以休养之机会。今者徒以驱于感情与利己之私意，冒冒然以抵制日俄二国为标榜，而借四国之巨款，且以东三省之诸税作抵，使素无深关系之美人亦为极东问题竞争者之一员，使英、法、德、美相接近而俨然与日俄二国对抗，又以恐日本之忌嫉故，于四国借款将成未成之际，先借日本一千万元，使日本瞭然立于与四国相对抗之地位，而益便于大胆弃英而就俄。夫四国之中，德法未必真欲与日俄政策对抗者，其中坚实为美英二国。英虽与日有同盟条约，而此次四国借款之结果，亦不得不与日本利害相反。美自菩兹马士媾和以来，即窥知日本之假仁义，无日不以制日为事，此次既为借款之主动力，其有抵制日本势力之大计画，如三国迫还辽东之故智者，盖已不待言而可喻。而日本者，既失欢于英，复交恶于美，其百战所得之满洲权利，又为人所干涉，其不老羞成怒尽现其狞恶之真相以向吾者几希，而况志在混一寰宇之俄人，与之同恶相济，而皆以满洲利权被侵害为藉口，而共讲防卫之策者耶！

嘻嘻！吾意自今而后，天下形势必为一变，经济的侵略派与武力的侵略派必相为雄长，以共逐中原之鹿。其形势之分野，则美国为前者之领袖，而英为之辅，日本为后者之领袖，而俄为之辅。不出五年，日英同盟及其他各种协商条约则尽解散，不出十年，日本与美国则以干戈相见于太平洋之间，而竞争之目的物则必为极东问题之支那，而为导火线者，又必为满洲问题，或监督支那财政问题。斯时吾国若犹不克为主动的外交，以折冲于角逐场中，吾恐第二之波兰问题将复见于东方矣。噫嘻！吾思及此，吾尚何忍言，吾惟祝吾言之不中耳。夫吾人非主张不防日本，弃满洲，如某政客之謷言也，吾人固亦深以为满洲固不可不保，惟保之之道不可不慎之。前门拒虎，后门进狼，且使之相斗于室，而吾一家乃被其摧残破灭以尽，若是愚策，则吾人甚不取耳。使此次借款而无动摇均势之虞，或不分别四国借款与日本借款，而仍保其连鸡之势，则当此民穷财尽之时，正为治标之一题，固未见其不可也。又使此次借款实由于有一定之外交政策与财政政策而来，而管理之法，使用之途，亦极得宜，应付各国之方略，又有准备，虽因是摇动极东大局，而吾亦有主动的外交能力，屹然砥柱于其间，而足与列强角智斗力，且乘纷纠之机会，尽排斥日俄于满洲，则此一举，或反为吾起死回生之奇变，亦未可知。无如其实际乃与此大相反，当道豺狼，久成昏聩，已茫然不解此为何物，即国人先觉之士，再三反复大声疾呼，以强聒彼辈之耳，亦几如对牛弹琴而毫无反响，以此而犹望其挥绝大手腕，操纵各国，抵制日俄，以收回满洲已失之利权，其不谓为痴人说梦固不得也。非常之事，必得非常之人，既不得其人以语是，则宁卑之，毋甚高论，但求不再丧利权，而姑维持现状，急起直追，修内政，整军备，以俟时而发焉，固犹不为晚也。抑吾人又非反对联美之说也，日俄跋扈，求可稍缓其祸者，固莫如联结素无狡谋之美国，此固至当之理势，惟吾人所虑者，当吾尚未有主动的外交能力之时，或因是而破坏现状，不可收拾，而吾又无以为应，则大可恐，故联美之说，当以不动摇均势为限度。吾人尝私拟一策，谓宜利用美人经济的侵略策之国力，盛劝奖两国国民经济的共同事业，以相应之条件，输入其横溢之资金，开发吾生产，而不宜以政府为主名，如是则或可达吾外交政策经济政策一部分之目的，而又不至招危难之祸。其他各种方法尚夥，亦惟视当局者之善用之。至于冒犯大险，孤注一掷，由根本上以破坏国际现状之政策，或其政策之豫备手段，皆不宜行于今日者也。要而言之，外交之事，国家运命所关，不可尝试，苟出以营私罔上之所为，不顾国际形势之局，举国家之前途视若儿戏，则无不招祸者；若更妄弄策略，故起风波，自挺身以为列强之竞争目的物，而惟恐其吞噬之不速，则天下未有幸免者矣。此次三回借款，其原动力虽出于各国资本家之运动，然主持实行，则为当局诸氏，且假以诏敕，反复声明，名为政策，而糊涂颟顸，竟有如是，国家虽欲不亡，犹可得乎？噫，彼辈之肉，其足食耶！其足食耶！

（一）财政计画之茫昧也。

中国民穷财尽极矣，而政府财政则更枯窘竭绌，不可言状。去岁发表预算，至入不敷出有七千余万两之多。方此筹备宪政，苟稍有心肝者，当如何奋发兴起，以整理财政制度，开源节流，以弥缝之，方足以巩固财政之基础。乃彼辈则不然，其不能行消极的整理财政之法，则已无论，且更变本加厉，敢为荒谬绝伦之举，若恐国家破产之不速者，是亦国人所不能为之恕者也。今计其主要约有三端：

一曰抹杀财政监督权。夫预算制度及征税募债之事，国家财务行政之根本也，各立宪国无一不许立法机关有协赞之权，其效力得制限行政官署不得任意处分，此为原则，即立宪政治之精神所在也。彼辈一方既日日宣言立宪，设立资政院以为议院基础，并许以议定预算及征税募债之权，而一方则肆行蹂躏。去岁资政院议决奏定之预算案，彼辈迄今未尝依照实施，任意增改流用，加税借款，日有所闻，亦未尝有一纸书通告资政院也，甚且【且】以江苏漕粮抵日本债息，以东省诸税捐及各省盐税抵四国息，亦径以己意处分之，而绝不使资政院过问。资政院即与立宪国之立法机关不同性质，然资政院有议定各种财政事项之权，非堂堂诏敕所许与者乎？出尔反尔，虽市井无赖，岂屑为者？即曰各立宪国亦有紧急财务处分之例，然施行预算，非紧急事故可比，日本借款，前后四国借款，皆商议经年，亦非有非常紧急不能召集资政院之事由也。夫使彼辈果抱非常之见，而有一定之政策，遂不恤舆论而负责任以断行之，以行所谓开明专制，则虽不足与于立宪，亦犹可原谅，无如其距此程度尚相去远甚也，此吾人所以不能不深恶痛绝之也。

一曰不解财政政策。此次借款，其外交上之弊害，既如前述矣，而其财政上之计画，亦非完善者也。夫以我国今日流动资本之缺乏，税源之枯竭，苟欲行新事业，固舍借外债无他法者。虽然，其使用之途，管理之法，不可不讲求之，苟其不然，则未有不酿巨祸者。吾以谓既欲大借外债，则亟宜藉此以整理财政，以巩固政府经济之基础(如清丈土地、整理田赋等是)。盖政府收支既不相偿，今后百废待兴，所需国用，必更增多，而恃有限之收入，断无敷足之理，欲为根本改革，固非整理财政以增加收入不为功也。乃彼辈此次借款，徒以为修造铁路、改革币制、振兴东省实业之用。夫改革币制，诚为今日之必要，无论矣，修造铁路与振兴东省实业，虽亦有相当之理由，然权衡轻重缓急，则尤有重大于此者。使政府今后每年不敷数千万，不数年而至于贫困莫堪，或破产焉，则持此铁路与东省实业，将奚为者？不直接用之于财政的用途，而惟炫于生产的事业之美名，徒虚糜于产业、交通之经营，颠倒错乱若是，吾真不知其何所见而然也。且既得此巨款，以兴各种事业，则公债事务之机关，与会计方法，亦亟宜整理者。今上之既无相当之公债行政官署，下之又无完全之中央银行，惟恃度支部、邮传部之一二司员，与所谓大清银行，舞文弄法于其间，其所谓铁路、币制、东省实业应有特别会计法者，又含糊苟且为之，而不闻有何等之规制，其不能经理得宜必矣，此亦不能得良结果之一原因也。

一曰启外人干涉财政之端。此次四国币制借款，其契约上条件之受亏甚巨，已不具论，而最甚者，则另于约外与美国公使交换照会，以招聘外人为币制顾问相约。而道路相传，谓此顾问之权限，不仅在监视借款之使用，并得容喙于一般财政，使此事而果不虚，则是吾国之财政权已入于列强之掌握，将来之祸患，直不可言。夫以吾国之政治现象言，此次所借之巨款，将来果能如所期望于东省实业及币制款目之下，收得利益以照约偿还乎？此不能无疑者。以现政府把持政治而长此不变，吾人敢断言，无论经营何等事业，万不能收圆满之成功者，而欲以是为将来偿还借款本息之财源，此盖不可能之事也；即日能之，亦必其更以有害条件行换借法，或其他方法，以敷衍了事，而其流毒则或较此更有甚焉者也。且吾国之外债，亦不鲜矣，十余年来，政府所负于外国之各种债务，不下十五兆元，例以吾国现在之富力，已有不堪负担之势，复益以吾政府财政基础之脆弱，与此后借款之陆续不绝，将来能否悉了此债务，实不可知之数也。使此次币制借款而果不能偿还本息也，又使从来各种借款而皆不能偿还本息也，吾意各国必以保护债权为口实，而行其种种之要挟，其始则照约差押已经抵当之各种赋税，而犹不足则使其顾问监督吾财务行政，而犹不足则代吾整理财政，而犹不足则必更行吾所不忍言之最后手段。夫至于行最后之手段，而谓吾国犹有幸乎？又况经济的侵略派既得优势，而武力的侵略派必不能默尔而息者乎？噫！吾思及此，吾直不知吾同胞之死所耳。昔者埃及之亡国也，其主因盖由于外债，其始埃王惑于欧人所谓借款以营生产事业之说，借英法债以营种种官业，而国中经济现象忽呈活气，埃王及埃廷诸臣皆以为理财无上妙法，益陆续借入巨款，虽以宗主国土耳其之干涉而莫之能止，不数年，埃廷所负英法二国之债遂达于五百万万以上。积息既多，偿期又迫，而埃廷使用债款之法又不得宜，国中经济实无起色，于是偿本纳息之款皆无著，而埃廷财政益困。英人始则要求埃廷聘英人为顾问，继又迫埃廷设清理财政局，以英法人为局总局员，置埃度支大臣于重典，继又迫埃廷倍加人丁税、营业税，继又迫埃廷削减埃官俸薪及行政费，继又诉埃王于会审公堂，没收埃王内廷财产，继又胁埃王用英法人为度支大臣、农工商大臣，继又胁埃王尽废埃人官吏，代以欧人，继又胁埃王裁撤全国兵饷，勒捐贵族，继又强令埃民预纳数年租税，继又逼废埃王，拥立新主，及其卒也，遂因埃民反抗暴动之故，遣兵平乱，而埃及终亡，计前后二十年。以区区负债之故，乃至国灭种奴，可谓极尽天下之惨剧也。吾人比较而审观之，其前后情事，一与今日之中国大相类似。今日之中国，其被外人饵以财政学说，其热中于理财与企业，其不善于管理使用公债，其偿债财源之不确实，固已不让于埃及，而干涉财政第一著手段之顾问，今则又徇外人之要索，今而后，惟待其再演第二、第三之手段。噫，其不为埃及之续者几何哉！

以上三者，皆彼辈不明财政而倒行逆施之最彰明较著者。若夫其他赋税计画，财务制度，金融货币政策，皆无一不卤莽灭裂，兹犹不具述也。

（一）交通政策之荒谬也。

一国之交通机关，惟铁路为最重要，盖关系于政治之良窳，经济之丰啬，社会之文野，至深且大也，故国家之于铁路，不可不视其政治经济之社会之现象如何而定其政策。考铁路之制度有四：依其所有权而分者曰民有铁路、国有铁路；依其营业权而分者曰民业铁路、官业铁路。在崇尚自由主义尊视民权之国，则趋于民有民业；在崇尚干涉主义偏重官僚之国，则趋于国有官业；在崇尚折衷主义因时制宜之国，则趋于国有民业或民有官业。四者之中，以国有官业、民有民业为最盛，而国有民业或民有官业则极寥寥，故论铁路政策者，皆只就国有官业与民有民业之二者而言。夫二者之孰为优劣，聚讼已久，而其大要，则已略定，大抵自行政、军备、财政等之关系言，一国铁路固以归诸国有官业为便，若自经济、社会等方面之关系言，则仍以民有民业为有益，诚以尊重人民企业之权，诱起一般投资之念，与夫经济管理维持改良之法，国有官业皆不如民有民业之有效而得宜也。故德日等国趋重国有官业者，大半出于统一地方政务、便利海陆军备、筹谋财政收益之目的，而英美二国趋重民有民业者，则由于视铁路与他产业等，同以国民经济的方法支配之之结果。此盖言铁路政策者之一大标准也。

乃者吾国政府近日之铁路政策，贸贸然假边防为口实，以干路国有为揭橥，且强收粤汉、川汉二路，而借英、法、德、美四国债款六千万元，以豫备修筑，推其意，盖由于仿德日等国之国有政策而然者。吾人以谓颠倒政治之方针，阻遏人民之企业，使外人益以其经济力拊吾背，扼吾吭，而制吾死命，皆莫此为甚者也。夫今日中国之国是，应以何者为先务之急，此固不能断言，然百废待兴，当有数倍急于铁路者，则不可争之事。值此财政告窘之日，审其轻重缓急，而先举其必要者，而后一视其力以营铁路事业，方为顺序；即曰为行政国防便利之故，不得不速造干路，然彼辈所谓行政国防者，果能如其所日腾诸口者而力举其实乎？其主目的尚不能达，遂欲从事于副目的，而又不惜借巨债以为之，忝颜名曰“政策”，天下岂有如是之政策哉？且粤汉、川汉铁路为民有民业者已久，固亦政府所特许者。吾国铁路事业方在幼稚时代，民业尤宜奖励保护，使日发达，纵或以其路线为一国枢干，理宜干涉，亦只应明定法令，速其造路之期，襄其营业之法已耳，藉口政策而蹂躏人民已得权利，其与杀越人于货者何异？今而后，国民之企业家皆将栗栗危惧，不克自安，其尚望踊跃以经营各种产业耶？又况铁路事业宏大，尤非集合民力不克举者耶？吾尝观之最重国有政策之德日等国矣。德国当十九世纪之中叶始创兴铁路，原未尝有所谓官业，一任股份公司之布设，而政府不过为之补助，其后又定法律保护私人企业，如是者二十余岁，始稍稍建设官路，至千八百七十三年以后，以战胜法国获巨额之赔款，乃决定收买民路之计画，而全国铁路始什九归诸国有，此德国铁路之略史也。日本创兴铁路之始，固尝采官办主义，然不能大发达，明治十六年，遂开民办之例，许设日本铁道会社，而厚给补助，至二十年，又定私设铁道条例，许以种种特权（如收买土地特权，豁铁道免土地地税特权），以奖励民业，于是不数年民路大增，几驾官路而三倍之，至二十五年，政府自定借债筑路之计画，择全国轻要路线拟归官办，然其后不能实行，又许民办，直至三十九年，始由议会决定铁路国有法，而举债收买政策，乃得实施，此日本铁路之略史也。此外若法，若奥，若意，若比，其铁路政策皆无不先经民业时代而后改归官业，始克得良结果者。铁路国有政策之必有顺序，固如是耳。盖一国当产业交通未发达之际，铁路企业政府不易多举，必须藉国民之力，使之迅速普遍发达，俟其臻于预定之程度，然后以归国有，以行集权统一之实，而始无背于交通政策之本意，而实施此国有政策时，又宜审量国家财政之力，苟不得良善之财源者（如德国之用法国赔款，日本之募内国债），则亦不得贸然为之，此则言国有政策者之大原则也。今兹彼辈之举，乃适与此为反比例，既不循序渐进于先，复从而攘夺民业于后，置国计民生于不顾，吾真不知其果效法何国之政策而然也。不特此也，吾国自甲午败创以来，各国对我者，无不以铁路借款为侵略之先驱，东清、南满、腾越、胶济、新奉、吉长等路，其已事矣。今者英、美、德、法四国既欲专恃经济的侵略政策以为对我之方针，则其包藏祸心，当必有数倍于昔者。而吾乃复借其巨款筑路，是不啻益促成其协以谋我之势力，而授彼以把握吾经济实权之地步。虽其契约条款不如前此各路借款受亏之甚，然约中伏有隐患之处，亦不鲜见，如铁路之会计监督权（原约第十四款）、用人权（十七款）、购料权（十八款），皆被外人之占有；管理权（三款）、建筑权（十九款）、续借债款权（十五款），皆根外人之制限；甚至征收赋税，为国家之内政者，亦因抵当而规定，不得自由变更（九款）。其其影响所及，将来不但举湘鄂二省之路权全移外人之手，即国家中央财政与湘鄂二省地方财政，亦不得不受其干涉，而最后结果，乃使吾湘鄂二省变为满洲之续，甚或率先推国而为坏及焉，亦未可知耳。故彼辈之所谓收回国有，实不如直截了当谓为收回外有之为愈也。要之，彼辈实不知铁道政策为何物，惟以其便于中央集权，且当其事者，又可藉此以收冥漠中之大利，故不惜牺牲国家大计，国民权利，而拱手以赠之于人，其狼心狗肺，真投诸豺虎亦不饮其余者也。噫，今者事急矣！彼辈怙恶不悛，方挟其专制淫威，日日实行所谓政策不已，吾民稍有不顺者，且以格杀勿论之鸿典下被也。噫！吾民乎，其果薄志弱许竟听其既取我子又毁我室而不知自救也耶？

变相之割让*

（一九一一年六月十一日）

西方国际法学者之言曰："租借地者，变相之割让也。"

旅顺、大连、威海、青岛、九龙、广州湾，皆为外人所租借，而外人无不以领土视之可以见矣。令者片马问题闻又将租借与英，是西南方隅，又增一割让地也。

前此之租借，犹在沿海省分也，今则及于沿边省分矣。前此之

* 本文原载一九一一年六月十一日《民立报》，署名渔父。

租借，犹为军事目的也，今则出于商业目的矣。噫！自今而后，吾不知又将如何耳。

北方又割地矣*

（一九一一年六月十六日）

噫，中国之政府，殆以割地为遗传政策者乎？

乃者片马之租借尚未妥协，而满洲里之割让又已见告，不一月间，天南乐土与漠北雄区遂失军事上、商业上之要地二，果何所为而然耶？

满洲里者，黑龙江省胪滨府之辖境，东清铁道始入吾国境处之一都市也。其地自古为契丹人种根据，本朝初征服索伦，即收入版图，三百年来无异状也，而今乃无故弃之，可惜孰甚焉！

尼布楚城，割让于康熙二十八年矣；黑龙江北，割让于咸丰八年矣；乌苏里江东，割让于咸丰十年矣；今又割让满洲里，皆东三省之区域也。祖宗发祥之乡，而亦不爱护如是。噫！中原土地尚有幸乎？

端　　方**

（一九一一年六月十九日）

端方者，盛宣怀之替死鬼也。

盛以端久官湘、鄂，欲借以镇摄人心，以达其送路借款取扣头之目的；而端则以怀才莫展，赋闲不耐，遂亦欲利用此机会，以大放其饿虎饥鹰之伎俩，故铁路督办之命下，而端欣然就道也。

---

* 本文原载一九一一年六月十六日《民立报》，署名渔父。

** 本文原载一九一一年六月十九日《民立报》，署名渔父。

虽然，吾闻湘、鄂人闻格杀勿论之严谕，而欲致死于政府也久，又以为射人必先射马，故皆指目于端焉。

噫，盛宣怀何智而端方何愚！

近日各政党之政纲评*

（一九一一年六月二十三日——七月十五日）

比年吾国朝野上下，鉴于世界之大势，奋发兴起，汲汲焉竞言立宪矣。于是乎有热中功名之政客辈，挟其所简练揣摹之法政知识，欲以问世，藉取卿相，窥知凡立宪国不可无政党而可以利用之也，则奔走呼号，若狂若醉，以致力于政党之运动。其以此为救中国唯一之手段，果得当与否，固犹不具论，但既言政党运动，则必确有完全之组织要素，此固理论之所应尔，而亦东西各立宪之国历史所明示者。乃观于今日京中所谓各政党之情况，则不禁令人大失望于中国政治之前途，而深悲国民政治能力之薄弱也。夫政党组织之要素不一，而其为最重要之一端，且为政党作用之最大武力者，则为政纲，未有政纲不善，而犹能存立活动于政治界者也。近日京中所谓各政党，其举动之不洽人意，无大政党态度已不论，而其所发表之政纲，往往刺谬不通，即文字间亦多作外行语，于此已可知其所具知识与所抱政见之如何。彼等果能任改革政治之事业与否，中国前途果有所必需于彼等之所谓政党与否，皆可测定之。噫！吾国人尚望政党政治之发生，以督促立宪之成功乎？吾人不敏，兹取各政党所发表之政纲，单就论理上略为评释，以为世之人有志研究中国政党前途者之一助，并以商诸各政客焉。

（一）宪友会

宪友会者，闻即谘议局联合会之脱胎。会员大抵多各省谘议

---

* 本文原连载于一九一一年六月二十三日至七月十五日《民立报》，署名渔父。

局议员，固不乏通达政理之士，然文盲无识，趋附奔竞之客亦不鲜。其成立在本年四月，未成立前，闻已有种种之暗潮，或因此暗潮之故，而铮铮佼佼者，尽已作壁上观乎？其所发表之政纲，都凡六条：一曰尊重君主立宪政体；二曰督促联责内阁；三曰整厘行省政务；四曰开发社会经济；五曰讲求国民外交；六曰提倡尚武教育。

一、"尊重君主立宪政体"，意义甚为漠然。夫政党者，其目的在欲得政权，以己党之政见，为国家之政策，而实行之者也。而政纲者，即为其一党政见之外形的纲领，故制定政纲之条件，至少必须有二：㈠其方法必为积极的，而不可为消极的；㈡其事项必为未来待行的，而非现在已成的。此理论上所应有者。苟其为消极的方法，则任其自然进行已足，苟其为现在已成的事项，则听其依然仍旧已足，皆无有定为一党政见以谋实行之必要者也。若该会之所谓尊重君主立宪政体，果何指乎？自其文义言之，其所谓君主立宪政体之一名辞，盖指君主国体与立宪政体二者而言，尊重云云者，即尊重此二者也（或曰文义虽如是，实则其真意盖指君主的立宪政体而言，其"君主"二字为形容词。然原文既无"的"字，则不能解为形容，故只得解为二者平列之语，以国体混为政体尤非）。夫既生活于现在主权者统治之下，则现在已成之国体，自不能不承认之。现在主权者之为君主国体，固已行之三百年未尝变者，该会亦既服从已久，奚须揭为政纲，以尊重之，以成为蛇足者？其所谓立宪政体，前年发布明诏，已宣扬确定，今所缺者，惟在实行，该会而果欲以实行立宪政体为将来之政策乎？则于政纲中，不可仅云尊重，须明确宣言曰"革除专制政体，以实施立宪政体"，方为合理，徒事消极的尊重而不谋积极的实行之法，则所谓立宪政体者，仍听其自然进行乎？天下岂有如是之政策哉（盖尊重之意系意思的，而实行政策之意系行为的，故"尊重"二字不得谓为政策也）？此其谬一也。

二、"督促联责内阁"，意义亦欠明瞭，使人不知其目的何在。按"联责内阁"四字，盖指应负联带责任之内阁而言，督促者，即督促此应负联带责任之内阁，此固易解得者。虽然，凡政党之政见，皆必有目的存焉，苟无目的，则不成为政见。今试执孩提之童，而语之曰："汝其督促某人。"则未有不瞿然惊惑，以督促其人作何事来返诘者。盖徒云督促，不过仅示以主体的作用，而无客体的目的物，不能成理论也。今该会之所谓督促联责内阁，其目的果何在乎？无论吾国今日尚未见有所谓联责内阁，即已有之，且乐听该会之督促，而既不明言督促其作何事，则虽乐听之，而将何所适从耶？岂有无目的而犹可督促人者耶？今试再假粗浅之文法学规则言之。有一主语于此，则必有一客语，客语之繁复者，则必又分为介语、目的语等。如《论语》云："子路使子羔为费宰。""子路"，主语也，"使子羔为费宰"，客语也，而"使子羔"又为介语，"为费宰"又为目的语。又如该会果邀幸获殊遇，一旦上谕从上降，谓："宪友会干事某著补授内阁总理大臣。""宪友会干事某"，主语也，"著补授内阁总理大臣"，客语也，而"著"又为介语，"补授内阁总理大臣"又为目的语。此等诸语，在一文中，皆万不可省略，而目的语为尤甚，苟缺目的语者，必不成文理。如《论语》若仅曰"子路使子羔"，则必不通，上谕若仅曰"宪友会干事某著"，则该会必不奉诏矣，此非最易知之理乎？该会所谓"督促联责内阁"，其主语以政纲条文前有该会名称，可以省略，虽不妨事，而客语中惟有介语而无目的语，不谓之不成文理实不可得。夫天下未有不成文理而犹能见诸实事者，以此而定为一党之政见，拟为一国之政策，真可谓天下之奇观也。有为之说者曰："督促联责内阁，非以一定之目的督责之也，盖联责内阁，必自有其政见，以定为国家之政策，该会惟泛泛督促其实行此政策而勿懈，故不必专指一目的，以督责之也。"然而果如此说，则是大背政党之原则也。吾不言之乎？政党者，其目的在欲得政权，以己党之政见为国家之政策而实行之者也。既欲实行己党之政见，则己党以外之人所组织之内阁，无论为联责与否，其政见苟与己党异者，皆不可赞成之，此政党之普通原则如是也。兹该会既自命为政党，俨然有所谓政纲，不已有一定之政见乎？其心目中所指之联责内阁，所属党派如何，虽不得知，然其政策必不能尽与该会之政见相同，则可预料者，而谓可泛泛督促其实行耶？果为如是之督促，则必己党毫无政见，且无欲得政权之心，其尚得谓之为政党耶？或又曰："是等评释均不当。盖该会之政纲，实以使内阁负联带责任为目的。"夫使是说而果不虚也，则该会之政见，尚可谓有差强人意之处，无如吾人解释其政纲之文意，不论如何反复推求，总是寻不出有丝毫似此之意思。盖以文法言之，"督促"为动辞，"联责内阁"为名辞，而"联责"二字又为"内阁"二字之修饰语，故所谓"联责内阁"，只能解为"联责之内阁"，万不能解为"内阁之联责"，所谓"督促联责内阁"，亦只能解为"督促联责之内阁"，万不能解为"督促内阁之联责"也。使该会而果有是志也，吾意其必更易其辞曰"督促联责内阁之成立"，或"督促内阁负担联责"矣。夫何至故为颠倒其辞，而使人易于误解如是也耶？此其谬二也。

三、"整厘行省政务"，意义亦太广泛，且偏于消极的方面。推该会之用心，盖实欲改革地方行政，故有此条之规定，但用语既不确当，且法学上之观念又欠明晰，以是其所标目，猝观之似亦通达，而细按之则实无何等之意识。夫"整厘"二字之解释，吾人虽不必求之《说文》、《玉篇》，而以解为"整理厘正"之意，当不甚远，"政务"二字，解为"行政事务"，当亦为该会所不反对，以是而释"整厘行省政务"一语，则亦不可不解为"整理厘正各省行政事务"，此固理论上之所应尔也。当此地方政治腐败垂极之际，夫孰敢谓行政事务之不宜整理厘正者？虽然，既欲改革地方行政，则不可不有根本上之目的与方针，未有不先注重于根本上之目的与方针而能奏改革之效者也。今夫地方行政，有其主体焉，施行政务之机关是也，有其作用焉，处理政务之行为（行政规则命令）是也，是皆可称为改革之目的也。此行政主体与作用，又有其损益张弛之道焉，或重集权，或采分权，或趋官治，或尊民治，皆须因时制宜以为用者，是皆可称为改革之方针也。该会而果欲实行改革乎？则必积极的正其目的，定其方针，而从事焉，而后乃能举改革之实耳。行政事务者，所谓簿书钱谷有司之事，不过行政之客体与行政之主体作用，皆不同其性质，而整理厘正，亦不过消极的整理其秩序厘正其条理之谓，不能使行政之主体作用有所损益张弛于其间而获有方针者也，其不得谓为根本上之改革彰彰矣。夫以堂堂之政党而言改革地方行政，而从其政纲之意义实行之，乃其结局，至不能得根本上之效果，则此政纲尚得谓之为适用耶？果不明"政务"二字之意义而漫然拟定之者，则为荒谬，果已明其意义而故意采之以为政见者，则为无识，要之，其不成为政党之举动，则已明白可断言矣。此其谬三也。

又"行省"二字，该会盖袭用俗称，实亦不通。行省之称，始于元时。元制中书省，设于京师，又于地方设行中书省，置官皆略相同。其行中书省，虽散在各地方，而实为中央政府之分立机关，如明之巡按御史然。其称曰"行中书省"者，犹如当时之行尚书省，行枢密院，及南北朝时之行台，明时之行太仆寺，因有中央之总机关，故分机关乃加以行字也，其后渐用之以为地方区域之称，又略曰"行省"。明初亦因元制。洪武中叶，因废中央之中书省，遂并罢行中书省，改置布政司，由是经制上无行省之称，惟习惯上相沿旧称，往往仍呼为省。有清受命，设督抚为地方长官，居布政司上。督抚为兵部、都察院兼差，故称部院，然地方区域，则不可以部院称之，又不能仍称为布政司，故不得已通称省，实则有清之地方区域，无经制之称呼，而学人墨客，食古不化，或好用古名称者，则仍称曰“行省”，及于今日，官家文牍，亦多用之。此即行省之称之所由来。然考其原始，既为对于中央之称，则必有中央之“本省”而后可称曰“行省”，如商肆必有本店而后可称曰支店，工场必有本厂而后可称曰支厂，此理论所当然者。且朝廷立法，经制上既无行省之名，更不宜背时王之制，妄用不通于论理之古称也。学人墨客流俗之辈，舞文弄笔，援用古称，炫为词华，自是别有理解。政党之业，方欲乘运利见，会百王之制，斟酌而损益之，以经制垂天下，岂可与文学词章之例及流俗之习同语，而蹈于不学无术之讥乎？该会并此不知，公然以“行省”二字揭橥於于纲，号召天下，其陋劣直可笑煞。昔有撰《苏州府志》者，题曰《姑苏志》，就正于吴梅村。梅村曰：“睹其名，即可知其书不通。夫志苏州者，自应名《苏州志》，今称‘姑苏’，将志姑苏山乎？抑志姑苏台乎？于理未达，何寓目为！”噫，是不可执以读宪友会之政纲耶！

四、“开发社会经济”。此条亦似顺适，惟用语不知选择，故界限亦不甚明瞭，今试细释其意义。所谓社会经济者，果何物乎？泰西学者说“社会”一语之观念曰：“社会者，人类协同生活之一定关系体也。”又说“经济”一语之观念曰：“经济者，人类取得财货而使用之以满足欲望之行为也。”此盖“社会”与“经济”二语之普通意义，可谓近于正当者。此外流俗习惯，社会之称，有用为世间者，有用为团体者，有用为人类者；经济之称有用为俭约者，有用为利益者，有用为财货者，皆偏颇不当，不足以语于大雅之林者也。今之所谓“社会经济”，将从流俗之见以为解释乎？然取此二语配附上述之各义，联缀而读之，无论何者，皆不能成为有意味之一观念，而资其取为开发之目的，该会虽茫昧，当亦不至如此之甚。除是以外，则惟有从普通意义，以为解释之法，从普通意义以为解释，于是乃不能不发见其卤莽灭裂之怪状矣。夫人类协同生活之一定关系体，虽不必包人类全体而说，然亦不能专限于一国家、一国民之范围，则可得言。人类取用财货满足欲望之行为，虽为关于国家生存之要件，然其作用极为广漠，部类亦甚复杂，不能即指其行为，以为国家开发政策之目的物，此亦可由理论推得者。方今中国民穷财尽，已达极端，夫苟欲行开发之政策，则必于经济之作用中，专取其积极的作用（尤以生产为主），振作而兴起之，而其范围又必以吾之国家及国民为限（吾试为拟一语曰开发国民产业），乃始为可。今该会漫然以开发社会经济为言，吾不知其所指之目的与范围果何在。夫徒云经济，甚泛也，吾焉知其开发之目的不在消费经济或分配经济乎？徒云社会，至无定也，吾又焉知其开发之范围不在广大之全人类社会或狭小之家族社会乎？然此果能符于该会政纲之主义耶？虽该会实行其开发政策时，自然有一定之归究，不至生起何等之大害，然理论上既已不完，则欲持以号召同志，扩张党势，期于攫得政权以实行其政策，又何可能乎？或曰："社会经济者，社会的经济也，该会殆欲行社会主义的经济政策者。"虽然，此解释亦不可谓正当。夫果指社会主义的经济政策而言，则径云社会政策足矣，何须咬文嚼字，称曰"社会经济"而后可者？且即如所说，然单就经济而云开发，要不谓之有语弊不可，不得以是而遁免也。噫！不明经济学上之观念，而滥用术语，至陷于不通之弊，如是而谓有健全常识之政党为之耶？此其谬四也。

五、"讲求国民外交"，语意亦歉混淆，且亦非可以云政策者。盖国民外交一语，可下二种之解释：一国民自为外交上之主体，而与他国交涉之意；一政府为外交之主体，而外交政策及缔结条约，须从国民舆论之意。该会所指果为何乎？若以属于前说，则未免太无意识，国与国间原无许国民自为权利义务主体与他国政府交涉之例，惟国民与国民间，则往往有之，然此非政府之外交，不必以政府为主体而始能行之者。政党之目的，既在欲得政权，以政府为主体而实行其政见，则凡非政府所当为之事，皆无有定为政见之必要，藉非然者，必其所谓政党，只有形式而无实质，不能别于学会、研究会、讲习会等者也，然此政党者尚有何存在之必要耶？若以属于后说，则虽可定为一党之政见，然徒云讲求，又为不负责任之言。夫当此政府昏庸外交不振之日，欲以舆论补救外交之失败，固为适宜之方法，然此亦非空言讲求所能有效，必见诸实行焉而后可者。以该会之位置论之，或主张于既得政权之后行此方法，或主张于未得政权之先，以政党之力监督其必从舆论，皆无不可，然要之皆非一讲求焉即可了事者也。堂堂之政纲，而不谋实行之道，则何如改为学会、研究会、讲习会为愈乎？夫漫然言国民外交，而不分别其以何者为主体，已失之模糊，乃所指之目的，又不谋所以实行之，则此政纲必不能成为国家之政策，不已可知乎？此其谬五也。

六、"提倡尚武教育"。此条颇明晰，在该会政纲中，当推为首，惟徒言"提倡"二字，亦失之太轻。盖政党之政纲，既拟政府为主体而言，则言教育政策，亦不可不谋实行。提倡云者，一私人团体皆可为之，非必限于政府，故欲行尚武教育，不如径言"振兴"或"励行"之为得也。此其谬六也。

总观该会发表之政纲，大抵其精神盖欲趋重于国民一方，而未尝注意于国家，趋重于该会自身，而未尝注意于政府，趋重于消极方面，而未尝注意于积极方面，趋重于研究，而未尝注意于实行，此其受病之大原因。故其立词，遂遗本就末而多失体之处，要皆其会员之无政治常识，有以致之也。若夫就实际上之利害论之，则尤见其不知先后缓急轻重之故焉。夫该会各政纲虽不得要领者居多，然依其文字，就其相似者以分部类，则除第一、二条言政体外，其余者只属于地方行政及经济、外交、教育之二三事项，而并未及其他。夫国家之大，政治之繁，岂仅区区二三事项所能包括者？方今吾国百废待兴，重要不可缓者，吾意其犹多有之，何所见而必先有事于经济、外交、教育也？今夫财政者，非维持国家之命脉所必需者乎？军备者，非保卫国家之安全所不可少者乎？即此二端，固已无一非今日所应汲汲有事者，果有何方针而整顿之，此尤言政党者所宜考究审慎而定为政见以昭示天下者也。在今日之中国，以与经济、外交、教育之三者较，则孰先孰后，孰缓孰急，孰轻孰重，不尤瞭如指掌者乎？乃该会不是之察，竟颠倒错乱如是，犹复大声疾呼以簧鼓天下，而天下亦将受其惑，其殆所谓国家将亡必有妖孽者耶？噫！

（二）帝国宪政实进会

帝国宪政实进会，资政院钦选议员居多数，若衡以外国民、吏两党相对之例，而假呼他会为民党者，则该会亦可僭称曰吏党（官僚党）。其会员皆是顽固老朽之辈，其政治知识之程度，较宪友会尤低下。其成立在去冬资政院开会期间，即争议新刑律之蓝票派，以维持礼教为名，而主张无夫奸有罪说者。其所发表之政纲都凡十条：一曰尊重君主立宪政体，使上下情意贯注，保持宪政之精神；二曰发展地方自治能力，俾人民事业增进，巩固宪政之基础；三曰体察现状，筹政治社会之改良；四曰详核事实，图法律制度之完善；五曰讲求经济，谋财政前途之稳固；六曰振兴实业，图人民生计之发达；七曰注重国民教育，以收普及之实效；八曰提倡移民事业，以达拓殖之目的；九曰研究外交政策，以固国际交涉之权力；十曰筹画军事次第，期成完全健足之武备。此十条之中，大半文理不顺，意义不明，用语不审者居多，而词句冗长重复，两两相比，令人如读云南昆明池上大观楼之对联，尤可捧腹。今择其最谬者，评释如左：

一、第一条，所谓"尊重君主立宪政体，使上下情意贯注，保持宪政之精神"，其意义广漠，无积极的性质，与宪友会政纲之第一条相同，惟下更接以无意识之二语，画蛇添足，微有异耳。已略评于前，不复赘。

二、第二条，所谓“发展地方自治能力，俾人民事业增进，巩固宪政之基础”，文意不通已极。地方自治能力与人民事业，果为何物？吾百思之不得其解，无已，则惟有解“地方自治能力”为“地方人民施行自治时所需之能力（如人民自治之知识等）”，解“人民事业”为“人民所经营之企业（近来普通术语皆以事业为人类用劳力资本而经营之企业）”，或可近似。然果如是，则吾又不知其果有何关系而可联缀为一政纲之目的物也。夫就地方人民施行自治时所需之能力而谋发展之道，为教育政策上之事，就人民所经营之企业而言增进之方，为产业政策上之事，地方自治能力虽发展，不必人民事业即因之而增进，人民事业虽增进，亦不必地方自治能力即因之而发展，两者原风马牛不相及，岂得如该会之所云云者？该会并此而不之知，是直绝无政党之常识，而犹以昔时所最得意之搭题文法应用之者也。推该会之用意，盖亦不过欲使地方自治发达，以养成人民之政治能力，惟以欲与第一条字面相对为偶，且不明法学上观念之故，故用语不免外行，遂演成东扯西拉之奇观。噫，其愚之不可及如是，是亦不可以已耶！

三、第三条，所谓“体察现状，筹政治社会之改良”，亦令人莫知其所指为何。盖政治社会一语，解为政治与社会二者亦可，解为政治的社会亦可。该会之目的，果属何说乎？若以属于前说，则该会全部之政纲，何一非改良政治者？既用列举法罗陈其条目，又奚须再用概括法以提出其纲领乎？社会改良说，为社会革命之一种，该会开化虽速，岂有胆力，敢唱此主义耶？若以属于后说，则政治的社会者，大之即国家与自治团体等，小之即政党与其他之政治结社等，该会岂皆欲为之一一改良其组织乎？吾意该会虽愿力宏大，犹不能有此气概，且天下亦未见有如此空漠不得要领之政纲也。要之，无论属于何者，皆不能自完其说，此实本条之奇观也。

四、第四条，所谓“详核事实，图法律制度之完善”，亦漠然无著，且实为画蛇添足。今试问该会诸人，果已通晓“法律制度”四字之意义否乎？吾意其必尚未能通晓，故漫然以法律与制度二者并列。夫法律者，国家经正当立法手续而发布之之法规，与命令相对而称者也。制度者，则国家一切法的形式之总称，不问为法律与命令者也。两者观念各异，而范围亦不同，不得拉杂并为一名词，亦不得平列为二物者也。是其称谓既已不伦矣，且以国家政治之作用言，立法与行政为平剖的分类，各种政务若外交若财政若军事，为立剖的分类，其统系已不相同，而法律则为立法作用之目的物，于各种政务皆跨有其半截，尤不得抽出之以与各政务并列。今该会全部政纲，既列举关于各政务之政策矣，试问何一不须以法律规定者？又奚必东扯西拉，再举其跨于各政策中之法律，亦拟为政策而后可乎？又况制度既为法的形式，大抵对于已成之现象而言，更不可以云政策者耶？该会于法学上各观念，绝无常识，惟知以耳食所得诸新名词，胡乱联为若干条，遂成此不伦不类之怪状，其真无驳诘之价值者耳。

五、第五条，所谓“讲求经济，谋财政前途之稳固”，第六条，所谓“振兴实业，图人民生计之发达”，此一联可谓稍近通顺，但用语亦有不当者。如“讲求经济”一语，与宪友会政纲所谓“开发社会经济”者，同一毛病，而又外行。经济与财政，固甚密切，然财政专属于政府经济，且实为其作用，而泛言经济，则国民经济，社会经济，以及各种之经济体、经济物，皆在其内，并非政府经济之作用，与财政无直接之关系；又其性质，非可以徒事讲求之物，即日日讲求之，亦不能使财政稳固者也。且下文所谓“振兴实业，图人民生计发达”，正一国经济作用之大部分，“讲求经济”一语，正宜用于此处而后可者，何所见而必须以经济专属之财政，以实业专属之人民生计乎？此亦不可解者也。

六、第七条，所谓“注重国民教育，以收普及之实效”，第八条，所谓“提倡移民事业，以达拓殖之目的”，此谓一联亦可稳妥，在该会各政纲中当推为首，惟两条之末一语，不免有赘疣之观，仍不脱八股笔法耳。

七、第九条，所谓“研究外交政策，以固国际交涉之权力”，此条又蹈不通之弊。“国际交涉”云者，乃各独立国相互间之交涉之谓，既为独立国，则只有权利义务之关系，无论何方，皆无所用其权力，盖“权力”云者，乃在上位者对于在下位者所施之意力，为不平等之关系。而国际交涉，两方既为平等，则自然不能发生权力云云之一观念，虽国际法上有所谓自主权，自卫权，亦不过国家权利之一种，与权力之性质不同者也。今之国际交涉云云之下，而系以“权力”之一语，岂非以冰炭不相入之二物而混为一团乎？且国家政策之为物，亦非空云研究所能竟事者。政党之为用，原拟以政府为主体，而实行其政策，徒以研究为目的，又何能举政策之实耶？是其不明法学上之用语，不明政党之作用，又莫此为甚也。

八、第十条，所谓“筹画军事次第，期成完全健足之武备”，此条亦不成为政策。“筹画军事次第”云者，吾人实不解其文义，以意揣测之，盖欲就军备政策之施行手续，而筹画其先后次序之谓。使此揣测而果不诬，则该会实尚不知政策为何物。夫政策云者，举一政务之全体而定其方针者也。手续云者，乃于既定之方针中而定其施行之先后次序者也。政策为根本，手续为枝叶，政策为纲领，手续为条目，未有根本不植而枝叶先茂者，亦未有纲领不立而条目先具者。今该会既知言军事矣，则亟宜首先立军事之大方针，扩张耶，缩小耶，防守耶，进争耶，重海军耶，重陆军耶，皆须察其利害，审其轻重缓急，而决定之而后可者也。乃不是之务，徒知以筹画军事次第为言，吾不知其果为关于军事上何政策之次第，且将基于何方针而筹画之乎？又安保其非仿行前岁朝鲜解散军队之政策而筹画其次第者耶？噫，如是之政纲，而犹欲“期成完全健足之武备”，是真亘古未闻之奇绝政策也！

总观宪政实进会政纲之全部，大抵尚不知政治法律为何物，其条项虽及于各方面，较宪友会为稍多，然亦非实感其必要，且能明其本末先后而以有组织的精神贯注之而审定之者，不过贸贸然扶拾世俗所流行之口头禅的法政名词，填于纸上，而又不能脱离咬文嚼字的笔法，故其条文虽多而不完，其文义似通而非通，惟成数联非驴非马之八股四六文而已也。至语于政治之方针，政策之统策，则支离灭裂，见笑大方，真可谓无批评之价值者矣。噫，公等乎，今而后，其尚努力再学速成法政数年，再在资政院实地验习数次焉，庶乎其有进步乎！

谢投函者*

（一九一一年六月二十三日）

昨有某君投函曰：“贵报前日新闻中有关于回回之记事，‘回回’二字加以犬旁，作‘徊徊’，似为杜撰，殆袭昔日尊己贱人之故见欤？”

记者读此，深愧编辑访稿不检。夫习惯上素有以恶称加诸各种之习，此盖宗法社会时代之遗风犹有存者。今而后，吾人当力除此习，不独“回回”为然，“回回”以外各种人之称名，其文不雅驯当更易者，更不鲜，如广东“客老”或作“犵狫”，贵州“仲家”或作“狆家”，四川“罗罗”或作“猡猡”，云南“潞人”或作“獠夷”，“求人”或作“狳夷”，“力些”或作“猓猓”，皆是也。既得君警告，爰并举之，以劝国人焉。

* 本文原载一九一一年六月二十三日《民立报》，署名渔父。

新刊批评*

（一九一一年六月二十三日）

比年以来，新书群出如鲫，其学淹贯，而文雅驯，可以语于著作之林者，不鲜也；而择焉不精，语焉不详者，亦往往而有。缀学之士，颇难于精辨理焉。记者不敏，师外国绍介新刊之例，于乍出版书籍图经，得览观者，辄籀其大旨，施以月旦，期稍稍有裨益读者，固不敢云悉中肯，而学问商量加邃密之义，则敢窃比之，其或庶几耳矣。渔父识。

《九朝野记》

明祝允明撰，上海时中书局重刻，都四卷。考《明史》，允明字希哲，号枝山，南直长洲县人。著有诗文集六十卷，杂著百余卷。此书不著目《明史》，盖当时已散轶者。同治时，新阳文李楷校刊此书，为作序，谓有祝籽菴者，访求得之云。书所述起明祖开国，逮于神宗嘉靖之季年，凡九朝遗事轶闻，皆略具之，而有明一代典章制度因革损益之故，政治得失之林，史不具载者，亦多所考见，所谓杂史类中之铮铮者也。发行所同局，价金四角。

《觚賸》

钮琇撰，上海时中书局重刻。分正续篇。正篇八卷：曰吴觚者三；曰燕觚；曰豫觚；曰秦觚；曰粤觚者二。续编四卷：曰言觚；曰人觚；曰事觚；曰物觚。书作于康熙时，曾见四库书目中。所记胜国之末有清之初遗闻轶事，往往足补正史之阙，而神仙鬼怪，亦并及之。其文幽芳，而意深远，较阅《薇草堂笔记》等书，当有过之无不及也。发行所同局，价金六角。

---

* 本文原载一九一一年六月二十三日《民立报》，署名渔父。

东南各省水患论*

（一九一一年七月一日）

呜呼，数十年后，吾东南半壁之民其尽鱼乎！何水患如是之日甚耶？

顷来警报频仍，湖南猝发大水，沿湖州县，皆成泽国，常德以东，无复完土，为自古未有之奇祸（参见昨日本报），其余湖北、江西、安徽、江苏各省，亦无不同时告警，宛然叔季乱世、天灾地变、遍处丛生之象，是果何故以至此耶？

吾思之，吾东南水患，不自今年始也，远之实在百年以前，惟不甚巨，近之则十余年来，逐渐增甚，每发必成大患，至于近岁，益臻惨剧，怀山襄陵之状，滔滔皆是，几无宁岁，今年盖亦逢其适应为厉之岁，特更又增甚焉者耳。今而后，使不探本抉源，为根本的救治之法，吾恐泛滥之祸，愈久愈烈，与年俱进，吾大湖南北长江上下数千里之间，求其有幸，不可得矣。

今试言东南水患之大原因，盖有二焉：一水源地山林之滥伐；一水流地泄水潴水场所淤塞。夫山林之能缓杀水患，此东西各国治水之常法，凡河川水源地，无不殖有广大之森林，国家设监理之法，以奖励之，甚或置为政府专业，直接经营，故能保和水源，巩固堤防，使无暴发之患，即偶发亦不能为巨厄，此固治水政策上所万不可少者。吾中国东南之水道，以长江为归宿。其水发于藏卫之间，汇合滇、黔、巴蜀诸水，出峡东下，始奔放于平原，复纳沅、湘、汉、沔、章、贡诸水，以入于海。其本流与各支流之水源地，皆在上流山谷之间，在昔大率为蛮夷窟宅之区，榛柸未开，人迹至者鲜，故山林多未斫伐，足以保和水源而不至有大患。近世纪来，吾国殖民发

* 本文原载一九一一年七月一日《民立报》，署名渔父。

达，中原族姓迁往滇、黔、巴蜀、湘、鄂诸山谷间者，逐年增多，以是各处森林皆为其斲伐者不鲜。在上者既不知虞衡之政，在下者亦不解种（种）<植>之术，遂使山林荒芜，到处童山濯濯（长江一带之木材，大抵皆自湖南贵州而来，然近年有减少之势可知矣），一遇春冰融解，雨水猝发，不能吸收水力，缓杀水势，直任其冲刷泥沙，挟以俱下，而下流受水之量，既未增加，甚或减缩，则势不至横溢泛滥不止。观于近年，湖（年）<南>西路之伐木最盛，而遭水患亦最烈，可得其明验矣。所谓水源地山林之滥伐为水患之一原因者此也。

昔神禹之导江也，一则曰东别为沱，再则曰东迤北会于汇，三则曰东为中江，东为北江，约而言之，即广开泄水之途，豫备潴水之地之谓也。吾尝西至江陵，南泛洞庭，北游夏口，东历吴越，观其山川之形，考其陵谷变迁之迹，而得禹贡之直解释三焉：一江自荆州分一支南为虎渡河、会澧水入洞庭者，当为禹贡江水正流，而石首监利之江当为沱；一蕲州以东太白诸湖，当为禹贡彭蠡；一自安庆以下今之大江，当为禹贡北江，自芜湖以东石臼诸湖，迤逦而东南，入于太湖者，当为禹贡中江。此说与自来解禹贡者不同。盖自今荆州以下，适当沅湘等九江之冲，非别之为沱不足以分其势，蕲州以上，适有汉水来入，非引之为汇，不足以缓其流，安庆以下，众水皆会，非分为二江，不足以杀水力，故当日施功之主眼，注重于此三处，使上下数千里间，皆因此泄水潴水之法而告奠安也。此吾国治长江水患之鼻祖，而足为千古不易之良法矣。后世江流变更，言治水者不明此意，且妄释禹贡地理，聚讼纷纷，致使先圣遗迹，湮没弗彰，而长江水患逐渐多有。上游诸处，明时尝开诸穴口，以疏水势（今荆州之郝穴，黄州武穴皆是），又禁止开垦沿江诸湖淤地，以免与水争地，犹有神禹遗意。乃及于清，旧制颓废，沿江诸穴，不知何时悉皆湮塞。洞庭淤地既多，人民竞来筑圩构屋，使容水之地日隘，于是水患遂渐增甚，一遇巨涨，荆州以下之江狭不能容纳，则溢出于虎渡河以趋湖南，黄州以下之江狭不能容纳，则泛滥于沔阳诸处，使上游之水益阻塞，而洞庭南北以淤地既多之故（前洞庭淤地已垦者，今设立南洲直隶厅治理之），亦不能纳水，则势不得不横流于沅湘之间。此上游之水患也。下游诸处，自禹贡中江湮而北江独为正流，已有水满之患。唐宋以后，江口泥沙淤塞，岛屿丛生（崇明诸岛生于唐时），以致水流益不能畅。数百年来，淤积逐渐加甚，迄于今日，崇明北口，巨舟不能通航，其浅狭可知，故上游及附近一遇增水，安庆以下即成洋溢之势，其受祸虽不如湘鄂，然逐年增大，伊于胡底，正可虑耳。此下游之水患也。要之，上下游皆由于无泄水之途与潴水之地，故皆不能免横流之祸如是云耳。所谓水流地泄水潴水场所之淤塞为水患之一原因者此也。

然则救治之法何如？曰原因既明，则惟从其原因速施功焉可矣。今试以鄙意，略举一二：一，决定林业政策，并广殖水源地森林；二，疏导洞庭湖；三，广开荆州以下黄州以上分排水势之支流；四，择废各垸田圩地之无良效者；五，浚渫江口；六，规复中江旧迹。果能行此六者，则长江水患庶乎减矣。虽然，此又安能望诸现今之政府耶！

极东政局之转变*

（一九一一年七月二日）

呜乎悲哉！经济的侵略与武力的侵略派其遂交绥于东亚大陆，而吾国乃真为彼等竞争之目的物矣。呜乎！吾国人其尚未之知耶？其尚未之知耶？

观昨日本报伦敦专电之语曰："日俄两国驻英法之大使联合抗议于英法两国，要求修改四国币制借款合同第十六条，谓日俄两国

* 本文原载一九一一年七月二日《民立报》，署名渔父。

在满洲有特别利权，不应不准参入”云云。噫！此非最凶之噩耗乎？胡为乎来也？

夫此次英、法、德、美四国贷巨款于吾国，其形式虽曰改革币制，振兴满洲实业，然含有绝大之政治上性质，则固人人所公认者。政治上之性质为何？即中国欲抵抗日俄之势力于满洲，而美国适不快日本之举动，故亦(耸)<怂>恿中国抵抗日俄，而此次借款，则中美两国将实行此计划之第一步是也。以是之故，日俄两国必不甘心，亦势力之所必至。吾前者著论，谓日本因此次借款之故，其百战所得之满洲权利为人侵害，必将老羞成怒，尽现其狞恶之真相以向吾，而俄人亦必与之同恶相济(见五月十四日社论)，盖即以理势推测，其当如是耳。今则不幸而言中，日俄果有抗议之举动，虽其结果尚未可知，然吾国在国际之位置与将来之命运，必因此而大受变化以陷于极危险之域，则固可断言者也。

考合同第十六条之原文曰：“各该四国银行，非得度支部允许，不能将所认之借债递交别家银行，无论同为一国与否。”盖所以规定债权移转之条件者，日俄抗议此条而欲修改之，其目的果何在乎？以吾人之私意推之，盖日俄二国事前所以不谋参入于此借款者，欲不与英美各国之经济的侵略派同其步调，以牵制己之政策，且未尝豫防此次借款半为振兴满洲实业，又以满洲诸税作抵也。今既事出意外，彼等二国势力圈内之满洲既为四国资本所侵入，而满洲诸税又为四国攫其抵当权以去，则二国因此次借款实受致命之伤。当借款合同发表时，日俄二国舆论大哗，攻击其政府之无能。两国政府亦深悔事前侦探之不精，以致为人所欺(日本前此所贷于吾之千万元，殆亦中国所以卖弄日人者)，故事后甚欲讲补救之策，而苦无途径，惟合同第十六条中有此一隙，使此条而能修改，令彼得自由(不经度支部允许)让受债权或债券发行权，则犹可讲种种手段以收补牢之效，将来若债权国对于吾国为最后之处分时，彼亦可以容喙而阻害各国之政策。此抗议之第一因也。此次借款虽出于中美二国抵抗日俄之心，然法为俄同盟国，英为日同盟国，德国亦与俄有关于东方之协约，则不能谓为尽有恶感于日俄者，果日俄利用此关系以图离间，则亦未尝无效。今此次之抗议，虽未知其里面之消息如何，然吾意日俄二国，必先得四国中一国之暗诺而始然者。盖第十六条之规定，四国若皆不欲变更以让债权于日俄，则即修改此条，亦无何等之效力，而今乃不虑及此者，则非有其原因焉不得也。以近今之形势推之，若果有此事者，则必为德国无疑矣。德国者，对于极东问题亦素主武力的侵略策者也，今既与俄接近，则不得不送秋波于俄，亦势所必然；且日、俄、德三国同盟之说，早已传播于世，此间之关系，又非寻常可比，日俄而果欲修改借款合同，则必先运动德人，求其暗助，亦事所应有。故谓日俄此次之抗议，非恃德人在其后，吾不信也。此其抗议之第二因也。

日俄二国抗议之动机，既由于此二因，则其将来之反响为何如，大略可以推知。夫使英、法、美三国而听其抗议也，则日俄二国必更胁迫中国承认修改合同，且乘机让受四国银行之借款若干，以参入于四国团体之间，他日之祸乱，则将因此而益伏危险之机括，固可预料也。何者？今日各国之对清政策所以分为二派而相持不下，不能即为最后之处分者，以各国尽戴假面维持均势，且其在中国之经营均未完备，不可不暂待机会也；即日俄二国，亦实早有分割之计划，惟虑实行此计划时，或反使高材捷足之他国独得优异之利益，故姑假维持均势之名，使现状不即破坏，以便己之预备经营也，使无此虑者，则中国无幸盖已久矣。今借款抗议果得英、法、美之让步，则是日俄之政策及其在吾国之势力已为各国所乐许，而又有强大之德去彼而就此，是武力的侵略派之优势更有旭日冲天之象，而美英等之抵抗日俄政策必大失其效力，将来若吾国不能践偿债之约，而债权国果有监督财政或管理抵当诸税之举，日俄必为其主动力，联合德人以专谋武力派之利益，且以满洲有特别势力之故，必更主张种种之权利。是其结果，欲以借款抵抗日俄者，反以促日俄之急进，而速满洲之灭亡与中国之瓜分也（若当合同未立之先，即劝日俄之加入，而发议者又出于吾国，则各国之现状无所变更，犹或可以保其连鸡之势，今则国际形势，反复推迁者数次□□□云是也）□夫英、法、美三国而终不听其抗议乎？则其纷争之祸必更较前者为烈，盖日俄二国既受致命之伤，其必不甘心者，亦出于势之不获已，若果不得补救之效，必更变其方法，以图失之东隅，收之桑榆。吾尝谓不出五年日英同盟及其他各种协约必尽解散，而代以日俄同盟，不出十年日本与美国以干戈相见于太平洋之间，而竞争之目的物必为极东问题之支那，而为导火线者，又必为满洲问题或监督支那财政问题，盖即指借款之结果而言。今复有此次抗议之波澜，其将来必成此惨剧，固不待耆龟决也。所难堪者，无外交主动力之吾国斯时不知属何方之吞噬耳。要而言之，此次之抗议，无论英、法、美三国承诺与否，皆有极大之反响及于吾国，惟前者祸较迟而缓，后者祸较速而惨，要其结局，终有不堪设想之一日者也。呜乎！谁生厉阶，至今为梗？吾国人安能不深恶痛绝于妄弄政策之政府乎？

新刊批评*

（一九一一年七月四日）

《消暑随笔》

潘芝轩编，上海海左书局重刻。潘自序，谓命门人来酉峰由古今稗海中撮要抄录以成者。所纪多遗闻轶事，而于历代典章制度

* 本文原载一九一一年七月四日《民立报》，署名渔父。

因革损益之故，亦颇考见，有益读史之编也。同局发行，价银七角。

《女子初等小学国文教科书》

上海会文学社编，都凡八册。首二册主识字，次二册主连字成句，次二册主积句成段，末二册主积段成篇，循序渐进，有条不紊。选字造句，亦适称初学之用，在近日教科书中，较为善本；惟用语间有一二艰深之处，幼女或难解得，能更易之，尤善矣。同社发行，价银一元二角。

《后聊斋志异》

王韬撰，上海点石斋重刻，原名《淞隐漫录》。所记皆鬼狐仙怪之事，盖仿《聊斋志<异>》而作者，然其文不逮聊斋远甚，而□意尤卑亵，不足语于庄生寓言之义矣。近年海上书贾多刊玩物丧志之编，以媚流俗，识者深为吾国学问前途悲之，此书亦其流亚耳。同局发行，价银六角。

新刊批评*

(一九一一年七月五日)

《肺痨病救护法》

丁福保撰，共一卷十一章。凡肺痨病之原因、症候、病理、疗法、预防法、摄生法皆记述靡遗，而预防法及摄生法尤为详尽。记者夙不究医学，固未敢轻于月旦，然以为吾国今日医学颓废，病夫遍天下，而患肺痨病者，尤号称不易治，以故一染是疾，举家皇然，束手视其奄奄以至于毙，国中人口，每岁耗于此者，不知凡几，盖为天下之一大隐忧，得是书而申警之，使国人皆可借以获肺痨病之常识，则有功于群类，要不浅鲜耳。丁氏又有《肺痨病预防法》、《肺痨病新学说》、《肺痨病学一夕谈》，皆与此书相发明者，亦摄生家不可

* 本文原载一九一一年七月五日《民立报》，署名渔父。

不读之书也。上海棋盘街文明书局发行，银价六角。

新刊批评*

（一九一一年七月八日）

《蒙古志》附图

三卷，姚明煇撰。卷一记位置、山脉、河流、湖泽、沙漠、气候派别，卷二记区分、都会、人种、政体，卷三记宗教、教育、贸易、物产、道路、电线、会计、风俗，皆条分缕晰，秩然有序。篇中列表亦颇有法，而山脉、河流、湖泽诸表，尤为新式，洵为言北方地理之善本。惟区分篇中，科布多属之阿尔泰乌梁海七旗新和硕特部一旗，新土尔扈特部二旗，光绪三十二年已分立为阿尔泰办事大臣辖境，以承化寺为治所，而原书尤未改正，颇为缺漏。附图四幅，颇简明。上海棋盘街中国图书公司发行，价银一元六角。

新刊批评**

（一九一一年七月九日）

《古文新范》

李维清编，略仿姚姬传氏《古文辞汇纂》例，分为八类。所录皆上起战国下讫有清新颖之文，大半诸选家所不常采者，以充中学读本，颇称适用。上海棋盘街著易堂发行，银价三角。

《二十世纪奇书快睹》

十卷，陈琰撰。分类有七：曰《庄子奇文》四卷；曰《裂缯》一卷；曰《渤海旧闻》一卷；曰《世界末日记》一卷；曰《豪杰指南》一卷；曰

* 本文原载一九一一年七月八日《民立报》，署名渔父。

** 本文原载一九一一年七月九日《民立报》，署名渔父。

《六卿轶闻》一卷；曰《官样文章》一卷。上海古今图书馆发行，价银八角。

希望立宪者其失望矣*

（一九一一年七月九日）

呜乎！吾国民其犹要求政府之立宪乎？其犹希望政府之预备立宪乎？呜乎！吾国民之大梦其犹未醒耶？是亦不可以已耶？

夫立宪之根本，孰有大于宪法者？立宪之精神，孰有大于立法机关之作用与责任政府之组织者？天下岂有虚悬一宪法于此，政府不必遵守，徒责人民之服从，而犹谓之立宪者乎？又岂有立法机关之作用与政府之组织不合宪法政治之原则，而犹谓之立宪者乎？吾人试观北京政府近日之举动，其果若何矣。

资政院者，虽不必有立法机关之实，然设立之始，非明明经敕裁而定为议院之基础者耶？其章程上之职掌曰（第十条）"议决国家岁出入预决算事件及税法公债"也，曰"议决新定法典及嗣后修改"也（但宪法不在此限），曰"奏陈行政大臣侵夺权限违背法律之事"也，此数者，非又以煌煌之法律所赋予而不可抹杀者耶？乃顷者彼辈一切举动，无不侵夺资政院之权限，即以公债一项论，已足以见其他而有余。日本、丹麦前后四国之借款，照章固非交资政院议决不可者也，而政府悍然行之，不闻有一字之通告，及乎舆论不服，请开临时会，则假上谕，悍然号于众曰："借款非紧要事件，著毋庸议。"至于近日，又恐资政院于开例会时攻击己等，则更议修改院章，而专以内阁总协理与正副总裁任其事，道路相传，皆谓将制限资政院之弹劾权。夫院章明明有其规定，而彼辈偏不遵守，独断独行，其心目中尚有所谓法律乎？请开临时会，则以非紧要事件一语

* 本文原载一九一一年七月九日《民立报》，署名渔父。

搪塞，惟知有院章第三十三条，而第十四条议决公债之文则不提及，一若忘却者然，市井小人亦不至狡诈无赖如此，其尚得谓为有国家主权者之气象耶？修改院章，原无何等已成之规定，然资政院既为议院基础，立宪国议院法之修改，固夫有不经议院自身之议决者，则院章之修改，使资政院自身得协赞之，固立宪国所以保立法神圣之道而必不可少者，而彼辈竟专委之于一二家奴，不使国民丝毫参与其间，其暴戾无道，不合立宪精神为何如者？噫！此等现象，而犹望其尊重立法机关之作用，以成立宪政治，其不谓之痴人说梦其可得乎？

暂行内阁之组织，其不合乎立宪之原则，已不必论，谘议局联合会再三陈情，力攻皇族内阁之不宜，其持论甚正大，而所以为皇族谋者亦可谓甚忠，使彼辈而稍有立宪之诚意者，则当如何力悔前非，下罪己之诏，另简贤能，组织内阁，以收拾人心，痛除积弊，实行庶政公诸舆论之前谕，方可以对国人而伸大信，乃彼辈不是之顾，始则欲以夙所惯用之留中法以避舆论之锐锋，继则知此法不行，乃勉强厚颜以宣言曰："朝廷用人，审时度势，一秉大公。"夫今之时为何时？今之势为何势？必此昏庸贪残之皇族组织内阁而后能御大灾扞大患耶？若有他贤能居内阁者，反将不宜于今之时与势耶？吾不知所秉之大公果为何也。夫果知审时度势者，则今之时势，岂犹是在上者搬门弄斧以门面语压人之时势乎？而奈何不一揣量，竟靦然忘之，而毫不知人间有羞耻事也？呜乎，其横蛮无理，吾不知较极野蛮之专制国为何如！而犹冀其鉴谅愚诚，顺从民意，以设立真正之责任政府，是真所谓缘木求鱼之类也。

尤可笑者，彼辈动辄假口宪法大纲，以为抵御舆论之一大武器，前者既屡次不伦不类用以压制国会请愿与其他各种之要求，此次联合会之反对皇族内阁，彼辈复用此武器以为对付，其上谕曰："黜陟百司，系君上大权，载在先朝钦定宪法大纲，并注明议员不得干预。值兹筹备立宪之时，凡我君臣上下，何得稍出乎大纲范围之外（中略）？尔臣民等均当懔遵钦定宪法，不得悉行干请，以符君主立宪之本旨。”大哉王言，其荒唐可谓蔑以有加，今试陈之。夫宪法大纲果何物者？其抄袭东邻岛国半专制之宪法条文而又谬以己意增减之，处处卤莽灭裂，作外行语，已为通人所不齿，果真欲立宪者，将拉杂摧烧之不暇，有何面目引为御侮之具耶？其荒谬一也。即使宪法大纲果善，然在今日果为已施行之法典否乎？昔者德宗景皇帝不过为将来真正宪法编定时示之准则而发布此大纲，且诏宪法未颁前，悉遵现行制度（光绪三十四年八月初一上谕），是宪法大纲今日并未有施行之效力，未有效力之法典只可视为故纸，何得强人民以遵从乎？其荒谬二也。且即就大纲言，亦不得以联合会所请为干预黜陟权，大纲所规定者，只谓议员不得干预，此议员乃指将来之国会议员而言，今之谘议局联合会者，非国会议员也，其陈请亦非以议员之资格，而实以普通人民之资格，与去岁之请愿国会正同，不得以宪法大纲有议员不得干预之文，遂以加诸该会也。其荒谬三也。宪法大纲固为君民上下所应共守，然试问君若上者果已遵守无少违乎？大纲第十条所谓司法权不以诏令随时更改者，今何如耶？第十六条所谓臣民言论、著作、出版、集会、结社均准自由者，今何如耶？第十七条所谓臣民非按照法律不加以逮捕监禁处罚者，今何如耶？第十九条所谓臣民之财产居住无故不加侵扰者，今何如耶？躬自薄而厚责于人，吾不知以何服天下。其荒谬四也。又谓臣民不率行干请，以符君主立宪之本旨，其意盖谓干请便非君主立宪，又为可笑。立宪国臣民非有请愿之一法乎？即我朝国法亦许人民上书言事，何得谓组织内阁不得请愿耶？其荒谬五也。要之，宪法大纲实为彼辈装腔作势抵御人民之利刃，其之言动合此与否，则未尝顾虑，故动辄无理，而彼辈亦恬然不以为怪，要其不晓立宪精神，无真诚立宪意思，惟知倒行逆施之结果有以致之耳。

吾如是而得断案焉，曰：立宪者，决非现政府之所得成者也；现政府之所谓立宪，伪也，不过欲假之以实行专制者也；其所以设资政院，立内阁，非以立宪国之立法机关与责任政府视之者也，故其所以对付资政院之权限与内阁之组织者，亦不得责以立宪之原则者也；其所谓宪法大纲者，不过欺人之门面，赖人之口实，万不可信者也。立宪者，决非现政府之所得成者也。呜乎！吾国民之大梦，其尚未醒耶？吾国民而果欲真正之立宪者，其速纳贷价，勿用彼廉贱不值一钱之要求方法矣。

新刊批评*

（一九一一年七月十一日）

《中国财政论》

署曰王黻炜著，其凡例中亦言"旧岁年假为某报掇暇作此，颜曰《中国财政之将来》"云。然记者去冬十二月见日本《时事新报》载有论清国财政文一篇，与此无少异，其殆王氏迻译之而窃为己有者乎？书共六章，言中国将来岁计及人口、富力、外债，并财政救济方法，颇有条理；惟称中国岁入将来只可增至三亿六千余万，每年不足必有六七千万，则未免失之武断。论者所据之理由，谓将来岁入只有田赋、关税、厘金、盐茶及其他杂税等，虽增额亦只可得二成有余。然吾人以谓中国苟得善理财者开发而整理之，则税目与税额视现时必可大增加，将来岁入至少当得二倍以上，可以断言，固不得以今日之状况概之。即如人口与土地二者，论者谓人口只二亿六千余万，土地只九亿余亩，然究其所根据，则无何等确实之理由。人口之说，日人根岸佶氏著论于《东亚同文会报告》，亦主此言，论者盖剿袭其说（或曰论者即根岸佶）。然考根岸氏所根据者，

* 本文原载一九一一年七月十一日《民立报》，署名渔父。

食盐售额实视为铁证。中国私盐盛行，官家纪录，未足为据，不得恃为人口统计之标准，是二亿六千余万之说，原不足凭。土地之说，论者既谓康熙时人口一亿三千万，田积六亿亩，则今日人口已增加一倍以上者，理论上田积增加亦当倍之，何得云仅有一半？且论者既承认日人酒匂常明氏（农学博士）每人有耕地五亩之说，则即以二亿六千万人计算，亦应有十三亿亩，何得故意短少其数，自相矛盾如是？是九亿亩之说又不足凭。人口与土地之观察既误，则所举各种富力将以为将来收入之财源者，自皆不可云确当，而将来收入只有三亿六千余万之说，亦不攻而自破矣。此论者武断之实证也。北京西单牌楼翰林院王宅发行，价银三角。

后四国借款之纷议*

（一九一一年七月十二日）

前初六日，本报伦敦专电，谓日俄两国为四国币制借款合同第十六条事，抗议于英法两国政府。吾人尔时检阅中国政府所发表之合同原文，见所规定者为债权移转须中国度支部认可之件，以为即是实事，故审其关系，观其将来之形势，痛论其必影响于吾国甚大且危，既如前矣。乃读近日来所到外报，知前论所据之合同原文，犹有不实。该合同之真正原文，则更有危险之种子伏于其间，盖中国政府所发表者，其最吃亏之处，或恐舆论反对故，悉行抹去。故自该借款成立以来，已三阅月，而吾国人为其所蒙，尚未得其真相，而不知其引虎入室，使之相斗，举吾国悉为将来各国竞争之目的物，皆在此一举也。今既得悉其底蕴，故推论之焉。

外报所传真正之借款合同，共计二十一条，较中国所发表之十八条为多。其第十六条之原文曰：

* 本文原载一九一一年七月十二日《民立报》，署名渔父。

“中国政府由此债款所经营之事业，若再需资金而借债时，除在中国国内筹借外，须先与银行团商议，必俟与银行团商议不就后，方可与他财团商议。”

又：“中国政府由此债款所经营之满洲事业，或与此相关联之他种事业，若以外国人与中国人合办之议，提出于外国资本家时，须先与四国银行商议。”

其条文甚为紧切(中国发表合同中，惟第十三条有与此相似之文，然未尝专指由此债款所经营之事业，且未尝以满洲事业及其关联事业之合办优先权，许与四国银行，惟泛言中国政府若续借外债时，须先与银行团商议)。观合同之第三条，此借款之目的，既在使用于改革币制，及振兴满洲产业，则此第十六条所指者，前段即以改革币制与振兴满洲产业之继续投资优先权许与四国银行，后段即以满洲产业及其关联事业之合办优先权许与四国银行，而审量其在国际关系上之形势，则实有使吾国益陷于竞争漩涡之势，而于满洲则尤为险恶，较之吾人前日就中国发表合同所论之危象，犹有倍蓰之甚也。夫俄人久以侵略派为世所知，已不待言，日人近来亦脱其伪保全派之假面以向吾，此后之政局，日俄必相结，以与新起之经济的侵略派共逐中原之鹿，此固势所必至者。而吾愚劣政府近来之外交政策、财政政策，足以破坏均势，惹起各国之监督财政，挑发日人之速脱假面，促进日俄二国之协以谋我，又已成为不可挽回之事实，则此后日俄二国之对吾，惟患无下手之机会耳，果有之者，则必乘间抵隙而至，亦事所必有者。今者既以借款之故，激成日英同盟之反目，且诱进足为日本勍敌之美国，亦为极东竞争之一员，而由此债款所经营之改革币制事业，又有聘用外人为顾问之约束。币制者，一国财政经济之命脉所关也，将来若果不能践偿还借款之约，吾意债权各国必借此顾问之力以干涉吾财政，垄断吾经济，其结果或实行最后之处分亦未可知。尔时之日俄二国者，其能袖手旁观乎？若果二国而亦有一部分之债权参入其间，或即不参入而更能独立贷吾者，则亦可以有容喙权，或与各国同其步调，分一杯羹，或二国相结，别树一帜，以另图大利焉，皆无不可者也（前此日人确有联俄以与各国相抗之意，故独自贷千万与吾国，今则因四国借款以满洲诸税作抵，故又稍变计）。故此次之抗议，实所以预备将来关于币制续借款时之参入，或独立贷吾以巨款之地步者也。今而后，各国对此抗议之方针，其容日俄之抗议耶，则将来债权国对吾之最后处分，以日俄为主动而实行必速，或且另生纷扰；其不容耶，则此后二派相持不下，竞争之祸必益急，其结果将有不堪设想者。二者今虽不知果何出，然吾人窃以为出于后之途者居大半耳。此抗议关于吾国前途之一大危象也。

虽然，此犹为十年或二十年以后之事，日俄二国，今不过遥为之地。若夫二国因此借款目下即感受大障碍，而不能不谋抵御者，则尤为合同第十六条后段有关系之满洲问题。满洲自日俄战后，二国已各分得其半为势力圈，今日者正其持盈保泰之秋，而日本则尤欲恃为更端进取之根据，而又窥知美英等国之不满意也，故近年来二国尽释前嫌，共谋保卫之方，不遗余力，前岁既有第一次之协约，去岁因美国提议满洲铁路中立事，又结第二次协约，有二国在满洲利权若被侵害当协议对付之文，此亦可见二国之处心积虑矣。今者四国借款既以经营满洲产业为目的之一，满洲烟税、酒税、出产税、销场税等则作债款之担保，而又以继续投资优先权及满洲产业与其关联事业之合办优先权许与四国银行，自日俄视之，其牵掣二国在满洲之势力为何如者？其妨害二国将来在满洲之经营为何如者？近来日本诸报对于借款合同之批评，谓为三国干涉还辽东之故智，而对于第十六条之解释，谓关联事业云云者，可指一切事业而言，盖不啻许四国以独占权，而故意妨害近来各国所共认门户开放、机会均等之主义，盖可谓得日俄二国政府之真意者。夫以日俄二国经几许艰难，费几许周折，所攫得之满洲利权，而一旦为美英等之经济的侵略派所侵入，其尚能默尔而息乎？故二国所以不得不抗议者，亦势之所不容已。所难堪者，为主人翁之中国，不能屹然砥柱于其间，其害不知伊于胡底耳。此抗议之结局虽不可知，然四国之中，英国既为日同盟国，法国既为俄同盟国，必不绝对的排斥日俄二国之抗议，则可豫料，且德国近来有渐亲日俄之势（光绪二十六年，英德有保全中国之协约，各国亦承认之，其后俄国占领满洲，主张满洲在英德协约范围外，而德国亦赞其说，可见德国素赞俄国之侵略满洲；去冬俄德协商虽只关中东问题，然德有亲俄之势，则不可掩，且因是有日俄德三国同盟之说矣），尤难保其无暗中援助之事。今后之形势，惟视借款主动力之美国之方针为何如，美国而容其抗议者，则英法德三国自皆无事纷议，可归于和平了结，然此所必无之事。第十六条之规定，既为已成之局，美国断不能宽假，惟所谓满洲产业及关联事业云云者，范围与种类均尚未确定，或可稍加制限，以保日俄之体面，而继续投资优先权与合办优先权，则必不能变动其毫末，固可断言者也。今而后，经济的侵略派与武力的侵略派其遂相见于白山黑水之间，所谓满洲问题者，必益陷于错乱纷纠不可复理之域，其结果，乃使日俄同盟成立，日本为盟主，与美国以干戈从事，而无外交主动力之中国，遂终投于漩涡之中，而为所转去，此固理有固然者也。此又抗议关于吾国前途之一大危象也。

嗟乎！此次之借款，其目的原在改革币制，以图国中财政经济之发展，振兴满洲产业，以防日俄二国之蚕食，固未尝不可谓得计也，而谋之不臧，反予人以口实，启人以夺吾财政经济主权之端绪，授人以急激竞争满洲之张本，终必酿成埃及波兰之大祸而后止。妄弄政策之政府当局，其肉犹足食乎？嗟乎！吾前者信彼辈所发表之合同，而论日俄二国让受债权之问题，犹谓可致吾国为竞争目的物之结果，而今者其关系既如是复杂，其形势既如是险恶，则虽欲冀幸大祸之不来，岂可得哉！岂可得哉！噫！吾惟祝吾言之不中耳。噫！吾国人其尚希望政府之外交政策足以救亡乎？其尚倚赖此愚劣之政府乎？吾国人其可以悟矣。噫！闻之日俄二国者，近日又对于德美及吾之愚劣政府提出抗议也。

新刊批评*

（一九一一年七月十四日）

《论理学》

二卷，日本大西祝撰，胡茂如译。大西氏为东邦名硕，关于形而上学之著述甚夥，而心理论理之书尤称精深博大。是编盖专为中学以上之学子而作，分三篇：首形式论理，即泰西夙所通行之演绎论理；次因明，即印度古代所谓因明学，创自足目，而大成于陈那天主，昔慈恩大师著有《因明入正理论疏》，即所以解释天主之书者，其入中土盖已久矣，其立论法式与形式论理之三段论法极相似，故有以泰西论理学说为导源因明者；次归纳法，即泰西近世所谓归纳论理，与演绎论理相对而称者也。三篇皆能于推论之理法及学说沿革以平易之词推论而阐明之，足适于高等教科之用。译文亦通达雅洁，无失原意，在近今译籍中不可多得者也。河北译书社发行，北京琉璃厂浣花书局代售，价银一元二角。

---

* 本文原载一九一一年七月十四日《民立报》，署名渔父。

新刊批评*

（一九一一年七月十六日）

《赵松雪全集》

正集十卷，外集一卷，续集一卷，元赵孟頫撰，上海海左书局重刻。赵氏以宋朝嫡裔屈节仕元，颇为世议。然语其才艺文学，则当为有元一代之冠。所作诗文，尝自编为《松雪斋文集》若干卷，卒后，其子雍次第为十卷，元至元间沈花溪校刻之，即正集也。沈氏又搜集其诸诗杂文附于后，为外集。有清康熙间，曹培廉复校刻之，更搜集见于他书者及石刻墨迹附于外集之后，为续集，始合称《松雪全集》。世俗通行本有数种，皆残阙。此本与明焦竑《国史经籍志》及《四库全书》所著录卷数符合，盖即据曹刻本者，可谓完璧矣。上海棋盘街同局发行，古今图书馆代售，价未详。

论日英同盟条约之修改**

（一九一一年七月十七日）

昨日本馆特约路透电报，英日二国同盟条约经二国政府修改已于阳历七月十三日画押，计删去原约第三、四、六条，新增一条，延长有效期间至千九百二十一年。其所删去第三条系英国承认日本在朝鲜可为必要措置之规定，第四条系日本承认英国在印度附近可为必要措置之规定，第六条系关于日俄战争时英国态度如何之规定。此三条在今日皆为不必要，虽删去亦无何等关系，不必论矣。惟新增之一条，据外电所传，谓是规定两国中如有甲国与第三

* 本文原载一九一一年七月十六日《民立报》，署名渔父。

** 本文原载一九一一年七月十七日《民立报》，署名渔父。

国订立公断条约者，则他日乙国与第三国开战时，甲国不必协助云云，则颇有影响及于国际政局，而于吾中国政局亦不无关系也。请得而备言焉。

"英日同盟"实创于千九百二年，而续成于千九百五年。其主旨之所在，始则趋重共同防御，继则攻守并重，而关于中国者，则始终持领土保全、机会均等主义。盖英国以保持极东经济的地位，而对抗俄、德、法之故，极欲求援助于东方，而日本嫉视俄之窥满韩，方日戴保全派之假面，以图抵制俄人，亦不得不求与国，此为日英同盟之一大原因。数年以来，东方天地得以安谧无事者，大半以此盟约之故。至于近年国际形势，乃稍变异，日本以战胜之余威，攫得朝鲜，以南满为势力范围，阳持门户开放主义，而阴行垄断之政策，且与素以侵略派著名之俄人释怨握手，以取一致行动之势，其为各国所不快者已久，而尤以美国为最甚，盖美国近亦欲扩张其经济的势力于极东，而为日本所阻碍也。英国虽与日本有盟约，而近来舆论亦大半不喜日人之所为，往往有亲美之势，故前岁英美资本家有承修新法铁路之议，去岁美人提议满洲铁路中立，英虽袖手，而议修锦爱铁路则英实与谋，今岁四国借款，以一部经营满洲实业，且以满洲诸税作抵，使日人受致命之伤，亦美人唱之而英人和之者，此足见英美日趋接近之势矣。近日二国政府又有订立公断条约之协议，闻其草案已略定，大旨谓英美二国无论发生何种纷争，皆由特别委员裁定，以图和平之解决，其有关于一方之同盟国之利害者，亦得使该同盟国参与，此尤英美二国永久维持和平以便携手同登东亚舞台之保证也。惟英美接近与《英日同盟条约》不无冲突之处。日美既势不两立，则将来难保无战争之事。此时英国之位置，若从《英日同盟条约》则不能不出兵助日以战美，英国出兵助日以战美，则英美接近以维持东亚和平之目的不能实现，而日本得英之助，必胜美国，由是而满洲遂为日有，极东之大局，遂为日支配，英国在极东之地位，亦必危殆，是英人之所大不愿也。故英国而果欲亲美抑日，万不可不取消对于日本出兵助战之义务，果欲取消出兵助战之义务，则今日盟约既未满期，不可废弃，自不能不另用他策，以薄弱其效力，以故一面与美国议结公断条约，一面即与日本修改同盟条约，又值日本以英方妨害其满洲经营，知同盟之不可长恃，须别抱琵琶，以图补救，故亦不甚重视同盟条约，而听其修改。其修改之条文，除删去原约第三、四、六条外，其新增之一条，则正指英美公断条约而言。据其文义以推论之，将来若果有日本对于美国开战之事，则英国既与美订有公断条约，自不便协助日本，虽同盟条约有甲国与第三国开战时乙国须出兵援助之文，而亦以公断条约故归于无效，固不必受其拘束也。此即《日英同盟条约》修改之由来，与其修改条文之意义也。

若夫今后之形势，果何如乎？吾尝论四国借款之事矣，曰："自今而后，经济的侵略派与武力的侵略派必相对峙，其形势之分野，则美国为前者之领袖，而英为辅，日本为后者之领袖，而俄为之辅，不出五年，日英同盟及其他各种协约（如《日法协约》、《英俄协约》、《日美协约》）则尽解散，不出十年，日本与美国则以干戈相见，而竞争之目的物则必为极东问题之支那，而为其导火线者，又必为满洲问题，或监督支那财政问题。"（见五月十五日社论）吾为斯言，虽未免臆测，而迄今思之，《英日同盟条约》之修改，盖即其所生影响之一端，今后形势之推移，盖亦有莫能外此者焉。夫前此英日二国之所以结同盟者，其目的所在，大半为防俄也。自日俄以抵抗美国提议满洲铁道中立事，缔结第二次协约，以攻守同盟之精神，谋保满洲之独占的势力，而日本已无防俄之必要，不特无防俄之必要而已，而实不得不防美，且因英人与美接近之故，更不得不防英。英人者，与美为同语言同民族之国也，既皆为日本所防，利害关系一致，自不能不提携以对抗日俄。由是而两派之暗斗，自必益甚，此次关于满洲借款之约，日俄联合以抗议于英、美、德、法四国，非其见端乎？据道路相传，美国对于日俄之借款抗议，坚不承认，此盖题中应有之义。而前后不两旬间，英国又忽修改盟约，使将来对于日本出兵助战（与美国战）之为务，暗中失其效力，则此间之消息，不更可知乎？故今而后，天下之形势，必为一变，前此所谓为保全派之英美，必成为经济的侵略派，而伪保全派之日，与真分割派之俄，必成为武力的侵略派，而日美二国以利害相反更甚之故，必仇视愈深而竞争亦愈剧，此固可断言者。《英日同盟条约》既为与天下形势反对之陈物，而梗于其间，其不便于二国之政策已甚，固无有永久保持之必要，而此次修改一部之举，则正其将来废弃全部之张本，严格论之，即谓为日英盟约对于美国之一部效力已全决焉，亦无不可，此亦稍观察时事所能道者也。虽此次改订之期限，有延长至千九百二十一年之文，然为时既有十年而遥，此间国际政局之变化，又孰能测？以好事之美与妄弄政策之中国处于其间，吾意二三年之后，必又有一二事件足以摇动现状，而使日美关系必益恶、日俄关系必益密、日英关系必益疏者，尔时而谓《日英同盟条约》无废弃及其他变更之事，又安能保？日英同盟而果有废弃及其他变更之事，则向者随日英同盟发生之各种协约（《日法协约》、《英俄协约》、《日美协约》）又奚有存在之必要乎？且英国既修改同盟条约以取消对日出兵助战之义务，则凡有关系之各国，皆谓此举为日美开战之先声，必谋所以对待将来开战之法，而各自觉其利害相同之一国，而修改盟约一方主体之日，与缔结公断条约一方主体之美，更必觉悟战争之不可免，汲汲焉从事于预备，而益促日英之反目，终其极皆足使现状不能永久维持者，非尤足使日英同盟及各种协约解散之大原因乎？故综其本末而言之，此次之修改盟约，其原因出于英之疏日而亲美，而又预知日美必有冲突，故先求脱离助日之关系，其结果必使美与英、日与俄之求心力愈大，美与日、俄日与美英之远心力愈速，其他各国亦各有其离合向背，而遂酿成日美之大战祸，此则不易之预言也。

若夫论其对于中国之关系，则日美二国冲突之原因，向者既为满洲问题，今次美国又为四国之主动力，而攫得借款债权及继续投资优先权，满洲实业及关联事业合办优先权，并满洲诸税抵当权，则将来中国果不能偿债，美人无处不可以乘间而干涉满洲之事及中央政府财政之事，此时日人必不能忍受，且旅顺租借之期，此后不过十二岁，届时美人必仍用提议满洲铁路中立之故智，以迫日人之退还，斯尤为冲突之主因，即无他故，恐亦不能免战争之祸，而况此十年中政局之变化，尤不可测者耶？故日美而不开战则已，果开战也，则必起于满洲问题，或监督支那财政问题，而满洲问题为尤急切，又势所必有者也。所难堪者，斯时何国胜利，吾国即属何国之战利品，其命运即悬于二国停战媾和之旬日间耳。噫！吾言此，吾直不知涕泗之何从也。

摩洛哥问题之纷议*

（一九一一年七月二十一日）

西方有一国焉，其国际关系之错杂纷纠，而为世界祸乱之源泉，正与东方之中国相类似者，非斐洲之摩洛哥帝国乎？

近来外电所传，德国已遣兵至摩洛哥之西格德地方，将以殖大势力于南摩一带，与北摩之法国势力相颉颃。而西班牙则极力助德，前日且在爱尔加沙捕缚法领事。法政府大怒，向西国严切谈判，一方调集陆军，大有决裂之势。欧西市面，亦为震恐，人心汹汹，皆预料必有战祸。盖为一摩洛哥问题，欧洲全局皆为牵动，世界之平和，有岌岌乎不可终日之朕兆矣。

---

* 本文原载一九一一年七月二十一日《民立报》，署名渔父。

考法西冲突之起因，盖始于本年之三月(阳历)。当时摩京非斯附近，有番族者大举叛摩政府，官兵为所败，遂围摩京城不解。欧洲各国皆忧其侨居摩京之官民受危害，谋援救之。于时法国首先遣兵赴难，四月末抵摩京，反为叛军所困，乃续遣二大佐援之，其驻摩戍军提督莫亚尼，又亲率重兵进，五月末，始解摩京围。方法军之初发也，西班牙则遣兵集于卡对斯及麻拉加，又令其驻美利拉之戍军三千南行，其驻求达之戍军万余亦戒严预备进发，宛然与法国之举动相对抗者。西班牙各报纸亦盛唱反对法国之说，而主张亲德。及六月之初，西国又遣兵舰二只，至爱尔加沙。法人闻之，甚不快，诘责西政府。西政府答以并无他意，惟在保护自国利益。当时摩乱已略定，而西国犹藉口保护利益进兵不已者，盖显为防法而然也。于是法外相在其下院亦宣言，莫亚尼在摩只为之改革军队，编制警察，维持治安，俟其就绪，即当撤退。两国表面上极示平和态度，然实则互相猜忌已不可解，是即今年来法西反目之颠末也。

盖法西两国，对于摩洛哥之关系，皆极密切，前此以恐德人坐收渔人之利之故，故提携以防德。自一千九百六年亚奇的拉士会议以来，德人既已敛其力征经营之迹，而法人又得英意诸国之助，大展势力于摩，有骎骎乎压倒西人之势，西人由是不快法之所为者盖已久。今次法人又乘其内乱，独自遣兵深入，自西人视之，其不以为有意垄断摩国之利益者几希，且德为法天仇，久欲扩张势力以排法，今既见法西之反目，又安能不诱西以为助乎？故当法西两国相持不下之际，德人以疾雷不及掩耳之手段，忽焉遣兵占领南摩要地，而西人亦遥遥相应，向法人为挑战的态度也。噫，国际间离合向背之局，其亦无定矣！今而后，形势之推移如何，虽不可知，然吾意无论如何，其终局必使摩洛哥帝国在国际之位置一变，则可预言者。盖法西二国在摩之关系，已成中分天下之势，摩国运命操于二国掌握之中者已久，前此所以不即下手者，以亚奇的拉士会议参与之各国皆持领土保全、门户开放、机会均等之主义，不便于急激破坏现状，且以德人监督于其旁也。今摩人既自相扰乱，予人以口实，使人不得不为最后之处分，而德又与西接近，以共敌法，且皆以兵力从事，则今后之问题，非保全主义仍能维持与否之问题。乃保全主义无效之后，德、西、法三国在摩势力可得平均与否之问题，使三国势力而果得平均也，此次纷议可以平和解决，法取其东北，西取其西北，德取其南，各画为势力范围，以为将来瓜分之地步，以内乱不靖之摩国，不久必又有国际纷议发生，尔时则或实行分割耳；使三国势力而不能平均也，此次纷议必酿为西法战争，而德则助西以敌法，将来何国得胜者，摩洛哥即为何国之战利品，其亡必尤加速者也。至于能使三国势力平均与否，则一观英国之态度如何。英国以商务关系最密之故，或出而转圜以助法国，则可望平和解决，以平均各国之势力，否则恐终难免于战争耳。

呜乎，以弱国而处于国际竞争场中，其结局乃举一国之命运悉听他人之处分如是！如是天下，有妄弄政策自投于竞争场中，且进而为列强竞争之目的物，犹摩洛哥之不如者，岂不更可危也哉？

日俄同盟之将成*

（一九一一年七月二十二日）

自辽东战云既收，菩兹马士媾和以来，日俄二国各分得满洲之半，以为势力范围。而日本阳揭橥门户开放、机会均等主义，阴行垄断独占政策，尤为野心勃勃。于是美英等国欲以经济的势力雄飞于极东者，乃不得不反对其所为，前岁新法铁路修筑之提议，去

* 本文原载一九一一年七月二十二日《民立报》，署名渔父。

岁满洲铁路中立之提议，及锦爱铁路修筑之提议，皆其见诸实事者，而今年四国借款又攫得满洲种种之利权，尤为极有力之手段。日俄二国政策因此受美英等国之妨害实不小，故二国政府益感知联合防御之必要，去岁以千九百七年之第一次协约犹不足生大效力，乘美国提议满洲铁路中立之际，复结第二次协约，其精神既与攻守同盟相似矣，而近来以美英等国经济的势力已经侵入满洲之故，更极力谋行共同一致之方法，其已见诸成文者，计有数端，如缔结二国逃犯互相交出条约，如缔结二国工业权著作权互相保护条约，如缔结二国铁路运输联络条约，如缔结二国商业公司互相承认条约，以及协定数年来二国间一切之悬案等，皆其彰彰在人耳目间者也。日来二国政府闻又有缔结同盟条约之说，其事虽未知真伪，然以各方面形势推之，盖有十之七八可谓为将近于真者，纵目下或不即实现，而此后数年中亦必成为实事者，此固信而有征之预言也。阳历七月四日，日本《时事新报》载有日露国交之新期限论，其言曰：

"日俄二国自战役告终以后，彼此之关系已全改其面目。近年以来，二国所订各种之协约，实足以证明二国在极东步调必须永远一致之实际，盖自是而二国之关系，虽谓为已具有同盟之实焉亦无不可者也。其所以如此者，盖有种种之原因：第一，因战争之结果，二国互知彼此之优点与实力，而生尊敬之心，前此视为敌而可怖者，今后视为友则亦可恃；第二，二国在极东之行动，实有不可越之界限，苟不越此界限者，则二国于扩张平和的利益圈时毫无冲突之忧；第三，在极东方面而有强大之陆军可以备万一之变者，实惟日俄二国，苟二国同其步调，则可确保极东之平和，防御他国之野心，不独于二国有利，并可使各国均沾产业发达之益；第四，俄国深悔前此以侵略极东之故，对于欧西及近东、中东方面稍付等闲，致使德奥二国势力增长，实为失策，故近来不得不分力于西方，而东方则因是有与日本连合之必要；第五，近来俄与英法二国皆极和协，其在中东方面之英俄关系亦因协商以得平和解决，故与英同盟之日本自然有亲俄之势。此等情事，皆日俄二国所以日趋于接近之原因也，故二国为保持在极东之各自势力及发展其政策，实不得不共同一致。而今而后，实二国国交划一新期限之时会也。”

其为说如此，虽未明言日俄二国为抵抗美英等国之故不得不同盟，而其意实已露于言外，此尤足见二国将来必缔结同盟条约之大原因也。日俄二国之同盟果成，则其结果为何如乎？吾人观于二国近来之举动，其对于极东大陆方面之准备，已节节进步，而其主要者尤为军事、交通之二事（如日本则改修东京马关间广轨铁道，以便与满韩铁道连络运输，增朝鲜屯兵二师团；俄国速修黑龙江铁道，及南西伯利亚铁道，增西伯利亚屯兵二师团等），则其用意非所谓司马昭之心路人皆知者耶？噫！今而后，反对日本之中坚之美国，其巴拿马运河不五年可以告竣，而日本所得旅大租借权之期限则年少一年，四面八方之形势逐渐逼紧，日甚一日，东亚之天地之风云，其遂涌起于大陆一隅乎？噫！吾不知无主动力之主人翁，其将何所托命也？

日人将纵秦桧归矣*

（一九一一年七月二十三日）

近来康、梁归国之问题，在吾国几无人齿及，盖以其与吾国政治上原无何等关系之故也。乃不意日人则视为奇货，为之铺张扬厉：日政府则优其款待，使之如归；大阪《朝日新闻》等则日日标榜其事，誉之曰“志士”，夸之曰“稳和政治家”，且宣言须以日政府之

* 本文原载一九一一年七月二十三日《民立报》，署名渔父。

力，设法使之归国；其朝野著名之“支那通”（言通晓支那事情者）及对清政客，则与之周旋晋接，百端谄媚。是果何故以至此乎？

记者曾忆去岁阳六月二号往见日本大隈伯爵，谈次及康、梁事。大隈曰：“余必使康、梁归国，余已劝告于摄政王矣，前日载涛、载洵二童子至，余亦力言之也。”噫！及今思之，盖非偶然。

新刊批评*

（一九一一年七月二十四日）

《山中白云词》

八卷，宋张炎撰，北京龙文阁重刻。炎为张浚裔孙，生当南宋末造，落脱不羁，国亡后，漫游南北，寄情词曲，故所作多苍莽悲凉之音，尝以《春水词》名重一时，斯集之第一阕即是也。卷首有郑思肖序，称炎曰“先辈”，且谓其一片空狂怀抱，日日化雨为醉。思肖即作《铁函心史》，以终身称宋民为高者，斯集而获其以是相许，盖不得徒以寻常声律家文为之，可以知矣。北京琉璃厂同阁发行，上海各书店代售，价银一元。

新刊批评**

（一九一一年七月二十六日）

《梦花杂志》

李澄撰，存古斋重刻。分志节、志畸、志侠、志艳、志虚五帙，所记皆明季国初遗闻逸事，而寓言亦杂出其间。其文幽芳而意深远，非寻常侈陈神怪之说部可比也。原书成于道光中，都十二册，已刻

* 本文原载一九一一年七月二十四日《民立报》，署名渔父。

** 本文原载一九一一年七月二十六日《民立报》，署名渔父。

者只此，然鲜流传，存古斋得之于某藏书家云。上海集成图书公司点石斋代售，价银三角。

《心理学问答》

汪炳台撰。大抵根本倭人之普通教科书，而以问答编就者。取材公正，叙述简要，每节末言实际应用之法，颇适于教育家之所取资。惟记者有稍不赞同者数处，如第三页“心理学之分类”，乃言“内包而非外延”，似应改为“心的现象之分类”；又如第二十八页“宗教的情操”，乃即德的情操之一种，似应并入上文“德的情操分类”中，不知著者以为如何？然语其大体，则固不失为善本矣。南通州南门外翰墨林书局发行，价银三角。

四国借款之用途*

（一九一一年七月二十七日）

四国借款一万万元，四月初六日上谕谓专为改定币制、振兴实业、推广铁路之用，借款合同谓甲为改革统一中国币制，乙为振兴东三省实业。二者皆不明言用途之细目与其分配之金额，使人难于推测。前月外报所载，则谓用于改革币制者七千万元，用于东三省实业者三千万元，然亦未必确实。至近日京中各报所传，又谓度支部已将用途分配略定，用于东三省者计有六端：一改革东三省币制费二千万元；一振兴东三省农工事业费一千四百万元；一开办黑龙江垦务费四百万元；一开办漠河观音山三姓金矿费三百万元；一填补东三省防疫费三百万元；一振兴东三省烧酒、造棉、造纸等事业费一百万元。合计四千五百万元，其余则悉用以改革全国币制。二说亦不审孰是孰非，然后者既较前者所说为详，则或近于真实亦

* 本文原载一九一一年七月二十七日《民立报》，署名渔父。

未可知。惟以吾人之意见衡之，则无论如何，要之政府诸人对于此次借款用途原无一定政策，惟知支离灭裂，敷衍了事，且欲影射滥冒，侵蚀挪用，以图达其营私利己之目的焉，则百口不可(辨）<辩>之事实也。

夫国家定一政策，必先有完密之筹划，而其所需经费，亦必先有详细之计算。借债以经营事业，且指定振兴某某实业，则必于事前已计算其经费，且筹划其他方法而后可者，此固稍有政治条理之国家之通义也。此次四国借款，定计既在一年以前，合同成立又已将及半年，使彼辈而果有一定之政策者，则事前纵未暇计及，而既经过此长时期间，虽如何繁复之计算，亦当早告竣事，以昭示大信于中外，而乃不是之知，延及今日，各国方以是为质问之口实，而始乃以此大致之用途与金额略为决定，而尚不能确实，是其胸无成竹，已昭然若揭，而犹谓彼辈此次借款之举，实出于有系统之财政政策或经济政策，其孰能信之耶？

且即以其所决定之草案论之，尤觉其凌乱无伦次。借款上谕与合同原文，既明言为改革币制与振兴实业之用，则不但对于国人不可失信，而对于四国资本家亦当有遵守约束不得任意变动之义务。夫所谓改革币制，改革全国币制也，其条理万端，固难猝言，然语其要旨，则合全国而统筹之，提纲挈领以从事于根本之改革，固不可易者。既以借款之大半充改革全国币制之费，则东三省币制，自不能不在其间，且断未有分别东三省币制，使不与全国币制通盘合算而犹能奏改革之效者。今观其草案中所决定分配东三省借款用途，乃又有改革东三省币制费二千万元，在改革全国币制费之外，吾不知彼辈前此设调查局，聚东西洋留学生，研究三数年，所以筹划币制改革之方法者，果为何？夫使东三省币制果与全国币制分别独立而从事改革乎，则度支部币制原奏所谓统一之制者，将何以实现？使此二千万元即置于改革全国币制费之计算中乎，则既有改革全国币制费，又何必有此骈枝之数？且以仅有人口千万之东三省币制，而即投以二千万元，则此外尚有人口四万万之十八省，又将何以处之？天下岂有轻重倒置如此之政策乎？故无论从何解释，皆不能自完其说者也。

又振兴东三省实业云者，其范围亦当只以实业为限，实业以外若教育、若军备、若他种种之行政费，皆不得流用之，此亦理论上所应有者。今草案中乃有填补东三省防疫费三百万元，吾又不知其从何而来。夫防疫费，孰则谓其不必要者？然此乃临时行政经费之一，固与"实业"二字渺不相关者，何得以之混入振兴实业费中乎？借债原所以营生产事业，而乃流用于不生产的防疫费，立宪国岂有此财政政策及会计法？且将何以解于四月初六日之上谕与四国借款之合同乎？此吾所更为大惑不解者也。

噫！吾知之矣，彼辈借款之原因，既非根于有系统之财政经济政策，则其目的自不能不别所在。所谓改革币制与振兴东三省实业者，盖不过表面之口实。吾闻去岁中央政府之预算，岁费不敷者五千余万，而东三省亦不敷四五百万，彼辈谋弥补之策者已久，今者既得此不费工夫之财源，则正彼辈任意挥霍之秋，不过以借债填补行政费犯天下之大不韪，恐舆论持其后，故姑用此暗度陈仓之法，以掩饰天下耳目。其分配东三省用途，盖亦大半实为填补行政费起见，而所谓东三省币制费、防疫费者，实不过影射冒滥以炫世人之计，即其他之农工矿费、开垦费等，亦未必尽属实数。要之，彼辈之所谓振兴东三省实业费四千五百万元者，恐名实相副之数，尚未及半，而其余之五千五百万元，将以充改革全国币制之用者，亦必有若干流用于行政费，则当非诬罔之推测也。噫！吾国人尚望其确定货币及产业政策，以收借债经营生产事业之实效，岂非大梦未醒者耶？

历法平议*

（一九一一年七月二十九日）

近来国人唱废止中历改用西历之说，以谓中历为太阴历，乃依太阴循绕地球一周之时间推算为月，积而成岁，二三年必置闰，于气候有迟速之差异，西历为太阳历，乃依地球循绕太阳一周之时间推算为岁，不置闰月，无有气候迟速差异之事，故采用西历便，其持之最力者，则谓中历不便于国家行政实甚云。

窃以为此过崇西制之弊，于中国历法未尝一研究者也。夫历之为用，所以作一切人事之时间的记号者，如度量权衡然，取其能便民利用焉斯可矣，安用崇尚新奇，惊世骇俗为？西历者，创自埃及而改良于罗马之古勒哥里，行于彼土者数千年，其为彼便民利用之旧制固矣。然徒知以太阳躔度为本，仅用意于成岁之法，而成月之法，则不过以人为的标识，为之配定，称曰某某，实则绝无何等天然的分别；其标识之法，既与"月"之作用无关，而吾犹名之曰"月"，称呼亦已不正，又弦望晦朔，其便民利用，亦无减于一岁四季节候之代谢，彼则于此绝无纪序，与其所谓月者，异轨而进，尤足生不便之感，至谓其不置闰月，无有气候迟速差异之事，亦未必然；彼之推算，每四年仍不能不置一闰日，且犹有不尽之奇零，与二三年必置闰月者，仅有程度之异，犹五十步之与百步；气候迟速，亦不能使之年年岁岁无一日差，更不可沾沾以此为(辨)<辩>护之口实，故其制度原不能称为绝对的完善。近年欧洲各国学者，往往有改废阳历之说，且发明种种新历，欲以代之，盖亦已知其价值者。吾人今乃欲袭其余绪，移而殖之中国，是有何必要而不得不如是耶？

---

* 本文原载一九一一年七月二十九日《民立报》，署名渔父。

若夫中历则不然。中历者，盖贯东西通阴阳而皆适用者也。其沿革今不具述，大抵发明于黄帝，中经少昊、颛顼而大成于尧舜之世。语其大要，盖有二义：一以地球循绕太阳一周之时间三百六十五日分为四时，而为一岁者；一以太阴循绕地球一周之时间三十日为一月，积十二月而为一岁者。此二种之岁，系统既异，万不能相合为一，故于后种之一岁中，每岁取去数日，积至于三十日，则设为闰月，以期二者之推算，同轨并行，而免参差不齐之弊。史称黄帝迎日推策，考定星历，正闰余，书称尧授民时，期三百有六旬有六日，以闰月定四时成岁，左氏传谓履端于始，举正于中，归余于终，皆是之谓也。其以太阴循绕地球时间为一岁之法，即今通行历自正月迄十二月之推算法，固于每岁气候有迟速之差异，而以地球循绕太阳时间为一岁之法，则即古所谓分至启闭，今所谓十二节气、十二中气之推算法，与西历正相符合，并无气候迟速差异之事，惟未尝以数字的称呼，区别之为某月某月，且正月二月等之名，久已通行于社会，故此法遂仅为流俗星命术士之所采用，然其理法，固为太阳历之精神所寄，不可厚诬者也。观于每年西人越岁，往往在吾国冬至后八九日，即可以恍然悟矣。盖一切人事之时间的记号，原取其便民利用，日有朝夕，月有晦朔弦望，岁有四季节候，皆为自然必不可少者。我古先圣哲，创制显庸，以为民极，既能注意于一岁四季节候之平均，复能用心于一月晦朔弦望之不可凌乱，故能折衷于二者之间，以定为两便之制，而又以置闰之法，救其弊而济其穷也。以与所谓西历者较，则吾制实能兼彼之所长，而可以推行尽利，而彼制则反是，夫果有何必要而不得不舍己从人也哉？

或曰：就历法论，或诚如子说，然方今吾国百度维新，凡百国家行政，皆不可不设定划一之年度，如会计年度，其尤最者也，以中历每二三年一置闰，其将何以谋年度之划一乎？

曰：是不难。吾不言中历实兼西历之所长乎？苟能推行其意者，则设为变通之法，或用十二节气与十二中气以为一切年度，夫亦有何不可？即如会计年度，世界各国，有以一月一日始者，有以四月一日始者，有以七月一日始者，立法本不必皆同，吾则或以冬至日始，或以立春日始，或以其他节日始，皆得任吾意之所适，更奚必故意效颦泰西而后可耶？

吾忆去岁资政院开会时，有某议员者，曾提改用阳历议而未果决。今者中央教育会又正值开会，历象之事，亦可隶于教育，又第二次资政院开会，亦在近顷，则安知不再有出而为此议者？吾故略指陈一二，俾有志研究历法者得以采览焉。

今后中国之命运*

（一九一一年七月三十一日）

近今足为国际纷议之导火线者有四：曰近东问题（巴尔干半岛问题）；曰中东问题（中亚问题）；曰北斐问题（摩洛哥问题）；曰极东问题（支那问题）。各国皆注全力以图解决者也。

自《柏林条约》而后，前岁土耳其革命，匈牙利宣告独立，奥国并合赫波二省，格里底岛亦受各国平和保护，今岁亚尔本乱事又经平定，而近东问题休息。自《英俄协约》后，前岁波斯革命，去岁俄国协商成立，而中东问题解决。今者摩洛哥乱事起，西德相接以与法竞，英将出而调和，将来必以协商平和了结，可以预知，是北斐问题又将告平静矣。所余者，惟极东问题耳。

今而后，各国既无他顾之忧，将愈注全力以从事于极东问题，此势所必至者。吾不知为极东问题之地主者，将静以待各国之解决此问题，而为其竞争目的物乎？抑起而预备主动力，求为解决此问题之主人翁，以自固地位乎？是在吾四万万人之自择矣。

---

* 本文原载一九一一年七月三十一日《民立报》，署名渔父。

中国同盟会中部总会章程*

（一九一一年七月）

第一条　本会由中国同盟会会员之表同意者组织而成。

第二条　本会定名曰中国同盟会中部总会。

第三条　本会以推覆清政府，建设民主的立宪政体为主义。

第四条　本会置本部于上海，置分会于各处。

第五条　凡中国同盟会会员依本会法律入会者，皆为本会会员。

第六条　会员皆一律平等。

第七条　会员得于法律范围内，保持身体、财产、职业、居住、信仰之自由。

第八条　会员得依法律陈请保护利益，及陈诉冤抑；共有因公受害者，本人或遗族得受恤典。

第九条　会员依法律有选举、被选举之权。

第十条　会员须保守本会一切秘密。

第十一条　会员不得入反对本会主义之他团体，并为之尽力。

第十二条　会员有依法律纳捐项、出劳力之义务。

第十三条　本会置会长一人，代表本会，总理会务，任免职员，并发布一切法律命令。但暂时虚位以待，将来由总务会议决其时期及选举法选举之。

第十四条　本会置总务干事，管理全会事务；其员数及分掌事务方法，由总务会定之。但第一次员数，由会员议决。

第十五条　总务干事组织，为总务会协议会务，保持办事方针

* 本文录自上海社会科学院历史研究所编《辛亥革命在上海史料选辑》，上海人民出版社一九六六年二月版。该书编者注曰："原件在文后有杨谱笙附注云：'此总会章程，并总务会及分会章程，悉宋公教仁所手订之稿。'"

之统一；会长未选举以前，总务会行其职权。

第十六条　总务干事互选一人为议长，掌召集开会、保管文书、印信之事；其开会议事时，遇有可否同数者，由其决定。

第十七条　总务会须依总务干事全体之署名，行其职权；其有因故不能视事时，则托同干事一人代理之。

第十八条　总务干事，由会员以记名法选举；一年一任，得连举连任。

选举时以得票多数者，依次当选；满额后，再以其次之得票多数者，依次选为候补人，如其员数。

第十九条　总务干事有因故离去本部，须经三月以上时，以候补人署理之。

第二十条　本会款项，会计以半年为一期；每一期前制成预算；一期终，制成决算，皆由总务会公布之。

第二十一条　本会特别事件之会计，于其事件未办前，制成预算；事件既终后，制成决算，皆如前法公布之。

第二十二条　本会会员有违犯法令者，由总务干事会依法律协议审判，并施行刑罚。

第二十三条　本会章程，由总务会之协议，或会员二十人以上之提议，得改订之。

中国同盟会中部总会总务会暂行章程*

（一九一一年七月）

第一条　总务会以总务干事组织之。

* 本文录自上海社会科学院历史研究所编《辛亥革命在上海史料选辑》，上海人民出版社一九六六年二月版。

第二条　总务会干事暂定为五人，由会员照章程选举之。

第三条　总务会除议长外，暂分为各部，各以干事分掌事务如下：

甲、庶务部　管理一切不属他部之事务。

乙、会计部　管理会计收支事务。

财务部　管理筹款事务。

丙、交通部　管理联络各等社会及会籍、选举、纠察、赏恤、通讯事务。

丁、文事部　管理参谋、立案、编辑及其他一切各事。

第四条　各干事分掌各部，由总务会以互选法选定之。

第五条　除总会章程第十五条所规定外，凡各部重大事务，皆须经总务会之协议。

第六条　各干事得自定各该部规则，并指任部员。

第七条　本章程俟分会成立至五个以上时，当即取消另定。

中国同盟会中部总会分会章程*

（一九一一年七月）

第一条　一地方有二十人以上之会员者，得由会员发起，或由总务会命令设立分会。

第二条　分会置分会长一人，由分会会员自行选举。但有认为必要时，得由总务会指任。

第三条　分会长总理该分会事务，任免职员，于法令或特别委任范围内，发布命令，对于总务会负责任。

第四条　分会置各职员如下：

---

*　本文录自上海社会科学院历史研究所编《辛亥革命在上海史料选辑》，上海人民出版社一九六六年二月版。

庶务司长　管理不属各司之事务。

军务司长　管理联络军队、准备军需及关于军令事务。

财务司长　管理筹款及会计事务。

交通司长　管理联络各等社会及会籍、选举、纠察、赏恤、通信事务。

执法司长　管理审判事务及施行刑罚。

有认为必要时，得酌置临时职员。

第五条　分会会员依法律有负担本部经费义务。此外，分会亦得自征分会捐，并筹集款项。

第六条　分会会员非经该分会长之介绍，不得直接通于本部。

第七条　分会办事方针，须听本部指挥，不得独异。

第八条　除本章程外，分会得自制定详细规则；但须报告总务会，经其认可。

论都察院宜改为惩戒裁判所*

（一九一一年八月二——三日）

近来国人论官制者，于都察院存废一事，聚讼纷纷，莫衷一是。甲说谓都察院为中国特有之美制，故存之便。乙说谓立宪国无此制，故废之便。于是又有丙说，折衷于二者之间，谓宜改为行政裁判所。以吾人之意衡之，窃以为皆非至当之言也，请得粗陈其理由焉。

考都察院之设，实承古昔纳言御史之遗，其职务在司掌风宪，监察官吏，凡政事得失，官方邪正，有关国计民生之利害者，皆得言

---

* 本文原载一九一一年八月二——三日《民立报》，署名渔父。

之，且得受理京控案件，谳平重狱，其所隶之给事中，更有稽察百司，注销各部文卷，封驳制敕之权，故自古称为言官。盖君主专制时代，既无监督政府之机关，又无宣达民意之途径，而欲纠察官吏，整饬行政，正赖有此行政系统以外之官署，以寄朝廷之耳目，在专制政体中而有此制度，固不得不谓为吾国之特色。然国家政治之组织，宜于专制时代者，往往不宜于立宪时代。今后吾国政治变革，结局虽不可知，然君主专制政体，必不再许其存在，而趋于民权的立宪政体之途，则固事所必至者。夫立宪政体之国，必有议会为监督政府机关，而行决议、质问、弹劾等之权，必有裁判所为司法机关，而行普通裁判之权，此殆通例。若中国立宪后而仍有都察院，则其监察官吏、纠弹官方邪正之职，非与议会之监督权有冲突乎？其受理京控、谳平重狱之职，非与裁判所之普通裁判权有冲突乎？以一性质不明之特别官署，而侵议会裁判所之权，其犹得谓之为立宪乎？虽中国政治习惯特异，设立国家机关，不必尽符各立宪国常制，然墨守古习，不知变通之道，以致违背立宪政治之原则，则万不可者也。此甲说之不当也。

立宪国之国家机关，不可违背立宪政治之原则固矣。虽然，置一国家之政治现象于不顾，而徒舍己从人，妄事纷更，以求符于立宪之形式，则又非吾人所敢赞者。都察院虽非立宪国之常制，然其职掌除与议会及裁判所冲突者外，亦未尝无立法之精意存乎其间。即如所谓鉴察官吏，纠弹官方邪正，与受理京控、谳平重狱诸事，苟严格以法学之意义解剖而分理之，则前者之观念中，除关于宪法上监督政府（国务大臣）之事项外，尚有关于行政法上监督官吏之事项，后者之观念中，除关于普通裁判之事项外，尚有关于特别裁判（则如行政裁判、惩戒裁判、国务裁判、权限裁判等皆是）之事项，皆可解为包括于都察院应有职务之中者，且都察院实际上司掌此等事项之一部分已久（惟界限不明了）。夫国家有此等事项之机关，不但与立宪政治之原则无有违背，且实为立宪政治不可少之物，世界各国固无不如是矣。吾国固有之都察院既有此等事项之职掌，则正宜辨其性质，别其系统，去其不合立宪原则者，而取其有立法精义者，厘正而保存之，夫亦何必因噎废食，去其全部而后快乎？故以此说与前说较，正所谓过犹不及者也。此乙说之不当也。

立宪国有行政裁判之制度，所以正行政官署违背法规损害人民权利之失者。人民对于违背法规损害权利之行政处分，得提出诉讼于特别机关，求其取消变更，特别机关乃裁判其处分与诉讼之孰为当否，而决定之，是之谓行政裁判，其特别机关，即为行政裁判所。其得裁判之事项，有列记法、概括法之二种，而要皆以违背法规损害人民权利之事项为限。其裁判之结果，足使该行政处分受其羁束，监督官署，保护人民权利，固莫尚于此矣。惟其效力，乃在监督行政，只能使国家负其责任，非在监督官吏，不能使官吏自身负其责任，与中国自古设立都察院之精意不合。夫中国设立都察院之精意，原注重于监督官吏之一面者也，欲保存中国特有之美制，则宜使其立法之精意存留不失，方为有效，若改为行政裁判所，则只能对于行政官署施其裁判之职，而前此所有纠弹政治得失与官方邪正之权，皆为削剥，所谓立法之精意，悉湮没而无复存，是不啻全废都察院，而惟易其词曰“改设行政裁判所”也。夫欲废之，则竟废之矣，何必求此性质不同之一制度，为此不伦不类之改头换面而后可耶？且欲设行政裁判所，则竟设之矣，又何必以都察院改置而后可耶？此丙说之不当也。

然则如何而可？曰：斟酌立宪政治之通例，与中国自古设立都察院之精意，惟有改为官吏惩戒裁判所之一法，则庶可以折衷至当矣乎。考国家政务中号称为裁判之作用者，共有种种，依其形式分之，固可别为普通裁判与特别裁判，然以性质分之，则又可别为公法上责任之裁判与私法上责任之裁判之二种。其系统颇复杂，今试表之，则如左：

裁判
- 向私法上责任之裁判（民事裁判）
- 向公法上责任之裁判
  - 人民向国家责任之裁判（行政裁判）
  - 国家向人民责任之裁判
    - 对于有特别关系人民者（军法裁判、惩戒裁判等）
    - 对于普通人民者（刑事裁判）

惩戒裁判者，国家对于有特别关系人民向其特别关系公法上责任之裁判之一种也。换言之，即国家对于由特别关系而成之官吏，向其在此特别公法上之责任之裁判也（官吏在私法上之责任，归民事裁判，在普通公法上责任，归刑事裁判）。盖官吏为分掌国家政务之自然人，依官吏关系之特别公法，有种种之职掌与义务，苟不尽其职掌与义务，或于职掌外为不法之事，则官吏关系之秩序，因之紊乱，而国家受其害不鲜，故以其特别公法之范围内，为之定其责任及向其责任之法，由有监督权者组织特别机关，付其审决，加以种种之制裁，以补其弊而救其失，而司此审决制裁之特别机关，即为惩戒裁判所，此各国之通例如是矣（日本等国即设于行政官署内），而以与中国之都察院相较，则实有共通之点。所谓向官吏不尽职掌与义务之责任者，即都察院监察官吏、纠弹官方邪正之职务。不过吾国政务分类，夙欠明晰，不能精确比附，然其性质，大概相同，则不可诬也。兹既因行立宪之故，而议改革之法，则辨其性质，别其统系，去其与议会裁判所权限冲突者，而只存其关于行政法上监督官吏之处，并增以审决制裁之事，以定为专向官吏不尽职掌与义务之责任之机关，夫岂非调和新旧一举两得之事乎？

今试以吾人之意，假拟其组织及权限之大略，以为将来之立宪时代之参考。先以京师都察院改为中央惩戒裁判所之组织，定名曰“察吏院”或“吏事审判院”，即仍名都察院亦可。其位置比于审计院行政审判院，掌审判官吏不尽职掌与义务之罪而惩戒之，置院长一人，其下仿普通裁判所法，置部长、检察长、判事、检事等官。检察长以下，对于判事得独立，有检查及公诉之权，行政官署之长官，可为告发于检事。定官吏惩戒律，审判事项，视各国惩戒法稍广，罚则有罚俸、降级、革职、禁锢四种。其各地方设分院，略如京师。如是则中国自古设立都察院纠察官吏整饬行政之精意，不特可保存勿失，且更严密实行之，而立宪国所以向官吏行政法上责任之制度，亦借以或立，固不必如世俗之论者，或主保存，或主废去，或主改为行政裁判所之不切于事理也。

吾人为此议，非为现政府计，吾惟希望将来之主国是者注意于此问题。世有有志研究官制者，其尚以吾说为稍可览观焉否耶？

新批刊评*

（一九一一年八月五日）

《南社》第四集

南社编。南社创于海上已数年，社员多当时名士，盖仿以文会友之意。四集计辑录社员所撰著，都计文三十四首，诗三百七十一首，词一百二十四首，其间感慨淋漓，可诵之篇不鲜也。上海秋星社、北京帝国日报社等发行，价银四角。

* 本文原载一九一一年八月五日《民立报》，署名渔父。

新刊批评*

（一九一一年八年六日）

《尧峰文钞》

四十卷，汪琬撰，集成图书公司重刻。琬生平所作文甚富，有前后汇稿一百八十卷，尝命门人林佶编次为五十卷，颜曰《尧峰文钞》，《皇朝通考》及《四库全书》曾著录之。刻本有数种，有五十卷全刻者，有只刻四十卷者。只刻四十卷者，有诗十卷未与也。今是编盖据后种之本，故集中无诗，而卷数亦仅有四十，然原集中之文，则毕搜于是矣。琬文实胜于诗，去诗存文，适得其为古文专宗之本相，固无伤乎非完璧也。上海棋盘街点石斋发行，价银一元六角。

新刊批评**

（一九一一年八月七日）

《日本帝国宪法论》

日本副岛义一撰，曾有澜、潘学海合译。副岛氏为东方法学巨子，曾游学德意志，专究公法，此书即其居德时所成者，大抵根据国家人格说，以阐论日本宪法之精义，引证该博，说理缜密，虽间有曲为日本辩护之处，然要足为法学上精深博大之作。译文通达明顺，惟往往有误译处。以记者已涉猎之前十页论，如第五页“多数人类之集合体，亦人事之实际界，即如从法律界观察，得领会之为单位”，

* 本文原载一九一一年八月六日《民立报》，署名渔父。

** 本文原载一九一一年八月七日《民立报》，署名渔父。

依原文当译为“多数人类之集合体亦然，从人事之实际界观察，即得知其为单位，而专以法律界观察，则尤然”；又如第七页“从而自然之人必无人格”，依原文当译为“故自然之人，不必定有人格”；又如第八页“国家不仅有人格，且有特别性质之统治权”，依原文当译为“国家不仅有人格，且有统治权，是为国家之特别性质”。其他似比者当不鲜，惟望再版时改正之，幸矣。又卷首译者序文中，谓中国宪法开宗明义第一条当书曰“大清皇帝顺天应人，行立宪政治”，记者颇不为然。宪法所以规定行立宪政治之方式，而立宪政治之应行与否，则不应规定者，且不待规定者。顺天之说，虽为中国古训，然以为宪法之渊源或国家成立之起原，则与欧洲极无价值之神意说无异，中国今日万不宜存此说，吾人不可为专制政体推波而助其澜也。江西省城系马街公立法政学堂发行，价银二元。

新刊批评*

（一九一一年八月九日）

《司法警察手续法》

日本中大路正雄撰，魏炯、陈润合译。原书为中大路氏《警察监狱全书》之一，都分三编：曰总论；曰犯罪之搜查；曰违警罪即决处分，一以日本法令为依据，而说明之，理论实用，相比并陈，倭籍中言司法警察之书，此书为仅见。末附法规三种。译文亦畅达，不背原义。方令吾国日言司法独立，然于“搜查”事务，漫无纪律，以故刑讯不能废止，卒为法政前导之塞，得是书而扬榷之，其有裨益不鲜矣。上海棋盘街会文学社新学会社发行，价银一元二角。

---

* 本文原载一九一一年八月九日《民立报》，署名渔父。

社会主义商榷*

（一九一一年八月十三——十四日）

近来国人往往唱社会主义，以为讲公理，好人道，进世界以太平，登群生于安乐，皆赖于兹。善哉，仁人之用心也！虽然，吾人有不能不怀疑于其间者，以谓社会主义派别甚多，果以何者为标准乎？行社会主义，则于中国前途果有何影响乎？此二问题，实不能不与世之有志研究社会主义者一商榷之，想亦识者所乐闻也。

社会主义之发生，盖原于社会组织之弊。自欧西各国物质文明进步，产业制度生大变革，经济组织成不平等之现象，贫富悬隔，苦乐不均，于是向来所有平等自由之思想，益激急增盛，乃唱为改革现社会一切组织之说，而欲造成其所谓理想社会。其说逐渐繁衍，殖长于欧西各国，遂析为种种派别，而分驰并茂，迄于今日，语其旗帜鲜明，主张坚实，约有四焉：

一无治主义，即所谓无政府主义，在社会主义中最为激烈，其主张之要点，谓国家原以资本家与地主为本位而成立，于是其所施政治法律，专以保护彼等为目的，其偏私可谓实甚，故国家及政府万不可不废去之云云，各国之无政府党皆属此派；

一共产主义，谓一切之资本及财产皆为社会共通生活之结果，以为私有实为不当，宜归之社会公有，由各个人公处理之云云，各国之共产党及科学的社会主义家皆属此派；

一社会民主主义，谓现社会之生产手段，皆归于少数富人之私有，实侵夺大多数人之自由，宜以一切之生产手段归之社会共有，由社会或国家公经营之，废止一切特权，而各个人平等受其生产结

* 本文原载一九一一年八月十三——十四日《民立报》，署名渔父。

果之分配云云，各国之社会民主党、劳动党、社会民主主义修正派皆属此派；

一国家社会主义，即所谓社会改良主义，亦名讲坛社会主义，谓现今国家及社会之组织不可破坏，宜假国家权力，以救济社会之不平均，改良社会之恶点云云，各国之政府及政治家之主张社会政策者皆属此派。

此四派中，第一第二派绝对否认现社会之组织，不认国家为必要，惟以破坏现状为事，与现社会万不能相容，故称为极端的社会主义。第三派不绝对否认现社会组织，惟欲以人民参与政权，而实行其国民主权及生产公有、分配平等之制度，故称为稳和的社会主义。第四派承认现社会之组织，于不紊乱国家秩序之范围内，而实行其政策，所重在国家而不在社会，故亦有以为非社会主义者。四派之根本理想与见解虽各不相同，而要皆有其立足点，以卓然成一家言，且皆有其手段，推行运动，以期其理想的社会之实现者。今吾中国而欲行社会主义，果以何派之学说为标准乎？将采第一派耶？则必用极激烈之手段，破坏现在之国家政府及一切主治之机关，此后无论何种美善之政治，皆不复建设。将采第二派耶？则除以极激烈之手段破坏现在之国家政府外，更必消灭现在之一切资本家、地主及生产机关，此后既不建设政治，复不存留私有财产。将采第三派耶？则必组织大团体日与现政府战，以谋得参与政权，此后且以舆论势力，改革现在之主权者与政府之组织，并一切生产分配手段。将采第四派耶？则必己身亲居现政府之地位，假藉国家权力，以实行其政策。今之唱社会主义者，果有如何之见地，如何之决心，而确以为何派之学说可行于中国而谋其实行之道乎？此吾人所不能不亟为商榷者也。

以吾人之意衡之，窃谓苟不主张真正之社会主义则已，果主张真正之社会主义而欲实行之者，则非力持无治主义或共产主义不为功，而社会民主主义与国家社会主义，皆非所宜尊崇者也。盖真正社会主义在改革社会组织，以社会为惟一之主体，而谋公共全体之幸福，再不容有其他之团体之权力加于其上者，以故凡政治的权力（国家）经济的权力（资本家）宗教的权力（教会）伦理的权力（家族），皆不得容其存在，而主张其学说时，若稍有此等权力之类似的观念插入其中者，皆不得谓为真正之社会主义，此固理论所当然也。无治主义与共产主义者，其基础既在绝对否认现社会之组织，则凡各种权力，自不能容其存在，而其目的即在以社会为惟一之主体而谋公共全体之幸福，亦无所于疑，故欲行真正之社会主义，舍此实无他可采之说。社会民主主义与国家社会主义则不然，前者所主张仍非政治权力不能实行，实不过改良国家组织与国家经济组织之说，而不可语于改革社会组织，谓为社会主义，毋宁谓为社会的国家主义；后者乃国家政策之一端，其所主张，不但不能改革社会组织，且与“主义”二字亦相去远苔，只宜称为社会的政策。二者皆与真正之社会主义异其性质与统系，以学理的论法绳之，固不可附和流俗之见而概称曰社会主义者，欲行社会主义而主张是二说，是适以维持现社会之组织而使之永久不变，而“以社会为主体以谋公共全体幸福”之理想必因是不能实现，其结果遂与唱社会主义之本意相悖，故欲行真正之社会主义，此二派之说，实无可主张之理由，如必主张者，则必其无行真正社会主义之见地与决心，且未尝以社会主义揭橥于世而后可者，此亦理论所不得不然者矣。是故吾国之唱社会主义者，其所揭橥虽不明确，吾以为必是主张无治主义或共产主义，若不是之务，而徒拘墟于所谓社会民主主义与国家社会主义者，则是由不解社会主义之真正意义为何物者也。

虽然，凡一主义之推行，每视其客体事物之现状如何以为结果，其客体事物之现状与其主义相适者，则其结果良，其客体事物之现状与其主义不相适者，则其结果恶。今假定行真正之社会主义（无治主义、共产主义）于中国，则其所生结果为何如？唱社会主义者果一计及之乎？吾人试拟一良结果之现象与恶结果之现象，而各就其所及影响以论之。使吾国行真正社会主义而得良结果也，则是吾国社会必已跻于不可不行无治、共产二主义之现状，与能行无治、共产二主义之程度。夫政治之为物，所以维持安宁，增进幸福者，财产之为物，所以满足生活者，盖皆为社会进化上不得已之制度。今因破坏一切组织而并去此，则必国家之内部外部皆已康乐和亲，达于安宁之域，而无待维持，人民之精神方面物质方面皆已充实发达，臻于幸福之境，而无待增进，社会经济之生产分配皆已圆满调和，适于生活之用，而不必再求满足之方，且正因其安宁幸福及生活过高之故，而生种种不自由不平等之害，故政治与财产制度变为不必要之长物，而不得不以此二主义救济之，既去此二物之后，真正之自由平等因以享得，人类社会乃成太平大同之景象，古人所谓大道之行，天下为公，选贤与能，讲信修睦，人人不独亲其亲，子其子，货物弃于地，不必藏于己者，夫然后实现于今日，各国社会主义学者所拟之理想的社会而求之不得者，而吾人乃竟一跃而达，其快乐固可知也。使吾国行真正社会主义而得恶结果也，则是吾国社会必尚未跻于行此二主义之现状与程度，政治或不足以维持安宁，增进幸福，财产或不足于满足国民生活，国家之内部外部忧患丛生，人民之精神方面物质方面颓落备至，社会经济之生产分配耗竭凌乱，莫可名状。国之所以幸存者，盖亦不过赖有此仅存之政治与财产制度以为维系，一旦变本加厉，并此而去之，人类社会必至全然不得安宁幸福及生活，以成为毫无秩序之世界，亡国灭种之祸，因是促成，乃至欲求政治与财产制度时代之不自由不平等而不可得，画虎不成，反至类狗，吾人试想像此悲惨之状况，其亦不能不生恐怖之心者矣。噫，行社会主义结果之良恶如是！然则唱社会主义者，果有如何之观察，如何之推测，而以为将来必得如何之结果，且于中国前途必有如何之影响乎？此吾人所又不能不亟为商榷者也。

夫吾人非反对社会主义者，吾人惟以为凡唱一主义，不可不精审其主义自身之性质与作用，并斟酌其客体事物之现状，以推定其将来所受之结果，夫如是乃可以坐言而起行。故就己意所及，陈列其派别与将来之影响，以为研究之参考。世之有有志于社会主义者，其当以为何如耶？

新刊批评*

（一九一一年八月十六日）

《苏学士文集》

十六卷，宋苏舜钦撰，北京龙文阁重刻。舜钦文原为十五卷，舜钦卒后，欧阳修为集录者，版亡已久。有清康熙中，商邱宋荦搜得此本，乃为校刊之。外又有震泽徐氏刻本，亦与此同。兹编实据宋氏本。舜钦生平不得志，抑郁以没，故其文章不能表行于世。然当代作者如欧阳修辈，则已盛推其古文，宋荦作是集序，亦谓其文章雄健，负奇气纪的，《四库全书提要》且极称其歌行多雄放，如其为人，近体敛为妥贴，盖有定评于此久矣。北京琉璃厂同阁发行，上海棋盘街扫叶山房集成公司代售，价银一元二角。

《江南各学堂课艺》

十二卷，雷瑨编。所录江南高等学堂、苏州高等学堂、邮传部高等实业学堂、江苏师范学堂、震旦书院、苏州、松江、常州、杨州各中学堂学生考课论文共二百六十首，其间清颖可为初学作文之矜式者不鲜也。上海扫叶山房发行，价银未详。

* 本文原载一九一一年八月十六日《民立报》，署名渔父。

新刊批评*

（一九一一年八月二十一日）

《三鱼堂全集》

文集十二卷，外集六卷，賸言十二卷，陆陇其撰，上海扫叶山房重刻。陇其生平不喜刻文集，故没后无多遗稿。其从子礼徵，门人侯铨，网罗散佚，钞葺成文集、外集；其后，甥陈济又编次杂记语录，成賸言。通行本所谓三鱼堂集者，皆只有文集、外集。同治中，杨昌濬乃以賸言并日记、年谱等附于后合刻之。兹编择采是三帙，可谓得取舍之宜。陆氏之学，专宗考亭，不别立新帜，惟以居敬穷理为归，力辟阳明之说，至比为晋之清谈之祸，虽未免过持门户之见，然其论太极，论理气，论心性，皆能发挥纯正哲学之精义，其谓万理在天为，命在人为，性在天为，无亨利贞在人为，仁义礼智尤能分别哲学与道德之观念，使无混淆，则要为阳明一派所不及，故谓为程朱派之一大功臣，实不诬罔。读其书可想见其为人矣。同书房发行，价银一元五角。

上海渔业权又被夺矣**

（一九一一年八月二十三日）

顷者，英人某在上海组织“上海渔业股份有限公司”，已在香港政府注册，其股票已在上海发行，闻其营业目的，在上海附近中国领海以外之洋面捞取鱼族，输入于上海贩卖云。外人之夺我利权可谓无微不至矣。

---

* 本文原载一九一一年八月二十一日《民立报》，署名渔父。

** 本文原载一九一一年八月二十三日《民立报》，署名渔父。

此公司营业地名义上置于中国领海以外，使我不能干涉，可谓狡甚。虽然，现今国际法上所认为领海者，普通虽为距海岸三浬，然今岁俄国发布沿海省渔业法，公然以距海岸十二浬为领海，而各国亦承认之，盖已开国际法上扩张领海之新例。吾国苟能仿而行之，其收回利权何可限量，何上海渔业之足云耶？特不知吾国当局者有此本事否耳。

论《美英公断条约》*

（一九一一年八月二十四——二十五日）

自四国借款成立与日英盟约改订以来，世界之国际政局已大变化。识者皆谓，自是日美将益交恶，日英将益反目，美英将益趋于接近，盖以关于极东问题，美国亦参列为竞争之一员，而其利害关系上，已不能不斥日而亲英也。果也，据最近外报所传，阳历八月三日，美英二国遂有缔结公断条约之事。公断条约全文共七条，第一条第一项即开宗明义规定应付公断之事项，其文曰："两缔约国之甲国，对于乙国所提出之条约上事项，或基于他种权利，而常存于两国间之事项，若有不能依外交手段处理之争议时，苟其争议可以用法律之准则，与国际平和处理之主义及公平之原理，以为决定，且性质上不妨付诸公断者，须付海牙常川公断所或特别协约所设定之公断所公断之。"其范围较普通公断条约所规定之事项（应付普通公断条约之事项有二：一国际争议中不含政治上利害之事项；一法律问题中不关国家名誉与重要利益之事项），甚为广泛，盖为全约之根本。其余第一条第二项第三项规定公断之手续，与缔结特别协约之条件。第二条以下规定共同调查委员会之组织权限等，亦完成本条约之精神者。闻美英政府已经签押，此后惟俟美国

* 本文原载一九一一年八月二十四——二十五日《民立报》，署名渔父。

上院与英国皇帝之批准公布。综观此约之主意，盖欲以国家间一切争议，经当事国合意，而悉付诸公断，即关于国家之名誉与存在者，亦不除为例外。所谓总括的公断条约者，即是之谓。美英二国间而成立此条约，则此后二国如有国际争议之事，不必诉诸武力，而可得平和解决之法。质言之，即美英二国此后将无有战争之事。自平和主义出现以来，世界各国往往缔结普通公断条约，极力维持世界之平和，然皆止于部分的，而未尝总括一切国际争议。千八百九十八年，美英二国尝有总括公断条约之交涉，然亦未及定议而止。乃至今日，二国忽有此总括公断条约正式成立之举，开弭兵之先河，为大同之前导，其有资于世界平和之运动甚远且大，诚可谓国际上之一大进步也。

就外交关系之形势言之，则此公断条约者，影响于世界之外交政局，实非浅鲜，而直接及于吾东亚之影响则尤甚。何者？自日俄战局告终，日本利用日英同盟之势力，戴平和之假面，以经营满洲，阳揭领土保全、门户开放、机会均等之主义，而阴行排他的独占政策，且张牙舞爪，有扩张前进之势，于是美人近来欲殖经济势力于极东者，乃不得不起而唱异议。英人者，与美为同民族之国，而在极东之经济势力，且先美而扶植有素者也。故美英二国往往互相提携，以对抗日本之举动。前者，新法铁路修筑之计划，锦爱铁路修筑之计划，满洲铁路中立之提议，皆其见端也。今岁四国借款成立，满洲之财政实业诸权利，几悉为人所垄断以去，而为之主动力者，则为美国政府，而英人亦极力助成之者。日本以此借款条约大有妨害于己国之势力，因择该条约第十六条所许与四国之继续投资优先权及与华人合同企业优先权之文，抗议于四国。闻四国中美国尤极力排斥日本之抗议，此可见日美交恶已有固结不解之象。英人恐日美二国之冲突终不能免，而不得不谋抑日助美之法也，乃于前月正值日本抗议四国方急之际，突然以改订日英同盟条约之事迫胁日本。日本虑不徇英请，将全部决裂，则忍气吞声，一依英人之提议，而实行改订。计其改订之要点，只有加入第四条之一端，即言“如缔约国中之甲国与第三国缔结总括的公断条约时，则该公断条约有效期间，甲国不得因此同盟条约与该第三国交战”是也。当提议改订盟约之前，美英二国已早有缔结公断条约之商议，此第四条之加入，盖即预为《美英公断条约》之地步者，故日英盟约改订既终，美英二国不能不使公断条约正式成立，亦大势推移所必至者。推改订同盟条约与缔结公断条约之意义，将来日美若果有开战之事，英国执新盟约第四条为理由，必不能出兵助日而敌美，盖意中事。而推所以改订同盟条约与缔结公断条约之原因，英国必确有所见，以为今日苟不取消出兵助日敌美之义务，则将来必有实行出兵助日敌美之实事；美国亦必确有所见，以为今日苟不使英国取消出兵助日敌美之义务，则将来必遭英国出兵助日敌美之危祸。换言之，即美英二国皆确然觉悟日美战争之必不能免，乃不得不合谋以釜底抽薪之法，对付日本焉耳。是故《美英公断条约》者，可谓对日本之消极的同盟条约，乃经济的侵略派连合之成功，武力侵略派孤立之揭晓，而国际政局推移之一新纪元也。

不特此也，美国以公断条约形式缔结消极的同盟之计划，除英国外，对于其他之强国，亦尝试行其手段。当美英交涉开议之初，美国务卿诺库士氏曾以缔结公断条约之事与德国交涉，未及有定议而中止，将来其进行如何，尚不可知。其后未几，诺氏又提议于法国，法国政府则欣然允诺，闻《美法总括公断条约》已与美英条约同时签押。各国舆论之议此形势者，皆谓美国提倡此主义，为世界人类所欢迎，不几必使世界外交形式一变。各国之爱平和者，与夫善用外交操纵离合之策者，皆将依此公断条约之形式以实行其方略。如俄国之《诺威乌勒米亚报》且盛唱英俄亦当缔结公断条约之说；欧洲各报且传言《德法公断条约》已经成立，惊为怪事；美国各报甚至谓西葡等国亦与美国开议公断条约事。此等道路之言，虽大半不能合于事实，然美国所提倡公断条约之主义风靡一时，几如苏秦之合六国结从约，其政策有可期大成之希望，则不可掩之实事也。夫英俄间与德法间及其他各国间之公断条约，今日尚未成立，固不具论，美法公断条约既经签押缔结，则所以影响于英美公断条约而为之增长其效力者，亦非浅鲜。法国者，英之协商国，俄之同盟国，而德之世仇也，近来以俄德和亲之故，有不快于俄之倾向，兹既与美接近，则恃美英之势，将益与俄反目，关于欧洲及近东之问题，苟无他变故者，当必使俄益亲德而远英（现已有其事实，当另著论），弛缓三国（英法与俄）协商之关系，关于极东之问题，当必使俄德同盟前此扩张于极东之效力（千九百二年事）渐趋于薄弱。俄国者，自第二次《日俄协约》成立以来，与日本有利害与共之关系，而日本极力连合之，以分据满洲者也。俄法在极东之效力既薄弱，则日俄虽连合而不能得法国之助力，其势当不至大盛。夫以美法二国之接近，乃能直接使俄国西则失英法之欢心，东则忘仇忍耻以听日本之利用，间接使日本仅得倚赖疮痍未复之俄，以抵抗经济的侵略派中坚之美，则其效力能助美英连合以对付日本，使美英缔结公断条约之效力，必至益加巩固，非三尺童子皆知之事乎？噫，数月以来，美英二国之成功的外交，可谓全盛时代也哉！自今而后，吾意美英二国既觉悟日美战争之必不能免，必益汲汲焉从事于豫备。美英二国间之求心力愈近，则日美二国间与日英二国间之远心力愈速，而日俄二国间之求心力愈益加大。且日本以尚武好战喜胜之民族，突遭欺弄，失有力之同盟援助，尤必老羞成怒，卧薪尝胆，以图孤注一掷。十年之后，机会一熟，美国以英为后援，日本以俄为左臂，各逞雄略，相见中原，正其时耳。呜呼！观于旅顺大连之租借期限只有十二年，美国巴拿马运河之开通，与太平洋岸军港之完成，日本京马广轨铁路之竣工，与海陆军备扩张案之实现，大都亦不出十年内外，世界之形势不从可知乎？晨鸡一声，天下将晓。吾于《美英公断条约》之缔结，不禁有无穷之感也。

或曰：此次《美英公断条约》虽曰总括的，然约文第一条规定应付公断之事项有"性质上不妨付诸公断者"一语，其意实对于碍难付诸公断者而言。既有碍难付诸公断之事项，则将来必不能尽付公断，可知是总括的效力，犹不可谓为完全。又末条谓本约将来若有一国以文书通告废弃，则经二十四月后即失其效力。推其意，将来甲国若因他原因而不得不与乙国冲突时，直可预计时期而为废约之通告，是所谓维持平和者，其效力亦非永久可恃，且美国上院近闻非议此条约者不鲜，将来或不批准，或加修正，亦未可知。安见此条约绝对的为美英二国之平和保障乎？

曰：是不然。吾固言之矣，《美英公断条约》者，消极的同盟条约也，盖其形式虽为平和的运动，其实质则仍为外交的策略。美英二国非真有维持平和之意，不过欲薄弱"日英同盟"之效力而然，故其约文之内容不有绝对的意义也。美国上院之非议此约者，亦非根本的反对此约之主义，不过对于条文有不满之处。昨据外报所传，盖将削除共同调查委员会之规定，是其终必批准此约又可知矣。美英二国缔结公断条约之意义及其连合以对付日本之策略，岂得依此等无关宏旨之细故，以为观察也耶？

呜呼！吾不知国于东亚之大陆，且忝为满洲之主人翁，而将来必不免投入于日美竞争之漩涡中者，对此又将何以为情也？

民族元气安在*

（一九一一年八月二十四日）

中国之人才，至今日可谓堕落已极。

* 本文原载一九一一年八月二十四日《民立报》，署名渔父。

政治社会中，求伊、周、管、葛不能也，即求萧、曹、房、杜亦不可得。

草泽社会中，求刘、项、朱、洪不能也，即求胜、广、闯、献亦不可得。

实业社会中，求端木、陶朱不能也，即求计然、白圭亦不可得。

学术社会中，求许、郑、程、朱不能也，即求孔鲋、叔孙通之流亦不可得。

其他之各等社会，亦无不寂寥落寞如陈死人也。

噫！民族元气，黯然销沉，乃至是耶？

将来之朝廷*

（一九一一年八月二十四日）

近来朝廷之政策，可括而为四：大借外债也；扩张军备也；尊奉皇室也；压制国民也。

外债而不能偿，则国家破产。军备而不能养，则士卒枵腹。皇室因尊奉至极，则安而忘危，变为独夫。国民因压制过甚，则铤而走险，成为敌国。凡有一利，断必有一善随之矣。

吾不知朝廷将来统破产之国家，率枵腹之士卒，以孤立之独夫，当亿兆之敌国，果何为乎？

英国之国会革命**

（一九一一年八月三十——三十一日）

顷者外报相传，阳历八月十日，英国上院开议"国会法案"，卒

---

* 本文原载一九一一年八月二十四日《民立报》，署名渔父。

** 本文原载一九一一年八月三十——三十一日《民立报》，署名渔父。

以百三十一票多数之表决，通过成立，于是英国政界三年来争议不定之制限上院否决权问题，乃一旦解决，统一党（保守党）全数失败，而自由党大得胜利。自是英国贵族将不能容喙于政治，而上院之权能为益薄弱。以号称世界宪政模范之英国，而有如是之宪法上革命，诚可谓近来政治史上之一大变故也。

今试略述此变故之始末，以见立宪国民政治革命之妙用。当一千九百六年，英国自由党内阁代统一党内阁执政，以教育法案与废止复票法案提出于国会，自由党占多数之下院虽经可决，而统一党盘据之上院则反对之。自由党大哗，竞言上院权应加制限。千九百八年，上院又否决监理酒商法案，舆论益不服。迄于千九百九年，政府又提出预算案，有拟征土地增价税等之计划，已通过下院矣，上院之贵族豪富等，以此案为抑压己等也，乃大诟病，目为社会主义的预算案，竟否决之。上院者，在法虽有修正财政法案之权，然习惯上久不行使，固已全委诸下院者也，今违反英国民所夙重视之习惯，而否决下院已通告之预算案，其必益招国民之愤慨可知。于是自由党内阁乃用宪法上非常之手段，解散国会，诉诸国民公论，重行选举议员。去年一月，选举竣事，政府党以爱兰国民党与劳动党之援助，复占多数于下院。政府既以优势，以为非杀上院之势不足以行己党之政见也，遂提出限制上院否决权法案于国会，即所谓国会法案也。方纷争未决间，忽值英帝殂落，休息者久，至六月，两党乃开协议会，自由党领袖内阁首相爱斯葵士等与统一党领袖斐尔福等相晤讨论，至二十一次之多，终不谐。政府不得已，再解散国会，重行选举，当选之数，自由党虽与统一党等，然爱兰、劳动两党仍援助政府，故实际上仍为政府党胜利。今年五月，制限上院否认权法案竟不增减一字通过于下院，而转送上院，上院大加修改，又为下院所驳回。前七月二十日，上院复以修改案通过于第三读会，下院复驳回之，纷争益剧。首相爱斯葵士大狼狈，致书统一党曰:“若果修改吾案者,将请于皇帝封新贵族,以助吾战。封新贵族以助战者,二百年前安女王时政府尝用是法,以制胜唱大陆战争继续说之反对党,英国宪政史上之非常例也。”统一党惧新贵族增多,益不利于己也,遂不得已可决下院转送之原案。于是制限上院否决权之法律遂告成立,自由、统一两党奋斗苦战之一大政争遂告终结,而英国宪法上一大革命遂揭晓于世。

制限上院否决权法律要义,都计有四:

一、凡带有财政性质之法案而通过于下院者,纵上院否决,亦可从皇帝裁可,直为法律。

二、裁决法案带有财政性质与否之权,属于下院议长及其指名之议员二名,经其协议定之。

三、凡不带财政性质之法案而接连三期通过于下院者,纵上院亦接连三期否决,然至最终期时,则可经皇帝裁可,直为法律。

四、每一议会之任期,改七年为五年。

观其要义,英国上院自是而后对于财政当一任下院之自由决定,而永无容喙之权,虽或容喙,而下院直可假皇帝之大权以抑止之,使之无效,惟下院有因上院之否决而自反省时,则或不经请皇帝裁可该案,然下院果反省与否,上院既不能督促之,则是上院于此原无毫发之积极的权限;对于财政以外之一切政治,亦当听下院之自由立法,惟关于实施,仅可使其二年延期,然二年后之效力,则仍与对于财政者无异。质言之,即英国国会名义上虽仍为二院制,而上院经此次改革,虽有若无,实际上已变为一院制矣。此今年英国国会革命之真谛也。

吾人于是而知政治现象变化推移之故矣。英国之上院,专以贵族组织(计世袭贵族、爱苏二国贵族、僧侣贵族、法务贵族,共五百七十九人)。贵族在政治上之势力,起原甚古。当十一世纪中叶,诺尔曼人建国之初,有贤人会议者,盖即由贵族僧侣而成,其后虽有平民参入，然至爱德华一世时，分为贵族庶民二院，而专由贵族组成之上院更完全成立，且当时庶民院权甚微，皆服从贵族之下，故上院之势力甚大，其后虽屡经改革，然贵族把持政治之风，依然如故。至千八百卅二年改正选举法，行所谓国会革命，组织真正国民的代议机关之下院，仅予修正权于上院，始稍衰弱。然以保守党盘据之故，犹以其修正权，往往与下院对抗，时掣政府之肘。前次格雷氏等屡次欲制限上院之权，而以英人重习惯之故，卒不果行，以迄于今日。兹者制限上院否决权之法律既经成立，此后盘据上院之贵族既不能自由决定财政与立法，则英国贵族在政治上之势力必日趋于微弱，而利用上院把持政治之风将不复现于英国，是不谓为英国贵族一大打击不得。夫英人者，素以富保守性闻于天下者也，而对于数百年相传之阶级制度，少数人特权，竟一旦加以斧钺，使不能再为厉，贵族阶级权力不能容于现世界社会如是，则世界政治之趋向不从可知乎？吾恐欧西各君主立宪国对此而闻风兴起者当不鲜，为人道蟊贼之贵族阶级自是或无有高枕之日耳。故由此次变政观之，可谓为贵族阶级将衰落之朕兆也。

英国国体号为君主制，而其实际则兼有民主的精神，盖英国皇帝，宪法上称为国会之国王，为国会之一部分，其于统治权原与上下两院共同总揽之者也。然国会既有上下两院，而上院之组织又专为贵族，故理论上不能不以贵族为统治权总揽者之一部分。贵族者，国家之特别少数阶级，以少数阶级而统揽统治权，其不符于民主的精神，莫此为甚，故□国法学家有谓英国国体为一种复杂之制者，即为是故。兹者制限上院否决权之法律既经成立，此后下院既可自由决定财政与立法，则国会之权必独操于下院。下院之多数党依例有组织内阁之习惯，虽皇帝不能违之，则政府与下院即谓为一体焉亦无不可。夫英国宪法与各国异，原为不文宪法，不作为国家之根本法，得以国会左右之（与普通法律同），故谓英国国会为统治权总揽者，即以是理由故。若以下院而独操国会之权，且与政府合为一体，是总揽统治权者实际上即为下院，而皇帝之裁可任命诸权，皆为有名无实。以民选议员组织之下院，而有如是之大权，则与民主国体尚有何差异之点乎？夫英国者，世界君主立宪之母国也，君主立宪母国乃变为民主的实质，是亦不可以觇世界政治之趋向乎？故由此次政变观之，又可谓为民主政治将普及之征候也。

更有一影响及于英国政治者，则为社会主义的政策。英人以重保守之故，原无多数人主张急激之社会主义，故希望政府之行社会政策者不鲜。前次政府所提出预算案，虽以有土地增价税计划为上院所斥，然一般人民甚欢迎之。兹上院之否决权既被制限，此后之财政法案既可由下院自由决定，则此土地增价税计划必见诸实行（即以土地价格为标准之单税论，谓土地不由自己之勤劳，仅以社会经济上之变化而自然增加价格者，则依其价格加税），且与此计划相类之政策，亦或逐渐发生，亦未可知。夫社会主义之派别与实行方法固甚多，然重征土地税，固亦社会主义中之一大主张也。此社会主义中之一大主张，而竟实行于素重保守之英国，社会主义的国家政策将风靡世界之大势，盖又可知矣。故由此次政变观之，更可谓为社会政策将盛行之见端也。

要之，英国国会法案之成立，为一千八百三十二年国会革命以来之大变化，其刺击于世界各国之立宪政治前途必不浅。世有藉立宪之名，行专制之实，以皇族之阶级握政府之实权，较英国乃相去不可以道里计者，其国民亦知有所感动否耶？

新刊批评[*]

（一九一一年九月一日）

《鸦片瘾戒除法》

二卷，曹炳章撰。都凡四编：曰鸦片流毒沿革史；曰鸦片产地及其原质之作用；曰烟毒成瘾损脏腑原因之戒除法；曰处方。皆能穷原竟委，备具无遗，而于历史的事实与医学的研究尤为详尽。方今戒烟之令，厉行国中，得是编为木铎，有益于群类当不浅也。惟文法及理科上译语间有不适者，宜更正之。浙江绍兴墨润堂、奎照楼、明强药局、致大药栈、宁波卫生公会广益局、育材学堂、上海会文堂、广益社发行，价银三角。

日人之密窥蒙古[**]

（一九一一年九月二日）

肃王，北京政界中之铮铮者也，不意竟为外国一奸细所欺，而入其彀中。

前者，长民政部，聘日人川岛浪速等为顾问，以其小忠小信，渐宠任之，此次调理藩部，闻又将延之入幕，此乃以窥伺蒙古诸部之机会与日人者也。

川岛浪速，日本政府之一大侦探也。谓予不信，请观日本殖民政策机关报《海外之日本》杂志。该杂志于本年四月发行，《海外发展快男子编》中有川岛浪速传，其略曰："川岛于日清战役为乃木大

* 本文原载一九一一年九月一日《民立报》，署名渔父。

** 本文原载一九一一年九月二日《民立报》，署名渔父。

将通译，建策甚多，后官于台湾。庚子年，日本欲占厦门，苦无口实，乃遣人伪为清人焚烧在厦之日本教堂，川岛亦与闻其事。北清之役，彼为参谋，大买欢心于清人，为清廷所知，延为警务学堂监督。日露之役，彼与佐佐木安五郎组织马贼队为奇兵，破坏俄人之粮台等。战既罢，彼居北京，益为清廷所信，延为民政顾问，授以二品衔。安奉铁路问题及满洲铁路中立问题起，彼暗中运动之力居多。彼又谋殖日本势力于蒙古，尝利用宦官刘某，遣佐佐木等索得翁牛特旗开矿权。又游说蒙古诸王亲日本，给土尔扈特王游学东京，皆有好结果，故日本政府赏以勋四等。今后彼之活动，有利于日本帝国当不鲜也。”

观此，川岛之为人可知，若果用为理藩顾问，使其直接得操纵蒙古诸王，则大漠南北之土地，不变为日本势力圈者几希。呜乎！此非吾国腹心之祸乎？

有志保持藩属之肃王，其注意焉，勿以北门之锁钥与人也。

宁赠友邦，毋给家奴*

（一九一一年九月二日）

阳八月念六日大阪《每日新闻》北京电云：“清国为严索革命党事，对于九广铁道，大让步于英国，而求英国允诺粤督在香港搜索革命党。”

蠢尔政府，竟不惜以利权与人而搜索革命党人耶？所谓“宁赠友邦，毋给家奴”之格言竟实行耶？

* 本文原载一九一一年九月二日《民立报》，署名渔父。

日本内阁更迭感言*

（一九一一年九月五日）

阳八月二十五日，日本内阁总理大臣桂太郎等全体辞职。日皇遣使谘询于公爵山县有朋，遂以政友会总裁西园寺公望继其后，为总理大臣。旧内阁员惟海相斋藤实留任，其余大抵皆以官僚派代之，已于九月一日视事，亦世界政局之小变故也。

近来日本内阁之接受，大抵不出二人，非桂即西园寺，非西园寺即桂。此次桂退而西园寺进，亦固其所，原无何等重大之意义，惟吾人觇日本之政治，号称立宪几三十年，而犹不能脱少数人垄断专制之习，左右国务者，总之不离乎藩阀武人者近是，以故有所感者久。兹睹此次之政变，愈觉日本政治为非立宪的，故述所感之大要焉。

日本革命告成，明治政府成立，以萨、长、土三藩功最多，故三藩人士势力极伟大，把持政治，垄断兵柄，虽天皇不能不顺之。历次为宰辅者，大抵不出萨长派人，否则亦须得其后援方可，虽立宪以后，国民反对者群起，而亦无如之何。每值内阁更易，须开元老会议，元老会议者，即萨长人会议也。此次山县派（长派）之桂太郎虽退，而继起之西园寺虽非萨长人，然既先与桂太郎情投意合，甘为桂之傀儡，则亦可谓准藩阀派。任命之前，虽未依向例开元老会议，然亦谘询山县而后决定，此尤为长派独盛之朕兆。其他之内阁员，则非萨长人，即附萨长派者，且桂太郎虽退，闻有将入枢密院之说，今后盖将隐然为日本政界重镇。要之，萨长派今后在政治上之势力，必不少衰，使无他势力发生者，则日本政治必永为藩阀政治，

* 本文原载一九一一年九月五日《民立报》，署名渔父。

固可断言也。所感一。

日本素有文治武断二派，文治以伊藤博文为首，武断以山县有朋为首。前此两派互为消长，迭执政权，自伊藤死去而文治派已失重心，故武断派独盛，国有大事，无不仰山县之鼻息。近来桂太郎野心勃勃，欲以武人为第二之伊藤，植党蓄势，为日已久。今日本政界之势力，除极少数外，非山县之儿孙，即桂之奴婢也。此次西园寺虽以政党首领代桂，然政友会已为桂所操纵，已失代表国民公意之性质，西园寺又甘为所利用，而允继其衣钵，陆海军大臣且以桂派之人承其乏，握政府之重柄（陆军大臣石本新六，由前之陆军次官升任），是新内阁名虽更迭，而实与未更迭无异。今后武断派之势力，必不能稍衰，使无他势力发生者，则日本政治必永为复杂的武人政治，又可断言也。所感二。

立宪政治，以代表国民公意为准则，而最适于运用此制者，则莫如政党政治。日本自立宪以来，其国民之注意于此运动者固不鲜，然迄无何等之效果。今日其政党之大者，虽有政友会、国民党，而政友会为西园寺统率，久听政府之利用，国民党不能占优势于议院，其去政权尚不可以道里计，皆不能适于行国民公意之政治。此次内阁更迭，政友会之西园寺与原敬松田正久等虽入阁，然与其谓为以政党领袖入阁，宁谓为以官僚党领袖入阁之为愈，盖不能以英国自由统一两党首领之入阁例之，已不烦言而解。今后日本之国民的政治运动，必不能大发展，而彼国民党所梦想之政党政治，必不能实现，又可断言也。所感三。

自桂太郎执政，以大陆帝国主义为国是，故始虽标榜非增税非募债政策，而近来则力图扩张军备，改良军用铁路，虽舆理不服，而彼以既招降多数党之政友会之故，悍然决定实行。今政友会之西园寺既执政，又与桂情投意合，则此后尤可直接倚政友会之后援，而继续行其武断的政策，所谓大陆帝国主义者，必更益实现，而与之有密切关系之中国，自是将益无宁日，此又意中事也。所感四。

综而言之，日本此次之内阁更迭，既非由于两党主义政见之反对，又非由前内阁之失政为议院所不信任，不过为官僚党之私相授受，实无何等之价值，故无他种重大影响及于将来之政治，此观察此次政变之标准也。吾人考其主原因，盖一由于历史上之势力。明治维新之功，其主动力既在少数之藩阀与武人，至今日已深根固蒂，不可复动，虽有国会监督于其旁，亦不能救治，故其垄断专制之弊，有如是耳。今而后，苟非日本国民有根本的改革之决心者，盖将无变易之望矣。世之论政体者，往往谓日本为半立宪国，其有以也夫。

“法令”二字何解*

（一九一一年九月七日）

《内阁官报》自开办以来，凡各部奏折，有列入法令部者，有列入折奏部者，同一奏折而时有不同，不知何故。

或曰：有法令之性质者，则入法令部，否则入折奏部。

然吾闻之，法者，法律，经国会议定、元首裁可公布者也（此言君主国）；令者，命令，元首或行政官厅于法律范围内制定发布者也。今之奏折果属于何种之性质乎？

以资政院章与弼德院章所用法典及陆军部划一军事司法折中所用之法规，与此合而观之，凡所谓法令、法典、法规等之区别，政府诸人，盖犹茫然不知为何物者也。

噫！此之谓豫备立宪。

---

* 本文原载一九一一年九月七日《民立报》，署名渔父。

中葡澳门划界问题*

（一九一一年九月八日）

澳门划界问题，中葡二国争议不决者，已三年于兹。其发轫在光绪三十四年，葡人欲扩张其领地而中国不允，故为争议之端绪。前岁中国遣高尔谦与葡官麦加德会勘，议不谐，中罢，遂因循以迄于今。前月葡人又擅浚海道，侵害中国主权。粤督张鸣岐止之，不听，则遣一巡洋舰以示威，并遣陆军往香山为应援，葡人始停浚。于是张督遣交涉史李某与葡官复议划界事，外务部亦同时与驻京葡使交涉。现在正在磋议中，将来如何解决，犹不可知。中国外交界亦可谓多事之秋矣。

溯葡人之据澳门，在前明之季（明嘉靖三十六年）。始时不过租借前山寨南之小半岛，至有清道光二十八年，葡人不纳租银，视为领土。自是乃渐蚕食近地，至光绪十三年，中国与订条约，始认葡人永远管理澳门，而划分境界之事，约中并未议及，仅申明俟由两国委员勘定，未定界前，悉依现时情形，彼此不得增减改变。尔后中国政府以迁延不决，故卒未实行勘界，于是葡人遂益阴据附近各地，粤中大吏则坐视不为理，至近年蚕食愈甚，有坐大之势，始觉而抗争之。然而为葡人所据之地既多，葡人在各地治理之迹又已成事，则彼固不患无辞以对我，故虽经数年之交涉，而不能使彼就我范围。计其历次所已据之地，有西沙、潭仔、过路湾、塔石、沙冈、新桥、沙梨头、石塘街、龙田村、望夏村、荔枝湾、石澳、青洲岛等处，其主张应为彼有之地，则为北山乡、南屏乡、湾仔、大小横琴岛、长沙兰岛、九澳岛等处及其附近海面，皆彼坚持不让之范围，而此次划界问题之大难关也。

---

* 本文原载一九一一年九月八日《民立报》，署名渔父。

考葡人主张之理由，要旨有三：（一）自一千五百五十七年（明嘉靖三十六年）以来，中国已不行使管辖权于澳门，而移诸葡国，一千八百四十五年（道光二十五年），葡国以澳门为自由港，设置一切官署，中国未尝抗议，自千八百八十七年（光绪十三年），中国且以条约确实让与管辖权于葡国，故澳门应为葡国领土；（一）中国欲以关闸与澳门市间之各地为中国领地，实不合理，此等地自昔已由中国默许葡国建设村落，久在葡国治下，故澳门辖境，应有全市及郊地二部；（一）澳门附近各村落及各岛屿亦曾隶葡治下，且有教堂、衙署、学校、营舍等为证，皆应为澳门属地。其所主张如是。中国当局除第一要旨未尝反对外，其余大抵皆已辞而辟之：于其第二要旨，则谓关闸与澳门市间之各地虽在葡治下，然实为葡强占，前明以来之分界，实以三巴门、水坑门为限；于其第三要旨，则谓澳门附近各村落及各岛屿，光绪十四年订约以后，未尝离中国治下，葡人虽屡次侵入，乃葡人之不法，不得为澳门属地。其理由已足使葡人无（辨）<辩>护之余地，比较而絜矩之，其孰是孰非，孰得孰失，固已瞭如指掌者矣。

吾人于是更为进一步解焉。夫葡人之主张，大抵避法理论而取事实论，故单举时效及证据二者，而于取得澳门领土权之条约文义，则未尝精确研究。此实吾捣彼中坚之间隙，而当局诸人不注意于是，此吾所不解者。夫光绪十三年之约，其第二条许葡人以澳门领土权固也，然其但书内，既明言俟由两国委员勘定境界，未定界前，悉依现时情形，彼此均不得增减改变，则澳门辖境，但使其在未定界前者，无论何时，皆不得不遵守当日之旧界，而探索当日之旧界，究在何处，乃为解决此争议之首著，此皆理论所应尔者也。

明季租借之区域尚矣。当是之时，视澳门为藏垢纳污之地，乃于东北方之三巴门、水坑尾门筑围墙限之，其东南西三方则以澳门小半岛之海岸为境，有清承之，亦未尝有扩张之事。二百年来，相安无事，分疆治理，载在图籍，莫能隐没，此非二国确定之历史上境界乎？此区域既为历史上境界，则光绪十三年约中所指之界，自不得不解为即指此区域而言，虽葡人自道光以来有占据各地之事，然国际法上领土权移转之条件，一以对手国承认为准，既未经中国承认，要不得以为领土权移转之证，当日订约，亦断不至认此不法占据之地，而曰悉依此情形办理，不得增减改变，是条约所指之当日旧界而不可不遵守者，原不在广大之区域，而仅在围墙以西南之小半岛可知，且依约文，葡人原有不能增减改变境界之义务，此后所据之各地，要不谓为葡人之违法背约不可得。严格论之，即前此久占之各地（望夏村、龙田村、新桥、沙梨头等），亦不能不解为改变境界之行为，是葡人久已处于不遵守当日旧界之地又可知。历史上当日之旧界既如彼，葡人之不遵守旧界又如此。然则今日之交涉，葡人已不能不先负违法背约之责任，更何得主张关闸与澳门市间之各地，及附近各村落岛屿，为已取得领土权之地域乎？复次，葡人主张之理由，首以久在葡治下一语为根据，盖援引国际法上所谓时效取得之义（取得非所应得之土地，而经过一定时期者，即作为有效）。然时效云者，其例盖仿于普通民法。民法上之取得时效，大抵以平稳彰明于二十年或十年间继续占有他人之物而不经对手人请求为条件。葡人之占有各地，果悉合于此条件乎？掠夺焚杀，几如盗贼，岂得为平稳？私自侵入，未尝宣言各国，经其承认，岂得为彰明？时来时去，未尝有确实永久治理之迹，且经年虽久，而中间尝为中国请求退出者数次，又岂得为继续？是其无援引法律上所谓时效取得之义之资格，不已彰彰乎？无此资格而犹漫然主张领土权，非欺吾当局无国际法之知识因以图逞其野心而何耶？复次，葡人又曰："各村落岛屿皆有葡国教堂、衙署、学校、营舍，足为证据。"是亦不合理之说。证据之性质，必其发生此证据物件之事实正当合法，方可助其主张，使生效力。葡人所举各地，虽有葡人之教堂、衙署、学校、营舍，然当日所以建筑此等各物之理由，既因于欲侵占人土地，其事实又为不法之行为，则不得援以为正当取得领土权之证甚明。譬之盗焉，既窃人物，乃复宣言曰:“此物之所有权，吾应享之，视此物有吾使用之迹，即可为证。”天下岂有如是之主张哉？且中国在各村落岛屿之建筑物亦不鲜，何一非中国领土之证？三巴门、水坑尾门之围墙，不更显而有征者乎？此尤足证彼主张不法耳。要之，无论从何方面以观葡人之主张，皆甚薄弱，惜中国当局不能从根本上拒绝之，惟就其事实论以立辞，使彼犹得有强(辨)<辩>之地步，遂至迁延不决，以至今日。然中国有必胜之理，实不可罔，今而后，甚望当局诸氏据理力争，勿以国民栉风沐雨所辟之土地轻易与人也。且夫以中葡两国之国势论之，中国虽弱，与葡国较尚不致处于劣等，更有收回各地之能力也。葡人以欧西蕞尔之国，自革命以来，修理内政，日不暇给(近日方发布宪法，选举大统领)，旧时王党，又时有窃发之虑，已无对外发展之余力。其兵备亦极形单薄，本国陆军只三万有余，海军只战舰法士科德噶马号一只(二千九百七十二吨)，巡洋舰顿加罗士一世号等五只(共一万四千吨)及炮舰、驱逐舰等数十只，亚洲殖民地之印度地闷等处，亦只有陆军千四百人，与极小之炮舰数只，皆无有赴援澳门之准备，其澳门本地之兵，更仅有防军四百八十余人(内有百余人为中国人)与巡洋舰八大利亚号(六百二十吨)、炮舰澳门号(百七吨)之二只，万不能抵抗吾粤东一省之兵力。使此次交涉万不得已而以干戈相见，纵吾以十当一，亦可握最后之胜算，何所惧而不以强硬对付之乎？纵吾理不得直，而弱肉强食，彼西人夙所持以临我者，我亦何尝不可执以待彼？况本是我直而彼屈，在理在势均无致败之道者耶？苟能坚持不挠者，吾知葡人除俯首就范，返我侵地之外，无他法耳。

噫！澳门交涉之有今日，大半皆由中国当局之因循畏事，吾国民痛心疾首，盖已久矣。今日正其收之桑榆，力盖前愆之秋也。此次出兵示威，可谓颇得机宜，乘此时会，一举而解决数十年之积案，非当局诸氏应有之责任乎？噫！岂如是容易之业而亦未之能举耶？

新刊批评*

(一九一一年九月九日)

《中国商业地理》

李哲濬、景学钤合编。第一编论土地人口国际贸易，第二编论中南北三部河流贸易，大抵抄译日本丸善书店《清国商业地理》而参以他种材料者，搜罗富足，调查精详，于交通物产二事尤为翔实，可谓商业家参考良籍。惟编中误谬失体之处不鲜，举例言之，有地理舛错者，如谓中国疆域东终于日本海（一页），云南有宾川府、姚安府，四川有鸭绿江会于金沙江（一二四），湖南有丞水、柳江会于湘水；有事实脱漏者，如列通商市场而遗甲辰以后自开各埠及己巳中日条约许开之满洲各埠，叙云南安南铁道而不知其已经告竣；有译例不当者，如地名、人名大半袭用欧字及日本字母、而不译以汉字，甚至中国通俗名称而亦如是，使人不能晓解，实为译界未有之例；有语词不经者，如十二真割（一二）、取引数（四五）、割合（二八五）、仲立业（四五一）、小作（五三七）之类，盖仍丸善店原书之旧而不知改；有用语前后矛盾者，如镑又作磅，棉纱又作绵丝，马尼拉又以日本字母作“マニラ”，苏门答腊又作斯马特拉，又以日本字母作“スマトラ”；有物产称名不可为训者，如阿马尼亚（当是铝）、金巾（原色布）、绵糯子（洋绸）、吴吕（罗布）、更纱（印花布）等，或响壁虚造，或尽袭倭称，可见其不谙商品学。此外讹字涩语，亦数数觏之。以有用之书，而瑕点充斥帙内如是，良可惜也。上海商务印书馆南

* 本文原载一九一一年九月九日《民立报》，署名渔父。

京南洋印刷官厂发行，价银布装二元，皮装三元。

外交公文亦用法令耶*

（一九一一年九月九日）

七月十日第十号之内阁官报，以外务部致英朱使照会及朱使复文均列于法令部，亦一异例也。

夫照会为外交公文，与条约亦异其性质者，其与效力及于一般臣民之法令，有何关系乎？

内阁官报，代表宪政之形式者也，而不解法令之为用，于此可见彼辈宪政之知识矣。

新刊批评**

（一九一一年九月十一日）

《返生香》

四册，明女士叶小鸾撰，江左书林重刻。小鸾为叶天寥幼女，生有逸才，诗文均清丽可诵，将嫁而殇。天寥刻《午梦堂集》，附其妻女四人所著为《疏香阁集》，小鸾遗文与焉。又别录之，题曰《返生香》，盖不忍其殁也。道光中，大兴王寿迈令吴江，得小鸾眉子砚，遂重刻《返生香》单行本，是为砚缘斋刊本。其后流传入粤，又经书贾翻刻。兹本盖以粤本重印者，故间有讹字，又误署眉为《返魂香》，且加"香艳绝句"四字于书名之下，颇为可惜。后附《窈闻》一卷，多载小鸾死后乩示之作，盖天寥痛女之切，时时以之自排遣者。萧晨薄暮，得小鸾是编诵之，足使心魂芳馨矣。同书林发行，

* 本文原载一九一一年九月九日《民立报》，署名渔父。

** 本文原载一九一一年九月十一日《民立报》，署名渔父。

价银一元二角。

《卫生新义》

一卷，谢洪赉编。所录皆泰西名人硕士有关卫生之论文而译以汉语者，共三十一目。至理名言，警世良箴，卫生宜手置一编者也。上海四川路百二十号青年会总委办处发行，价银一角。

新刊批评*

（一九一一年九月十四日）

《象山先生全集》

三十六卷，上海江左书林重刻。三十二卷以前为宋《陆九渊文集》，其子持之编，三十二卷以后，一卷为《谥议》、《行状》，孔炜等撰，二卷为《语录》，傅子云等撰，一卷为《年谱》，李子愿等撰。《象山文集》原只二十八卷，附《外集》四卷，宋时有高商老袁燮袁甫三刻本，明正德中，又有王守仁刻本，有清雍正中，又有九渊裔孙学海刻本，皆同。至康熙中，李绂取文集语录年谱为施评注。道光中，周毓麟又加按语刻之，始有今卷数。兹编盖据周刻，可谓佳本，惟篇章间有失序处，宜更正之。象山之学与考亭对抗，积不相能。其流衍为姚江，后世宗考亭攻姚江者，遂并象山亦诟病之。然象山主尊德性，致良知，虽与姚江同偏于应用的，而其言为学，以讲明与践履并重（与赵咏道书），且谓大学致知格物，与学问思辨同功，则非不尚纯理者可知。惟唱宇宙即是吾心之说，不免趋于唯心一方，故不及考亭耳。至其辨斥无极，不崇虚无而重实有，则较考亭独为精到。要之，考亭之学，宜为太上说法，象山之学，宜为其次说法。兹遍苟善读之，亦可以入德矣。同书林发行，价银一元五角。

---

* 本文原载一九一一年九月十四日《民立报》，署名渔父。

论川人争路事*

（一九一一年九月十四——二十一日）

自政府定借债修路政策，强收粤汉、川汉铁路为国有，借英、法、美、德四国债款为修筑费，并以会计监督权、用人权、购料权予四国债主，以管路权、展路权、湘鄂二省租税征收权听彼制限，蔑视四省之民意，断送四省之主权，于是始则有湘鄂人争之，不得，粤人又争之，亦不得，最终乃有川人奋起力持，设保路同志会，誓要求政府取消借款契约，收回川汉铁路国有成命，听归商办。始事以来，坚忍不懈，以与政府相抗者已二阅月，其意志之强固，毅力之宏大，迥非湘、鄂、粤人所能及（羞死湘、鄂、粤人）。乃政府以惑于盛宣怀莠言之故，毫不为动，已定九月二十一日开工修筑。川人大愤，则罢市以要政府，顷来风潮益剧，川人与政府益处于骑虎之势，相持不下，日内且闻渐有决裂之形。其影响所及，诚不知伊于胡底，兹就各方面所得之消息，列举于左：

七月一日，川民因争路事开大会，到者数万人，全城罢市、罢学、罢税。（五日）

十二日，全川保路同志会宣言云："成都自朔日罢市、罢课，南自印雅，西迄绵州，北近顺庆，东抵荣隆，千里内外，府县乡镇，一律闭户。侍奉景皇帝神牌，朝夕哭临，全川愤激悲壮，天地易色。川人所争者，新内阁第一政策，不依法律而举债，不依法律而收路，种种蛮横，直从根本上破坏宪政，故愿签名决誓，先海内死争之，区区股东权利，犹其末节。今自初九日起，实行不纳租税，已纳者不解，既解者不交，万众誓死，事在必行。特此布告全国之热心宪政前途者。全川股东保路同志会启。"（十二日）

* 本文原载一九一一年九月十四日、二十一日《民立报》，署名渔父。

川民已用正式公文向川督赵尔丰宣言，不纳租税，截解饷款。（十四日）

川督与将军各司联名电奏，请川路暂归商办，以去就力争，奉严旨饬遵前旨办理。（十五日）

川民围攻督署，立即剿捕，互有伤亡。（十五日）

川督遵旨严拿滋事首要。（十六日）

川中兵民已开战，伤人甚多。（十六日）

四川保路会代表刘声元上书监国，请收回成命，不报。

廷旨命端方赴川省办理路事。

四川京官联名严劾盛宣怀，留中。

川督已令西人避去省城。（以上十七日）

端方奉旨带兵入川，并相机调用川军，得格杀勿论。（十八日）

英美两国各遣炮舰入川，保护西侨。（十八日）

川省争路愈烈，官民冲突，异常扰乱，由川至京电线已被切断。

内阁议全调鄂军赴川。

川省各府盐井灶户数十万，群起罢市，抗不纳税。

鄂军三十二标全数开往郧阳、施南等处，防川鄂边界。

川民决议训练民兵，自抽租税。

川南一带会党乘机起事。（以上十九日）

廷寄川督，宜剿抚兼施，得格杀勿论，其电由资州电线转达。

北京川路代表及川省学生，相率哭于庆邸之门。

有旨拿川路代表刘声元。

川人万余人要求川督请止端方带兵入川，赵督拿人，互相击斗，死四十余人。

川中乱势已成，川人宣告独立（按此恐不确）。

川中资州电线又被切断。（以上二十日）

端方奉旨节制四川全省军务。(二十一日)

川人与官兵哄闹多次,死伤颇多。(二十一日)

综合以上观之,其川人决心之激烈,与政府对付之蛮横,可以知其梗概。将来结果,固不可预料,而其关键,则要视乎两方最后之五分钟如何。西南大局,危机一发,诚可谓人民与政府争斗之一大事件也。

吾人于是而不得不有所感焉,以谓有此一役,而后乃知专制之威非平和所能克,群众之力非压迫所能制,实为政治现象之原则,虽吾中国亦不能外之者也。自政府以伪立宪之旨布告天下,热中功名之徒不审翔实,靡然附和,奔走呼号,为之推波助澜,于是吾民信之,皆以为庶政公诸舆论之实,今而后庶几可以见之;迩来彼辈实际上虽无大表见,而以其外观上尝有颁布宪法,设立资政院、谘议局等举动之故,犹以为吾民既借此得渐参与政治,则制限淫威,伸张舆论,保护吾侪权利,当非难事,迄于今日,信用政府之心,未尝稍减也。乃者所谓借债筑路之政策既定,不经资政院、谘议局之决议,径自大借外债,收回川汉、粤汉铁路,政府先自违犯宪法大纲及资政院、谘议局之章程,不顾国家之命脉,侵夺人民之权利,于是吾民始颇知政府之不足恃;然犹以为彼辈所自定之堂堂法令,或不至故意矛盾,不过偶为一二奸臣所误,以至于是,故仍竭忠尽诚,再三呼吁,冀其悔悟而一改悛,而孰知彼辈同恶相济,凭借权威,竟(搬)<班>门弄斧,以恶声相向,以格杀勿论之严令惧吾侪小民,数年来,彼辈所戴伪立宪之假面,遂由是一旦脱去,毫无顾忌。吾民处此,而犹信其能节制淫威,尊重舆论,保护吾侪权利,盖不谓之迷梦已不可得。自兹以往,吾民苟不欲求真正之立宪政治则已,而不然者,则断非平和手段所能动其毫末,此固事有必至,理有固然者也。兹者川人之抗争川汉铁路,而知以全体罢市不纳租税为武器,盖已觉平和手段之不能有效,而将逐渐以合于政治现象原则之手段对付之者。道路相传，谓已与官兵开战数次，死伤甚众，其确否虽未可知，然川人能群策群力，慜不畏死，以抵抗专制之恶政府，捣彼辈之中坚，使之震慑，不知所措，则不可掩之事实也。所可惜者，川人尚只趋于消极，而不知出以积极方法，致使彼辈犹以为易与，而不知俯首纳降，且再三装腔作势，以为恫喝。复次，除川人外，湘、鄂、粤人不知同声相应，一致行动（湘、鄂、粤人听者），更使彼辈得以口惠，收拾民心，以便一意坚持其恶劣政策。有斯二者，乃为憾事耳。假令川人潜察政治盛衰倚伏之故，达观世界大势变化推移之数，不复规规于争路，由消极而进于积极，为四万万汉、满、蒙、回、藏人民首先请命，以建设真正民权的立宪政治为期，湘、鄂、粤人及各省人亦同时并发，风起水涌，以与川人同其目的，吾恐数千年充塞东亚天地之专制恶毒，或将因此一扫而尽，亦未可知，区区借债夺路之虐政云乎哉？昔英国之治美利坚也，尝违法征收美人印花税及进口税，美人愤之，乃抗英而力争，遂为建设合众国之张本。法国之受制于路易十六世也，法民憔悴不堪，巴黎市人乃树三色旗，迫王定新宪法，遂为法兰西开新时代之纪元。普国之受刺激于二月革命也，普人集于柏林，与政府战，卒倒政府，开国会，遂确立普国之宪法政治。凡此非皆吾国人所能效其方法者乎（其目的虽不必效）？呜乎，事迫矣！吾愿政府诸人勿再以吾民为可欺而严威以逼人，吾更愿川人勿终以政府为可惧而退缩以将事也。

数日以来，川人争路益烈，道路相传，纷纷不定，虽或不确，然川民自罢市抗税以来，因赵尔丰逮议长代表，击杀请愿人民，遂至围攻督署，与官兵开战，各处人民响应，川兵多不用命，省城受民兵围困，秩序全破，则要为不可诬之实事。政府忧川人之得势，乃妄信赵督电告，指为逆党，命岑春煊与赵督会同剿抚。春煊一面调兵筹饷，一面发电告蜀中父老子弟，日内即当由沪西上。盖政府之压迫川人，愈加强硬，必达其借债夺路之目的而后已，故以雷霆万钧之力，施之至再至三也。

以吾人之意揣揣之，今者两方虽皆坚持不下，然将来必有一方归于退让方能了结，否则必两方皆诉之于强力，谁之力最强者，即归于谁之胜利，亦能了结。天下无两胜之理，亦无力不强而能胜之理。此次川人所欲达之目的，既在争路，在势万不可以路不能争回而自休止，既以罢市、抗税、围城为争路之手段，则遭政府之压迫，固事之所应有，在川人亦必早已计及。而政府以借债收路既定为政策，亦断不肯因人民反抗而遂更易，致失堂堂之威信。两方所处之地位，皆有弓在弦上，不得不发之势，则此后了结此问题之道，果何方归于退让乎？此不能不亟研究者也。世之论者辄主和平了结之说，一则曰“川人宜速自转圜”，再则曰“不可使政府过坠其威信”；而岑春煊告蜀中父老子弟文中亦闪烁其说，不曰“士农工贾各归其业，勿生疑虑”，则曰“果幸听吾言，必当为民请命，朝廷爱民如子，断断无不得请。”夫果能和平了结，如俗论所云者，则非先使川人尽弃前所主张，一委诸政府不可，然试问川人能为此乎？果为此者，则前此设保路会、罢市、抗税之举为何故乎？岂非大负初心耶？且此次之役，为人民与政府交绥之第一次，天下方称美川中之民气，川人而失败，则此后吾国民之蕲响于政府者，尚有幸乎？政府欲求和平，则何不先自转圜？政府欲保威信之不过坠，则何不先去其自损威信之举动？且政府与人民孰重？政府之威信与人民之元气孰重？牺牲人民以卫政府，天下庸有是理耶？又岑氏之言，亦可谓不得要领已甚。川人所争者，只有唯一之路耳，无他求也。岑氏欲为川人排难解纷，则当明白宣示曰：“吾必请命朝廷，收回借债收路之成命，川人其勿反抗。”果如是，则庶几可以平川人之心，当不崇朝而奏平定之功。今乃泛然以谓朝廷“断断无不得请”。夫川人之欲得请于朝廷者，岂有他哉？亦惟收回成命之一事耳。岑氏果能保为川人请于朝廷收回成命乎？吾恐岑氏虽得君之专，当亦不能自信也。岑氏既不能自信，则其所谓为民请命者，亦不过朝四暮三之术，川人断断不能信之亦明矣。由是言之，川人争路之在今日，论理既不可退让，论势亦不能退让，则欲求川人之先退让，以和平了结，殆必不能得之数，否则非七千万川人皆变为无气力之陈死人焉不可也。

然则了结之道果将何出？曰自政府一方言之，除速降明谕，收回成命，安抚川人外，已无他了结之法；自川人一方言之，苟不欲达争路之目的则已，苟欲达目的者，则总宜速由消极方法而进于积极方法，切勿为岑氏等之甘言所动，勿为威劫，勿为势屈，万众一心，坚持不懈，苟有以强力来压迫者，亦以强力应之，必期得最终之胜利而后已，夫然后其庶几耳矣。呜乎！益州沃野千里，天府之国，何遽伈伈俔俔，低首下心，以遗天下后世笑耶？

新刊批评*

（一九一一年九月十五日）

《历代宫闺文选》

二十六卷，周寿昌辑，存古学社校刊。仿《昭明文选》例，选录自周迄明上下二千年间女流名家之文，共三百七十四人。其文皆见于史志专集或旧选本旧钞本者。稗官小说，概摈不录，可谓得选家之正。自来女流文选，有《湖海楼妇人集》、《然脂集》等，然皆不完备。兹编囊括古今，盖集女流文选之大成者。上海四马路群学社、棋盘街会文堂发行，价银一元二角。

《女界文明灯弹词》上卷

锺情心青撰。共八出，以劝导女流之旨作为寓言，谱以弹词，有

* 本文原载一九一一年九月十五日《民立报》，署名渔父。

益女俗之篇也。上海明明学社发行，群学社等经售，价银二角五分。

《泰西名人证道谭》

一卷，英国墨独克、美国罗密士合辑，胡颐谷译。汇集泰西名哲尊信耶教之语录，分为六类，耶教徒拓教之书也。上海四川路青年会总委办处发行，价银一角。

新刊批评*

（一九一一年九月十六日）

《重刻宋淳熙本文选》

六十卷，梁太子萧统编，唐李善注，上海会文堂重刻。《文选》李注原本于宋淳熙中为尤延之校刊，有清嘉庆中，胡克家影摹之，并作考异十卷附于后，雕工精好，校雠严审，为自来各刻本之冠。其后武昌、广州各有翻本，皆不能及。兹本由胡刻敛小，影以石印，故帙幅字形，一如真本，而装造精致，便于取携，则尤过之，诚文林之珍籍已。上海棋盘街会文堂粹记发行，价银三元六角。

《近世亡国史》

四编，殷鉴社编。记朝鲜、越南、缅甸、印度灭亡事实及亡国后之惨状甚悉，研究东洋史者，足资考证。同社发行，上海新学会社代售，价银四角。

宁赠友邦，毋给家奴**

（一九一一年九月二十日）

端方电告政府，将借英国兵舰助剿川乱，可谓奇极怪极。

---

* 本文原载一九一一年九月十六日《民立报》，署名渔父。

** 本文原载一九一一年九月二十日《民立报》，署名渔父。

蠢尔端四，尔无胆力，逗留不进，则亦已矣，乃竟出下策，是何居心？

昔埃及因借英法债，遭民反抗，起兵抵制，埃廷借英兵剿之，其事正与今端方之平川乱同，埃及卒因是君废国亡，蠢尔端四，尔竟不知之耶？

“宁赠友邦，毋给家奴”之格言，彼辈盖无一日或忘之也。

新刊批评*

（一九一一年九月二十一日）

《全唐诗话》

六卷，不著撰人名氏，明毛晋校订，三乐堂重刻。卷首有原序，称甲午奉祠河曲，与四方胜游专意吟事，因汇录《全唐诗话》，末署咸淳辛未遂初堂书。遂初堂为宋尤袤（字延之）别称，是此书似为袤撰。但袤为高宗时人，而咸淳乃度宗年号，中间相隔百余年，序中不应有是语。考清高宗钦定《续文献通考》《经籍考》中，有尤袤《全唐诗话》十卷，下加按语云：“周密《齐东野语》载贾似道所著诸书，此居其一，盖似道假手廖莹中，而莹中又剽窃塞责，后人恶似道之奸，改题袤名，遂致伪书之中，又增一伪撰人。”其说或得此书来历之本相亦未可知。书中所记，皆名章儁句，轶事遗文，上自君相，下逮缁流闺秀，靡不收之，足资考证者不鲜。惟原有十卷，而后世散逸，只存六卷，颇可惜耳。上海新闸酱园弄朝记书庄发行，价银一元五角。

《胎产秘书》

四卷，不著撰人氏名，上海朝记书庄重刻。分胎前、临产、产后三门，后附保婴要诀经验良方，有益于胎产医理之佳本也。同书庄

* 本文原载一九一一年九月二十一日《民立报》，署名渔父。

发行，价银二角。

中国国民之进步*

（一九一一年九月二十一日）

中国国民的举动之对政府也，始则争王位，继则重民族，至今日则渐知主张权利抵抗恶劣政治之举，观于此次川人之争路而可信。

中国国民的举动之对外人也，始则贱视，继则排斥，至今日则渐知文明待遇之法，观于此次川人争路之保护外人而可信。

孰谓中国国民而无进步乎？吾四万万同胞其勉旃！

四川之历史**

（一九一一年九月二十三日）

呜乎！四川之历史，岂不灿然有光也哉？

太古时蜀为山氏，立国最久，史称有望帝杜宇是也。

周时为巴蜀二国。

秦之亡也，刘季王巴蜀汉中，乃定三秦，诛项楚，而成帝业。

新室解纽，公孙述称成帝于蜀者十余年。

东汉季世，刘焉父子为益州牧，刘备继之，遂延汉祚，而与吴魏为鼎足之势。

五胡云扰，李雄以一氐儿而割据于益州，传国数世。

五代之间，王建、孟知祥先后为皇帝于两川，足继玄德之盛。

胡元之衰也，明玉珍保有巴中，略具规模。

---

* 本文原载一九一一年九月二十一日《民立报》，署名渔父。

** 本文原载一九一一年九月二十三日《民立报》，署名渔父。

明季张献忠以流贼窜入川中，虽无王者气象，然亦称一时之雄。

噫嘻，美哉国乎！其亦不负川人也已。

新疆又大借款矣*

（一九一一年九月二十三日）

新疆借美国□□银行款又将成矣。

借款合同中有聘用美人为顾问一条，是予美人以干涉新疆行政、财政之端也。

新疆者，俄人窥伺不已者也，今若使美人也得优势，则俄人其能不跃起急进以谋我乎？岂不酿成第二之满洲乎？

噫！以昏愦之疆吏，与贪鄙之小人，而妄弄如此政策，吾民其奈之何？

葡国改革之大成功**

（一九一一年九月二十五日）

近二年来，世界各国中演革命之活剧者有四：曰土耳其也；曰波斯也；曰葡萄牙也；曰墨西哥也。土耳其与波斯惟知改易政体，而旧时国体依然如故，墨西哥惟知争夺权势，而善后政治罔知顾虑，故三国自革命以来，国内之纷扰不绝，国势不振，皆不得谓为真正之成功。惟葡萄牙始事时，推倒政府，建立新共和国，既已不血刃而事定，而事后维持秩序，改革庶政，皆有条不紊，足厌天下内外之望，故迩来各国皆已以公式逐渐承认其新共和国政治。前月二

---

* 本文原载一九一一年九月二十三日《民立报》，署名渔父。

** 本文原载一九一一年九月二十五日《民立报》，署名渔父。

十三日(阳历),新大总统选举就绪,新内阁亦告成立,即与葡国无大关系之法兰西、日本等国,亦先后承认。葡国革命可谓大告成功,亦政治史上有兴味之一大事件也。

溯葡国革命之颠末,其预备甚早,而爆发则在去冬十月。盖前此葡国政治腐败达于极端,国王无道,政府专制,贵族僧侣横行无忌,人民不堪其虐,欲起而反抗者甚久,一千九百零八年,葡人弑葡王加罗,已发其端,去年十月,葡人遂大起革命,葡京陆海军队皆叛助革命党,阅一昼夜,即告胜利。葡王马尼埃尔二世率其太后奔英,革命党则组织临时政府,推京师文科大学教习布拉加氏为大总统,法科大学教习马查德氏等为内阁大臣,宣言于内外。尔来布氏新政府锐意维持外交,整理内治,改革财政。各国政府除一二国外,亦知革命党之必成功也,虽未即与以承认,然无不深表同情于新政府,虽与葡王室有密切关系之英国,亦仅招待来奔之葡王母子,而不能有何等干与政治之举动,南美之巴西国,且公然承认新政府之成立。今年五月,新政府制定共和宪法,设立议会,议员悉以革命派之共和党员充之。六月,又宣言永废布拉干萨王家,确立共和政治。八月,遂选举博士马诺埃尔亚利亚牙氏为大总统,组织真正之政府,新共和国由是正式成立。于是各国乃益信新政府之强固,而皆以正式之承认,首为美国,次法国,次英国,次德、奥、意,次日本,凡世界主要之各国,皆无不然。新共和国由是益加确固之保证,葡国革命之历史遂告终结。此其颠末之大要也。

吾意自是以后,葡国新政府之政治基础必益得顺势而益臻于安固矣。

第一,关于外交之事。葡国以欧洲西南一隅之小国,介于列强之间,其殖民地则遍散于斐洲、大西洋、印度洋各处。自近世以来,葡人国势衰落,久有不能自保之势,惟以葡国内无他变,而各国间亦维持现状,故得无事。去年革命进行之际,各国皆震惊失色,以为国际现状将由是而动摇，由是而德人且有瓜分葡殖民地之议，幸英人持重不动，葡革命政府亦能神速奏厥敷功，恢复秩序，于疾雷不及掩耳之间，竟能巩固势力，以与各国因应，故各国亦深表同情，阴与交际。然各国中素有野心之某某国，仍未尝不欲乘间抵隙，阴行窥伺，以故正式承认之举，延至今年，犹不遽见诸实行，对于各国之关系，不能正式交涉，葡国新政府忧之，盖已久矣。今者既得各国之正式承认，则此后素有野心之国或不至再生觊觎之念，欧洲之均势，当因此而得维持之一助，而葡萄牙新共和国之国势，亦由是巩固发达，辉耀于国际之间，此必新政府之所满足不置者也。

第二，关于内政之事。葡国自布拉干萨王家篡继大统以来，阅年二百，根基颇厚，贵族僧侣，凭借为虐，树党营私，其号为王政党者共有十余。去岁葡王出走，王政党相率逃遁者不少。又新政府放逐旧教徒，旧教僧侣因以出奔者亦甚众，皆热心反对新政府者。顷者此等反对新政府之徒，相与联络，以谋恢复王政，其运动于北葡各地者，势力颇盛，世人之觇葡国政治前途者，恒为新政府忧之，其为葡国之隐患，固不可谓非甚大也。今者既得各国之正式承认，则新政府有恃无恐，其势力必益臻强固，而王党对于新政府之逆谋当可大减其程度，即国人之素有同情于葡王家者，亦必因此而冷却。自是而后，马尼埃尔二世恢复王位之想，由是遂永无复希望，而新共和国益得一意从事于诸般政治之改革，此又必新政府之所满足不置者也。

第三，关于财政之事。葡国自前政府专制无道，财政颇陷于困难之域，入不敷出之数年年增加，所负国债，至十二万万元之多，其属于内国债者虽不少，然实际亦大半归英人之手。去岁革命既遂，新政府成立，以各国不遽为正式承认之故，新政府不能有募新外债之能力，而对于前政府之旧债，又不能不负偿本纳利之义务，其为新政府之苦痛，更莫此为甚者也。今者既得各国之正式承认，则此后葡国可获利用外资之益，财政基础既得整理之资，国际贷借关系亦稍补漏卮之失，而改革庶政，发展经济，当益收向上之效，可无疑义。昔保加利牙之始建国也，各国不遽与以承认（一八八六年事），保国财政困苦不可言状，及一旦得承认之后，国势遂有蒸蒸日上之观。兹葡国新政府盖与此同一辙者，此又必新政府之所满足不置者也。

葡国革命之大成功如是，吾人于是而大得革命之教训三焉：一，革命不得外国之承认，则其目的不得完成；二，革命进行时，不可不预计对外关系，而出以使外国乐于承认之手段；三，革命成功后，不必虑及对外关系之困难而恐其不承认。

自十九世纪以还，世界大通，各国互相通商遣使，宛然天下一家，一国有事，则无不波及影响于他各国，而各国对于该一国，亦能左右其国之安危，故国家而苟有革命之事，则当新政府甫立之际，人心未定，基础既未强固，野心之国，往往思获渔人之利，又旧政府负隅抵抗，或旧政府既倒，而余党犹有乘机窃发之虑，且新政府百废待兴，尤患财力之不足，使非有各国深表同情，与以承认，为之声援，则往往不久而遭失败，杜兰斯哇共和国与菲律宾共和国，其前鉴矣。欲谋革命之成功者，当以葡国为师表焉，所谓革命不得外国之承认则其目的不得完成者此也。革命事业，其目的既在举一国之政治从根本上改弦而更张，其手段又不能不用强力破坏旧有之秩序，以为新建设地步，故当其进行时，与之有密切关系之各国，其所受政治上经济上之影响，既重且大，则不能袖手含默者，亦意中事。然正惟与各国之关系密切，则各国无不以维持现状使不甚变动为得计者。当是时，革命国所执之手段，亦当以务使现状不致大变动而容易恢复为主旨。约而言之，有三：一革命之时宜神速而短（不可久事战事）；一革命之地宜集中而狭（宜于中央）；一革命之力宜借旧政府之所恃者（用政府军队），使为己用，而收事半功倍之效。此三者，盖革命成功之原则也。今葡国革命皆本此原则而实行之，所以易被承认而告成功，不诚足为有志革命者所宜取法乎？所谓革命进行时不可不预计对外关系，而出以使外国乐于承认之手段者此也。革命进行时，各国既以维持现状使不甚变动为得计，则革命国苟能如其所希望而行之，以适合于革命成功之原则，则各国断无故意好事干涉之必要，即有一二野心之国，而我既不与人以口实，则亦不得公然逞其非分之想，夫如是，则各国必至以革命成功为利于己国，亦事所必有。夫至各国以革命成功为利，则其对于新政府而不深表友意，与以正式之承认，有是理乎？而况新政府之内政外交较旧政府既有进步，间接有利于各国，更足得各国之友意者耶？观此次葡国之事，因其迅奏敷功，恢复秩序，不一年遂得各国之正式承认，其故不可深长思乎？所谓革命成功后，不必虑及对外关系之困难而恐其不承认者此也。

呜呼！革命事业，其难若此，其易亦若此，难易之数，间不容发，而皆视乎人之施为如何。若葡国者，其近世革命史上之模范哉！

果为干涉内乱耶*

（一九一一年九月二十六日）

川事之起也，各国皆派军舰赴川，保护侨民，于是人皆谓外人将干涉吾内乱也。

岂知国家于国际公法上有行使自卫权于他国领内之例，并非有他可惊怪之原因在。虽各国果有无野心不可得知，然吾苟不予人以口实，则不能因行使自卫权，遂显然有干涉吾内乱之举动，则

* 本文原载一九一一年九月二十六日《民立报》，署名渔父。

可断言也。

谓予不信，则请观向者土耳其、波斯、墨西哥之革命，非皆有外国之兵力入其领内保护侨民者哉？

吾国人勿相惊以伯有焉可也。

罢市果为善法乎*

（一九一一年九月三十日）

四川争路，既以罢市为最烈之手段矣，近闻湖南争路，亦罢市。然吾人窃谓此非善法也。通工易事，经济现象之原则也，农三日不如此则馀粟，工三日不如此则枵腹，商三日不如此则百货壅滞，是非自杀之道乎？

果欲与政府坚持到底，期得最后之胜利，则须行只困政府不困人民之法，方可以持久而不懈。不纳租税，其第一武器也，自杀之罢市法，政府且笑吾民之愚矣。

川人已不论矣，继起之湘人其详审之，且欲起而尚未起之鄂粤人更细思之。

致岑伟生书**

（约一九一一年九月）

伟弟鉴：居、杨将回（是时居正、杨玉如代表鄂民党至沪，协商起义手续——岑注），前物珍重（指炸弹而言——岑注），否则仍来。

---

* 本文原载一九一一年九月三十日《民立报》，署名渔父。

** 本文录自岑伟生《宋先生之行谊》（见姜泣群编《宋渔父林颂亭书牍》，中华艺文社一九一三年六月版），标题是编者所加。

新刊批评*

（一九一一年十月一日）

《荆驼逸吏》

五十三编，不著编辑人名氏，只署曰陈湖逸士，上海中国图书馆重刻。是书通行木版有数种，皆芜乱。兹编不知据何本，石印小幅，颇为精致。南明安宗简皇帝（弘光）、绍宗襄皇帝（隆武）、永历皇帝三朝史事，素号模糊，治中国近世史者，深以为憾，虽有明季稗史《小腆纪年》、《南疆逸史》、《南明纲目》诸书，然大抵不甚流传。今得兹编，使神州覆亡之痛，普及于国中，其有功史林当不浅耳。同馆发行，上海中国图书公司扫叶山房、文瑞楼著易堂经售，价银二元五角。

《右台仙馆笔记》

十六卷，（愈）〈俞〉樾撰，上海朝记书庄重刻。所记皆神怪奇异之事，乃愈氏晚年居钱塘右台山别馆时所作，盖齐谐《阅薇草堂笔记》之流亚也。同书庄及苏州振新书社发行，上海集成图书公司扫叶山房代售，价银连史纸一元六角，洋纸一元二角。

土意之的利波里纷争**

（一九一一年十月一、三日）

甚矣哉，世界之多事也！德法之摩洛哥交涉未终，而意土之的利波里纷争又起，地中海之周围，竟有暗云惨淡之象。国际平和之局，不可望也如是矣！

---

* 本文原载一九一一年十月一日《民立报》，署名渔父。

** 本文原载一九一一年十月一日、三日《民立报》，署名渔父。

据最近外电所传，意大利向土耳其要索的利波里（亦作屈利颇黎，亦作特列浦利）之领土权，已开剧烈之交涉。意国遣舰队向的利波里进发，已有若干之意兵登岸。欧洲外交界，且有意国，已下哀的美敦书之风说。土国有求各国调停之意，而各国皆袖手旁观，土廷颇惶恐，诚国际间之不可不注意之新问题也。

考的利波里在斐洲之北部，东接埃及，西连法领突尼斯，亚尔及尔，南控撒哈拉沙漠，北面地中海，土耳其之一省也（按本报前日称此为小亚细亚之海港，误，盖小亚细亚亦有与此同名之海港，且亦属土国，前日外电简单，故误解也）。地方四百万方里，人口百余万，多巴巴利人，亚拉伯人，欧洲人亦不鲜。在古为加尔达额属地，后归罗马，七世纪时属于阿拉伯，十六世纪时乃为土属，迄今三百余年无异。其位置在地中海之南岸，与意大利一水相望，意大利人之通商移住于是者极多，且假道于是南进以营中斐洲之布帛、象牙、鸟毛贸易者亦不鲜，盖为意国必争之地。自十九世纪末（一八八一年），意国仗"三国同盟"之势，与法国争突尼斯之保护权，意人败，而突尼斯遂为法保护国。意人恨之，且惧法人之更东进也，故日夜以防法为主义，而有吞并的利波里之志。一千九百年，遂与法订结条约，申明意国承认法国在摩洛哥之利益，法国承认意国在的利波里之利益，将来一方若更须获得利益时，他一方亦须以善意对付之，于是意人遂依远交近攻之略，公然以的利波里为势力范围，而日扶殖其势力不已。其与法国亲交之度，俨如水乳相交，几使同盟之德奥二国有不安之形。其后，一千九百二年，"三国同盟"继续成立，意国又宣言谓"三国同盟"中之一国，若攻击法国时，意国决不援助该国，使意法亲交与"三国同盟"并行不悖，德奥之态度始如常。由是意国左倚德奥，右携法国，以欺衰朽之土耳其，而经营的利波里之方略遂益剧急。其经济的势力之在的利波里者，已巩固不可拔，惟以国际现状不易猝破坏，故十余年来，尚无何等之强迫的举动而已。顷者摩洛哥问题之纠纷不解也，德国遣舰队占领南摩之亚格德，法人争之，以有德法之协商。今虽尚未妥谐，然法国割让孔哥与德，德国承认法国在摩有优先权之议，则已略定。此后法人在摩之举动，必较意法订结条约时更进一层，殆有必至之势。而意国既拘于前约"将来一方若更须获得利益时，他一方亦须以善意对付之"之文，不能对法国作不平之鸣，则不能不别有所图，以保平均之势，亦情理中所应有，故当德法二国纷议未定之际，突然跃起以图的利波里，实其外交政策上不得不然之势。且意国自与德奥二国同盟以来，未尝获何等之利益，曩者巴尔堪半岛问题复燃之际，奥国吞并土之波士尼赫、塞哥维纳二省，德国尝以强力敌俄而助奥，而意国亦只能作壁上观，其不能不羡且忌而失望于三国同盟者，盖已久。德人知之，则亦不能不有所以慰抚意人，故当此德法争议不决之际，意人逆料德人不必反对已之举动，德人亦知意人志在试验"三国同盟"之势力，且未尝不欲借以牵制法国对摩之政策，两国默契之中，乃有此窥伺的利波里之举，盖亦国际间离合操纵之常态如是也。此意土二国今次纷争之所由来也。

今后之形势果何如乎？意国处心积虑，志在必得的利波里，断无因难而退之理。土国自青年党执政以来，国内纷扰不绝，内政日不暇给，以故对外常有退让之观，此次之事，既遇意人之强索，苟欲抵抗者，则非终诉于一战不可。然论两国兵力，意既较土为优，则终局必意胜而土败，故土人对于此次纷争，必将屈从意人之要索，殆无疑义，即不然而出于战，战而败，败而和，和而必割让的利波里，亦无疑义。故无论如何，此次土国必丧失三百年来祖宗相传之的利波里领土权（其形式或为正式之割让，或为租借及其他方法，皆所不论），固不可挽之大势也。

由是而知欧西国际政局盛衰倚伏之故矣。自德奥意"三国同盟"成立，欧洲之外交，几全为所操纵，英则以是而孤立，俄法则以是而缔结同盟以自保。英国忧之，乃西和法，东近俄，而成所谓“三国协商”之局，以为对峙，由是国际关系始克保其平衡。然以野心勃勃之德国，而执“三国同盟”之牛耳，其左右外交之势力，犹为强大。前此摩洛哥问题初生之际(千九百五年)，及巴尔堪半岛问题复燃之际，德人皆大显其旁若无人之手段，而各国无如之何，即其表证也。惟因意国素与奥仇，且往往欲排斥奥人对巴尔堪之举动，而自扶殖其势力，对于“三国同盟”常有不满之色，故“三国同盟”犹不免有内讧之虑耳。今则不然，意国既恃“三国同盟”之后援，为对抗法人在摩之势力，故而图的利波里，则是意人已变其对巴尔堪之方针，转向于地中海南岸，当不复有奥意之暗斗，而“三国同盟”之效果，较前当大加强固，亦由是得以征实。且此次土国哀诉各国，各国亦无有出而为之排难解纷者，即素有好意于土之英法二国亦然，于此尤可见局外各国之怵于“三国同盟”势力，不欲干与其事。将来纷议若臻妥协，意国而果得的利波里之领土权，则此后意国得跋扈于地中海南北，为“三国同盟”张其威，而“三国同盟”之势力，遂借以益得磅礴于四面，将来北斐中斐问题，均当有容喙之地步，而英法二国受其掣肘者必不鲜，即巴尔堪半岛问题，亦必间接受何等之影响，此皆意计所能及之者矣。

近年以来，“三国同盟”与“三国协商”常互为消长，“三国同盟”之势力既强固，则“三国协商”之效果必薄弱。千九百五年，以德人干与摩洛哥问题之故，法国对摩政策受其阻害，而英国无何等之援助，英法关系已生破绽。前年，以德人助奥吞并土属二省之故，俄失败而法袖手旁观，俄法同盟又有动摇。今年，俄德协约成立，俄人允德人揽有中波斯之铁路敷设权，以妨碍英国利益，英俄协商更伏危机。此皆“三国同盟”之盟主之德国大挥手腕，使“三国协商”薄弱之实证也。今若因意国得的利波里之故，以增长“三国同盟”之势力，则此后德国必益利用之，以为后盾，于北斐洲方面

(摩洛哥问题尤然)以胁法,于大西洋、地中海方面以胁英,于近东、中东方面以胁俄,使三国疲于奔命,不能协以谋我,欧洲之均势,或由是有动摇之惧,亦未可知耳。此亦意土纷争之一面观也。

要之,此次之的利波里纷争,实为欧洲外交界之一大关键,不得仅以意土二国间之交涉视之。其影响所及,虽与吾国无直接关系,然驯致国际状况有所变动,则间接使各国对于极东之政策因之更易,亦不可保其必无。吾人拭目以观其推移焉可矣。

嗟乎!意人之所以敢为是者,亦欺土国之衰弱耳。的利波里失,则土国自是遂无复有一寸土在于斐洲大陆矣。噫!回忆前此阿多曼帝国领域,远跨三洲,称雄世界,不过数十年前事耳,乃不几时,而欧洲之巴尔堪诸小国分离独立,而格里底岛为各国保护,而波士黎赫、塞哥维纳为奥并,而亚洲之居伯罗岛为英借,而斐洲之埃及为英属,何一非由其国衰弱之所致乎?今乃复使斐洲仅存之的利波里又将丧失,为土国者,盖亦难矣。嗟乎!兼弱攻昧之义,其有以哉?

救灾平议(一)*

(一九一一年十月一日)

呜呼!今年之水灾殆遍于二十二省,无不有之,哀鸿满野,民生日蹙,诚古今未有之奇变也。

政府发国帑以赈灾民,各省慈善家亦讲种种救济之法,热心奔走,为民请命。善哉,仁人之用心也!

虽然,水灾之为厉,逐年增甚,岂一赈所能了乎?今年灾则赈之,明年后年亦然,十年百年以至万年亦无不然,恐国家财政,国民经济,悉为赈款耗尽,而水灾犹未已耳。

* 本文原载一九一一年十月一日《民立报》,署名渔父。

不求水灾所以发生之原因而救治之，而惟知事后补苴之法，此岂治本之策乎？

救灾平议（二）*

（一九一一年十月二日）

水灾之原因何在乎？曰水之来虽由于天变而使其为灾，则纯由于人为。

约而言之：水源地之山林滥伐，一也；沿江沿湖土地之开垦，二也；河道之壅塞、疏导、决排、潴汇诸法之不讲，三也；堤防之不固，四也；而求其总原因，则一由政府不良之所致也。

故欲救水灾，当从研究治水政策始，而尤当从建立良政府始。

君子曰："此之谓知本。"

论东三省新借日本债款**

（一九一一年十月二日）

呜呼，政府之外交政策岂不悖哉！岂不悖哉！其殆日以造亡国之因为专业者欤。

曩者借日本债款一千万元，予日本以独力干涉吾财政之张本，借英、法、德、美债款一万万元，迫日俄二国不得不协以谋我，其荒谬绝伦，既已为天下人所共见矣，乃不意顷日又有新借日本巨债之事。据本馆驻日记者所电告云："前月二十日，日本正金银行理事小田切往奉天与赵尔巽议借款事，已有成说。本月初七日，日本外务大臣次官局长及日本银行总裁正金银行总办支店长等，开秘密

---

* 本文原载一九一一年十月二日《民立报》，署名渔父。

** 本文原载一九一一年十月二日《民立报》，署名渔父。

会议于外务省，商东三省借款事。初九日，中日二国当事者遂将借款契约订结成立。”而据外电所传，亦谓日本以对抗四国借款之故，贷巨款于中国，为振兴东三省实业之用，以东三省田赋作抵，其事甚秘，外间不得知。合而观之，盖彼辈以贪图回用之故，为日人所诱，而听其以璧马赂虞，已成为实事，埃及吾中国之业，又增一大助力矣。

此次之所借款，其条件与数目，皆未得详，固不敢轻易施以观察。然要其抵抗四国借款，且充东三省振兴实业之用，如外电所传，则必不诬。吾人姑无论其财政政策经济政策上之利害如何，惟就外交上之关系言之，则期期以为益使满洲问题陷于纷纠不可复理之域，且使将来经济的侵略派与武力的侵略派冲突时，日本亦以经济力得占优胜之地位，而有独据满洲之资格者，即在此一举也。

夫日本之垄断南满，觊觎北满，自日俄战役告终以来已为不可掩之事，其趾高气扬，视为其怀中物者，盖已久矣。前此以英美二国修筑新法铁路、锦爱铁路及满洲铁路中立之提议，日政府惊惧失措，则笼络俄人，屡订协约，为共保计，此尤可见其处心积虑之所在也。乃至今年，美国又自为盟主，连合英、法、德共贷巨款于吾国，以充改革币制振兴满洲实业之用，攫得满洲出产销场税抵当权，且依合同第十六条，更攫得在满洲之企业投资优先权，及满洲产业及关联事业之华洋合办优先权，于日俄在满洲之势力大有妨碍。日人全国上下深恶痛恨，视为三国干涉退还辽东之故智，故前此勾结俄人，特指合同第十六条之文，抗议于四国及中国政府，谓有妨碍日俄之既得权，且侵害机会均等主义，其抗议之精神，盖即欲抵抗四国政策，而预为扶植己国新势力之地步者。尔时四国政府不虑其有他种之运动，用外交的言辞，以决不侵害机会均等主义答复日本，其予日本以便利之口实，又不啻使日本益得独力进行之机会，故此次日本之新贷巨款于东三省，实其对四国抗议之结果，而可谓已达其抵抗四国扶殖新势力之目的者也(记者前此曾论日俄抗议，实为豫备独立贷吾以巨款之地步。见六月十七日社论)。自今而后，日本既得有独立之债权，且攫有田赋以为抵当，而吾之偿债又不确实，其对于东三省之行政财政已有独力容喙之权利，将来乘间抵隙，或监督财政，或要求委任行政权，皆意中事。苟美国为维持其对满政策故，亦利用债权关系而为剧烈之竞争，则白山黑水之间，遂为日美交绥之地域。且英美亲交，已成定局，日俄同盟，亦将实现，日本以俄国为左臂，美国以英为后援，竞争不已，则以干戈相见于极东天地，亦事所必有。其最终之结果，虽不可知，然无论如何，以薄弱无主动力之中国处于其间，不能砥柱中流，而必为其风潮所摇动，而满洲亦遂随漩涡以俱去，则可断言也。夫论满洲将来之形势，即使日本无此次之债权，而既有四国借款之势力，妨害其垄断政策，犹足使两虎相斗，终必使吾受其祸，而乃以此平和的制人死命之利器，假与深根固蒂之日本，使其势益张而气益壮，而犹望其不跋扈飞扬以冀独力吞并者，有是理乎？是故此次之借款，乃益促日本之野心勃发，催日美之冲突，且与日人以胜利之张本，而速满洲之亡与中国之瓜分，实势有必至，理有固然者也。北京政府之外交政策愈趋愈下，乃至如是，吾人真百思不得其解者耳。

呜呼！吾国人戴此亡国政府，任其妄弄亡国政策，冥然罔觉，其果将与之同归于尽也耶？

新刊批评*

(一九一一年十月三日)

《韩昌黎诗集编年笺注》

十二卷，唐韩愈撰，清方世举笺，海宁陈氏珍珠船校刻。《昌黎

* 本文原载一九一一年十月三日《民立报》，署名渔父。

诗集》原有宋魏仲举刊五百家注，自朱熹作考异，五百家注遂废。其后有不著姓名者，宗朱子而广之，明季东吴徐氏东雅堂刻本是也。有清之初，又有何焯、朱彝尊批评本（博西斋本），顾嗣立补注本（秀埜草堂本），然皆无笺。世举于乾隆中乃援新旧诸书为作是笺，考其时，详其事，以正诸家之误，德州卢见曾为刊行之，即世所称雅雨堂本者。兹编由卢本缩以石印，工术精审，诚珍籍矣。上海古今图书馆发行，价银连史纸三元，攀纸二元。

新刊批评*

（一九一一年十月六——八日）

《新撰瀛寰全图》

上海商务印书馆编。都凡十五图，各图中又附入小形地文图及大陆剖面图。编法繁简得宜，印工亦颇精美，以为中学教科之用，足称适宜。商务印书馆出版，多为迎合时人而趋附风气之作，而内容往往不能称其实，此图亦有踳驳之处数四，深为全书之玷，今亟为辨正之。第六幅日本朝鲜图画，朝鲜咸镜北道之辖境，乃跨图们口而北，直以延吉府治南之河为□□□道沟等处，约七万余方里之地，皆为朝□□□，署图们江上流为柳洞河，署延吉府治南之河为哈尔屯河，署该河发源处之山为白头山，皆误谬之甚者也。考图们江亦名豆满江，其上游无有所谓柳洞河之名称。延吉府治南之河，有南北二源，南为海兰河，源于英额岭，北为布尔哈通河，源于哈尔巴岭，皆东流而会于延吉府东南，入于图们江，无有哈尔屯河之名称，亦不是发源于白头山（白头山为长白山最高处，在图们、鸭绿二山发源处，即康熙时穆克登查边立碑之所）。布尔哈通河与

* 本文原载一九一一年十月六日、八日《民立报》，署名渔父。文末注有“（未完）”，但查未见下文。

图们江中间之地，即前此朝鲜、日本人所称为间岛者，光绪三十三年，日本曾妄指为朝鲜领土，遣兵入据，前客岁七月，中国与日人订立界约，声明两国以图们江为界，所谓间岛地方，已确定为中国领土，其非朝鲜咸镜北道辖境，亦不待烦言而可喻矣。

记者试略述间岛之沿革，与前岁中日订立界约之颠末，以证兹图误谬之实。上古茫昧无可考见，已不易论。当唐之中叶，有渤海大氏者，立国东方，建五京以治，该地实为其东京龙原府境，以今朝鲜咸兴郡与高丽界（龙原府治，即今朝鲜镜城郡）。五代时，辽灭渤海，施羁縻之治，该地则属于渤海遗族之女真人。厥后女真灭辽称金，复郡县东方，该地则为其上京辖境，皆以今朝鲜定平郡与高丽界。金末，有东真国，兴于辽东，该地亦为所领。元兴，并灭东真，置海兰府水达达路，以治女真遗族，该地实为其斡朵怜万户府地，水达达路以今朝鲜永兴郡与高丽界。明初，招降女真诸族，建兀者女真乞例迷军民府，该地亦属之。其后又改建奴尔干都司，设诸卫所，该地则属于建州卫及毛怜卫，以图们江与朝鲜界。建州卫即清先祖，其时为酋长者，名都督猛哥铁木尔，居鄂多里（即今敦化县），为七姓野人所杀，是为肇祖原皇帝。弟凡察避居朝鲜之阿木河（即今朝鲜会宁郡），子董山（一作充善）袭职。后凡察归，乃分建州为左右卫，董山领左，凡察领右，其左卫，即今间岛等地也。董山之后，数传至兴祖直皇帝，移右卫，居赫图阿拉（即今兴京府），始渐强盛。历景祖、显祖，至太祖，益大，乃称后金国。太宗继之，遂建号清。故在明时，该地实为有清发祥重地（按《东华录》、《开国方略》诸官书，皆谓清始祖居俄漠惠之野鄂多里城，国号满洲，数世至凡察，避乱遁于荒野，又数世至肇祖，乃居赫图阿拉，为建州右卫都督，与上所叙不同。余尝考明季黄道周《博物典汇》等书，及朝鲜人《东国文献备考》等书，始知其尽属颠倒误谬。盖清始祖实未尝有满洲之称，其所居鄂多里，原不在俄漠惠，俄漠惠实即阿木河，系今会宁。其居俄漠惠者，非是始祖，乃系凡察。凡察与肇祖非隔数世，实为兄弟。又居赫图阿拉者，非是肇祖，乃系兴祖，清初文史简略，故谬说相传如是，兹特略辨正之)。大兵入关以后，封禁长白山附近诸处，该地亦在禁地之列，故居民渐空，遂成无人之境。历二百年，至光绪初，朝鲜人乃渐越境迁入，名其地曰"间岛"。未几，朝鲜政府遂指为领地，以图侵占，交涉屡年不决，至前岁日人并朝，遽遣兵据其地。于时□□□，颇悉其地疆域沿革，乃著《间岛问题》一书，力辟日人之非，主张该地为中国领土，政府得之，据以与日人争，日人语塞，遂订约撤兵，而该地因以确定为完全之中国领土焉。由是观之，该地之非朝鲜领土，自唐以来，即已载于历史，著之图经，不可诬罔。而有清之保有该地主权，亦实依据国际法上所谓传来取得法，固无有丝毫疑义存于其间者也，何得漫然指为朝鲜一地方厅之辖境，颠倒是非如是耶？商务印书馆颇解书贾经营之术，其新籍大率上之学部，乞其审定，而学部当道，又大率茫昧，凡该馆所上，辄报可。使兹图而亦如是，吾恐狡焉思启之强邻，将执吾政府审定之图籍而来索地矣。

又见老大国受愚矣*

（一九一一年十月七日）

意土交涉，正在危机一发之际，而德人忽从中调停，其欧洲政局之一转机乎？

闻其调停之法，土以的利波里让与意人，而仍保留主权，盖不外乎租借或委任统治之形式也。

曩者中国租借胶州湾、广州湾、威海卫、九龙、大连、旅顺与德、

* 本文原载一九一一年十月七日《民立报》，署名渔父。

法、英、俄也，约中亦申明曰“不损中国主权”，而今何如矣？

夺人土地之法愈演愈新，东西二老大国遭人愚弄如出一辙。甚矣，为老大国者之难也！

蜀道难*

（一九一一年十月七日）

魏之钟会、邓艾，因入蜀而相残。唐之孟知祥、董璋，因入蜀(孟)<而>互攻。甚矣，蜀道之难也！

今端方、岑春煊又并驾齐驱以入蜀矣，说者谓二人之结果盖可知焉。

虽然，近日端已返旌巴子国，岑亦停驾邓王城，二氏之知几可谓贤于昔人者也。

或曰：岑氏将为孟知祥，其然岂其然乎？

今年资政院之难关**

（一九一一年十月八日）

资政院开院在即矣，今次议员宜奋斗力争之大问题计约有四：

一宪法是否宜付资政院协赞也；

一皇族是否宜组织内阁也；

一借债收路，禁人民反抗暴动，政府是否宜负责任也；

一资政院改章不交院议是否违法也。

自命为代表舆论拥护宪政之议员诸君，其勉之哉！

---

* 本文原载一九一一年十月七日《民立报》，署名渔父。

** 本文原载一九一一年十月八日《民立报》，署名渔父。

又是一朝鲜*

（一九一一年十月九日）

外蒙古之酋长、教主等，竟有降俄之隐谋，而俄人亦将公然应之，北方之大患也。

日人之言曰："蒙古之在今日，正如巴尔堪诸小国属于土耳其之时代，而俄人之煽动，亦前后如出一辄。"然吾人则谓，以今日之蒙古，比昔日服属中国之朝鲜，或相似耳。

不知当路诸公中，复有昔日之李鸿章否也？

东三省之借款问题（续）**

（一九一一年十月十日）

盖日俄在满洲之势力，皆吾政府前此开门揖盗拱手奉赠者，已成为历史上之事实，且各国皆已于表面上承认之，即所谓均势之现状者是（所谓均势者，非各国在满洲之均势，乃言各国在中国全土所得之现在势力约略相当，且以维持不变相约，以保其平均也）。今忽因四国借款妨害日俄，而动摇均势，故日俄皆愤愤不平，而日本为尤甚。两派之利害冲突既开始，则非有以调和之，必不能相安无事，而免满洲于亡；惟调和之法，若出自两派中之一方，必不能得其平以间执他一方之口，且或更有后患。故由主人翁之中国，设为折衷平等之法，提议于两方，使之承诺，以暂缓其急激冲突之祸，且暂保均势之局，实不得已之方略也。

使此策而果行乎，则庶几可以对付日俄二国之抗议，阻遏日本

---

* 本文原载一九一一年十月九日《民立报》，署名渔父。

** 本文原载一九一一年十月十日《民立报》，署名渔父。

之诡谋焉。夫日俄二国对于四国借款之抗议，非以该借款合同第十六条有许予四国以满洲企业投资优先权，及满洲产业与关联事业之华洋合办优先权，有侵害机会均等主义乎？妨害机会均等主义者，即动摇均势之一端也。日俄二国而反对他人之侵害此主义，则自己即不能不遵守此主义，实理论上之所应有。此次日本单独迫吾借彼巨款，以此主义衡之，原为不合理之举动。吾政府苟能以此拒绝日人，且援此主义为后盾，以劝诱日俄二国同加入四国借款之中，则日俄当无辞以对，而不能不听吾言，虽日人野心较俄为甚，不必即就我之范围，然抗议四国者，既尚有俄国，日人单独迫吾借款，当必为俄人所不喜，吾苟能善施操纵之术者，俄人必先听吾劝诱，而允加入，俄人既允，则日人惧俄与四国合，亦必不能不允，日俄二国而果皆允，则四国借款动摇均势之患可去，而日俄二国对于四国借款所唱侵害均等主义之口实，可使之消失，是对付日俄二国之抗议，固莫善于此者也。日本对于满洲，处心积虑，欲公然攫而有之者，已非一日，徒以为均势政局所制，且有各国之监视，故不敢急速进行。前次四国借款既有动摇均势之观，是不啻与日人以单独急速进行之机会，故此次单独迫吾贷彼巨款，实预备将来排斥四国势力，独占满洲之张本。吾苟能拒绝日人之独立借款，且使日俄二国同加入四国借款，则连鸡之势一成，四国以多数之意见临日俄，此后日俄二国协以谋我之度当大减，而日本违犯众意，单独施其诡谋之举动，当不能无所顾忌。去岁美国所唱满洲铁路中立之议之精神，将变其形式以实现，而此亡羊补牢之计，或反为救治满洲之奇策焉，亦未可知，是阻遏日本之诡谋，又莫此为甚者也。

要之，东三省之危局，非小策小术所能治，惟有暂时维持均势之现状，从根本上力图富强之策，以为后日地步。借款政策原非要著，若必□得已而借款，则与其单借诸四国，毋宁使俄人加入，与其既借诸四国，又借诸日本以抵抗四国，促日人之野心勃发，毋宁使日俄亦加入四国借款，以保连鸡之势，此固不易之权法耳。噫！彼当局之蠢蠢诸氏，其亦有悔祸之心而一思及此乎？噫，赫图阿拉之鬼，将不安于地下矣！

近　事　观*

（一九一一年十月十三日）

总督衙门九个，今年烧了三个衙门，真不幸也。

丫姑爷真真有趣，竟然跑了，竟然又出现，负国恩甚矣。

端方前怕虎后怕狼，恐要成为端扁，负国恩甚矣。

交战时之中立论**

（一九一一年十月十四日）

嘻，外国竟承认革命军为交战团体矣！竟为革命军守中立矣！汉口之各国领事声明不干涉乱事乎？英国政府宣言赞成英领事之守中立；伦敦《泰晤士报》大声倡言革命所以救中国之亡。

交战团体之承认云者，一国有反乱发生时，国际社会虽未承认其反乱者为国家，然对于其战争行为，则认为国际公法上之主体，而视为与国家同其权利义务之谓也。其被承认之时会大约有三：一、反乱者已得一定之土地；二、反乱者已建设一定之政治机关；三、战争方法合于一般文明国所行之习惯是也。

中立云者，对于两交战国或交战团体皆不援助，不干涉，而为平和交通之谓也。其在反乱发生时，则为承认交战团体之结果。

---

* 本文原载一九一一年十月十三日《民立报》，署名渔父。

** 本文原载一九一一年十月十四日《民立报》，署名渔父。

既承认交战团体，则不得不守中立而负国际公法上之各种义务，并使该交战团负交战时之各种义务。

嘻！夫孰使人民迫而革命者，北京政府诸公，其尚不知反耶？

湖北形势地理说(一)*

（一九一一年十月十五日）

昔顾景范之论形势也，曰：“以天下言之，则重在襄阳；以东南言之，则重在武昌。”吾则谓今日之形势，以天下言之，则重在武昌；以东南言之，则重在金陵。盖(范)<顾>氏以为襄阳者，称天下之腰膂，中原有之，可以并东南，东南得之，亦可以图西北，故为天下之形势；武昌者，东南得之而存，失之而亡，故为东南之形势。而以今日之大局言，则武昌正昔日之襄阳，而金陵又正昔日之武昌。

自海通以来，长江门户洞辟，航路畅行，又京汉铁道纵贯中国，而为水陆交通之中心者，厥为汉口，夫汉口非武昌附属之一大商业地乎？左有龟山之险，右有鹦渚之胜，前枕大江，北带汉水，可以扼襄、汉之肘腋，可以为荆、郢之藩垣者，厥为汉阳，夫汉阳非武昌附属之一大军事地乎？

且武昌襟带吴、楚，东下可以制长江之命脉，西上可以杜川、湖之门户；又渡江而北，右可以扼山南之肩背，左可以捣中原之肘腋。昔者朱元璋克武昌，遂因以荡平荆湖，混一区宇；洪秀全屡得之而不能守，终使曾、胡诸人遂成竖子之名，武昌之为天下重，顾不甚欤？

吾故曰：今日天下之形势，重在武昌也。

* 本文原载一九一一年十月十五日《民立报》，署名渔父。

上海市面无意识之恐慌*

（一九一一年十月十七日）

日来上海因湖北乱事大受震动，市面为之生起恐慌，金融极形紧迫，居民又多持钞票换银钱，市面大有危险之状。以吾人观之，可谓无意识已极。

夫市面所以生起恐慌之原因，非惧乱事之波及乎？岂知此绝不足为惧。无论鄂中革命之势力尚未至于上海也，即已至于上海，然革命党之主义即声言在推覆恶政，出人民于水火之中，断不至有骚扰之事。不观彼等在武汉之举动乎？武汉三镇商民，今日已在革命党权力之下，安居营业，绝无何等之妨害，此不可以推知革命党虽至上海，吾商民固无惊惧之必要乎？况乎其未至上海乎？

且革命党非强盗流氓可比，当亦稍有财政经济之知识。闻其在鄂中对于大清银行及湖北官银号之钞票，皆准一律给换，则不至为无意识之举动，故意破坏市面，惹起恐慌，可知即已至于上海，而吾商民对于各银行之债权，断不致受其损害，必可无疑，何为而惊惧不已乎？况乎其未至上海乎？

嗟乎！吾国人往往以前此之叛乱举动视革命党，误谬之甚者也，此无意识之结果也。嗟乎！郑人相惊以伯有，曰："伯有至矣！"则皆走。岂知伯有果有知，固已笑人于地下而不已耶？

---

* 本文原载一九一一年十月十七日《民立报》，署名渔父。

致内田良平电*

（一九一一年十月十七日）

请尽力向贵国当局者交涉，要求他们承认革命军为交战团体。

敬告日本人**

（一九一一年十月十九日）

湖北革命军之起也，各国皆守中立，盖以革命军既为公然之团体，且有一定之土地，非如是不足以明交涉权义之所接，非必左袒革命军也。乃独有日本则不然，谓革命军只可目为内乱，而不能认为交战团体。其大阪《每日新闻》、《报知新闻》等，且谓如保护租界等手段，只为消极的手段，今宜进而用积极的手段云云，其狡焉思启之心，可谓如见。吾不解日人何以独异于各国，眼中无国际法、无人道一至于是也。

吾非谓日人之宜袒革命军也，第以革命军既已成为有组织，有土地、人民之团体，则在国际法上宜承认为交战团体，固无论其为内乱与否。昔日本倒幕之际，官兵与幕府党战，欧洲一二国不尝认幕府为交战团体乎？此其性质亦为内乱，何日人之善忘耶？明明国际法上之惯例，而故意设辞违背，非别有心肠而何耶？

至于乘人之乱，而用积极的手段，尤为无道已极。夫所谓积极手段者，非干涉之谓乎？吾人对此亦不暇问其合理与否，吾人惟记

* 本文译自高桥正雄《日本近代化と九州》，东京株式会社平凡社一九七二年七月二十七日出版发行。原题为“一九一一年十月十七日，宋教仁发，给内田良平”，并注云：“因原文遗失，这是合订的信的抄件，文末附记‘该信由井户川氏带去’。”这里的标题是编者所加。

** 本文原载一九一一年十月十九日《民立报》，署名渔父。

忆法国革命大历史。法国革命之际，不尝遭欧洲各国之干涉乎？而法人对之如何者？法国英雄拿破伦对之如何者？日人其不知之乎？今者吾友邦之英、美等国，皆深以维持均势现状为主义，固无连合干涉吾国内乱之虑。然日人苟不自量者，则其视法兰西矣，日人其省之哉！夫日人之所借口者，动以保护日人在长江流域利益为辞。夫外人在长江流域利益（即商业）孰有过于英国者？美国岂居日本之次乎？然而英、美二国，不闻有乘间窥伺之举也。且“英日同盟”之再订，犹昨日事，非以维持均势为目的乎？今乃当吾内乱方兴之际，而公然与英、美异其步调，且背英日盟约，日人其将何以对天下耶？此岂果为日人之得策耶？

吾愿同洲同种之东邻贤民政治家，对于此问题尚其再三深长思之也。

致内田良平电*

（一九一一年十月十九日）

北君① 何时出发，盼告。中岛，于乍浦路十九号松崎旅馆。

最后之胜负如何**

（一九一一年十月二十一日）

客有问于记者曰：“方今革命军起，与政府战于方城、汉水之

---

* 本文译自高桥正雄《日本近代化と九州》，东京株式会社平凡社一九七二年七月二十七日出版发行。原题为“一九一一年十月十七日，宋教仁发，给内田良平”，并注云：“本电文转载于书简集内，并注明发报人为宋教仁。据此可认为‘中岛’是宋教仁的化名。”这里的标题是编者所加。

① 北君，指北一辉。

** 本文原载一九一一年十月二十一日《民立报》，署名渔父。

间，其最后之胜负果何如乎？”

记者曰：“此乌足以知之。虽然，吾人闻之孟轲氏矣，孟轲氏之言曰：‘天时不如地利，地利不如人和。’今以革命党与政府较，二者所遇之天时（吾以为今日虽不必信天命与运会之说，然时势与机会则确不可不信），果孰顺乎？所据之地利，果孰优乎？所得之人和，果孰多乎？”

吾人既获此判断胜败之数之原则，则可凭依两方之事实以观察之，固不必沾沾焉于欲知其胜败之结果也。

致内田良平电*

（一九一一年十月二十二日）

今日迁居，留信在松崎旅馆。

日人借款**

（一九一一年十月二十五日）

东京电云：“北京政府借日本正金银行巨款，将为军事之费用，日人将应之。”不知日人果爱北京政府欤，抑抑北京政府之信用欤？吾人其思之！

日人之野心勃勃，无微不至，真可畏也哉！

---

* 本文译自高桥正雄《日本近代化と九州》，东京株式会社平凡社一九七二年七月二十七日出版发行。原题为“一九一一年十月二十二日，宋教仁发给内田良平”，并注云：“宋教仁因赴武汉，所以给北留下一封信。”这里的标题是编者所加。

** 本文原载一九一一年十月二十五日《民立报》，署名渔父。

中华民国鄂州约法及官制草案*

（约一九一一年十月二十八日——十一月十三日）

目　　录

一　临时约法草案

第一章　总纲

第一条　中华鄂州人民，以已取得之鄂州土地为境域，组织鄂州政府统治之。

将来取得之土地，在鄂州域内者，同受鄂州政府之统治；若在他州域内者，亦暂受鄂州政府之统治，俟中华民国成立时，另定区划。

---

* 本文录自一九一一年十二月二——六日《民立报》。胡祖舜《武昌开国实录》（一九四八年一月武昌久华印书馆版）云："时居正、宋教仁已由沪来鄂，刘公、孙武、张知本等因与集议，制定《鄂州约法》，以为各省倡，推宋教仁起草。"杨玉如《辛亥革命先著记》（一九五七年十二月科学出版社出版）亦云："首义同志，因相与集议，制定《鄂州约法》，为各省倡。推宋教仁起草，公同审订。"宋教仁于一九一一年十月二十八日（旧历九月初七日）到武汉，十一月十三日（九月二十三日）离开，其草定的时日当在此期间内。

第二条　鄂州政府以都督及其任命之政务委员与议会法司构成之；但议会得于本约法施行后三月内开设。

第三条　中华民国完全成立后，此约法即取消，应从中华民国宪法之规定；但鄂州人民关于鄂州统治之域内，得从中华民国之承认，自定鄂州宪法。

第二章　人民

第四条　凡具有鄂州政府法定之资格者，皆为鄂州人民。

第五条　人民一律平等。

第六条　人民自由言论著作刊行并集会结社。

第七条　人民自由通讯不得侵其秘密。

第八条　人民自由信教。

第九条　人民自由居住迁徙。

第十条　人民自由保有财产。

十一条　人民自由营业。

十二条　人民自由保有身体，非依法律所定，不得逮捕审问处罚。

十三条　人民自由保有家宅，非依法律不得侵入搜索。

十四条　人民得讼诉于法司，求其审判；其对于行政官署所为违法损害权利之行为，则诉讼于行政审判院。

十五条　人民得陈请于议会。

十六条　人民得陈诉于行政官署。

十七条　人民有应任官考试之权。

十八条　人民有选举投票及被投票选举之权。

十九条　人民依法律有纳税之义务。

二十条　人民依法律有当兵之义务。

二十一条　本章所载人民之权利，于有认为增进公益，维持公安之必要，或非常紧急必要时得以法律限制之。

第三章　都军

二十二条　都督由人民公举，任期三年，续举时得连任；但连任以一次为限。

二十三条　都督代表鄂州政府，总揽政务。

其在议会未开设前，暂得制定法律。

二十四条　都督公布法律；但对于议会议决之法律，有不以为然时，得以政务委员全体之署名，说明理由，付议会再议，以一次为限。

二十五条　都督于紧急必要时，得以政务委员全体之署名，发布可代法律之制令；但事后仍须提出议会，归其承诺。

二十六条　都督于法定议会开闭时期外，遇有必要时，得召集临时议会。

二十七条　都督于议会开会时，得出席，或命政务委员出席发言。

二十八条　都督于外国宣战媾和缔结条约；但缔结条约须提出议会经其议定。

二十九条　都督统率水陆军队。

三十条　都督除典试院、官吏惩戒院、审计院、行政院、审判院之官职及考试惩戒事项外，得制定文武官职官规。

三十一条　都督依法律任命文武职员。

三十二条　都督依法律给与勋章及其他草典。

三十三条　都督依法律宣告戒严。

三十四条　都督宣告大赦特赦减刑复权。

第四章　政务委员

三十五条　政务委员依都督之任命执行政务，发布命令，负其责任。

三十六条　政务委员提出法律案于议会，并得出席发言。

三十七条　政务委员编制会计预算、募集公债及缔结与国库有负担之契约时，须提出议会，经其议定。

三十八条　政务委员遇紧急必要时，得为非常财政之处分及预算外之支出；但事后须提出议会，经其承诺。

三十九条　政务委员于都督公布法律及其他有关政务之制令时，就于主管事务，须自署名。

第五章　议会

四十条　议会由人民于人民中选举议员组织之。

四十一条　议会议决法律案，并议定条约及会计预算募集公债与国库有负担之契约；但基于法律之支出，议会不得减除。

四十二条　议会审理决算。

四十三条　议会得提出条陈于政务委员。

四十四条　议会得质问政务委员求其答辩。

四十五条　议会得受理人民之陈请，送于政务委员。

四十六条　议会以总数员四分三以上之出席，以出席员三分二以上之可决，得弹劾政务委员之失职及法律上之犯罪。

四十七条　议会得自制定内部诸法规，并执行之。

四十八条　议会于议员中自选举议长。

四十九条　议会于每年法定时期自行集合开会闭会。

五十条　议会除第四十六条所载外，有总员三分二以上之出席，始得开议，有出席员过半之可决，始得决议。可否同数时，议长决定之。

五十一条　议会议事须公开之；但有政务委员之要求及出席议员过半数之议决，得开秘密会议。

五十二条　议会议员以十人以上之连署，得提出议案。

五十三条　议会议员在会内之发言表决提议，在会外不负责任；但用他方法表于会外者，不在此限。

五十四条 议会议员除关于内乱外患之犯罪及现行犯外，在会期中，非得议长许诺，不得逮捕。

第六章 法司

五十五条 法司以都督任命之法官组织之。法司之编制及法官之资格以法律定之。

五十六条 法官非依法律受刑罚宣告，或应免职之惩戒宣告，不得免职。

五十七条 法司以鄂州政府之名，依法律审判民事诉讼及刑事诉讼；但行政诉讼及其他特别诉讼不在此例。

五十八条 法司之审判须公开之；但有认为妨害安宁秩序者，得秘密审判。

第七章 补则

五十九条 本约法由议会议员三分二以上，或都督之提议，议员过半数之出席，出席员过半数之可决，得改正之。

六十条 本约法自□□日施行之。

二 政务省官职令草案

第一条 政务省以政务委员九人组织之。

第二条 政务省置政务长一人，由政务委员以记名投票法互选，其余各员由政务长呈请都督裁可分掌各部事务。

第三条 政务委员对于左列各项须开会协议：

一须全体署名之制令；

一关于官职及施行法律之制令；

一法律案及预算案并预算外之支出；

一外国条约及重要之国际事件；

一议会送致之人民陈请书；

一军队之编制；

一特简官及地方长官之任命;

一各政务委员主管事务之权限争议。

其他政务委员就于主管事务有重要者,皆须提出协议。

第四条　政务委员有认为必要时,不论何等事项,皆得提出协议。

第五条　政务省会议由政务长召集开会,各政务委员亦得随时请求召集。

第六条　政务省开会,以出席员过半数之可决为定议。可否同数时,政务长决之。

第七条　政务长为行政官之首班,保持行政之统一。

第八条　政务长于必要时,得中止各部长之命令,处分交政务省协议裁决。

第九条　政务长管理不属各部之行政事务,监督所辖各官署,统辖所属职员。

第十条　政务长就于主管事务于必要时,得发指示训令于地方官,并停止地方官之命令,处分或取消之。

第十一条　政务长于其职权内,或特别委任范围内,得发省令。

第十二条　政务长如有事故,由都督命他政务委员临时代理。

第十三条　各政务委员如有事故,由都督以他委员临时兼署。

第十四条　凡公布法律及一切有关政务之制定,政务长及主管政务委员皆自署名,其兼属于二政务委员以上者,各该委员亦皆署名。

第十五条　政务长附属职员如下:

秘书长一人,特简;

秘书官八人,荐举;

书记三人,荐举;

长史二人,咨补;

主事,咨补;

掾吏,录用。

第十六条 秘书长承政务长之命掌管机要文书，总理本省庶务,监督各员掌其吏事。

第十七条 秘书官承政务长之命掌理颁布法令、收发文书、草拟稿案、典守印信、编纂图书、管理会计等事。

第十八条 书记承上官之命掌缮写事务。

第十九条 长史承上官之命分掌庶务。

第二十条 主事承上官之命分掌事务。

第二十一条 掾吏承上官之命从事庶务。

三 政务省管辖各官署官职令草案

第一条 设左列各官署隶于政务长:

法制局 掌草拟法规、审查各部长提案及应政务长谘询事务;

铨叙局 掌文官任免及给与勋章荣典赏恤事务;

统计局 掌总核各部统计及调制不属各部统计，并编撰报告事务;

修史局 掌纂修史志及收掌图籍事务;

印铸局 掌编撰官报,纂辑则例、搢绅录及印行事务，并制造官用文书票卷及舰章徽章官署职员印信关防钤记事务。

第二条 各局职员如下:

法制局:

局长一人,特简;

书记官二人,荐举;

郎中四人,咨补;

主事八人,咨补;

掾吏，录用。

铨叙局：

局长一人，特简；

书记官二人，荐举；

郎中三人，咨补；

主事四人，咨补；

审查官六人，荐举；

掾吏，录用。

统计局：

局长一人，特简；

书记官二人，荐举

郎中三人，咨补；

主事六人，咨补；

掾吏，录用。

修史局：

局长一人，特简；

书记官一人，荐举；

郎中二人，咨补；

主事六人，咨补；

掾吏，录用。

印铸局：

局长一人，特简；

书记官一人，荐举；

郎中三人，咨补；

主事三人，咨补；

工师三人，咨补；

工手，录用；

掾吏,录用。

第三条　局长承政务长之监督总理局务。

第四条　书记官承局长之命整理庶务,掌管文书。

第五条　郎中承局长之命分掌局务。

第六条　主事承上官之命分掌事务。

第七条　审查官承上官之命分掌审查事务。

第八条　工师承上官之命掌管工务。

第九条　工手承上官之命从事工务。

第十条　掾吏承上官之命从事庶务。

四　各部官职令通则草案

第一条　各部置部长,管理事务如下:

军务部长　管理军事,经理军政教育卫生□察司法并编制军队事务,监管所辖军人军佐;

财务部长　管理会计库帑赋税公债钱币银行官产事务,监管所辖各官署及府县与公共联□之财产,并统事州政府财务;

外务部长　管理外国交涉及关于外人事务,并在外侨民事务,保护在外商业,监督外交官及领事;

内务部长　管理警察卫生宗教礼俗户口田土水利工程善举公益及地方行政事务,监督所辖各官署及地方官;

文教部长　管理教育学生及历象事务,监督所辖各官署学校,统辖学士教员;

虞衡部长　管理农工矿渔林牧猎及度量衡事务,监督所辖各官署;

交通部长　管理道路铁路航路邮信电报船舶各种电业,监督所辖各官署及船舶并运输造船事务,统辖船员;

司法部长　关于民事刑事诉讼事件,户籍、监狱及保护出狱人事务，并其他一切司法行政□务，监督法官。

第二条　各部长就于主管事务有重大者，具案提出政务省会议。

第三条　各部长就于主管事务，得发指示训令于地方官，并于必要时得停止地方官之命令处分或取消之。

第四条　各部长统辖所属职员掌其吏事。

第五条　各部长就于主管事务或于特别委任范围内，得发部命令。

第六条　各部长就于主管事务各负责任。

第七条　各部设承政厅，掌参与机务、收发文书、典守印信、调制统计、编纂图书、管理会计及官产官物事务；但军务部得依便宜，变通此例。

第八条　各部长得分设各司，各司得分设各科，分掌事务。

第九条　各部置职员如下：

次长一人，特简；

秘书官，荐举；

书记官，荐举；

参事官，荐举；

司长，荐举；

郎中，咨补；

主事，咨补；

掾吏，录用。

此外各部便宜置工监、工正、工师、工手、事务官、编修官、经理官、视察官、审查官、翻译官、通事。

第十条　次长辅佐部长整理部务，监督各司科职员。

第十一条　次长于部长有故不视事时，除同署制令出席议会参与省议及发部令外，得代理其职。

第十二条　秘书官承部长之命掌管机要文书，并总理承政厅事务。

第十三条　书记官承上官之命分掌承政厅事务。

第十四条　参事官承上官之命掌理审议及草拟稿案事务。

第十五条　司长承部长之命主管一司事务，指挥郎中以下各职员。

第十六条　郎中承上官之命分掌事务或掌理一科事务。

第十七条　主事承上官之命分掌科务。

第十八条　掾吏承上官之命从事庶务。

第十九条　工监特简、工正荐举、工师咨补、工手录用皆承上官之命掌管技术事务。

第二十条　工手录用承上官之命从事技术。

第二十一条　事务官咨补承上官之命掌管专门事务。

第二十二条　编修官咨补承上官之命掌管编修纂记记录事务。

第二十三条　视察官咨补承上官之命掌视察调查事务。

第二十四条　审查官咨补承上官之命掌管学艺审查事务。

第二十五条　翻译官咨补承上官之命掌翻译外国语文事务。

第二十六条　通事录用承上官之命从事通译。

五　军谋府官职令草案

第一条　军谋府直隶于都督,掌辅佐都督筹划防守出战事务。

第二条　军谋府置职员如下:

总长一人,特简;

次长一人,特简;

一等参谋官五人,特简;

二等参谋官十人,荐举;

秘书官二人,荐举;

书记官五人,荐举;

掾吏,录用。

第三条　总长总理府务,统辖所属各员。

第四条　总长掌关于战守一切计划作成命令,呈请都督核准,下列于总司令官。

第五条　次长辅佐总长整理府务，监督各员掌其吏事。总长有故不视事时,得代理其职。

第六条　一二等参谋官承总长之命参划事务。

第七条　秘书官承总长之命掌管机要文书,整理庶务。

第八条　书记官承上官之命掌理文案事务。

第九条　掾吏承上官之命从事庶务。

六　参议府官职令草案

第一条　参议府直隶都督，应都督谘询审议都督大权内一切事务；但关于统率军队任免官吏给与勋章荣典及赏恤事项不在此例。

第二条　参议府置职员如下:

总裁一人,特简;

副总裁一人,特简;

秘书官二人,荐举;

书记官二人,荐举;

参议官二十人,特简;

掾吏,录用。

第三条　总裁总理府务,统辖所属各员。

第四条　副总裁辅佐总裁整理府务，监督各员掌其吏事。总裁有故不视事时,得代理其职。

第五条　秘书官承总裁之命掌管机要文书，整理庶务。

第六条　书记官承上官之命掌理文案事务。

第七条　参议官掌审议都督交下一切议案。

第八条　掾吏承上官之命从事庶务。

七　都督府附属员官职令草案

第一条　都督府置职员如下：

秘书监一人，特简；

秘书官八人，特简；

书记，荐举；

录事，录用。

第二条　秘书监承都督之命掌参预机务，并总理都督府庶务，监督各员掌其吏事。

第三条　秘书官承都督及秘书监之命掌草拟稿案、收发文书、典守印信、管理会计等事务。

第四条　书记承上官之命掌缮写事务。

第五条　录事承上官之命从事庶务。

八　地方官职令草案

第一条　地方设府县，以原有之厅州县区域定为区域，府惟设于首都，以江夏县改升，其余各厅州县一律正名为县。

第二条　府县设职员如左：

知事，特简；

书记官，荐举；

科长，荐举；

科员，咨补；

工师，咨补；

工手，咨补；

掾吏，录用。

第三条　知事承内务部长指挥监督，于各部主务承各部长指挥监督，执行法律命令，并管理所属行政事务，统辖各员掌其吏事。

第四条　知事就于所属行政事务，得依其职权或特别委任，对于管内发布命令。

第五条　知事遇有紧急必要时，得申请或移请分驻军队军官出兵援助。

第六条　书记官佐知事掌管机要文书。知事遇有事故时，得代理其职。

第七条　知事所属设各科如左：

一，总务科；

二，内务科；

三，税务科；

四，警务科。

第八条　总务科主管之事项如左：

一，关于知事所属官吏之进退事项；

二，关于文书之往复事项；

三，关于印信之管守事项；

四，关于会计出纳事项；

五，其他不属于他科之事项。

第九条　内务科主管之事项如左：

一，关于监督公共团体行政事项；

二，关于教育行政事项；

三，关于选举行政事项；

四，关于赈恤行政事项；

五，关于土木行政事项；

六，关于农工商行政事项；

七，度量衡事项；

八，关于公用征收事项。

第十条　税务科主管经收租税事项。

十一条　警务科主管警察事项。

十二条　科长承知事之命掌理本科事务。

十三条　科员承科长之命分掌事务。

十四条　工师、工手承上官之命分掌技术事项。各科之需要设置之。

十五条　掾吏分隶于各科，承上官之指挥从事庶务。

十六条　府县有特别情事须增科增员时，得由知事禀准内务部长设置之。

致陈英士等函*

（一九一一年十月三十一日）

英、谱、训兄及诸同志鉴：弟于前日安抵鄂中。此间战事吃紧，亟望各处响应。闻上海所购子弹，未得成就，不知以后另有设法否？总乞力谋之。沪上及南京、皖北情形，均乞示知。长沙、九江、宜昌、岳州已确得，刻下惟北洋敌兵可虑耳。柏君已行否？皖北如动，亟宜出河南，以为牵制北兵之计，否则仅恃鄂兵与彼硬战，恐难支也。如有回示，请交① 汉口德租界华景街十四号竹迺家陈纯中君转交为幸。馀不多言，敬候公安。弟渔顿首。九月十日。

---

* 本函录自上海社会科学院历史研究所编《辛亥革命在上海史料选辑》，上海人民出版社一九六六年二月版。

① 旁注："由日本邮局"。

组织全国会议团通告书*

（约一九一一年十月）

自武汉事起，各省响应，共和政治已为全国舆论所公认。然事必有所取，则功乃易于观成。美利坚合众之制度，当为吾国他日之模范。美之建国，其初各部颇起争端，外揭合众之帜，内伏涣散之机。其所以苦战八年，卒收最后之成功者，赖十三州会议总机关有统一进行、维持秩序之力也。考其第一、二次会议，均仅以襄助各州议会为宗旨，至第三次会议，始能确定国会长治久安，是亦历史必经之阶级。吾国上海一埠，为中外耳目所寄，又为交通便利，不受兵祸之地，急宜仿照第一次会议方法，于上海设立临时会议机关，磋商对内对外妥善之方法，以期保疆土之统一，复人道之和平，务请各省举派代表，迅即莅沪集议。盼切盼切。集议方法及提议大纲如下：

甲、集议之方法

一通告各省旧时谘议局举代表一人常驻上海。

一通告各省现时都督府派代表一人常驻上海。

一有两省以上代表到沪，即先行开议，续到者随到随议。

乙、会议之要件

一公认外交代表。

一对于军事进行之联络方法。

一对于清皇室之处置。

发起人：

鄂　樊云门　　湘　宋渔父　　陕　于右任

---

* 本文录自上海社会科学院历史研究所编《辛亥革命在上海史料选辑》，上海人民出版社一九六六年二月版。

晋		赣	夏剑丞	苏	唐蔚之
苏	张季直	苏	赵竹君	苏	庄思缄
浙	汤寿潜	浙	张鞠生	浙	姚梧冈
皖	江易园	闽	高梦旦	粤	伍秩庸
粤	温钦甫	桂		黔	汤寿彤
蜀	程雪楼	豫	王搏沙		

荆州满人惨杀汉人感言*

（一九一一年十一月一日）

共和政体，本不存种族之见，然异族之人，既杀吾同族，吾同族即不得不杀异族以慰同胞。有仇必报，天演之理如是，况种族攸分乎？近览各报，记武汉肇事后，荆州汉城为满人屠戮。城门紧闭，四处搜索，男女老幼，无幸免者。阴云惨淡，悄无行人，汉人屠杀尽矣。盖满人身带快枪，手持利刃，枪毙之人，更以刀洞其胸，有以刀从口插入而毙命者，有用火焚死者，小孩多有贯槊为戏者。嗣又蔓延沙市、荆门州及荆府各属①。扬州十日、嘉定屠城之惨祸，再见于今日。满人之待汉人，残酷极矣！不特此也，荆祸起后，北京、江宁、镇江各地，凡有驻防之处，均欲效荆州故智。居民迁徙，一夕数惊，岌岌乎有不可终日之势。吁！满人凶焰，犹可遏乎？何不达事务乃尔！

夫满人入关之初，兵势方张，气运甫盛，彼时屠戮汉种，不少宽假，犹有说辞；今则革军势盛，民心归化，所至欢迎，是诚千古一时之会。满人犹不自猛省，妄杀汉人，汉人之强悍者，断不为之杀，所杀者特愚懦之人耳，杀之不足为武。如以杀汉人为报仇计，满人之

---

* 本文原载一九一一年十一月一日《民立报》，署名渔父。

① 当时上海各报传播荆州、镇江驻防满军仇杀汉族人民的消息，并非事实。

器，亦太褊矣。况杀汉报仇，愈以结仇，一人见杀，百人忿怒，投效革军，奋图大事以报复，势所必然，满人其若之何？虽然，时势造英雄，实英雄造时势。为汉人者，当同心协力，及时创义，人人俱为华盛顿，勉救全国之汉族，明大义，图大事，用成大功。本欢迎革军之心，为各负责任之心，一夫树帜，宣告独立，万方举事，响应如流。以数万万同胞，与不满千万之满人竞；以方兴之民国，与运尽之政府争。此而虑其不胜也，吾固未之前闻。倘萎靡不振，坐观成败，不肩扶汉之任，徒表欢迎之情，万一革军不胜，则满人必大杀汉人，使无噍类，灭种之惨，可危实甚！□□□□之往事，其明证也。时乎不再来，千钧一发，机会不容轻纵。大好男儿，及时奋起，勿使他人独享其成，好自为之。中国幸甚！天下幸甚！

致杨谱笙函*

（一九一一年十一月二日）

谱笙吾兄鉴：前上二函，想均入览。子药一事，兹有高田商会藤富氏可为斡旋，务乞吾兄切实与商，期在必得，其物以三十年式口径六密里五为合式。所需之款，如有不足，请函知，即当寄上若有成议，运送之法，商之此君，亦可设计，均乞兄斟酌行之。此君由驻汉确实日友绍介，请放心接洽。馀不多叙，敬候大安。

今日得电：云南、山西又克复。宁、皖不动，实不能对人，乞速行。

英、训二君及诸同志均此。

弟教仁顿首九月十二日

---

* 本函录自上海社会科学院历史研究所编《辛亥革命在上海史料选辑》，上海人民出版社一九六六年二月版。

致林述庆电*

（一九一一年十一月二十八日）

加急。林都督鉴：得确音，山东兵复反，将由铁道经徐州南下，请严防并电扬州分府邀去。教仁。齐。印。

致李燮和书**

（一九一一年十一月二十一日）

燮和老兄麾下：沪上军事旁午，犹蒙两赐手教，惠我一切，足征雄才大略，游刃有馀，何胜佩慰！金陵负固未下，大兵云集，蠢然小丑，不足虑也。□氏号召私党，扶翼满族，阳假议和之名，阴为添兵之计。其人本不学无术，其品更恶劣可鄙，此间早与断绝。联兵北伐，以一中原，筹之已熟。满存则汉去，汉兴则满亡，万无并立之理。吾党孤穷海外，此志不改，况目下大局已定，卓见以为何如？黎摄内政，黄总兵戎，弟拟抽闲至沪，与公面商大计。晤教匪遥，馀容细述，先此顺叩伟安。教仁顿首。

致各省谘议局电***

（一九一一年十二月一日）

各省谘议局公鉴：汉阳昨失，饷械均先时移置武昌，民军现仍

---

* 本文录自林述庆《江左用兵记》（载《江苏革命博物馆月刊》第九至十四期），标题是编者所加。

** 本文录自一九一一年十一月二十一日《民立报》，原标题为《宋参谋致李司令函》，这里的标题是编者所加。

*** 本文录自中国史学会主编中国近代史资料丛刊《辛亥革命》第五册，上海人民出版社一九五七年七月版。原标题为《宣统三年十月十一日留沪代表宋教仁等致各省谘议局电》，这里的标题是编者所加。

力守。各省代表早经多数赴鄂，鄂垣军务正紧，急难开议，现由留沪代表电请折回。组织临时政府之议，决不因汉阳之失而阻。目下大局安危，不在一时一地之胜负，实在统一机关之成否。同人在沪公行准备，各代表一到便当开会，一切进行，共矢不懈。南京垂下，大势并不动摇，仍望诸公力持。杰①汉阳失败之因，据内部人来沪报告，乃由于事权军令之不一。得此惩毖，足使我民自知病痛所在，恒受砭(搽)<?>，尚乞诸公有所鉴戒。临时政府行将成立，过此以往，军事之部署，政权之作用，有待于我全国国民之用命，以求得其最可宝贵之真自由者无穷也。附布心腹，伏乞鉴察。留沪代表宋教仁、林长民、居正、陶凤集、吴景濂、赵学臣等公叩。印。

致徐绍桢林述庆等电*

（一九一一年十二月二日）

南京徐总司令、镇军林都督、浙军朱司令、苏军刘司令、沪军洪司令、济军黎统领、江阴各军均鉴：南京光复，赖诸公指挥之劳，将士用命之力，东南大局从此敉平，谨祝联军万岁！中华民国万岁！章炳麟、宋教仁、黄兴、程德全、陈其美、汤寿潜、张謇、唐文治、伍廷芳、赵凤昌、温宗尧、虞和德、李锺珏、朱佩珍、王震、于右任、范鸿仙、郑赞成。冬。印。

致林述庆电**

（一九一一年十二月三日）

南京探投镇江林都督鉴：南京光复，为大局贺。鄂事紧要，亟

① “杰”字疑有误。

* 本文录自一九一一年十二月三日《申报》，标题是编者所加。

** 本文录自一九一一年十二月三日《民立报》，标题是编者所加。

待应援。临淮关须有劲旅驻守，既可进取，又可为援鄂之策应，且将来中州重镇，非公莫属，此间同志咸推公先进兵临淮，继图开封，谅邀鉴允，应带军队暨筹备一切。望酌核赐示。章炳麟、宋教仁、黄兴同叩。

致徐绍桢林述庆等电*

（一九一一年十二月三日）

南京徐总司令、镇江林都督、浙军朱司令、苏军刘司令、沪军洪司令、济军黎统领、江阴各军均鉴：南京光复，谨贺。目下因敌兵有南下江北之信，且浦口贼敌未灭，林都督又已公推为出征临淮总司令，故众意推苏州程都督移驻江宁为江苏都督，一以资镇守，一以便外交。谨闻。章炳麟、宋教仁、黄兴同叩。

致黄兴陈英士电**

（一九一一年十二月五日）

《民立报》转黄大元帅、陈都督鉴：今日林都督已交代宁都督，任北伐司令，徐联军总司令已辞职，宁省现状极平安。

致内田良平电***

（一九一一年十二月六日）

您和杉山茂丸氏为我们的革命进行的秘密援助和立下的功勋，永志不忘。近日派北君前往致谢（详细情形听取北一辉的介绍）。

* 本文录自一九一一年十二月三日《民立报》，标题是编者所加。

** 本文录自一九一一年十二月八日《民立报》，标题是编者所加。

*** 本文译自高桥正雄《日本近代化と九州》，东京株式会社平凡社一九七二年

《中华民国临时政府组织大纲草案》按语*

（一九一一年十二月十一日）

按：此草案不适合者颇多。如人民权利义务毫不规定，行政官厅之分部则反载入，以制限其随时伸缩之便利。又如法律之提案权不明，大总统对于部长以下文官吏之任免权不具，皆其失处也。闻赴鄂各代表不日当会合留沪代表再开议于南京，甚望其反复审定，不使遗笑大方也。

致内田良平电**

（一九一一年十二月十二日）

请您以黄兴、宋教仁、陈其美、(吴)<伍>廷芳、李平书等人名义草签一项从三井① 借款三十万元年利七分的临时合同，并委任您接受现款。

七月二十七日出版发行。原题为“一九一一年十二月六日，宋教仁发给内田良平”，并注云：“①原译文的开头是‘我国的’，而原文则是‘我们革命的’，仍根据原文为好；②‘详细情形’一语，原译文中漏掉；③内田和杉山为了革命军的利益，曾通过山县有朋等做过日本政府的工作。”这里的标题是编者所加。

* 本按语原载一九一一年十二月十一日《民立报》。骚心（即于右任）《不堪回首——宋先生遗事》（见徐血儿等编《宋渔父》第一集后编，一九一三年《民立报》印本）云：“先生南下，重至社中，主张组织临时政府。时约法之稿已邮递到沪，记者读约法竟，私以中华民国第一次之政府出现世界，必力求其完备，而各省代表之在鄂议决者，多不满人意，遂于发刊之前，商之先生，又请先生加按语于下。”

** 本文译自高桥正雄《日本近代化と九州》，东京株式会社平凡社一九七二年七月二十七日出版发行。原题为“一九一一年十二月十二日，宋教仁、陈其美发给内田良平”，并注云：“关于此次借款的合同文件，现存于内田良平家。请参照资料说明及其他‘有关三井借款资料’。”这里的标题是编者所加。

① 三井，指三井物产株式会社。

致岑伟生书*

（约一九一一年十二月）

伟弟如面：别来无恙否？东南光复，军书旁午，不久组织政府于南京，与北军议和。弟台经手报务，亦是督促共和之良法。然巢穴未破，终属障碍，今云议和，岂得已乎？目下吾欲往京津一游，兼为同人效力，奈事忙无暇，分身无术，幸垂鉴焉。

哭铸三尽节黄岗**

（约一九一一年）

孤月残云了一生，无情天地恨何平。常山节烈终呼贼，崖海风波失援兵。特为两间留正气，空教千古说忠名。伤心汉室终难复，血染杜鹃啼有声。

海天杯酒吊先生，时势如斯感靡平。不幸文山难救国，多才武穆竟知兵。卅年片梦成长别，万古千秋得有名。恨未从军轻一掷，头颅无价哭无声。

---

* 本文录自岑伟生《宋先生之行谊》（见姜泣群编《宋渔父林颂亭书牍》，中华艺文社一九一三年六月版），标题是编者所加。

** 本诗录自胡韫玉编《南社丛选》（国学社印行）诗选卷二《渔父诗选》。

中国近代人物文集丛书

宋教仁集

下册

陈旭麓 主编

中华书局

法制院官职令草案*

（一九一二年一月一——十五日）

第一条　法制院直隶于临时大总统，其职务如下：

一、草订法律命令案；

二、对于法律命令有应修改及增订者，得具案呈报大总统；

三、考核各部草订之法律命令案。

第二条　法制院置职员如下：

一、院长一人，特任；

二、副院长一人，特任；

三、秘书一人，荐任；

四、书记二人，荐任；

五、编制官专职八人，兼职无定员，荐任；

六、参事专职四人，兼职无定员，荐任；

七、庶务员二人，荐任；

八、录事员无定员，判任。

第三条　院长综理院务，监督各员，裁定一切草案，呈于临时大总统。

第四条　副院长襄理院务，院长有故时，得代理其职。

第五条　秘书承院长之命整理事务，掌管重要文书。

第六条　书记承院长之命掌理文案事务。

第七条　编制官承院长之命掌草订法律命令案事务。

第八条　参事承院长之命掌审议法律命令案事务，并随时补助草订法律命令案事务。

---

* 本文录自《中国革命记》第十六册。根据其末条规定，草订时日应在一九一二年一月一日至十五日之间，正当宋教仁法制院长任内。

第九条　庶务员承院长之命掌理会计及庶务。

第十条　录事承上官之指挥从事庶务。

第十一条　本令自元年正月十五日施行。

致内田良平电*

（一九一二年一月二十五日）

对您呕心沥血完成三十万元借款一事，深表谢意。另外由文。吴氏给您带去一万五千元，虽然微薄，但可用作外交及其他活动费用，请收下。宋教仁。

中华民国内务部官职令**

（一九一二年一月二十七日）

第一条　内务部职员除各部官职令通则所定外，其额数如下：

秘书官　一人

书记官　九人

参　事　四人

司　长　四人

签　事

主　事

---

* 本文译自高桥正雄《日本近代化と九州》，东京株式会社平凡社一九七二年七月二十七日出版发行。原题为“一九一二年一月二十五日，宋教仁发给内田良平”，并注云：“①内田良平回电时，下面一段话是写在这份电报用纸的背面：‘在完成三井借款一事上，我愉快地接到您打来的一封感谢电，不过其中所谈活动经费问题，我表示谢绝。在这方面，我倒是希望能给北一辉提供一些；②文、吴君，即文锡震和吴嵎，当时他俩以中华民国上海都督府求援特使身份派到日本，向三井借款。”这里的标题是编者所加。

** 本令录自一九一二年一月二十七日《民立报》。

录　事

工　正

工　师

工　手

通　事

第二条　内务部置左列各司:

民治司

职方司

警政司

土木司

礼教司

卫生司

第三条　民治司掌事务如下:

一、关于地方行政事项;

二、关于地方自治团体及公共团体行政事项;

三、关于选举事项;

四、关于保息荒政及公益善举事项;

五、关于调查户籍及编审事项;

六、关于各省人民移殖事项;

七、其他不属于他司之民治事项。

第四条　职方司掌事务如下:

一、关于核定地方疆理及土地统计事项;

二、关于监理官民土地事项;

三、编审图志事项。

第五条　警政司掌事务如下:

一、关于行政警察事项;

二、关于高等警察事项;

三、关于监理著作出版事项。

第六条　土木司掌事务如下：

一、本省直辖土木工程事项；

二、地方公共土木工程事项；

三、修理河川、道路、堤防、海塘及调查事项；

四、关于收用土地事项。

第七条　礼教司掌事务如下：

一、关于宗教、寺庙、祀典、行政事项；

二、关于监理僧侣、教师、道士事项；

三、关于改良礼制及整饬风俗事项。

第八条　卫生司掌事务如下：

一、关于豫防传染病、地方病及其他公共卫生事项；

二、关于船舶检疫事项；

三、关于监理医师、药师及卖药业事项；

四、关于卫生会及地方医院事项。

第九条　本令自□年□月□□日施行。

法制院长宋教仁谨呈

致内田良平电*

（一九一二年二月十九日）

关于《满洲独立宣言》，我并没有误解贵国的真意。不过由于

---

* 本文译自高桥正雄《日本近代化と九州》，东京株式会社平凡社一九七二年七月二十七日出版发行。原题为“一九一二年二月十九日，宋教仁发给内田良平”，并注云：“①‘利益’的含义不详；②这年一月十六日，日本内阁会议通过了开始第三次日俄协商的提案。一月二十九日，川岛浪速与蒙古喀喇亲王间达成了关于蒙古独立的协议。在这种情况下，宋教仁提出了抗议。”这里的标题是编者所加。

《蒙古独立宣言》及《日俄协约》,会不会引起舆论上的怀疑,我很难预料。至于讲和,则要做到最诚意地为了恢复和平,只有这样,才能完全结束目前局势。我非常希望贵国与中华民国亲善,所以希望此时由贵国政府的负责人迅速采取措施,广泛地向敝国舆论界说明《满洲独立宣言》决不是贵国所愿意做的事。这不仅为了我和敝国的利益。

社会改良会宣言*

(一九一二年二月二十三日)

自吾人企画共和政体以来,外人之觇吾国者,动曰程度不及。今共和政体定矣,吾人之程度果及与否,立将昭揭于世界。人之多言,于吾无加损也,而吾人不可以不自省。盖所谓共和国民之程度,固不必有一定之级数,而共和思想之要素,则不可以不具。尚公德,尊人权,贵贱平等,而无所谓骄谄,意志自由,而无所谓徼幸,不以法律所不及而自恣,不以势力所能达而妄行,是皆共和思想之要素,而人人所当自勉者也。我国素以道德为教义,故风俗之厚,轶于殊域,而数千年君权之影响,迄今未沫,其与共和思想抵触者颇多。同人以此建设兹会,以人道主义去君权之专制,以科学知识去神权之迷信,条举若干事,互相策励,期以保持共和国民之人格,而力求进步,以渐达于大道为公之盛,则斯会其蒿矢矣。

民国元年二月二十三日东海舟次发起人启

---

* 本文录自一九一二年三月十九日《民视报》。

社会改良会章程*

（一九一二年二月二十三日）

第一条 本会宗旨在以人道主义及科学知识为标准而定改良现今社会之条件。

第二条 本会定名为社会改良会。

第三条 本会设机关于北京、南京、天津、上海、武昌、广州等处，每处设干事员一二人。

第四条 凡赞成本会宗旨者，皆可报名入会。

第五条 本会以兰花为标记。

第六条 本会会员所纳之费凡三:（甲）入会费一元;（乙）每年费一元;（丙）特别捐随意。

第七条 本会会员力任传布本会宗旨，并由本会刊行机关杂志及种种发明本会主义之图书。

第八条 本会会员如有违背本会宗旨之行为，本会得揭诸机关杂志以忠告之。

第九条 如本会会员对于本会条件为加增及修改之提议，宜揭其案于机关杂志，经全体会员讨论而决定之。

条件:一、不押妓;二、不置婢妾;三、提倡成年以后有财产独立权;四、提倡个人自立不依赖亲朋;五、实行男女平等;六、提倡废止早婚（男子十九岁以上、女子十七岁以上始得嫁娶）及病时结婚之习;七、提倡自主结婚;八、承认离婚之自由;九、承认再嫁之自由;十、不得歧视私生子;十一、提倡少生儿女;十二、禁止对于儿童之体罚;十三、对于一切佣工不得苛待（如仆役、车夫、轿夫之类）;十四、戒除拜门、换帖、认乾儿女之习;十五、提倡

* 本文录自一九一二年三月十九日《民视报》。

戒除承继、兼祧、养子之习；十六、废跪拜之礼，以鞠躬、拱手代之；十七、废大人、老爷之称，以先生代之；十八、废缠足、穿耳、敷脂粉之习；十九、不赌博；二十、在官时不受馈赠；二十一、一切应酬礼仪宜去繁文缛节（如宴会、迎送之类）；二十二、年节不送礼，吉、凶等事不为虚糜之馈赠；二十三、提倡以私财或遗产补助公益善举；二十四、婚、丧、祭等事不作奢华迷信等举动，其仪节本会规定后会员皆当遵守传布；二十五、提倡心丧主义，废除居丧守制之形式；二十六、戒除迎神、建醮、拜经及诸迷信鬼神之习；二十七、戒除供奉偶像牌位；二十八、戒除风水及阴阳禁忌之迷信；二十九、戒除伤生耗财之嗜好（如鸦片、吗啡及各种烟酒等）；三十、衣饰宜崇质素；三十一、养成清洁之习惯；三十二、日常行动不得妨害公共卫生（如随处吐痰及随意抛掷污秽等事）；三十二、不可有辱骂、喧闹、粗暴之行为；三十四、提倡公坟制度；三十五、提倡改良戏剧及诸演唱业；三十六、戒除有碍风化之广告（如卖春药、打胎等）及各种印刷品（如卖春画、淫书等）。

社会改良会发起人： 唐绍仪、蔡元培、刘冠雄、黄恺元、李煜瀛、汪兆铭、宋教仁、曾广勷、蔡序东、钮永建、戴天仇、魏宸组、曾昭文、王景春、范熙绩、王正廷、张魁、黄闳道、万廷献、欧赓祥、唐汝流、施肇曾、冯懿同、俞文鼎、陈恂庵、蔡学培。

致《民立报》电*

（一九一二年三月八日）

《民立报》鉴：总统前委任教仁为遣日全权代表。受命以来，中外各处电促速往。惟统一政府未成立以前，办理外交诸多窒碍，且因北京方面事诸待协商，以故迟迟未发。今已归京，俟时局少定，

* 本文录自一九一二年三月十一日《民立报》。

即行启程,乞代宣布。再,统一党举鄙人为理事,在北京时已发电辞职,希登报声明是幸。宋教仁叩。

迎袁专使遇险记*

（一九一二年三月十日）

前月二十九日饭后,专使等忽闻铳声,初谓正在旧历年节,当系儿童戏弄爆竹,遂未置意,及后四面铳声大起,且皆向专使寓所、贵胄学堂一方面攻击,因呼守卫兵士入问。卫兵云系第三镇兵因争饷事殴斗,遂亦不问及。后宋君至后院见枪弹飞落,始知变起,急入内欲告同寓诸使,则诸人已均向后逃避,遂由后门出外,则见四方火起,弹飞如雨。人地既生,路径莫辨,宋君偕魏君注东等向一方面行走,屡遭巡警诘问(是时巡警全出)。北京巡警皆旗人,宋君等疑祸变出于宗社党,遂不欲告以详情。途中益多阻滞,后乃变计,见巡警则先之问路。巡警疑宋君等为日人,因指明路径,谓向前有日人住家。宋君等从其言,果见一上仲公馆门条,因叩门入。主人出询宋君等,答以避难,日人遂亦不询姓字,直答曰:“可。”因引宋君等入,且置酒待。及后该日人问宋君是否与专使同来者,宋答非是。该日人又云曾于写真见过颇似赴日专使宋教仁君,宋君力辩,该日人遂亦不问。是夜宋君等即宿该日人处,惟闻枪声彻夜不绝,至次日宋君等乃迁往六国饭店。

宋君又云:此次专使到北京,袁总统竭诚招待,至袁对于南京政府毫无私见,袁幕府中人以唐绍仪为最,其余得力者,则为杨度、汪京宝、梁士诒等。

专使等此次在北京并未与外交团接洽。

---

* 本文原载一九一二年三月十日《民立报》,标题为《宋教仁口述专使遇险确情》。这里的标题是编者所加。

请咨参议院提议设立国史院并派专员筹办呈*

（一九一二年三月十七日）

溯自有文字，遂有记载。古称史官，肇于沮苍，历代相沿，是职咸备。盖以纪一时之事，昭万禩之鉴，其盛典也。顾概观中国前史，《春秋》、《史记》而外，多一人一家之传记，无一足称社会史，可以传当时而垂后世者。抑典午东渡而还，中原涂炭，自时厥后，国统殽杂，殊方入主，尤间代相闻。以云正史，不足十六。而所称正史者，亦复狃于君主政体，其典章制度，人物文词，见于纪传表志者，多未能发挥民族之精神。方诸麟经迁史，去之夐远。若藉为民国之借鉴，犹南辕北辙，凿枘不能相容。诚以立国之政体不良，而记载遂不衷于至当耳。

今我中华聿新，民国前自甲午而后，明识远见之士，怵于国之不可以见辱，而政体之不可以不改变也，于是奔走号呼，潜移默运垂二十年。兹者民国确立以前之艰巨挫折，起蹶兴踬，循环倚伏，不可纪极。若非详加调查，笔之于书，著为信史，何以彰前烈而诏方来，正史裁而坚国本。为此连同众意，合词呈请大总统速设国史院，遴员董理，刻日将我民国成立始末，调查详切，撰辑中华民国建国史，颁示海内，以垂法戒而巩邦基。如蒙俯允，即请作为议案，提交参议院议决，并祈从速特委专员筹办一切。民国幸甚。

胡汉民、黄兴、王宠惠、宋教仁、马君武、王鸿猷、于右任、钮永建、蒋作宾、居正、黄锺英、汤芗铭、吕志伊、徐绍桢、秦毓鎏、任鸿隽、萧友梅、冯自由、吴永珊、谭熙鸿、耿觐

---

* 本文录自《临时政府公报》一九一二年第四十一号《大总统批胡汉民等请咨参参议院提议设立国史院并派专员筹办呈》附录。这里的标题是编者所加。

文、陈晋、张通典、郑宪武、但焘、刘元枏、程明超、金溥崇、胡肇安、汪廷襄，伍崇珏、王夏、唐支厦、彭素民、易廷憙、廖炎、林启一、卢仲博、余森、李晓生、邵逸周、刘式庵、林朝汉，梅乔林、刘鞠可、胡秉柯、张炽章、贺子才、朱和中、覃师范、仇亮、杜纯、黄中恺、金华祝、汤化龙、张铭彝、巴泽惠、林大任、傅仰虞、梁能坚、侯毅、翁继芬、蔡人奇、田桐、林长民、张大义、萧翼鲲、孙润宇、于德坤、史青、高鲁、王庆华、程光鑫、马伯瑗、林文庆、方潜、熊传第、刘健、瞿方书、刘馥、仇鳌、杨勉之、姜廷荣、曹昌麟、刘伯昌、张周、周泽苞、黄复生、彭丕昕、饶如焚、史久光、王孝缜、何濬、唐豸、陈宽沅、喻毓西、黄大伟等呈。

请鉴核临时稽勋局官职令草案呈*

（一九一二年三月三十日）

法制局长宋教仁为呈送事：案奉三月十五日大总统令开："兹准参议院咨开，二月十九日，准大总统咨开设立稽勋局一案，又二月二十七日咨请本院将此案从速付议。并于稽勋局设一捐输调查科，专调查光复前后输资人民，其持有证券来局呈报，或由他项方法确定证明者，就其输助金额给以公债票，请本院归并前案议复等语。本院于本日常会议决，稽勋局及局内设一捐输调查科两事，均属可行；惟捐输调查科就输助金额即给公债票一节，似侵入财政范围，不仅含稽勋局性质，务请调查明确后，分别叙勋，其应否发给公债票一层，当另案提交本院，等因。准此。合即令仰该局速将稽勋局官制拟就呈送，以便咨请参议院提议。至应设各官，似于总裁之

* 本文录自《临时政府公报》一九一二年第五十二号《大总统咨参议院议决稽勋局官职令草案文》附录。这里的标题是编者所加。

下，尚宜添设顾问、调查等员，而调查员尤宜就省分设额数，以期谙悉情形，不漏不滥。仰该局以编制官制时，一并悉心筹议。前咨参议院原案二件，钞发。此令”等因。奉此。悉心筹议，即速拟订。惟令开总裁之名，与各部院局官职令不能一律，不若均称以长，斯免纷歧。各省调查员额数，须各省斟酌情形定之，未便定额。兹遵令拟就临时稽勋局官职令草案十条，谨缮折呈送，是否有当，伏乞大总统察核施行。此呈。

计呈稽勋局官职令草案清折一扣。

致唐绍仪电*

（一九一二年三月三十一日）

南京唐总理鉴：读电不胜惶悚。仁无政治经验，且农林非所素习，断难胜任，明夕赴宁面陈。宋教仁叩。（三十一日发）

致岑伟生书**

（约一九一二年三月）

目下至京，忽逢大难①，此中隐情，定是手段，白君可谓有先见之明矣。白君与我为十年好友，性质磊落，弟师事之可也。至于报纸，关系重大，用心整顿，□其勿忽。

---

* 本文录自一九一二年四月四日《民立报》，原题为《辞农林总长电》。这里的标题是编者所加。

** 本文录自岑伟生《宋先生之行谊》（见姜泣群编《宋渔父林颂亭书牍》，中华艺文社一九一三年六月版），这里的标题是编者所加。

① 指北京兵变，发生于一九一二年二月二十九日。

致唐绍仪电*

（一九一二年四月一日）

南京唐总理鉴：昨电想达尊览。刻下大局危急，推辞陋习本非所宜，但反复思维，实难胜任。前曾议遣使各国，鄙意刻仍宜速派通告各国专使，以求承认。如此办法，仁仍愿往东一行，惟驻使任重，则不敢当，事毕即归，当尽瘁党务，为政府声援。区区之心，乞鉴察之。宋教仁叩。东。（四月一日发）

《民国报》出版公启**

（一九一二年四月七日）

今试语晢族曰："亚东有伟大民国，合七族以建极也。"闻者能相承否？又语满族曰："汉【汉】族于汝厚，寒(焕)<暖>饥饱，一如乃身。"闻者果喻吾言不反诘否？又语同族曰："民国之基，惟汝奠之，共和幸福，与汝享之，后此险阻，汝终济之。"闻者胥自任无愧色否？又自语曰："吾为民国国民，凡欧美民国国民之自由之康乐，吾弗歆羡焉矣，吾既与齐肩矣。"尝熟审而不邻于夸诞否？嗟夫！始萌之孽也，而也虚构一蓊蔚磅礴之观，而偲然自足轻权量焉。求数值之盈，盖甚遐甚微，必遐者迩微者显，则培滋育养，无斯须苟息之间也。今则固未及培育之事，夫即事尚未办，竟功何日，矧未遐矣。艰哉，同人深忧之。赫瞻民国取适于法制欤？崎重于美制欤？参酌法美自焕一新制欤？全离彼先进国独探上理欤？凡斯之要可以

---

* 本文录自一九一二年四月四日《民立报》，原在《辞农林总长电》后，题为"又电"。这里的标题是编者所加。

** 本文录自一九一二年四月七日《亚细亚日报》。

片言决乎？易言之而不虞弊烈乎？群言撷精要为用而民情允协乎？治法治人不有标的监理获相剂乎？政党歧立征此鹄可尽遗他鹄乎？论讯而文策疏，而似制设而冗机纵而失扼未然倈已然，何道何术何著何功？同人不敏，辄欲竭忱悃，为国民先俾，吾泱泱民国实符于新者兴者恒者宁者成者，交邻国实符于先者威者光者峙者平者，而《民国报》出。

本报条款数则：

一、本报之内容。本报内容计分十二门：（一）政令；（二）论说；（三）要件；（四）专电；（五）中央新闻；（六）地方新闻；（七）世界新闻；（八）时评；（九）文苑；（十）谈丛；（十一）小说；（十二）零金碎玉。

二、本报之特色。本报除正张外，并附设军学、女学、白话三种报，以谋军界之开明女权之发展与一般普通人民普通常识之输入。

三、本社之地点。本社就中央政府存在处而设立，暂设天津。

四、本社之经费。本社一切开办经费由同人担任，除现有成款六万元外，另招股三十万元，谋极端之扩充。

附招股简章：

一、每股十二元。

二、入股十股以上者，即有查账权。

三、本报帐目每半年由经理人调清一次，核明登报，并分送各股东察照。

四、每年除开支外，所余赢利分十成，以两成作公积金，两成作办事人酬金，六成按股均分。

五、凡股东欲将股票让渡与人时，须先到本社声明，注册作为无效。

六、凡有赞成本报，愿先附股或作为招股者，本报认为赞成员；有赞成本报、甘愿捐助者，本报认为特别赞助员；凡捐助在百元以上者，即送阅本报一年，新按级数增加。

发起人：汪兆铭、谭兆熊、杨文谟、孙炳文、易昌楫、刘爱福、何福昌、杨裕文、韦蟠、陈英、万延猷、张之庆、唐绍仪、伊源澄、宋教仁、郭仁林、李煜瀛、周竞生、张竞生、黄复生、蔡元培、甄元熙、魏宸组、刘振亚、魏尧、吕超、邵从燊、杨必慎、胡汉民、杨发春、雷国能、陈耀等同启。

事务所暂设天津法界小西开平安里四十一号。

致开封都督及各报馆电*

（一九一二年四月十七日）

开封都督及各报馆鉴：民国初建，百端待理，普及政治思想，作育从政人才，实为当今急务。宋君运清幸君扬藻等本斯意旨，以武昌为首义地点，交通中心，遂约集海内同志创办法政学校，定名"民国江汉大学"。筹备已有端绪，规模当为宏阔。同人等极表同情，第任重力棉，还望诸公鼎力维持，襄兹盛举，俾得益臻完善，幸甚！幸甚！熊希龄、谭人凤、程德全、宋教仁、张謇等叩。洽。印。

恳奖刘道一公呈**

（一九一二年四月十九日）

汪兆铭、黄兴、张继、吕志伊、马君武、景耀月、陈其美、孙毓筠、洪承典、居正、李烈钧、尹昌蘅、张凤翽、方声涛、刘基炎、平刚、丁维

* 本文录自《民国元年南北政府来往电稿抄录》第四册，北京大学图书馆藏，原题为《同日上海来电》。这里的标题是编者所加。

** 本文录自一九一二年四月十九日《民立报》。

汾、冯自由、宋教仁、谭延闿等呈为救国死义，公恳特奖，列入大汉忠烈祠，并宜付国史院立传，以旌义烈而慰忠魂事：

窃惟民国成立，共和永建，嗣兹以往，胥四百兆人民同食幸福。而人民饮水思源，所不忍一刻忘者，尤在出入专制剧烈时代，以一部分之决心，立于政府反对之地位，败则以生命殉之，前仆后继，矢志不移，虽按之事实，大功或未能及身而成，而溯其原因，国本不啻在当年已定。兆铭等或身与其事，或宗旨从同，开国以来，复见一般国民崇拜景仰之忱，既食先德，不忘遗烈，用举烈士刘道一救国死义各事实，敬为大总统陈之。

刘道一，字炳生，湖南蘅山县人。少端慧，五六岁时，读《孟子》，即能成诵，稍长，并通其义。时海内外多故，道一年少气盛，所思辄轶常轨。读《汉书·朱虚侯传》，至"非其种者，锄而去之"，遂自署曰"锄非"。甲辰年，游学日本，与其兄刘揆一密谋光复事，遂与会党马福益相知。道一献策曰："此时举事，在利用不交通之地点。我党欲得根据地，不如先据湖南，前瞰庭洞，背负五岭，有险可恃，不至动辄失败。"党人然之，遂定计在湖南起义，议分五路，同时并举：一宝庆；一衡州；一岳州；一辰州；一浏阳。甲辰冬，起兵浏阳，因各路未能一致运动，事败。道一乘间走日本，慨然曰："事之不成，虽由专制之威毒，抑亦会党之力涣。"于是研究新创之华兴会、同仇会及旧有之三合会、三点会所不同之点，与联络之方，不数月而大通。以道一性慧有口，方言及外国语一学即能，又为游学界同声推许，故能混合新旧，沟通党派，俾各为国效忠也。即如同盟会之宗旨，其初输入日本时，并未皎然揭出，且彼时留学诸君，多却步不敢入，自道一昌言而董劝之，于是有一日千里之势。丙午，复与党人萧克昌等谋在萍、浏、澧等处起义，事败被捕。狱吏欲以严刑鞫之，道一曰："吾非畏供，无如此中大义，供之决非汝所知，徒费唇舌，何益？"因出佩章示之。狱吏细审佩章，镌"锄非"二字，遂以定狱。然终以无供为嫌，乃混而名之曰："刘道一即刘揆一。"盖其时湘之大吏，只知刘揆一名，故借以欺上也。又惧湘人议其无供而刑人也，乃舆道一之浏阳，阳言赴浏对质，阴使魁刽于中途杀之。及至中途，魁刽仓皇出不意，举刀乱击，四击乃断其头，故道一之死至惨，识与不识皆哀之。

今幸大义昭然，凡为国死义之士，均先后表章各在案。兆铭等对于刘道一，既悉其生平，复迫于公论，未敢再事含默，用胪列事实，公恳大总统鉴核批奖，准予列入大汉忠烈祠，同享祀典，并宣付国史院立传，以顺舆情而慰忠魂。民国幸甚！谨呈。

在津对某报记者之谈话*

（一九一二年四月二十一日）

现在问题，以军队、财政为最急。整顿军队必先整理财政，而整理财政必先谋各省行政之统一，使各地方长官划清权限，然后制订宪法，回复各省应解之款，军队取逐渐裁汰主义，应以屯垦及戍卫铁路销纳之。至借款问题，则谓中国外债仅十六万万，视各国为最少，此事并无损国家主权。民国将来不但本年须借债，从此六七年中均不可免。此时先逐算每年应借若干，作何用途，然后渐次整备，亦不难利用外债以强国。外人监督财政之说，虽与借债有关，然或改为检查，亦未可知。

---

* 本文录自一九一二年四月二十一日《亚细亚日报》，原标题为《追记国务员在津发表之政见》。这里的标题是编者所加。

与《亚细亚日报》记者之谈话*

（一九一二年四月二十二日）

昨日本社记者访农林总长宋教仁氏于国务院，所谈种种问题撮录于下：

一、军队问题。日昨天津某报载宋氏对于军队善后办法，主张屯田及卫戍铁路二方法，记者见面即询以前日之主张。宋氏答，惟曰某报所载颇有错误之点，余之所主张，以铁路消纳兵队，盖以之消纳于路工，非以之为卫戍也。记者又叩以屯田之策，于移民原则既多不合，而可屯之地，多在北方，今日须裁之兵，尽属南人，以南人而从事北方农业，尤为不宜之事。宋氏对于此节，颇表同意记者之言。

二、外债问题。宋氏谓今日之外债，颇含有政治臭味。日俄二国加入借资团体，可免别生枝节，足为吾国之利；或有疑其协以谋我者，则六国之他种共同利害，原不一致，此节可无虑也。记者又询以南京政府所发行之国债，果已发行若干，外间所传多数外人以低价收买之说，毕竟确否？宋氏答以外人收买之说，难保其不有此事实，惟已发行若干，则不之知耳。言毕，颇有太息之意。

三、农林政策。记者随叩以主管之农林政策。宋氏对于记者之此问，颇有谦逊之语，不似外国流之有一定标榜之政策也。并谓今日国家之所急，乃在统一南北、安置军队、整理财政诸大端，农林诸政，目前尚难着手，今日可办者，亦惟有颁布农林制度，振兴农事教育诸端而已。后又论商业之效，较农林为速，救中国今日之急，莫如振兴商业，而振兴今日中国之商业，尤以奖励土产之输出为宜，当与工商总长商量办法也。

---

* 本文原载一九一二年四月二十三日《亚细亚日报》，题为《农林总长与‹亚细亚日报›记者之一席谈》。这里的标题是编者所加。

四、上院组织法。宋氏谓今日言国会者，大都有倾向二院制度之(境)<景>象，惟上院组织法颇待研究。参议院多数意见，皆主张由地方议会选举。此制取代表地方，乃联邦制度之遗义，我国不取联邦制，此法即不适用，将来选举上院议员，莫如由各种公法人选出，如自治团体、商会、教会、大学堂及华侨商会等，均得选出议员，则各种社会均有代表，较为完善。此说非余个人所倡，近来欧洲学者，固多有主张此制者。

五、所属党派论。宋氏于同盟会及统一党均有关系之人，记者叩以意向，果属何党？宋氏谓统一、同盟两党，政纲本无不同，故于两党皆有关系。惟同盟会分子复杂，本非政党组织，前此勉强改为政党，原非余之本意；且同盟会多有感情用事之举，尤非政党所宜出。然感情用事，统一党人亦有不免，如将来两党均不能化除意见，余意欲于两党外另求同志，更组织一党，以为国家效力之地。

六、新闻记者招待所。最后记者乃述新闻界对于新政府之希望。于前清时代，政府一切行动，皆守秘密主义，国民与国家隔绝，政治腐败，悉原于是，在新闻界不但访事为难，且因而登载多不实在。今共和政府，当力除此习。其法宜于国务院中，设一新闻记者招待所，派秘书员每日午后将会议国务事项，除应守秘密者外，悉数发表。如此不但新闻界甚得便利，即于政府政策之主张，亦不至传讹，妨碍进行。宋氏甚赞成此说，云当亟向唐总理商量妥善办法。

答《民主报》驻京记者问*

（一九一二年四月二十八日）

北京各报载，农林部宋总长提议，将盐茶二税划入该部接收。

---

* 本文原载一九一二年五月四日《民立报》，题为《农林总长之谈话》。这里的标题是编者所加。

某报又载，宋总长引用私人为农部要职。二十八日下午，本社特派驻京记者特往访宋君，以外间传闻相质问。据云，税务为国家正供，而盐茶尤其巨宗，此财政部性质也。农林部以振兴实业、扩充公利为目的，一切岁入之款，俱不得过问。前开阁议，所以提及此者，缘从前商家自由运盐，进步太迟，弊端百出，若收为国有，别予商家以相当之酬报，使商不折本，国税骤增，公私两尽，此亦整理财政之一端。且某所主持者，变从前运售自由制度为专卖制度，归利于国家，非攘利于农林部，以农林部性质与财政部性质不同故也。至茶之为物，乃森林一部分，如何制焙，如何销售，期在发达茶叶，揽收茶税，斯言何来？至用人一事，余所同行之部员，大半系江浙人，必具有专门学识者，量材而器使之，不惟无南北分，亦并无新旧别，外间云云，真乃呓语。记者并以唐、赵冲突一谣问之。据云，唐与赵本无意见，而内务各司员辞职一节，赵之听其辞者，以便于往来去留，非故与唐为难，人言诚不足信。记者既退，急录其语，以释群疑。

与北京某报记者之谈话*

（一九一二年四月二十九日）

农林总长宋教仁君到京，北京某报记者往访之，就座后首询宋君之政见。宋君答以仆现任农林一席，凡关于此项事业，正须改良拓充。我国近年非荒旱即水灾，哀黎遍地，赈济无及，良由农林腐败之故。仆既代国民负此项责任，必勉力为之；但非一朝夕所能奏功，且需款亦甚巨，深望社会之援助，及记者之鼓吹。京报记者复询以借外债消息。宋君答以借外债之举，利少害多，然民国甫经成立，百废待兴，国库既无存项，各省应解常款，亦未照解，惟有借款

* 本文录自一九一二年四月二十九日《民立报》，原题为《农林总长之谈话》。这里的标题是编者所加。

一法，尚足略纾眉急；但须注意借款条件，须勿令有伤主权，尤须慎重用途及筹还方法，方不至有挖肉医疮之弊。至于监督及检查我国财政，系外间揣测之词，并非外人正式交涉，无容过为疑虑。京报记者又询以南京留守颇惹政界及国民注意，谓此事于统一有妨进行，未知总长有无特别意见？宋君答以留守府不过军司令部，留守不过一军，统其行政亦仅及于南京府之一部分，此亦为目下维持现状、保守治安不得已之举，盖南京现有军队既不能调来北方，复仓卒不能解散，只好以留守之名坐镇而已，并无与统一政府有何抵触，仆深愿我同胞领会此意云云。

通行各部院等文*

（一九一二年五月二日）

为通行事：中华民国元年三月三十日奉临时大总统令："任命宋教仁为农林总长。此令。"教仁于四月二十七日就任农林总长之职，暂在农工商部旧署内设立办公处，相应通行各部院、各旗都统，并南京留守、各省都督、民政长查照。凡有咨报文件，均至办公处投递，俟本部择定公署地址迁入后再另行通告可也。

中华民国元年五月初二日

致黎元洪黄兴及各省都督等电**

（一九一二年五月二日）

武昌副总统、南京留守、各省都督、民政长、张家口都统、热河都统

* 本文录自一九一二年五月四日《政府公报》，原题为《农林总长宋教仁通行各部院等文》，这里的标题是编者所加。

** 本文录自《民国元年南北政府来往电稿钞录》第六册，北京大学图书馆藏，原题为《同日北京来电》。这里的标题是编者所加。

鉴：五月一日奉大总统颁到印信一颗，即日启用，谨闻。农林总长宋教仁。冬。印。

咨国务院总长就职日期等文*

（一九一二年五月七日）

为咨行事：中华民国元年三月三十日奉临时大总统令："任命宋教仁为农林总长。此令。"教仁于四月二十七日就任农林总长之职，暂在农工商部旧署内设立办公处，并于五月一日准国务院颁到印信一颗，文曰："农林部印。"即于是日启用，相应咨行贵院查照。凡有咨行文件，均至办公处投递，俟本部择定公署地址迁入后再行通告可也。

中华民国元年五月初七日

农林总长令**

（一九一二年五月九日）

本部开办伊始，应暂派办事员掌筹备规划一切事务，兹派定各项办事员二十五人，仰即到部视事，勿误此令。

计开

本部临时办事员：

承政厅办事员：魏震、罗葴、佘光粹、张周、屈蟠、张焌。

农务司办事员：陶昌善、陆长儁，恩庆、黄公迈、陈发檀、易次乾。

---

* 本文录自一九一二年五月十一日《政府公报》，原题为《农林部咨国务院总长就职日期等文》。这里的标题是编者所加。

** 本文录自一九一二年五月九日《政府公报》。

垦牧司办事员:田步蟾、黄岐香、高文炳、周藻祥、种膺言。

山林司办事员:胡宗瀛、林祐光、唐荣禧、齐鼎颐。

水产司办事员:王文泰、徐宗彦。

临时庶务办事员:张璧田、沈竹孙。

致黎元洪黄兴及各省都督等电*

(一九一二年五月十日)

武昌副总统、南京留守、各省都督、民政长、热河都统、察哈尔都统鉴:本部成立伊始,亟思规划全国农林,以谋改良而策进行。自上年军兴,农田失业,师旅之后,若复继以凶荒,民既不保,国何能立。教仁材轻任重,中夜忧思,罔知所措,深望各省都督、民政长互筹良策,共救同胞。举凡各地方流民已否复业,雨旸是否应时,新谷有无成熟,荒田能否垦辟,以及蚕业、棉业、林业、渔业可否就地扩充,转饬各该地方长官与自治团体,就近调查,妥议办法,报部核办。凡以前不便于农民之官吏、政令,悉予罢除。总期时和年丰,国利民福,以巩固民国基础,是教仁之夙愿,当亦诸君共表同情者也。敢布区区,敬希电复。农林部宋教仁。蒸。印。

在参议院宣布政见演说辞**

(一九一二年五月十三日)

适顷唐总理演说之政见,其关于教育、实业、交通等者,为当取

---

* 本文录自一九一二年五月十二日《政府公报》,原题为《农林部致武昌黎副总统、南京黄留守、各省都督、民政长、热河都统、察哈尔都统电》。这里的标题是编者所加。

** 本文录自《渔父先生雄辩集》,原题为《农林总长在参议院宣布政见之演说》。这里的标题是编者所加。

渐进主义。鄙人固同抱此见，且以为关于农林政策，尤不得不然。语曰"十年树木"。其明证也。故鄙人对于农林一项，拟以十年为期，定国家施政之大方针，并逐渐实行。夫吾国以农立国，农业之发达，颇有可观，然较之各文明国有不及者，国家关于农业之施政缺乏也。农业纯为生产事业之一，当以增加其生产力为要着。今后政府拟即以此为主义，而行种种之政策，并一以增加土地之生产力为主，而副以设备。关于农业之金融、教育等各种机关，为助长生产力，增加土地之生产力，其策有三：一曰垦土地，东西南北，土地荒废者不少，拟由政府定奖励保护之法，使人民开垦，其方针以注重农民自行经营而政府辅助之为主；一曰修林政森林之利益，已无待赘言，东北边地，宜用消极的方法，中原腹地，宜用积极的方法，均拟以次设定各种制度法律，实行提倡，而尤注重于官有事业；一曰兴水利，中国水利不讲者已久，不但失灌溉之利，且为害滋甚，拟以新式之技术，兴修水利工事，先除害，而兴利继之。中国农民之缺点，以乏于经营农业之资力及知识为甚，故拟设立拓殖之金融机关，劝农之金融机关，以辅助农民之资力；设立学校及其他教育机关，为试验场等，以增长农民之知识。以上诸事业，按诸中国国力，颇有不能负担之势，然此皆为生产的事业，酌量输入外资，以为挹注，亦无不可。经营之法，不可不有次第，拟分数期，逐渐举行，第一期则行调查之事，第二期则定诸制度法律及诸行政机关，至于实施各事，在第三期以后矣。有不逮处，尚望诸君教正。

致各省劝业道实业司电*

（一九一二年五月十四日）

奉天、吉林、黑龙江、直隶、山东、山西、河南劝业道各省实业司

* 本文录自一九一二年五月十六日《政府公报》。

鉴：本部对于全国农林渔牧有统辖管理之责，在新官制未定以前，凡关于各省农林渔牧事宜，应由各该省劝业道实业司就地妥筹改良扩充办法，呈由本部核办，以谋统一而专责成。希电复。农林总长宋教仁。寒。印。

黄花岗起义周年纪念会演说辞*

（一九一二年五月十五日）

最初，同志计划进行方法各有不同。或主中央入手，如法、葡是，但在我国颇不易为；或主从地方入手，各处同时大举，是亦恐难以做到；最后决定从边远入手。故从前云、贵、广西诸义举，即缘此义而起，因复有去岁广州一役。

先是，黄克强、赵伯先等，立实行机关于香港，内分数部，或掌运输，或主联络，或谋通财与执文牍，谋甚秘密。孙中山先生、黄君克强先后到南洋美洲一带，募军饷四十余万，兼购最利枪枝。广州举义时，枪未运到，而各处同志来者益众，形迹颇露，卫队及警兵渐相缉探，遂决用手枪炸弹。黄君先入城。原拟黄自攻督署，而以赵君攻水师营，其余分三支：一攻旗军；一守南门；一迎新军。入城事成后，则以赵君出江西，黄君入湖南，再分道各省，鼓动响应。此部署大概也。二十六日，机关部得黄电，言事洩矣，请改期二十七日。又得黄电，催众往，遂于二十八日出发，到者仅一部分人，而事已一发难收矣。二十九日余始到，业知失败，未容展我手眼，爰探得举事时，黄君初以事洩，欲解散，多数人反对，遂仓卒举发。黄君所带无百人，又大半留学生，未习战伐。攻督署时，击死卫队甚多，同志死者亦不少。继而黄君直入后堂，见不惟无人，并器具亦无之，乃

* 本文录自一九一二年五月二十五日《民立报》《血花纪念详志》。标题是编者所加。

知张鸣岐得信最早，已携眷潜逃，因率队外出。而各处陆军坌集，黄又击毙数人，而我之队伍已被陆军冲散，黄乃易服出城。其余未出城者，喋血巷战，至死气不馁。黄只身逃至一买卖铺中，伏数日始脱于难。至初四日，入城调查，死尸计七十二人。黄虽未死，受伤颇剧，余则或伤或逃，尤不可胜纪。噫，亦惨矣！

计此事失败原因有三：一、侦探李某充运军火，为平日党中最得力人，不知实乃侦探，后查明，处以死刑，枪毙之香港；二、从戎者皆文弱书生，素无武力；三、起事仓猝，新军未能响应，诸同志亦多奔赴不及。有此三原因，所以失败。

但平心思之，此事究不得以为失败，盖失败一时而收效甚远也。何则？有此一番变动，遂生出三种观念：一、此番死难诸人，如此猛烈，可使一般人知同盟会非徒空谈，实有牺牲性命的精神；二、此番死义，多属青年，易激起人痛惜之心，而生倾向革命之热诚；三、政府对于此举毫无悔心，人愈恨旧政府而争欲推翻之。有此种种，故武昌一起，天下从风，岂偶然哉？虽谓诸烈士已成有圆满无上之功，未为不可也。愿诸君作事勿看眼前成败，要看后来结果，最远之成败，天下事无不可为矣云云。

农林部行政方针*

（一九一二年五月二十四日）

宋教仁在农林部召集水产司办事员会议，商定水产司行政方针，以保护为主义，国内渔业上行为国家直接干涉而著手大纲：

一、议设渔务局，于沿海各省约分四区：奉天为一区；直隶、山东为一区；江浙为一区；闽广为一区。该局官吏直归部辖。

二、编订暂行渔业令。

---

* 本文录自一九一二年六月一日《民立报》。

三、会同学部提倡水产高等专门教育,附行速成教育。

四、奖励内海渔业及远洋渔业。

五、调查从前渔业上种种旧弊,设法剔除。

六、防止外人侵夺渔业权之危险。

以上一主义、六大纲，日内将编成案件送交参议院议决。又谓水产司名不雅驯，不如改称渔政司，即先行行通告国务院。遂散会。

咨山东都督调查牛种改良牧畜文*

（一九一二年五月三十日）

查改良牧畜,有莫大之利益。泰东西各国莫不苦心经营,以期发达。本部现在筹设种牛牧场，改良牛种，亟应派员调查实地情形,以便着手。查我国山东素称产牛之区,牛种颇佳,究竟各地所产之牛以何府县为最多,适用何途,如适于役用或乳用、肉用等类,兹拟定表式,咨送贵都督查照。即希转饬所属各州县照填呈报表,转咨过部,以便再行拣派专门人员切实调查可也。此咨
山东都督。

关于官制行政裁兵理财之办法**

（一九一二年五月三十日）

（甲）方针一条：实行军民分治，集中军政财政于中央政府。

* 本文录自一九一二年五月三十日《政府公报》，原标题为《农林总长宋教仁咨山东都督调查牛种改良牧畜文》。这里的标题是编者所加。

** 本文录自一九一二年六月二日《民立报》“北京电报”，其开头语云:“昨日(三十)国务院会议，农林宋总长提议关于官制、行政、裁兵、理财之办法。”这里的标题是编者所加。

（乙）计划十二条：

（一）都督改为专管军队之官，直隶于总统，其任免及军饷均由中央政府主之；

（二）另设地方行政长官，隶于内务总长，其任免由总统，其行政费由地方税支办；

（三）以清政府时代原有兵额为度，裁汰军队；

（四）每省设一税务局，直隶财政部，掌征收新税，其旧税中如地丁、漕银、盐税、契税，亦改归该局征收，海关税亦速由中央政府派专员监督，新税如烟酒税、印花税等；

（五）设立中央银行，定资本五千万元，立为股份公司，官股三千万元，民股二千万元，筹集五分之一之资本即行开办，官股按照其数先缴六百万元；该银行有发行钞票权，并得贷款于政府，政府定钞票发行律，并规定该银行得以国库券、公债票及其他有价证券作准备金，发行钞票可至二万万元；

（六）此次所得垫款三千五百万元，只以二千九百万元作中央及各省行政裁兵费，余六百万作银行股本第一次缴股金；

（七）自七月十五日以后，每月可得垫款一千万元，亦提一百万元作银行官股第二次以后缴股金；

（八）此数月间行政费不足者，政府以国库券作抵，由银行借款支给；

（九）此数月间速定裁兵及清理财政之法，必期十月以后政府得有收入，可不至再仰借外债充行政费；

（十）裁兵时，军人可分别给以官衔并年金；

（十一）各省造币厂均提归中央直辖；

（十二）发行加彩公债。

《中国秘密社会史》叙*

（一九一二年五月）

吾友古研氏既集合支那三合、哥老诸党会之历史行事，著为书，属余为弁言简端。乃言曰：异哉，读支那历史。自秦汉以降，上下二千年间，革命之事殆居十三四，盖未尝不与秘密结社有因果关系也。新室不吊，绿林诸英揭竿起于草泽，白水真人乃为天子。卯金之数将终，三十六方黄巾扰之，则兆三分之局。杨隋之衰也，瓦岗诸群首难，而有唐以受命。元之亡，以烧香聚众之徒遍天下，皇觉寺僧兴焉。明末流寇海盗相继起，八牛运尽矣。自清现治世，诸夏变为夷狄，有明遗老逸民，思攘夷大义，为虏埋没，则相与结合诸党会，冀存微旨，以收功将来，是三合、哥老之名所以始。厥后初作难发于台湾，川湖陕扬导之。太平洪氏用集大成，光复之声，果不泯坠也。盖革命事重大，非豫为酝酿郁积久之，不克自发抒者；而攘夷大义，非徒外铄，尤需有所载之，以为播殖也。今诸党会，其行或不轨于正义，为世诟病，然其富团结力，守秩序，重然诺，急公死义，不爱其身躯，心惓惓乎胜国，历世合群不变，希冀一当，不要有足多乎？使再节制其群，广展其宗义，化而如欧美之民党工会，其结局必有以进于新汉隋唐元明季世诸党会之所为，岂第为高材捷足者驱除已哉？以是质诸古研氏，以为何如？

---

* 本文录自平山周《中国秘密社会史》，一九三五年四月商务印书馆第二版，署名桃源逸士。

致友人书*

（约一九一二年五月）

某兄左右：读参议院日程，明日将议国会组织及华侨要求代议权案。窃以为此两案有相互之关系。国会以一院制为合宜，然既采两院制，上院组织，颇为困难。若由各地方议会选出，则大有类于联邦制，似不宜行于今日之中国。鄙意当开一新例，上院议员由国会上之公共团体（公法人）选出，既包括地方议会在内（因地方议会亦公共团体中之机关也），复寓有代表各阶级之意，与上院之性质极相合，盖地方自治团体，商业会议所（商会）、工会、农会、学会、教会等（以国家公法上者为限），皆为国家中之公共团体，而有公法上之人格，且为有特别职业之人所组成故也。若采此法，则华侨代议权自然包括在内。华侨既设立商会于各埠，为中国国法上之法人，自可选出议员，固不必另设华侨代议权。若特为华侨设代议权于宪法或选举法中，而华侨所居皆外国领土，既无中国之行政权，不能实行监督选举，则于法理及实事上均多滞碍，故鄙意以为不必专为华侨设代议权，只寓华侨之代议权于商会代议权中而已；并商会既为公法人，则自有其自治行政权，可以执行关于选举之一切行政权，"一如监督选举等"，而又无侵害外国行政权嫌，诚为适宜之方法也。鄙见不是，不知尊意如何？余不白。

致岑伟生书**

（约一九一二年五——七月）

伟生老弟如握：闻染疾，谅已痊可。弟台年幼，宜专心于一致，

* 本文录自姜泣群编《宋渔父林颂亭书牍》，中华艺文社一九一三年六月版。

** 本文录自岑伟生《宋先生之行谊》（见姜泣群编《宋渔父林颂亭书牍》，中华艺文社一九一三年六月版），标题是编者所加。

办报则永久办报，出洋则即时出洋，幸勿左支而右吾，恋此而眷彼。弟其思之。

致内田良平书*

（约一九一二年五——七月）

内先生大鉴：久不奉书，清风朗月，相思曷极。回忆革命时代，我劳将伯之呼，公作他山之助，仰资硕画，卒告成功。今日共和幸福，大半皆友邦君子之赐，吾华四百兆同胞同深感戴，岂惟弟区区一人耶？弟初拟出使贵国，上为国家联秦晋之欢，下与诸归游寻雷陈之好，为公为私，两得其便。岂料事与计左，时事变迁，承之司农，才短任艰，日昃不暇。先生经国大略研求有素，如荷讦谟，尤切铭刻。肃此布臆，敬叩道安。

农林部计划条目残稿**

（约一九一二年五——七月）

一、变卖官有土地。

一、变卖政府所有之股票。

一、征烟草税。

一、测量田地。

一、改盐法为专卖制。

一、设中央银行，并使兼管国库，发行钞票。

一、设出口货商业银行。

---

* 本文录自吴相湘《宋教仁：中国民主宪政的先驱》（一九六四年，台北），标题是编者所加。

** 本文录自骚心（即于右任）《不堪回首——宋先生遗事》（见徐血儿等编《宋渔父》第一集后编，一九一三年民立报印本），标题是编者所加。

一、设拓殖银行。

一、治河有三法:

（甲）由甘省河开一河道,直达泾水;

（乙）北放入于蒙古;

（丙）由山西宁武之河,开一河道,直达于桑乾、滹沱。

一、治江有五法:

（甲）开荆州境内诸支流;

（乙）开武昌南之河,由金口直达樊口;

（丙）开黄州以东诸湖为北江;

（丁）开芜湖以东诸湖为中江;

（戊）开河口以北诸湖,使汉水东流,至黄州入江。

一、征酒税。

一、设劝农使于各内省。

一、设督办屯垦事务官于满、蒙、新。

一、调各省劝业道实业司报告至部。

一、以各省积谷常平仓谷为农业银行资本。

一、微山湖有可垦地万余顷,淮海间苇荡营有可垦地二处,一处五千余顷,一处七千余顷。

一、设蒙古兴业公司,请愿政府许以行政权。

一、接办安图县木植局,并请愿许以收捐权。

启事*

（一九一二年六月七日）

敬启者:本部建设方新,事尚单简;加以部款支绌,未暇扩充,

---

* 本文录自一九一二年六月七日《政府公报》,原题为《农林总长宋教仁启事》,这里的标题是编者所加。

积此二因，用人甚少。凡大雅所推，或上书请试，诸君子其姓名住址均已汇登记室，俟将来本部扩充，需才孔亟之时，再行函聘。此刻诸君行止，尽可自便，幸勿为守株之待，致误杖策之游也。

整顿矿务之办法*

（一九一二年六月二十一日）

宋（得）<总>长日昨在国务院会议时，提及整顿矿务问题，谓我国矿产半为外人侵占，半未开采，丧失利权，莫此之甚。当即提出办法数端：（一）调查各省矿产，为外人侵占者若干，私售与外人者几处，汇成清册，以便分别收回；（二）派员赴各省调查各省开矿公司，是否有洋股在内及情形如何，以便设法整顿；（三）向各国驻京公使声明，自民国成立，凡个人与外人所订之关于矿务条约，民国政府绝不承认，外人亦不得自由行动；（四）派名望素著之人赴南洋各地募集巨资，以为开各省矿产之费；（五）聘请英人为矿务顾问官，以资询问整顿方法云。

复孙武书**

（一九一二年七月四日）

接读手书，劝弟以不宜遽萌退志，并以不可负气灰心相戒，所以奖励而督责之者备至。仰见真诚爱国，并推爱及弟，人非木石，能无感愧？

虽然，弟此次所以辞职，固有不得已之苦衷。政治施展之方，

---

* 本文原载一九一二年六月二十二日《大自由报》，题为《农林总长对于矿产之伟画》，这里的标题是编者所加。

** 本文录自一九一二年七月四日《民立报》。

不一其途，此途不遂，则转而之他，或暂退以待，原无所不可。弟虽无似，岂悻悻然为小丈夫之所为者耶？公肇造民国，险阻艰难，备尝之矣。政治方术，定为解人，故谨述衷曲，以明真实，幸垂听焉。

政治家之生活，以政见为要素者也。既有一政见，以为非此不足以达国利民福之所祈向，则未有不希望其政见之实行者，此天下之通义也。弟此次忝任国务，分治农事，当此急则治标之时，而为此迂缓之任，已非中心所愿；然犹以为既列阁员之群，亦参赞大政方针之一人，则主持所信之政见，以期见诸实行，或亦易事，故姑且承乏其间，以图展布有日。弟尝潜观宇内大势，默筹治国方策，窃以为廿世纪之中国，非统一国家、集权政府不足以图存于世界。而当兹丧乱之后，秩序败坏，生计凋敝，干戈满地，库帑如洗，外则列强未之承认，内则各省俨成封建，尤非速行军民分治，集中行政权力，整理军队，励行救急财政计划，不足以治目前之危亡；而欲行此种政策，更非国务员全体一致，志同道合，行大决心，施大毅力，负大责任，排大困难，坚忍以持之，忠诚以赴之，不足以见最后之功效。乃弟自入国务院以来，迄今已将三阅月，大政方针，茫然未见，日开会议，惟问例事，军民分治之方法如何？未尝研究；集中行政权力之手段如何？未尝提议；言裁兵，而各省兵权无收回之策；言理财，而六国银行团垫款用尽后之财政，无善后之方，因循苟且，以延时日，是国务院无全体一致，志同道合，实行大政方针之精神，已可想象而知。虽唐总理有提纲挈领之志，各部总长各有励精图治之心，而人自为战，互相掣肘，不复成为有系统、有秩序之政见；加以党见纷歧，心意各别，欲图和衷共济，更所难得。夫如是而求其成立集权政府，建设统一国家，岂非缘木求鱼之类乎？

前月十二日，弟以愤懑之余，目睹借项条件受亏，此心如焚，不能复息，乃于国务会议时，提议决定临时政府大政方针，痛陈国家危机与政府不可不大决断以速图救济之故。各皆感动，令弟试草一大政方针之案，并约明日开特别会决定，再明日送交参议院。弟得此命，以为自此政府当大有转机，遂于是夕草政见书，彻夜不寝。次日夕，各员皆集院，将讨论此书，乃突接熊财政总长辞职信。众惊，遂中辍讨论而往熊君寓，百方劝留，夜半方归，政见书遂未决定。次日为出席参议院发表此政见之期，各员皆赴议场，而唐总理以政见书尚未决，不敢提出，仅告以借款情况。议员群起诘责，总理受窘而归，则有辞职之议，政府动摇，经数日乃已。于是，弟所提议之大政方针案，遂无有人论及者。厥后，弟又提议一二次，亦无有响应者。弟自是乃确知此政府之不足有为，辞职之心不可遏矣；然犹以为须俟借款事定始可发，故迟迟以迄于今也。今者唐总理业已辞职，则是政府动摇之端已开，弟于是正得告退之一好机会矣。今后任命新总理，其为何人，虽不可知，然弟敢为豫下一断语，其必非能行弟所主张之大政方针之人物，则彰彰也。若犹复游移不决，伈伈俔俔，以伴食其间，人纵不议其后，其如自己良心之责备何哉？（有谓弟为唐总理负连带责任而退者，更皮相之论。）

夫合则留，不合则去，原为政治家之常轨。弟虽不足与于政治家之列，然亦窃尝闻其义矣。今弟之所抱既不能合于已往或将来之当局，则挂冠而行，亦当然之事，又何所容其顾虑耶？至于辞职之后，拟一归省十年久别之慈帏，然后尽力党务，苦战奋斗，伸张所信之政见，以求间接收效异日。天假之缘，或有实行之一日，其结果与恋恋目下之国务院中，当胜数倍。大隈重信云："政治为吾人之生命，吾人一日未死，一日不忘政治。"弟昔颇私淑其说，负气灰心之事，固断断乎无有也。尚乞公察弟境遇，鉴谅一切，勿事苛责，不胜愿望之至。

闻公已南旋，在京只一晤谈，未克畅意为歉。不日弟旬当讫，当于江汉之间再图握手耳。言不逮意，敬候伟安。

弟宋教仁顿首

呈袁总统辞职文*

（一九一二年七月八日）

为沥陈下情恳准辞职事：教仁自奉钧命，承乏农部，夙夜祇惧，期于国事稍有裨益。乃任事已及三月，部事既未就绪，国务亦不克有所赞助，伴食之讥，在所不免，虽由于开创时代，建设事业之不易，实由于教仁政治之素养与经验不足，有以致之。抚躬自问，深为惶恐，屡欲向我大总统呈请辞职，以避贤路，以民国新立，人心易动，不敢以一人之故，摇撼大局，故隐忍未发。今者国务总理唐绍仪已辞职，国务院亦有改组之势，教仁窃幸得告退之机会，谨披沥下情，恳请准予解职。抑教仁更有不能已言者。教仁少孤，长避地东瀛，历十余年，未尝一归觐也。迩来祖母、长兄相继去世，惟母氏抚媳课孙，撑持门户；近且七旬矣，思子情切，门闾倚遍，每手示促归，谓教仁知有国而不知有家，知有亲爱同胞而不知有生身之母。教仁捧书涕泣，悔恨者久之，终以迫于旧政府禁忌，欲束装而不能；然当阴雨晦暝，或长夜不寐时，一念及鞠育之恩，未尝不抚膺长叹，冀早毕吾事，而因得稍伸其孝养之诚。今共和告成，国基底定，正教仁退休故园，定省温情之日也。傥犹迟恋迟栈，上何以慰慈帏之望，下何以问人子之心，即向之海外羁迟，亦将无以自解，人孰无情，教仁独忍出此耶？伏维大总统俯鉴愚忱，准解农林总长之职，俾得归省慈帏，遂乌私之养，作太平之民，是所至愿。教仁思亲情切，率直上陈，不胜迫切待命之至。谨呈。

* 本文录自一九一二年七月八日《民立报》。

致北京各报书*

（一九一二年七月十二）

连日读贵报载关于鄙人之事，诸多失实，敢为一言。自总理更迭问题发生，蔡、王诸君与弟即主张全体辞职，退而在野，即同盟会亦同此意见。乃贵报谓弟自运动为总理，甚且牵及汤君化龙。请贵记者详加访察鄙人所素识在京之人，有曾受鄙人此等运动者否？若有之，即请指出其人，即同盟会间有主张政党内阁者，又何尝即指鄙人为总理耶？

又谓唐少川之走，为鄙排斥，尤非实事。此事问之各国务员便知详细，若不信则问之唐氏，更容易洞晓，无容弟自辩也。

又谓鄙人在南京时，截留湘款六万，运动总理，并主张采用法国制，大宴参议员，亲往鄂运动黎副总统，此等事若皆真实，则必有其相手方，亦请贵报电询湘都督副总统，并面询各参议员，果有此等实事否？至主张采用法国制，虽确有之，然中国究竟应置总理与否，识者皆知之，弟之主张，岂即自为谋耶？且当日在南京所拟之总理，实为黄克强君，岂尚不可以证明耶？

又谓鄙人迫挟同盟会之国务员辞职，此事亦容易查明，请贵记者询之蔡君元培、王君宠惠、王君正廷等三君之辞职果鄙人所迫挟乎？抑三君自由之意志乎？固不必待鄙人之明辨也。

总之，当此群言淆乱、党争剧烈之时，往往论人论事易起于感情与误会，明知诸公皆以党见之故，箭在弦上，不得不发，然以攻击个人为党争之唯一利器，则有失言论机关之价值，亦非大新闻之所宜出。方今时事日非，外交上危机日迫，内治上整理无术，吾人乃日日为处巢之燕雀，为相持之鹬蚌，何所见之不远耶？窃谓今日党

* 本文录自一九一二年七月十二日《民立报》。

争之法，只宜以政见为标准，即有人欲组织内阁，只问其政见之宜不宜，不当问其人之属于何党。鄙人无似，实不敢有此希冀。目下之计，只欲闭户读书，以预备将来，何必如是咄咄逼人耶？敢布腹心，诸维鉴察。敬候撰安。

宋教仁顿首

同盟会本部一九一二年夏季大会演说辞*

（一九一二年七月二十一日）

先生演说，谓诸君以总务干事相勉，恐将来有负责任。至本党进行方针，要以从建设一方切实进行，并解释"政党"二字。复及民国财政陷于极危险地位，外交边患，可决定现政府无若何措施，必无好结果。今欲补救，其法惟在我有能力之同盟会而已，并应以挽救危局为我同盟会应有之天职斯可。复述本会经历情形。在革命以前不必说，在由武汉起义，至去年冬季，因从前已经过大会报告，不必说，只说自本年正月至于今日之大略。就鄙人看来可分两大时期：第一期为正月至三月间，是为本会牺牲权利，急欲造成共和统一之时代，故总统可易，参议院可改选，国务员可解散，临时政府地点可迁移，但求达到统一之共和而后已；第二期为自三月后以至今日，是为本会对于国家负担义务之时代，故唐、蔡、王诸先生与鄙人，初本极不愿出任国事，嗣不得已，迫于时势，既毅然担任，即于借款事、裁兵事、清理财政事，皆已确有计划。后来事变忽生，唐君至不能安于其位，则吾人亦只好速自引退而已。复述本党对于统一临时政府内阁，已决定，如不能达政党内阁，宁甘退让；如可改

* 本文录自《渔父先生雄辩集》，原标题为《去年夏季大会之演说》，这里的标题是编者所加。

组政党内阁，虽他党出为总理，亦赞助之。

垦殖厅官制草案*

（一九一二年七月二十四日）

第一条　垦殖厅隶于农林部，掌管区内垦地、移民、殖产、兴业事务。

第二条　垦殖厅置职员如下：

厅长一人，简任；分厅长，荐任；事务官一人，荐任；佥事不逾六人，荐任；警务长不逾八人，荐任；主事不逾二十人，委任；警官不逾三十人，委任；书记不逾六人，委任；译员不逾八人，委任；技正不逾八人，荐任；技士不逾二十人，委任。

关于本厅庶务及缮写事务得用雇员。

第三条　厅长承农林总长之指挥监督，总理全厅事务，执行法律命令，指挥监督所属职员掌其吏事。

第四条　厅长于该管区内未设地方官以前得兼掌地方官所管事务。

第五条　厅长依其职权或特别委任，对于该管区得发厅令。

第六条　厅长于非常紧急必要时，得移知附近军队长官，请其出兵。

第七条　厅长得以其职权内事务之一部，命所属职员临时代理之。

第八条　厅长对于分厅长之命令处分有认为侵害公益逾越权

---

*　本文录自一九一二年七月二十四日《政府公报》。徐血儿《宋先生传略》（见徐血儿等编《宋渔父》第一集前编，一九一三年《民立报》印本）云："及北京临时政府成立，先生任农林总长。先生以非所长，不克展布。然先生在职，拟定边境开垦、移民殖林诸法律案，及外蒙设垦殖总管府，内蒙、满洲设垦殖厅诸官制案，注意于实边保境之大计划，提出于国务会议。"

限时,得停止或撤消之。

第九条　厅长得以其职权内事务之一部委任于分厅长。

第十条　厅长得制定处务规程。

第十一条　垦殖厅管区内得设分厅,掌各该管区内事务。

第十二条　分厅置分厅长一人,并由厅长派遣主事、警官、译员、技士分属之。

第十三条　分厅长承厅长之指挥监督,总理分厅事务,并指挥监督所属职员。

第十四条　分厅长依职权或特别委任,得发分厅令。

第十五条　分厅长认为必要时,经厅长之许可,得设分派所,派遣职员分掌事务。

第十六条　事务官承厅长之命掌理机要事务并总务处事务,厅长有事故时得代理之。

第十七条　佥事承厅长之命掌理事务或主管一科事务。

第十八条　警务长承上官之命掌垦殖、警察事务。

第十九条　主事承上官之命分掌事务。

第二十条　警官承上官之命分掌垦殖、警察事务。

第二十一条　书记承厅长之命掌文书事务。

第二十二条　译员承上官之命掌通译事务。

第二十三条　技正承上官之命掌技术事务。

第二十四条　技士承上官之命从事技术。

第二十五条　垦殖厅置巡士待以委任官,其规程另定之。

第二十六条　垦殖厅置总务处,掌事务如下:

一掌管机要;二典守印信;三编制统计报告;四记录职员之进退册籍;五纂辑保存并收发各项公文函件;六管理会计及庶务。

第二十七条　垦殖厅置各科分掌事务如下:

一、经画科,掌事务如下:一关于荒地区画处分事项;一关于移住事项;一关于户籍事项;一关于承垦核准事项;一关于承垦权承袭事项;一关于殖产兴业事项。

二、调查科,掌事务如下:一关于各种调查事项;一关于各地巡视事项;一关于测量事项。

三、营缮科,掌事务如下:一关于建筑事项;一关于道路事项;一关于沟洫事项;一关于水利事项。

四、保安科,掌事务如下:一关于警察事项;一关于卫生事项;一关于水火消防事项。

五、庶政科,掌事务如下:一关于教育事项;一关于交通事项;一关于气象事项。

其他不属各科事项。

第二十八条　厅长于前条各科有认为必须增减或更动时,得经农林总长之许可定之。

第二十九条　垦殖厅及分厅之名称、位置及管区,由农林总长定之。

附则　本制自公布日施行。

林务局官制草案*

(一九一二年七月二十四日)

第一条　林务局隶于农林部,掌该管区内国有山林事务。

第二条　林务局置职员如下:

局长一人荐任;分局长荐任;事务官一人荐任;佥事十人以内荐任;主事四十人以内委任;书记五人以内委任;技正三十人以内荐任;技士六十人以内委任。

此外关于本局庶务及缮写事务得酌用雇员。

* 本文录自一九一二年七月二十四日《政府公报》。

第三条　局长承农林总长之指挥监督，总理全署事务，指挥监督所属各职员掌其吏事。

第四条　林务局管区内得设分局，分掌各该管区内事务。

第五条　分局置分局长，并由局长派遣主事、技正、技士分属之，分局长承局长之指挥监督，掌理分局事务。

第六条　事务官承局长之命掌机要事务及不属于各科事务，局长有事故时得代理之。

第七条　佥事承上官之命掌理局务，或掌一科事务。

第八条　主事承上官之命分掌事务。

第九条　书记承上官之命掌文书事务。

第十条　技正承上官之命掌技术事务。

第十一条　技士承上官之命从事技术。

第十二条　林务局得置各科分掌局务，由局长定之，但须报告于农林总长。

第十三条　林务局及分局之名称、位置及管区，由农林总长定之。

附则　本制自公布日施行。

渔政厅官制草案*

（一九一二年七月二十四日）

第一条　渔政厅隶于农林部，掌关于该管区内渔业行政事务。

第二条　渔政厅置职员如左：

厅长一人，荐任；事务官一人，荐任；佥事不逾十人，荐任；主事不逾二十人，委任；书记二人，委任；技正不逾十人，荐任；技士无定

* 本文录自一九一二年七月二十四日《政府公报》。

员，委任。

关于本厅庶务及缮写事务得用雇员。

第三条　厅长承农林总长之指挥监督，总理全厅事务，执行法律命令，并指挥监督所属各员掌其吏事。

第四条　厅长依其职权或特别委任，对于该管区内得发厅令。

第五条　厅长为保护渔民监理渔业，得指挥警察官，有认为紧急必要时，得移知附近舰队长官，请其使用兵力。

第六条　厅长得以其职权内事务之一部，命所属职员临时代理之。

第七条　厅长得制定处务规程。

第八条　事务官承厅长之命掌理机要事务并不属各科事务，厅长有事故时得代理之。

第九条　佥事承厅长之命分理厅中事务或一科事务。

第十条　主事承上官之命佐理厅中事务。

第十一条　书记承上官之命专掌文书事务。

第十二条　技正承上官之命专掌技术事务。

第十三条　技士承上官之命从事技术。

第十四条　渔政厅得置各科分掌厅务，由厅长定之；但须报告于农林总长。

第十五条　厅长认为必要时，经农林总长之许可，得设分厅，派遣佥事以下之职员分掌事务。

第十六条　渔政厅及分厅之名称、位置及管区，由农林总长定之。

附则　本制自公布日施行。

垦殖总管府官制草案*

（一九一二年七月二十四日）

第一条　垦殖总管府设于边远未开地方。

第二条　垦殖总管府隶于农林部，掌该管区内垦地移民殖产兴业事务。

第三条　垦殖总管府置职员如下：

总管一人，简任；局长，荐任；参谋长一人，荐任；副官四人，荐任；事务官一人，荐任；参事二人，荐任；佥事不逾十人，荐任；主事不逾二十人，委任；警务长不逾十人，荐任；警官不逾三十人，委任；书记不逾十人，委任；译员不逾十人，委任；医官二人，委任；技正不逾十人，荐任；技士不逾二十人，委任。

关于本府庶务及缮写事务得用雇员。

第四条　总管承农林总长之指挥监督，总理全府事务执行法律命令，指挥监督所属各职员掌其吏事；但于军事须承陆军总长之监督。

第五条　总管统率该管区内之屯田军，有认为非常紧急必要时，得使用兵力；但须报告陆军、农林二总长。屯田军之编制由农林总长会同陆军总长定之。

第六条　总管于该管区内未设地方官以前，得兼掌地方官所管事务。

第七条　总管于该管区内未设司法以前，得兼掌司法行政事务，其司法官署之规程由农林总长会同司法总长定之。

第八条　总管依其职权或特别委任，对于该管区内得发府令，并附以罚金百元以内禁锢以下之罚则。

---

*　本文录自一九一二年七月二十四日《政府公报》。

第九条　总管对于所辖官署之命令、处分有认为侵害公益逾越权限时，得停止或撤消之。

第十条　总管得以其职权内事务之一部，命所属职员临时代理之。

第十一条　总管得以其职权内事务之一部，委任于局长。

第十二条　总管得制定处务规程。

第十三条　总管府管区内得设各局，分掌各该管区内事务。

第十四条　局置局长，并由总管派遣主事、警官、书记、译员、技正、技士分属之。

第十五条　局长承总管之指挥监督，总理局务，执行法律命令，指挥监督所属职员。

第十六条　局长依职权或特别委任，得发局令。

第十七条　局长为维持管区内安宁秩序，有认为非常紧急必要时，得移知附近屯田军长官，请其出兵。

第十八条　局长经总管之许可，得设分局，派遣职员分掌事务。

第十九条　参谋长承总管之命掌理屯政所事务。

第二十条　副官承上官之命分掌屯政所事务。

第二十一条　事务官承总管之命掌理机要事务并总务处事务。

第二十二条　参事承上官之命掌审议立案事务。

第二十三条　佥事承上官之命分掌府务或掌一科事务。

第二十四条　主事承上官之命分掌事务。

第二十五条　警务长承上官之命掌理垦殖、警察事务。

第二十六条　警官承上官之命分掌垦殖、警察事务。

第二十七条　书记承上官之命掌文书事务。

第二十八条　译员承上官之命掌通译事务。

第二十九条　医官承上官之命掌卫生事务。

第三十条　技正承上官之命掌技术事务。

第三十一条　技士承上官之命从事技术。

第三十二条　垦殖总管府置巡士待以委任官。

第三十三条　垦殖总管府设总务处，掌事务如下：

一、掌管机要；二、典守印信；三、编制统计报告；四、记录职员之进退册籍；五、纂辑保存并收发各项公文函件；六、管理会计及庶务。

第三十四条　垦殖总管府设屯政所，掌事务如下：

一关于屯田军经理会计事务；一关于屯田军司法事务；一关于屯田军卫生事务；一关于屯田军人事及庶务。

第三十五条　垦殖总管府设各科，分掌事务如下：

一、经画科：一关于荒地区画处分事项；一关于移住事项；一关于户籍事项；一关于承垦核准事项；一关于承垦权承袭事项；一关于殖产兴业事项。

二、调查科：一关于各种调查事项；一关于各地巡视事项；一关于测量事项。

三、营缮科：一关于建筑事项；一关于道路事项；一关于沟洫事项；一关于水利事项。

四、保安科：一关于警察事项；一关于卫生事项；一关于水火消防事项。

五、庶政科：一关于教育事项；一关于交通事项；一关于气象事项。

其他不属各科事项。

第三十六条　垦殖总管府及各局之名称、位置及管区，由农林总长定之。

附则　本制自公布日施行。

致戴奉璋书*

（约一九一二年七月）

惠书敬悉。属件旋函达赵总长矣，明后日可往该处一见。专此奉闻，并颂旅安。奉璋先生鉴。弟教仁顿首。

又致戴奉璋书**

（约一九一二年七月）

奉璋先生大鉴：辱书敬悉，所属之件，刻因赵君□职，似不便言。方命之愆，当祈见谅。专复，并颂旅安。弟宋教仁顿首。

同盟会本部总务部通告海外书***

（一九一二年八月十三日）

干事诸君公鉴：陆续接到报告，知海外同盟会之组织皆诸君子伟力，不唯吾党之幸，亦国家之福也。愿诸君子益加振作，使吾党发展于无穷，岂不盛欤！顷者，本会以统一共和党、国民公党、国民共进会、共和实进会四党与本会宗旨相同，业经合议，各举代表会议，决定合并，改组为国民党，设筹备事务所，研究规约。其议决大纲如左：

（一）党名：国民党。

（二）宗旨：本党以巩固共和，实行平民政治为宗旨。

---

* 本文录自宋教仁手稿，原件藏湖南省博物馆。标题是编者所加。

** 本文录自宋教仁手稿，原件藏湖南省博物馆。标题是编者所加。

*** 本文录自邹鲁《中国国民党史稿》第一篇，一九四七年上海增订第一版。

（三）党纲：

（甲）保持政治统一；

（乙）发展地方自治；

（丙）励行种族同化；

（丁）采用民生政策；

（戊）维持国际和平。

（四）组织：取理事制，但由理事中推一人为理事长。以上大纲如此。其中细则，均定于规约之中，一俟五党筹备员协商停妥，即行详告。民国政党，其大者为同盟会、共和党，与现与本会合并之四党。六党中，尤以同盟会、共和党为最大。然统一共和党虽不及同盟会、共和党之大，而在政界上颇占实力，故同盟会、共和党、统一共和党三党鼎足而三。同盟会之反对党为共和党，往往以言论攻击，见诸共和党机关报者，不一而足。统一共和党中立无所倚，为汉则汉胜，为楚则楚胜。共和党畏之，久谋与之合并，特其党人大半为同盟会会员，数议不协。今见其与同盟会合并，嫉之尤甚，由种种方面破坏之。其间不容发，幸告成功，亦足以为庆也。但国民公党、国民共进会、共和实进会，亦民国最发达之政党。然自斯而后，民国政党，唯我独大，共和党虽横，其能与我争乎？当筹议合并之时，同人拟由电告知海外各部，嗣以电费不赀，又不能详达委曲，恐诸君有不得尽其所欲闻之憾，用特函布，务望诸君照此大纲筹划改组之法，一俟细则议定，即行通告。

致戴奉璋书*

（一九一二年八月十四日）

奉璋我兄先生：执事久不通问，思慕殊殷。顷接惠书，敬悉执

* 本文录自宋教仁手稿，原件藏湖南省博物馆，标题是编者所加。

事与自由兄襄办稽勋局务，表彰诸先烈之丰功，良深感佩之至。承介绍宾君建极入会，俟来时当为招待，以答雅意。匆匆不尽草复，并颂伟安。弟教仁顿首。八月十四日。

敬祝《海军杂志》出版*

（一九一二年八月十五日）

世有海王，惟海权是强，晰人擅之，武威以扬。惟我震旦，何遽逊乎西邦？曰无海军，乃致不张。自有兹编，庶几兴海军之句萌。桃源宋教仁。

致北京各报馆书**

（约一九一二年九月）

记者足下：连日各报载国民党事，诸多失实，甚且如《民视报》等谓孙中山先生辞理事职，出于鄙人之排斥，《新纪元报》等谓孙、黄有冲突，皆不胜骇异。此次国民党之合并成立，全出于孙、黄二公之发意，鄙人等不过执行之，故党员无论新旧，对于孙、黄二公皆非常爱戴。此次选举理事，孙先生得票最多，惟孙先生以此后欲脱离政界，专从事于社会事业，故不欲任事，曾经辞职，已由鄙人与各理事再三挽留，始允不辞，现已推为理事长。鄙人与孙先生从事革命几及十年，何至有意见之争？且国民党新立，正赖有功高望重如孙先生者为之主持，亦何至有内讧之原因耶？至于黄克强先生与中山先生同为吾党泰斗，关系之亲切，天下皆知，此次北来调和南北意见，主持大计，两公无丝毫之异，更何至有冲突之事如各报所

---

* 本祝词录自《海军杂志》第一期，一九一二年八月十五日出版。

** 本文录自姜泣群编《宋渔父林颂亭书牍》，中华艺文社一九一三年六月版。

云云乎？方今时事艰难，非有强大真正之政党作中流之砥柱，何能挽回危局？而强大真正之政党，尤非社会扶持，各党互相奖勉，不能成立。关于政见，各党即互有不同，然总不宜猜忌离间，日望敌党之不发达。吾人改组国民党时，宣言政党宜二大对峙，希望自党发达，同时并希望反对党亦发达，能至鼓旗相当而后已，诚以政党须有道德，其态度固应如是也。作此等谣言之各报，属于何党，固不必辩。鄙人总深盼其守政党道德，不再事无谓之猜忌与离间，平心静气，以评论国家事，扶持各党，使渐臻于健全之发达，庶几各党乃得日即稳固，从容研究。其在议院有正当之主张，不事喧嚣，其对政府有适当之监督方法，以促成强固有政策负责任之内阁，是岂非国家之大幸事乎？区区之心，乞鉴谅之。宋教仁顿首。

《武昌两日记》叙*

（一九一二年十月三日）

自武昌起义，迄于今日，为岁及周矣，而革命史之编纂，尚缺乎未有闻，欲考民国之原者，无所藉焉，岂非革命事业之羞乎？咏簪氏有怵于此，乃为《武昌两日记》，专纪去岁八月十八日在武昌部署起义及十九日义师血战之事实，以预为编纂革命史者之材料。夫去岁八月十九日之役，民国成立之始基，国人当念之勿忘者也。而十九日以前之预备，往往为世所不及知者，则尤为始基之始基，国人更宜表出之，以为考民国成立之原者之所取资者也。兹编即取是义而为之，则有裨于将来革命史之编纂，并国人知缔造民国之艰难，而益深警奋发有为心，岂浅鲜哉！

---

* 本文录自咏簪（即龚霞初）《武昌两日记》。该书一九一二年编刊，一九四七年辛亥首义铁血伤军委员会再版。

民国元年十月三日　桃源宋教仁序

答《民立报》特派员问*

（一九一二年十月七日）

问：陆总理辞职后，闻袁大总统甚属意于君，信乎？

答：上月二十日前后，范源濂、刘揆一二君访余，勉以国事为重，力劝余担任总理。余以组织内阁必与各国务员负连带责任，若仅更换总理，不能与各国务员一致进行，必不能成一强固之政府，且与国民党政党内阁之党议大相刺谬，故坚辞不允，俟孙、黄两先生到京后再议。

问：外间言中山到京后，袁大总统与中山商议继任总理，中山即以君对，黄克强来电亦力劝君就总理席，有是事否？

答：诚有是事。余当时坚辞决绝，其原因有二：（一）因临时政府期内，为时太促，不能多所展布；（二）因调和南北感情，须有威望素著之人，始能得人信仰。故力荐黄克强担任内阁，当时所以有黄内阁之说。

问：外间又言君在天津时，晤唐绍仪，唐君亦劝君担任总理，君又力荐黄克强，然否？

答：余至天津晤唐君，唐力劝余组织内阁。余力荐黄克强，又与黄克强、陈英士同往访唐，会议良久。余以现在大势如裁兵、借款、外交各种重要问题，非威望素著如黄君者出任总理，恐不能无他项掣肘，反于进行有碍，仍请唐君力荐黄为总理。唐、陈两君均极赞成。

问：黄克强到京，不肯担任总理，亦有故乎？

---

* 本文原载一九一二年十月七日《民立报》，题为《追记政局之变迁——宋渔父谈话》。这里的标题是编者所加。

答：黄君谒见袁总统，袁亦力请黄君担任总理，黄君即绝不肯任。闻黄与孙皆注重实业，尽力于社会，故不肯担任。

问：外间言袁总统因黄不担任总理，同时提出沈秉堃、赵秉钧二人，黄均赞成。君则赞成赵，不赞成沈，其理由安在？

答：当时国民党多数不赞成沈。余不表同意于沈者，非反对个人，实恐有违党议。若沈任总理，国民党政党内阁之党议必为所破，且沈为总理，或能请各国务员均入本党，或照刘揆一自请出党，方不背本党素所主持，诚恐沈一时不能办到；又沈或提出不能得参议院之同意，于沈反有妨害。当时与章勤士同往黄处商议，黄亦深以为然，余并非不赞成沈之为人也。

问：赵亦隶国民党籍，君何以又赞成之？

答：赵虽入国民党，与袁总统实有密切关系，可云袁派内阁；且政府经验甚富，力量亦较厚于各方面，易收效，当得孙、黄两先生及国民党多数之同意，此所以赞成之也。

辛亥革命周年纪念会演说辞*

（一九一二年十月十日）

今日为中华革命第一次纪念会之第一日，承诸君推鄙人才薄重任，深恐不能胜任。

窃以为世界有永远纪念之日三：一为美之七月四号；一为法之七月十四号；一即我中华民国之十月十号是也。革命思想为我华民族心理中所固有，惟其发动在十年以前，先由中山先生之于广东，次由克强先生与鄙人之于湖南，然皆遭失败，于是于东京发起同盟会，创《民报》联络同志，鼓吹革命。数年以来，继继绳绳，盖如

* 本文录自一九一二年十月十七日《民立报》，原题为《宋遯初演说词》。这里的标题是编者所加。

一日，故能使今日思想普及全国，一举手而成共和之大业。然当发动之初，亦曾几遭失败，后竟苦心研究，规定计划三条：第一由中央入手，即于政府所在地从事运动；第二由南方重要省会入手，即于扬子江流域各重要地点，联络军警各界，各省同时大举；第三由边地入手，盖边地为人所不注意处，从事革命，布置较易，由渐而来，未为不可。三条之中，第一条最难，第三条最易，故实行之始，取其易者，此去年广州一役所由来也。

按广州之役，自革命以来，实为最可痛心。死亡诸君皆革命原动，所以如此者，以屡次革命，利用军队，而军队中人屡次泄漏消息，屡遭失败，故此次不复再用军队，当事者尽为文弱书生，革命原动。先时计划定四月初一为起事之期，于香港先设立机关，更由中山先生筹得经费四十万。其内部组织推克强先生为总理，赵声、姚雨平、鄙人等诸同志佐之，更合四川、福建、安徽、江浙诸省精锐，拟一举而下广州。自正月间先事预备，购枪械，招同志，运器具，其种种困难情形，不可言喻；香港英政府亦防范甚严。其后有同志喻云纪君，能自造炸弹，且远出外国之上，故全军供用率多仰给。于是更有姚君雨平先往省城，预为布置一切。既定约期四月一号起事，岂知至三月二十七，忽由克强先生来电，劝同志不必再来，并改期重举。鄙人等在香港，闻之深为骇异。次日克强先生又来电，促诸同志速赴广州，于是诸同志之在香港者，连夜出发。当时共分数起，有自早出发者，亦有过后一二时出发者。鄙人则在下午离港，迄次晨抵广州，探悉城门已闭，岸上守兵无数，则知事已败，心中甚为焦愤。后探悉同志死者甚少，心为稍慰。晚更悉惟有一船自广州出发，于时偕数同志同至该舟。比至，则满舟皆同志，然相见均默不发一言。其后守兵更来舟中搜□，同志之军藏暗器者，俱为捕去，救援无及，饮泣而已。诸同志既由虎口索生，遂各述所遇，始悉当时以赵君声未至，总司令由克强先生代摄，一切计划遂不克周顾。当时由克强先生率诸同志攻总督衙门，先时闻该处守兵已经说通，岂知至则出而抵拒。时同志出为陈说，然卒无效，遂两相攻击，一方更由克强先生率数同志，直入上房索粤督。讵料粤督已数日前闻信移住他处，同志等遂出。时水巡兵已遍满街市，同志多自戕，能于此船上相见而庆更生者，已非初料之所及矣。是役也，有可痛之一事，即失败之后一日，城中有一米店，匿数同志，为捕兵侦知，攻击数时，兵不敢近，后官兵将米店付之一炬，诸同志遂无一得生。此广州失败之大略情形也。

吾等计划第三箸既归失败，于是进一步策第二箸，规划湖北，更由陈君英士组织机关于上海，鄙人则从事湖南。时陕西亦有同志已组织完善，特派代表来会，协商一切，遂定乘四川铁路风潮激烈之秋，一举起义，规定湖北。时机关部设在汉口，相期以九月一号起义，讵知迄八月十九而机谋又泄，于是匆匆起事，一举而光复武昌，再举而复汉阳、汉口。克强先生更由香港赶至湖北，与清军血战。时则陈君英士光复上海，程君雪楼反正苏州。九月十八，南京第九镇统制徐君固卿攻击石城，不利，更进而合江浙省之各师联军，推徐君为联军总司令，于是再攻南京，张勋败走。时停战之约既成，议和之师南下，后更得北方响应，诸将要求退位，共和之诏遂颁，民国于以成立。

溯武昌起义以来，未及一年，而有今日者，岂非我五族同胞倾向共和，赞成民主之所致欤？夫吾等计划，前后计算均未实行，而其最后效果，竟得于一年之间达到目的，视美之十三年，法之三革命，不亦较胜十倍？则将来大势所趋，三年五年之后，其所得效果，有不能驾欧挈美者，吾不信也。

致袁世凯书*

（约一九一二年十月）

慰公总统钧鉴：绨袍之赠，感铭肺腑。长者之赐，仁何敢辞。但惠赐五十万元，实不敢受。仁退居林下，耕读自娱，有钱亦无用处。原票奉璧，伏祈鉴原。知己之报，期以异日。教仁百拜。

在鄂都督府之谈话**

（一九一二年十一月五日）

一、借款之问题。中央政府现无大借款成立之希望，惟期六国资本团尽行解散，得以借债自由为幸，因该团各银行之目的非以惟一援助主义对待中国者。日俄之破坏主义尽人皆知；现日本以中国报纸揭其隐私，彼亦办一新支那报，以谋抵制，可见其肺腑；英、美、德、法四国虽比较圆和，英国前次之垄断主义，亦渐更正，然借款中总寓有经济政治之臭味，借以吸取中国之雄厚精华也。故无论六国团变为四国团与否，绝无大借款成立之希望，而大总统以杜绝争端之故，主张自由借债为尤力。

一、省官制之问题。省官制由政府两次提出，两次撤回，以各省行政、司法两方面各持意见，迄无正当解决。现经参议院复行咨催，国务院复行改修如下，折衷至当，大概可以免各方面之纷争云：

---

* 本文录自蔡寄鸥《鄂州血史》，龙门联合书局一九五八年七月版。这里的标题是编者所加。

** 本文原载一九一二年十一月六日《长沙日报》，题为《宋渔父都督府中一席话》。其叙语云："宋渔父先生昨晋谒鄂督，谈中央最近之政策约数旬钟，黎公甚为倾耳，大有忘餐之兴。兹将所谈各问题撮其大要，分录于左，以饷留心时务者。"这里的标题是编者所加。

第一为地方之国家行政，省设总监一人，为特任官，道设道知事一人，由总统简任，县设县知事一人，由内务总长荐任；第二为地方自治团体，道为上级自治团体，县为初级自治团体。

一、划分国家税地方税之问题。国家税与地方税之分，现已渐归调和。直督先主张关税等整齐单简者归国，其余列举不尽者归地方，趋重于国家一方面。苏督倡取民用之说，划地租归省，有趋重于地方一方面。嗣经东三省调和，划分地方租几分之几为地方附加税，两方面均得其平。齐、甘等省从而附和，及附和苏督之湘、粤、浙、蜀各省，亦取消前说。现大总统已饬财政部，就调和意见编定草案，提出大概现行之税目，田赋、盐课、渔矿、契牙当及烟、酒、茶、糖各税，划为国家税，田赋附加税及商、牲畜、米等税，并船、店、房、妓各项杂捐，为地方税。至将来之新税印纸，登录遗产、登录营业所得等税，当然划归国家；家产使用物及国家不课之营业消费诸税，当然归于地方。

祝《军事月报》文*

（一九一二年十一月十五日）

噫吁嚱，泱泱乎壮哉！有物焉，磅礴鼓荡，蹈厉发扬，震若迅雷，凛若秋霜，直耸动数百载，不生不死，不痛不痒之睡狮，歘然昂头伸尾，奋爪怒目，吼声霹雳，纵横跳跃而腾张，东荡西扫，北翥南翔，撼山岳，靖欃枪，合汉、满、蒙、回、藏五大族，铸成铁血之军人，相与赴汤火，蹈白刃，飙五色旗于四极，而鞭鞑乎八荒，繄由何道而可至？是曰惟军国主义之提倡。溯吾华兵家之鼻祖，肇自上世之轩皇，馘蚩尤于涿鹿，乃奠定乎家邦。下逮商周，以迄汉唐，或氐羌淮夷，来享来王，或铁岭东西，天山左右，名王酋长，咸稽首阙廷，歌

* 本文录自《宋教仁先生文集》，政新书局一九一三年四月版。

舞而称觞。蒙古两耀兵于东欧之域，朱明三饮马于卢朐之阳，是皆我黄种势力之膨胀，武烈之发皇。世运递变，盛衰靡常，抚今追昔，亦犹梁惠叹晋国之莫强。盱衡四顾，禹甸茫茫，他族逼处，门进虎狼，鼾睡我卧榻，虔刘我边防，是非习韬钤，炼锋铓，厉十万横磨剑，洗三千毛瑟枪，与之冲激海工，角逐疆场，几何不沦胥以亡？惟《军事月报》之椽笔，振四百万兆之聋盲，人貔貅而士熊虎，国盘石而城金汤，进若飘风疾雨，止若铁壁铜墙，要使吾中华民国，雄飞大地，西凌乎欧美，而东驾乎瀛海扶桑。乃叹穰苴之司马法，孙吴之谈兵书，其作用效力，皆不足与《军事月报》较低昂。谨瓣香翘首而颂曰：盛哉乎民国，亿万年有道之长，《军事月报》亦与之无疆！

《亚东丛报》发刊祝词*

（一九一二年十二月三日）

四千余年，黑暗专制。女子沉沦，甚于男子。振聩发聋，女士任之。女士而外，谁其扶之。宋教仁。

共和印刷股分有限公司章程**

（一九一二年十二月三日）

第一章　定　名

第一条　本公司定名共和印刷股分有限公司。

第二章　营　业

第二条　本公司以印刷书簿图画钞票债券股票商标及其他印

---

*　本祝词录自《亚东丛报》第一期，一九一二年十二月三日出版发行。这里的标题是编者所加。

**　本文录自《亚东丛报》第一期，一九一二年十二月三日出版发行。

刷等物为范围。

第三章　资　本

第三条　本公司额定资本金五万元，分作一千股，每股股金五十元，由创办人坐认四百股，计股金二万元，先行开办，其余六百股，计股金三万元，分行招集。

第四条　招股章程另行规定之。

第四章　股息及红利之分配

第五条　股本利息常年六厘，自收到之次日起算。

第六条　本公司每年终清算一次，除支给股息外，其赢余分作十成，以六成作为股东红利，按股均派，以二成作为本公司公积金，以一成作为重役员之酬劳，以一成作为工人之奖励。

第七条　股息及红利于每年正月持本公司年结报告所附之收单及股票之息折，经该股东签名盖印，向本公司会计员支领。

第五章　股票之转售与遗失

第八条　股东得将股票转售或抵押；但须先向本公司索取转售证书，填写名晰，由原主及保证人签名盖印，并将该股票息折交本公司更换册票姓名。

第九条　股东得将股票转售或让他人，未经通知本公司者，本公司惟票载及册载之姓名是认。

第十条　股东股票如有遗失，得随时觅保人出具理由书签名盖印，报告本公司，一面登报声明，过三月再行补给。

第六章　组织及任务

第十一条　本公司设总理一人，经理一人，会计一人，营业二人，查帐二人，工场长一人，均由创办人分任之。工场执行业务员若干人，由本公司聘用。

（一）总理　统辖本公司内外机关，督察财政，监理营业之大纲，裁决临时之要务。

（二）经理　承总理之命对于公司一切事务有经理之责，并管理往来文件等事，如遇总理不在公司，得代行其职务。

（三）会计员　掌管银钱货物出入件帐簿等类。

（四）营业员　招揽各处生意，或在出张所，亦须经营货物等事。

（五）工场长　管理材料及出品之优劣，督率工手、工徒等执行业务。

（六）查帐员　有随时稽查本公司一切帐目之特权，每年清算时如有舛误，须与总经理同任其咎。

第七章　权　限

第十二条　本公司事务悉由总经理主持，财政出纳之权虽分属会计工场长，亦有纠察之责，除薪工照例额支外，其余收付之款须得总理盖戳方能收发。

第十三条　用人权操之公司，股东不得干涉，即股东为保荐时，而用否均由重役会决择。

第十四条　工场长有黜陟工人之权，惟须得重役会之同意方为有效。

第十五条　各人增薪给奖，由重役会集议，以总理名义行之。

第十六条　本公司聘用人员，须有妥实保证人，方委以银钱关系之事，其保证书尤须署名盖印，以昭慎重。

第八章　会议之规定

第十七条　本公司会议之规定如左：

（一）股东会　全体股东组织之每年开常会一次，若遇重要事件，得随时召集开临时会。

（二）董事会　董事组织之每月开会一次，议时须有半数人到场方可议决。

（三）重役会　董事及工场长与会计营业员组织之每月开会一

次，议时须有半数人到场方可议决。

第九章

第十八条　凡股东每年照章收取息银红利外，无论以何等名义不得向本公司告贷银钱，如到本公司定印物品，亦须照普通交易看待。

第十九条　本公司工场施设之专章及工场管理细则，则另行规定或由重役会议施行。

第十章　附　则

第二十条　本章程如未经明载者，俟将来颁布商法后一律遵照办理。其他未尽妥协应行增加改定之处，每届股东会议时议决施行。

创办人：谭人凤、仇鳌、彭允彝、宋教仁、黎尚雯、姚真佽、胡瑛、唐乾一、曾纪熙。

江汉大学之前途*

（一九一二年十二月二十四日）

民国江汉大学校总理宋教仁、协理蒋翊武、校长石瑛、教务理事李祖贻、内务理事黎尚雯等呈请教育部及黎副总统通咨各省都督文云：为呈请事：窃以措国家于磐石，端赖贤豪，范人士于炉锤，全资教育；况当大局初定之秋，尤为百废待兴之会，经纬万端，事机丛集，外则欧风美雨，咄咄逼人，内则恶耗暗潮，时时发现。感坠天之有象，忧切杞人；念炼石之可为，补怀娲氏，棫朴作人，髦士为之崛起；菁莪造士，成周因以肇兴。教仁等以武汉居全国适中之地，为共和发轫之区，四方道里，遐迩尚觉均平，各路交通，去来亦称便利。形势既占优美，文明乃易灌输，爰就此间创设斯校，藉江汉之

* 本文录自一九一二年十二月二十四日《民立报》。

炳灵，留中华之纪念，范围取其宽宏，教育期以普遍，合教蒙满回藏，陶熔一致，不问东西南朔，畛域胥泯。此风始播，薄海同声，负苏章之笈，千里来游，等杨震之门，多槐成市。综其现额，已达六百余名，若论籍居，亦经十四五省。课程将满一期，班次现分四项，计大学预科、政治科、经济科、法律科。遵照定章，限年毕业，业经呈由大部，核准在案。惟经营伊始，困难异常，款项拮据，若磬悬而无恃，校基褊隘，复人满而难容。目前之建设方殷，来日之规划宜预，仪器图画，当分门而准备，农工商矿，宜按日而开班。凡兹一切之设施，均藉多钱之挹注，一木势孤，岂能支乎？大厦众擎举易，是所望于群豪。前蒙湘都督谭，暂拨开办及常年费各一万元，并允再行加筹，接济在案。唯大学本众材陶冶之场，武汉又全国观摩所系，教科当达完全，校舍尤宜开拓，事体重大，非一省经济所能扩充，费用浩繁，无常年巨赀难持久远。查大部划定大学区域，凡北京、武昌、江宁、广州四处，皆得设立大学。敝校发起最早，又在部定学区之内，组织有条，规模粗具，一遵部章办理，可否直接由大部提款收办，抑或准予酌给津贴，并通咨各省都督，筹拨开办及常年经费，以资协济而策进行？又敝校校址未定，栋宇宜崇，恳即转咨鄂都督，于省垣旧署书院学校及各栈之中，择一阔大壮丽之处，作为校舍，以示依归。强国之要，学战为先，希望甚大，誓同世界争雄。后事方长，当与同人共勉。所有敝校一切应如何规定之处，理合具文呈请察核，明示办法，赐复施行。须至咨者。

与刘羹臣书*

（一九一二年十二月二十九日）

羹臣吾兄如晤：自归里以来，困于应酬，一切友人函件，未暇作

* 本文录自胡韫玉编《南社丛选》（上海国学社一九二四年七月版）文选卷二。

答，故亦未致函于兄。前日各亲友强为家母祝寿，弟勉应之，因此空消十余日，屡接京中电促，亦未能出山也。前接兄电并密本，昨已电复，想已达览矣。政局之事，弟意目下总无善法，可以翻身，正如中风之病人，不愈亦不即死，如是而已。俄库之事，想政府亦无善法，最良之结果，亦必至于承认俄人要求之三条，然此犹必须政府从速妥结。弟意或不能如此，大约仍归拖延敷衍为多也。欲救此种政局，仍不外乎改组一负责任之政府，而目下既不能办到，则惟有俟诸开国会后而已。政党形势，闻本党有内哄，前日兄来电警告弟以危象，然弟总料其未必有如是之甚，纵小有波澜，当不至于成大风潮，放眼观察人才之高下，有此能力者固不多也；且目下之形势，未必能于将来亦可包括，吾人既不争目下，则将来自有将来之局面，又何足忧，请兄不必怀杞人之念也。但目下究竟详情如何，尚乞电示。弟于前日已离家抵常，为调和西路争选举事，小住数日，拟即赴长沙，再赴汉口，与克强商议一切，然后定行止，或赴日本，或来北京，尚未定，尔时当再电告；如赴日本，则拟请兄同往，兄接弟电时，即请将弟衣物带齐，往沪会晤，其他物品书籍，请暂寄姚真侅君家，或其他妥处为是。《民国报》近日纸面甚好，但不知内容如何，亦乞详调查示知。弟目下财政颇困，兄如需款，请暂借用，至沪后当另设法也。余不多叙，顺候近安。

式南、偵侅、应生、骏民、静仁兄均此。

教仁顿首　十二月二十九日

致沈缦云电*

（约一九一二年）

南市信成银行转沈缦云君鉴：慢密前所托件，刻未能办到为

* 本文录自宋教仁手稿，原件藏湖南省博物馆。这里的标题是编者所加。

歉，当徐图别法。兹者有英资本家愿投巨资与华人办银行，而无主办之人，弟思与公商当必有益。公有意即请速电复，若能来京尤善。渔父即敬。

致谭延闿书*

（约一九一二年）

长沙都督鉴：禹之谟为满清酷吏金蓉镜周内非刑毙命，同人共愤，乞逮案正法，慰死者，快人心。宋教仁、甯调元等叩。

程家柽革命大事略**

（约一九一二年）

程家柽，字韵孙，一字下斋，江南休甯人也。少孤，受公羊之学于同郡卓峰胡氏，仁和复堂谭氏。治经生家言，著书甚富。及长，洞烛古今中外兴亡之理，喟然于君主专制之不足为法，必以大道为公之心，为天下倡。新安居万山中，无足与言大事者，以武昌为南北枢纽，位长江上游；南皮张氏督楚，设两湖书院，为教异于他邦，杖策往游，一试拔为上舍生。君数数与同舍言汉满种族之别，

---

* 本文录自姜泣群编《宋渔父林颂亭书牍》，中华艺文社一九一三年六月版。

** 本文录自宋教仁、景定成《程家柽烈士革命大事略》，一九二八年出版。冯自由将其旧存抄稿一份发表于《国史馆馆刊》第一卷第三号，并作了注释。其按语云："考宋君撰述此文之原意，全在为君（指程家柽）辩诬释谣，以正视听。……盖自民前七年乙巳同盟会成立后一二年，君以党内迭起纠纷，因有自赴北京实行革命之志，谓不入虎穴焉得虎子。抵北京后，恃其曾数任东游满廷诸亲贵译员之因缘，奔走豪门，颇得肃王善耆及尚书铁良之信任。""及民元南京政府成立，君尝诣宁晋谒孙大总统，后复出席革命先烈追悼会，一部党员指为变节事满，拟逐诸门外，赖黄君克强及宋君极力调解始已。事后宋君以君满腔热血，竟不为同志所谅解，特为文代其辩白，以释众疑，是即此文之所由作也。"

司校者恶之。适游学议起，君走日本东京。

留学不过二百人，无有知革命之事者，惟言维新而已。前大总统孙文侨居横滨，其踪甚秘，君百计求之，不克一见。香山有郑可平者，设成衣肆于筑地，藉制校服，与其友善。可平固三合会员，君告以故，可平允为谋之，越半年，始得辗转相握手。君意孙文革命首魁，所党必众，岂料所谓兴中会，以康有为之煽惑，率已脱入保皇党。孙文惟偕张能之、温秉臣、尤烈、廖翼朋者数人，设中和堂于横滨，其势甚微。孙文为君言民族、民权、民生之理，及五权分立，暨以铁路建国之说。君闻所未闻，以为可达其志，请毕生以事斯语，曰："欲树党全国，以传播之。"孙文惟欲东京留学中联属二十人，以陆军十人，率两粤之三合会、长江之哥老会为起义之师；以法政十人，于占据城池后，以整理地方及与外人交涉。君心少之。

庚子拳匪之乱，君倡议学界起兵，以清君侧为名，先八国联军而入京，则复国犹反掌也。吴禄贞、傅慈祥、刘道仁（原名赓云）、黎科、郑葆丞等胥韪其说。无何，汉口事败，傅慈祥、黎科、郑葆丞殉国，禄贞遁自大连。

先是，东京有所谓励志会者，众心激励，先导自居，旋以骇于刑戮，移心仕宦。君鄙之，爰偕戢翼翚、沈翔云、秦力山、张瑛绪、王宠惠设《国民报》，鼓吹革命学说，择励志会中之意气发舒者，别为青年会，以爱岩山下对阳馆为与孙文秘密过从之所，校课之暇必一访之，与日人宫崎寅藏、平山周、内田良平、末永节等熟筹鼓吹方法。而国人之居东者，尚多昧于民族之义，商于孙文与章炳麟、秦力山，创二百四十二年亡国纪念会。清钦使蔡钧恐其浸淫于人心，乞日警察禁之。而学界革命之思想，至是已有一日千里之势，如钮永建、吴敬恒、万廷献、吴绍璘皆于是时由君荐与孙文交欢者也。

会俄人满洲撤兵违约，君以人心奋懑，至此已极，以拒俄为名，开大会于锦辉馆，痛哭宣言，誓以排满为事，以在东京健者，编为义勇队，设分队于上海，推蓝天蔚为统带，意欲拥戴今大总统袁世凯为革命军长，请钮永建、汤槱归国上书袁世凯，为席卷中国之计。事为清廷所知，遽尔中止。义勇队嗣名学生军，又改名军国民教育会。黄兴、刘揆一是时正习师范学于弘文学院，革命思想，君与李书城实开其牖，遂深中于其心。黄兴毕业归国，爰以上海之军国民教育分会改为爱国学社，说者谓湖南之华兴会，安徽之武毅会，浙江之光复会，皆由是而出，其时为民国纪元前之十年也。是年秋，复游金陵，联合张通典；游安徽，联合潘赞华；游湖北，联合刘成禺，且劝其肄习陆军，规画光复。清吏于两湖书院除君之名，悬赏捕之。

国人因拳匪乱后，知闭关之不足自存，竞谈新学。江介大侠磬遁老儒，其聚于东京者，近将万人。君之旧友刘成禺、潘赞华以次东渡，力为联合革命之说，日以益振。陕西、山西来游渐多。有老儒吉田义一者，一熟法国革命史，君请其讲演，而伪其名曰“政治史”，君执译事义务弗辍，其开发人心，尤不在少数。其有碍于言论，则偕其游于犬养毅、宫崎寅藏家，令其晓以大势，务使豁悟乃已。而黄兴、宋教仁以马福益之军起义湖南，军败出走，田桐、白逾桓、但焘亦游学之东，以同志日渐加多，意欲设立会党，以为革命之中坚，以谋诸君。君力阻之，谓革命者阴谋也，事务其实，弗惟其名，近得孙文自美洲来书，不久将游日本，孙文于革命名已大震，脚迹不能履中国一步，盍缓时日以俟其来，以设会之名奉之孙文，而吾辈得以归国，相机起义，事在必成。宋教仁、白逾桓、吴昆、田桐、罗杰、鲁鱼、陈天华偕君等著一书报，曰《二十世纪之支那》，专以鼓吹革命为事，以君总其成，而充编辑长。因触居留国忌讳，被其封禁，报没收入官，君几入异域之缧绁，以大隈重信、犬养毅为其排解，方得免祸，而侦探遂日尾随于君后矣。无何，孙文自美洲游日本。君集陈天华、黄克强、宋教仁、白逾桓、田桐、张继、但焘、吴暘谷与孙君会议于君之北辰社寓庐。孙文所斤斤者，仍以二十人为事，自午迄酉，尚未能决。君以历年所筹画者，默体于心，谓开山引泉，已达大川，奚事涔蹄之量，以二十人为哉？于是开欢迎大会于富士见楼，到者将三千人，君痛言革命之理，鼓掌之声，上震屋瓦，孙文大悦。君谓国人革命之心，自明亡国，秘密结社，到处皆是，惟各自分立，不相系属，其势弱微，不克大举。譬之太平天国洪、杨之军，所以与湘、淮之冲突者，盖以三合会与哥老会、安清道会先未相通也。观于苗霈霖、张宗禹之与太平，同为清廷之仇敌，而不能联为一贯，则其事可以知矣，曾国藩、李鸿章何能为哉？必其联合留学，归国之后，于全国之秘密结社有以操纵之，义旗一起，大地皆应，旬日之间，可以唾手而摧虏廷。若兵连祸结，则外人商业必受损害，而戎马倥偬，军士非尽受教育，则焚教堂杀外人所不能免矣。外交牵涉，国难骤立。今留学既众，曷若设革命本部于东京，而设分部于国内通商各口岸，他日在东留学，毕业而归，遍于二十二省，则其支部之设，可以不谋而成。众佥曰善。越日开成立大会于赤坂区桧町十五番地内田良平家。适有心怀首鼠而昧于孙文之为人者，崛然起立，诘问于孙文曰："他日革命告成，先生其为帝王乎？抑为民主乎？请明以告我。"其在会场近三百人，正演说畅酣，闻诘问之言，忽然如裂帛中止。孙文、黄兴不知所谓，默然莫对，会之成否，间不容发。君知事急，乃越席而言曰："革命者，国人之公事也，孙先生何能为君主民主？惟在吾人之心中，苟无慕乎从龙之荣，则君主无自而生。今日之会，惟研求清廷之当否革除，不当问孙先生以帝王民主也。"议乃决，争具盟书，名之曰"中国同盟会"。其时为民国纪元前七年八月十六日也。公推孙文为会长，黄兴为庶务长，田桐为内务部长，胡衍鸿为文事部长，廖仲恺为会计部长，以君在东日久，推为外交部长，改《二十世纪之支那》曰《民报》。而二十二省各选分会长一人，以本部总其成焉。

与张昉赁小室于江户川侧，榜之曰“轰天隐”；以湘鄂人士气锐才高，性尤慓悍，多与交游，冀收首义之助。清廷惧甚，乞日文部省颁所谓留学生取缔规程者，欲以间接箝制吾党。学界大愤。同盟会已成立三阅月，入会者居学界之大半，君谓宜檄令归国，以扩党势。密为檄，遍布国人所居。崇朝之间，怒潮陡起，相要罢学归国，胡瑛实为之首。至陈天华赴大森之海死之，而革命种子遂遍播于全国。君惟从容与日文部省交涉，令所颁规程停止其实行。

北京大学于是时忽聘君为农科教授，党人莫弗为之危。君以北京为胡虏巢穴，弗躬入其肘腋之下，安足以事扼吭？盖君于同盟会曾规画三策，其一以游说中央军队及大政治家，冀一举以推倒政府；其一遍植党人于各地，以期一地发难，首尾相顾；其一于边疆粤滇各地，时揭义旗，拴撼腹地之人心，令清廷有鞭长莫及之患。君以北京大学之聘，正可施其第一之政策，石田之获，顾在人为，虎穴虽险，奋然就道。时越正阳门炸弹之事未逾半载，清廷特设巡警部以罗党人，有斩发以至北京者，警吏莫不目为革命党，道路戒严，如临大敌。君夷然以入国门，就大学教授之任。讲业之际，民族、民权、民生之旨，时于言外及之，故其门下之识大义者最多，今参议院议长吴景濂其尤著者也。

前清肃亲王善耆，其时于亲贵中特负盛名，闻君莅京，以为学界魁杰，当引之以自重，遂多方招致，备道倾慕，言将藉君通款中山，愿效革命先驱，言之殷勤，靡不娓娓动听。君知其排汉之心，较铁良为尤甚，非与委蛇，不能以拥护吾党，而北方无进行之望，乃伪与相结。时刘家运、朱子龙设日知会于武昌；胡瑛、徐镜心设东牟公学于烟台。有法国陆军中将卜加贝者，自越南将孙文书至，命君扩充同盟会于北京。以警吏之严，莫可措手，爰以善耆之事密告孙文，藉以徐张党势。复书善之。时学部初立，苟持海外毕业凭证，虽初中学校者，一试学部，莫不擢身翰苑。管学大臣孙家鼐与君有乡里之谊，又为君父承瀚之受业师，其欲嘉惠于君，意尤浓郁。君以负重任于身，不欲以腐鼠启世俗之忌，且以不为仕宦，为同党自明，遂笑而谢之。有毕业居君后，而荣显至侍郎执载者，君则十载布衣，未一膺清廷之职。人多以土苴富贵为君婉惜，岂知君之心为独苦也？

萍乡义军之起也，胡瑛自天津赴汉口，以期应援，事未集而为郭尧阶者所卖，与刘家运、朱子龙同入于狱。今陆军第八镇统制季雨霖潜行来京，乞君为救。君无以为计。雨霖曰："狱已具，少迟则被戮矣。"君乃假善耆之名，致电张之洞，陈狱之冤，为乞开释，冀以少缓其死，而徐为之救；然电之伪，则不能不速以告。善耆盛气凌之。君曰："冒王之名，诚不容诛；然王曾允为革命先驱，今兹不允，请以家柽交法官，愿与胡瑛同死。"先是君曾厚结善耆左右，如王英、吴了等，又令其妻教授善耆之妾及其子女，至是皆以为言。爰遣刘道仁，为请于张之洞，减其斩决罪为十年之监禁。

吾党是时财穷已极，《民报》至以资绌而不能印行，章炳麟益意见纷歧，以君至东，刘揆一协谋借《天讨》所载铁良之事，以术取铁良万金，为经营满洲及民报社之用。某君不知底蕴，以为君已降心虏廷，令日人北辉次郎、清藤幸七郎就商于君，欲以十万金而鬻孙文之首。君即以白于刘揆一、宋教仁、吴崐、何天炯。某君恨泄其谋，令加藤位夫、吉田三郎诱君于僻隐之所，与北辉、清藤朋殴之，以警察闻声，未至于死；然脑被击伤，迄今尚时疼痛，记忆之力较前为之锐减。

君八月归京，吴崐走奉天。时吴禄贞防边延吉，君告禄贞任侠，吾党满洲大事，宜与相谋。吴崐走鄂多里，俟得端绪，当为策应，乃归。未旬日，知孙毓筠、权道涵等以谋毙端方未成被捕，清吏意欲加害。君闻之，啮指血书，告以利害，清廷动色，毓筠与道涵得以无死。君方私自庆幸，岂料汪荣宝已以君告密于袁世凯。其时袁新入军机，以铁良、良弼潜毁之，急欲兴大狱以自解，捕戢翼翚而驱之回籍，潜杀于武昌，犹曰："翼翚曾经留学者也。"至任文毅者，吏指为孙文，蔡钧者，吏指为党人，莫不拘捕，亟亟欲正典刑，次乃及君，五下上谕提督衙门逮捕，胥为前清太保也续所救。世凯益追之急。时以苏杭甬铁路借款，江浙人士反抗尤甚。君令大学生为倡，控表于都察院，列名者至一千六百人，盖自亡清之颁卧碑二百五十年，而士气之盛，无有过于是时者。君乃乘其不备，脱走天津，而之日本。警吏杨以德、史伯龙以君之出亡，率警察要君于途，待日本使馆武官井上一雄为君薙去其须，易以渔服，浮舟白河而下，始得脱险。君于是大怒，继又思袁终我汉族，惟策略所优，若其长此显达，而不有以保持之，终不克以为吾党北方之援。大凿巨斧，以成太璞，削笔为文，直攻其隐。至当道遣三人刺之，胥索不得，复遣刘麟渡海，以侦君行为。刘麟，今海上之新剧大家，所谓木铎者是也。君居日本西京之下鸭村，知麟之至，备与周旋，更邀黄兴、宋教仁陈说革命为天经地义之为。麟为感动，惟以演剧自娱，绝足不登袁氏之门。沪军之役，山东登黄之役，麟之功为尤巨云。

君居下鸭村，于镇南关、河口二役均有所筹画，而运输军械，则尤能与萱野长知、何天炯、林文合作而不遗误军机。张继以偕幸德秋水演说社会主义，日政府捕之亟，匿于君家者弥月，非君以智脱之，令走欧洲，其必与幸德秋水而同及于难。

民国纪元前之三年，君复来北京，以应陆军部之聘，编纂陆军中小学教科书。以北京有史伯龙者，为侦探长，尤仇贼吾党，若弗放逐，发展无地。适有攻嬲之者，善耆颇怒。民政部高等警察科科长朱君伟为君之门人，亦同盟会员。善耆命君伟密查伯龙行为，君乃拟稿，由君伟呈善耆，奏劾之，而甚其辞，因驱伯龙回籍，否则北京不能留一党人之足迹。君既受陆军部编书之任，则悉取民族、民权、民生之旨，以沟通全国军人革命之心。而白逾桓以奉天事败，脱监来访，清督徐世昌购之亟，君为匿于休宁会馆，易其姓名曰吴操，字友石，称为君之乡人，荐于黎宗岳所开之《国报》为新闻记者。君以北方同志游者甚罕，得逾桓以为表里提携，隐约运筹，以俟外应，天下事尚足为也。《国报》后易名《中国报》，逾桓仍旧为主笔。君以欲集大事，而无军资，终不克以揭义旗。而吾党之艰窘，至是已不可名状。适君与李书城、孙元曾攫得日本秘密之图籍数十种，乃与孙元、熊承基商之，欲以鬻于俄。俄人出价百万，方谓可成，长春人臧冠三举发之。承基为清抚陈昭常所捕，谒于哈尔滨，以要击载洵也。昭常于承基行箧搜获元与承基往来书信，电达清廷，旨交民政部、提督衙门、顺天府一体严拿。孙元，一名孙铭，字竹丹，寿州人，为吾党健者，时居北京西河沿之元成店。君急往告，乃逃天津，匿孙毓筠家，以访拿亟，走日本。武昌起义之前，不知为何人所杀，君迄今痛之。

什刹海者，古称积水潭，位清监国摄政王载沣邸前。其东有小桥焉，所以疏水者也，为载沣入朝乘舆所必经。警吏忽于其下获一炸弹，伪为镇静，实则大索京师。君以告白逾桓，谓宜少避，乃未旬日，而汪兆铭、黄树中、罗纶三人被捕矣。清大学士那桐、学部侍郎宝熙议处凌迟。君谓善耆："杀一警百，为昔日陈言，今则民族之义深中人心，兆铭岂畏死者？徒激天下之怒。"善耆以告，载沣亦以为然，欲为保全，苦无其例。君又为言："日本维新之初，德川家臣忧本武扬者，以叛其政府，擒于战阵，因其曾习海军，不忍刑戮，惟拘囚之，以俟悔过，而日本之海军卒为武扬所兴。人才难得，奚必逆我者而弗能用也？"爰定兆铭等以重禁锢。乃黎宗岳至是欲首白逾桓于警厅，君力营救之。宗岳曰："此章厅丞意也。"盖自炸弹事显，逾桓以君之言，心甚忧之，疑为黄树中而促其行，树中秘之。因弹壳制自三盛合铁厂，内城左一区区官陆震适为铁厂经理，弹图尚存，适与符合，因此追迹，而遂一索而获。宗岳见逾桓、树中恒相过从，因以白章宗祥，是以益攻逾桓而不能舍。夫以兆铭之击载沣，人证确凿，必死无赦者，君尚能以三寸舌谈笑而活之，况逾桓之本无同谋者乎？宗岳知非君敌，乃使其徒党朱通孺者，蜚言兆铭之狱为君所发。君虽闻之，不以一言置辩，知者以是益敬君之为人。

山西保皇遗孽梁善济，假交【文】民人抗禁阿片，以媾兴大狱，力倾吾党。清抚丁宝铨，亦保皇党人，买宗岳之《中国报》为其机关，欲有逮捕，必先于报捏其罪而诬之，按名以索，无有幸者，若解荣辂、景耀月、王用宾、刘绵训尤掊击之不遗余力，张士秀于以下狱，荆育瓒于以访拿，严刑酷罚，三晋骚然。君为言于善耆，削宗岳警官之职，放之回籍。所不能安于太原者，多以燕市为逋逃薮，而宗岳仇君之心，由是益切。君则以苟敌吾党，虽万钧而敢抗之，而不以此介于怀也。

广州之役既败，清督张鸣岐日电民政部，告以党人尽入长江、北京。善耆密以询君。时君已得宋教仁书，知将有大举消息，故持镇静，笑谓善耆曰："党人戮者大半矣，余则尽走东南洋耳，海内寥寥，无足惶吓。观于章宗祥、金邦平等侪，当年非不气焰上冲牛斗，而一入仕途，则柔媚有若无骨者，王又何忧？建伯张皇，特以邀功者也。"善耆深信之，瞿特南北纵横，党人无碍，而田桐、白逾桓、景定成、熊克武诸人经营于清廷辇毂之下，警吏非不日有所周内，善耆以君言而胥弗听。

吴禄贞、刘道仁皆以君介之入兴中会者也。武昌兵起，清廷檄禄贞以陆军第六镇调前敌，君力尼之，告以太平之战所以难成者，以北方无大兵以为之援，诚能西联晋军，以扼南北之吭，其取北京犹在掌握中，禄贞遂谢病不行。山西独立，君谓亟宜以剿山西为名，可留军之半，否则六镇尽赴湖北，君虽不行，徒手不能以为战。禄贞韪之，请命清廷，果获许可，惟以所遏之兵数只五千，不足应用。会陆军二十镇张绍曾之兵止滦州，以挟清廷，禄贞躬往联合，议以禄贞率军攻西直门，绍贞率军攻东直门，成约而返，以九月十五日为期。禄贞军驻石家庄，用君前议，往说山西军。山西军务司长仇亮、娘子关守将姚以价以素昧禄贞之为人，阳虽许之，兵延不发。是时白逾桓亦只身渡辽，游说张、蓝二军，独君在京筹策内应，以刘道仁往禄贞军助之。而绍曾竟失约，及仇亮以晋军五百人十六日来会，而禄贞已于前一夕被戕矣。汪兆铭以是时出狱，君告以大势已得八九，清廷苟知天运，则吾党必不以周之亡商、明之亡元者，以亡清也，保存虚位，何妨吾仁？人谓此为兆铭上海会议优待条件所由本云。

越日，逾桓自辽归，与君把臂痛哭，谓十载经营，将堕于一旦。然默观人心，已厌清德。今大总统袁氏为清督师，君夙知袁氏非忠于清廷者，惟虑袁氏夺以自帝，爰商白逾桓、汪兆铭、李煜瀛等，创京津同盟会于天津。以孙棨、石德纯、张国臣、陈重华游说毅军；令刘纫秋、裴梓青设秘密聚会所于宣武门外之福音堂，以招青年之奋勇者；与日本人青木山泽定购炸弹万丸，手枪百柄；以陶鸿源、蒋奇云编暗杀队；使涂冠南赍书南下，求助于上海军政府。其时汪荣则说禁卫军，丁季衡则说警察兵，丁汝彪则说游击队。清苑王佐臣有义民六万人，五虎岭张洛超有义民八千人，深州李真、冀州骆翰选有义民二万人，以刘辛、赵鼎华、江寿祺、郝濯、许润民、许笏臣、刘益之、李树縠、徐彤卿编之成军；而陆军第三镇则有林世超以为之应；又有李寿金招马杰千人，由张家口以来京；而毅军尤勇跃奋发，磨刀霍霍。人悉鼓舞，议欲直辟大清门，以擒清帝母子者。君虑纪律不齐，有乱社会秩序，列邦使馆均萃京师，万一惊及外人，非计之善；且为民军之敌者已非清廷，而世凯之子曰克定者，亦杂于其列，惧泄其谋，故十月初九日议虽决，而未遽起也。以民政部大臣赵秉钧为袁氏之所最信任，躬往说以停战媾和之道，勿为满族自相残贼，苟赞共和，则民国之大总统，岂四万万同胞之所靳惜？秉钧谓袁氏身为督师，势不能不一战，今汉阳既下，则袁君可以为辞矣。君告以苟战武昌，必有以五步而溅袁氏之颈血者。越日，清廷命唐绍仪、杨士琦为媾和大臣。

先是，北方民智不开，报多君宪党之所设。君与白逾桓、景定成谋之，非自报不足以扩势力，而资无所出，竟以毅力为之，屋无半椽，苟且将事，纸墨印刷，则赊其所相识者，文稿垒垒，以襟袖储之，盖则今之《国风日报》是也。出未逾月，风行三辅，方得僦小室于南柳巷中，以支笔砚。孰知朱通孺又已向警吏举发，指君与逾桓之名而控之，谓为革命机关。逾桓以奉天之事尚未能以其姓名而显于世，君惟力与之敌，竟获无事。然清吏终以是事，借端窘之，盖无日不在狂风骇浪之中，至武昌起义之后，尤能大声疾呼，以唤起北方人士爱戴共和之真意，君主立宪维持会会长冯国璋至以兵队架巨炮于其门，以箝制其言论，而毫弗为屈。和议匝月，相持无让，闻袁克定已以廖宇春、朱芾皇往南京，说以推戴袁氏为大总统者。君谓机不可失，与丁汝彪谋，因为草疏，劝清廷退位，由秉钧以示袁氏。奏上，清廷开御前王公大臣秘密会议。亲贵监廷，相顾诺诺，惟载洵少持异议。君方谓共和可以告成，而袁氏忽以唐绍仪与民军签名为无效，君愤甚，此十一月二十八日东华门外炸弹所自来也。袁氏未伤，伤其乘马二匹，护卫统带袁金标以碎头而死，护兵以受伤死者七人。黄芝萌、张先培、杨禹昌为袁氏所杀。警吏封其霞公府十六号之秘密室，捕陶鸿源，以无实据而释之。君时居海岱门内麻线胡同，中夜，有日本人须佐橘治者，持械闯入，力以击君，以械为君所夺，乃逃而去。其时善耆、良弼以革命之事悉君酿成，曾悬赏一万五千金以杀君，须佐之来，盖其所遣者；而铁良亦以草退位奏稿，令其党曾广为要刺君于途，以苏锡弟预以告知，乃以获免。而君狙击之凭证，则被警吏吴鑀荪所搜获，民政部秘书丁惟忠密以示君，君乃出京，以李煜瀛、易昌楫与江寿祺、林世超、赵鼎华、刘辛所议，以陆军第三镇之兵，及清苑王佐臣所属之六万人，直捣北京，君亦以毅军夙有成约。鼎华等以煜瀛、昌楫所给兵费五千不敷所用，君爰偕刘辛赴南京临时政府，谒前大总统孙文，请给资以为北方之助。妄者以君来自北方，谓为袁军间谍，非戮之不足绝患，而孙文不听，以君所请，交陆军部议允之。将授君为幽燕招讨使，会清廷赞成共和，君遂谢孙文。以安徽桑梓之邦，黎宗岳窃据皖南，应皖军政府之召，充高等顾问，而宣歙之保全，以君力为最多。

君貌俊伟，须眉奕奕，性爽直，不能容人之过。民国既成，叹世风之犹昔，而半生患难知交多埋碧血，颇欲效黄黎洲之隐南雷，收辑故人之遗迹，尽力表彰，以付后世。故南京政府之北迁，农林次长一席谓有以俾君，而君则绝莫过问云。

国民党湘支部欢迎会演说辞*

（一九一三年一月八日）

今日承本党诸君欢迎，鄙人实不敢当。惟党员须常常相见，以便交换知识，故兄弟此次回乡，极欲与诸君接洽，今得聚此，甚为欣幸。顷部长谓今日建设未能完善，实非革命初心，兄弟极以为然。今且将本党责任与国家关系略为诸君述之。

现在民国未经各国承认，于国际上非可谓之成立，然其原因，则内部未能整理之故也。国民党为同盟会所改组。同盟会成立于乙巳年，时在东京。黄克强先生主张实行，故有广东、云南等处之起事；然因财政困难，屡次失败。自从广东兵变之后，渐知新军可用，故广州之役欲联新军。然仓卒之间，死事者多，咸谓当改变方法，乃在上海设立中部同盟会，谭君石屏、陈君英士及兄弟主持其事。鉴

* 本文录自一九一三年一月九日《长沙日报》《国民党湘支部欢迎宋教仁先生大会纪事》。这里的标题是编者所加。

于前此之失败，乃共筹三策：一为中央革命运动，推倒政府，使全国瓦解，此为上策，然同志都在南方，北京无从着手，此非可易言者；一在长江流域同时大举，隔断南北，使两方交通断绝，制政府命脉，此为中策，然此等大举，布置不易；一在边省起事，徐图中原，然前此用之失败，斯为下策。三策之中，将谁适从？则新军如可为用，财政有人接济，中策自属可行。故阴历去岁筹款南洋，运动鄂军，遂能集事。恐满政府之倾北兵以至，则在山西布置，以牵掣之，守武胜关、断黄河铁桥，以梗塞之；恐势力单薄，则南联湘省，东联宁军，以左右之。原拟预完善，方在武昌发难，因黄先生病在香港，乃派谭先生与兄弟往鄂。适鄂省炸弹轰裂，事机败露，不得已而仓卒举事。时孙武炸伤，居正乃推黎副总统主持一切。然因布置未善，北军卷地而来，遂至屡挫。幸湖南首先响应，得为后援。然汉阳之失，外人讥诮，心已北倾。南京光复之后，民军始振，顾其时出师援应者，仅有湘粤两省。幸袁总统深明时局，方能刻期统一。

今民国虽成立，然破坏未极，人心上之旧习未能乘势革除，譬犹疮毒尚存，遽投以生肌之药，必不能全愈也。现在外交、内政均无可言。以言内政，则第一财政困难，拟借外债，财政又被监督。所有一切行政，在湖南尚好，社会安宁，军队亦已退伍；他省则军队犹然林立，据陆军部调查，较前清时增至七八倍。此等军队不独难以征蒙，且多有为害地方者。又民间产业凋敝，出口货少。种种现象，言不能尽，如此而欲富强，不綦难乎？以言外交，则俄蒙协约之问题不能解决，将无宁日。然其原因实因内政不能进行，以致险象环生，群思剖割。

为今之计，须亟组织完善政府，欲政府完善，须有政党内阁。今国民党即处此地位，选举事若得势力，自然成一国民党政府。兄弟非小视他党，因恐他党不能胜任，故不得不责之国民党员。国民党之党纲，第一，统一政治。今当谋国家统一，毋使外人讥为十八国。第二，地方自治。第三，种族同化。今五族内程度文野不齐，库伦独立实由于此，欲求开化，非国民党不为功。第四，民生主义。曩者他党多讥为劫富济贫，此大误也。夫民生主义，在欲使贫者亦富，如能行之，即国家社会政策，不使富者愈富，贫者愈贫，致有劳动家与资本家之冲突也。第五，维持国际和平。方今民国初立，创痍未瘳，以言剧战，实非易事，惟俄蒙问题，则不得不以强硬手段对付之。总之，今之要务，在整理内政，为党员者均当负责。孔子曰："当仁不让于师。"况湖南人作事勇往为各省冠。此次选举，须求胜利，然后一切大计画皆可施行。此兄弟之所希望于本党诸君者也。

湘省铁道协会欢迎会演说辞*

（一九一三年一月九日）

承铁道协会开会欢迎，感愧之至。贵会成立将近一年，其历史与组织，兄弟亦曾与闻其事，并极力赞成。

现在中国铁道力谋发达，然专恃政府提挈，似难达其目的，必须人民组织团体辅助国家之进行。中国此后如何规画，贵会想有一定办法。兄弟对于此道未尝学问，不敢多说，就大概而言，铁道第一为资本关系。现在国人有主张国有者，有主张民有者，各持一说。以现在大势所趋向，大概主张干路国有为唯一之政策。然铁路有为政治上而设者，中国地势辽阔，非有铁路联络，断难谋行政之统一；有为军事上而设者，如西北各省边防紧急，全恃铁道运送军队，资本上虽有损害，必由国家担负；有为实业上而设者，平原沃壤，农工商各界谋产业之发达，必须有铁道贯通。现在中国应注重何种，是为最大问题。就东南半壁而论，其大标准为长江流域、珠

* 本文录自一九一三年一月十一日《长沙日报》《铁道协会欢迎宋教仁先生纪事》。这里的标题是编者所加。

江流域，就西北各省而论，东三省铁路纵横，皆为日俄所有，此外如蒙古、新疆、甘、晋等省，均相需孔殷。边防现正吃紧，将来开垦移民，舍此莫由。曩昔有由张家口至库伦之计画，假如此路早日告成，必无今兹俄库协约之发生。往者日俄之役，俄之所恃者西伯利亚铁路，然该路与吾国毗连，以空旷之地，益以湖沿低洼，竟底于成，今之战胜远东者此也。如吾国有张库路，出兵横断西伯利亚铁路，则可以制俄之死命。此理想上的事，即事实上亦当如是。

综上所言，边防上之路线非常重要，然无营利之可言，难于修筑，然国家求军事上之活动万不容已。前孙先生发表六大干线，有赞成者，有待筹商者，但是孙先生对于内地经历尚少，必须考验测量乃能得其要领。就南方论，边防上如四川、云、贵等省，较北方稍易。

至于湖南，亦有二项，一干路，一支路。干线现在进行，业已认归国有，似无容再争。盖武汉首义时，黎副总统宣布，凡外国与前清所订条约，均继续有效。湘人前有不承认国有，以前清为比例，殆未尽然，在办理者之善与不善也。政府现在办法，湘人股本愿领还者听，否则仍填股票如故，大概情形如是。兄弟对此颇有意见，一方面维持国家，一方面维持人民股金，将来股东对于公司有监督之权，盖虑国有之后，人民对于铁路不能过问，股东权利未免丧失，不如承认国有之后，另设铁路参事会，监督其用人账目等事，以补助国家防弊所不及。此意前已长函通告谭督办后，又在京与谭面商，在国务院时亦已发表。现在此事究竟如何，实未得知，愿股东与政府磋商，或能达其目的。一□支路应当研究□者，除由干线东接江西西联宝庆外，所注意者由长沙至辰州，再由辰州至贵州。此路匪仅一隅之关系，与干路无甚差异，由湘至黔，南方联络一气，将来实业发达可以预决。但是兄弟意见，不如就此支路再分一线，由沣州至荆州，一达四川，一达河南，盖四川号称天府之国，货物云屯，难于输出，有此支路与湘粤干线衔接，川中物产，不数日可运送香港，再由香港分送南洋各岛，商业上可与外洋各国抗衡。此路与川汉路虽同接粤汉干线，然由川至汉与由荆至湘，有弓弦之别，计运输所省时间经费不少，将来常德、沙市均为最大商埠。第二支路，黄先生与谭都督规划，由辰州通川南一线，以发达桐、茶、木、矿各项产业，使川湘联络一气，想为大众赞成。但山峦层叠，工程较难于荆洋一线也。希望贵会主张各种办法不日乐观其成云云。

湖南筹蒙会成立大会演说辞*

（一九一三年一月十一日）

今日筹蒙会成立，兄弟适逢其会，无任欣慰，然又不禁感慨系之。夫数月以来，全国之奔走呼号者，皆因俄蒙协约。慨自阴历去秋革命军起，南方独立，库伦亦遂乘机而起。查库伦活佛，素为蒙人所崇拜，指甲脚皮蒙人常以至贵重之物收存之，活佛既倡独立；其势力渐至科布多，又渐至阿尔泰，又渐至内蒙之东。民国成立，俄语我国，谓当介绍取消其独立，我政府答以库伦系我领土，不必由俄介绍，遂派兵往击。库伦既败，俄又谓当担任取消其独立，惟中国不得在库伦驻兵殖民置官，我国未允，俄遂明目张胆赞助库伦。时兄弟在国民党方研究间，日本桂太郎无端回国。兄弟即往晤袁总统及赵总理，谓桂太郎之回国，必有日俄协约之问题发生，急宜预备交涉，且谓桂太郎若竟往俄，必经我国，可以地主之谊招待之，说其毋与俄约，即不听亦可探其情形。时政府漫不加意，未几而果有日俄协约，日许俄在外蒙有特别权利，俄许日在内蒙有特别权利。适桂太郎归奔日皇之丧，俄亦有革命军起，政府因益迁

---

* 本文录自一九一三年一月十三日《长沙日报》《湖南筹蒙会成立》。这里的标题是编者所加。

延，不及三月而俄蒙协约发表矣。

夫俄立国于欧亚之间，地博而瘠，专讲侵略主义，自为英法所败，封禁黑海，西方侵略之政策不行，乃转而欲东出太平洋，中出印度洋，印度洋为英所梗，遂益注意于满蒙一带。前清政府受其愚弄，彼因得东清铁路及旅顺大连湾，而欲吞并高丽。既为日本所败，南满权归日本，彼遂欲得蒙古。旋因各国共议对于中国行共同政策，一保全中国领土，一势力均等，彼遂未能实行。去年民军起义，各国甚为赞成，后因举袁总统，袁与日曾有恶感，日遂改变宗旨。及北京兵变，各国恐民国建设不能成功，亦复改变宗旨，准备对付中国，而日俄竟先着手进行。日人阴狡，不欲首破共同协约，暗嗾俄出。俄乃不存客气，公然运动库伦独立。是俄甘为戎首，我国民断不可让松一步也。且各国持冷静态度，不责俄之毁约，其意亦谓且看中国能解决此问题否，如不能解决，则亦惟有共同染指，而瓜分之祸临矣。

为今之计，惟有构造完全政府，国民出死力以为后援。闻库伦现在兵仅三千，统兵者为马贼陶什陶，并不解文明战术，若能共同一致，以武力解决，则收回领土，威慑强俄，亦筹蒙会诸君之责也，兄弟实有厚望焉。

湖南筹蒙会简章*

（一九一三年一月十三日）

第一章 总 纲

第一条 本会为筹备蒙事而设，故定为湖南筹蒙会。

---

* 本文录自一九一三年一月十三日《长沙日报》。该报十五日又载《湖南筹蒙会举定干事一览表》："名誉会长黄兴、宋教仁、孙道仁、谭延闿、谭人凤；正会长龙璋；副会长六人：陶思曾、黄钺、罗永绍、邹代藩、粟戡时、吴剑丰；评议长罗杰。"

第二条　本会以保全领土、拥护主权为宗旨。

第三条　本会会务分左列各项：

一条陈政府筹蒙方略。

一提倡军国民教育。

一唤起一般人民注意边务。

一赞助屯垦实边政策。

一振兴国家财政，实行五族经济大同银行，主张民债。

一研究军事□画。

第二章　会　员

第四条　凡中华国民已达成年□具爱国热忱留心蒙事与本会宗旨相合者，由本会三人以上之介绍，经调查认可，得为本会会员，分左列各项：

一中外各学堂毕业者。

一经验最深学识优长及奔走国事者。

一熟悉边务或能特别认捐者。

第五条　凡入会会员须先填具入会志愿书，经本会查阅后给与入会证书。

第六条　凡会员须遵守本会宗旨，皆有介绍同志入会之义务。

第七条　会员入会时须纳入会金一元。

第八条　会员得被选为本会职员。

第九条　会员中有不正当行为，经调查员报告，评议员议决，正副会长认可后，宣布除名，分左列各项：

一不守地方安宁秩序之法规及借名造谣惑众、扰乱人心者。

一破坏会中全体名誉者。

一在本会举止不端、无理暴动者。

第三章　职　员

第十条　本会设职员如左：

一名誉会长。

一正长一人。

一副长六人。

一评议长一人。

一评议员三十人。

一干事员暂不定额，量各股事务之繁简得临时增减之。

第四章 职务

第十一条 本会职员均为无给职。

第十二条 正会长代表本会综揽会务，副会长襄理本会一切事务。

第十三条 评议员评议本会重要事件。

第十四条 干事分股治事，其事务如左：

一总务股掌理辅助正副长一切事项。

一调查股掌理关于蒙事调查事项。

一军事股掌理对于军事研究事项。

一经济股掌理关于□□款项事项。

一编辑股掌理关于编辑出版事项。

一演说股掌理关于蒙事演说事项。

一交际股掌理关于联络各团及对外交际事项。

一文事股掌理关于来往函牍事项。

一会计股掌理关于本会收支及财产经理事项。

一庶务股掌理关于本会制用一切事项。

第五章 选举

第十五条 正副会长由全体大会用无记名连记投票法选举之，得票多者为正会长，次多者为副会长，或公推亦可。

第十六条 评议员由全体大会用无记名单记投票法选举之，或推定之。

第十七条　各股主任干事及副主任干事由全体大会用无记名单记投票法选举之，或推定之。

第六章　会　期

第十八条　本会会期如左列：

一全体大会由评议员或干事员认为紧要事宜应开全体大会者，得请正副会长择期通告开会。

一干事会每星期三日或六日开会一次。

一评议会每月开会一次。

第十九条　本会遇有特别重要事件或紧要重大事件，不及召集临时大会，得由正副会长召集全体职员评议员开会取决。

第七章　会　费

第二十条　本会会费以左列各项充之：

一会员入会金。

一会员特别捐。

一会员自由捐。

第二十一条　本会会计股应按月造具清册，送交正副会长审查后再报告全体大会。

第八章　会　场

第二十二条　本会假定贾太傅祠为事务所。

第九章　附　则

第二十三条　本简章经职员二十人以上或会员四十人以上得提议修改。

第二十四条　本简章自议决日施行。

湘省提倡国货会农务总会工业总会商务总会木业公司联合欢迎会演说辞*

（一九一三年一月十七日）

今日承各界欢迎，兄弟实不敢当。中国初立，万端初创，实业发达而后乃能富强，所以兄弟乐而到会，与诸君研究实业。但当从经济说起，而经济又分三种:(一)生产;(二)交易;(三)销费。人类之所需要者为衣食器用，而衣食器用或为天然产物，或为人力造成。天然生产，出于农业，人力造成者，出于工艺，其间必有商贾为之互相交易，即以其所有易其所无也。木业现虽属商业，以性质而论，则属森林，是可作销费交易生产也。

致提倡国货会，是研究销费，指导人用国货。今天各团体之关系，是可统合联起。现在经济学问，于各团体均有密切之关系，发挥尽善，是政治家关照民事之最要紧问题也。若云农业为生产之作用，不加研究不能发达，商业亦然。木业一宗为我国生产中一部分，惟只知斩伐，不讲栽植，吾恐将来尽属童山。农业一项，中国更不经心。兄弟在农林部搜查游学农业学生，不足百名，是不但政府对农业无丝毫作用，即国民亦不热心。而工业一项，中国向来无所谓工业，有之不过各人以手艺名耳。今日颇知机器之好，第不知其用，故各处工厂动辄亏折。如常德向年之纺纱公司，不数年资本荡尽，虽由于不善用机器，而中国公司之章程，历来随意订定，亦不能免无咎也。前清时所定商律，有公司一条，然极不通，极不完善，是

* 本文录自一九一三年一月十九日《长沙日报》《联合欢迎宋先生》。这里的标题是编者所加。

今日办工厂，设公司，章程规律必须详细订立。

又中国无所谓银行，多以各人之资本设钱店，不知集多数资本设银行，所以各商货不能运远，价不能抬高。中国之出口货多系原料，进口货多系熟货，银钱外溢不可计算，中国现银之缺乏，皆由外人搬去也；又无保险堆栈航业等为之辅助，所以商业失败。今宜急求进步，挽回利权；欲挽回利权，必先从经济行政入手，如关于农事、工事、商事内，行政皆要极力施行。现在各团体皆系自立，非国家提倡。将来诸君有关于实业事项，可以直求政府设法补助进行，原今日之政府，乃共和政府也，政府应提倡补助也，如教育，如金融，皆补助实业之事也，无学问不能发明，无金融不能实行，若各界能实力研究，政府又出力以助之，何愁实业不发达。实业发达，制造品多，则我们中国就可以不用外货矣，可以挽回利权矣。此种关系，非常要紧，兄弟希望各团体诸君实力做去，今日可以乐与各团体诸君研究云。

曲园宴会演说辞*

（一九一三年一月二十三日）

今日承黄君①之招，得逢盛会，非常欢喜，又承黄君奖饰，实不敢当。黄君本十年前旧友，受教良多，吾湘革命诸君子多蒙拥护，实令人感谢不忘。黄君具此慈善心肠，真是我中华大宗教家。顷黄君要求我辈注重党德，兄弟又代黄君要求诸君以“党德”二字，时时隐记在心。

---

* 本文录自一九一三年一月二十四日《长沙日报》《曲园一席话》。这里的标题是编者所加。

① 黄君，即黄瑞祥，曾于一九一三年一月二十三日在长沙曲园宴请宋教仁、陈家鼎、胡子敬等人。

国民党鄂支部欢迎会演说辞*

（一九一三年二月一日）

中华民国，是本党同志在孙中山先生领导之下，不避艰险，不恤任何牺牲，惨淡经营，再接再厉，才能够缔造起来的。不过民国虽然成立，而阻碍我们进步的一切恶势力还是整个存在。我们要建设新的国家，就非继续奋斗不可。以前，我们是革命党；现在，我们是革命的政党。以前，是秘密的组织；现在，是公开的组织。以前，是旧的破坏的时期；现在，是新的建设时期。以前，对于敌人，是拿出铁血的精神，同他们奋斗；现在，对于敌党，是拿出政治的见解，同他们奋斗。我们此时，虽然没有掌握着军权和治权，但是我们的党是站在民众方面的。中华民国政权属于人民。我们可以自信，如若遵照总理孙先生所指示的主义和方向切实进行，一定能够取得人民的信赖。民众信赖我们，政治的胜利一定属于我们。

世界上的民主国家，政治的权威是集中于国会的。在国会里头，占得大多数议席的党，才是有政治权威的党，所以我们此时要致力于选举运动。我们要停止一切运动，来专注于选举运动。选举的竞争，是公开的，光明正大的，用不着避甚么嫌疑，讲甚么客气的。我们要在国会里头，获得过半数以上的议席，进而在朝，就可以组成一党的责任内阁；退而在野，也可以严密的监督政府，使它有所惮而不敢妄为，应该为的，也使它有所惮而不敢不为。那么，我们的主义和政纲，就可以求其贯彻了。

现在接得各地的报告，我们的选举运动，是极其顺利的。袁世凯看此情形，一定忌刻得很，一定要钩心斗角，设法来破坏我们，陷

* 本文录自蔡寄鸥《鄂州血史》，龙门联合书局一九五八年七月版。本标题是编者所加。

害我们。我们要警惕，但是我们也不必惧怯。他不久的将来，容或有撕毁约法背叛民国的时候。我认为那个时候，正是他自掘坟墓，自取灭亡的时候。到了那个地步，我们再起来革命不迟。

晓发汉口寄汉元*

（一九一三年二月六日）

晓色侵江北，轻舟发汉阳①。潮声随岸远，山势送人忙。
大地风云郁，长途风雪降②。悠悠此行役，何处是潇湘。

国民党鄂省交通部欢迎会演说辞**

（一九一三年二月十日）

国民现方陷于困苦之中，诚为可悯。据鄙见观之，方今中国不独人民可悯，即政府一方面更属可悲。自民国成立，迄今二载，纵观国事，几无一善状可述。今日时间短促，不能多言，姑就内政与外交约略陈之。

夫内政亦多端矣，而其最重要者莫如财政。中国财政之状况，其紊乱已达极度，政府对于财政之将来全无丝毫计划，司农仰屋，惟知倚赖大借款，以为补苴弥缝之术。外人见此景象，遂百计要挟，以制中国之死命，如要求以盐款为抵押是也，不知盐税为中国财政上最大问题，国民生活上直接之关系，无论何种税项，其影响

---

* 本诗录自蔡寄鸥《鄂州血史》，龙门联合书局一九五八年七月版。一九一三年三月六日《民立报》曾以本标题发表，署名渔父。

① 《民立报》作“夏阳”。

② 《民立报》作“霜雪降”。

** 本文原载一九一三年二月十三日《民立报》，题为《宋遯初之危言》。这里的标题是编者所加。

多仅及于一部分之人民，而盐税则自大总统以及细民，无一人可逃出其范围之外，外人洞悉此中情节，故要挟以此作抵，万一政府无善法以规其后，则将来危险之所及，诚不知伊于胡底。而自政府一方面视之，则财政上之计划如何，直可谓无计划而已，无论此二千五百万磅之借款未见成功，即令一旦借成，而其所能支持者，仅至今年七八月间为止，试问七八月以后，又将何以处置？政府今日对于此种问题盖全未着想，殆以临时政府期近，敷衍了事，以塞国民之责，不惜以万难收拾之局贻之后人，此则政府罪无可逭之处也。

以言外交，则外交不堪问矣。自库俄事件发生以来，国人嚣嚣然群起诘责，而荏苒至今，将及一载，不闻有当解决之法。慨自甲午、庚子而后，我国即有召亡之实，而所以保持至今未见瓜分者，徒以列强均势之局未破故也。前岁革命军起，列强袖手旁观不发一矢者，亦以均势为之限制故。不谓南北统一，共和告成后，反不能维持此局，延及今日，岌岌乎有破裂之势，是谁之罪欤？溯自去岁三四月后，库伦事起，桂太郎往俄缔结第三次协约，兄弟彼时亦在北京，见事情重大，曾屡次警告袁总统及赵总理，促其从速设法解决此问题，意谓一日不解决，一日加重，将来不知其所极，与其后来溃烂不可收拾而始讲救济之方，不若趁俄人要求未熟，以迅雷不及掩耳之手段遏其野心勃勃动机较为有济。无如说者谆谆，听者藐藐，至今日外蒙将非我有，而政府犹日处歌舞太平之中，不知是何思想。蒙古有失，驯至全局堪危。阅近日报章，藏警又告，转瞬日英中国领土保全之约将视同刍狗，而中国危矣。推原祸始，责有攸归。

今也，正式国会行将成立，据各方面报告，此次国民党大占优胜，此为最可喜之现象，将来国会成立，国民党员必能占大多数无疑，扶危济倾，端在我党有志之士。汉口为中国交通之中心点，地极重要。今交通部既已有基础，将来本党之进行，必大有可观。尚望今日到者诸君挟其坚忍不挠之力，以扶持国家于不坠，是则兄弟所馨香祷祝者也。

国民党沪交通部欢迎会演说辞*

（一九一三年二月十九日）

今兄弟拟提出两大问题，与诸君磋商，而亦吾党今日所亟当研究者，愿为诸君言之。

今中华民国二年矣。中华民国成立虽届二年，而一切政务，多使国民抱种种之失望，而国民此种种之失望，吾国民党要不能不负其责。盖当同盟会政府时代，事在草创之始，及统一政府成，而吾党又不免放弃监督之天职也。故吾党从今而后，宜将国民所以失望之点为之补救，而使国民得一一慰其初愿，此吾党所抱之大决心者也。

夫国家有政治之主体，有政治之作用，国民为国家政治之主体，运用政治之作用，此共和之真谛也。故国民既为国家之主体，则即宜整理政治上之作用，天赋人权，无可避也。今革命虽告成功，然亦只可指种族主义而言，而政治革命之目的尚未达到也。推翻专制政体，为政治革命着手之第一步，而尤要在建设共和政体。今究其实，则共和政体未尝真正建设也。故今而欲察吾国今日为何种政体，未能遽断，或问吾国今日是共和政体否，亦难于猝答也。此其以根基未固，而生此现象。今临时政府期限将满，约法效力亦将变更。至于正式政府成立以后，如能得建设完全共和政体，则吾人目的始可云达到一部分也。

夫政府分三部，司法可不必言，行政则为国务院及各省官厅，

---

* 本文原载一九一三年二月二十——二十一日《民立报》，题为《宋钝初先生演说辞》。这里的标题是编者所加。

立法则为国会，而国会初开第一件事，则为宪法。宪法者，共和政体之保障也。中国为共和政体与否，当视诸将来之宪法而定，使制定宪法时为外力所干涉，或为居心叵测者将他说变更共和精义，以造成不良宪法，则共和政体不能成立。使得良宪法矣，然其初亦不过一纸条文，而要在施行之效力，使亦受外力牵制，于宪法施行上生种种障碍，则共和政体亦不能成立。此吾党所最宜注意，而不能放弃其责任者也。讨论宪法，行政、立法、司法三权应如何分配，中央与地方之关系及权限应如何规定，是皆当依法理，据事实，以极细密心思研究者。若关于总统及国务院制度，有主张总统制者，有主张内阁制者，而吾人则主张内阁制，以期造成议院政治者也。盖内阁不善而可以更迭之，总统不善则无术变易之，如必欲变易之，必致摇动国本，此吾人所以不取总统制，而取内阁制也。欲取内阁制，则舍建立政党内阁无他途，故吾人第一主张，即在内阁制也。

又若省制问题，纷扰多时，有主张道制者，有主张省制者，姑不具论，又一派主张省长归中央简任者，而予则不赞成。盖吾国今日为共和国，共和国必须使民意由各方面发现。现中央总统国会俱由国民选出，而中央以下一省行政长官，亦当由国民选举，始能完全发现民意，故吾人第二主张，即在省长民选也。

今又有倡集权说者，有倡分权说者，然于理论，则不成问题，今姑从实际着想，准中国情形立论，有若干权应属诸中央者，有若干权应归之地方者，如是，故吾人主张高级地方自治团体当畀以自治权力，使地方自治发达，而为政治之中心。夫自治权力，本应完全授之下级地方自治团体，而在中国习惯，则下级地方自治团体，如县、乡、镇之属，与国家政治关系甚浅，故顺中国向来之习惯，而畀高级地方团体以自治权，与国情甚吻合，而政治亦得赖以完全发达也。故分权与集权之界说，不可仅从学理上之研究，如立法权自应属之中央议会，而地方亦当有列举之立法权，如此则既非联邦制，又非完全集权制矣。如行政权之军政,外交纯为对外关系,当然集于中央,司法宜有划一制度,交通、财政,其权均中央所有者,多而余则可分诸地方者也。此皆关于政体之组织也。

至于政治组织言之,可为太息痛恨。政治组织,大别之为内政、外交。以言外交,则中华民国成立以来,可谓无一外交,有之则为库伦问题。而库伦问题,悬搁已久,民国存亡,胥在于此,然至今尚未得一正当解决。吾国民于此,当知此问题之重大,亟宜觉醒,盖政府于此问题无心过问,即当然属于国民之责任也。忆鄙人七八月间在北京时,库约尚未发生,当即以桂太郎游俄之目的,与满蒙之危机,说诸政府,亟为事前之筹备,而总统等狃于目前之安,置之不问,及至俄库私约发生,而政府亦无一定办法。吾人试思《俄库条约》与《日韩条约》有异乎?无异乎?韩既见并于日矣,而库伦岂不将见并于俄耶?夫使库伦沦亡而得以专心整理内治,犹可说也,无如库伦既失,而内政之不治如故也,此大可以破政府之迷梦也。

夫曩者列强对于中国问题,倡保全领土、机会均等之说,姑无论究出于诚意与否,而此所谓保全领土、机会均等之说,实足以维持中国之现状,故中国以十年以来,外交界即少绝大之危险,职是故也。故今日中国所应出之外交政策,当使列强对于中国此等关系维持不变,而维持之道又非出以外交手腕不为功。政府不特无此外交之手腕,并不知维持此种外交之关系,故中华民国之外交,直毫无进步也。夫列强之保全中国领土及机会均等之主义,见之于《日俄协约》、《英俄协商》互相遵守,不敢违畔,殆时局变迁,此主义已渐渐动摇,不过尚无机可乘,得公然违反其所持之主义。今以政府之无能,局面愈变,适以授外人莫大之机会耳。彼俄人首与我库缔结协约,破坏保全中国领土机会均等之主义,显然与日俄协约、英法俄协约等之旨相违背。而日英法诸国对于俄之行动,毫未加以抗议。试一寻外交界之蛛丝马迹，即可知英法日已默认俄之行动，而于此一测将来之结果，则列强保全中国领土及机会均等之主义将归完全打消，而已见之于事实者，则为英之于西藏。其若他国于其势力范围之内，效英俄之行动，结果至为可危。故欲解决藏事，当先解决蒙事，蒙事一日不解决，即藏事亦一日不解决也。而政府于此，乃先将藏事解决，而后始解决蒙事，可谓梦呓矣。故预测政府外交之结束，尤不可知，而其过则在政府毫无外交政策，致成此不可收拾之象也。然国民于此，尚不知所以监督政府，亦自放弃其责任耳。此关于外交问题也。

以言内政，内政万端，而其要莫如财政。吾人试一审思吾国今日财政之状况，可谓送掉吾中华民国者。夫财政问题，本极困难。吾国各省财政，勉强可以支持，惟中央自各省改革之后，府库如洗，支持匪易，而政府对于整理财政之政策，亦惟借债一端。夫借债未尝不可，但亦当视条件如何。当唐少川先生当国时，与六国团商借六千万磅，亦并无苛刻条件之要求，及至京津兵变而后，六国团以吾现状尚未稳固，乃始有要求之条件，唐未承认，遂中止。及至熊希龄任财政总长，一意曲从六国团，将承认其要求之条件。当时阁员多不同意，唐内阁遂倒。今政府以借六千万磅太多，改为二千五百万磅，然政府亦并无若何计画，不过只筹至临时期限而止，是后财政当如何整理，非所问也；而且大借款条件之苛，为向所未见，惟埃及始有之耳，然埃及之结果，则以监督财政亡其国者也。且盐税为国家收入大宗，今以之为大借款之抵押，使将来正式政府而欲借款，即无有如盐税之抵押品者。是正式政府成立以后，虽欲借款而不可得也；如不借款，则二千五百万磅已为临时政府用罄，其将何以支持？是今日之政府对于财政问题，眼光异常短促，盖毫未为将来留余步，作打算也。至于民生困穷，实业不兴，政府亦无策以补救之。此关于内政问题也。

如上所述，只得其大概，欲详言之，虽数日而不能尽。一言以蔽之，则皆不良政府之所致耳。然今尚非绝望之时，及早延聘医生，犹可救也。兄弟所言，未免陷于悲观，而吾人进行，仍当抱一乐观。盖延聘医生之责任，则在吾国民党也，而其道即在将来建设一良好政府，与施行良好政策是已。而欲建设良好政府，则舍政党内阁莫属。此吾人进行之第一步也。

国民党浙支部欢迎会演说辞*

（一九一三年二月二十三日）

民国虽已底定，然百事不能满意，缘凡事破坏易而建设难，即守成亦不易易，即政府虽立而邦基未巩，尚不能高枕无忧；况目下大局岌岌，除三五报纸外，无一人顾问其事。如此次政府奖赏功位勋章，皆属不应为而为，而窥其用意，仅求表面。今中华民国政策，无非除旧更新，前年革命起义，仿佛推倒一间腐败房屋，此后之事岂不更难？然房屋拆而重修，责在工人，而政治改革，则责在国民也。

前岁九月至今忽焉岁半，其于财政外交国民生计丝毫未有端倪，凡为国民，能不赧然？总之，政策不良，国民以建设政府为入手，建设政府全藉政党才识。若其他政党有建树之能力，则本党乐观成局，倘或放弃，则本党当尽力图维，此皆吾国民党员所应共负。试问国民党党员不救国民，国民尚有噍类乎？愿天下同志同胞时时存责任心也。

---

* 本文录自一九一三年二月二十五日《民立报》《宋于二先生欢迎会》。这里的标题是编者所加。

湖南各团联合筹边会启*

（一九一三年三月一日）

敬启者：民国初奠，内政之措施未遑协约，发生之强邻之侵凌日迫。当此危急存亡所关，实我国民急难恐后之秋，是以爱国之士，奔走呼号，合群结社，以图补救者，日有所闻。然团体林立，主张各殊，或为激烈之趋向，或采平和之政策，心虽热而势力甚薄，事不专则效果难期，因之在京各政党社会团体，集合百有余团，公同会议，组织一各团联合筹边会，以一致之进行，促全国之猛省。公举徐君绍桢为会长，王赓、白逾桓两君为副会长，各省都督及各政党首领为名誉会员，并由各团各推一人为参事，按期会议，决定进行方法。会所暂设顺治门外大街中间路西。先是，本会组织之始，曾由各团公举代表景耀月、姚雨平、徐绍桢、白逾桓、林述庆诸君赴总统府、国务院，质问政府对蒙方针及一切情况。经赵总理面许，本会每日得派代表赴国务院调查实际，大总统并令徐、姚二君常至参谋、陆军两部商议等因，具见政府赞许维持之意。惟现在西南边氛又复告警，事机危迫，尤逾曩昔，必须合全国人之心思材力，一致筹维，庶克有济，断非仅恃京师一方面所能奏效而收功。是以在京会众议决，即请各省都督各与本省政党团体组织支部，随时随事电本部会商，集思广益，戮力同心，共以御侮为前提，勉作政府之后盾。诸君子爱国心长，知必能俯念时艰，共予赞成。兹由同人等商议，即以库事筹备会、筹蒙会两团合并为湖南各团联合筹边会，更集在湘各政党各社会团体，共同赞襄，以为一致之进行，庶几济孤舟于巨浪，彼岸诞登，戢烽火于金瓯，国基永奠，斯则我五族同胞亿万斯年之幸福也已。

---

* 本文录自一九一三年三月一日《长沙日报》。

发起人：宋教仁、龙璋、陈炳焕、仇鳌、刘文锦、谭人凤、吴剑丰、黄钺、陶思曾、罗永绍、粟戡时，贝允昕、胡子靖、邹代藩、杨树穀、易克臬、舒礼鉴、周宏业、薛祈龄、符定一、任杰、徐森。

登南高峰*

（一九一三年三月二日）

日出雪磴滑，山枯林叶空。徐寻屈曲径，竟上最高峰。村市沉云底，江帆走树中。海门潮正涌，我欲挽强弓。

与袁子重游武昌联句寄汉元**

（一九一三年三月四日）

鄂渚重游日，中原再造时（袁）。

江山犹未改（袁），风景尚依稀（宋）。

野渡生春水（袁），荒城映夕晖。

陶公祠畔草，依旧碧离离（宋）。

国民党宁支部欢迎会演说辞***

（一九一三年三月九日）

民国建设以来，已有二载。其进步与否，改良与否，以良心上判断，必曰：不然。当革命之时，我同盟会诸同志所竭尽心力，为国家破坏者，希望建设之改良也。今建设如是，其责不在政府而在国

* 本诗原载一九一三年三月二日《民立报》，署名渔父。

** 本诗原载一九一三年三月四日《民立报》，署名渔父。

*** 本文录自一九一三年三月十一日《民立报》《苦口婆心医国手》。这里的标题是编者所加。

民，我同盟会所改组之国民党，尤为抱极重要之责任，盖断无破坏之后即放任而不过问之理。现在政府之内政、外交，果能如民意乎？果能较之前清有进步乎？吾愿为诸君决断曰：不如民意之政府，退步之政府。

今次在浙江杭州晤前教育总长范源濂君，范云，蒙事问题尚未解决，政府每日会议，所有磋商蒙事者，云"与俄开议乎？与俄不开议乎？"二语。夫俄蒙协约，万无听其迁延之理，尚何开议不开议之足云。由此可见，政府迄今并未尝与俄一开谈判也，各报所载，皆粉饰语耳。如此政府，是善食乎？余敢断言，中华民国之基础，极为动摇，皆现之恶政府所造成者也。今试述蒙事之历史。

当民国未统一时，革命纷乱，各国皆无举动。盖庚子前各强皆主分割，庚子后各强皆主保全，即门户开放，机会均等。领土保全之主义，此外交方针，各强靡不一致，此证之英日同盟，日美公文，日俄、日法、英俄等协约可明者也。故民国扰攘间，各强并无举动。时吾在北京，见四国银行团代表伊等极愿贷款与中国，且已垫款数百万磅，其条件亦极轻，不意三月间即有北京兵变之事，四国团即致函，取消前条件另议。自后，内阁常倾覆，兵变迭起，而外人遂生觊觎之心矣。五月间，俄人致公文外交部，谓库伦独立，有害俄国生命财产，请与贵国合力，取销独立，惟加有此后贵国不设官、不殖民、不增兵三条件。讵外交部置之不答，俄使催之若干次，始终不理。迄十月间，而《俄蒙协约》告成。时日本桂太郎在满洲见俄外相，即关此事之协商。自后，英之于西藏亦发生干涉事件。现袁总统方以与英使朱尔典有私交，欲解决之，此万无效也。盖蒙事为藏事之先决问题，蒙事解决，则藏事将随之解决。若当俄人致公文于外交部时，即与之磋商，必不致协约发现也。此后之外交，宜以机会均等为机括而加以诚意，庶可生好结果。

内政方面尤不堪问，前清之道府制，竟然发现。至财政问题，关于民国基础，当去岁原议为一万万磅，合六万万两，以一万万两支持临时政府及善后诸费，余五万万两充作改良币制，整理交通，扩充中央银行，处理盐政，皆属于生利之事业。及内阁两次改组后而忽变为二千五百万磅，合二万万五千万两，主其议者，盖纯以为行政经费者；其条件尤为酷虐：一、盐政当用外人管理；二、公债当用外人管理，到期不还，盐政即归外人经营，如海关例。盐务为外债之唯一担保品，今欲订为外人管理，则不能再作他项抵押，将来之借款，更陷困难，且用途尽为不生利之事业。幸而未成，万一竟至成立，则国家之根本财政全为所破坏矣。

现正式国会将成立，所纷争之最要点为总统问题，宪法问题，地方问题。总统当为不负责任，由国务院负责，内阁制之精神，实为共和国之良好制也。国务院宜以完全政党组织之，混合、超然诸内阁之弊，既已发露，毋庸赘述。宪法问题，当然属于国会自订，毋庸纷扰。地方问题，则分其权之种类，而为中央、地方之区别，如外交、军政、司法、国家财政、国家产业及工程，自为中央集权，若教育、路政、卫生、地方之财政、工程、产业等，自属于地方分权，若警政等，自属于国家委任地方之权。凡此大纲既定，地方问题自迎刃而解。惟道府制，即观察使等官制，实为最腐败官制，万不能听其存在。

现在国家全体及国民自身，皆有一牢不可破之政见，曰“维持现状”。此语可谓糊涂不通已极。譬如一病人，已将危急，医者不进以疗病药，而仅以停留现在病状之药，可谓医生之责任已尽乎？且维持现状说兴，而前清之腐败官制，荒谬人物，皆一一出现，故维持现状不啻停止血脉之谓。吾人宜力促政府改良进步，方为正当之政见也。余如各项实业、交通、农林诸要政，不遑枚举。现时间已有五时，仅举一愚之言，贡诸同志。

驳某当局者*

（一九一三年三月十二日）

某当局者谓各国保全政策，实各国互立协约，暗定界线，以免冲突，名为保全，实图侵略云云。此意何人不知之？余亦未尝谓保全为可恃，不过谓各国中实因种种关系，不能遽行侵略，故暂以保全为言，所以防一国之先下手。今吾国正宜利用此机，以修内政，且宜维持之，使多得一日，即多得一日之利，不可将此局自行破坏也。若俄蒙事，则实吾国不能维持此局，使俄人先下手之动机也。

某当局谓库约远在前清辛亥之夏，独立在冬季，宋于去年七八月进言，且仅及险象，并无办法云云。其言亦可笑。余并未尝言库约非前清辛亥夏事，亦未言独立非冬季事。余于去年之秋，只见日本桂太郎将赴俄国，余即往见赵智庵，谓恐有第三次《日俄协约》发生，其约必将以瓜分内外蒙古为目的，宜即时与日本提携，开诚相与，除去日人向来对袁总统之恶感，以免其与俄合，即库事或易解决。未久，余又见袁总统，言及外交事，余亦以此为言，并谓宜速解决库事，即俄人代要求之三款，可让步者，亦宜忍痛让之，否则将来即欲忍痛让步，以求解决，亦恐求之不得。袁总统时深然余言，其后并未见有何布置。日俄果有密约，俄人所代要求三款，且进而为攫库伦为其保护国之《俄库协约》，则实外交当局者因循苟且之咎也。

某当局谓库事实误于国民党，唐、孙、黄等皆以俄人方狡，俯就非计为言，一年来外交悉系该党员主持云云，实为诬陷之词。当唐内阁时代，余与少川屡言须速解决库事，其时以外交总长陆子兴未

* 本文原载一九一三年三月十二日《民立报》，题为《宋教仁君之时事谈——驳某当局者》。这里的标题是编者所加。

到任，故拟待其到后为之。及陆到，而唐内阁倒，尔后国民党皆未尝与于政府事。孙、黄等至北京，亦未尝言及库事当如何办法，询之袁总统当自知之。其馀国民党除余一人建言二次袁总统、赵智庵外，亦未尝有一人陈外交上之策略也。某当局者谓外交悉吾党主持，岂非诬陷我国民党耶？

某当局者谓唐绍仪于三月十三日任总理，而京津三月二日三日兵变，宋乃谓唐之当国先于兵变，故六国要求乃酷云云。某当局亦未知当日实情。当余等偕唐君北上，乃在兵变之先。余等见项城时，唐君即以借款为言，谓已得四国银行团之允许，惟日俄二国加入事，尚待磋商。余当时曾力赞日俄加入。可见当时已有头绪。其后兵变既过，银行团乃忽持异议，唐君乃与比国商借，其后唐君至南京就总理任，乃在比款发生之后，某当局岂不知之耶？

某当局又谓统一后，南京要求三千万，嗣减至千万，其后比款七百万用途暗昧，故致银行团条件严酷云云，亦诬陷之词。当日要求款项，皆南京实在必须之款，未尝总共要求三千万或一千万，其后比款七百万亦非尽归南京支用。其南京所用者，皆有报销可稽询之，财政部档案可知，银行团亦未尝有比款用途暗昧之说帖。余当时在政府，每次说帖皆亲见之，未尝见有此说帖也。某当局又谓银行团所提条件，已经磋商，稍就范围，而国民党忽主张国民捐，议遂中止，及国民捐不成，要挟更甚，亦颇失实。银行团所提条件，初甚严酷，后乃渐渐减轻，遂乃有今日之顾问制度，何尝与国民捐有关系？当日交涉中止，乃因政府更换，又岂可归咎于国民捐乎？

某当局又谓余因争总理未遂，故发此怨愤无稽之言，亦可发噱。余始对于第一次内阁更换时，主张蔡君元培，二次主张黄君克强及赵君智庵，实未有自为之心。非不为也，实因余之资望能力皆不及诸人也。今世人往往有可怪之心理，谓人欲为总统或总理或国务员，即目为有野心，咸非笑之，岂知国家既为民国，则国民自应负责任，有人欲进而为国服务，负责任，乃反以争权利目之，视民国之职务与君主时代官爵相等，致令人人有推让之虚文，视国事如不相关，岂非无识之甚乎？袁总统欲为正式总统，然余最佩服，盖今日政府中有为国服务之责任心者惟一袁，吾人惟论其有此本事与否，不当论其不宜有此心。

其既为之，则只宜责备其为好总统而已。人之欲为总理、国务员者，亦当待以如是，方为合于民国时代之常轨。乃若妄以此语诬人，视为攻击好材料，则更不值一噱矣。至于正式政府之总理，应由国会推出，余更希望黄、唐二公之当选，其理由甚多，不具述。总之，余当日演说，皆平心论事，某当局者语多失实，余虽未见其全文，盖实有意闹党见者之所为也。

中央行政与地方行政分划之大政见*

（一九一三年三月十二日）

一、中央与地方之区别

中央者，即中央政府，一国行政之最高机关也。地方者，即一区域内之行政主体，在中央政府之下而处理政务者也。地方行政主体，又因其成立不同，可分为二：一地方自治行政之主体，即地方官由中央委任者；一地方官治行政之主体，即地方自治团体，由地方人民公共组织之者。

地方自治团体，与联邦国之各邦不同。盖联邦国之各邦，虽属于中央之下，然中央政府实由各邦组成之，各邦则不由中央组织，

* 本文原载一九一三年三月二十三日《民立报》，署名教仁。徐血儿于文前加按语云："此篇为宋先生在尚贤堂演说，对于分划中央行政、地方行政之大政见。演说前一日，由先生亲笔草就大纲。记者在侧，特向先生取得原稿，未即发表.而先生忽遭奸徒毒手逝世。兹特捡出原稿，刊登报端，以见先生大政见之一斑焉。"

国家主权实操于各邦，各邦同时并有其自主权。地方自治团体反是，其组织及成立全操之中央政府，地方惟有自治权而止，故两者性质不同也。

地方自治团体与其他公共团体不同。盖商会、农会、水利组合、自治会等，虽与地方自治团体同为公共团体，然地方自治团体，以地域为要素之一，他团体则不以地域为要素，大抵或以职业或以人或以事相互关系而成者，故两者性质不同也。地方所以同时设地方官与地方自治团体者，盖一国行政，中央必不能无巨细皆直接处理之，不得不有分理之机关。然此分理之机关，苟不悉以属中央指挥，则与地方民意或不合，苟悉以由民意组织，则又与中央政策或难同，故同时设此二制，以必不可不与中央政策相同之事归之地方官，又以必不可不与民意相合之事归之地方自治团体也。

二、中国宜采之制度

中国地土广大，不能不分为数多之地方区域明矣。历代以来，皆无不然。前清分为各省府州厅县，亦系承前代遗意。惟以在今日之状况论之，区域似稍广阔，等级亦颇嫌复杂。民国建设以来，已取其府州厅制废之，只有二级制，实为得宜。惟区域犹未缩小，道制又将复设，官治自治，犹未划分，实为憾事。鄙意谓中国今日宜缩小省域，实行二级制，省下即直承以县，省县皆设地方官，掌官制行政，并同时设为自治团体，置议会、参议会，掌自治行政。县之外，大都市设府，当外国之市，直接于省。县之下设镇乡，即直接于县，皆为纯然之自治团体。此其大较也。至于地方官，则以中央任命为宜，惟目下情形，恐不能实行，当暂用民选也。

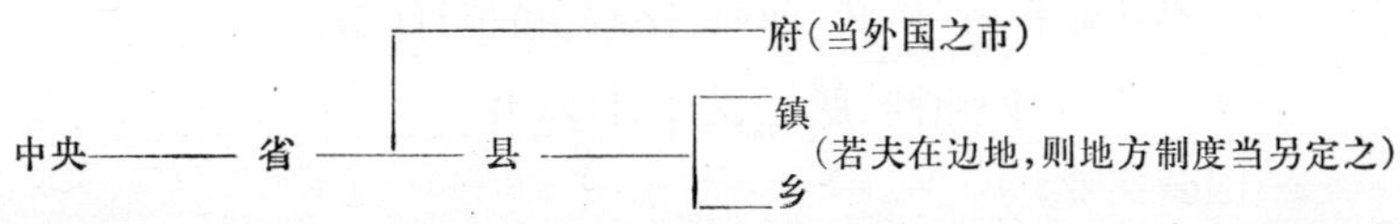

三、中央行政与地方行政之区别

一国政务，何者宜归中央，何者宜归地方，须以其政务之性质与施行便宜为标准。大抵对外的行政，多归之中央；对内的行政，多归之地方；消极的维持安宁之行政，多归之中央；积极的增进幸福之行政，多归之地方。至其审择分配，则尤当视其国内之情状而定之也。

行政之权，中央多且大者，谓之中央集权；地方官治多且大者，谓之地方分权〔地方分权，或重在官治，或重在自治，本非所关，惟今日一般所谓地方分权者，大抵专指地方官治行政权之多且大者而言〕。

吾人谓今日之中国，中央集权制固不宜，偏重地方官治之地方分权制亦不宜，谓宜折衷，以对外的消极的各政务归之中央，以对内的积极的各政务归之地方。其地方制中，则尤注重于地方自治一途，使人民直接参与施政，以重民权，如是庶合轻重适当之道也。

四、中国中央行政与地方行政分划之条目

既如上述，则中国中央地方之行政之条目，可以划分矣。

（甲）中央行政。中央行政宜为统括的，兹只列举其重要者，其馀除归之地方自治者外，一切中央皆有权施行之，且得委任于地方官，作为地方官治行政也。中央重要行政，中央皆如有立法权。其条目：

一外交；

一军政；

一国家财政；

一司法行政；

一重要产业行政（矿政、渔政、路政、拓植行政）；

一国际商政（如通商、航海、移民行政）；

一国营实业；

一国营交通业；

一国营工程；

一国立学校。

（乙）地方行政，分二种。

（一）地方官治行政。中央以法律、命令委任于地方官施行之，省县皆同。其条目：

一民政（警察、卫生、宗教、礼俗、户口、田土行政）；

一产业行政（除归中央行政者外）；

一教育行政。

（二）地方自治行政。各级地方自治团体大抵相同，皆有立法权，并自施行之。其条目：

一地方财政（但募债须由中央认可）；

一地方实业；

一地方交通业；

一地方工程；

一地方学校；

一地方慈善公益事业。

再，中央行政与地方官治行政，其经费皆宜由国家税支付，地方自治行政，其经费则宜由地方税支付。此原则也。

以上所列，果能见诸实行，则条理既明，系统亦定，一切行政，自能如身使臂，如臂使指，运用自如；复得强有力之政党内阁主持于上，决定国是，极力进行，结好邻国，以维持和平之现状，整理军政、财政，改良币制，开设有力中央银行，兴起实业，奖励输出，振兴国民教育，开发交通事业，不五年间，当有可观，十年以后，则国基确定，富强可期，东亚天地，永保和平，世界全体亦受利不浅矣。是在吾国民之自觉之而自为之耳。

富国矿业股份有限公司招股广告*

（一九一三年三月十三日）

中国以饶矿著称于世界，非一日矣。自国势不竞，外人之谋我者，首以攫取矿山开掘权为侵略最要之目的。矿业有关国脉，可不言而喻也。夫英、美、德、俄诸国，其本国矿山之所出，非不足以供取求于目前，然而不惮修阻，挟伟大之势，专伺吾隙，欲尽取神州天然之藏而后快者，则以矿产为吾国大富之所在，遂不恤惨淡以经营之；况富国之策，工与农并重，工之所资，煤金其大宗也。英伦致富以工，而其工业之所由隆，则以富于煤铁。故吾国先知之士，方日谋惠工之策，而国中煤金之富，何止英伦十倍，发而出之，以促起工商业之发达，则其为利，岂特私藏之充实已哉，上以裕国，下以普利社会，皆基于斯焉。迩年来外人之窥我宝藏者，且遍国中矣。我不自营，人将起而代谋之。急取直追争大权，即以崇国权，此则同人等发起富国矿业公司之微意也。湘矿有名国中，同人等择其尤优者，着手开采，徐以扩充于全国，慎始也。语曰："千金之裘，非一狐之腋。"凡我同志，其有投资以争一国之大利者乎？同人等日望之矣。是为启。其招股简章开列于下：

第一条　本公司以开采湖南矿物，振兴矿业为目的，故定名曰"湖南富国矿业股份有限公司"。

第二条　本公司议定先行开采湖南境内各矿，择其尤优者，如郴州兴宁县大脚岭银矿山、江华县上五堡竹子尾宿锡矿山等处着手，俟有成效，再行扩张。

第三条　本公司总事务所暂设于湖南省城长学宫街，其分事务所临时随地设立。

---

* 本文录自一九一三年三月十五日《长沙日报》。

第四条　本公司集资本银一百五十万元，以五百元为一整股，五十元为一零股，共计三千整股，分作三万零股，由发起人担任一百整股，计银十万元，湖南政府担任一千整股，计银五十万元，其余股份概招集商股。

第五条　本公司官商股份均发给股票息单，周年五厘行息。

第六条　本公司收股处，附设总事务所内，其有寄居外洋之华侨愿入股者，经本公司委任该处之殷实华侨代收。

第七条　本公司商股，不论何省何项人民，凡系中华民国国民，皆得入股。

第八条　本公司商股不论整股、零股，均一期缴纳，自缴到之次日起算，照章行息。

第九条　本公司开办矿业，原为保护中国利权起见，既不招附洋股，亦不准股东将股票转售外人或抵押洋债。

第十条　凡有转售股票者，应由原股东将股票息单退缴，并报明转售人姓名、籍贯，查无违碍，方准更名注册，另给股票息单。

第十一条　凡股票息单遇有遗失、烧毁等事，本人应速将姓名、籍贯、号数、年月日等项以及详细原因开明呈报，并登通行报三个月后，邀保来公司呈请补给。

第十二条　本公司设总理一员，任期五年，由股东选举后呈请湖南都督认定，委任经理、坐办、技师以次各职员，均由总理全权委派。

第十三条　本公司职员之职掌如左：

一、总理主管本公司全体事务。

二、经理承总理之命管理本公司总事务所及监督各分事务所事务，如总理不在公司时，得代行其职务。

第十四条　本公司股东总会由股东组织之，议决总理及查账人提出之报告书及一切事宜。

第十五条　本公司股东总会以一整股者得有选举会长之权，但一股东不得逾二十五权以上。

第十六条　本公司每年开股东会一次，如遇特别事故发生，得开临时总会。

第十七条　本公司董事会由股东总会公举五人组织之，议决本公司一切应行事宜。

第十八条　本公司账目每年度算结一次，公布各报。

第十九条　本公司置查账员三人，由股东总会选出。

第二十条　本公司除各项开支及股息外，所获纯利划作十成，以六成分配官商各股，以一成给与办事人，其余三成作为储备金。

第二十一条　本公司详章及办事细则，由董事会议定，总理认可施行。

第二十二条　本公司呈请湖南都督实业司及中央工商部立案开办。

第二十三条　本公司章程俟新商律颁布后得酌行更改。

发起人：宋教仁、黄兴、陈方度、柳聘农、郑人康、柳鹑火、张盛忠、彭邦栋、胡国梁、王延祉、刘重、胡典武、李醒汉、叶瑞昌、程子楷、程潜、李锜、周声浚、赵缭、刘文锦、李严翼、陈嘉祐、刘承烈、宋式骉、赵恒惕、柳继忠、邓希禹公启。

答匿名氏驳词*

（一九一三年三月十五日）

吾人曩者在上海国民党欢迎会中演说中间，颇有言政府外交、财政失策之语。当时不过略述现在政况，以为应答之词，初非发表政见，乃不意经数日后，京中乃有某氏者，匿名投稿各报，大肆（辨）

* 本文原载一九一三年三月十五日《民立报》，署名教仁。

<辩>驳，似以吾之演说已击中要害，非反驳不能已者。上海《时报》北京电谓是某当局，盖官僚卒徒，无可疑者。其口吻如村妪肆骂，牧童斗殴，满纸妄语，且不书姓名，非丈夫之行，亦非负责任之言，本无再(辨)<辩>之价值，惟其中排挤诬陷之处甚多，官僚之派，实为国蠹，近日以来，造谣生事，捏词诬人，使民心惶惑，国事败坏，实为不鲜(如谓黄、宋运动黎元洪为正式总统，赣、皖、闽、粤联络独立等之谣皆是)，故吾人对此，不能不一为疏辨，以听世人之判断焉。

原文曰："宋君谓民国成立，无一外交，有之则为库伦问题。兄弟七八月间在京时，库约尚未发生，即时以桂太郎游俄目的与满蒙危机说诸政府，亟为事前之筹备。而总统等狃于目前之安，置之不问，及至俄库私约发生，政府亦无一定办法云云。又言曩者列国对于中国问题，倡保全领土、机会均等之语，姑无论其是否出于诚意，而此所谓保全领土、机会均等之说，实足以维持中国现状。中国十年以来，外交界即少绝大危险，职是之故。今政府不特无外交手腕，并不知维持此种外交关系，适以授外人莫大机会，故俄人首与库伦缔约，破此主义云云。凡言外交，必明大势。大势云者，非仅一隅一国之谓，所谓世界智识，吾国今日，明此盖寡。宋君乡里之见，未易骤语及此。自日俄战后，日俄、英俄、法俄三者缔约，均有保全中土、平均机会等言。当时朝野，相率庆忭，道此泰山可恃，盖与宋君今日见解正复相类，初未料有绝大危机存伏其中。盖自世界潮流移于东亚，中原沃壤，在势必争，群知互角非利，则相率让避以杜战祸。宋君所谓足以维持中国现状者，殆即指此。然列强侵略雄心，决不因是而沮。其在中国本部，划定势分范围，各挟工商路矿诸权，以为无形侵略；其在中国边地，划定界线，各藉交通兵力，以为有形侵略。日于东省，英于西藏，法于滇粤，俄于蒙伊，尤有密接关系，分道扬镳，各不相犯，犹恐四

者毗连之处，或有抵触冲突之嫌，于是互立协约，暗定界线，专意经营，无事顾忌，名曰保全，实图侵略。宋君瞶瞶，尚谓中国十年以来，外交界无绝大危险，不知中国外交失败，胥此十年蕴酿而成。即如库约，远在前清辛亥之夏，杭达亲王偕同二达喇嘛私赴俄京，俄即有不派兵、不置官、不殖民三款之要求，与今日要求条件正复相同。惟彼雨雪，先集惟霰，侏儒之见，傥在目前，与言因果，非所知耳。”

答曰：某氏所驳，实无一语中肯。吾之演说，何尝以各国保全中国为可恃？某氏痛陈各国有形侵略无形侵略等语，天花乱坠，扬扬得意，以为独明大势，独有世界知识，岂皆知吾等为新闻主笔者，数年以来，日日作论说之口头禅哉？吾人前此虽日日以此语恫喝政府，警醒国人，然其实则中国自庚子之役以来，得以平安无大危难，是否由于各国之保全领土政策，明眼人自知之，使各国不持此政策者，今日之中国又当何如？使无日本反对俄占满洲，而击退侵略派之俄人，今日之中国又当何如？此尚可以强(辨)<辩>耶？不过以堂堂中国，受人保全，实属可耻之甚。然事实如此，讳无可讳。吾国人而果警觉者，则正宜知保全之策不可恃，且不能久，由是急起直追，利用此机以修内治；且宜操纵得法，使此保全之局尽势延长，能延长一日，即吾多得一日之利，三五年后，国势稍定，则可再图良策，此极平稳之道也。某氏谓中国外交失败，胥前此十年来蕴酿而成，然则将谓设无前此十年保全之局，中国外交必大得胜利乎？请有以语我来也。

原文曰：“宋君又言，去年七八月，库约未发以前，曾以危词说诸政府，未见采用，引为深憾。夫蒙库独立，始于前冬，去秋进言，已明日黄花；且所建白，仅及危状，当时险象昭著，尽人皆见，何待宋君？宋君果有先知卓见，则当于库约未订以前，发抒抱负，筹画蒙边。宋君曾任国务员，曾长农林部，蒙古平畴荒漠，宜垦宜林，果有先知，首应经画，何亦尸位素餐，毫无建树，终日晏客奔走，惟内阁总理之是争？争之不得，乃于事后为是快心之语，是岂稍有人心者所愿出哉？”

答曰：某氏爱国过甚，有春秋责备贤者之风，甚佩。惟库伦独立，既在前冬，当时吾尚居革命军中，无缘得见袁总统及现政府诸人，故明日黄花，亦是无可如何，此罪当从末减。去岁到京，吾人自知甚明，自维无先知灼见，不能于库约未订以前发抒伟抱，故只于滥竽国务院时，时唱危言，欲请政府速解决库事。当时以农林总长而主张他部事，曾受“宋钝初只好干涉他部职事，真是奇怪”之讥，自知不容，乃不得已只就自己所宁者，拟定边境开垦、移民、殖林诸法律案，及外蒙设垦植总管府，内蒙、满洲设垦植厅诸官制案，提出国务会议，以图实边保境。乃不幸唐内阁倒，吾亦辞职，此等方案，闻以俄人方要求我国不得移民，作为罢论。辞职以后，诚日日运动无暇，未尝进一言，然以既不在位，则不谋政，想不因此应受溺职之惩戒。及至秋间，闻日本桂太郎将赴俄，吾忽有所触，往见赵总理，谓恐有第三次《日俄协约》发生，此次协约必不关满洲事，恐内外蒙古，将有瓜分之忧，宜即时与日本提携，除去日人向来对项城之恶感，免其与俄合从，协以谋我，则库事或易解决。赵君甚然余言。未几，又见袁总统，谈及外交事，吾亦以此为言，并谓宜速解决库事，即俄人代要求之三款，万不得已时可让步者，亦宜忍痛让之，否则延之既久，另生枝节，将来虽欲忍痛让步，以求解决，亦恐不得。总统亦以为然。其后未见政府有何进行，盖赵君当时未管外务，袁总统方恃外交部得人，而陆外相子兴正患病剧入医院，故遂无所事事也。吾对库事只见及此，故不能特别有所建树。某氏既责之，其有何高见以教我耶？又吾忆当吾建言赵总理、袁总统时，座中只有言者听者二人，未有第三人也。吾所言仅及危状，不知某氏又何以知之，某氏能亦见教乎？

原文曰:“夫天下安危,匹夫有责。矧当民国,同为主翁,无可辞咎,无庸卸责,若必追原祸首,则敢以一言正告之,曰:库约问题,实误于国民党。临时政府初成,国民党人实揽国务。总理以次,多半党员,凡诸施设,谘而后行。当时库约,虽未成立,而俄库秘密关系,早已喧传。少川总理熟觇外情,谓彼方思逞,我宁冷淡,且所要求无可承认,不如置之。唐君此言,是否党中公意,姑置勿论,揆诸当日情势,亦系确有见地。嗣孙、黄北上,总统前席谘询,亦以俄谋方狡,俯就非计为言。迨唐君解职,梁氏继之,外交政策,一循前轨,遇有疑难,仍前谘询,是一年以来,外交关系,悉国民党中主持。吾人深维同舟共济之言,初无事后追寻之意。宋君乃以个人位置之关系,不惮文过饰非,造谣贾祸,将谁欺?欺天乎?”

答曰:此款非驳吾演说,原可置之不理,然其词评及国民党,吾国民党员也,虽不能造谣以诬害他党,然尽忠本党,乃本分也,故亦(辨)<辩>之。唐君少川固吾党党员,方其当国时,曾屡计及库事,吾亦屡言之,有外交总长陆君未到任,乃暂待之。乃不幸未二阅月,而唐君去位,其间唐君虽有责任,然“我宁冷淡,不如置之”之言,则未尝闻;或唐君非在国务院所言,而对某氏亲言之,则不可知。然私言何足代表政策耶?至孙、黄北上,袁“总统前席谘询,亦以俄谋方狡,俯就非计为言”,此事吾人未之前闻,某氏又岂亲见之乎?唐君解职,继者为陆氏,继陆者乃为梁氏。谓外交政策,梁氏一循唐氏之前轨,岂非怪谈。国家易一内阁,原由于各有政策不同,继唐者岂自无政策,又何肯一循唐氏之前轨?此外,吾国民党人,日日处于被攻击之地,自保不暇,当亦无有条陈外交上之意见者,乃谓库事实误于国民党,一年来外交,皆国民党中主持,果何所见而云然耶?果谁文过饰非而谁造谣耶?果谁欺天耶?

原文曰:“原文中言,内政万端,其要莫如财政。政府理财方针，只有借债。唐少川先生当国时，与六国团商借六千万磅，亦并无苛刻条件之要求。及至京津兵变后，六国团以为现状未固，始有要求条件。唐未承认，遂中止。及熊希龄任财政总长，一意曲从，将承认其条件，阁员多未同意，唐内阁遂倒。今政府以借六千万磅太多，改为一千万磅，其条件之苛，同于埃及；且盐税为收入要项，今以作抵，后此借款，无物可质，是正式政府成立以后，虽欲借款而不可得也云云。凡论一事，必综前后情形，细心研究，方得正言解释，若不问因由，信口雌黄，是谓狂吠。向以宋教仁为国民党中重要人物也，今乃知其不然，何则？以其于党中前后经过事实尚未了了也，亦既昧于事理，方宜洗心息虑，偏欲鼓舌摇唇，淆乱是非黑白，我又胡能已于言哉？原文中开端，言政府理财方针，只有借债，似不以借债为然者；结论则又以盐税作抵，将来借债，必致无物可质，正式政府成立后，虽欲借债而不可得，似又深以借债为正当者，先后矛盾，其谬一。"

答曰：吾谓政府理财方针，只有借债，乃嫌政府不谋其他理财之策，何尝有不以借债为然之意？与结论所说，有何矛盾？

原文曰："原文中唐少川当国时，与六国团商借六千万磅，并无条件，迨京津兵变，六国疑我内状未固，始有要求。查唐君于三月十三日任为总理，京津于三月二号三号兵变，未任总理，安能当国？所谓商借，所谓条件，所谓前后参差之处，直是见神捣鬼之谭，其谬二。"

答曰：此段直是发梦呓。查统一成后，唐氏于二月末偕吾与蔡、汪等北上，欢迎项城南来。抵京见项城时，唐君即言四国银行团借款可成，先垫若干（证以下文二月二十六日唐君之电，不益可信乎？），并言日俄二国，亦当加入。吾当时曾赞成日俄加入。盖吾等未到京以前，项城已遣人与银行团交涉，唐君至，益有头绪.其条件虽未详议，然未闻有监督财政之说。及三月二三日京津兵变，数日后(不能记忆何日，似是九日)银行团乃致函持异议，不再交垫款。唐君愤，乃商借比款。厥后比款成立，唐君乃南下，至南京组织政府。以前虽未正式就总理任，然前后一切借款事，非唐君当之而何？又果谁是见神捣鬼耶？

原文曰："南北统一后，南京政府要求巨款，初以三千万为言，嗣减至一千万元(合七百万两)。初议由道胜银行借拨，嗣沪汉各处竭力反对，改由华比银行，筹借金磅百万，拨宁应用。至大借款，当时只有四国，并无六国，所提条件，先甚严厉，几经驳折，渐就范围。国民党中，忽发奇想，主张民捐，力斥借款，议遂中辍。迨民捐不可终得，而巨款不能不借，会议再开，要挟益甚，以迄今日，未底于成。此借款开始以来大略情形，有案可稽，有人可询。彼宋教仁既未身亲，只能耳食，妄语欺人，抑何可笑！甚谬三。

例一：元年二月二十日，南京政府电：巧电悉，现时南方维持必要之费，约三千万以上，请速设法，合借应用。

例二：元年二月二十六日，唐前总理电：因阻雾，今日始到京。四国借款团所拨款，系知南京急需，故商允先垫七百万两，无合同，无借券，亦未谈及利息期限，且北京亦未借用一钱，应俟将来大借款合同时，再交参议院议决。

例三：伦敦《泰晤士周报》上年一月三号论说〔前略〕：六国借款计划，本属过巨。中国自视庞然，需此非急。六国今始瞭然，因遂此辍。此后列强各就其关系所在，自用借贷。其与中国商务，有密切关系者，应向俄国代为缓颊，或以小款贷之，以解眉急，否则破产在眉睫耳。

例四：上海《汇文西报》二年二月五号论说：借款问题不至全然绝望者，有二故：一因中国政府急需巨金；一因列强均愿维持袁政府，借以保全各国利益。”

答曰：见此段，可谓自首造谣之罪。南京政府何尝有三千万或一千万之要求？所举二月二十日南京之电，当日并无其事，有总统府财政部成案可查，明明捏造可知。廿六日唐君之电，虽言七百万应南京急需，然乃指南京政府所管之各处需款而言，其后七百万亦未尽归南京。吾虽未全记忆，然武昌曾给五十万，上海三十万，乃是实事。此外当再有之。至南京所用者，亦皆切实，有报销可稽，请查财政部案便知。试思之，北京现在每月经费若干〔非四百万乎？〕，以南京当时军队十馀镇，各官厅全在，诸事草创，而所用乃仅数百万，虽以最粗之脑经判断之，不亦可知其无他浮费耶？国民捐虽属国民党倡之，然决未妨害借款交涉，借款中辍，乃因唐内阁更换，何与于国民捐事？厥后会议再开，不但无要挟益甚之事，且实较前轻减许多，国人皆有目共见。某氏未盲未聋，何不知之，信口造谣耶？至所举伦敦《泰晤士周报》上海《汇文西报》，无一字提及南京政府用款，亦无一字提及国民捐，不知某氏举以为例将何为也，岂非头脑昏乱，自白虚妄乎？

原文曰：“比款七百万，用途暗昧，外人啧有烦言，条件因而增剧。钝初乃以之归罪于京津兵变，在三月二号三号，比款在三月二十二日通过参议院，嗣是以后，方接议大借款，不知从何扯入，其谬四。

例五：银公司元年四月十二日说帖：中国屡次用款太多，不能实知其作何用处。近外人谣言迭起，英款不能再付，华比亦疑政府不甚巩固，是以中止。”

答曰：借款发起在兵变前，已上(辨)<辩>之。条件过剧，确在京津兵变以后，何能谓为无关？吾只言银行团以我现状未固，并未言条件过剧，即直接因兵变而起，有何不可？然则京津兵变，尚得谓现状已固乎？谓外人对于此变乱，丝毫无所动于心，将谁欺耶？

原文所举四月十二日银行团说帖，中间有华比亦疑政府不甚巩固，此非即外人疑我现状未固之证耶？至谓外人因比款七百万用途暗昧，故条件加剧，南京政府所用若干，及用途正否，则皆有案可查，前已言之，则此理由又何能成立？银公司说帖中亦未尝言及南京政府，且亦与前文谓因国民捐不成，故要挟益甚之说，自相矛盾，不亦可笑之甚哉！

原文曰：（中略）"谓与总统有意见乎？吾见其运动内阁，当时媚事总统，惟恐勿至，水乳相容，已无间隙。谓与现在执政有宿怨乎？吾见其运动内阁，当时款宴访问，几无虚夕。钝初交际能名，轰传流辈，声气相投，已无隔膜。然则其太息痛恨，力诋狂詈，正自有故。韩子有言：'毁人者惟怠与忌，怠者不能修，忌者畏人修。'钝初当去秋在京，大肆运动，卒以能力不如，目的未遂，饮恨出京，其情可见。故乡韬晦，四月于兹。今值瓜期，复动宿愿，追思旧事，弥触前嫌，因而亟力诋毁，一以发泄旧愤，一以排挤旧人，夫然后目的可偿，总理可望。其手段奇，其用心苦矣！吾以是知欧西政客，首重道德者之有由来也。嗟乎钝初，余复何言！"

答曰：以小人之心度君子，某氏有焉。世人诬吾运动总理，由来已久。吾虽无其事，实不欲（辨）<辩>，且因以自励，盖已久矣。夫人立志为总理，岂恶事哉？而乃非笑之如是，吾实不解。国家既为共和政治，则国民人人皆应负责任。有人焉自信有能力，愿为国家负最大之责任，此国家所应欢迎者。美国小学生立志欲为总统，传为佳话。各国政党选举总统或组织内阁，其党魁之自负之运动之竞争为何如者？盖为国服务，本非权利，共和国之职事，亦非专制国之官爵可比，人苟可以自信，则不妨当仁不让，世之人亦只问其有此能力与否，不能谓其不宜有此志。吾人惟自愧无此能力，固不欲当此大责任。吾人之志则不讳言，实深愿将来能当此责任者也，且希望人人有此希望者也，惟枉道以得之，则不可耳。若乃目为野心，咸起非笑，则直是视民国职务与君主国之官爵相等。公等前此曾请安嗑头，夤缘奔竞，得之则喜，不得则忧，久已养成此种龌龊心理，今以加之于人，又何足怪？吾人岂尚与公等较量耶？天下惟善媚事人者，往往疑人亦有其媚术，又惟善运动交际者，往往疑人亦擅此运动交际之能。嗟乎，燕雀安可以语于鸿鹄之志哉！

总而言之，我当日演说，虽是非难政府，皆系平心之论，其要旨在谓政府对于库事不应因循苟且，毫无办法，对于财政不应只知借款，只知为敷衍临时政府而借款，且不应为敷衍目前计，而允严酷之条件，使将来整理财政多所妨碍。某氏而欲答辩，只宜就此点论之，方为对的放矢，而乃舍此不为，徒事东扯西拉，捏词造谣，且以种种失败，皆谓系国民党之咎，其尚得谓之正当之辩论耶？吾人今更进一层言之，使孙、黄对于库事而果有所建言，然政府何为而听从之？某氏亦当局之一，既自诩明世界大势，又何为而不救正之？则其咎又岂在建言者？既听从孙、黄之言，必是深然其策，则当如何急起直追，以快刀斩乱麻，速解决之，方为尽职，乃何为迟迟不发，迁延半年，直至库约成立，始与俄使交涉？交涉得法，犹可补牢，乃迄今又将半年，仍未见有何等之端倪，则又何耶？某氏又将何以解之耶？又使借款事果为比款，用途暗昧，而条件加剧，然此是唐内阁时代事。唐既倒后，继任内阁已有二次，后此借款交涉，亦继任内阁从新开议者。继任内阁既知前此之病源，则当极力整作，恢复信用，其所经手各次垫款，零星借款，其用途正宜力矫比款之弊，不复使外人再有暗昧之事，前以用途暗昧而条件加重，今则应以用途不暗昧而条件减轻，乃半年以来，财政混乱如故，用途暗昧较前更加，外人信用毫未增长，借款条件虽稍退步，然犹以埃及待我，而我犹将受之其责，又将谁归耶？由此观之，库约、借款二事，即吾国民党甘自引责，政府亦不能辞其溺职之咎，况我党丝毫未尝有引责之馀地耶？天下事自有是非公论，我今请世人平心论之。现政府果无因循苟且之罪乎？更请某氏平心论之。公所拥护之现政府，果可称为励精图治，丝毫可告无罪之政府乎？吾人非难政府，非与政府有恶感，只问其行事之若何，若以有恶感，而即故意非难之，则必以有好感，而故意逢迎之，此乃公等官僚卑劣之故态，吾人岂为之耶？吾人素来作事，不存权利之见，亦不畏强硬反对，吾惟行吾之素。噫，某氏乎公休矣！公作此文功甚高，勋一位，或一等嘉禾章，当即加于公等之头上。公等亦可踌躇满志，其速归乡里，夸耀宗族，骄父母妻子，且以一太牢一豚头祭告祖墓，勿再哓哓为此乱国之莠言，而厌世人之听闻也。

附言：日来各报载有北京救国团致各省都督、民政长、各报馆、各团体公电，亦驳予演说，其文辞大抵与某氏文同，盖与某氏同系统者，而东扯西拉，文理不通则过之。其所加驳者，吾之此文，皆能答驳，故不再驳。抑有进者，凡与人驳辩，须以堂堂之阵，正正之旗，匿名揭帖，或假造团体名义，皆有似盗贼之行为。今后再有此，吾人岂屑与较量耶？

国民党交通部公宴会演说辞*

（一九一三年三月十八日）

兄弟听同志诸君演说，一切重大问题，已阐发无遗，但略贡数言，以为结论，愿与同人共勉之。吾党昔为革命团体，今为政党，均同一为政治的生活。就先后事实上说，革命党与政党，本非同物；然就性质上说，革党与政党，其利国福民，改良政治之目的，则无不同。故本党今昔所持之态度与手段，本不相合；然牺牲的进取的精

* 本文录自《渔父先生雄辩集》，原题为《遗害前二日国民党交通部公宴会之演说》。这里的标题是编者所加。

神，则始终一贯，不能更易也。就吾党与民国政治上之关系而言，不过昔日在海外呼号，今日能在国内活动，昔日专用激烈手段谋破坏，今日则用平和手段谋建设。今者吾党对于民国，欲排除原有之恶习惯，吸引文明之新空气，求达真正共和之目的，仍非奋健全之精神一致进行不可。至于先定宪法，后举总统，本光明正大之主张，不能因人的问题以法迁就之，亦不能因人的问题以法束缚之。吾人只求制定真正的共和宪法，产出纯粹的政党内阁，此后政治进行，先问诸法，然后问诸人。凡共和国家存在之原理，大抵如此。吾党现今应有之党略，亦当依此方针，以谋稳健之进行。

招商局新旧公司合同三商兑*

（一九一三年三月二十日）

新公司宋遯初先生亲笔改定原合同内三条如下：

一、自草合同订后四礼拜内旧公司应即会同新公司与汇丰接洽妥当，承认新公司为债务者，并承认由新公司随时提前取赎；

一、但自草合同订后四星期内，旧公司应与汉商接洽妥当，除三十万两外，须俟政府债票发下后方交由新公司议给赔偿，并应取示汉商承认之信据；

一、新公司将银八百万两提存通商银行后，在未接管全局以前，如有意外亏损，应由旧公司以公司全盘财产担保。

---

* 本文原载一九一三年三月二十日《民立报》。

代草国民党之大政见[*]

（约一九一三年三月）

吾人曩者大革命之目的何在乎？曰推翻不良之政府，而建设良政治也。今革命之事毕矣，而革命之目的则尚未全达，是何也？不良之政府虽倒，而良政治之建设则未尝有也。故民国成立，已届年余，而政治之纷扰，无一定策画如故也，政治之污秽，无扫荡方法如故也。以若斯之政府，而欲求得良善之政治，既不可能，亦不可望矣。则吾人今日所负责任，当继是进行，以赴吾人大革命最终之目的，努力从事于良政治之建设，而慰国民望治之热心，则所不能辞也。夫犹将倾覆之大厦焉，居者知危象之日著，非补罅揉隙所可将事也，乃共谋破坏之，而为永固之建设，则其目的非仅在破坏之成功，而在永固之建设可知也。及至破坏既完，乃不复殚精竭虑，为永固建设，使第成形式，即为已足，风雨一至，其易倾覆，固无异于曩时也。此苟安之计，非求全之策也。而今日民国之现象，则如是也。故吾人今后之进行，当觉悟于吾人目的之未达，本此现具之雏形，而为一木一石、一椽一栋之选择，坚筑基础，确定本干，则庶几大厦之建设乃完成，而始不违破坏之本意也。夫今日政治现象，既错乱而无头脑，而国民意思，亦无统系条理之可寻，则建设良政治之第一步，首宜提纲絜领，发为政见，公布天下，本此纲领，以为一致之进行，则事半功倍之道矣。吾党此届选举已占优胜，是国民所期望吾党者殷，而吾党所担负责任者重，爰举关于建设之大纲，以谋良政治之实现。吾党君子，其本此而奋励其进行焉。

---

* 本文原载一九一三年四月二——七日《民立报》，署名教仁。徐血儿《宋先生教仁传略》云："时国会议员多连袂来沪，先生与以商榷政见，复多相合，乃约予为之起草国民党大政见。先生口述而予则笔录之，三日始成，仅及大纲。先生略加修改，拟至京时与本部议决后公布天下。"

一、对政体之主张

（一）主张单一国制。单一国制与联邦国制，其性质之判别，尽人能知，而吾国今日之当采单一国制，已无研究之余地。《临时约法》已规定吾国为单一国制，将来宪法亦必用单一国制，自不待言。惟今尚多有未能举单一国制之实者，故吾党不特主张宪法采用单一国制，并力谋实际上举单一国制之精神。此本党对于政体主张者一。

（二）主张责任内阁制。责任内阁制之精义，世之阐明者已多，无俟殚述，盖总统不负责任，而内阁代总统对于议会负责任是也。今吾国之现行制，责任内阁制也。然有责任内阁制之名，而无责任内阁制之实，故政治因之不举。吾党主张将来宪法上仍采用责任内阁制，并主张正式政府由政党组织内阁，实行担负责任。凡总统命令，不特须阁员副署，并须由内阁起草，使总统处于无责任之地位，以保其安全焉。此本政党对于政体主张者二。

（三）主张省行政长官由民选制以进于委任制。吾国省制，行之数百年，已成为一国政治之重心。将来欲谋吾国政治之发达，仍不得不注重省行政。省之行政长官，历来皆为委任制，将来地方制度既不能不以省行政长官为官治行政之机关，则省行政长官须依旧采用委任制，亦事理之当然。惟各省自反正以来，其行政长官之都督，由地方人民选举，行之既久，其以下各机关，亦大都由地方主义而组织而任用者甚多，且军政财政上之关系，亦无不偏重于地方，若遽以中央委任之省行政长官临之，其无生疏扞格之弊者几希，甚或因是以生恶因于将来预定之委任制焉，亦未可知。故吾党主张以省长委任制为目的，而以暂行民选制为逐渐达到之手段。此本党对于政体主张者三。

（四）主张省为自治团体，有列举立法权。在单一国制，立法权固当属中央，然中国地方辽阔，各省情形各异，不能不稍事变通。

故各省除省长所掌之官治行政外，当有若干行政，必须以地方自治团体掌之，以为地方自治行政。此自治团体，对于此等行政有立法权，惟不得与中央立法相抵触。至于自治行政范围，则当以与地方关系密切之积极行政为限。其目的有六：一，地方财政；二，地方实业；三，地方交通业；四，地方工程；五，地方学校；六，慈善公益事业。皆明定法律，列举无遗，庶地方之权得所保障。此本党对于政体之主张者四。

（五）主张国务总理由众议院推出。《临时约法》规定，国务员须得参议院同意，其事行之，多所窒碍，固亟宜修正者。然吾人既主张责任内阁制，则尤希望此制之实现；欲此制实现，则莫若明定宪法，国务总理由众议院推出。若英国，为行责任内阁制之国，虽无明定国务总理由国会推出之宪法，然英宪法为不成文法，其习惯则英王所任命之国务总理，例为下院多数党人之首领，不可移易，实不啻由下院推出，且不啻宪法中有此明文。盖必使国会占多数之政党组织完全政党内阁，方举责任内阁之实，而完全政党内阁则非采用此法不能容易成立也。故吾党主张宪法中规定国务总理由众议院推出，以促责任内阁制之容易成立。其他国务员则由总理组织之，不须国会同意。此本党对于政体主张者五。

二、本党对于政策之主张

（一）主张整理军政。今日处于武装和平之世，对外方面，军备亟须扩张。然扩张军备，当自整理军政始。盖扩张军备之举，须待诸三四年后，而今日入手方法，则在整理军政，军政整理有秩序，而后始有扩张可言也。整理军政方法：一曰划分军区，于行政区域之外，别划分全国为数大军区，独立处理军事，使军民分治，易于实行；一曰统一军制，今各省军队之编制，亦至不一，分歧错乱，非军事所宜，故当使全国军队，按一定之编制，俾军制归于统一；一曰裁汰冗兵。军备虽应扩张，而冗兵则不可不裁，盖兵备贵精，其操练不勤、老弱无用者，理应一律裁尽也。冗兵既裁，然后于其强壮者，训炼成熟，使之成军，始可为扩张基础；一曰兴军事教育。欲扩张军备，则当求良好之将校，吾国今日将校人材异常缺乏，故此数年中亟宜振兴军事教育，以养成一般将校人材；一曰扩充兵工厂，吾国今日军备上最大缺点，则为器械不足，兵工厂只有数所，而制出品为数亦微，今日欲扩张军备，然无器械，与徒手何异？故宜极力扩充兵工厂，先使器械丰富。此数者，皆本党整理军政之计划，而本党对于政策所主张者一。

（二）主张划分中央地方之行政。欲划分中央地方之行政，当先明中央与地方之区别。中央为全国行政主体，即中央政府是也。地方为一区之行政主体，而在中央下者有二：一地方官治行政主体，即地方官；一地方自治行政主体，即地方自治团体。如是则可知地方自治团体与地方官治主体之区别，而划分中央行政与地方行政，乃中国宜采之制度，盖有三要义焉：一曰中央行政消极的多，地方行政积极的多也；一曰中央行政对外的多，地方行政对内的多也；一曰中央行政政务的多，地方行政业务的多也。既明乎是，则当知地方分权本不问官治自治。今世人之所谓地方分权，皆指地方官治言；而地方分权，实与地方自治不同。吾人不重在地方分权，而重在地方自治也。本乎此义，中央之行政权，宜重以政务之性质与便宜，分配于中央与地方，而中央则统括的，地方则列举的，故本党派主张之划分如左：

㈠ 中央行政，中央直接行之，其重要行政：曰军政（一行政，二事业）；曰国家财政；曰外交；曰司法行政；曰重要产业行政（矿政、渔政、路政、垦地）；曰国际商政；曰国营实业；曰国营交通业；曰国营工程；曰国立学校；曰国际商政（移民、通商、航政）。

㈡ 地方行政，分二种：一曰官治行政；一曰自治行政。官治行政以中央法令委任地方行之，其重要行政：曰民政（警察、卫生、宗教、礼俗、户口、田土行政);曰产业行政;曰教育行政。若自治行政,地方自行立法,其重要行政:曰地方财政;曰地方实业;曰地方交通业;曰地方工程;曰地方学校;曰慈善事业;曰公益事业。此划分之大较也,而本党对于政策所主张者二。

(三)主张整理财政。中国财政,纷如乱丝,久言整理,而终无整理之望者,故由于不得其人,而亦以整理之非道也。整理财政之道若何?试约略举之:一曰励行会计制度,订会计法,立会计机关,为严密预算决算,并掌支纳,以尽祛浮滥之弊;一曰统一国库,现在国库久不能统一,宜将国家岁入,悉统一于国库,于中央设总库,于地方设支库,他机关不得代其职权;一曰设立中央银行,集中纸币发行权,吸地方官银局,立一规模宏大之中央银行,复集中纸币发行权于中央银行,其私家银行及地方银行不得发行纸币,使中央银行有支配全国金融界之能力;一曰整理公债,今日公债信用不坚,而利息则厚,且中央公债与地方公债担负不清,尤非所宜,此后当酌量情形,其应归诸中央者,则中央完全担负之,其应归诸地方者,则地方完全担负之,其息过重者,则换借之,其有公债之必要者,则新发之;一曰划定国费地方费,今者何为国费,何为地方费,殊不明晰,宜按国家行政与地方行政之划分,地方自治经费为地方费,余者则皆为国费,属于中央,统一于国库;一曰划定国税地方税,此项划分,当依国费地方费为标准,事实上宜为地方税者,则为地方税,事实上宜为国税者,则为国税,划分之后,有应增加新税者,有应裁去旧税者(如厘金之类),总以有利无害为前提;一曰改良币制,行虚金为本位,中国币制,欲求实际达改良目的,当采金本位制,然事实上有所不许,盖中国金极少,而银极多,若骤改金本位,则大宗废银,无可销纳,必蒙巨大之损失,莫若先采虚金本位,制定一定之价格,以为国际汇兑,国中仍以银币为国币,使不生无意识之涨落,以渐期达于能行金本位之时代。此数者,皆本党整理财政之计划,而本党对于政策所主张者三。

（四）主张整理行政。整理行政最先之方法，而今后急须本之进行，始可收整理之效者，约五大端：一曰划分中央与地方官之权限，从来中央与地方官权限，多不明晰，权限亟应划分，行政始可著手，若军政，若国家财政，若外交，若司法行政，若矿业行政，若拓植行政，若国际商业行政，若国有交通业，若国有实业，若国立学校，若国家工程等，宜为中央各部所直辖，或于各省特立机关掌之，地方官不复过问，若警察行政，若卫生行政，若户口行政，若田土行政，若宗教行政，若礼俗行政，若教育行政，若产业行政等，宜为省行政长官所掌握，由中央以法令委任之，夫如是，中央与地方官之权限，乃可无虞其冲突；一曰汰冗员，现用人行政，为人择事，并非为事择人，故各机关冗员异常众多，故宜严定职掌，凡属冗员，务期汰除净尽而后已；一曰并闲署，国家财政支绌，多一机关，即多一消费，然为便利政治推行，则机关固有不可不立者，惟闲署处于无用之地，可裁则裁，可并则并，以节国费；一曰励行官吏登庸考试，今日任用官吏，往往用违其学，或毫无学识，仅由私人汲引者，故政治日趋腐败，宜励行官吏登庸考试，庶得各尽所长，而真才易得；一曰实行惩戒官吏失职，前此官吏之纵肆无忌，而今亦不免者，以官吏虽失职，而不能惩戒于其后也，故欲政治修明，非实行惩戒官吏失职不可，是二项均须专立考试及惩戒机关，而以法律为之保障，以免为官吏势力所摧残。此数者，皆本党整理行政之计划，而本党对于政策所主张者四。

（五）主张开发产业。中国今日苟欲图强，必先致富，以国内贫乏之状况，则目前最亟之举，莫若开发产业，第举首宜进行者数端：一曰兴办国有山林，中国有最佳最大之山林，政府不知保护兴办，弃材于地，坐失大宗利源，今农林既特设专部，则国有山林宜速兴办也；一曰治水，中国本农产国，然以人力不修，时遭水患，以致饥馑频闻，今欲民间元气之回复，农产物之发达，则当治水；一曰放垦荒地，以未辟荒地，放于人民，实行开垦，以尽地利；一曰振兴矿业，中国矿产有十之八九尚未开掘，非民间物力有限，不能开掘，实政府保护不得其道，故今后宜特提倡或保护主义，使之振兴；一曰奖励仿造洋货工业，工业窳败，由来已久，其当奖励者，固不止一端，而仿造洋货工业，奖励尤宜力，盖外货充塞，母财流出日多，故须亟提倡仿造，以为抵制；一曰奖励输出品商业，今世界列强皆以工商立国，商战日烈，吾国当其漩涡中，输入之额超过输出之额，不亟奖励输出品商业，行将坐毙。此数者，皆本党开发产业之计划，而对于政策所主张者五。

（六）主张振兴民政。民政之事，当为中央委任地方办理，其振兴之道，又得而言：一曰整顿警察，警察为保持地方治安，须切实整顿，并普及我各地；使军队专事对外；一曰励行卫生，中国地方卫生素不讲求，以致疠疫时起，民生不宁，故宜励行卫生，谋人民幸福；一曰厘正礼俗，社会之良否，系于礼俗之隆污，故敝礼恶俗，亟宜厘正，以固社会根基；一曰调查户口，往日调查户口，多属敷衍，尚无确数，今后宜再行切实调查；一曰励行地方自治，中国地方自治，向不发达，如地方自治范围中，地方实业，地方财政，地方交通业等，均须励行。此数者，本党整理民政之计划，而本党对于政策所主张者六。

（七）主张兴办国有交通业。交通事业，其为完全商办者无论已，若国有交通，则政府急宜兴办，责无可辞者也。其应兴办者：一曰急办国有铁道，铁道建筑，与实业固有极大关系，而与军事上国防上亦属紧要，应酌量现状，审其缓急，急办国有铁道；一曰整理电信，一曰扩充邮信，邮电二者，虽久举办，然或未完善，或未普及，故宜切实整理而扩充之；一曰兴办海外航业，列国皆谋于海上称雄，而我一蹶不振，不特海军之不足数，而外海航业亦极幼稚，故首宜振兴外海航业,以发达商务;一曰整理铁路会计,中国铁路会计,弊端丛生,欲尽蠲诸弊,宜使铁路会计机关独立,严立预算决算,并兴办交通银行等。此数者,皆本党兴办国有交通业之计划,而本党对于政策所主张者七。

(八)主张振兴教育。教育为立国根本,振兴之道,不可稍缓。其今日所极宜振兴者:一曰法政教育;一曰工商教育;一曰中学教育;一曰中小学师范教育;一曰女子教育。法政教育,所以使国民多得政治常识。工商教育,所以输进工商新知识,发达工商。中学教育,为小学之模范,大学之基础。中小学师范教育,所以为普及教育之第一步,而养成师范人材。女子教育,所以增进女子知识,发达女权。此数者,皆本党振兴教育之计划,而本党对于政策所主张者八。

(九)主张统一司法。司法为三权之一,亟宜统一。其今日统一方法:一曰划一司法制度,各省司法制度,并不一律,宜实行四级制,使各省归于统一,其未设裁判所地方,亦须增设;一曰养成法官律师,盖增设裁判所,则今之法官尚行缺乏,一面养成法官,并设法保持法官地位,俾司法得以独立,一面养成律师,以保障人权;一曰改良监狱,中国监狱制度极形野蛮,今宜采仿各文明国监狱制度,极力改良。此数者,皆本党统一司法之计划,而本党对于政策所主张者九。

(十)主张运用外交。今者吾国积弱,非善运用外交不足以求存;然欲运用外交,非具世界之眼光,不足以尽其用。中国向来外交,无往而不失败,盖以不知国际上相互之关系,一遇外人虚声恫喝,即惟有让步之一法,是诚可伤者也。外交微奥,有应时发生者,未可预定,亦难于说明,惟外交方针,则可约略言之:一曰联络素日亲厚之与国,今<吾>国于世界,孤立无助,实为危象,故必联络素日亲厚之与国,或缔协约,或结同盟,或一国,或数国,俱为当时之妙用;一曰维持列国对我素持之主义,吾国现势,非致力对外之时,故宜维持列国对我素持之主义,使之相承不变,而得专心一意于内政之整理。此数者,皆本党运用外交之计划,而本党对于外交所主张者十。

总上所述,皆本党所主张,提纲絜领,略得其凡。苟本是锐意进行,则良政治可期,国利民福之旨可达。国民若赞成吾党所陈之政见,则宜拥护吾党,以期实行。吾党所抱之主张,唯国民审择之焉。兹第叙其概略,欲知其详,请俟专篇。其不过于重要之问题,亦不备叙述,非忽略也。

致袁世凯电*

(一九一三年三月二十日)

北京袁大总统鉴:仁本夜乘沪宁车赴京,敬谒钧座。十时四十五分,在车站突被奸人自背后施枪,弹由腰上部入腹下部,势必至死。窃思仁自受教以来,即束身自爱,虽寡过之未获,从未结怨于私人。清政不良,起任改革,亦重人道,守公理,不敢有一毫权利之见存。今国基未固,民福不增,遽尔撒手,死有余恨。伏冀大总统开诚心,布公道,竭力保障民权,俾国会得确定不拔之宪法,则虽死之日,犹生之年。临死哀言,尚祈鉴纳。宋教仁。哿。

---

* 本文录自一九一三年三月二十二日《民立报》《痛苦中之不忘国事》,其序语云:"宋先生于受伤至医院时,犹授意黄克强先生代拟致袁总统电文一通。"这里的标题是编者所加。

我之历史*

（宋教仁日记）

一九〇四年十月三十日至一九〇七年四月九日

第一卷

开国纪元四千六百零二年

（一九〇四年十月三十日——十二月十三日）

九月二十二日（十月三十日）[①] 雨　余因在家变产不能从速蒇事，乃定计赴省城另筹巨款，遂于是日巳初冒雨起行。下午至桃源，宿三星堂。夜，雨止。

九月二十三日（十月三十一日）晴　辰正，自桃源雇得一小舦，约定送至省城，遂登舟开行。午正，至陬市。申初，抵常德，登岸至五省栈晤胡范菴、刘瑶臣，知楚义生已自省中来，游得胜尚未到省。义生之来，只带有洋银二十元而已。余遂拟明日一定发常德，胡、刘二君及晏熊皆欲同赴省，余以常德必须二人留守，遂允胡君及晏□同去，而留刘君及楚□在常经营一切，且嘱以余八日内必自省

---

* 这是宋教仁在日本东京留学时的日记，原题《我之历史》，凡分六卷，起于一九〇四年十月三十日，　迄于一九〇七年四月九日，中间略有间断或重复。一九一一年初作者返国后，手稿留置长崎，由陈犹龙保存，一九二〇年由犹龙之子伯华携带归国，并经文骏在湖南桃源三育乙种农校交付石印，惟以内地发行，流传不广。一九三三至一九三五年上海《建国月刊》第九卷第四期至第十一卷第四期曾逐期刊登，但多任意改动和错误之处。本集所录日记据三育石印本排印。

① 括号内系编者所注的公元日期，下同。

从速归常，无庸耽心云云。夜宿五省栈。

九月二十五日（十一月二日）晴　辰起，清检行李及一切秘密要件，预备登舟，而统计至省三人盘川不足尤甚，乃将被具、眼镜及夏日服物送至质店，得钱三串。午初，乃偕胡、晏登舟。午正，舟发常德。夜，至沧港登岸，有所运动，尚未得要领。恐迟舟行之期，乃仓猝登舟，复开行。

九月二十六日（十一月三日）晴　辰正，舟至岩羊湖。巳正，在游巡塘。午正，至羊角垴。申初，至沅江。酉正，至百岁坊，泊焉。夜，登岸游览良久，始回就寝。

九月二十七日（十一月四日）晴　卯正，舟发百岁坊。午初，过南湖洲。未正，至乔口，登岸购诸食物，复开行。酉初，至靖港，泊焉。

九月二十八日（十一月五日）　辰，发靖港。未正，抵省城，泊朝宗门外。余登岸至东牌楼寻崇正书屋，比至，则门已封闭，寂然无人迹，余以为已迁往他处，乃至浏阳门街寻东文讲习所。往来数次，皆不得，余心疑之。复至黄庆午家寻问彼等，则阍者答以庆午已出门，十余日未归，不知何往云云。余遂茫然不知所为，以为必有变故起于日内。信步将出城，比至福兴街，突遇曹亚伯于道。亚伯若甚惊余之来省也者，而要余至圣公会堂。既至，入其秘室，乃密语余，问于何时来者，今日省中已杀二人，一游得胜，一萧贵生也，云皆为华兴会放票之事，现抚台密派兵四处严拿黄庆午、刘(连)<林>生等甚急，闻游得胜已供出常德有一宋姓者，子宜速避云云。语讫，亟促余出门。余猝闻之下，心忙意乱，乃率尔辞去。出城归舟，与胡范菴及晏熊皆商议对付之法。余意欲遣晏回常速行破坏，以牵制省中之势，而晏熊之【而】经济问题终难解决，遂不得其要领，仍拟候明日探得确实消息再行商酌。是晚囊金已尽，余令舟子移泊大西门外，余登岸欲进城，以门已闭而止。归舟就寝，终宵未成寐。

九月二十九日(十一月六日)晴　辰正，登岸进城，至宁乡中学堂访曹亚伯，复问此间详细情形。曹君惟促余速行而已，余乃辞去。至高等学堂晤戴琫章，告以风潮之起发与余之关系，且言将远行，而资斧甚困。琫章乃贷余银钞二元，余遂辞去。复遇曹亚伯于途，亚伯乃要余至圣公会堂晤黄吉亭牧师，吉亭示余以所抄得游、萧口供，内开五路总管，有余名在焉。惟误开为"家仁"二字，亚伯复告余，昨日已派兵往常德严拿，宜速走云云，遂贷余以洋银十五元，余遂辞去，出城归舟。早餐讫，余与胡、晏商，胡君省中有亲友，可暂往彼等家静居，以观后变，晏则稍给资斧，可往湘水上游暂避，二人皆允之。巳初，余遂给晏熊银四元及行李等件，渠乃向余作别，觅得一舟至湘潭者，遂登舟而去。午正，余觅得一往汉口之炭舟，拟搭乘之，与其船主议定价值。时余行李所余寥寥无几，乃入城购得被具一席，搬送至船内。未初，复入城至黄尹持家，晤尹持及葵修、偕容兄弟，彼等皆未知余之事，犹对余谈笑如常，葵修犹以为余往湖北上学也者，且交余银一元而托余为之购彩票二张，余笑纳之。申初，出城，至原舟与胡范菴作别，并嘱其速往亲友家避之，范菴则微有欲与余同行之意，而难于筹盘川，商议良久，范菴言："城内亲友或可告贷。"乃入城去。而余在船晚餐既讫，余将行李搬至拟搭之船上，安顿良久，复回至原舟，则见有一信条在舱内，乃范菴已被其亲友留住，适才去城，告知余不遇而留此字以示余者。余既见此，遂不复挂念，离原舟而去。戌初，至新搭之船宿焉。是日舟未开行。

十月初一日(十一月七日)晴　辰正，舟自长沙开行。时北风作，舟不甚速。申初，泊靖港，余登岸偶步，心始稍纾。彳亍之际，忽有人自背后拍余肩而呼之曰："钝初亦来此乎？"余大惊，急回顾之，则沅江王君寿菴，客年在鄂省同寓者也。余观察其言动，实尚不知余等之事者，遂同至一茶肆，坐谈良久，复偕余至一阿夫容馆吸烟。酉初，始别回舟。

十月初二日（十一月八日） 辰初，自靖港开行。申正，泊半接港，芦荻萧索，满目荒凉，不觉悲感交集者久之。

十月初三日（十一月九日）晴 辰正，舟发半接港。南风作，舟行颇速。午初，过磊石，入洞庭湖。酉初，泊南津港，夜登岸闲步良久，至亥初回舟。

十月初四日（十一月十日）晴 辰正，舟发南津港，寻过岳州。午正，过螺山，舟中无聊，乃口占长歌一篇，其辞曰：

噫吁嘻，朕沅水流域之一汉人兮，愧手腕之不灵。

谋自由独立于湖湘之一隅兮，事竟败于垂成。

虏骑遍于道路兮，购吾头以千金。

效古人欲杀身以成仁兮，恐徒死之无益，且虑继起之乏人。

负衣徒步而走兮，遂去此生斯、长斯、歌斯、哭斯之国门。

嗟神州之久沦兮，尽天荆与地棘。

展支那图以大索兮，无一寸完全干净汉族自由之土地。

披发长啸而四顾兮，怅怅乎如何逝。

则欲完我神圣之主义兮，亦惟有重展……。①

十月初五日（十一月十一日）晴 辰正，舟发新堤。南风微作，舟行颇速。午正，至宝塔洲泊舟，候关吏验看。余乃登岸游览市面，一切与去冬偕贺年仙、向性之泊此时殆无稍异。而余此时则仓皇亡命，情景凄凉，不胜有今昔之感云。未正，舟复开行。申正，至龙口，泊焉。余去岁过此，皆未登岸，不知市面形势，但闻人言，亦颇繁盛而已。至是乃偕舟人登岸，至市上闲步。市距江岸尚有半里许，有一小港湾入至市址处，可容舟数十艘，市面有钱店、当铺数

① 原词未完。

家，一切商务，可较吾邑陬市。余至一酒肆沽酒及牛肉饱饮之，有醉意。酉初，回舟。夜，有驾小舟呼卖酒及诸食物者过余舟，一颁白老人也。余复沽饮之，且与之絮谈此间风土人情良久，至三鼓始就寝。

十月初六日（十一月十二日）晴　辰初，舟发龙口。午初，北<风>作，舟行迟。申初，抵牌洲，泊焉。余登岸闲步，至一堤上，偶遇一人，目余者数回，余不解何故，不顾之而去。环牌洲市绕行一周，复出江干，将登舟，忽见先所遇目余之人已在此，余疑焉，然仍不理，乃彼忽就余点头，而问余姓名。余强告之，彼亦似无恶意，余乃转诘其为何许人？则去岁曾在鄂垣考文普通学堂，姓罗，嘉鱼县人，因见余着学堂衣服，故就余与语也。彼遂邀余至一茶肆，坐谈片刻，大概皆鄂垣学界事。末余乃问熊开元、金正希现尚有后裔在嘉鱼者否？伊云尚有，但不甚发达而已。戌正，始退去，彼复送余至舟始别。

十月初七日（十一月十三日）阴　北风大作，舟未开行。巳正，登岸游眺，至一处，有演皮影戏者，观良久。下午，归舟。大雨，夜止。

十月初八日（十一月十四日）阴　北风愈大，舟仍未行。巳正，余登岸信步而走，循环曲折，牌洲通市几遍。申初，归舟。

十月初九日（十一月十五日）晴　辰初，舟发牌洲。申初，至金口。舟人舣舟俟船关验放，既讫，因北风作，遂泊焉。余登岸至市上游览一周，市面甚萧条。少顷，至河干，见有卖拳戏者，市人皆围观。余亦走近，见其为三男子、二妇人、三小孩，所习与吾乡所见者无甚大异，惟末一次甚有可观，一妇人仰卧桌上，两腿则向上直撑，然后一孩跃登而趺坐于妇人之两足上，口中则唱戏曲，良久，忽妇人两足齐屈，小孩即跌而下，妇人乃以左足急接孩身，向上抛之，小孩再一跃转而即坐于妇人之左足上，复唱曲良久始下，亦奇技也。

酉初，回舟。

十月初十日（十一月十六日） 辰正，舟发沌口。巳正，至武昌。舟人泊舟鲇鱼套内，余乃清检行李，雇人携上岸，遂入城，觅得近文昌门处庆云栈入寓焉。安放行李毕，乃写一函，倩店主送往文普通学堂曾松乔处，函中托为松乔之兄来鄂，速要松乔至栈，有事相商等辞。既送去，余乃至街上游览。是日为清太后祝寿之期，满街悬灯结彩，家户皆挂龙旗一只。市上人往来杂(踏)<沓>，车马之声，如鼎方沸，大有歌舞太平之象云。良久，至一书店，购得《施公案》、《七剑十三侠》小说二册。午正，回寓。下午，余正午餐毕，未久，忽闻有二人来访，问余姓名，时余已对店主说已伪姓陶。故店主闻彼二人之问，答云不知，审诘良久，余闻其声，始知为陈文生、曹德铭二君，乃延之入。既坐定，余问何以知其吾来此？二君言，适在学堂获睹松乔所接一函，审外面字迹，知为君信，故特来此也。复询余别后历史及来此原因如何？余乃自始至终，一切告之。正谈间，忽曾松乔、欧阳骏民亦至，相见之下，未免有情矣。谈既毕，松乔等皆劝余早行，言此间风潮颇大，科学补习所已闭，武昌梁知府正访查胡经五来历，今日各营兵皆装束齐整，满街梭巡，城门严查出入，以防华兴会乘机起事云。余颔之。申正，松乔等去。酉正，松乔、罗立中、汪育松等同来，余复以前所言告律中、育松二人，二人亦劝余乘早离此地而已。戌初，立中等去，余乃写就致石卿信一封，言余与游得胜等同谋之事，皆系诬枉，如府、县要追究时，可将此信示知焉云云。既讫，送至邮局挂号，戌正回。

十月十一日（十一月十七日）晴　辰起，寒甚，时余所着袷衣甚薄，有不御寒之势，乃往斗级营欲购衣数件，甫至南楼转角处，忽见一人带黑镜，著青绿袍，迎面而来。细观之，则胡经五也。余拉其手呼之，彼始审知为余，是时悲感之情，有不可名状者，乃相与至黄鹤楼畔茶肆内坐谈。经五言："自八月初补习所开学后，九月初，余乃赴长沙本部，而以全权托朱子(陶)<淘>。余既起行，甫至湘阴，忽闻船上人言，长沙事已全行破坏，余乃中途下船，急回武昌，而朱子(陶)<淘>已先时搭轮往上海。余至时，补习所已闭矣。余在汉口住数日，黄君庆午、刘君林生乃由此赴上海，后数日，余亦乘轮赴上海。诸同志至上海后，又相共立一团体，在上海新马路余庆里，颜面曰启华译书局，组织稍定后，余即复回此间。余前月曾专遣一人送信至常德去，现在正不知如何，不意适在此相遇也。”谈既毕，乃相率至一衣店，购马褂一件与余着之，途中遇有文普通学堂人素识余者，余知此不可久留，乃与经五约定，余回寓预备今日起行，事毕，即渡江与伊会于汉口。登舟，乃相别而去。巳正，回寓。未半刻，罗律中、曾松乔、汪育松、欧阳俊民等均至，促余今日速行，皆为余预备一切。俊民以衣箱一口及衣物数件与余，并购有点心赠余。律中、松乔、曹德铭、陈文深、胡勋臣、胡静轩、廖镜泉、汪育松、欧阳吉香等皆醵金赠余，余欲却之而又不能，几于忸怩无地矣。申正，清检毕，乃出城雇小舟渡江，律中送至江岸而返，松乔、俊民遂送余至汉口。时有瑞和轮船于是晚开往上海，俊民已为余购有船票，乃登轮焉。安置行李讫，乃嘱松乔二人在船稍候，余乃登岸至宝庆码头寻胡经五。既至，则经五已外出，余乃留一字示之，而急返轮船上，时已酉正矣。松乔、俊民乃作别下船而去，余遂独自一人专候启轮。坐稍定，忽胡经五至，告余上海一切详情，并托余带信一封，话犹未竟，而汽笛已鸣，船将开矣，经五遂怱怱而去。余乃展被燃烛，长卧定神，少焉船遂启碇开行。余在睡乡中，竟不知是夜至何处也。

十月十五日(十一月二十一日)晴　辰正，舟过通州。午初，至吴淞口。未初，抵上海。下碇，船甫定，持单接客者蜂拥而至，余乃任应一人，乃三洋泾桥永安栈也，遂以行李交该栈伙，而自登岸，雇一人力车坐之。申初，至永安栈，坐良久，而行李犹未至。余乃出街，欲寻新马路余庆里启华书局，行良久，不得，乃回至永安栈清检行李。晚餐讫，复出街，欲至新马路，甫至五马路，见一靴店，时余足下鞋已破甚，乃购靴一双，毕，乃询以新马路在何处？店主答云尚远甚，今晚可不去矣。余辞去，复行良久，终不知路途，乃返。戌初，回寓。

十月十六日（十一月二十二日）晴　辰正，至新马路寻余庆里之书局，良久，始寻得，则见门已闭，一印捕立守门外。余大惊，欲一入观之，恐其中甚现危状，欲退遁，则恐益启印捕之疑。遂问该印捕，操华语问之，谓余有人托带信交此，今何如乎？彼不解，余故作失望之状，良久，始退去，然终不解其何故也。既思东大陆图书局章行严在内，往问之必知也。遂至昌寿里东大陆局访之，至则局中人皆云不知。余闷甚，又思警钟报社原属同宗旨，或可闻知，又至该社问之，至则晤得李春波、戴□□二人，谈及此事，李春波始告余曰："昨夜万福华刺王之春事，启华译书局内人已牵涉大半，皆被捕矣。至其详细，则犹未知也。"余辞去，乃至昌明公司晤得万午亭，余乃托言有交章行严之信，君知章君否？午亭言："行严已被捕矣，子从何处来者？"余答以湖南。午亭半晌遽反身入，良久复出，则请余登楼细谈。既登，则见刘林生在焉。余惊喜，遂细询其由。林生言："昨夜巡捕掩至，黄庆午、徐运奎皆被捕去，共计被捕者十二人。余以剧迟归幸免"云云。余始知此事原由，则大恼，然亦无可如何。良久，复来二人，一陈树人、一张味莼也。陈君新自日本归，曾识覃礼门，余乃托其致一信于礼门焉。未正，始回寓。夜，复至昌明公司。陈树人言，覃礼门现在昌寿里进化译社，甚欲会余。余遂去，乘一车至昌寿里，良久，寻不得，正徘徊际，忽一人呼余名，回视之，则礼门也。乃同至该社，细询此间渠自东归国情形，并此间近日风潮，渠皆详告余，并言此处风声甚大，几亦不能藏身云云。时并晤得陈涛溪，亦谈良久，戌初始回。

十月十七日（十一月二十三日）晴①

十月二十八日（十二月四日）阴　辰正，至胡经五寓。巳正，柳病农寓。时已约定今日登轮，柳济贞乃交余洋银十元。午正回，清检行李衣物，又与店主清算伙食账。下午未正，至覃礼门寓作别，谈良久。申初，至胡范菴寓，与范菴谈良久，嘱其稍待风潮平静，即须设法回常云云。申正，至街间购得絮被一床，遂回，乃呼力夫运行李至□□埠头，余随之。酉正，登轮良久，柳病农、龙铁元等皆至，余复登岸至胡经五寓，与经五话别，并沽酒小饮。戌正，始起身回至舟中，经五、胡范菴皆送至舟中乃返。余遂展被就寝，然心中甚不安，寝不成寐也。

十月二十九日（十二月五日）晴　辰正，轮舟开行，余犹未起。巳初起，登楼视之，已出黄浦江矣，惟见水天一色，海雾濛濛。是时余方才觉大舒快，耳目顿为之一新焉。午时，已出口入黄海中，晴天无际，波浪微作，舟行甚畅也。夜展被卧，有风起，舟颇摇动，觉不舒快。

十月三十日（十二月六日）晴　是日风仍不止，舟行震荡不止，甚闷苦，卧而观书，亦不快慰。乃登甲板远望，见白浪连天，眼界为之一阔，始稍安。下午头甚眩晕，入夜犹未止也。晤得杨笃生、杨晰子，一即启华译书局之人，一则万福华案被嫌疑，皆赴东者也。

十一月初一日（十二月七日）晴　风仍大，下午稍息，舟行甚速。舟人言，明日当至长崎云。余仰卧观书，或时起登甲板眺望，冀望见长崎，然不能见也。

十一月初二日（十二月八日）晴　辰初，舟将入长崎港，遥望之，群山耸立，海水湾环，奇秀逸之状，令人神往焉。巳初，舟入口，有医师上船验舟人病，良久毕。巳正，舟系碇焉。余与龙铁元、柳病农等遂乘小舟登岸，至市上游览，见市面亦略似中国，惟家屋甚

① 十七日日记原缺。

矮小,服装言语则宛然异国人矣。遂至一支那料理屋,即华人所设之酒馆也,购酒肴共饮之,讫。午正,复至市后山上眺望,山有古庙,亦略与中国庙似,又见塚碑累累,甚小而矮,几无坟形。山前即长崎港,对面复有高山环抱,而市街即沿山之麓,楼阁参差,山水掩映,往来帆樯,即出没于其间,令人生蓬莱佳境之感想焉。约至未正始下,余乃至邮便局购一邮片,书此次来由,以寄达东京吴绍先、李和生处。申初,复乘小舟登轮,薄晚复自长崎展轮,良久,出口向东北行。海风微作,舟行甚适,东南望见山岭,时隐时现,盖九州海岸诸山也。

十一月初三日(十二月九日)晴　辰起,知舟已将近马关,望见南岸山色,如屏如画,盖沾玄海滩岸诸山也。巳初,舟抵马关,停轮约三时久。未初,复开行,行内海中,甚平稳也。余在舟中觉无聊,因借一人之《水浒传》观之。

十一月初四日(十二月十日)晴　巳正,舟抵神户,停轮。神户,日本开港场之一,与长崎等者也。余等乃登岸一观风景,市上光景较长崎稍华丽,西式屋甚多,余等入一支那料理屋沽酒食食之,讫,复至市后游览,过其兵库县立小学校,时正下课,女学生数十为群,自校出,手提书囊,(于)<亻>亍而行,觉其有弦歌景象也。未正,始回舟。申正,舟展轮开行,夜已入太平洋。万顷一碧,连天无际,时海风正作,波浪翻涌,舟摇摇焉。是夜未停轮也。

十一月初五日(十二月十一日)晴　舟行太平洋中,茫乎不知其已至何处也。余在舟中,终惟时起时卧而已。

十一月初六日(十二月十二日)晴　海风颇甚,舟微动摇。舟人言,今夜可抵横滨也。

十一月初七日(十二月十三日)晴　辰正,舟近东京湾,望见海岸山色隐隐。良久,舟已入口,暂停轮,俟医生检疫讫,复移近岸下碇,即横滨市之码头也。至此而自上海迄日本东京之海程已讫矣。

余等遂检行李，拟登岸。良久，向岸上望之，见有多数人在埠招待来客，盖皆吾国留东京之学生，特来招待此次新来之友人者也。余再三视之，见李和卿亦在焉。余急呼之，和卿始觉，急欲相近谈话，而苦于一刻不能即下舟。又良久，余等将行李交与运送店，嘱运至东京，皆龙铁元以能解日语照料者。既讫，遂登岸，与李和卿且行且言，无限心情，亦不知从何处讲起。既而至税关，待其验看行李。时有龙济云者，(在)<任>东京之湖南西路同乡会招待员，特来招待此次西路新来者也(此次西路并余有二人)。和生遂邀余至其寓名高野屋者，龙君款洽一切。良久，余遂偕和卿往停车场，而不识路，雇人力车乘之。既至，龙铁元等已购有往东京之车券，遂一同登汽车，时已十二时矣。旋车即发行如飞，未正，抵新桥，东京之停车场也。余等下车，甫出场口，遇戴渭卿，亦闻余来，特来招待者也。时龙铁元言，已有旅馆名江户川馆可住，余等遂同雇人力车乘往焉。沿途见市面殷盛，房屋雄阔者虽不多，然街道宽大清洁，时见电车往来，较上海又是一番景象矣。申正，至江户川馆，遂入寓焉。初入，见其门以内即有地板，室内皆铺以草荐，人入必脱履，盖日本习俗皆如是。余等入其楼上二室内居焉。坐定未久，吴绍先、田梓琴、贺联仙等来，皆来视余者，尚有数人，余不识其姓名，相见之下，皆各喜慰无似，询问一切。余约略言此次一路情形。坐谈最久，梓琴始去。夜，李和卿来，劝余移与伊同寓，余亦欣然。和卿寓在神田香澄馆者也，余遂以此情告柳病农等，乃呼车至，移行李至香澄馆，余与和卿、绍先遂同至香澄馆，即暂住于和卿房。时和卿同居者有申锦章、梁星甫，一湘人，一鄂人也。是夜，皆来与余谈，良久而去。余与和卿、绍先更坐谈至夜分，始就寝。

第二卷

开国纪元四千六百零三年

(一九〇五年一月一日——九月二十一日)

一月一日[①] 阴　是日为日本元日,家户皆休息,彼此过从相为贺,然不如我国之酣嬉玩乐、举国若狂也,亦足见其风俗之一斑矣。巳正,偕申锦章、李和生二君往浅草游观。浅草者,东京名胜之地,人烟充斥,百戏杂陈。是日为元旦之期,士女观者往来如鲫,真有举袂若云之状云。余等买券入其公园纵览,园中陈列百物,鱼鸟之类尤众,其他之大动物,奇形异状,殆皆不能名之,其最可观者,若"西洋人形活动剧",若"月世界"、"空中运动",若"花中美人",若"出征军人留守宅",若"满洲激战模形"等,类皆足发人美术之精神,鼓人爱国之思想者也。午初,观毕而去,至一牛豚肉肆午膳,未正回。写一信致警钟社,(定)<订>阅《警钟报》一份。

一月二日阴　巳正,至越州馆吴劭先处,谈良久,下午回。未正,至胜光馆访张步青,谈及组织杂志事,步青亦赞成之,郭瑶皆、鲁文卿亦愿与闻。申正回。

一月三日阴　巳正,戴渭卿来访,谈良久,留午餐。未初,偕至留学生会馆,赴文普通同学会。时各同学皆至,乃由余演说湖南风潮及余去湖北以后之历史,诸君皆赞惜不胜,欲为余代筹资留学此间。余惶愧不已,再三辞却。诸君乃偕至一室秘密商议,如不欲使余闻也者。余莫可如何,只听之而已,然其究竟之如何,余固不得知也。申正毕,乃散。酉初,余复至越州馆开组织杂志发起会,时

① 自本日起所记月日为公历。

到者十余人,余演说此事发起之原因及简单之办法,讫,雷道亨不以为然,倡办小说报之说,与余再三辩难,卒经大众之决议,以办杂志较善,事始定。乃议举暂行经理人二人,公举得余及张步青任之,并嘱予拟一章程,余允之,事毕散会。戌正回。

一月四日阴　巳正,至越州馆张步青处商议杂志办法。午正,至越州馆,与吴劭先、田梓卿谈良久。申正,劭先要余至锦辉馆观活动大写真,比至,每人以二十钱买入场券而入。场内分四等席,余辈坐者为三等,既坐定,复经一时许始开演。初演者为日露战争事,次为北冰洋渔业,次欧洲之风俗,次日本军人之出征。每演一次,先由一人演说理由,然后放现。戌正始毕事,乃别劭先而回。

一月五日阴　拟草杂志章程稿,下午共成四十三节十九章。

一月六日晴　午初,至越州馆李仲卿处,商议为杂志章程认可事,约初八日开会一次,遂发邮片各处。亥初始毕事,遂未回。

一月七日晴　辰正,自越州馆回,寻至会馆阅报,知旅顺俄将已于前三日降伏于日本云。午初回。

一月八日晴　午初,至越州馆开办杂志会,时到者约二十余人,由余演说发起情形,并诵章程草稿一遍,社员皆决议认可,乃议公举职员事,皆决议用推举法。举得余为总庶务。申初散会。酉初回。

一月九日晴　巳正,张步青来,商办杂志一切事务。申正,至郭瑶皆寓,谈良久,晤陈于九、黄逸侯,瑶皆言二君皆愿尽撰述义务于杂志社,余(领)<颔>之。酉正回。

一月十日晴　巳正,至张步青寓,坐良久,遂偕步青、郭瑶皆至牛亡秀英舍工场订印刷杂志章程。未正回。

一月十一日晴　辰正,至越州馆,午初回。写致罗立中信,无甚要语,仅一邮片而已。夜酉正,至爱(两)<雨>堂订刻杂志社各应用图章,只十六颗,价六元四十钱。戌正回。

一月十二日晴　巳正，至张步青寓，坐良久，邀郭瑶皆、黄毅侯至小川印刷店，订刷杂志原稿用纸并收券簿。未初回。

一月十三日晴　巳正，至秋璇卿寓，谈良久。时秋君与诸同志组织一演说练习会，每月开会演说一次，并出《白话报》一册，现已出第二期。余向秋君言，愿入此会，秋君诺之。戌初回。

一月十四日阴　属主人代为订购《二六新闻》一份，是月分者也。申正，至黄毅侯寓，毅侯托余代售其所辑《农作物病理学教科书》，余应之。酉初回。

一月十五日阴　余久拟作《中国新纪年》一书，以辟近日新创纪年各说之不当，而以中国纪年托始于黄帝即位元年癸亥为正。至是始拟定目录，计分二篇，共九章：

上篇

(1) 纪年之意义

(2) 纪年之种类

(3) 中国纪年之沿革

(5) 中国近日新纪年之各说及其得失

(6) 中国新纪年之托始

(7) 中国纪年之将来

下篇

(8) 中国纪年与各国纪年对照表

(9) 结论

下午申初，至越州馆，在李仲卿处晚餐。戌初回。阅报知俄国革命党大起，全国各等社会皆动云。噫，返视吾国之民气则何如矣！

一月十六日晴　巳正，至张步青寓，时杂志已印成，余与步青拟定下日曜日开会发行之。午正回。

一月十七日晴　午初，至田梓琴寓。未初回，阅报载清政府拟兴复海军事，然未确也。申正，至会馆阅书。酉正回。酉正，至越州馆，时李仲卿将归国，杂志社会计议举人代理，时有田梓琴、吴绍先等均在，遂举得白楚香焉。戌初回。

一月十八日阴　巳正，至罗子云寓，谈良久，午初回。申初，至刘林生寓，酉初回。

一月十九日晴　巳正，至郭瑶皆寓，午初回。作时评一篇，题为《呜乎汉奴》。时美国之满洲留学生致信在东京之同族，有"杀尽汉奴"之语也。申正，至一书店，购《婚姻进化》及《法律上之结婚》二书，寻回。酉正，至永井德子家，坐良久，言语不通，甚不便。戌初回。

一月二十日阴　未正，偕郭瑶皆至振武学校，晤得湖北同学江浴岷等，诸君言及办杂志事，皆赞成之。又晤李小园，湖北潜江人也，甚有士名，余说其担任杂志作文事，彼应之。坐谈良久，申正回。

一月二十一日雨　巳正，至郭瑶皆寓，寻回。

一月二十二日雨　未初，至会馆开杂志会，发行章程，到会计三十余人，新入股者十余人。酉初毕事，回。

一月二十三日晴　巳正，至郭瑶皆寓，寻回。午正，至田梓琴寓，有所商，寻回。

一月二十四日晴　巳正，往田梓琴寓，不遇，乃至道德馆，晤龙际云、翁国钧，言及办杂志事，二君皆愿附入一股。午初，至筑地馆访杜星五，坐谈良久，并留午膳。未初，至崎越馆访雷道亨，并促其速作《二十世纪之支那》发刊辞。未正，至卧龙馆黄绩臣处，会议组织速成陆军事。坐良久，程润森（江苏人）、平山周（日本人）至，罗子云等与程润森议不合，乃未决议而散。酉初，复至越州馆，在白楚香处取得杂志社日金十五元而回。夜，写致警钟社、中外日报馆、时报馆、中国日报馆等信，皆为杂志事，欲其代登章程于彼之报内也。亥正，读东语半时，就寝。

一月二十五日晴　巳初，至胜光馆张步青处，谈良久，午初回。未正，至九段劝业场购簿记，复至一书肆，购得岩本千纲《暹罗老挝安南三国探险实纪》一部及《新佛教》、《地学界》、《支那》一月份各一册。申正，至升盛馆访彭希明，不遇而回。写致胡经武信。

一月二十六日晴　巳初，至卧龙馆鲁文卿处，郭瑶皆已取回杂志原稿用纸一千张，概交余。午初，至越州馆田梓琴处午餐，见彼处有《警世钟》数册，余遂取一册，摘其开始所印之黄帝肖像，将为插入杂志之用，乃并题数语于背曰：

起昆仑之顶兮，繁殖于黄河之浒。
藉大刀与阔斧兮，以奠定乎九有。
使吾世世子孙有啖饭之所兮，
(音)<胥>赖帝之栉风而沐雨。
嗟四万万之同胞兮，
尚无数典而忘其祖！

未初，至爱(两)<雨>堂取印章。未正，至罗子云寓，不遇，乃至东新译社陈星台处，谈良久。申初，至刘林生处，酉初回。戌初，至大岛馆戴伯咏处，属其译英文，复坐良久而回。安沼白来谈，移时去。亥初，两接曾抟九来信，约二十八日开同乡会。

一月二十七日晴　巳初，彭希明、徐运奎来，谈最久。时陈星台将有北京之行，运奎谋与余极力反对其说，余允之。午初，至越州馆邀田梓卿、黄谷庵偕至崎越馆访雷道亨，不遇，乃至盛廉生、熊知白等寓，谈片刻。午正，复至越州馆午餐。未正，至道德馆访龙际云，不遇。申初，至湘西学会陈古岩处，坐谈良久，留晚餐。酉初回。戌初，邀李和卿至永井家，坐谈至二点钟之久，戌正回。见案有罗子云信，乃告以组织速成陆军事已归程润生担当者也。

一月二十八日阴　辰正，安沼白来，谈良久去。午初，至(周)

<宋>海南寓，问以程润生组织速成陆军事究竟若何？渠答以犹待商酌云。未初，至罗子云寓，未正回。申正，彭希明来，要余至山本馆刘霖生处晤黄庆午、(张)<章>行严。会商一切事件，时陈星台发有要求救亡意见书于留学界，其宗旨专倚赖政府对外与对内之政策，而将北上陈于政府。余等皆反对其说，拟于明日开同乡会时行干涉主义。议决。戌初回。

一月二十九日阴　辰正，至湘西学会，是日为湘西开本月例会之期。时至者约五十人上下，先经谢伯勋演说开会理由，讫，余乃次演，对于瓜分问题，大反对要求政府之说，而主张各省独立自治。座中有反对者，亦有赞成者，未决议而散。午正，至崎越馆雷道亨处，谈片刻。未初，至越州馆黄谷庵处午餐。未正，至海国馆(张)<章>行严处，坐谈片刻。申初回。酉正，复至海国馆(张)<章>行严处，不遇，乃至彭希明处，亦不遇。戌初回。

一月三十日阴　辰正，往锦辉馆，赴湖南同乡会。时至者约二百人，皆决议不赞成要求政府之说，而主张全省独立自治，至午正始散。余偕胡文岩、杨仲达、陈伟臣回午餐。未初，余至成昌楼与柳聘农等食料理，讫。申初，至聘农寓，聘农与柳济贞、彭希明、徐运奎皆寓升盛馆者也。酉初，至张步青寓，谈片刻。酉正，至郭瑶皆<寓>，不遇，乃至一书肆，购《香港男女(四)<之>绝叫》、《雄辩术》、《谈(活)<话>法》、《法律上结婚》各一册而回。戌初，至永井家，坐谈良久，以《男女之绝叫》、《法律上结婚》二书赠之。戌正回。

一月三十一日阴　午正，黄庆午来，相商阻止陈星台北上之行，以星台前对余说有曾谒梁卓如及屡次通信之事，遂拟以改变宗旨、受保皇党运动责之。庆午乃约余明日同至渠处开特别谈判，余允之。未正，渠去。郭瑶皆来，偕余至加藤馆取相片，遂同至留学生会馆，阅报良久，晤秋璇卿，坐谈一刻。申正，至一书肆，购《罗马教皇》、《国际地理学》各一册而回。

二月一日阴　辰正，至顺天中学校上日语、英语课。此课为新开之一班，每月学费一元五十钱，学一科者一元，每日分二班，上午八时至十时英语，十时至十二时日语，下午六时至十时日语，□时至□时英语。余是时缴学钱一元五十钱，乃入其上午一班，先教习英语者曰里见大次，教日语者曰芝田□□，教授皆颇得法，惟不解支那语为甚难耳。午初毕，回。午餐后至黄庆午寓，遂同至东新译社与陈星台大开谈判，而余则实证其受保皇党之运动，辩难良久，尚未解决。星台以日本警察干涉此事，赴警署而去，余遂回。酉初，雨、雪。

二月二日阴　巳正，至顺天学校上课，午正回（以后每日上课皆不书，惟休息或未去则书）。申初，黄庆午来，言陈星台事已干涉其不作云。良久去。

二月三日晴　申正，至郭瑶皆寓，偕瑶皆及黄毅侯至神保町各书店，遂购得《万国大年表》、《世界十伟人》、《东西二十四杰》各一册，及《太阳》、《教育界》各一册，酉初回。戌初，至越州馆访田梓琴等，不遇而回。是日为吾国之除日，一年已尽，此身犹昔，缅想祖国，凄然者久之。

二月四日晴　清(辰)〈晨〉，余未起，觉微有疾。是日为吾国之元日，湘西学会开新年会，余遂未去。夜至刘林生寓，不遇而回。

二月五日晴　巳正，戴渭卿来，留午餐而去。未初，至黄庆午、章行严、彭希明等寓，皆不遇，申初回。复至越州馆田梓琴处，坐良久，在吴绍先处晚餐。酉初，至刘林生寓，谈最久，所言湖南风潮起落之详(形)〈情〉及以后之办法。戌正回。作《二十世纪之支那》时评一则(《呜乎汉奴》)。

二月六日晴　午正，至黄毅侯寓，遂偕郭瑶皆至东明馆，购得华盛顿肖像一张，将为插入《二十世纪之支那》之用也。未初，遂偕黄、郭二君至熊田印刷所，以华盛顿像与之，属其印刷。申初，至留学生会馆，阅报良久，并购得《正则英文教科》及《西力东侵史》。申正，至一书肆，购《外国人名地名辞典》及《扬子江》，酉初回。写致万年亭信，属其当《二十世<纪>之支那》发行所事。戌初，至越州馆杨仲达处。仲达言及有人将往东三省施运动手段一事，欲与余商其详法，余不甚赞成之。

二月七日 辰初，自越州馆回。未正，至郭瑶皆寓，寻回。酉正，至黄庆午寓，谈良久。戌初回，途遇永井トク，欲邀余至其家，余谢之，遂随伊行，良久，至仲猿乐町，乃别而回。

二月八日晴 作《汉族侵略史叙例》，未成。

二月九日晴 辰正，至卧龙馆，遂邀郭瑶皆、黄毅侯同至熊田活馆所，议印刷杂志事。彼之干事对毅侯言，前日所定之价，其便宜过甚，欲议增加之。余等皆不允，乃计议另觅印刷处印刷之，遂索回前所交之黄帝、华盛顿肖像而去。午正，复同二君至秀英舍议此事，经毅侯再三磋磨，议始成，每期(刷)<印>三千部，每部一百二十页，都值一百八十二元，遂交黄帝肖像，以便先刻，讫，辞去。未初，至成昌楼食午餐。申初回。酉正，至永井家，坐良久，戌正回。

二月十日晴 辰正，至顺天学校，遇田梓琴，遂托其转属《二十世纪之支那》社书记员速发邮信至各社员处，催缴股金。午正，至升盛馆，谈片刻，未正回。郭瑶皆来，邀余同访日本之女教育家金井歌子，遂同去。至伊家，不遇而回。酉初，至海国馆章行严寓，谈良久，戌初回。接同乡会来信，知各县举代议士(改良章程，而桃源即举得余，约后日议事者也)。

二月十一日晴 巳初，郭瑶皆来，遂邀余同往金井歌子家，既晤面，则二十四五之女郎，余因不能日语，遂以笔谈。彼言甚关心于日本女子之卑劣，欲大整顿之，而以精神的、物质的二者之文明为目的；又言欲光扩清精神，必先依宗教；又言诸君之革命，必抱一死自己之目的，当此战争之际，我甚愿诸君之从速实行，此一好机会也，若有可以赞助之处，余必极力行之；又言支那之留学生轻佻浮薄者居多，实亦一恨事。谈至一时半之久，余复询以办杂志规例及对于日政府有无交涉？渠答以明日为余调查清白，后日当即告复。谈讫，复赠余以《二十世纪之妇人》一册，渠等所出版之女子杂志也。午初辞去，回寓。刘林生来，邀余同往秋璇卿寓议事。午餐讫，遂同去秋处，本乡元町元日馆也，议良久。申初，复同至会馆阅报，并购得《世界十女杰》书一册，酉初回。晚餐讫，复至秋璇卿寓，晤得彭金门、沈强汉，谈最久。沈君时有旅行大阪之事，不日起程，邀余，余允之。戌初回。

二月十二日晴　辰正，至郭瑶皆寓，坐片刻回。未初，至留学生会馆收股金，白楚香、张步青等皆至，都坐待至三时之久，而来缴股金者甚寥寥也。申正事毕，回途遇柳聘农，邀余至其寓，坐谈良久，酉初回。金井歌子寄邮片来，言杂志须纳保证金事。

二月十三日阴　辰正，至东新译社陈星台处，谈良久。巳正，至刘林生寓，遂偕至龙铁园寓，坐片刻，午初回。未初，至张步青寓，谈良久，留晚餐。酉初，至李锦堂寓，酉正回。

二月十四日晴　辰正，至劝工场购衣物等件，复至数书肆翻觅古本书，无所得而回。午正，至陈星台处，坐良久回。郭瑶皆来，与余谈及旅行大阪之事，极力赞成，并劝余速行，余遂拟即于今日晚间坐火车而去。未正，至秋璇卿寓，坐良久，留晚餐。申正，至张步青寓，告以大阪之行，并邀其送余至新桥火车站，渠允之，乃约至郭瑶皆寓会齐，而余先回收拾一切。酉正，至瑶皆寓，张君至已久，言火车开行时刻已过，今夜已不能去，可于明早起行，余遂回。

二月十五日晴　辰正，余将往新桥，路遇张步青，乃邀余同去。巳初，至火车（栈）〈站〉，则十二时始有车开，乃购得乘车券一纸（自东京至大阪四元一钱），以坐待之。午正，登车开行，车中人甚嘈杂，而余言语不甚通，颇苦。人云车行每十余里、数十里必一停，其地名不悉记载。酉正，至静冈市（骏州第一之都会，市舍甚盛，为日本三十四联队之营所）。亥初，至名古屋（为关西铁道自此分歧至大阪各处乘换之所，与东、西京为繁荣之三都，名胜甚众）。亥正，至岐埠（亦一大市）。子初，至彦根（滨临琵琶湖，风景甚佳，此地昔井伊氏之所居也）。丑正，至京都（即西京）。彻夜未合眼也。

二月十六日晴　辰正，抵大阪，余下车至久世田屋寓焉。时沈强汉已在此，彼于前二日至者也。早餐讫，遂偕强汉至范旭东寓，吾湘人也，坐谈良久而回。午初，王薇伯来寓，薇伯山西籍，而生长苏，与强汉友善。余前日曾闻秋瑾言及其为人，至是始晤之。未初，遂偕沈、王同至大阪之所谓名胜四天王寺者，日本佛教起点之地，圣德太子留大纪念之所也。既至，亦无大意识，游观良久，申正回。酉正，偕强汉至孙实甫家，强汉之同乡，大保险商也。既至，不遇，戌正回。

二月十七日阴　辰正，至各街游览良久，市情之繁盛，都人之富庶，皆不减东京也。午正，至一书肆，购得《浦盐斯德》一本，未初回。酉初，至孙实甫家，谈良久，戌初回。

二月十八日阴　午正，至西区，购得洗濯物数种。未初回。

二月十九日阴　下午，雨、雪。写致刘林生信。

二月二十日阴　未初，至王薇伯寓，坐良久，遂偕至沈□□寓、江□□寓。申正回。

二月二十一日阴①

二月二十二日晴②

二月二十三日晴　偕王薇伯起行，回东京。午初，至火车（栈）<站>购车券，遂登车。未初开行。申初，过京都府。亥初，过名古屋。时同车有二军人，新<自>满洲战地归者，稍通中语，与余及王薇伯谈及满洲军事及风土人情甚多。子初，过静冈市。彻夜未睡，

①② 日记原缺。

因时与薇伯谈，较前夜稍不苦也。

二月二十四日晴　辰正，至东京新桥下车。巳正回寓。未初，至刘林生寓，谈良久。未正，至黄庆午寓。申初，至秋璇卿寓，谈最久，酉初回。

二月二十五日晴　巳初，至范任卿寓，不遇而回。至会馆阅报良久，午初回。

二月二十六日晴　顺天学校日语、英语课余皆不欲上，遂拟自今日始不去矣。申初，至郭瑶皆寓，酉初回。

二月二十七日阴　作《汉族侵略史叙例》成，共十三页。申初，至东樱馆访范任卿，邀其任杂志事也，渠允之。酉初，至张步青寓，谈良久而回。夜，雨、雪。

二月二十八日阴　巳正，至田梓琴寓，谈良久，与梓琴忽想得作《募建洪秀全铜像启》一篇，以激发国民，而余二人皆不能作，乃致一信于高天梅，属其速作焉。午正回。未正，至神保町各书店，购得《南岛沿革史》、《地文地图》、《体育实业之东亚》、《东洋历史表解》、《外国地理表解》各书，申正回。酉正，至鲁文卿寓，坐谈片刻而回。写致震亚社信，订其当杂志发行所也。又写致李仲卿信，告知杂志现已大有进步，讫，编《正月分时事日史》，未成。警钟社寄《警钟日报》来（自中正月十一日起）。

二月二十九日晴　巳初，至高天梅寓，谈良久。午初，至旭洋俊贺年仙寓，谈最久，并留晚餐。酉初，至湘西学会陈古岩处，问其代收杨玉山所作《理化文稿》是否已脱稿？渠即交余《物理学之应用》一篇。戌初回。

三月一日晴　致《新民丛报》社信。订阅《时报》一份，并寄日金二元。午正，至留学生会馆，阅报良久，未正回。申初，至田梓琴寓，遂偕梓琴及高天梅至本乡访蒋观云，因天梅忘其住址，寻良久不得，遂回。接《中国日报》馆记者冯自由来函，言愿代派《二十世纪之支那》。

三月二日晴　午正，至刘林生寓，遂偕林生至彭希明寓及黄庆午寓，皆不遇，乃至柳病农寓，坐片刻而回。《警钟日报》寄来。申初，陈星台来议事，未终局，适王薇伯、沈强汉来，星台乃去，强汉以昨夜由大阪来者也。二君与余谈最久，强汉先去，薇伯留晚餐而去。酉正，至一书肆，购得《史学界》，自三十二年至三十四年一套，寻回。戌初，至永井瞻一家，坐谈良久，渠出茶点食之。戌正回。

三月三日阴　巳正，至田梓琴寓，寻回。作《二十世纪之支那》时评二则（内国时评）。写致罗立中、曾松乔、欧阳骏民、汪毓松信。夜，雨。

三月四日大雨　作《二十世纪之支那》时评三则（内国时评）。

三月五日晴　巳正，至田梓琴寓。午餐后，偕至高天梅寓，邀天梅至本乡访蒋观云。既至，则观云已外出，乃复同至上野图书馆，将阅书，而阅者已满，遂回。途中电车上遗失日金四元。酉初，复至蒋观云寓，又不遇，晤得刘同仁，武进人也。酉正，回至书肆，购《古钱鉴》、《海外奇谈》二册。戌初回。

三月六日晴　作时评三则（评论之评论）。未正，至会馆阅报。申正回。写致冯自由信。阅报，知日舰队至香港南。

三月七日晴　巳初，至田梓琴寓。午初，至刘林生寓。申初回，复至田梓琴寓。戌初，偕梓琴至罗子云寓，子云言及杂志事，有改为《政法报》之意，问余可否，余姑应之。戌正回。小川升一郎来，谈良久，同杂志作文者少，余托其代译日报，每篇给金一元，伊允之。

三月八日阴　辰正，至郭瑶皆寓。巳正，偕瑶皆至会馆阅报。午初，至黄庆午寓，留午餐，午正回。申初，偕申锦章至本乡访杨凤生，初至一次，不遇，乃去往市上游览良久，复至，又不遇，如是者三次，至末一次乃遇之，遂以特来邀其作报相告，渠允之，作哲学，有暇则间作小说亦可。酉正回。

三月九日晴　午正，至薇伯寓，谈最久。未初，至张次勋寓，未正回。接曾抟九信，言十二日开湖南代议士会。

三月十日晴　作时评二则（内国、外国各一）。午初，郭瑶皆来，言有日本体育会者，专教授徒手及兵式操法，邀余同学之。未初，遂偕<至>九段该会事务<所>报名，并缴学费一元五十钱。申初，上操场，教习□□教徒手操，计一时毕，复习兵式操一时，教习则□□也。酉初回。

三月十一日晴　写致曾松乔、欧阳骏民信，讫，作时评二则（《黑龙江尚设民官耶》、《练神机营何为乎》）。阅报，知日军已占奉天矣。

三月十二日晴　辰正，至会馆与代议士会议，所议之事，鄙琐不屑记也。复阅报，知日军已于午前占兴京矣。午正回。

三月十三日雨　辑《竹头木屑录》三则。申初，至体育会上操（以后皆不书），酉初回。小川升一郎来，交余以所译稿二篇，译笔未大善也。

三月十四日晴　小川所译之《国民与战争之关系》一篇，余欲登入杂志，而译笔稍劣，乃为之改易一通，是日未毕事也。酉正，偕郭瑶皆至王小宋寓，谈最久，言及杂志事，王君出《伦理学》数篇与余，乃《汉声》未印之稿也。戌初回。

三月十五日晴　午初，《国民与战争之关系》复为之删改二节，犹未毕也。写致蒋观云信，仍请其作杂志发刊辞事。未初，至会馆阅报，知日舰至新嘉坡海面。申正，至田梓琴寓，午初回。观《粤军志》。时余欲著《太平天国地理志》，乃于是书内录其兵力所及各地名，汇为一册，以预备焉。

三月十六日晴　午初，至盖平馆杨凤生寓，不遇，归途买得《人类学杂志》二册而回。上海《警钟日报》、《时报》皆寄至。

三月十七日晴　时《二十世纪之支那》文稿仍甚少。余思索再三，竟无良法，乃拟开会集各社员提议维持方法，遂于下午发各社员处邮片，约十九日上午开会于会馆。

三月十八日晴　下午刘林生、罗品山来，坐良久而去。戌初，至张步青寓，不遇，乃至郭瑶皆寓。戌正回。

三月十九日晴　辰初，至会馆开会，时到者三十余人，余乃演说杂志所以不能出版原因：一由于各社员股金未交，经济不足；一由于文稿不能收齐，不能付印，所以迟迟至今尚未出版，且即能出第一期，而下期不能出，亦甚无谓，必须全体社员设法维持方好。说毕，陈星台乃起辞编辑之任，众人皆短气焉。直至午正，迄不得一良法而散。噫，亦可叹矣！未初回。酉初，至吴绍先寓，坐良久。戌初，至一书店，购得《军事汇报》及《万国与图》而回。接石卿自家寄来信，称家内皆平安。渠于去冬曾系狱月余，族中人皆恨余，甚至有祷神求拿获余者，惟春皋、文卿略见天良；又，朱叔彝甚为曲全，密派亲兵至家弹压保护云云。上海《时报》寄来。

三月二十日阴　巳正，同杨仲达至神保病院诊病，医三数人，卸衣周身诊视，皆云无病，卒一看护妇谓余以后宜晚九时就睡，每朝六时起，否则生病云。午初回，写一信致陈义卿，并寄去余去冬在上海同胡经武所当时计票一张及日金八元，托其代余购去焉。夜雨。

三月二十一日雪，下午止　写致石卿信及仙舫信，告以此间情形也。接振武学校戴君渭卿等来片，谓《二十世纪之支那》社既总编辑皆辞职，宜从此解散云云。未初，郭瑶皆来，谓（陈）<程>润生有意充当《二十世纪之支那》社总编辑，邀余去与之议妥。未正，遂偕去。既晤面，余遂告以情形并现无总编辑事，（陈）<程>君应之。申初回。夜与李和卿冲突一次，和卿气愤甚，然不是之原因及无礼之应付，皆由余不知"毋我负人"之义所致也，今而后，余知勉矣。

三月二十二日阴　接戴渭卿、江（峪）<浴>岷等八人来函，称

《二十世纪之支那》社皆不愿入股，请余于下礼拜开会解散之云云。下午，郭瑶皆、白楚香、田梓卿皆来与余议杂志之办法，皆不主张解散，余遂拟于下次开会时待众公决焉。

三月二十三日晴　巳正，至永井德家，谈良久，午初回。未初，至田梓卿寓。未正，至刘林生寓。申初，至秋璇卿寓，酉初回。解子开来，启口辄以出杂志事催余，余应之。夜接石卿来信，所言皆家中米盐鸡鸭琐屑之事而已。

三月二十四日雨　上海《警钟报》、《时报》皆寄至。刘林生来，坐良久去。申初，至浩养馆访沈强汉，不遇而回。

三月二十五日阴　发杂志社各员邮片，约明日开会。申初，至程润森家，酉初回。写致《国粹学报》社信，定购该报半年，并寄出日金一元四十五钱。

三月二十六日晴　巳初，同李和卿、刘子渊、戴抱贞等饯杨仲达行，仲达将于明日起行归国也。未正，至会馆开《二十世纪之支那》会，至者二十余人，先由余报告戴渭卿等欲解散之意见及田梓琴等欲维持一定不解散之意见，以待社员公决。卒之，赞成不解散占多数，于是戴渭卿等皆退会，各社员乃推举总编辑，举得程润生。嗣余辞总庶务之任，众乃举得黄益庵当之。至申正散会。酉初回，写致孙迪卿信及石卿信。

三月二十七日晴　辰正，送杨仲达行，至新桥，巳正回。偕李和卿至（雉）〈薙〉发店，午初回。接戴渭卿信及江浴岷、陈性农邮片，皆大怪余不主张解散杂志之事，并索还退会股金，辞气甚厉，余遂作书复之，称此事之因果及余之苦衷，共十四页也。

三月二十八日晴　辰，接江浴岷来信，皆责余不上学校及杂志社不退还戴渭卿等股金之词。顷之，戴渭卿来，谈及杂志退会事，渠言振武学校诸君皆有索还股金之意。余答以必处置周杞，君可勿虑云云。酉初，至白楚香寓，与高剑公谈良久，遂偕楚香至解子开家，坐一时许。戌初，至蔡达生寓，坐片刻，戌正回。途中至一书店，购得《十九世纪(譃)<谚>海》、《各国演剧史》各一。

三月二十九日阴　巳正，至程润生寓，与其夫人谈良久，日本人也。午初，至崔通约处，崔君广东肇庆人，为《世界公益报》、《光报》(美国华人新出之宗教界机关报，专重耶稣教，日出一册)之记者，余与谈良久，午正回。夜至永井家，寻回。

三月三十日晴　巳初，至郭瑶皆寓，时余有移寓之意，遂邀瑶皆同至神田各町觅房间，皆不得，卒至今(以)<川>小路二丁目十七番越后馆，有楼房颇好，遂拟居之，午初回。未初，至劝工场，购得和服一套着之，申初回。

三月三十一日阴　余与李和卿拟于明日移寓越后馆，遂清检行李。未初，至刘林生寓，谈片刻，申初回。酉正，至劝工场，购日本布一轴。戌初，至永井德家，坐谈良久。先是所购劝工场之布，本拟赠渠者，至是心内若怦怦欲动者然，遂不果。戌正回。阅报，知俄波罗的舰队抵锡兰岛。

四月一日大雨　巳正，为《二十世纪之支那》社开职员会，发邮片于各社员。午初，至申锦章寓(渠已移至田畑馆)，寻回。申正，同李和卿移寓至越后馆，在今川小路二丁目十七番地。余住之房间月金六元三十钱，但每日辰日本料理也。

四月二日阴　辰正，至会馆赴《二十世纪之支那》社职员会，时到者十余人，程润生、黄益庵等商议办事方法，余乃将一切印记、簿册交黄益庵，至午初毕事。至富士见楼赴湖南代议士会，议新章程。未正，至道德馆。申初，至筑地馆，与戴仲昆兄弟谈最久，酉初回。戌初，至申锦章寓，不遇，至向达生寓，戌正回。属主人代为定购《日本新闻》。

四月三日雨　戴渭卿、贺聪仙来，谈最久，午餐。偕渭卿至道德馆，议常德中学堂送陆军学生事，申初回。酉初，至申锦章寓，谈片刻，晤得驹井德三，日本人，朱明后裔也，其祖因明亡避来日本者，与谈最久，渠甚不忘祖国，恨满人深（余问其思复九世之仇乎？彼答云：“恨彻骨髓！”），甚欲中国人革命云云。戌正回。大雨。

四月四日阴　巳正，至郭瑶皆处。未初，至会馆阅报。申正，至刘林生寓，不遇而回。夜，戌初，白楚香来，告余以解子开将归国去，所经理《二十世纪之支那》社会计事毫无着落，可速向彼追问云云。余遂偕楚香至顺天院寻解子开，遇之，问其何日归国，可将《二十世纪之支那》社款交出。渠答语含糊，约明日与黄益庵商之而已。余乃至田梓琴寓，坐良久而回。阅报，知前月王汉刺铁良于安阳不果，自投井死。噫，可痛矣！

四月五日阴　辰正，至黄益庵寓，告以解子开事。巳正，遂偕益庵至子开家寻之，不遇，又至陈香茗寓（解同县人），问子（解）<开>情事，亦答以不知。午正，至郭瑶皆寓午餐。未初，复至解子开寓，与黄益庵同索其速交社款，渠将其行李一切约值百余金，皆抵与益庵为质，限十日交款赎回。戌正回。

四月六日雨　《时报》寄至，内载西藏条约已定，西藏归英、清两国保护云云。酉初，至驹井德三寓，谈最久。戌正回。

四月七日晴　辰正，至乘马练习所习马术，此练习所隶属于日本体育会，每月学费金：每日操五元，间日操二元半。教习渡边贞次。余从前素不知乘马，至是始为有身以来乘马之第一次。初骑上马环走，次则向前直跑，跑良久，余忽自马上跌下，伏地不能起，经四五分之久乃起，复骑上，跑良久始下，午初回。未初，至神保院诊跌伤，申初回。酉正，至日语讲习所报名，并交学费二元，订明日来上学。戌初回。定阅本月《日本新闻》一份。

四月八日晴　午初，至程润生家，未正回。申正，至申锦章寓。酉初，至日语讲习所上课，读汉译《日本文典》，教师成田文太夫氏也。戌初回。阅报，知俄波罗的舰队过新嘉坡。

四月九日晴　徐竟成来，告言邹容已于前初二日死于上海狱中，我等可于来日曜日开追悼会，余应之。

四月十日晴　巳初，至会馆阅报，知俄波罗的舰队抵阿南巴岛。

四月十一日阴　午初，至刘林生寓。未正回。

四月十二日阴　巳正，至会馆阅报。午初回。

四月十三日阴　巳正，至郭瑶皆寓。午初，至戴琫璋寓，晤谈良久。午正，至任子城寓，遂偕子城至日语讲习所及体育会游览良久，并放枪，讫，未初回。

四月十四日雨，下午止　未初，至刘林生寓。未正，至会馆阅报，俄波罗的海舰队自阿南巴北航，盖与日舰接战之期不远矣。申初，至一书店，购得《北海道殖民图说》、《南阿新建国》及《南洋之风云》各一而回。

四月十五日阴　巳正，至任子城寓，渠留午餐而回。

四月十六日阴　巳正，至任子城寓。午初回。未初，偕郭瑶皆至上野游览良久。时樱花甚开，都人士女相携来游者人山人海，甚为繁闹云。申初，至玉川亭赴追悼邹容、王汉大会，时到者将近二百人，亦天良之不容泯没者也。酉初回。戌初，偕任子城、刘林生至东京座观活动大写真。戌正回。

四月十七日雨　写致黄节信。申正，至郭瑶皆寓。酉正，至任子城寓。戌正回。

四月十八日晴　晨起，阅报，知俄波罗的舰队于前十四日碇泊法领安南之卡晤南（カムラン）湾，该湾在西贡北东约百六十海里，安南中最良好之位置，有内、外二港，外港长三海里余，幅二海里余，内港长八海里，幅约二乃至三海里，深度皆适于碇泊云。申正，至任子城寓，坐良久，复偕至会馆买书。戌初回。

四月十九日晴　巳初，刘林生来，遂偕至国光馆观《奉天大激战ハノラマ》,炮雨弹烟,血肉狼藉,如身临战场云。午正回。酉正,至卧龙馆,商议调查邹容死由,拟明日开会。戌初回。

四月二十日晴　未初,至中国留学生优待俱乐部一览。该部为日人所立,购有书报,以待中国人之来观者,每人月纳金十钱,即可每日往观云。余纳金讫,阅报良久。未正回。酉正,至会馆赴商议调查邹容死由会,到会者共四十余人,公决定派张溥泉往上海任调查之事,而设机关于东,以黄庆午及四川顾、王、曹三君任之,经济则由众人捐集云。戌正散会回。时忽雨,阅报,知日军又于十五日占通化县。

四月二十一日晴　编《二月份时事日史》成,共十页,以备登入《二十世纪之支那》也。未初,至黄庆午、张溥泉寓,坐良久。申初,至柳病农寓,寻去。至小石川久坚町,过永井德子家,渠见余,邀至其家,坐谈良久,渠父归,并留余晚餐,酉正辞去。戌初,至吴绍先寓。戌正回。阅《时报》,有张之洞被刺受伤事,不知果确否也?

四月二十二日晴　申正,至程润生家,不遇而回。阅报,知俄波海第三舰队入巽他海峡,将击婆罗洲南,过比律宾入太平洋,而与第二舰队合,果如此,则日本南方一带将不宁矣。

四月二十三日晴　巳正,至任子城寓,寻回。

四月二十四日阴　巳正,至湘西会场,时开议决新章会,到会不及三分之二,公议此会无效,俟下期再议。余乃提议调查邹容死由事,劝诸君捐钱。说毕,众皆赞成,写捐者数人焉。午正毕会。未初,至会馆赴演说练习会,到会者十余人,提议出第五期《白话报》事,余担任作历史、地理、论说、时论四门,未正毕。申初回。

四月二十五日阴　巳正,柳育恒来,邀余同往浅草游观,遂偕去。既至,入公园一览,所见与前正月一日殆无以异,但新添有"雀奇艺"一出,以驯雀二放出笼外,用纸片书字于其上,呼鸟含一某字,即含一某字而起;又以木雕小马三,皆于四足上安小轮,使能走，放三鸟出，则皆飞至马背，含其缰，稍后微拖，马即前进，三鸟竞向前，先到者则含一小旗，即回飞入笼中，若自表得胜者，然亦奇事也。午正，出园而回。

四月二十六日晴　写一函致上海《国粹学报》馆，与(辧)<辩>黄帝纪年说（彼说当用黄帝八年之第一甲子纪年，余谓当用黄帝之即位元年纪年，且黄帝之第一甲子，亦不在八年而在三年也）。申正，至任子城寓，寻回。

四月二十七日晴　阅报，知俄第二舰队离出卡晤南湾，因日本诘责，法国不守中立，故法人迫其退出也。申正，至程润生寓，寻回。

四月二十八日晴　作《白话报》《我们汉种人观者》一篇。巳正，至任子城寓，坐良久，偕子城至黄庆午寓，不遇，乃偕至丰田观某君处用午餐。未初，复至庆午寓，乃遇之。申初回。酉正，至刘林生寓，寻回。

四月二十九日晴　未正，至优待俱乐(报)<部>阅报。申正回。寻至湘西学会，吴绍先邀余明日往巢鸭弘文学院观运动会，余应之。戌初回。

四月三十日晴　辰正，至巢鸭弘文学院观运动会。此会专为华人而设，共分二十一次：一、徒手竞走；二、圆形旗送；三、兵式体操；四、四万セト徒竞走；五、一足竞走；六、球送；七、菱形旗送竞走；八、皿球竞走；九、巾飞竞走；十、自转车竞走；十一、二人三脚竞走；十二、蛇行进；十三、普通体操；十四、障(害)<碍>物竞走；十五、唱歌；十六、载囊竞走；十七、击剑；十八、拳法、棍法；十九、优胜旗竞走；二十、来宾竞走；二十一、纲(行)<引>。至下午酉正始毕事。合计终日竞得优等，以湖南为最，而湖南又以西路为最，聂茂峰得宝星七枚，杨玉山得优胜旗，余得宝星又七八枚也。酉正始回。阅报，知俄第二舰队又移泊安南之ホンコーヘ湾，在卡晤南湾北□浬之良港也。

五月一日雨　阅报，知俄第三队又向伯南之东南方航进。伯南者，马来半岛西部之良港，距新加坡四百浬，麻六甲海峡入口之所也。午正，罗品山来告余云：马福益被端方所杀。余遂至刘林生处询问，知此信甚确，且共获有三人，已有二人被杀，此二人一不知谁何，一即马也，尚有一人系于狱中云。呜乎，亦惨矣，亦大可恨矣！申正回。

五月二日晴　作《白话报》《日俄海战与中国之关系》一篇。申正，至刘林生寓，晤陆辅（无别号），江苏人也。林生说其深通日文，余遂托林生为余介绍，愿从学焉。酉正，偕林生、任子城至一支那料理馆沽酒饮之。戌初回。

五月三日阴　午正，至靖国神社。时为该社大祭之期，士女观者甚众，百戏杂陈，鼓角连天，人山人海，真有举袂若云之状云。是祭也，特为合祀战死军人之大典，都凡举行三日，日本天皇亦亲临致祭焉。噫，捐生命以卫国，报之不当如是耶？申初回。大雨。酉初，至会馆阅报，并购得《生物之过去未来》一册。戌初，至任子城寓，因下雨，遂留宿焉。

五月四日晴　巳正，至卧龙馆。午初，至靖国神社。未初回。申正，至山本馆刘林生处。林生告余前日所言学日文事，陆辅颔之，可于今晚开课，余遂至陆处。时从之学者尚有数人，皆至，遂以汉译日本文授教焉。酉正毕。戌初回。

五月五日晴　阅报，知俄国第二波舰队有至海南岛之陵水湾者，该湾在海南岛之南岸，幅约十五浬，湾入四浬，湾内有数个之沙洲。滨湾之西方有二小岛，与海岸之间不能为安全之淀泊，近二岛一小河畔，有称为トンキン之大村，湾口之西角有小炮台云。

五月五日晴[①]　未初，至靖国神社游观，田梓琴与俱，遂同至

① 五月五日重见，原书如此。

法政大学。申正回。

五月六日阴　作时评二则(《清德山东之交涉》与《江淮设省问题》)。巳正，至会馆阅报，有伊(黎)<犁>将军报告俄兵由伊(黎)<犁>进据迪化之绥来县一事，及德人要求山东胶州附近州县一事。噫，茫茫禹域，竟作波兰之现象矣！午初回。未初，至梅璞臣寓，坐良久。申正，至贺年仙寓，留晚餐。酉初，至杨冕卿、熊岳卿寓，早稻田日乃出馆也，遂止宿焉。夜雨。

五月七日雨　巳初，自日乃出馆回，往赴湖南同乡会，会在一川桥帝国教育会内。是日到会者二百许人，行第二次选举，举黄庆午君当总理，得八十七票，庆午固辞，于是得次多数八十二票者为杨晰子，众推举之，晰子亦固辞，争执不下，乃公议再举之，遂再投票，得多数者刘耕石，遂定焉。又举各职员，至未初始毕事。申初回。

五月八日阴　未初，至郭瑶皆寓，寻回。接欧阳俊民自湖北来信，信中无甚要语，末云曾松乔已往施南充教习监学去了云。

五月九日阴　辰正，往品川体育会观运动会。此运动会合体育会男女学生举行之，甚为盛典。计是日所举行之各运动事共二十八：一、蜀道难；二、千岛输送竞争；三、捕鲸竞争；四、球蹴リ游ヒ；五、女子球竿体操；六、土佐山サークル；七、タツライゲン；八、兵式徒手体操；九、军歌；十、器械体操；十一、障碍物竞走；十二、アンウイルユーラス；十三、土佐山ボール；十四、唱歌；十五、美容术；十六、中队教练；十七、电申游ビ；十八、丰年十九棍棒体操；二十、籏体操；二十一、军事邮便；二十二、舞蹈；二十三、来宾竞(争)<走>；二十四、女子ユヲロン；二十五、海战；二十六、瑞典式体操；二十七、敌垒(战)<占>领；二十八、纲引。至申正始毕事。观者人山人海，甚为闹热云。酉初回。

五月十日阴　上午，清检各报章，依顺次序订成册。午正，雨。

申正，至黄毅侯寓，不遇。酉正，至会馆阅报，知俄第二舰队又移往琼州之カアロン湾及ユリンカン湾，其第三舰队已过马六甲海峡云。戌初回。

五月十一日阴　申初，至黄毅侯寓，坐谈良久。毅侯新自鄂来，携有鱼肉之类甚多，遂分以赠余。酉初回。阅报良久，报中载称俄第二舰队之一部向琼州カアロン湾及ユリンカン湾（榆林港湾）移动，尚不十分的确，且琼州沿海一带皆不适于碇泊。考カアロン湾在海南（即琼州）岛之东南，幅约五浬，湾入三浬，湾口之东部有二圆岛，一高三百呎，一高三百四十呎，名曰东西兄弟岛。湾之北部中央有一岛，曰圣彼得岛，一曰中央岛，高三百呎。中央岛之西方，有数个之出没岩。湾之西方侧沿处，皆有险要。东兄弟岛之北端，有一礁脉走出。该湾之通常锚地，在カアロン村附近。中央岛之东方，当サムバ湾，内水深七寻及八寻，底质泥沙之处，此处惟自南至西南之风不能免，余各方之风，皆有高山可以保障。该处之北方有一小流，可得淡水云。又考榆林港在カアロン湾之南，ハツシヨン岬之西侧，海南岛南方之最好锚地也。该港与其西方之サマ湾相隔一条之长窄地之尽处曰サロモン岬。サロモン岬高一百四十七呎，港口幅约四浬半，其北方距岸约一浬，有一小岛曰ベリール岛，港内水深六寻及八寻，广一浬余，遇北东信期风中此好锚地也。其外方当水深九寻或十寻。ベリール岛之北西（风）〈方〉约四分二浬之处，仍有宽阔之锚地，南西信风期中，全港风涛特甚，但内港诸山绕之，无论何时皆可避泊云。

五月十二日晴　巳初，至会馆阅报。午初回。写致陈义卿信，问其前托购之表如何也。

五月十三日晴　未初，至会馆阅书报，见美国大埠《大同日报》载《二十世纪之支那》将出版，并云为余一人专办云。申正回。

五月十四日晴　辰正，至刘林生寓。巳初，至西路会场赴议决新章会，时到者甚少，提议新章逐条(拨)<驳>诘，下午犹未完，遂散。申初，偕申锦章至永井德子家，德子已卧病，晤其父，时锦章欲往观植物园，而不识路径，乃邀伊父同去。既至，以三钱购券入园，园周围数里，中有山(埠)<阜>池沼之类，森林丛密，花木瑰琦，而皆施以人工，使之清幽整洁可爱。其热带、寒带之植物尤众(热带植物移植此间，温度较逊，故用玻屋罩之，以厚其温度)，多有不可名状者。流览一周，至申正始去。酉初回。

五月十五日晴　为李和生、申锦章作上端方禀，请其补官费也。下午，至领田町一洋服店购夏服，不果购而回。写致《时报》馆信。酉初，至山本馆，时刘柄生新自沪来，言胡经武现自汴回鄂无恙云。戌正回。

五月十六日晴　巳初，至一书店，购得《台湾实业》及《卖淫国》二书，寻回。未正，购得一“号外”，忽报德国派遣军舰于江苏省沿岸将海州口占领，已祝炮升旗云。呜乎，使此报果信，则支那瓜分真不远矣！申正，至盛廉生寓，寻至刘林生寓，谈良久。戌初，至张步青寓，闻诸人说知会馆干事已电达清政府，请速主战，并斩周馥云云。然亦何济于事耶！亥初回。

五月十七日晴　晨起，阅报，载德国占领海州口事，犹未确，或德人为上海、青岛间航路派军舰测量亦未可知。盖海州口(一名青口)距胶州湾约百英里稍弱，为青岛以南之一海口，口外有称为云台山之一小岛，可遮风浪，然水不深，甚非良港，不足为海军之根据地也，向来支那人甚不注意，惟淮海一带私盐贩卖者多从此出口云云。未正，至中岛商店(即前所记中国留学生优待俱乐部也)阅书报。申正，至体育会，是日始操野外演习，酉初回。戌初，至会馆阅报，所记德国占海州口事与上所记同。戌正，至一书店，购得《八丈岛及小笠原岛修学旅行记》一册而回。

五月十八日晴　阅报，知俄第二舰队已于昨日从ホンユーヘ

湾北航，以该舰队速力计之，约两周间当至台湾南之巴西海峡（ホンユーヘ湾至巴西海峡五百海里）。未正。至戴仲昆寓，留晚餐。申正，至湘西会馆，晤易委舆于途，偕至渠寓，坐谈良久。酉正回。

五月十九日晴　作时纪一则《二十世纪之梁山泊》问题，言满洲马贼也。未正，至黄益庵寓，不遇。申初，至会馆阅各报，某报内载俄第四波舰队现泊リバール港，准备出发云。阅报毕，并购得《邹容》一册而回。接石卿自家发信一封，大抵皆平安之语也。

五月二十日晴　托逆旅主人订购《朝日新闻》一份，自今日始。未正，至一书店，购得《支那地志》一册而回。写致石卿信一封，并致文卿信一封，讫，并以《农作物病理学教科书》及《警世钟》、《白话〈报〉》各书数册赠文卿，共封一缄，由邮局寄去。酉初，至张步青寓，谈良久，适有洋服店主人在焉，余遂订作夏衣一套，计价金二元五十钱云。酉正回。

五月二十一日雨　巳初，至郭瑶皆寓，遂偕至会馆阅书报，讫。午初，至永井德子家，彼已病不能起矣，稍坐片刻，遂回。作时评《请看端方在湖南之举动》一则。酉正，至一书肆，购得《马术教范》一册及《日露海战图》一幅，寻回。

五月二十二日晴　未初，至徐景成寓，不遇而回。余前拟作《中国新纪年》一书，至是始作第一章，未成。申初，至一书肆，购得《台湾实业状况》一册。酉初回。

五月二十三日晴　作时评（《俄波罗的海舰队之前途》）一篇。巳正，至会馆阅报。午初回。

五月二十四日晴　作时评（《呜乎端方与湖南》）一则。下午，未初大雨，寻止。任子臣来，坐片刻，偕之同至中岛商店阅书报，见《大陆》内载有《二十世纪之支那》社将出版事。申正回。

五月二十五日晴　《朝日新闻》载，俄波罗的舰队总司令官罗支也士染病，俄廷现命ゴリレフ代之；又载，俄舰队兵士皆因水土不合多生疫疾云云。嘻，俄舰队之东航，于天时已可谓不合矣！作时评(《二十世纪之梁山泊》)一篇，论满洲之所谓“马贼”者也。上海《时报》至。

五月二十六日晴　《日本新闻》载，俄国革命党大起高加索，バリ总督ナカシツ又被爆裂弹暗杀，波兰シエドルス市警察总监亦受弹丸被伤云。作时评(《中立国之防务乃如是而已乎》及《虽设文部何益耶》)二篇。陈义卿、姚真陔寄信来，义卿信称前所托购之时表已购去，托伍哲子带至东交余，真陔信则言现作义卿食客，不久当北上作燕云之游云云。酉正，至一牛乳店食牛乳，见有《东洋交通图》一张，遂购之而回。

五月二十七日晴　午正，至郭瑶皆寓，瑶皆托余为作工艺厂章程，彼将回国与同人开此厂于鄂省也。未初回。申初，至山本馆，刘道一告余称：“演说练习会现缺书记，朱达斋托君代理，可允否？允则今晚可至会馆商议”云。余允之。酉初，至会馆晤朱达斋，渠言来周日曜日开会，可发邮各处，遂交余名册一本。戌初回。购得“号外”，称俄第二波舰二十一只(或二十七只)已在ザトル岛，该岛在扬子江口南，舟山群岛之北云。

五月二十八日晴　巳正，余葵生来，谈良久，邀余同至会馆购书，余复阅报良久。午正，偕回葵生，并留午餐，讫，复坐谈移时始去。酉初，至杨伯中寓，寻回，购得“号外”一张，称俄国舰队一部昨日在鞍岛□□□积入石炭后，向北方航进，其他一部则拟向太平洋进发；又称俄舰队有以舟山附近为根据地之说；又言扬子江口而已有俄舰【队】数只，清上海道正与之交涉，迫其出口或撤去国旗云。诚如是言，则俄人已有意侵犯中立，吾不知北京廷将何以对之也。噫！

五月二十九日晴　巳正，徐景成偕沈蕴质来访，沈，江苏宿迁人也，遂邀余至支那料理馆同食午餐。未初回。购得“号外”一张，载日本联合舰队司令长官东乡平八郎报告，自二十七日日舰队邀击俄舰队于对马海峡，俄舰连败，鏖战两昼夜，至二十九日，俄舰共击沉十七只，(除)<降>服五只，捕虏海军少将第三舰队司令官ネボガトフ以下约二千人云。戌初，至张步青寓。亥初回。

五月三十日晴 巳正，至会馆阅报，寻回。未正，至一书店，购得志贺重昂《地理学》一册而回。酉正，至永井德子家，德子病愈，坐谈良久，渠父永井瞻一嘱余及李和生为之书横幅，余颔之。戌正，至西路会场，宿吴绍先处，与绍先、和生谈至夜分(二时)，始就寝。

五月三十一日晴 张保元对余说，西路分会职员已举余充执行部之一人，但尚未定何职事而已。未初，至戴仲昆等寓。申初回。阅报，载俄国舰队此次一败已全失主力，昨日又获俄残舰三只，俄总司令官ロヂエストウエンスキイ中将已被俘获。申正，至张步青寓，坐谈良久。酉正，至徐运奎寓，不遇，复至张步青寓。戌初，至彭希明寓。戌正回。

六月一日晴 巳正，至杨伯仲寓，寻回。下午，戴渭卿来，坐片刻，邀余至日比谷公园观祝捷会，因日本海战大胜利，东京市人特开祝捷会于此公园也。满园皆扬旗结彩，花火之声冲入云霄，人山人海，甚为繁闹云。申正回。

六月二日晴 为郭瑶皆作工艺厂章程，未成。下午至会馆阅报。申初，至一书店，购得《暹罗王国》一册而回。为演说练习会书明日约会员开会邮片二十张，即送往邮局。申正，至程润生家，不遇回。

六月三日晴 为郭瑶皆作工艺厂章程成，计九章四十六节。申正，至卧龙馆柳育恒处，坐片刻。酉初，至黄益庵寓，不遇，遂至会馆阅书。酉正，至小川町书店，购得《日本帝国纪年私案》一册，寻回。

六月四日阴　巳正，往赴西路会。是日开会，为指定执行部各员职务。余指定充当书记，指定讫，复提议与南路联合，同致书省中当道，要求送出洋游学，当以县为单位，不可偏重一州一县，议决，作书之责即责余任之。未初回。陈伟臣、余葵生偕来，坐谈最久始去。申正，至卧龙馆□□□。酉初回。唐坤成来，谈良久乃去。亥初，胡文岩来，留宿焉。

六月五日晴　作《中国新纪年》（“纪年之意义”）一章，未成。未初，至柳病农寓，不遇而回。酉初，至会馆阅报。戌初回。

六月六日雨　未初，至柳病农寓，坐谈片刻。申初，至柳育恒寓，寻回，雨止。申正，至振武学校晤余葵生、陈伟臣、戴渭卿、江浴岷、陈荇农、叶又村诸君，坐谈良久。余以去岁所借葵生秋衣一套还交渠，复借夏衣一套。酉初回。酉正，偕申锦章至三崎町观所谓三市场者，其状况似书楼非书楼，似渔鼓非渔鼓，一妇人坐于左弹琴，一男子则坐于正中，口中似唱非唱，时而喃喃，时而呦呦，不解其何为也。余与锦章坐观片刻，即去。寻至海国馆访廖允端，不遇。戌正，至李凤卿寓，坐谈良久。亥初回。

六月七日晴　作“纪年之意义”未成。写致罗律中信，告以日俄海战事，余则普通语而已。酉正，盛廉生来，坐谈片刻而去。是日为吾国端午节，西路人皆相约在会场同饮，余未去，李和生与申锦章皆去。酉正，和生回，以一表交余，乃前托陈义卿代购之表，转由伍哲子带来，是时已至会场，和生为余携回者也。

六月八日晴　巳正，至卧龙馆，在鲁文卿处坐良久。午初回。酉初，至本乡区诸书店觅购余所欲得之历史、地理等书，不得，惟购得《史学杂志》一册，戌初回。上海《时报》来。

六月九日晴　作“纪年之意义”成。下午，李和生自法政大学回，带一函交余，乃自《国粹学报》馆来，复余前函所（办）<辨>“黄帝纪年说”者也。函为黄节所作，黄节不知为何许人，但知《国粹学报》内之《黄史》为其所作，用黄帝第一甲子纪年之说即在内。此次所复函仍持其说，录其词如下：

公明君足下：鄙人侨居内地，迟至昨日乃由海上邮到手书。纪年一事，鄙人初意岂不如足下所云用黄帝即位元年为得者？然以鄙人不学，于黄帝在位之年数不能无疑，惟用甲子纪年，则推至今日为四千六百零二年（即七十七甲子又第四十二年），即如足下所考而得之者，固于此数无歧异也。

谨按：《史记》、《通鉴》诸书，皆黄帝在位百年，帝挚在位九年。惟薛应旂则云黄帝在位百一十年（齐召南《历代帝王年表》从之），帝挚在位五年（段成基《二十四史统纪表》取之）。薛氏所著《甲子会纪》一书，始自黄帝八年第一甲子，下至有明嘉靖四千二年癸亥，为七十一甲子之盈数。其书自第一甲子至七十一甲子之癸亥，皆逐年备列，无一漏略者。其自叙云："黄帝始造甲子，其年次可考以黄帝八年甲子起，迄于今，上下四千三百年间，一览可知。"又言其所据为邵子《皇极经世书》，以元经会、以会经运、以运经世云云。鄙人据薛氏书，则知自第一甲子起，至今日为四千六百零二年，惟黄帝与帝挚在位之年数，薛氏异于旧史，此则鄙人所未能考而断定之者也。《外纪》伏羲有甲历五运，王应麟曰："考大挠始作甲子。"若伏羲时已干支相配，黄帝又何必命官重作乎？则是甲子以前之纪年（如来书所云黄帝即位元年癸亥），昔人已有疑之者。鄙人曩日亦如足下所考，无有小异，独于在位之年数多此歧说，而薛氏所编又至为详备，故取其甲子之无可疑者，一意主之，以示一己之可信。

既承明问，敢述所据，并望取薛氏书一覆案之，若有异同，再乞赐教，幸甚幸甚。　黄节顿。

其言如此，余意仍不以为然，盖所据者为中国学界少数之说，而余所主张者则合内外学界最普通之说也。纪年之事，乃将来欲推行于全国而使之信从者，非一学说一思想所比，故当以历史上最普通者提倡之，而使之不疑也。拟改日细校，再行详尽复书以辨驳焉。

六月十日晴　巳正，至郭瑶皆寓，遂偕瑶皆至牛亡区欧阳吉香寓。吉香于昨日到东者，余与谈及鄂省事，始知其于去岁冬已退文普通学堂，现乃自费来学师范者也。谈最久，留午餐，讫，偕吉香同回寓，坐良久，复偕至三崎馆。未正，余乃辞去，至刘道一寓（柄生）访林生。柄生云："已旅行去。"余乃偕柄生至徐运奎寓一坐，谈及余欲进法政学堂而不能备学费，柄生乃贷余日金十元，余遂至湖南同乡会事务所访刘根石，请其代为致信于公使馆，转请送入法政大学。根石允之。酉正回。郭瑶皆来，告余言："神田工艺学堂需人教支那语，王鼎三意欲荐君去，月金约十元左右，君可允否？"余答云可。渠皆言明日可偕王鼎三同去面商，余允之。夜雨。

六月十一日雨　辰正，至公使馆，晤得参赞马廷亮，请其为余咨送入法政大学。马允之，并言明日即可上学云。巳正回。雨止。午初，往赴西路会，是日开会，为欢迎新来诸君及提议许荫卿为梁鼎芬作间谍事，至未初始散，余在场任书记之责。未正，至聂茂峰寓，谈良久，申正回。酉初，至郭瑶皆寓，晤王鼎三。鼎三言工艺学堂教支那语事可于明日上学，现已说定矣。余允之。戌初回。阅报，载米国总统调停日俄战事，已申牒两国政府，日部已复允之云。夜，雨止。

六月十二日雨　巳初，至申锦章寓，邀锦章偕至法政大学报名，至其会计室，彼言公使馆信已到，余遂写履历书，交与五月份学费八元，购听讲券。巳正，至康达寓，坐良久。午初，至郭瑶皆寓，晤王鼎三，渠言今晚上学教支那语，六时可来此处同去，余允之。午正，至文求堂，购得支那语书三本，寻回。未正，欧阳吉香来，邀余至劝工场为之购物。申初，复至贺显廷寓，余始回。晚餐讫，下女忽持一名刺来，则柳病农所书，言胡经武已于今日抵东，寓卧龙馆，适才到此不遇而去者也。余乃急至卧龙馆，遂晤经武。经武谈及去岁别后一切事件，真令人怆然泪下。余以此间状态告之，未竟谈而罢。酉正，余至王鼎三寓，遂邀之偕往工艺学堂，既至，则学支那语者均已集。鼎三与之定约，每人月金一元，每周间三日或四日不等，每日自七时起八时止。语讫，遂登堂教授，以《东语完璧》内之汉语教之，而译以日语，至八时半，遂休息。该学生以管原道真幼时肖像一张赠余，日本千一百年前之大学者，而相池莲斋所绘者也，余领之。戌初回。

六月十三日晴　辰初，至卧龙馆，在胡经武处谈最久。下午，偕经武至罗品山寓，遂邀品山同至日比谷公园，游览良久。未初回。酉正，至工艺学堂教汉语。戌初回。

六月十四日雨　辰初，至法政大学上课，既至，则是日因事停课，遂回。胡经武来，邀余至西路会场，坐良久。巳正回。未初，至经武寓。申正回。

六月十五日晴　辰正，至法政大学上课，是日所讲为"经济学"，教师山崎觉次郎也。午初毕，回。未初，至程润生家，不遇而回。申初，胡经武来，邀余同去，至卧龙馆，坐半晌，遂至会芳楼沽饮，纵谈良久。酉初回。夜作西南路留学生上端方禀，未成。夜，大雨。

六月十六日雨　辰正，至法政大学，因停课而回。阅报，载有王汉谋刺铁良事，并称其在家别内所作诗云："未知此去何时会，生死□□一寸心；若使断头成永诀，愿卿含笑贺孤魂。"读其诗，想见其为人，其俄罗斯之梭罗姚甫乎？酉初，至胡经武寓。戌初回。

六月十七日雨　作上端方禀成。申正，至一书店，购得《澎湖岛》一册。酉初，至会馆阅报。酉正回。

六月十八日阴　巳正，至神保病院诊察，医生谓余有脑病，宜永久服药可愈，亦宜禁酒、女、精神过劳三事云云，讫，遂购得药三种。午初回。阅报，载日俄媾和将定，两国全权大臣会合地于美京华盛顿云云。

六月十九日雨　辰，至法政大学上课，是日讲"民法"，讲师□□□□也。午初回。途遇高天梅，邀余至伊寓，坐谈移时，并留午餐。(巳)<未>初回。未正，至彭希明寓，坐良久，希明购支那料理甚丰盛，余与柳病农、胡经武同大啖一餐。申正回。

六月二十日雨　辰正，上法政大学。自是每日上课，皆不记。购得"号外"一张，知日俄和局有望，日本将拟简伊藤博文为全权委员云。又阅报，言中国粤汉铁路已经收回，须购票之款甚巨云。下午，写致文卿信，告以日俄战事，末言吾宗《云友公遗集》，可筹款印刻，公之于世云。

六月二十一日　巳正，至神保院诊病，购得水药一瓶。午初回。未初，至胡经武寓，不遇而回。酉初，至程润生家，谈良久回。酉正，至鲁文卿寓。戌初回。

六月二十二日阴　巳正，雨，至胡经武寓。午初回。未正，胡经武、柳济中来，邀余至彭希明寓，坐良久。申正，复偕至黄庆午寓，不遇，余乃至西路会场，以上端方禀稿交程乐山，留晚餐。乐山以《卫生警察》一册赠余。酉初辞去，至杨冕卿寓，谈片刻，借得《东语完璧》一册。酉正，乘电车至工艺学堂教支那话。戌初回。

六月二十三日晴　午正，至胡经武寓，寻回。未正，戴渭卿来，催问《二十世纪之支那》事，余乃至鲁文卿处取回原稿数页而回，示之，言将出版。渭卿留晚餐而去。酉正，鲁文卿来，邀余至陈季甫寓，商议出版事。季甫者，黄益庵所托之代理干事也。戌初回。

六月二十四日晴　午初，至胡经武寓，寻回。午正，偕李和生、胡经武、柳病农至芝区登三缘山，游览良久。申初回。酉正，至张步青寓，知《二十世纪之支那》杂志已出版，已发邮约明日开会发行矣。戌初回。

六月二十五日晴　午初，至胡经武寓，留午餐。未初，至会馆赴《二十世纪之支那》杂志会。申正，至一书店，购《史学界》二册而回。

六月二十六日晴　巳初，至卧龙馆，寻回。未正，至黄庆午寓，谈良久。时张溥泉已(至)<自>上海回东，言邹容死由，并无谋害情形，实系病亡，身后一切事务，上海同人等经营颇为周匝，有刘君者捐地在上海西南十余里为其葬地云云。申正，至西路会场。酉初，至贺年仙寓。酉正回。

六月二十七日晴　巳正，胡经武来，邀余至一牛肉店沽酒肉食之。午正，偕至上野，入博物馆，观览良久。未初出，复至浅草公园游览，入其水族馆等观之。酉初回。

六月二十八日晴　阅报，有张之洞、袁世凯、周馥请清政府立宪事，以十二年为实施之期云。申正，至文求堂，购得东语《士商丛谈》一册而回。酉正，至朱□□寓，不遇。戌初回。

六月二十九日晴　未正，至西路会场。申初，至巢鸭弘文学院，晤凤琴台，琴台于前日至东者也，坐良久，复至西路会场。酉正回。戌正，至一书店，购得《日本神字考》一册而回。

六月三十日阴　接罗立中自湖北来信，言将毕业云云。巳正，至卧龙馆。午初，至泉馆访刘柄生，不遇。午正，至会馆阅报。未初回。

六月三十一日①晴　巳正，至卧龙馆。午初回。申初，至会馆阅报，寻回。酉初，至一书店，购《马氏文通》不得，购《汉文典》一册而回。

七月一日阴　未初，至卧龙馆，在张步青处谈片刻。申初回。

---

① 原书如此。六月无三十一日，当误记。

阅报，知俄国黑海舰队反叛甚猖云。

七月二日晴　辰正，江浴岷、戴渭卿来，谈良久而去。巳初，至西路会场赴会，任书记事，午正毕。（巳）〈未〉初，至会馆赴《二十世纪之支那》会，申正散，至陈季甫寓。酉初回。

七月三日晴　巳正，至卧龙馆，胡经武与谈良久。午初回。写致欧阳骏民、曹德名信，并寄赠《二十世纪之支那》一份。申初，至刘柄生寓，不遇，晤盛廉生，谈片刻。酉初回。

七月四日晴　未初，至上野公园，入动物院观览珍禽奇兽之类，不可胜举。申正出，复四处游息良久。酉初回。酉正，至光荣馆，晤何卫种，谈良久。何君广东人，亦《二十世纪之支那》记者也。戌初回。

七月五日晴　巳正，至卧龙馆，寻回。申正，至西路会场，晤宋海南，偕凤琴台同来者也，与谈最久，遂留宿焉。

七月六日晴　辰正，与杨辅唐至上野公园，游览良久，至图书馆，欲入观，以人满而止。午正回。未正，至卧龙馆。申正，至崔通约寓，谈良久，崔君言广州左斗山可代派杂志云。酉初回。

七月七日晴　未正，至西路会场。申初，至易纬舆寓，谈良久，复至西路会场，与宋海南商办《二十世纪之支那》事，遂留宿焉。

七月八日晴　巳初，至卧龙馆，与鲁文卿、张步青发行《二十世纪之支那》往内地各处。余书就各信毕，遂至程润生寓，催其速编下期报。午初回。阅报，知日军攻太岛，占领コルザコフ港。

七月九日晴　巳正，至帝国教育会，赴同乡会欢迎会，午正散会，复至山本写真馆，同西路会员照相，以日光太大不果照，遂皆散。余偕陈伟臣等至成昌楼午餐，未正回。酉初，至卧龙馆，偕胡经武、郭之奇至和强乐堂观活动写真，既购券将入，忽闻人声鼎沸，急入观之，则演支那妇人丑态，而留学诸君皆大哗，群起而散去也，余乃亦去。将回，既而思诸人皆散，无以善后，余乃与郭之奇同站立该堂门口，凡有中国人来观，皆说明其故，戒其莫入。立良久，有一陕西人至，潘姓名会文，亦与予有同心者，余乃属其书一长条贴于门口，以使人人皆知之。既贴，而该堂司事人不许贴，余等争之。正辩论之际，其馆主□□□氏自内出，乃延余等入而款以茶，遂婉言谢今日之不是，亦称余等不必贴此字。余等乃言曰："贵君演写真有自由权，虽如何出吾国丑，吾不能干涉之，则吾等禁戒吾国人不来看亦有自由权，虽贵国政府亦不能干涉之"云云。渠语塞，惟婉转要余等无损其名誉，余等不许，渠乃终听余等贴此字，余等乃去。潘君邀余至其寓，坐谈良久，亥初始回。

七月十日晴　午初，至卧龙馆，寻回。至陈季甫寓，嘱其速寄各处杂志，午正回。未正，至劝工场，购得和服一套。申初回。馆主妇言此和服甚恶，宜退之，余乃邀井泽直风同至劝工场，遂退还之而回。姚小琴来访，小琴者，庚子汉上之人物而缧绁之馀者也。余与谈良久，余遂劝其移至此相近处，渠亦以为然，遂同至香澄馆订房间一间，约明日晨移至。酉初余回。

七月十一日雨　辰正，至香澄馆，姚小琴已移至矣，坐谈片刻回。午正，复至姚小琴寓，谈及渠与梁启超交涉事。未正，至卧龙馆。申正回。

七月十二日雨　未正，至胡经武寓，商办报法。申正，郭之奇邀至同心馆食支那餐。戌初回。写致姚真(俟)<陔>信一封，并寄赠《二十世纪之支那》一册，信中请其转觅上海发行所一处云云。阅报，知日本北遣船队进攻唐太，已占领ユルザコフ港矣。

七月十三日晴　巳初，姚小琴邀余至劝工场购器物，寻回。黄毅侯来，谈良久而去。巳正，至程润生寓，不遇而回。未初，至西路会场，程洛三嘱余拟致同乡会请将西路会员空馀铁道官费一名交议会公议办法信稿。申初回。戌初，至胡经武寓，经武留余作竟夕谈，遂宿焉，至二时始就寝。

七月十四日晴 辰正，自卧龙馆回。午初，至西路会场，与宋海南谈良久。下午未正，偕海南至植物园，游憩良久。申正，复至会场晚餐。酉正，至程润生寓，不遇。戌初回。

七月十五日晴 巳正，至程润生寓，寻回。午初，至蔡达生寓。未初回。

七月十六日晴①

七月十七日晴 得程润生来片，言宫崎滔天约于十九日上九时与余会见。下午，田梓琴来，言曹亚伯于今日至东京，现寓玉名馆，余即偕梓琴往访之，既至，不遇，遂回。

七月十七日晴② 午初，曹亚伯来，坐谈良久。亚伯已成为纯粹之宗教家，戒烟、禁酒，专奉耶氏之说，此次来东，特入此间圣书学院学宗教学者也。未初，亚伯邀余偕至崔通约寓，谈最久。崔君亦耶教，与亚伯尤亲切。申初，遂邀余至圣公会同作礼拜，既至，则男女皆列坐肃然，如临大祭，一教士立于上演说教旨，口操日语，余不能了解也。良久毕事，遂复偕亚伯等回至亚伯寓，坐谈最久。酉初回。

七月十八日晴 申正，偕姚小琴至崔通约寓，谈良久。通约言不日将回粤，并可带《二十世纪之支那》数十册至粤销售云。余颔之。酉初回。寻至张步青寓，取报五十册，将送出，时《二十世纪之支那》前由邮局寄往香港《中国日报》馆者，因价贵不能寄去，余乃议可托崔通约带去，遂至陈季甫寓，将报百册并前五十册共送至崔君寓，交崔君而回，已十二时矣。

七月十九日晴 巳初，至程润生寓，与润生同赴宫崎滔天之约。滔天君居内藤新宿，距此约十余里。余等乘电车去，良久始抵近滔天君居之处，遂下车行。既抵滔天君家，则滔天已外出，惟其

---

① 七月十六日原缺记事。

② 七月十七日原重见。

夫人在，速客入，属稍待之，余等遂坐。良久，一伟丈夫，美髯椎髻，自外昂然入，视之则滔天君也，遂起与行礼。润生则为余表来意，讫，复坐。滔天君乃言孙逸仙不日将来日本，来时余当为介绍君等云云。又言君等生于支那，有好机会，有好舞台，君等须好为之，余日本不敢望其肩背，余深恨余之为日本人也。又言孙逸仙所以迟迟未敢起事者，以声名太大，凡一举足，皆为世界所注目，不敢轻于一试，君等将来作事，总以秘密实行为主，毋使虚声外扬也。言次复呼取酒来，遂围坐而饮之。滔天君又言孙逸仙之为人，志趣清洁，心地光明，现今东西洋殆无其人焉。又言现今各国无一不垂涎于支那，即日本亦野心勃勃，日本政党中始终为支那者，惟犬养毅氏一人而已。余前往支那一切革命之事，皆犬养氏资助之，现今大隈重信之政策皆其所主张者也，孙逸仙亦深得其助动力，盖纯然支那主义者也。君等既有作事之志，不可不一见犬养毅氏，余当为介绍，改日偕余去可也。至下午四时始饮酒毕，滔天君复介绍其甥二人与余相见，一平井三男，一筑地宜雄，皆温雅之少年也。复闲谈良久，酉初始辞去。酉正回。至曹亚伯寓，亚伯往圣书学院，正起程，余遂送至火车(栈)<站>。戌初回。

七月二十日晴　巳初，至卧龙馆，寻回。未初，至振武学校，晤陈伟臣、陈荇农、叶又村、蒋雨岩等，谈良久去。申初，至杨冕卿寓晚餐。酉正，至易伟舆寓。时伟舆新组织十余人，拟开一商业预备班，以请官费于端方，邀余同行，余颔之，约下日曜日在张雨亭寓商议办法。戌正辞去，至西路会场宿焉。

七月二十一日晴　辰正，自西路会场回。吴绍先属余至廖允端寓为姚小琴取法政讲义股票，余乃如约而至安田支店晤允端取票，允端留余早餐。巳初回。夜，宋海南、胡经武来，留宿焉。

七月二十二日晴　巳初，偕宋海南至上野，入动物园观之。午初去，乃偕至韩山楼午餐，朝鲜料理也，味与中国食无大异。余等所食者，一曰神仙炉，似中国火炉者也，一鸡卵包，则包牛肉之炒蛋也，一コモク，则杂菜之饭也，未初食毕而去。复偕至浅草公园，游览良久，申初始回。

七月二十三日晴　未初，至张雨亭寓，议开商业班事也。申初，至西路会场。酉初，至盛廉生寓，不遇而返。过一书店，购得《紧要时事》、《日华时报》、《直言》各一份及《耶（苏）〈稣〉传》。酉正回。

七月二十四日晴　巳正，胡经武来，邀余同至牛鸟肉屋沽酒饮之。午初回。经武托余代写致杨哲子信一封，余遂属稿，未正成，交经武。复偕至车明馆为购诸物。酉初回。

七月二十五日晴　未初，至程润生寓，润生告余言孙逸仙已至东京，君可与晤面云，余允之。未正，至黄庆午寓，坐片刻。申初，至盛廉生寓。酉初，至杜兴五寓，寻至凤琴台寓，留晚餐焉。遇曹亚伯，邀余至同兴馆食支那菜，与其同教一日本牧师偕。该牧师有劝余奉教之意，余姑应之。戌初，始别而回。

七月二十六日晴　未初，至胡经武寓。申初回。盛廉生来，邀余至春日馆晚餐，（宗）〈申〉正回。接郭瑶皆自汉口来信。酉正，至西路会场。戌初，至易委（于）〈舆〉寓。戌正，至盛廉生寓，寻回。微雨，亥正止。

七月二十七日晴　未初，至刘林生寓，申初回。购得“号外”一张，知日军又在桦太北方上陆，占领亚历山德鲁岛厅云云。

七月二十八日晴　巳初，至西路会场。巳正，至黄庆午寓。午初，至南路会事务所，晤王赐馀、程松生，谈良久。午正回。接程润生来信，称孙逸仙约余今日下午至《二十世纪之支那》社晤面，务必践约云。未初，余遂至该社，孙逸仙与宫崎滔天已先在。余既见面，逸仙问此间同志多少、如何？时陈君星台亦在坐，余未及答，星台乃将去岁湖南风潮事稍谈一二及办事之方法，讫。逸仙乃纵谈现今大势及革命方法，大概不外联络人才一义，言中国现在不必忧各国之瓜分，但忧自己之内讧，此一省欲起事，彼一省亦欲起事，不相联络，各自号召，终必成秦末二十余国之争，元末朱、陈、张、明之乱，此时各国乘而干涉之，则中国必亡无疑矣，故现今之主义，总以互相联络为要。又言方今两粤之间，民气强悍，会党充斥，与清政府为难者已十余年，而清兵不能平之，此其破坏之能力已有余矣，但其间人才太少，无一稍可有为之人以主持之。去岁柳州之役，彼等间关至香港招纳人才，时余在美国而无以应之也。若现在有数十百人者出而联络之，主张之，一切破坏之前之建设，破坏之后之建设，种种方面，件件事情，皆有人以任之，一旦发难，立文明之政府，天下事以此定矣（逸仙之言馀尚多，不悉记）。谈至申正，逸仙约余等来日曜日往赤坂区黑龙会会谈，余允之，遂回。酉初，至卧龙馆。戌初回。阅"号外"，称日本军又自沿海州上陆，已占领亚历山德鲁港云。

七月二十九日晴　巳正，至陈星台寓，邀星台同至黄庆午寓，商议对于孙逸仙之问题。先是，孙逸仙已晤庆午，欲联络湖南团体中人，庆午已应之，而同人中有不欲者，故约于今日集议。既至，庆午先提议。星台则主以吾团体与之联合之说；庆午则主形式上入孙逸仙会，而精神上仍存吾团体之说；刘林生则主张不入孙会之说；余则言，既有入会不入会者之别，则当研究将来入会者与不入会者之关系如何。其余亦各有所说，终莫能定谁是，遂以"个人自由"一言了结而罢。未初，至盛廉生寓，申初回。支那语学生池上莲斋来，交余日金七元，本月修金也。渠言来月因暑假，各人皆无暇，只有生徒三人，如何？余乃言余来月亦休息，请皆停课可也，伊允之。伊又言，伊兄田中弘之往支那视察女学及宗教，当至湖南北等处，托余致信介绍友人与之相接。余约明晚当至伊寓，伊诺之，酉正辞去，余遂至卧龙馆。戌正回。

七月三十日晴　辰正，至陈季甫寓。时季甫因病，欲将其代理之《二十世纪之支那》社庶务干事托邓清典代理之，而欲余作交代之凭证，余允之。巳正，至卧龙馆。午初，偕陈季甫至邓清典寓，证其交代一切事件，讫，午正回。写致戴琫璋信，为田中弘之绍介也。未初，至赤坂区桧町三番黑龙会，赴孙逸仙会也。既至，则已开会，到者七十余人。孙逸仙先演说革命之理由及革命之形势与革命之方法，约一时许，讫，黄庆午乃宣告今日开会原所以结会，即请各人签名云。乃皆签名于一纸，讫。孙逸仙复布告此会宗旨，讫，复由各人自书誓书，传授手号，卒乃举起草员，规定章程，举得黄庆午等八人，讫，乃闭会。酉初回。戌初，至田中弘之家，晤田中、池上两氏，用笔谈良久。戌正始回。

七月三十一日雨　未初，至西路会场，与宋海南谈良久。申正，至程润生寓，不遇，酉初寻回。

八月一日晴　未初，至胡经武寓，寻回。吴绍先来，邀余及李和生、胡经武、聂茂峰至牛肉屋沽酒大啖，酉初始回。至何卫种寓，遇于门外，遂谈数语而返。酉正，至于业乾寓，坐谈良久。时高天梅新发起《醒狮》杂志，业乾欲以《二十世纪之支那》合并之，余亦以为然，遂属业乾与天梅商焉。戌初，至李□□寓，寻回。

八月二日晴　接欧阳骏民、曹德民自鄂来函，并寄来《中国民族志》一册，函中多勉励语而已。又接孙迪卿自常德来函，函中言现仍在中学堂，但未与试验，所守宗旨，毫不稍变，无论石烂海枯，皆所不计云云。未初，至蔡达生寓，谈最久。申正，至鲁文卿寓。酉正，至吴寿田寓。戌初，至张步青寓。戌正回。

八月三日晴　接《醒狮》社来函，邀余日曜日至会馆会议出报事。未初，至程润生寓。申初，至胡经武寓。申正，至会馆阅报。酉正回。

八月四日晴　下午未正，至于业乾寓，谈良久。申正，至高剑公寓。剑公告余言《二十世纪之支那》与《醒狮》合并事,《醒狮》同人皆不欲云云。剑公并请余作文,每日一篇,余允。酉初回。

八月五日晴 巳正,至西路会场,赴职员会也。午正,散会。未初,至黄庆午寓,坐谈良久。申初回。夜至张步青寓,不遇而回。阅报,知俄桦太军已降日本,日军已得桦太全岛矣。

八月六日晴 未初,至会馆阅报,申初回。熊岳卿来,坐谈良久,遂同至岳卿寓,留晚餐,夜遂宿焉。

八月七日晴 辰正,至贺联仙寓。巳初,至吴良愧寓,寻至聂雁湖寓。午初,至欧阳吉香寓。未初,至程润生寓,晤孙逸仙,言今晚六时约诸同志在山口方相会。未正,至鲁文卿寓。申初,至高剑公寓。酉初,至彭荫云寓。戌初,至黄庆午寓。亥初回。

八月八日晴 巳初,至黄庆午寓。午初回。下午雨,未初止。夜至彭荫云寓,坐谈良久,戌初始回。

八月九日晴 巳正,至秀光舍,寻至张步青寓,谈片刻,午初回。未初,至程润生寓,谈良久,时田梓琴、张步青与俱。申初,偕田、张二君至富士见楼租房间(因欲开欢迎孙逸仙会),未成。申正回。酉正,偕张步青、鲁文卿至京桥小川一写真店购写真,不得,遂偕至上野观放花火。戌初回。

八月十日晴 巳正,至鲁文卿寓。午初回。申初,至高天梅寓。酉初,至申锦章寓。戌初回。阅报,知日俄和议已开议于美之波芝麻士云。

八月十一日晴 田梓琴来,言租富士见楼房间,已定于十三日下午一时至六时开会,余遂嘱梓琴书邮片发各处,余自至会馆贴一长条焉,午初回。申正,至黄庆午寓,寻回。阅报,知日本北遣船队又派二队攻俄士克海沿岸及甘查加米岛矣。

八月十二日晴 阅报,载日俄两国全权大臣已会见,即开谈判矣。酉正,至彭荫云寓,邀余至富士见楼。戌正回。作时评一则

(《西太后之宪政谈》)。

八月十三日晴 作时评一则(《俄人抗议开张家口库伦为商埠事》)。午初,至富士见楼,经理开会一切事宜毕。午正,至樱亭,孙逸仙已至,遂嘱其早至会场,余遂复至富士见楼。未初,孙逸仙至,遂开会,先由余述欢迎词,众皆拍手大喝采,次乃请孙逸仙演说。时到者已六七百人,而后来者犹络绎不绝,门外拥挤不通,警吏命封门,诸人在外不得入,喧哗甚。余乃出,攀援至门额上,细述人众原因,又开门听其进,遂罢。申正,孙君演说毕,程润生及蒯□□相继演说,讫,又请来宾宫崎滔天及末永节二君演说,至酉初始散会。余复与润生、荫云等沽酒饮之。戌初回。

八月十四日大雨 检算昨日开会出入帐目,讫,作一报告书,其简要如下:

收得会费金七十元零六十钱。

用出之数:

一会场一切用费四十三元五十钱。

一开会前一切邮便纸料费七十五钱。

共四十四元四十钱。

余存二十六元二十钱,作为刊刻孙君演说稿费。

书讫,巳初,余遂至会馆贴之。午初,至蔡达生寓,谈良久,午正回。程乐三来,言西路人又得省中来信,补官费九人内,杜星五、戴修治二人已补他费,系重出,公议以余与姚小琴移补之云,余姑应之。

八月十五日晴 作时评(《某公使干涉江西试题》)一则。未初,至秀光舍,寻回。申正,至凤琴台寓。酉初,至西路会场。酉正,至聂雁鸿寓。戌正回。

八月十六日阴 作时评(《又催解内务府经费》)一则。午正,至公使馆,偕姚小琴、李和生、胡经武与俱,为西路补官费事也。未正回。唐静皆来,谈良久而去,静皆于二月前到东京者也。

八月十七日大雨　午初，偕程乐三等至公使馆。未初回。写致上海《国粹学报》馆信，托其代为《二十世纪之支那》发行所事。

八月十八日晴　作时评一则(《留学生殿试》)。未正，至卧龙馆。酉正，至张步青寓，不遇而回。写致《时报》馆信，托其登印《二十世纪之支那》广告也。戌初，至刘林生寓，晤盛廉生，告余言，湖南某等托雷道亨译报寄回，今无其人，欲余为之，每千字有译费一元三十钱云，余应之。戌正回。

八月十九日阴　巳初，至鲁文卿寓，雷道亨译报事，余欲与文卿共为之，请张步青代告之，文卿允焉。午初回。盛廉生来，邀余同至雷道亨寓，遂商定译报事。午正，至会馆阅报，未初回。

八月二十日阴　是日为□□□□会成立开会发布章程之期，会场在赤坂区灵南坂本珍弥邸。午后一时余到会，时到者约百人。二时开会，黄庆午宣读章程共三十条，读时会员有不然者，间有所增减，读讫，乃公举总理及职员、议员，众皆举得□□□为总理，举得□□□等八人为司法部职员，举得□□□等二十人为议员，其执行部职员则由总理指任，当即指任□□□等八人为之，讫，总理复传授□□，末乃由黄庆午提议，谓《二十世纪之支那》杂志社同人半皆已入本会，今该社员愿将此杂志提入本会作为机关报，何如？众皆拍手赞成，议决俟下次再商办法。会事既毕，乃大呼万岁而散，时已酉初矣。大雨，余偕胡经武、范承志回，中途至成昌楼晚餐，戌初抵寓。

八月二十一日晴　巳初，至卧龙馆。午初，至黄庆午寓。未正，至吴绍先寓。申初，至西路会场，杨仲达留晚餐。酉初回。

八月二十二日雨　作《清太后之宪政谈》一篇。未初，程润生来，言中山将于来日曜日开演说会，演说各国能否瓜分中国问题，定入场券特别席料二元，预留席一元，普通席五十钱。余嫌其太贵，然已无可如何矣。酉初，至黄庆午寓，寻回。

八月二十三日雨　作《俄人经营蒙古矿产》时评一篇。是日略有寒疾，人甚不豫。阅报，知日俄和局日本提出条件中，俄人不认割地、偿金二件云。

八月二十四日雨　因疾未治事。

八月二十五日雨　巳正，至神保院诊察。午初回。未正，至张步青寓，留晚餐。戌初回。接不知姓名之人来一函，责中山开演说会定价之大不然，谓必大失人心云。又接彭荫云、熊岳卿、杨仲达等来片，均大说演说之失。余乃书一信，略述此事之宜变通，并将上数信亦封入，寄往中山处去焉。

八月二十六日雨　作时评一则（《袁世凯乃敢与国民宣战耶》）。未正，程润生来，言（昨）〈明〉日下午开□□会议，交代《二十世纪之支那》一事，《二十世纪之支那》原人皆宜到会，余颔之。申正，至西路会场，时新到者【有】十余人中，余惟认识李固生一人也，与谈良久。酉初，至吴绍先寓。戌初，至张步青寓，寻回。接刘瑶臣自长沙来函，述自去冬以来屡次失败之状，慷慨悲愤，令人泣下也。余即书一复信，告以近状焉。

八月二十七日晴　巳正，至程润生寓，谈良久。午初，至鲁文卿寓，留午餐。未初，至江户川亭赴□□会，议《二十世纪之支那》交代事，议决两方各举一人为代表，一移交，一接收，免致分歧云。即举得黄庆午为接收者，余为移交者，讫，遂散会。申初，至黄庆午寓，谈良久，寻回。酉初，至秀光舍，该店言《二十世纪之支那》已印刷装制成，即可送交云，余遂至卧龙馆待之。酉正，秀光舍将书送来，交余清点，正交代间，忽有警吏数人至，向余言："此书须押收，不能发卖。"余不解其由来，与之辨。彼等不听，只云须押收警署去，并邀余去质问。余遂任其将书押去，而余亦随后行。既到神田警署，该警吏乃向余言："此杂志有害公安，须押收也。"余曰："出版自由，非贵国宪法所许乎？"彼曰："然，但只指不害公安者。"余曰：

"此书害贵国之公安乎？抑敝国之公安乎？"曰："自然为日本之公安。"余曰："害日本如何之公安乎？何篇文章犯公安乎？"彼停半晌不言，良久乃以笔书曰："不说明。"余曰："我实不知，请说明以教我？"彼复停半晌，乃曰："此依内务大臣之命令，余辈实不知。"余曰："本杂志五月已出，何内务大臣不知，而至今乃始禁止耶？得毋清公使之运动耶？"彼曰："此事与警察无关与也。"彼复问干事为谁？余曰："程家柽与黄华盛。"彼曰："发起何人？"余曰："我一人发起人也，尚有数人已回国矣。"复与诘辨良久，至亥初始回。

八月二十八日阴　辰正，程润生来，猝向余索报看，彼犹以为在余处也。余乃告以昨夜警吏押收之事，彼亦大惊，乃相与商议办法。润生言须同至警署诘问，并言："余妻兄某为《万朝报》记者，熟悉报律，可往问之。"余以为然。巳初，遂同至神田警署，晤警吏二人，彼先以本日官报示余，见载有内务大臣告示，称："《二十世纪之支那》第二号，妨害安宁秩序，禁止颁布发卖，并差押印本之处分"云云。该警吏(彼)<复>问本社发行者何人？余答以无人，皆系社员公任。又问掌会计者何人？余答以已归国矣。又问募集经费者何人？余答以我一人而已。又问第一篇文稿从何至此？余始知报内第一篇《日本政客之经营中国谈》，所谓妨害公安者，即指此也，乃漫应曰："此香港友人投来者，不知何姓名也，现在香港出版矣。"润生复言："贵国政府何其愚也！吾等非日本国法下人民也，何处不可出版？吾等即刻送到支那、欧米各国出版，其奈我何？适足见日本政府之野蛮而已。吾并将此文译为英、佛、露、独各文，送各国新闻登之，益发日本经营支那之政策，于日本之外交上亦不无影响也。且本报原无甚价值，今与大日本帝国政府作对待，本报荣誉多矣，有アリ難ガト御座イマス。"谈既竟，遂出。乃至《二六新闻》社，润生有一友人为该社记者也，将访之而不遇。乃同至《读卖新闻》社，访其记者，亦不遇。卒乃至《万朝报》社，访润生之内兄。其门番云，尚在家，未来也。余乃与润生乘电车至本乡，造其家访之，则适又出门往报社去矣。余与润生皆怅，时已午正也，遂至一牛鸟肉屋购午膳食之，讫，复乘电车往京桥《万朝报》社，既至，晤其人焉。润生乃告以情形，并问其有何办法？彼言此系省令，无可挽回，且内务省并可控君等于裁判所以取罚焉，君等只期继续出报而已。润生并托其将此事登报，彼颔之，遂辞去。未初，复至《读卖新闻》社及《二六新闻》社，皆晤其记者，润生所言俱与《万朝报》社所言同。申初回。酉初，至程润生家，见有警吏二人在焉，余坐谈良久而去。至黄庆午寓，不遇而回。戌初，一警吏来问余《二十世纪之支那》社姓名册，余答以干事黄华盛已携往他处去，君可自访之，余不知也。彼复问报中之主义，余曰："革命而已。"彼曰："支那革命之派多乎？"余曰："甚多。"彼曰："除孙逸 <仙> 外，尚有何人？"余曰："此不关君事，君何必问？余亦不能告也。"彼遂去。

八月二十九日晴　辰正，至赤坂区黑龙会事务所，访□□□，不遇。午初，至黄庆午寓。未初回。阅报，知日俄和局已成立。未正，至卧龙馆，途遇一警吏，问余报之原稿何在？余答以寄往香港去矣。申初回。接黄庆午一信，约明日下午开□□司法部会。酉正，至会馆阅报，寻回。

八月三十日晴　辰正，至卧龙馆。午初，至会馆，与门番勘定《二十世纪之支那》代售帐目，讫，午正回。神田警察署来书，属余十二时至署，有事问商，余遂至该署。该警吏问《二十世纪之支那》原稿何在？余言："已寄上海、香港去，且贵国内务省令只押收印本，未云押收原稿，君何问及此乎？"彼无言，余遂去。未正，至黄庆午寓赴□□，□□及余为检事，□□为书记，□□为判事，讫，散会，申正回。

八月三十一日晴　辰正，一警吏来，问余会馆中告白为谁贴？余曰："此田サン贴也，亦犯公安乎？"彼曰："余但问及而已，无他意

也。田サン住何所？”余曰：“余非巡查，不知也。”彼曰：“リ丨テスカ！”遂去。下午，至张步青寓，步青交余以《二十世纪之支那》会计簿记。申正回。

九月一日晴　巳正，至卧龙馆，寻回。下午，田梅溪、刘治斋来，二君新自湘中来，皆沅州人也。携有刘瑶臣信一封，述沅水流域各埠事甚悉，坐良久乃去。夜至西路会场访田梅溪，寻回。

九月二日晴　巳正，至邓清典寓。渠交余以《二十世纪之支那》一切簿记印信（前黄益蓭托陈季甫代理，陈又托邓也）。午初回。下午，余预备移交《二十世纪之支那》事，检查一切帐目，造一清册，至夜始回。

九月三日晴　巳正，至黄庆午寓，以《二十世纪之支那》一切簿记、款项、图书、器具、印信，交与黄庆午，庆午接受之。时孙逸仙在，余约其明日上九时有人来会谈，为介绍□□□等五人也，逸仙允之。未初，至田梅溪寓，遂邀梅溪、刘治斋及吴绍先、胡经武同至一牛肉屋沽酒饮之，田、刘二君谈湘中事甚悉，申初散。余至杨冕卿寓，坐谈良久。酉初，至吴绍先寓，与田梅溪、刘治斋及绍先纵谈时事，至戌初始罢，余遂回。

九月四日晴　辰正，余至□□处，邀□□□等同至黄庆午寓，晤孙逸仙，谈良久始回。下午，黄庆午来，言会馆干事今日开会，议对付日政府定管理清韩留学生事，并议及《二十世纪之支那》被禁事，言须调得原稿，由评议员会议决办法，余遂至程润生寓取得原稿。申正，至会馆将交干事，而干事会已散，遂回。

九月五日晴　胡经武来，同至一牛肉屋，方饮酒，李和生亦与俱焉。未初回，遂至会馆交《二十世纪之支那》原稿与干事长杨晰子。申初，至黄庆午寓，坐良久。庆午言：“南洋爪哇岛华商学堂有聘教习之信，君可去否？”余暂应之。酉正，至吴绍先寓，坐谈良久，戌初回。

九月六日晴　巳初，至程润生寓，催其速将《二十世纪之支那》被禁之报再行印刷。午初，至高天梅寓。未初回。书机抽斗内失日钞五元，大抵为下女盗去，余拟移寓焉。酉正，偕姚小琴至麴町区觅下宿屋，寻得小金楼有空房间。戌初回。

九月七日晴　姚小琴偕李士村来，遂同至小金楼言定移寓事，每人月饭金十元零五十钱。午初回。下午，清检行李。酉初，与店主人结账，讫，遂雇人力车将行李运至小金楼，余亦随至，遂入寓焉。夜，大雨。

九月八日晴　李和生、姚小琴、吴良媿、李士村、李仲衡亦移至。巳正，余至会馆阅书报。午初回。未正，至黄庆午寓，庆午言，爪哇之行，当俟何君□□一月之后来信定夺云。申正，至熊岳卿寓，留晚餐。酉正，至贺年仙寓，年仙言吴应图【寓】已至此间，余遂邀年仙往访之，途【遇】(中过)访蔡达生，不遇。戌初，至吴应图寓，坐谈最久，戌正始回。

九月九日晴　写致欧阳俊民、曹德民信一纸，约五千言，大抵言此间一切情状及答前书问留学以何科学为好一节，余言皆视乎一已之志愿如何，吾此身愿为华盛顿、拿破仑、玛志尼、加尼波的乎？则政治、军事不可不学也；吾此身愿为俾士麦、加富尔乎？则政治、外交不可不学也；吾此身愿为纳尔逊、东乡平八郎(也)<乎>？则海军不可不学也；吾此身愿为铁道大王、矿山大王乎？则实业不可不学也；吾此身愿为达尔文、牛董、马可尼乎？则科学不可不学也；吾此身愿为卢梭、福禄特尔、福泽谕吉乎？则文学、哲学不可不学也。若一已目的未定，茫茫无据，但以志愿将就学问，不以学问将就志愿，必至所学非所用，所用非所学，甚且终身一无所成焉，亦未可知也。东京学校甚多，应吾人种种志愿之学问，皆无虑不足，自抱定目的来学而已云云。下午，至张步青寓，步青邀余至支那料理屋晚餐。酉初回。接西路会邮片，知明日开会举干事长云。

九月十日晴　巳正，至西路事务所（即会场改名）赴会，到会者四十余人。既开会，代理干事长提议，今日选举干事长、庶务干事及中国总会评议员，遂发票选举。胡经武被选为干事长，宋海南被选为庶务干事，蒋雨人、刘郁之及余被选为中国总会评议员，讫，遂散会。未初，至吴绍先寓，同至醒园午餐。申正，至宋小轩等寓。酉初，复至会场。戌初，至黄庆午寓，寻回。

九月十一日晴　午正，至鲁文卿寓。未初，至九段劝业场购伞一柄，寻回。申正，至张禹亭寓，谈良久。酉正，至蔡达生寓。戌初回。

九月十二日晴　巳初，至鲁文卿寓。午初，至程润生寓。午正回。未正，至张步青寓，谈良久，步青欲余邀宫崎滔天君明日同来会饮，属余通知，余颔之。申初，至东明馆购诸小间物。酉初回。写致宫崎氏信，即邀其后日来饮酒也。为井泽直风拟订日语学堂章程。

九月十三日晴　未正，至程润生寓，不遇，寻至西路会事务所，是日开职员会也。接得石卿自家寄来信一封。申正，至戴君亮寓，晤戴渭卿，始知渠今日曾至余寓，待良久，不遇余而返者也。酉初，至南路事务所，因今日为中国中元节，遂邀刘林生、徐运奎、胡经武同至云香楼沽酒饮之，尽欢而散。戌初回。开家信读之，始知祖母太夫人已于前六月初一（中历）弃世，天外噩耗，悲痛不尽，已身亡命在外，不能亲视含殓，不孝之罪，上通于天矣。呜呼，哀哉！

九月十四日晴　接宫崎滔天来片，称今日下午四五时可来云。巳初，至大桥图书馆阅书，该馆在番町，系私立者，以金三钱购券入，随择所欲观之书填名于券，持向收发人取之，皆可得，余取得年表数种阅之。午初回。未正，张步青、鲁文卿、田梓琴来，以待宫崎氏之至，坐谈良久。申初，宫崎氏至，并另邀一人与俱，询之则清藤幸七郎，即所谓吞宇者也，遂偕至成昌楼沽酒肴将痛饮焉。少焉酒肴备陈，遂举杯酌之，宫崎、清藤二氏皆善饮者，然饮中国酒则必醉，以不(尝)<常>饮中国酒且较剧也。始酌者为牛庄酒，继乃易以日本酒，满座皆易视之，尽量而饮，及酒酣耳热，宫崎氏乃纵谈东亚时势，而深慨夫支那之不革命，卒及于朝鲜金玉均氏事，甚痛惜之，至夜半始散。宫崎、清藤二氏归去，余至步青寓宿焉。

九月十五日晴　辰初，自张步青处回，中途至一书店，购得《韩国新地理》、《世界大富豪立身谈》、《武士道史谈》三书。巳初回。田梓琴来，邀余至大桥图书馆阅书，既至，余取《金玉均详传》观之，以卷帙太多，稍涉猎而已。然金氏之所以为东亚之英雄，则固已知之矣。午正回。蔡达生来，邀余去访程润生家，不遇而回。

九月十六日晴　接李仲青自汉口来信，言办报事也。午初，至鲁文卿寓。未初，至唐静皆寓晚餐。酉正，至黄庆午寓，戌初回。

九月十七日阴　作《中国新纪年》第一章，成。未初，至南路事务所，与刘林生谈良久。时有李仁秋者，欲往病院诊察而无人引导，林生乃属余，余应之。未正，遂偕李至神保院，诊毕，余至鲁文卿寓，遂偕张步青及文卿往宫崎滔天君家。既至，坐良久，滔天出酒肴共啖之，余举杯连(馀)<饮>，少焉稍有醉意，乃放声唱湖南之新剧，滔天亦击节而歌，步青亦作鄂调，举座殆若狂。良久，滔天之夫人内田者亦出而举酒属客，余一饮而尽者数杯。又移时，余乃醉矣，呕吐满地，颓然横卧，迨至戌初，步青乃呼醒余，乃共辞归。亥初，抵步青家宿焉。

九月十八日雨　辰初，自步青寓回，写致复石卿信一纸，皆家家琐琐之事，末乃劝其勉学云。巳正，至大桥图书馆阅书，时余为作《中国新纪年》，欲参考多书，乃择其年表数种观之，所获足为参考之料者如下：

一若田泰岩《世界大年契》称：黄帝元年为壬申。

尚䌹先生《倭汉历代备考大成》同之。

一井上赖(囝)<圀>、大槻如电《东西年表》称:黄帝元年为庚寅。

一山田美妙《世界历史大年表》载:黄帝元年为日本纪元前二千零三十八年,伏羲元年为二千三百九十三年,神农元年为二千一百七十八年(又载黄<帝>在位百年,<少>昊八十四年,<颛>(琐)<顼>七十八年,<帝>喾七十年,尧九十八年,舜六十年)。

一《纬书》言:自黄帝至<帝>喾共三百四十一年(又一书言)。

一□□新撰《东西年表》称:西历纪元前四十五年伊国主由利安设沙尔始用太阳运行制历法,名由利安历(又称阨日多、亚剌比亚、都尔格、天竺、柬埔塞历法各异)。

未初回。申初,至程润生寓,谈良久辞去。至吴绍先寓,绍先留晚餐,晤得吕馀山,靖州佳士也。酉初,至西路会场。戌初回。

九月十九日雨　辰正,至西路会场送杨伯中行。巳正,偕胡经武至醒园沽酒饮之。午正,至黄庆午寓,庆午告余,《二十世纪之支那》前日□会议决不用原名,拟另出一报;一切关系,表面概与断绝,以□会不欲持排外主义启人嫌忌也云云[1]。酉初始回。

九月二十日雨　巳初,至东京耳鼻咽喉医院访李仲衡。午初,至会馆阅报。午正回。午餐毕,时余接诸友人来函及以事属余而未复命者,皆作函复之,自午至酉始毕焉。计:为西路会致向次班,诘问去年西路学堂诸人捐助本会经费百元,系交向次班汇寄者,何至今尚未见到信一件;致石卿信一函,昨日未完者,并寄去《中西伟人传》、《二十世纪之支那》各一册;致黄庆午言对付《二十世纪之支那》停办善后方法信一件;致曹亚伯信,约下日曜来寓相谈一件;致胡文岩邮片,请其何日来寓共话家山一件;致吴寿田片,问编孙中山演说稿何日成册一件,共六件。夜作《中国新纪年》第二章,未完。

九月二十一日晴　作《中国新纪年》第二章,仍未完。未初,田

---

① 此当是指同盟会接办《二十世纪之支那》改为《民报》事。

梓琴来，偕余至程润生家，不遇而返。申初，至一理发肆，刈发毕，至于业乾寓，谈良久。申正，至田梓琴寓，留晚餐。酉初，至黄庆午寓，庆午言：“《二十世纪之支那》停办后拟另办之报，已名曰《民报》，下礼拜日拟开会商议办法。”

第　三　卷

开国纪元四千六百零四年

（一九〇六年一月一日——五月三十一日）

一月一日[①] 晴　晨起，与张溥泉、何晓柳、田梓琴共小饮，良久，讫。巳正，遂偕至宫崎滔天家贺年，晤得滔天兄宫崎民藏，日本之社会主义者也，谈良久，未初回。申初，至杨勉卿、禹馀三寓，共置酒肴饮之，余有醉意。酉初回。

一月二日晴　巳初，至李和生寓，适吴绍先至，言常郡人今日共约集醵金会饮，邀余去。午正，遂至西路事务所，陈伟臣等已备酒肴，遂共饮之，未初讫，遂回。酉正，至秀光社，催其速印《民报》。戌初，至静冈劝业场购诸文房具，寻回。

一月四日晴　巳正，至程润生寓，润生告余为学界反对日文部省规则事，已约明后日招集各新闻记者，以酒饷之，以疏通意见，但须醵金六十元，欲余筹谋，并言夏道南处可设法云云。午正回。至李和生寓，遂偕和生及杨勉卿至熊岳卿寓，坐良久，岳卿置酒饮之。余寻醉，良久，倒卧于席上，仰天歌陈星台《猛回头》曲，一时百感交集，歌已，不觉凄然泪下，几失声，又良久，酒醒乃已，复谈片刻，戌初回。观吕叔简《呻吟语》内篇修身类，其语有曰：

心事如青天白日，言动如履薄临深。

攻己恶者顾不得攻人之恶。

世之人形容人过，只象个盗跖，回护自家，只象个尧舜。

大其心，容天下之物；虚其心，受天下之善；平其心，受天下之

① 原日记自上年九月二十二日至十二月缺断。

事;潜其心,观天下之理;定其心,应天下之变。

人不难于违众而难于违己。

只尽日点检自家,发出念头来果是人心,

果是道心,出言行事果是公正,果是私曲。

时李和生在焉,共以为我辈对此数语愧色尚多也。

一月五日阴　巳初,至夏道南寓,渠交余金十元。巳正,至船尾写真馆取昨年写真。午初,至柳聘农、章行严寓,谈良久。午正,<至>赵宝泰寓,寻回。未正,至程润生寓,不遇,以所收夏君金交其夫人,遂回。酉正,至吴绍先寓。戌初回。观《呻吟语》修身类:

只竟夕检点今日说得几句话关系身心,行得几件事有益世道,自慊自愧,恍然独觉矣。

少年只要想我现在干些什么事,到头成个什么人。

气忌盛心,忌满才,忌露。

外勍敌五:声色、货利、名位、患难、晏安;内勍敌五:恶怒、喜好、牵缠、褊急、积惯。

奋始怠终,修业之贼也;缓前急后,应事之贼也;躁心浮气,畜德之贼也;疾言厉色,处众之贼也。

名心盛者必作伪。

一月六日晴　巳初,至李和生寓,留午餐。午正,至胡经武寓。未正,至秀光舍。申初,至鲁文卿寓,不遇而回。酉初,至李和生寓,和生交余以许晴笙自湘省寄来信一封,拆视之,则满纸尽故人之情而已,不觉怆然。酉正,至吴绍先寓。戌初,至程润生寓,润生不在,晤得梁新甫、李凤卿等,坐谈良久,大抵为道德与宗教之关系,言甚长。戌正,至陈涛溪寓,寻回,作时评一则,论设警部与巡警道事。

一月七日　辰正,至吴绍先寓,谈最久。午正,<至>李和生寓,留午餐。巳初回。是日开□□三部联合会议事,余但报告《民报》

情形困难而已。申正，至胡文岩寓，不遇。酉初，至章行严寓，坐谈良久，适末永节至，乃邀之至《民报》社，末永许之，遂同辞去。过西村年一家门时，忽言及入访チヨコ事，皆赞成，遂入西村家。チヨコ招待良久，其妹言有活动大写真在近处，余邀末永及チヨコ姊妹往观之，皆许诺，遂偕至一活动写真店购札入，已开演多时，见有日露战况及西洋歌舞，颇有可观，戌初毕，乃退，余与末永遂回。至《民报》社时，李和生在焉。戌正，偕至胡文岩寓，文岩与陈伟臣倩余作文一篇，劝乡人游学各省，余允之。亥初回。途中，李和生大责余今日不应与西村女相晤，余一时不觉气愤，欲大与冲突，而恐太不留馀地，必有后悔，然胸中甚不能遏抑，乃厉声告和生："今夜切不可同余住，免有后言！"和生坚不肯，相持良久，卒送和生至其寓，余乃返。和生复倩鲁禹昌送余，禹昌中途返，余遂回，时已亥正矣。

一月八日晴　辰，熊岳卿、萧□□、李和生来，遂偕往访宫崎滔天。巳正，抵其家，坐良久，宫崎始由外归，谈良久，至午初乃辞去。至车场乘电车，误乘往品川者，午正抵品川始觉，乃复坐原车回，至新宿再乘牛込车，未初，复回，偕至凤乐园食料理，申初，讫。偕曹亚伯至副岛八十六家访南洋舍列伯司岛商陈福禄氏，不遇，与副岛氏谈片刻，酉初回。作时评一则，论南洋华商求入日籍事。

一月九日晴　巳初，至秀光舍，送交《民报》原稿也。至汤朗卿寓，视其校对《民报》事。午正回。申正，至李和生寓，留晚餐，讫，复沽酒饮之，微醉焉。怆然有感，久谈至戌正始回。观《呻吟语》，以心不静，不得其领略。接各友自上海各处来信，共计刘瑶臣、田梅溪、刘治斋、张粹泉、余松云、龚村庸等，皆报告上海之归国学生情形，惟余松云则大坂者也。

一月十日晴　巳初，至鲁文卿寓，不遇，至秀光社。午初，至胡展堂寓，取《民报》文稿，至秀光社交之。申初回。偕曹亚伯至邱心荣寓，谈良久。酉初，至萧玉勤处晚餐。酉正回。程润生送来日本宪法文稿，乃为人译出，取译资以为前日招待日本新闻记者之用者也。夜，余遂译之，未完。

一月十一日晴　译日本宪法文，至申正始完，都计四千五百字。酉初，送交程润生家，不遇润生而返。酉正，至鲁文卿寓，寻至秀光社，佐藤独啸邀余至一荞麦店食饆饨，良久，讫。戌初回。观《明儒学案》《薛敬轩案》，并观其《读书录》，未完而止。

每日所行之事，<必>体认某事为仁，某事为义，某事为礼，某事为智，庶几久则见道分明。

二十年【来】治一“怒”字，尚未消磨得尽，以是知克己【为】最难。

诚不能动人，当责诸己，【己】不能感人，皆诚之未至。

少言沉默最(好)<妙>。

敬则中虚无物。

工夫切要，在夙夜饮食男女衣服动静语默应事接物之间，于此事事皆合天则，则道不外是矣。

一月十二日晴　午正，至胡经武寓，经武拟邀余往平塚寻范静生处去，旋因有他人去，不果，未初余回。酉初，至张伯言寓，坐良久。酉正，<至>李和生寓，谈最久。吴绍先亦至，谈及求学事，时余久有心辞退《民报》事以求学，绍先乃劝余进早稻田大学，余亦是之。戌初回。

一月十三日晴　巳初，胡经武来，属余拟一电稿致北京政务处。此时反抗日文部省令事已(落着)<有着落>，定于十五日上课，故电告北京<清>廷也。巳正，至秀光社，寻至中国书林送交《民报》。午初，至鲁文卿寓，坐片刻，午初回。未初，胡经武来，邀余至清风亭赴联合会，是日因风潮已息，解散联合会也。余演说此次风潮前固可主张力争，但现已无可如何，于情于理于势皆不可久持云云，众有不然者，余亦止焉，酉初回。上海《国粹学报》馆寄报来，请

《民报》社代售。

一月十四日晴　接易委舆自长沙来信，无甚要语。又接易曦谷、田梅溪自上海来信，告余以到沪情形也。午初，至会馆阅报良久，申初回。酉正，至蒲伯英寓，谈良久，晤郑友三、周稻生、向□□，皆四川广安人也。戌初回。观《明儒学案》薛敬轩《读书录》：

人恻然慈良之心，即天地（霭）<蔼>然生物之心。

当事物丛杂之中，吾心当<自>有所主，不可因彼之扰扰而迁易也。

绝谋利计功之念，其心超然无系。

一月十五日晴　巳初，至早稻田大学，购其规则一册。午初回。未初，至李和生寓，商入早稻田大学事，余亦愿入焉。申初，杨勉卿邀余同至伊寓，坐良久，偕至早稻田大学调查开新班事，不得要领，遂至大学后乡间游览良久。酉初，同至时新后辰酒肴，良久讫，回至伊寓，又坐谈小顷，戌初回，复至李和卿寓。戌正，至吴绍先寓，宿焉。

一月十六日晴　巳初，至李和生寓，时余有学陆军意，和生力劝余不学陆军而学法政，余（辨）<辩>论良久，午初回。未初，至秀光社催促《民报》出版。未正，至程润生寓，坐良久回。谷思慎偕其乡人李□□、龚子和来，余与谈良久。龚为归化城人，言及长城以外风土人情甚悉，又言山西口外□□厅去岁已改为县，归化改为武川，萨拉齐改为五原，丰镇改为兴和，宁远改为陶林云云。酉正乃去。

一月十七日晴　巳初，偕何小柳至新智分社，晤其社长宫崎德太郎，相谈代售《民报》（于上海新智社）事，宫崎言《民报》内容太激烈，甚危险，实不敢代售云云，寻辞去。巳正，至李和生寓，坐良久。午初回。写致吴良媿信，平常问候之语而已。又写致上海黄靭之信及新智社信，黄为代蔡孑民之责任者，余属其至新智社取回不能代售之《民报》也。未正，至会馆阅报良久，联合会所举编纂此次始末记执笔人开会议事，举余及邓孟硕为编纂员，余姑应之，并对诸人言，实不能专任作文也。酉初回。

一月十八日晴　巳正，偕李和生至麴町靖国社旁寻居屋，寻得姓渡边者，定议焉。午初，至徐桐初寓。午正，至秀光社。未初回。酉正，至田梓琴寓，不遇。戌初，至宫崎滔天家，滔天未归，晤其兄民藏，谈良久，出其所著《人类之大权》一书观之，言平均土地之说者也。又良久，滔天回，复坐谈，并出酒饮之，亥正始回。

一月十九日阴　巳正，至公使馆请马参赞作保证人，备入早稻田大学也。巳正，至昨日寻得之渡边方，为李和生言定入寓事。午初回。苏凤(礼)<初>来，凤(礼)<初>新自湖南来者也，言湘省闻陈星台死，学界大愤慨，开追悼会，到者二千人，公举凤(礼)<初>来东，扶柩回湘，凤(礼)<初>之来即为此也，谈良久去。午正，至李和生寓，因和生移寓，余又将入早稻田大学，置酒饮之，当小别焉。未正回。申正，复至，遂送其移寓至渡边方。酉正，至秀光社，寻至鲁文卿寓。戌初，至张步青寓。亥初回。

一月二十日晴　午初，至熊岳卿寓，时岳卿有回国之行，遂邀之至一牛(岛)<鸟>肉店饯别，饮酒既醉，未初始别而回。接内地诸友来信，计七人：李仲青自汉口，吴寿田自武昌，刘治斋自南京，周志伊自汉口，韦枢堂自清江，龚国煌、曾上泉自上海，皆来信报余以内地情形者也。酉正，至本乡馆访柳病农，已移寓矣，遂至章行严寓询之，晤病农焉，乃至其寓(晚翠馆)，坐谈良久，戌初回焉。写(改)<致>《民报》各撰述员信，明日开三次编辑会也。

一月二十一日晴　巳初，至秀光社。午初回。未初，至西路会场，坐谈良久。申初回，邀宋海南俱来，时余既定计出《民报》社，而无人继之，乃与海南商，欲海南继为《民报》庶务干事，海南尚未即应允也。杨笃生、王慕陶来，笃生自北京来，充出洋考察政治大臣随员者也(是日清出洋大臣载泽等抵京),谈良久出。酉初,至胡经武寓,寻回。戌初,至李和生寓,宿焉。亥初,地大震约五分钟。

一月二十二日晴　巳初,至会馆与门番算代售《民报》帐。巳正,至东新译社访曾抟九,询陈星台遗文存者有几,遂得其《狮子吼》小说及所译《孙逸仙传》,余皆欲为之续竟其功者,遂持回。抟九欲再刻其《绝命书》,乃偕抟九至秀光社,属该社用《民报》中该书之纸型印刷焉。午正回。是日日政府派有巡查三人守《民报》社,云因载泽来东,防掣革命党甚严密,故出此手段,并言余等出门亦尾之于后云。日本政府亦太小心矣,不禁可笑。未正,至神乐坂劝工场购诸小间外,一巡查果随余后,申初回,彼亦随来,是日余遂不出门矣。夜观王阳明书《传习录》上篇:

见好色属知,好好色属行。只见那好色时已自好了,不是见了后又立个心去好(知行合一之旨)。

〈只〉念念要存天理,即是立志。能不忘乎此,久则自然心中凝聚(立志)。

日(间工夫)〈閒上天〉觉纷扰则静坐,觉懒看书则且看书,〈是〉亦因病而药。

处朋友务相下则得益,相上则损。

持志如心痛,一心【存】在痛上,岂有工夫说闲话,管闲事。

夜,戌正,秀光社送《民报》来。

一月二十三日阴　是日警察终日守《民报》社,余未出外。下午,发行《民报》往内地各处,并致信焉。计美国《大同日报》馆、香港开智社、《中国日报》馆、越南西贡和昌楼、湖北震亚社、湖南集益社等处也。

一月二十四日阴　巳正,大雪,顷刻成银世界。午初,至上州屋送《民报》,运送横滨梁慕光处者。寻至会馆,阅报良久。午正,至秀光社,佐藤独啸邀余至会芳楼小饮,警察吏随余亦与饮焉,未初讫。至程润生寓，坐良久。未正，至李和生寓，不遇，遂至中国书林结算其所售《民报》帐，讫。申初回。

一月二十五日大雪　是日为吾国元旦，余至西路会事务所贺年，时到者约三十余人，行礼讫，置酒共饮，有醉者，午初始讫。未初，至杨勉卿寓，坐良久。时余拟三日内移寓早稻田近处，遂至学校后觅下宿屋，觅得所谓瀛洲筱处者，遂定议焉。酉初回，李和生与俱来。

一月二十六日晴　清算余所经手《民报》社之帐目，下午始讫。未初，至秀光社结算印刷《民报》帐。未正，至鲁文卿寓，坐谈良久。酉初回。

一月二十七日晴　宋海南来，余与谈《民报》社事，彼已允当干事，但不来住社内云，遂定议焉。未正，至吴绍先寓，时胡经武将归去，约在此话别，绍先乃置酒肴共饮焉，酉初始回。戌初，余清检行李，遂雇荷车一乘，移寓早稻田学校后瀛洲筱处，戌正至，警吏亦偕余至焉，该处为丰多郡下户塚村二百六十八番也。观阳明《传习录》，余深玩其二则云：

澄尝问象山在人情事变上做工夫之说。先生曰："除了人情事变则无事矣。喜怒哀乐非人情乎？自视听言动，以至富贵贫贱，患难死生，皆事变也。事变亦<只>在人情里；其要只在致中和，致中和只在谨独。"

一日，论为学工夫。先生曰："教人为学，不可执一偏，初学时心猿意马，拴缚不定，其所思虑，多是人欲一边，故且教之静坐息思虑。久之，俟其心意稍定，只悬空静守，如槁木死灰，亦无用，须教【教】他省察克治，<省察克治>之功则无时而可间，如去盗贼，须有个扫除廓清之意，无事时将好色、好货、好名等私【念】逐一追究，搜寻(去)<出>来，定要拔去病根，永不复起，方始为快，常如猫之捕鼠，一眼看着，一耳听着，才有一念萌动，即与克去，斩钉截铁，不可姑容，与他方便，不可窝藏，不可放他(去)〈出〉路，方是真实用功，方能扫除廓清，到得无私可克，自有端拱时在。虽曰何思何虑，非初学时事。初学必须思省察克治，即是思诚，只思一个天理，到得天理(纯)〈统〉全，便是何思何虑矣。”二则皆陆澄所记，示人入道之方针即在是矣。

一月二十八日晴　巳初，余出门将往神田，回顾无警吏随行，以为既转居则不复至也，乃行，未数十步，一人至余前欲与余语，询之，则当地之警察也，不觉粲然。巳正，至杨勉卿寓，余拟改名入早稻田大学，乃请勉卿至公使馆取保证书焉。午初，至康(保)〈宝〉忠、邓家彦寓，邓君以《地下之露西亚》稿予余，属余作《俄国革命党女杰列传》，余应之。未初回。酉初，复至杨勉卿寓。酉正，至《民报》社，坐良久，寻至胡经武寓，经武固以编纂此次留学界风潮始末记强余任之，余固不应。戌初，复至《民报》社。戌正回。

一月二十九日阴　作劝常郡人士游学各省书，应陈伟臣、胡文岩之命者也，下午尚未成。杨勉卿来，遂邀至寓后乡间一带游览(警吏随之)，见山林、田园、屋舍皆约略与我国同，不觉兴“风景不殊，举目有河山之异”之感，彳亍良久，申正回。

一月三十日晴　写致刘福申信，托代售《民报》也。作劝常郡人士游学各省书，仍未成。未正，至杨勉卿寓（是日出门未见警吏)。申初，至禹馀三寓，坐谈良久，见馀三居停室内壁上有横披一张，笔气飞舞，细视之，有一印，大如升，乃明崇祯帝御笔也。余即向其主人欲购之，彼说价一元，即与之，遂购得焉。酉初，乃【致】至《民报》社，拟将此(至)〈横〉披悬于社内，乃交何小柳焉。封寄《民报》四十册与刘福申，戌初毕事，戌正回。写至石卿信，并寄写真一张、《东京名胜图》一本，临寝观《王阳明集》，其与滁阳诸生问答语一则云：

或患思虑纷杂，不能强禁绝，阳明子曰：“纷杂思虑亦强禁绝不得，只就思虑萌动处省察克治，到天理精明后有个物各付物，意思自然静专，无纷杂之念，大学所谓知止而后有定也。”

一月三十一日晴　作劝常郡人士游学各省书，仍未成。未正，至早稻田大学报名，拟明日上学焉。申初，至《民报》社时，忽尻骨作剧痛，因就睡良久，浼前田氏为余捶之。申正，稍愈，至胡经武寓，经武昨日大病，归国暂不能起行矣。晤程润生、杨笃生，谈良久。酉正，至谷仲言寓，不遇，乃至刘林生寓，谈最久。林生思想亦大变，欲从事于道德与学问之途云。余因力举王阳明良知之说之善，林生亦然之。戌初，至张步青寓，不遇，乃至一书店，购得《大学私义》一部，乃日人中茎谦所撰，言《大学》三纲领、八条目，乃大学校之学则也。《大学》之道，犹言大学式学则题目也。纲领，三代之学则，条目，周史之所增也。至于战国孔门之徒作传时，合题目、纲领为一章，或秦火后汉人及后人为之，则不可知，至朱子，乃以己意分合之，今乃为之改正衍文错简云云。并购得《李忠定公奏议》及《英雄崇拜论》各书，亥初遂回。

二月一日阴　辰初，至早稻田大学上课。余所上之班为其留学生部预科之壬班，已开课三月余者也。余于是时初来，各科学皆须补习，初讲者为数学，余不甚了了也。巳正，上日语课，程度甚浅，余解之尚有余焉。午初，讲理科，矿物也。午正回。未初，复至学校上历史课，西洋史也。未正，复读日语。申初，休息。尚有申正一时，亦为日语，余以欲急归补习他项功课，遂回。书每日功课表一纸(帖)<贴>于壁，合学校功课表尽抄录之，而复加以余自定之自修功课。计学校之功课如下：

大抵每日六时间也(以后每日按此表行之，不日日计也)。余自修之程，每日六时半起，盥洗、早餐，七时后阅报，八时后观书，九时后上学堂。下午五时回，至六时晚餐、散步、静坐，六时后作文，八时后温习功课，十时后读心的学问书(上午观书者，随意观也)，写日

时 日	九 十	十 十一	十一 十二	一 二	二 三	三 四	四 五
月	体操	数学	地理		日语	日语	历史
火	地理		日语	日语	日语	日语	日语
水	日语	日语	唱歌		历史		理科
木	数学	日语	理科	历史	日语		
金	日语	数学		理科	日语	日语	图画
土		日语	体操	图画	日语	日语	日语

记，十时半就寝。日曜日则上午去外访人，下午观书，六时后仍同，定为每日力行之，以励此躬，但不审果能实践否耳。酉正，作劝常郡人游学书，仍未成。戌初，习算学良久。亥初，看《王阳明集》首之序文（徐阶作）及《传习录》序文（徐阶作）。亥正，就寝（自修事在定程内者，以后只择其有要者记之）。大雨，余尻骨复痛，良久始止。

二月二日雨　辰初，至学校上课。巳正，至卫寿堂医院诊视尻骨之病，医者验后，予余以药粉及水药各一（粉药以纸（帖）<贴>于病处）。午初回。下午，复上课。申正回。酉初，至《民报》社，浼前田氏为余（帖）<贴>粉药于尻骨病处。酉正回。得易曦谷自上海来信，言上海兴学事〔中国公学〕有成也。读《王阳明集》邹序、钱序、王序三篇。雨止。

二月三日晴　午初，至杨勉卿寓。下午，至学校。申正回。西村年一来，未遇余而去，见有渠名刺始知之也。观《王阳明集》文录续编徐序及刻文录序说。

二月四日晴　辰初，至西路会场，知吴绍先已移寓神田表神保町菊馆，乃在宋海南处坐良久。辰正，至《民报》社。巳正，至彭希明寓，希明力劝余学英文于青年会馆，余遂拟明日开始焉。午初，至西村年一家答拜，坐良久而去。午正，至神田访吴绍先，寻一时久，不得。未初，乃至刘林生寓午餐。申初，至神保院观胡经武病，晤朱凤梧，谈片刻。酉初，至李和生寓晚餐，复坐谈，时绍先亦在也。酉正，<至>徐桐初寓，时余为腰疾饮其药酒少许。戌初，至徐润奎寓，谈最久，润奎亦有求学讲道之方针，余与之言近日余所见之理想，彼深然之。亥初，始回寓，和生同来宿焉。是夜未观书。

二月五日晴　下午，前田氏偕何小柳来，坐良久，言《民报》社昨日得一越南人来居，并可经理报事，其人乃自越南逃出来东者，一行共三人，大抵亦稍有思想与目的而后为此者，但经济异常困难。昨日张溥泉与曾抟九商，故招其人至此也。申初，至彭希明寓，邀其上英文课去，至则希明已去矣，余乃急乘电车至青年会馆，则已过时间，时余腹甚饿，乃决计不入上课，遂至吴绍先寓，坐良久。酉正，至成昌楼晚餐。戌初，至中国书林，购得书六种。戌初，至《民报》社晤昨日来之越南人，言语不通，以笔相谈，彼言姓庞名希□，越南东京河内人，愤祖国之亡，乃潜行至此，存有目的，但现今未敢遽言而已。又言彼国现主成泰帝如何为法人之奴隶，法人锢之于顺化城中，不得出城外一步，名则皇帝，实则奴隶之不如也云云。噫，亡国之痛亦甚矣！何小柳言，昨邱心荣来信，称南洋爪哇聘教习事，有电来，已说妥矣。前田氏又言，明日宫崎滔天为程润生饯别，约余去共饮之，在明日十二时顷云，余应之。亥初回。是日腰痛又发，未观书也。

二月六日晴　午初，至宫崎滔天家，时程润生夫妇及田梓琴、张溥泉等均在。未初，遂共饮酒。申初，始兴尽而散，余微醉，为滔天书横轴一纸，题“(改)<致>良知”三字，滔天甚赞之。申正，始辞去。酉初，至青年会馆上英文课，彭希明已在矣，教习为王怀青，特为吾中国人开者也，是日始教字母与拼音而已。戌初，至一书店，购《王阳明传习录》及《楚屈原》各一而回。读《王阳明集》刻文录序说，中述阳明先生语云：

作文字亦无妨工夫。如诗言志，只看<尔>意向如何，意得处自不能不发之于言，但不(可)<必>在词语上驰骋，言不可<以>伪为。且如不见道之人，一片粗鄙心，安能说出和平(语)<话>。总然都做得，后一两句露出病痛，便觉破<此文原非充养得来>。若养得此心中和，则其言自别。

二月七日晴　酉初，至《民报》社，寻至青年会学英文。戌初，下课(以后每日学英文又不记)，过一书店，购得《陆象山》一册。戌正，又至《民报》社，值张溥泉不在，写一信责其太不理事。亥初回。观《王阳明集》序录，其二则甚可，录于下：

门人有欲汲汲立言者。先生闻之叹曰："此弊溺人，其来非一日矣。不求自信而急于人知，正所谓以己昏昏，使人昭昭也。"(下略)

昔门人有读安边<八>策<者>。先生曰："是疏所陈亦有可用。但当时学问未透，中心激忿抗厉之气；若此气未除，欲与天下共事，恐于事未必有济。"

李和生来一信，责余有简慢傲人之气，余甚悔悟，复一信，略云："前日疲惫已极，精神散漫，终日如睡。早晨之事，不觉偶有慢色，诚然，且近日来之定念、恒念，亦几复为堕落，前夜未观书，今日晨起即稍迟矣，甚矣立志之难也。然由此益见爱精神、主敬、主静，真此身修德之必要矣，今而后可共勉哉"云云。

二月八日晴　写致邱心荣信，告以余不能往南洋之故也。酉正，往青年会上课，归途过《民报》社，与越南人庞□□笔谈最久，戌正始回。观《王阳明集》叙录，言先生当危疑震撼之交，皆处之泰然，不动声色，人所难能者也。

二月九日大雪，至午正已深四五寸矣。作劝常德游学各省书成，约六千余字，大抵言游学各省有二益，一学问上之便利，一感情上之联络也云云。下午，得李和生来片，所以戒余者甚至，其言云:“弟年未及壮，而精神摇落，如皤发老人。摄生之道，以收敛精神为第一着，其次则运动其肢体也。数年以来，家国之忧，日夜涕零，极形罢劳，又兼以情根未断，昏梦牵缠，此虽铁石，尚当消毁，况吾弟生来素弱乎！武侯在草庐时，取宁静淡泊为养生秘诀，及后担当天下，犹以食少事繁而死。窃以为宁静为对于时局立言，楚囚对泣，何补大局？惟平心静气，潜察趋势，豫备铸造之能力与方法，任如何之潮流，莫能挠吾之志，所谓宁静也。淡泊为对于外欲说法，春花绮语，未免有情，惟胸襟洒落，琴书自娱，任有如何之声华，如何之美丽，莫能乱我之怀，所谓淡泊也。吾弟于二者皆未免有躁妄想之病，曷于此加之意乎”云云。和生盖专对于余病而发者也。夜，雪止。

二月九日①晴　余数日来精神总不见振起，因思此皆平日不主敬之故，曾国藩所谓“主敬者，外而整齐严肃，内而专静纯一，齐庄不懈，故身强”云云者，以后当服膺之也。申正，至青年会，是日因土曜休息，未上课。酉正回。译《东京日日新闻》《露国之革命》文一篇，未完。观《王阳明集》《年谱》，其所记先生事甚详。先生十一岁时问塾师曰:“何为第一〈等〉事？”塾师曰:“惟读书登第耳。”先生曰:“登第恐未为第一等事，或读书学圣贤耳。”又先生十五岁时游居庸三关，即慨然有经略四方之志。又先生十八岁时始慕圣学，故和易善谑。一日悔之，遂端坐省言，尝曰:“吾昔放逸，今知过矣。”盖圣贤之为人如是如是，吾人学之，学其幼时亦可矣。是日吾思阳明先生之书共二十余册，其间精要者皆散见各帙，余以前读时或随录之于日记，拉杂无次第，难得要领，遂拟以后当用另册择要录之，将来要随时体验时，亦免散乱也。若夫非语录非文章中言，如阅书时为吾心所好而不忍舍者，则或摘其事实或间杂以余意，皆仍

① 二月九日日记重见，疑是二月十日之误。

记焉。

二月十一日晴　巳初，至《民报》社，坐良久。午初，至日乃出馆陈谋处访曹亚伯，不遇。未初，至吴绍先寓，不遇，遇胡文岩，谈良久。未正，至成昌楼午食。申初，至公使馆，未遇马廷亮而返。申正，至邱心荣寓，亦不遇。酉初，复至《民报》社晚餐，讫，阅报良久，见一报载吉林将军奏〈请〉清政府改伯都讷厅为新城府，添一县为榆树县，又有山东沿海游历日记，载山东沿海一带形势险要甚详，并考【去】以前地图许多地名方向误处，余欲录记之，以太多不果。酉正回。是日余寻得大学前一洗染店内有房间，甚宽爽，余拟移寓焉。李和生来，留宿，所谈甚多，余言近日体验每日一身言动，有许多不知不觉而出于不当者，最难省克，有许多已知觉其不当者而犹不急改之者，虽人未必知，然亦可见克复之功之不易而不容不勉强者也。是夜未观书，得吴春阳来信，责余久不复函云云，盖余罪也。

二月十二日阴　辰初，晨起清检行李讫，移居于第一洗染舍，该舍之主人名田中忠，家中惟一老母，雇一小使，共三人，以外无一人，甚静毖，余甚乐之。是日因晚餐太迟，未上英语课。夜译《露国之革命》二页。观《王阳明年谱》，记先生有意于释老之学，时事多荒诞者，余不甚喜，惟记先生二十六岁学兵法、讲武事，三十四岁时始讲学授徒，使人立必为圣人之志，甚足见先生壮时之立志也。

二月十三日晴　余报名于大学，拟学英文，来月开班者也，遂拟青年会之英文课从此休止矣。酉初，至《民报》社，坐良久，借得张溥泉书三种，计颜元《(息)〈习〉斋馀记》、《存学编》、李(璘)〈塨〉《恕谷后集》，黄黎洲《明儒学案》。酉正，送《民报》至中国书林，遂购得《华盛顿》、《拿破仑》、《比斯麦》、《格兰斯顿》、《意大利建国三杰传》、《道德进化论》各一册。戌初，至会馆，拟购得《西洋历史》，不得，乃返。戌正回，译《露国之革命》一页。接刘瑶臣自湖南来信二函，皆言湖南局势甚好，必有呼汉族万岁之一日云云，亦可喜也。观《王阳明年谱》，记先生在龙场忽中夜悟格物致知之旨，始知圣人之道。吾性自足，向之求理于事物者误也。余以为此言诚是，但案之于心的圣人之道一方面则固不错，然圣人之道，格物致知之学，原是混圆一团之象，举天下万事万物皆包含在内焉，所谓一以贯之者是也。若分别之，则固有二方面，一心的，一物的。心的即精神上之学问，物的即物质上之学问，所谓格焉者，格此者也，所谓致焉者，致此者也。若仅用力于一方面，而遗其一方面焉，则所谓道也，所谓学问也，皆不完全矣。吾尝谓中国自三代以下，学者无论如何纯粹，皆得圣人之道之半部分，误认半部为总体，使天地间真理与人道皆不现出浑圆之象，与在哥伦布未发现新大陆以前之地球相似。盖人类进化未达极点，亦不能怪其然也。阳明先生之此说，亦如是而已矣。虽然，吾人可以圣人之道一贯之旨为前提，而先从心的方面下手焉，则阳明先生之说，正吾人当服膺之不暇者矣。写信致曹亚伯，约明日下六时至《民报》社话别。

二月十四日晴　晨起甚迟，盖因志念将堕落故也。写致刘瑶臣信，劝以谨慎作事，且言须极力提倡道德，凡古昔圣贤之学说，英雄豪杰之行事，皆当取法之，如王阳明之致知，刘蕺山之慎独，程明道之主敬，以及华盛顿之克己自治，拿破仑之刻苦精励，玛志尼之至诚，西乡隆盛之不欺，皆吾人所当服膺者也云云。又写致吴旸谷信，告以此间团体现状及余之情形。酉正，至《民报》社候曹亚伯，不至。戌初回。观《王阳明年谱》，言先生三十八岁时讲知行合一之说甚明瞭（前已录）。又三十九岁时言静坐之理云，静坐非欲坐禅入定也，因平日为事物纷拏，未知为己，欲以此补小学收放心一段功夫耳云云，亦足以励吾人也。

二月十五日晴　晨起仍迟，又因时计停止，遂迟误学校算学课一时间。噫，余其终堕落乎？夜，朱凤梧、杜君然二君来，谈良久。

杜君为河南人，通英、法文，性沉默，盖好人也。杨勉卿来，与余谈商日本文及历史之有不能解者，良久去。观《王阳明年谱》，其三十九岁时也，记有先生之言云：

人惟患无志，不患无功。

又云：学者欲为圣人，必须廓清心体，使纤翳不留，真性始见，方有操持涵养之地。

又云：若常人之心如斑垢驳蚀之镜，须痛刮(摩)‹磨›一番，尽去驳蚀，然后纤尘即见。

又云：凡人情好易而恶难，其间亦自有私意气息缠蔽，在识破后，自然不见其难矣。

其言痛切，深中时人之病。张溥泉来邮片，称来日曜‹日›为内田、清藤、程润生饯别，邀余到会。译《露国之革命》，仍未完。

二月十六日晴　上学时购得《处世哲学》、《男哲学》各一部。观《王阳明年谱》，四十岁(者)‹时›也。其《送湛甘泉赴安南序》，于杨、墨、释、老之学，甚有予之之意，曰圣人"不得而见之矣，其能有若墨氏之兼爱者乎？其能有如杨氏之为我者乎？其能有若老氏之清净自守、释氏之究心性命者乎？吾何以杨、墨、老、释之思哉？彼于圣人之道‹异›，然犹有自得也"云云。可谓平心折衷之论，足以破数千年儒家排外之习矣。先生之识见诚卓哉！译《露国之革命》。

二月十七日晴　酉初，散步，随至杨勉卿寓，不遇而返，乃至程鹤侯寓，谈片刻，寻回（鹤侯为余在鄂时所识之友，去岁来者）。观《王阳明年谱》，四十一岁时，教人以存天理、去人欲为要，言后辈习气已深，虽有美质亦渐消尽云。余读之，不觉悚然。译《露国之革命》。

二月十八日晴　巳初，至公使馆，问马廷亮以湖南送此间官费生入振武学校事，伊云尚未得复信也。巳正，至《民报》社，接姚剑生自上海来信，言上海归国学生倡立中国公学事。又接龚铁铮自湘乡来信，告余归后情形，余各寄与《民报》一册焉。午正，至李和生寓，不遇，在其书案上有日记一册，记事颇有克复之义，余因有触，书一纸于案上，言我辈初立志时，千罪万过，洗涤不胜，每遇事，心亦知其当如何方好，然而不能实践者常多，则人欲蔽之也，故现惟以克欲为第一工夫。譬如上学听讲，此当然者也，有时或懒上学，或不悉心听，此即人欲一来缠而为其战胜者也。吾人对于初懒上学、不悉心听讲之念发动之始时，克治之，必使之去脱而后已，则庶乎其可也。日日如是，事事如是，致知之学方有入手处云云。未初，至神田各书店，观有合余意之书与否，惟购得《脑及神经健全法》ト《记忆力增进术》(又)〈及〉《太平洋论》。申初，至吴绍先寓，谈良久。酉初，至《民报》社。是日社中与程润生、内田良平、清藤幸七郎饯别，又曹亚伯赴英国去，亦同饯焉。诸人皆豪饮欲醉，余亦微饮之，戌初始散。戌正回。李和生来，责余今日不再至伊处，余再三言其无再至之必要，是以未来，(辨)〈辩〉至夜分始寝，因未观书焉。

二月十九日晴　因昨夜未睡足，精神不振，终日欲睡，心志之间亦不清明，甚矣，卫身之不可不讲也。余拟此后动静起居必须立有规则，遵守勿懈，外人之骚扰亦须避之，或再三开诚以言其利害，盖古人虽处如何纷杂之地，而精神不散，心志不乱者，彼其精神已完足，心志已坚定，故不畏也。吾人方始萌芽，不可不切戒此弊，至将来德成后无往不宜也。邱心荣来，取前次交余爪哇聘教习之信件，并托余有别可当此任者，可荐之前去云。夜观《王阳明年谱》，其四十六岁作赣官时事也。未十时即就寝。

二月二十日大雪　巳正，至《民报》社，是日乃张溥泉约余至社交卸帐目与宋海南者也，乃海南未至，余坐良久，闻溥泉说程润生今日归国起行，遂至润生家访之，不遇而返。午初，至胡经武寓，亦不遇，午正回。酉初，复至程润生家送行并索债也，润生此钱现言须俟到北京时始能寄来，余言欲刻下以胡经武作归国程费云，然尚未说定也。酉正回。译《露国之革命》完。观《王阳明年谱》，与昨同，皆用兵讨贼、敷政教民之事也。写一片致李和生，言不可不于起居动静之间致吾良知，以讲摄生之道云云。

二月二十一日雨终日不止　写致李和生信一封，甚长，约万言，大概就前日在渠案上所书之数语而发挥之，并言克治之先，犹有一层工夫为省察，省察其果为天理，果为人欲？然后克治之功始有所施。盖克治者，笃行之功也，即致知也。省察者，博学、审问、慎思、明辨之功也，即格物也，二者皆不可偏废者也。末复言及和生平日责余情薄之错误，余实因省察、克治而后为此者也，所以为己也，与对人之情分无关者也云云。下午，胡经武来，晚餐而去。酉正，至芝区对阳馆访程润生(润生今日已寓此)，润生与余谈最久(复言及债事，润生言终不能与)，戌正始回。观《泰西名言》，此书为日本人石村贞一所述，皆录泰西古今伟人、学者之格言，亦大有(稗)<裨>益之书也。时所观者为前四页有要切之语云：

心志一定，则可以投烈火，可以冲飞丸，可以死，可以生，凡地球上莫有不可为之事。夫为富贵所淫，为贫贱所移，为威武所屈者，坐无一定心志耳。(勃古斯敦)

身家邦国，集小小之物而成，故轻。小小之物者，则破亡身家邦国。(古诗)

君子以正直行义，以诚实发言语。(古诗)

欲显其外貌者，必务致中心之诚。(沙伯)

人之行事，由天性者寡，由习惯者多，故虽属德行不属技能者，亦必待积久而后可成。(墨答斯答匀)

人生之路有一站足所不经多少劳苦多少艰难不得到焉。既到后，俯瞰尘世祸福，下视浮世苦乐，犹旅客上高山俯看平地，狂风暴雨，正晦明于下界，而我身则步行光日和风中。(尼格尔)

国之强弱关于人民之品行，品行之本在真实良善。（斯迈尔斯）

二月二十二日大雨 是日学校行前学期之试验开始，至二十六日止，共四日。上午试验博物学，余误花之名词二，下午试验体操，以下雨停止。申正，李和生来，与余讨论昨日所致之信中末一段，余复申言，余为一己自治起见，并非定为待人之规则者，若必认为有碍交友之道，则每周并非不能会谈而慰情好，即每周二次，亦可行之，何必固执一“每周必同寝处一次”之法则，以耗精神、废功课而后可耶？和生终不以为然，（辨）<辩>论至戌初，愈形凿枘，和生遂悻悻而去。余乃同至杨勉卿寓取书，寻别之而回。细思今日所（辨）<辩>论，终不足以使和生信以为然，心中一时忧闷交集，兀然独坐，愁苦之极，至有披发入山之思。忽又思及卫生家言，恐太伤脑筋，乃急就寝，以避忘之焉，遂未温习功课及观书矣。

二月二十三日雨 上午，在学校试验日语及算学，日语误四字。下午，试验图画及日语，日语又误三字。夜观《泰西名言》，余所爱者录之：

开化文明者无他，国民各正道德、勉职业、修技艺者，合集而所发之果实也。（翰他）

吾心似蜂窠，虽甚嘈骚混乱，然其中自整然有秩序，以贮天造精好之食于其中。（翰他）

人民各自欲改化其身，而后一国之改化犹示诸掌。（戎孙）

无德行与智识者，祟邦国之祸基。（拿破仑）

虽匹夫匹妇亦能为人民增利益。（翰回）

学而不能为善人君子，则是有文采之惰夫，有声名之痴汉。（培林伯尔图克）

学宜定趋向，勉功课，忍耐以勿倦。（罗伯逊）

从肉体之欲，心志即魔鬼，而才（志）<智>亦为建祸基之贱隶；

向义理之正心志及明主，而才智即增福祚之良宰。（斯迈尔斯）

信之于言语，慎之于行事，犹躯干有脊骨，苟无之，则不能一日立。（德留）

酒能妨节俭，贼礼义，伤身体，若不节饮，禁而勿饮。（斯迈尔斯）

二月二十四日阴　上午，试验日语，下午试验理科。李和生来信，谓余昨日所言为自治之道，实有不得已苦衷，但此只可为例外，而非原则云云。余即复一信去，言此实为摄身自治主敬起见，并非因待人起见，何可谓之凉薄乎？且物数见则不鲜，事不欲数，数则烦，此实自然之理，而非勉强所能为，凡事能存有余之地，留不尽之情，则日日皆不致兴致索然，而精神常快，若一泄而尽，不留余步，则事后毫无趣味，心理上添许多尘障矣，故我之所以如是主张者，于交道上亦未始无益也云。夜观历史、地理，以预备后日试验。亥初，就寝。

二月二十五日阴　未初，至《民报》社，时宋海南亦至，遂将《民报》一切帐目交卸于海南，并告以一切，申初讫。酉初，至李和生寓，坐谈良久。戌初回。观地理书图。

二月二十六日晴　上午，试验地理，五题误一。下午，试验历史，申初讫。申正，至杨勉卿寓，偕勉卿至乡间散步，良久回。观《王阳明年谱》，四十七岁时平寇事也，见其征三浰时与仕德书有言云："破山中贼易，破心中贼难。"不觉悪然。

二月二十七日大雨并雨雪　晨起，阅东京《日日新闻》中一则云："山川理学博士（山川□□，前帝国大学总长）创五戒说，忘国戒、奢侈戒、邪淫戒、妄语戒、轻生戒是也。"又一则云："奢侈、淫靡、轻薄、追从、懒惰、虚饰，又加之以忘国事、营私事者，总是亡国之色。"观此二则，不觉肃然起敬于该记者。巳初，至《民报》社晤张溥泉，时溥泉愿往爪哇去，余遂邀溥泉同至邱心荣寓，溥泉与邱心荣乃直接言定焉。午初，至公使馆拟领官费，余写一名片交马参赞，马以余为非本人而来代领者，余以不关紧要，亦听，乃马入而复(去)<出>，则云须本人自来或书信调印来方可，余遂不便与(辨)<辩>，乃退去，乃知凡事稍存欺伪，不独于心理有妨，即于事实亦有害矣。午正，至李和生寓午餐，复谈最久。余复引伸前二十一日所致之信之理，和生然之。酉初，遂同至吴绍先寓，时闻知胡经武今日起行，余兑绍先金二十五元。酉正，三人同至经武寓送行，至则经武已出发矣，遂罢焉。是日见各新闻广告，称丸善社有《大英百科全书》预约出售，每部三百二十三元，预约则先交五元，以后每月交六元，五十三回交清，今年五月即得全书，余遂与绍先、和生商同买一部，拟明日余往该<社>交涉焉。戌初，至《民报》社，坐良久。何小柳回，告余经武尚在新桥，十时登车，余始亦拟听之，既而思待人宁人负我，毋我负人，遂急往新桥。戌正至，则经武已登车，乃话别数语，并交金十元，以助其盘川，遂返。亥初，遂复至绍先寓，宿焉。

二月二十八日大雨　辰正，在绍先处取金五元，拟往购《大英百科全书》，遂至《民报》社书预约书及保证书，书末永节为保人。时雨甚大，余遂坐与安南庞君笔谈良久。未初，至日本桥区丸善店交预约保证书与该店，并金五元，该店云五月底有书出云。余复购得《世界读史地图》一册，又至嵩山堂，购《唐贤诗集》、《戴东原集》各一册，申初返。申正，复至《民报》社，借得张溥泉《颜习斋年谱》、《瀛寰志略》、《历代职官表》、《万国历史》，复与何小柳约明日下午为溥泉饯别。酉初回。写致杨笃生信一封，问其译书事如何，又写致姚剑生、易希谷、龚铁铮、张步青信各一封，皆平常语而已。得西村年一来信，邀余观王子制纸会社者也。

三月一日晴　是日学校后期开课，功课较前期有更动处。余从是日起又学英文，上特别豫科，共计每周功课如下，并定自治课表于下：

功课表并自治课表

日＼时	六时—二十分	七—八	八—九	九—十	十—十一	十一—十二	十二—一	一—二	二—三	三—四	四—五	五—六	六—七	七—八	八—九	九—十	十—半
月	起盥餐阅报	观书	观书	数学	体操	地理	午餐温日语	历史	理科	日语	温习地理	晚餐散步	英语	温习历史	温习英语	文学	读书写日记
火	同	同	同	温习英语	地理	日语	午餐散步静坐	日语	日语	理科	日语	英语	晚餐散步	同	同	同	同
水	同	同	同	日语	日语	同	同	温习英语	唱歌	历史	理科	晚餐散步	英语	温习数学	文学	同	同
木	同	同	同	数学	日语	温习日语	同	历史	日语	日语	日语	同	同	同	温习英语	同	同
金	同	同	同	温习英语	数学	日语	同	午餐温习英语	日语	日语	图画		英语		同	同	同
土	同	同	同	日语	日语	体操		日语	图画	温习历史	日语	英语	晚餐散步	温习理科	同	同	同
日	同	同	同	出外			归午餐	写信札	写信札	写信札	写信札	晚餐散步	文学	文学	文学	同	同

右自上九时至下七时，除温习外，皆学校功课也。

上十时因误看课表，一课未去上堂，下六时上英文课，教师中村氏，初从字母为始，发音多与余以前所学者不同。七时至《民报》社与张溥泉饯行，偕何小柳、前田氏同至凤乐园晚餐，九时散。溥泉明日起行，约明日上十时同撮影焉。十时至杨勉卿寓，宿焉（因余是日洗卧具未乾也）。

三月二日晴　七时回，上十时至船尾写真店，时何小柳、张溥泉亦至，遂同撮影焉。十一时至西村年一家，因是日约往王子观制纸会社也。至则西村氏不在，其女千代子卧病，言当引余前去，渠遂起，偕余坐电车至上野，汽车停在场，则同去者又有四人，正待余等，乃同坐汽车，下一时遂抵王子制纸会社。会社之理事人乃导余等入，初观其切草处，以次至各室，约十余室，遂至一室，则纸已成，多数女工齐之成组矣。各室机器皆相联络，其理余多不能通晓，只见其运转而已，约一时许始去。又复至制绒会社观之，此会社较纸会〈社〉稍小，余等既入，有小使导以周览，其制绒皆用大机器，而运转者皆女工，其理皆与吾国之弹棉、纺纱、织布等相同，约二十余室，终至染色处毕焉。其理事复出各种绒观之，皆光彩可爱也。四时始辞去，乃复坐汽车共至上野，又坐电车至御茶水，余乃与伊等别，至神田各书店，购得《普通物理教科书》、《纯粹精言》等。七时回。观《泰西名言》，有云：

表表刚毅，由暗暗克己做将去，苟无是功夫，虽征敌国得大胜，亦不抵锱铢，为私欲奴隶耳。（古谚）

振礼义之勇，克欲体之欲。（所罗门）

苦心谋划者，尽是邦国公同之益，劳力经营者，不外人民共享之利。（弥尔）

惯习于善行，抗抵于诱惑，德义之行，痼以为癖。（拔的列尔）

遇艰难沮丧志气者，不能为大业。（翰回）

不能耐于困学，是当世人之病。（戎孙）

时日与忍耐使桑叶变细缎。（古谚）

热好之心，坚忍之力，能挽回沮丧志气。（澳度本）

三月三日大雪，午后雪止　七时，朱凤梧来，邀余同至《民报》社，坐谈良久，商张溥泉去后之善后事。十时回。李和生来，留宿。是夜未观书，亦未温习功课。

三月四日晴　九时始起，心中抱愧者久之。十时至《民报》社为张溥泉清检书籍，并清检余前所遗留之书。下一时至李和生寓午餐，遂同至汤店入浴，复返，坐谈良久。五时，至会馆，为杨勉卿购《西洋史》，复自购得《心理学》。六时半回。读《泰西名言》，录其要者：

艰难每使人惹起忍耐，志气发生非常才能赞功佐事。（拉额南日）

人或时为善或时为不善者无他，由交善人与不交善人也。（悉田寒）

快乐之心鼓荡精神，逐去妖魔，使人虽逢艰难不挫志气。（休母）

轻忽小事者非大人，大人最用心于小事。金钱关品行最大，宜勿妄贷与，又勿妄贷取。（舌克斯卑）

言行一致，内外无间，为品行之信实。（バツトラレ）

容貌辞气者，德行之华采，薄才愚蠢者，懒惰之果实。（スコツト）

定志而勉之，天下无不可成之事。（レイノルツ）

学问本非炫名之店铺，乃是殖产之宝藏。（ベーコン）

一心必成多事，多心不能成一事。（ボツクストン）

是时余思近来懈怠及不节之事犹多，乃从简要之处思得以后当节爱者有三：一、脑力；二、时间；三、金钱。三者均不滥费，方可以立身也。

三月五日阴　上午，补行试验体操。下午，录地理学第一表，贴于壁，以备遗忘，且拟以后有难记忆者即照此法录之。夜观《泰西名言》完，录其要者：

学问之要在博知识，修德行，益仁善之心，能起刚毅力，能发挥有用才，所谓遂高上之志愿，增民生之福祉，善邦国之景象，皆自这里成就来。（テイルリイ）

节自己之费，务仁善之事。（ジター）

一时做一事，不了此事，勿思他事。（デウイツト）

财货耗散犹能偿，光阴耗散谁复生之？（シヘトクソ）

创志意之基础，立品行之根本。（トーワヴイル）

凡学欲至绝妙地位，可以全体心力担负之，夙夜勉力，无稍间断。（レイノルツ）

是日购得《卫生新报》一张，所记卫生之理术甚详，余阅之懔然，拟每月购阅焉。夜雨。

三月六日晴　上十二时，至卫寿堂医院诊疾。医者谓余将有神经衰弱症，宜多服药，并讲卫生之道，宜早眠早起，节饮食，惜精神，多为快愉之事云云，遂得药水而回。朱凤梧来信，责余以照料《民报》社事，余遂致一信于宋海南，劝其出力担任焉。夜观《王阳明年谱》，四十八岁纷记宁王宸濠谋反事也。

三月七日晴　观服部宇之吉心理学讲义，服部博士现充北京大学堂教习者也。书中言心理分知、情、意三者，三者又分条析缕，甚为瞭明透彻，余始知心上之发动作用皆有理法，不容紊也。宋海南来信，招余明日至《民报》社，详告报中一切手续。夜，温习算学时，录各国度量衡表，余拟以后有所录以备遗忘者，合缀之为一种记忆术便利法表，以此日之表与昨日之地理表为起点焉。申锦章、李和生、杨勉卿来，谈良久而去，余以是故遂未读英文，九时观《王阳明年谱》，四十八岁时平宸濠事，见其临事能谋，能断，任人用兵皆合自然法则。噫，为学不当如是耶？朱凤梧来信，邀余明日至《民报》社，有密事相商云。

三月八日晴 八时至《民报》社赴宋海南约，时海南未至，以须急归上课，遂回。李和生来一邮片，责余昨夜有不平之辞色，余即复一信去，言昨夜何尝有此景态，得毋有未真耶？并劝其切不可专就人家待己之道之一途吹毛求疵，吾人为学，当日日体验一己之道德学问与己之所以对于社会固有之道，惟恐其有缺之不暇，何必沾沾于此耶？共约五百字而讫。十二时至卫寿堂诊病，寻回。下午三时，复至《民报》社赴朱凤梧之约，适凤梧未至，得晤海南，海南邀余往卖《民报》各处交代，并介绍海南。四时遂至三省堂，与约代售《民报》事。五时至中国书林，又至秀光社。六时至会馆，皆介绍海南，属其以后报事与海南交涉。时余、海南均未晚餐，乃借会馆门番金一元至牛鸟肉店用晚餐，八时讫。复至《民报》社，始知凤梧今日为□□会事商议，已议决公推凤梧暂时代理□□干事云。余拾张溥泉乱书丛中得《颜(息)<习>斋学记》二册，惜欠数页。十时回店。店主告余鲁禹昌、禹(三馀)<馀三>来，久候乃去。写致宫崎民藏一片，索其以所著《人类之大权》一书赠余也。是日以迟悮未观书，并缺学校日、英语课各一时，外务之累人甚矣。十二时始就寝，回思医者对余所言之语，心内懔懔焉。

三月九日晴 上午，学校停课半日。十时至同文堂，约代售《民报》事，定议焉。写致丸善信，因前所购《世界读史地图》尚有《说略》一册未取得，向其索取也。七时至杨勉卿寓，寻回。观《王阳明年谱》，仍为四十八岁时事。有《答罗钦顺书》一篇，言《大学》格物之道甚晰，但吾觉其仅就心的一面讲耳，然其中有语云:

夫学贵得之心，求之于心而非也，虽其言之出于孔子，不敢以为是也；求之于心而是也，虽其言之出于庸常，不敢以为(是)

<非>也。

因此可见格物之功在博学、慎思、明辨者不少也。

三月十日晴 上八时宫崎民藏来，赠余以《人类之大权》一部，并言今日下午邀余同至芝区访俄国革命志士ビルストスキ，余颔之。下午，功课毕，至《民报》社，遂至芝区芝桥大光来，时宫崎氏已在，晤得萱野长知者，日人而操华语，服满洲装，殆不辨其为日人焉。坐良久，俄国人ビルストスキ乃至，四十许之虬髯者也。口操法语，余等皆不解。有某君者，宫崎先请其来为代通译者也，通姓名，并陈来访之意，又告以《民报》之宗旨，皆某君代译，谈最多。某君系日语，余亦不甚了了，大概言，俄国革命党派之多，主张不一，人民程度又不齐，革命成功不知何日可期云。又云己系波兰人，此次系从西伯利亚□□□□来者，并有数同志拟在此间出版，以输入祖国云。又云革命之事不可从一方面下手，专讲政治的革命必不能获真自由，专讲社会的革命亦必不能获真自由，必二者俱到，然后自由之权利可得，而目的可达也。又云己向来系极专主张民主主义的，然观之于美国，民主国也，而其人民仍不自由也；法国亦民主国也，而其人民亦不自由也；日本、英、德诸国，其人民于政治上之自由，未尝不获多少也，然社会上之不自由，乃益加甚矣。故余近年所主张者，较前稍变，实兼政治、社会(上)<两>方面而并欲改良者也云云。末后向我等携有相片否？宫崎氏言，后日当另撮以与之。时萱野乃出日本酒食食之，十二时始散，余乃回李和生寓，谈良久，宿焉。

三月十一日阴 上十一时至中国书林，为禹(三馀)<馀三>购书，又至一书店观良久，又至秋山时计店，李和生整时计也，又偕和生至一日人家观贷间。下一时复至和生寓午餐。三时至《民报》社，是日开□□大会，余亦与焉。得刘治斋来信，言刘相至省中事。七时乘人力车而回，时(天)<大>雨也。九时至杨勉卿寓，寻回。李和生来，宿焉。

三月十二日晴　上八时至同文馆，交与《民报》五十册，代售者也。十一时至卫寿堂诊病，寻回。夜，李和生来一信，大责余爱西村女事。余昨夜与和生谈，言："见美色而爱之，此为心理上自然的本能，即据服部氏心理学说，言人之心理有知、情、意三者，见而辨其为美，知的作用也，辨之为美而爱之，情的作用也，此二者皆为生物的本能，即生之谓，性之谓，若因爱之而即欲得之，而遂动念，而遂决志，此则属于意的作用，而有善恶、是非、利害之别矣，故爱色而至于意（志念）的作用，则须审慎矣"云云，又言时时亦思慕西村氏云云，故和生今日归而作此信戒余，痛下针砭。余读之再三，懔然惶然，一时心中不可名状，遂急蒙被而寝【次】。

三月十三日晴　晨起，至青山辨当屋，觅得房间一间，拟移寓。上八时遂清检行李，移寓至青山家。余所居房，门前有庭园，植花木，亦颇幽静，余甚乐也。晚餐时，杨笃生来，送译稿与余译者，系《英国制度要览》，并言来月初十日当译成，余允之。笃生复邀余至时新楼食酒食，席间纵谈当今志士派中人之优劣，笃生亦痛诋好名之人，良久始散。余遂至杨勉卿寓，属勉卿同余共译笃生所属译稿，勉卿许之。九时回。观《王阳明年谱》，仍系四十九岁在赣时事也。寄日金二元并信一封于《南方报》馆，定阅该报一份焉。

三月十四日晴　午正，至卫寿堂诊视，医者云已好多矣。下一时至李和生寓，得石卿自家寄信一封，告称余所负债已售管家（坤）<冲>田产完清，但有折减，未全偿也；又三姐已许字颜复初，二月初六日出阁。余见此不觉喜慰交集，惟言母亲思念不已，每闻鸦鸣鹊噪，亦皆心惊云云，则使人子思亲之心油然。噫，为人子者陷于如余之境，亦可以警惕矣！三时至《民报》社，得胡（幼）<幻>庵、刘瑶臣自常德来信，称不久将至省中云，田梅溪则上沅水流域以上去矣。又得覃礼门自长沙来信，称湖南为去冬此间取缔风潮事，倡设留学事务所，拟有运动建设，忽因风潮已平，现事务所亦已解散矣，大概理鸣为此甚为不平也。又得萧度来信，属余出而组织留学生总会者也。四时至劝工场购诸用物。五时回（下午未得上学三时）。七时，西村氏千代姊妹来访余，实出余意外，余大喜慰，坐良久，邀至聚丰园购茶点食之，食次，余思余此种行动果属如何？抑果无害道德乎？亦觉心中不安，既而思余既另有见地，则亦何妨，遂亦置之，与千代姊妹笑语甚欢，但未及于狎亵也。九时始辞去，余送之，良久始返。

三月十五日晴　上午，写致石卿信，告以余在此间无恙。又写致仙舫信，并寄赠《人体生理图》一套，以为其医学之用者也。又写致中国书林信，托其在沪代购各书也。下午天阴。夜，观《王阳明年谱》，先生五十岁在江西时也，记先生是年始揭良知之说云云。阅报，始知今日为旧历二月二十一日，余之生辰已过三日，余前拟生辰必致斋，今则已矣，可知有良知而不致与无良知同也。译《英国制度要览》一页。

三月十六日晴　译《英国制度要览》九页。下午，学校开演说会，请大隈伯演说，一时开始，余亦往听，所讲无非西洋各国排斥东洋，我中日两国当如何亲密以抵制之，诸君当如何发愤力学以救国家而已，三时散。余回，接宫崎民藏信，称东海书院（宫崎氏所倡办者）假校舍告成，今日下三时同人酌酒相祝，招余前去。余复以无暇，辞不去也。观《王阳明年谱》，仍为五十岁事，先生致湛甘泉书有云："随处体认天理。"又论心动云："循理之谓静，从欲之谓动。"又论养生云："养生、养德只是一事。"皆深切之言也。

三月十七日晴　译《英国制度要览》九页。夜观《王阳明年谱》，五十(一)<二>岁在越时事也。录其论乡愿语曰：

乡愿以忠信廉洁见取于君子，以同流合污无忤于<小>人，故非之无举，刺之无刺，然究其心，乃知忠信廉洁所以媚君子也，同流合污所以媚小人也，其心已破坏矣，故不可(以)〈与〉人尧舜之道。(中略)三代以下，士之取盛名于时者，不过得乡愿之似而已，然究其忠信廉洁，或未免致疑于妻子也。(下略)

录毕，回首自思一身之(云)〈行〉为动作，不觉愧然也。

三月十八日晴　上午，译《英国制度要览》十页。下二时偕杨勉卿至李和生寓，不遇，至申锦章〈寓〉，坐良久。三时至一书肆，购《日本辞典》、《法律经济辞典》，又至东明馆购毡子一席。四时至天赏堂修时计，遇张步青，乃邀至鲁文卿寓，坐谈良久，并留晚餐。六时至彭希明寓，属希明为余及勉卿请小川昇一郎教日文，希明言小川无暇，当为余另觅云，又晤任子臣，谈良久而去。八时至西村年一家，将入其门，自思欲不入，徘徊良久，卒入焉。西村氏不在，千代子出而款客，坐良久，千代子言笑在若有情之间，九时半始辞而去。十时李和生来，又以疑余今日至西村家责余，余与(辨)〈辩〉焉，良久，和生去，余心有微微震动，遂就寝【次】。

三月十九日晴　译《英国制度要览》二页。下一时吴绍先来二信，大责余不应爱色，初一函犹含糊言之，次一函乃大条陈利害，即以已前所经历者为证，中复以余前所言动一念须审是非、辨利害反复戒余，并畅申其旨，末复言此子之丑劣。时杨勉卿在坐，亦劝余有则改之，无则加勉。余一时心中大受震动，如劈头冷水，令人心神皆乱，似愧非愧，似悔非悔，似怨非怨。及勉卿去，余心稍定，始有一线之明，觉己之情念或亦果如所云，乃复再三读其来书，心中始有明辨。觉其所言利害实为不错，然随即思及西村氏之情意，又欲不听之，一时交战于中，甚为难过。良久，又复玩其书意，始姑下一决志，切莫负此良友，而听从其言。然心中仍如火灼，如刀刺，不能一刻受，乃急呼车，乘至李和生寓，适逢和生未回，翻其日记，见录有余前日劝伊书言，凡动一念、作一事，当克治之于其发动之始，又当省察其善恶、是非、利害于克治之前云云。余此时又不觉愧心顿生,以为余前日以此劝人,乃今日犹须人劝乎？然又忽自反想,以为余前日已曾省察克治,实觉余此念乃属于情的,非属于意的,究竟无害于天理也。正交战间,和卿适回,乃以绍先书示之,并告以故,言以前之欺朦,实为大错,但亦出于不得已,今日得绍先书,心中实大受激刺,已知过矣。乃以余自二月以来与西村氏交涉,一一告之。和生又复再三陈此事,若渐渐益深,则其害不可胜言云云。余至此时始益猛然省,知前日之情念虽经省察,然既有如绍、和所言,则已非利而属害也可知,既属害者,则真应克治者矣。乃始感激涕零,大痛前日所为,对和卿言,自今日后,必誓自忏悔。和卿又言:"苟能如此,则我心事去矣,但此为一身大敌,尤须极力抵御之也。"且再三反复发明其意,余心更觉清醒,乃皆一一以为然,遂留晚餐,和卿殷勤,又为余言多少理由,余亦深表痛悔之辞,谈至九时,余心始然如旧,乃雇车而回。回寓后坐定,又反复思之,觉余一念之差,遂生出种种风波,非良友再三忠告,几陷于险,今而后,誓当绝迹此念,以不负生平。然因此觉立志为道,真有万难,亦真是容易,一转念间,即为圣人,亦一转念间,即为败类,余今日之意念,起落移转,变化数次,幸一念之转,复归于正,然亦不知能保必有恒否。噫！进德之功,诚不可误会也。

三月二十日晴　晨起,散步至杨勉卿寓,以昨日忏悔之事告之,言之令人羞涩。八时回。译《英国制度要览》。十二时李和生来,复以昨日之事戒余,意若余犹不能悛改也者,余亦懔然。午餐后又坐良久,至三时始去,余乃写致吴绍先〈信〉,告以余昨日情状,未及半而罢。宋海南、鲁禹昌来,海南固邀余至《民报》社,余约夜至。七时,吴应图来,请余作骂杨枢文一篇,余婉谢之。八时至《民报》社,《民报》三号已出,然因校对不善,错误甚多,不能发行,众皆哗然。见余至,有责备余不应去报社者,不然,则必不至是也云云,余亦婉谢之,十时回。李和生又来,疑余与西村氏有丑秽之行,否则必有密约，以诘责余。余力言无有，至就寝后犹再三言之，和生始信焉。(憶)<噫>，一事之不良，致所生影响亦大矣！

三月二十一日阴　是日学校休息。上午，李和生去，乃与杨勉卿至乡间散步良久，十一时回。又至汤肆沐浴，十二时回。译《英国制度要览》，写致吴绍先信，续成焉，言余改悔情形，后复言余前者动心之原因，大抵言前日误解爱色之义，至今始悟云云。五时，复偕勉卿至学校□□间游览良久，六时回。复至勉卿寓，勉卿沽酒共饮之，微醉，七时回。八时至田中方，问有日本人能教日文者否，其主人言代为寻之，乃回。

三月二十二日阴　译《英国制度要览》。上十时至卫寿堂视病，寻回。下午，得李和生来片，复戒余以爱色事，词更危悚也。时余昨所写就致绍先信，以心中愧羞，尚未发去，至是乃送入邮箱焉。佐藤独啸遣人送来《十万白龙》一书，西藏古代宗教之神话也。杨勉卿至，并携一日本人来，即昨所访之教日文者，其人不通汉文，坐良久而去。田梓琴来信，言杨枢奏请将去冬闹取缔规则风潮之首领斥逐学界，余名亦在内焉，亦怪事也。

三月二十三日阴　有姚某、丁某者来说，被杨枢奏请斥逐学界之诸人今日开会议事，欲邀余往，余谢之而已。译《英国制度要览》。杨笃生、何小柳来，坐良久乃去。

三月二十四日阴、雨　译《英国制度要览》。下午，刘式南偕袁雪菴来，袁雪菴余三年前在长沙所识者也，坐谈良久而去。李和生来。夜七时，偕杨勉卿至□□□寓，以所译之《英国制度要览》稿之不解者质之。九时回。

三月二十五日阴　上午，校正所译《英国制度要览》，约计得五十页，遂缄寄杨笃生。下二时至西路会场，晤江浴岷、陈伟臣，谈良久，又晤胡勋臣，新自常德来者也。四时至梅田写真屋取前与李和生同照相也，途遇谷仲言等，领波兰人ビルストスキ将往酒食店饮酒者，邀余去，余辞焉。五时至《民报》社，得胡幻安、刘瑶臣信一函，言湘中近事甚详也。六时回。夜雨。

三月二十六日阴　译《英国制度要览》。上午上学时缴第三期学费及特别预科一期学费。下一时未上历史课，译《英国制度要览》。夜至一理发店薙发。九时回。观《王阳明年谱》，五十四岁时者，录其勉诸生语云：

大抵朋友之交，以相下为益，或议论未合，要<在>从容涵育，相感以诚，不得动气求胜，长傲遂非，务在默而成之，不言而信。其或矜己之长，攻人之短，粗心浮气，矫以沽名，讦以为直，挟胜心而行愤嫉，以圮族败群为志，则虽日讲时习【焉】于此，亦无益矣。

持己处人之道当如是也。又有答顾东桥璘书语，言朱子所谓格物求理于事事物物之中，析心与理为二之非。余按：其言若专论格物中之半部则诚如其说，不可不奉之，以致吾心之良知，但心与理非二物固然，然以为心即是理则亦不得理之真相。盖理者即举万事万物而包函之，阳明亦言之者也，直分之为格物致知诚正修齐治平，横分之则为心理物理（此非狭义的心理学物理学），必尽备夫格致诚正修齐治平之工夫，而后理之平剖面真相得，必尽穷夫心与物二方面之研究，而后理之立剖面真相得（若）<云>云。狭义的格物即是穷理，又或仅以致吾心之良知即是穷理，此二说者，余以为俱皆有所偏者也，皆未得孔子一贯之旨者也。

三月二十七日阴　译《英国制度要览》。下午，杨笃生来，交余译费三十元日金。四时余未上课。夜雨。

三月二十八日晴　译《英国制度要览》。下二时至西路会场取宋海南为余在公使馆官费也，遇一洋服店人，遂定作洋服一套焉。三时至李和生寓，不遇，至天赏堂取所修整时计，又购得鸣时计一个。四时回。吴绍先、李和生来，留晚餐，谈及刘瑶臣等在内地事，和生责余不应仍与之通气，并言余亦有乐为之之意。余（辨）<辩>

其未有，和生不信，余设誓亦不信，余则大怒，盛气责之，和生始未有言，然仍以余不应与瞎闹之人相往来为言。余言亦不可疾视一切，总以折衷为是，绍先意亦略与余同，然余所以对和生之气概，亦未得当，过后思之，甚悔也。绍先又言余爱色一问题，谓爱色只动情感而不动意念，此固高尚，然我辈必不能为之，仿为之必仍流入卑污之途，不如已之之为愈也云云，余心领之，十时始辞去。余觉伤气，良久始就寝。

三月二十九日阴　译《英国制度要览》。十二时至卫寿堂医院视疾，寻回。下午学校放假，乃校正杨勉卿所译《英国制度要览》。夜观《王阳明年谱》，五十五岁时事，为与邹守益、南方吉、欧阳德等书，(辨)〈辩〉礼与理甚详也。

三月三十日雨　晨起，时已八时矣，因精神甚觉疲苦，偶尔多眠也。早餐后犹觉肢体倦怠，十一时学课遂未去。译《英国制度要览》三页。阅报，见有《神经衰弱预防法》一书出版，在报社发行，遂写致该社一信，并寄金五十钱以购之焉。又寄交丸善书店《大英百科全书》预约金六元，三月份者也。下午自上英文课归后，更觉全身不快，愁苦更甚，入夜后皆未作一事也。

三月三十一日晴　译《英国制度要览》。主妇向余说渠有相知之吴服店，时余欲作和服，下午二时遂偕主妇至一吴服店，购得和服布匹四轴。三时至《民报》社，以《民报》认可证书交前田氏，嘱其〈交〉谷仲言，遂回。入夜，觉身甚疲倦，愁闷已极，呼一按摩者至，按摩良久犹未愈，遂急就寝。

四月一日晴　译《英国制度要览》。九时至神保院诊病，院长言余病甚深也。十二时至李和生寓，不遇，遂至《民报》社午餐。下二时回。三时至杨勉卿寓，坐良久，四时回。夜，李和生来，留〈宿〉焉。是日写致日本邮船(栻)〈株〉式会社信，购其《世界贮炭所》及《电信线路图》及《世界汽船航路图》各一，并寄五十钱。夜，该二图送来焉。

四月二日晴　译《英国制度要览》。是日学校日语、算学停课，余以昨夜与和生谈最久，未眠足，故今日甚疲倦，未作他事焉。上海《通学报》社寄来该报六册与余，余前寄信该社订购者也。

四月三日阴　六时起，至乡间散步良久，始归盥漱，觉精神清爽，自是拟每日晨起皆必按在六时往外运动以为常。陈伟臣来，邀余觅一印局印其《同学录》，九时遂同至秀光社相谈定焉。十二时至吴绍先寓午餐，复坐良久。下二时至一书肆，购得《孔夫子传》、《社会主义研究》各一。三时至鲁文卿寓，取前所交译稿与张步青，谈良久，步青赠余以相片一张。四至李和生寓，留(午)‹晚›餐。七时回。

四月四日阴　校正杨勉卿所译《英国制度要览》，未毕。前所定作洋服之店主来送洋服与余。下午至杨勉卿寓，寻回。夜，至牛込劝工场购物，九时回。西村千代子来，余未甚款洽之，彼稍坐即去。

四月五日晴　上九时至李和生寓，遂同至神保院诊病，十二时复至和生寓午餐。下三时至《民报》社，《民报》三期已出版，余所作文误处甚多，校正之，属作一校正表附后焉。四时回。

四月六日晴　校正《英国制度要览》。是日学校放假，下午李和生疑余与西村千代子仍有关系，大责余，余(辨)‹辩›之不信，遂冲突，余坐而不理之，晚餐后和生始去。余细思，亦觉太无涵养。良久，和生复来，遂送之至神乐坂始回。

四月七日晴　校正《英国制度要览》毕，复统计字数，共得六万零四百余字，下二时遂至杨度生寓送交焉，复坐谈良久。四时至田梓琴寓，留晚餐。梓琴代匡云官售有《法政丛编》，余向其购一部。六时，遂同至云官寓，取得十八种(尚有六种)。七时至《民报》社，《民报》三号已出，余取得一册，并取得交同文堂代售者五十册。九时回。张步青来片，约余明日旅行至箱根去。

四月八日晴　九时至李和生寓，不遇，至张步青寓，又不遇，遂以余不去箱根之意告鲁文卿，请代达焉。十时回。是日早稻田大学开陆上大运动会，余往观之，既入场，观者拥挤特甚，余遂回。译《万国社会党大会略史》，《社会主义研究》杂志中之文也，译得一页。下三时复至运动会场，则已散矣，乃至杨勉卿寓晤禹(三馀)<馀三>、杨少迪，遂同至余寓，留晚餐而去。写致文卿信一封，大概寻常问候语，惟请其劝戒石卿而已，并拟赠送《人体生理剖解图》一套。

四月九日雨　写致胡展堂信，言《民报》当整顿事四条。译《万国社会党大会略史》末一页。接李和生来片，言陈榆丞东来，谓和卿桃源公款已绝止，和卿即欲归国去，要余至吴绍先处商之。十二时余至吴绍先处，知绍先已写信回桃源，促其续给一年费与和卿云，一时遂至和卿寓，劝其不急归国，坐谈良久。(一)<二>时至《民报》社。三时至陈榆丞寓，晤得榆丞，共叙别感，皆不胜慨叹，复谈及桃源近年事势，知罗律中已充小学堂总理矣。谈最久，遂留晚餐，夜八时始回。

四月十日雨　译《万国社会党大会略史》。嫌其文不秩序，多为易之。张步青遣人招余至宍仓洋服店晤谈，彼因购洋服至此者也，坐约二时，遂同回至余寓，具洋食食之，下一时始去。三时杨笃生来，交以译费五十八元，并再请余译《各国警察制度》，余诺之。夜，观《王阳明年谱》，五十五岁时，其答聂豹书言良知之用甚<？>，录其要者于语录。

四月十一日晴　译《万国社会党大会略史》。十二时至神保院诊病，已过午，不诊视矣，遂至李和生寓午餐。下一时辞去，忽靴子被人易去，遗一小而恶者，余不能著，遂偕和生至一靴店购得新靴一。三时至张步青寓，不遇，至中国书林交以前月书金十元，又至劝工场购得春衣一套，五时回，是日共误课四时间也。夜，至同文堂，购得《太平洋》、《卫生新报》、《伦理讲演集》、《青年伦理学》各一而回。夜，田梓琴来，余嘱其分译杨笃生所托《各国警察制度》。

四月十二日晴 七时至张步青寓，遂偕至九段加藤馆共照一相。十一时至李和生寓，邀和生至神保院医病，十二时复至和生寓午餐。下二时至申锦章寓，复至张步青寓，三时回。译《万国社会党大会略史》。四时至杨勉卿寓，分《各国警察制度》三分之一属勉卿译之。五时回。见案上有署唐支厦之留字一纸，云自内地来者，须面见余，明日早八时约余至光洋馆晤谈云云，不知谁何也。夜，自学校回，心中不快，觉无限愁感交集，怆然泣下者良久，遂欲就寝。

四月十三日晴 八时至光洋馆，晤得唐支厦，乃自上海来者，姚剑生托有信件嘱其交余，拆视之，乃言上海近日时事也。九时至廖允端寓，为张步青取《法政丛编》，未遇而回。十时至杨勉卿寓，勉卿腹痛病甚，余偕之至卫寿堂诊视，十二时始回。下一时复往视之，则痛犹不止，复至卫寿堂购顿服药与之，乃回上课。五时复往视之，犹未愈也，余属其明日至神保院视之，遂回。夜，观《王阳明年谱》，五十六岁时者，其论学有四语云：

> 无善无恶<是>心之体，有善有恶<是>意之动；知善知恶是(致)<良>知，为善去恶是格物。

余以为犹不总括真切，拟改易之曰：无善无恶是物，有善有恶是知；审善辨恶是格，为善去恶是致。复思索良久，觉甚切当，并拟后日当阐发其理以伸阳明之旨焉。

四月十四日晴 译《万国社会党大会略史》。九时至杨勉卿寓，勉卿病稍愈，遂偕之至神保院诊察。十二时，余至一书店，购得《孟亚圣》、《文天祥》各一，乃至会芳楼购午食。一时至秀光社豫约《世界写真》一部，来月出版者也。二时至鲁文卿寓，不遇，三时回。夜，咽喉忽生病，声不能出。

四月十五日晴　九时至杨勉卿寓。十时至陈榆臣寓，不遇。十一时至西路会场。下二时复至陈榆臣寓，榆臣偕余至植物园游览良久。四时至李和生寓晚膳。夜九时回。宫崎滔天写信询余译《地下之露西亚》事如何？余回信谓邓孟硕前曾担任之云。

四月十六日雨　十时至李和生寓，留午餐，寻至神保院诊病。下二时复至和生寓，和生邀余至一吴服店，购和服料，三时复返至和生寓。四时回。译《万国社会党大会略史》。夜，写一信致平民舍，日本社会党之本部机关也，询问其有无《平民新闻》及《直言报》，并言欲与之交换《民报》云云。

四月十七日阴，下午雨　译《万国社会党大会略史》，已完，共计十四页。下午，朱凤梧来，言□□会亟需余为经理干事，余辞不肯，彼再三言之，并言昨日开会已经报告。余言现当有二职，何能兼任？彼言二职均可辞退，惟此必须担任，且此亦甚闲散，断无烦多之事也。余思既可以二易一，则就此亦无妨，遂允之。二时，遂偕至《民报》社，阅报良久，三时回。入夜觉心中甚感不快，阅书亦无心，狩野谦吾言神经衰弱之现症，有不安、不愉快及作业消失能力等，盖吾之受病亦不浅矣。

四月十八日晴　译《各国警察制度》。下一时，前田卓来，以二信交余，一秋瑾自（江苏）<浙江>南浔来者，无多言事；一刘瑶臣自常德来者，亦无要语，惟夹有李醒疵信一纸，乃所作之《扬子江之势力》，欲登报者也。二时，前田氏邀余往宫崎滔天家，余因无聊独居，思一散步，遂从之。既至，得晤滔天及其兄民藏，民藏氏言明日当离京往各处游说，广布社会主义云。余坐谈良久，四时回。至学校上课，时学校功课表复有变更，余抄录一纸而归，乃并之另作一自治课表，余因神经衰弱，恐太用心不相宜，遂改正前所定表。计如下：

每周功课表

时／日	六—七	七—八	八—九	九—十	十—十一	十一—十二	十二—一	一—二	二—三	三—四	四—五	五—六	六—七	七—八	八—九	九—十
月	起运动阅报食	温英	日语	数学	体操	地理	食运动	历史	理科	温历	温英	食	英语	观书	文学	心学写日记寝
火	同	同	同	日语	地理	日语	同	温历	日语	理科	同	英语	食	同	同	同
水	同	温英	观书	日语	日语	温数	同	温英	唱歌	历史	理科	食	英语	同	同	同
木	同	同	温数	数学	日语	温地	同	历史	日语	温英	日语	食	英语	同	同	同
金	同	同	日语	温历	数学	日语	同	温日	日语	日语	图画	食	英语	同	同	同
土	同	温英	温理	日语	日语	体操	同	日语	图画	温地	日语	英语	食	同	同	同

其日曜日，则上午自八时至十二时出外访人，下午一时至三时写往复信件，三时至五时散步运动，余皆与常日同也。夜，至杨勉卿寓，谈良久，九时回。观《王阳明年谱》，仍五十六岁时也，录其要语一则。

四月十九日晴　译《各国警察制度》。下午三时，李和生来，余偕至乡间散步，良久回。夜则刘治斋来，告余以覃理门等一切情形，余不甚惊叹，和生则大有愤懑之象。治斋去，余乃劝和生不必如是云。

四月二十日晴　十一时至神保院诊视，十二时至李和生寓午餐。和生欲补得西路空馀官费一事，余赞之，但余恐有他人出而相争，致有冲突，或他人出以卑劣手段，则宁让之，不必与争可也。和生不以为然，与余大口角良久，至下二时余始辞去。三时至中国书林，购得《英文典》及《华英字典》各一，又至三省堂，购得《汉和大字典》一册。四时回。译《各国警察制度》。夜，和生来，邀余至神乐坂游览良久，和生欲偕余至□□处一游，余不欲出，遂罢，乃至和生寓，宿焉。

四月二十一日晴　八时至今川小路一书店，购得《惹涅氏伦理学》、《法律辞典》各二册。九时回。译《各国警察制度》。下午一时至杨勉卿寓，勉卿言余神色日衰，恐有大病，余为之悚然。三时回。因精神疲倦，昼寝一时许。夜，至浴肆沐浴，归而坐片刻即就寝。

四月二十二日阴　八时至吴绍光寓，晤张浐生，新自上海来者，闻知姚剑生在上海蹈江而死，大概因各种愤慨（剑生为中国公学干事）而致此者。余大哀之，泣然者良久。十时至《民报》社查其有无信件寄来，问李锐恒，知昨日上海同人有信报知此事，剑生则并无一字也。下一时至西路会场访宋海南，不遇。二时半至陈榆臣寓，坐片刻，三时回。李少甫来，以昨日上海同人所寄来报告剑生死事信示余，并谓今日同人开一追悼大会，商妥倩余作一公启云。余允之。夜，雨。

四月二十三日雨　译《各国警察制度》。下午，罗品山来，龚铁铮来，皆各谈良久而去。夜，观《王阳明年谱》，五十七岁时者，皆其平思田及断藤峡事，是岁先生卒焉。余读至此，不觉索然。先生一生之出处、行藏、功业、学行，则知其大概矣。

四月二十四日晴　八时至西路会场，对宋海南索债，不得。九时至李和生寓，不遇，遂至神保病院诊视。十二时复至西路会场，留午餐，与海南谈及补李和生官费事，和生尚未确许。下一时回。时李和生已先来，余遂与谈，未往上课，惟夜学英文而已。李和生留宿，言及官费事，和生甚忧之，遂与余约，如桃源县中尚能得一年之费，则余每年从节俭中抽出百元以借与之云。是日六时旷课，又未译书。十一时就寝。

四月二十五日晴　晨起，李和生言欲移来与余同居，余言同居甚不利于守自治秩序，居于邻近亦可，和生大不以为然，至下午余自校回后，再三开陈，始首肯焉。译《各国警察制度》。夜八时至杨勉卿寓，寻回。

四月二十六日阴　译《各国警察制度》。自上午至下三时，三时间未上课。夜，觉身甚倦怠，精神疲困，时夜方雨，孤灯对坐，万种凄凉，交集于心。

四月二十七日阴　译《各国警察制度》。接李和生来片，邀余往青山看日本大观兵式，余学校已拟明日全班往观。夜，余遂至和生寓告以故。九时回。

四月二十八日晴　五时起，至校同大众往青山，六时抵场，场广约十余里，已有军队及各来观男女学生甚众。良久，军队入场者亦众，是日为预行演习（三十日大演也），自练兵场之南端亘于北端，作三大横队，如三大长堤。自九时起，其元帅大山氏始顺次阅视，诸队乃顺次变其队形，旋回于前方，步武整肃，各分列而行，军乐声震天地，尘土飞起如黄雾，令人壮烈之气□然而生，至十二时始息。余乃乘电车至田梓琴寓,至则梓琴已迁,蔡达生在焉。达生留余午餐,下二时乃随许汉五至田梓琴新寓,坐良久,催其速译《各国警察制度》。三时至中国书林,购《新民丛报》一册。四时至《民报》社,告诸人以追悼姚剑生不必作公启,可由三数人发起可也,众以为然。谈次,始知孙逸仙已回东,今日当来社云。未几,孙逸仙果来,言此次自欧(州)<洲>而新嘉坡而香港始来东者,谈良久,遂留晚餐。夜九时回。

四月二十九日晴　十时至西路会场。十一时至李和生寓,遇陈榆臣,遂邀余及和生至同兴楼食酒食,下午二时讫,复邀余为之购书,三时遂至会馆及中国书林为购书数种,余亦购得地质、数学教科书各一,及《伦理学讲义》。四时复至和生寓,五时回。余觉自昨夜起心中时时不乐,若烦恼,若忧愁,又若失意,不知何故,盖大约亦神经病之故耳。

四月三十日晴　休学。九时至神保院诊视。十一时至《民报》社取第四号《民报》。下二时回。校正《各国警察制度》毕,由邮局送付杨笃生去。夜,杨勉卿邀余去至伊处饮酒,坐谈良久,九时回。

五月一日晴　是日有二时间未上课。夜八时至田梓琴寓,取所译《各国警察制度》,至则梓琴不在,而译稿亦未成,遂并未成者亦取之。十时回。

五月二日阴　译《各国警察制度》。下午,写一片致杨笃生索译费。是日三时间未上课,以译书事致之也。夜,雨。

五月三日雨　(辰)<晨>,杨笃生来,交余译费金四十元,余遂至杨勉卿寓交以二十元焉,寻回。是日休课,译《各国警察制度》竟日,下午五时始完,校正讫,遂寄交笃生。六时至《民报》社偿何小柳债十三元。八时至靖国神社观览,是日为该社大敕祭日,其天皇来亲自参拜,社内外皆遍结彩门旗台,电灯千万点,照耀如白昼,时放花火,闪灼半空中,沿道则架彩棚,络绎不绝,或卖曲戏,或卖食物，士女之来观者，杂遝拥挤，真有人山人海之势云。至十时始倦而返，乃复至《民报》社，因时已过迟，遂留宿焉。

五月四日晴　七时回。九时未上历史课。下一时至杨勉卿寓，二时回。八时至浴场沐浴，寻回。观服部氏《心理学》二十页。

五月五日晴　八时至同文堂，购得《商业界》杂志一册，归而读之，中有《鸭渌江源之独立国》一篇，记满、韩间鸭渌江、土门江、松花江发源之处，有形成之一独立国曰间岛，地方与日本之九洲岛等，其王曰韩登举，山东人，十余年间占据此地，清兵时来攻之，不克，遂定约每年纳款二十万金于清盛京官吏。其地富于矿产、林产、人参云。下三时至贺年仙寓，谈良久，五时回。七时至龚铁铮寓，不遇，遂散步良久，至蓝□□寓，未坐即去。至一书店，购得《英语动词活法要览》。八时回。得朱凤梧信，约明日开□□会云。观服部氏《心理学》十页。是日腰部时疼，腹间亦不消化，入夜始稍好。

五月六日晴　九时至《民报》社，十时至李和生寓，邀和生往医院，和生游移，余遂独去。十二时至狩野病院，即余前所购《神经衰弱之预防法》之著者狩野谦吾之病院也，余因见其书甚良，故往寻得焉。其诊视规则须金二元，余遂纳之，良久，医者乃视余病，言余确系神经衰弱症不误，幸尚可治，但须二月或月半之功耳，遂以七(月)<日>分药与余，约每日曜来视焉，下一时始返。至李和生寓，购(麹)<面>食之。三时至新宿朱凤梧寓，赴□□会也，至则会已将终，未三十分即散会，余复坐良久，五时回。

五月七日阴　是日余与居停主人约定，每日朝用饭，饭先食鸡卵一枚，午时亦用饭，晚则用(麹)<面>包牛乳以为常，盖晚餐宜用淡轻易消化之物，以免距寝时犹不消化也。午一时至杨勉卿寓，寻回。夜，拟作《对于<新民丛报>为陈星台(辨)<辩>驳》之文，乃取该报阅，觉其破绽处甚多，想因自是轻人之心太过，故只求自完其说，不觉悖于理势也。王阳明所谓"文不可以伪为",诚哉是言矣。龚铁铮来,良久去。

五月八日阴　是日二时未上课。下二时至一书店翻阅旧书良久,寻至杨勉卿寓,不遇而回。

五月九日雨　杨勉卿以一信并日金四十元交余,乃长沙吴□□开一派报所,致信及金与余托订《民报》并其他各报者,余无奈,只收受之,拟交与《民报》社焉。夜,下课回时雨始止。是日未出外运动也。

五月十日晴　上午上课,回时至同文馆,购得《独立评论》一册,中载有《社会主义年表》,记自德国大革命以来至近日各国社会党之运动,按年列表,甚详也。下一时至时兴号购食午餐,以欲多食脂肪物也。夜,李和生来,坐最久去,余送中途而回。雨寻止。

五月十一日晴　阅《电报新闻》,载有中村进午《论南昌教案》一篇,痛诋法人之无道,遂译之出,拟送于内地报馆登之,以壮国人之气焉。接公使馆来一邮片,招余至公使馆,云有要事面商,余不解何事,下一时遂至公使馆问之,初晤一王姓随员,问余以宋谦即宋炼否?余云是。彼遂引余见杨公使,公使问余:"你是宋教仁否?有湖南人来说,谓宋炼即是宋教仁,信乎?"余曰:"不是,宋炼与宋教仁固两人也。"公使又言:"你须有同乡会干事来说,证明你非宋教仁方好,不必多言。"余诺之,遂出。三时至西路会场,邀宋海南至一鸟肉店沽酒小酌,以此情告之,并请其至公使馆为余证明此事,以免另生枝节,海南允之。五时余回,细思此事以狡诈行之,如此虽对于敌者亦似无妨,然究恐有不是处,然思索久之,又究难于不出此方法,处事之真难也。夜,阅《心理学讲义》。

五月十二日晴　阅报,有《清俄谈判文》一篇,所言利害甚切,余拟译之,投登内地报上。既而思天津《津报》前曾有广告募文,遂拟寄登该报,并拟以函订,以后有所译著皆常寄稿焉。下午遂译

《清俄谈判文》，译二页，后见其有多不详细处，乃概改纂之，并改题曰：《清俄谈判与俄人之野心》，而另述以己意，入夜得三页。柳聘农来，告余明日上午开湖南□□会，又接□□来信，称明日下午开□□会云。

五月十三日雨　九时至《民报》社，赴湖南□□会，余遂将余辞职之事及当组织新分会事报告，即退去。十时至狩野病院诊病，得药七日分，医者言已稍好矣。下一时返，至李和生寓，不遇。二时至会芳楼午餐。三时至朱凤梧处赴□□会，时改定新章，已裁经理干事，余遂退职，又有举余当书记者，余固辞之，遂免。四时至宫崎滔天家，告以译书事尚无暇。五时回。李和生来，宿焉。

五月十四日晴　晨起，余劝李和生不要常至余处，有荒正务。和生谓余有拒绝意，余(辨)〈辩〉之，不听，悻悻而去。作《清俄谈判与俄人之野心》【论】未成。下午，接李和生来片，复以晨所争者诘余，余复信亦不外劝其同守自治守约之义而已。夜至宋海南处，问以所托至公使馆事，海南言明日始可去。又至《民报》社，九时回。

五月十五日晴　作《清俄谈判与俄人之野心》，仍未成。下七时至宋海南处，海南告余已至公使馆言好矣。八时回。接李和生来片，仍言昨日事，略谓古人有朝夕过从、群居讲道者，何不可之有耶云。余即复一信去，极力言不可引古人以为(辨)〈辩〉，古人有是者，其心理之发动即为欲如是起见，其实事行为能有如是结果，今能仿效之否耶？末复言此事之流弊，约千余言，写至十二时始毕，盖心中受其激刺甚盛，不觉忘自己之起居规则矣。

五月十六日晴　作《清俄谈判与俄人之野心》成，复写致《津报》信，言以文换报之事由，遂以《清俄谈判》文与前译中村氏《南昌事件概论》，同封械中寄往该报馆焉。下午至早稻田邮便局，汇寄《大英百科全书》月赋金(四月、五月分)十二元于丸善书店，寻回。吴绍先来，谈良久去。

五月十七日晴　李和生来一片，言余昨信无理强(辨)<辩>，并言读书当以保存良心为要。余觉悚然，深恐近日有犯是病，遂静思良久，然觉和生亦不应只责人重而责己轻也。下午，杨勉卿来，言和生有信至，谓和服被盗窃去，须请勉卿代为借余和服送去。三时，余即自至和生寓送交和服，复劝其勿轻易以恶加人，良久，复为之译《国际私法讲义》半页，留晚餐。七时至会馆阅报良久，与门番结算余所购书账共二元六十钱。八时至田梓琴寓送交译书费金五元，不遇梓琴，交其主人而返。九时至中国书林购书，余前月曾托其在上海代购各书，至是已至，亦取之，计《西洋上古史》、《哲学史》、《西藏全图》、《卫藏通志》、《中外舆地图》、《外患史》、《中外约章纂》、《新约章分类辑要》、《万国最新调查表》、《海道图说》、《中国红海险要图志》。十时回。

五月十八日晴　写致李星次信，未成。下午未上课者二时。时同校中有组织开英文班请王怀清来教者，余亦报名焉，定于二十一日即开课云。七时至一制本店，以《中外舆地图》属其表纸。

五月十九日晴　写致李星次信，仍未成。阅报，见有垦岛及南洋比雷岛地理甚详，遂抄录之。下午六时至杨勉卿寓，适将晚餐，有腊肉，遂留餐焉。八时回。

五月二十日晴　九时至吴绍先寓，坐谈良久。十时至狩野医院诊视，医者云已愈大半，无虑矣。下一时至李和生寓，晤熊岳卿，谈良久。三时至田梓琴寓，不遇，遂至各旧书店寻购旧书，购得《史学杂志》数册，又见有新出《王学杂志》，乃日人组织之明善学社专以发明阳明学为宗旨之机关报也，遂亦购一册。五时回。

五月二十一日晴　写致李星次信成，大约告以余近来之所经历与近来之所见知，略谓近日人皆言爱国，然国皆由个人而成，人为构成国家之分子，即须有不愧为构成国家之分子之资格，换言之，即个人须具有能为国民之实质，再换言之，即个人须完乎为人之道而后可也。盖宇宙间原以人为单位，万事万物皆备于我，故为人之道，其范围甚广，其定义甚严，由分门类言之，爱国一事，不过为为人之道之中一个之要素；由分层次言之，爱国一事，不过为为人之道之中推行之极则，苟不于此要素外与此极则之前，凡诸相关连相因应者皆具备焉，则此之一事必不能单得矣，故人亦只求其完乎为人之道而已。为人之道约言有数要者，即思想、道德、知识、能力是也。吾人今日即平心静气，洁身修行，以从事于此数者可矣云云，约千余言而成也。下二时至同文馆，见有《国家学会》杂志，随翻阅之，见有《明代之自治制》文一篇，载明朝各种社会甚详（中有言白莲社之起原者，谓晋惠帝时有慧远者，雁门楼烦人，创立白莲之始祖也），寻回。观《越南亡国史》，所记越南始于一八六二年及六七年两次始割下交趾，七四年定《西贡条约》，至八三年定《哈尔曼条约》，法国遂为保护国。越南亡时，有潘廷逢、宋维新等起义，与法人抗，义烈懔然，然法卒定之，其后惨虐待越人之政，不可名状，至今越人欲起义者尚多云。越南之建国，自丁先皇琏时，当宋太祖时，其传系：丁朝—二世—黎朝—黎植三世/宋真宗—李朝—李公蕴八/宋真宗—陈朝

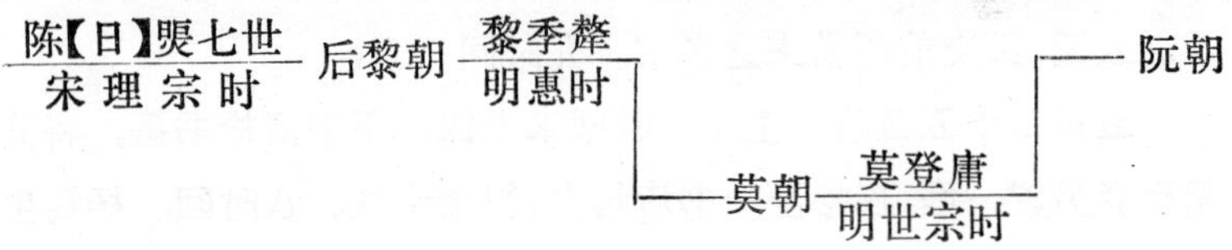

—阮惠/清乾隆—旧阮朝。旧阮朝即今朝之祖，始祖阮福映是也。三时半地震，家屋摇动有声。

五月二十二日阴　上七时至学校上自开英文课，同校人自行组织请王怀清教授者也。余亦学，每日在上七时至八时之间，是日仅教字母而已。下午观《太平洋》杂志，载有论马关海峡当架桥以通本州与九州铁道者，又有记爪哇风俗民情者，皆甚详云。夜，雨，

寻止。

五月二十三日阴　下一时至杨勉卿寓，谈良久，勉卿拟将六盟馆所编《普通学表解》丛书译去，以饷学界，邀余同译。余思其中有《世界史表》一种，若能译出，于自己研究历史之功不无少益，遂许勉卿任译《世界史表解》，且取其书而回。下午即着手译之，觉其间不完全者太多，又不免错误，乃拟为之增减改易，且其名曰《世界史》，而表中所列则仅西洋事，于名不符，拟改其题曰《西洋历史表》焉。是日译成《埃及史表》。夜，秀光社主藤泽外吉来，言《民报》社因其私卖《民报》事，怒其所为非理，将控诉之，请余为之于《民报》社言之，余颔之。观《商业界》中记有东亚大宝藏缅甸红宝玉坑事，该坑在缅甸之北シャン洲，出海七千尺之高，名为モゴク之小市，所产之红宝玉，实世界之有数者，又产青玉、猫眼石等，皆甚贵重者也。

五月二十四日晴　观东京人类学会杂志，记有太平洋中ラトツリ岛民俗事。该岛在カロリン群岛之西南五百日里，有酋长，其土人文身贯耳，一夫一妻，十年前其酋长之弟サンミ氏，曾来游日本云。下八时至《民报》社，晤柳病农等，余言秀光社事可以退步法了之云云，又交前所借来之各书。九时回。

五月二十五日晴　上午一时间未上课。下午清检书籍，将其无用者另置一堆，夜拾至一书店售之，得金十钱。八时回。杨笃生来，复请余译书，系《俄国制度要览》，以十日内须皆译齐为好，余允之。九时至杨勉卿寓，复约以分任译书事，寻回。

五月二十六日晴　译《俄国制度要览》。□□□□写一信致于业乾，询其能否分任译书事，余前日曾自李和生<处>闻其愿译也。下六时至杨勉卿寓，偕勉卿至乡间游眺良久，八时回。

五月二十七日雨　九时至西路会场，是日开选举会，改选一切职员。十一时至《民报》社。十二时至狩野病院诊视，下一时回。

鲁禹昌来，良久去。夜，胃中不消化，延至十一时始就寝。

五月二十八日晴　上十一时至正金银行换银券。下一时至李和生寓，坐良久，三时回。

五月二十九日晴　六时半始起床，心甚愧。下午吴绍先、鲁禹昌、禹馀三来，坐良久去。观《海国》杂志，录其记胶州湾及汕头地理二则。夜观《心理学讲义》。

五月三十日晴　观《心理学讲义》。写一片致杨笃生，催其残译稿速送来。夜，入浴。

五月三十一日晴　接胡经武来信，言现在烟台暂住，又问此间风潮如何云。

第四卷

开国纪元四千六百零四年

（一九〇六年六月一日——九月三十日）

六月一日晴，下午阴　校中放假二时间，观服部氏《心理学》，其言知觉之理，心有契焉。杨笃生遣人送来《澳大利匈牙利制度要览》一册并信一纸，视之则复请余汉译者也，余即复信允之。夜，译《澳匈制度要览》四页。至杨勉卿寓，谈片刻而回。

六月二日晴　译《澳大利匈牙利制度要览》。下三时至同文堂，购得《卫生新报》一份，回而读之，中有《如何而得女子之意乎》、《如何而得男子之意乎》二题，主张精神道德之男女交际。又《自杀论》、《自卫生学上所观之梳发》、《多眠多食之害》、《就手淫》等篇，言其利害及其防治方法甚详，令人毛发悚然。夜，秀光社主藤泽外吉来，言《民报》社事，愿出金以了结，托余周旋，余以八十元告之，彼诺焉。

六月三日晴　译《澳匈制度要览》。下一时至狩野病院诊视，医者云，尚须二十余日方可完愈云。二时至熊岳卿寓，不遇而返，遂至上野附近市中游览，至各书肆检阅旧书，购得《王阳明学提要》、《无我爱》、《真理极数》、《道德》、《地文学表解》、《心理学表解》、《世界读本》等书。三时至公使馆领医药费。四时至西路事务所。五时至《民报》社，留晚餐。七时回。见案上有一邮片，乃曾松乔昨日已至东京，特来招余者，余即乘人力车至其寓访之（水道即筑地馆），既晤面，不胜喜慰之至。坐谈良久，余邀其至余寓夜话，九时半遂偕至。余询及其目的，松乔言欲学师范，余劝其学文科，松乔以为然，谈至十一时就寝。夜，雨。

六月四日雨，下午止　李和生来，言陈榆丞欲回国去，下午一时余偕和生至吴绍先寓，拟邀绍先同至陈榆丞寓询之，未遇绍先。二时至榆丞寓，则榆丞已返念，不复回国矣，坐谈最久，绍先亦至。三时半榆丞、张子行遂邀余等至凤乐园料理店沽酒肴食之，酒半，余谈及早稻田大学教日本语文不教文典为不得良法，李和生疑余有意言之，欲阻其进早稻田大学，余(辨)〈辩〉之，不听，遂冲突。余言非为自己(辨)〈辩〉护，原欲君勿轻易以小人疑人待人，致有误立身处世之道耳。六时散而回。夜，余静坐思之，以后发言犹须静气和色，勿使听者不入，致转激其怒，此当戒慎者也。写致胡经武、覃理鸣、曹德鸣、欧阳骏民等信，皆不过寻常通问之语而已。是日仅上课一时间。

六月五日晴　下午五时，李和生来，邀余至其寓，为之至东洋学院问学日语事。六时遂至和生寓晚餐，和生欲邀余往游廓，余不欲去，遂罢。八时至东洋学院为之问学日语事，成议焉。九时至姚小琴寓，坐片刻。十时至曾松乔寓，松乔言其学费问题，本因龙阳有丁某之官费，现在空出，而松乔乃欲承之者，但公使馆交涉不便耳。松乔因约余明日同至宋海南处问之。十一时回。

六月六日晴　译《澳大利匈牙利制度要览》，是日译竣，校对清楚，下午邮送交杨笃生去。二时偕杨勉卿至熊岳卿寓，留晚餐。六时至曾松乔寓，遂偕松乔至西路会场毛延龄处，余问西路现有空出官费数名事，渠言已为公使馆叩除矣云云。八时偕松乔至宋海南寓，松乔问丁某官费事，海南言公使馆已言叩除无法云。复坐谈良久，十时辞去，十一时回。时李和生、鲁禹昌已坐待良久，问余曾何往？余告以今日所至各处，和生有不平之色，言何厚人而轻我？余解释之，不听，争执至十二时，致邻居之日人出而干涉。余一时愤愤，遂蒙被而卧，听和生之自言焉。

六月七日晴　晨起，和生犹与余(辨)<辩>，致未上课。八时和生、禹昌去，余乃上课，寻回。是日精神不振，意气颓唐，下午遂未上课，闷坐抑郁之至。出门散步，随至《民报》社问胡经武居址，未遇一人而返，遂至神乐坂附近各街彳亍(慢)<漫>步，四时始回。夜，未八时就寝。

六月八日晴　是日身觉爽适，下午戢元成来，即杨笃生之同<?>者，送译稿与余者也。此次所送来者，为《比利时澳匈国俄国财政制度》及《美国制度概要》，新请余译者也，限七日脱稿，余亦应之。五时，李和生在杨勉卿寓使人招余去。余至，和生犹有不悦之色，言需金数元，余即以五元借之，复言及补官费事，和生言惟有龙阳丁某之费在，而吴绍先恐余招曾松乔之怪，余言此并无妨，余已<与>松乔明言，但为之，不必为余顾也，余此心自问无私而已。余遂写一邮片与绍先，言明此事。十时回。和生与俱来，遂留宿。至夜半，和生犹呼余谈，余言夜深恐妨人眠，可待旦，和生又有怒气，余遂听其言焉。

六月九日阴　六时起，余言此处已招日人之嫌，不欲居此，欲入大学寄宿舍居之。李和生闻之，言余特因厌渠始为此者，不免有薄视之心云。余又(辨)<辩>之，不觉辞气俱厉，和生亦怒，将昨之金五元亦退与余，余责其不应以疑待人，以为人之一言一动皆是为己而发，此大不可者，和生终悻悻而去。余思和生近日心气大异夙昔，与人言动辄猜疑愤懑，恐非善状，殆神经病又日深一日所致者，遂拟以后无论如何总宜百方让之，不与争(辨)<辩>，亦以免自己之伤神焉。十一时，和生又自杨勉卿寓遣人招余去。余正译昨日戢元成送来之《美国制度概要》，尚未(印)<即>去，而和生已来。余言译事已限定期日，不能荒废时间，有言请留待焉何如？和生不听，余遂避而外出，良久始回。和生复言余之不厚道，余一时不觉气起，与争良久，始觉自悔，乃即止，不与(辨)<辩>，听其所言，至下午犹不止。余乃言今日总算余之不是，但此原因总因君来向余，而非余向君者，欲余改之，而余原为消极的，无可改者，君则为积极的，不可不审察是非而有所改者也，但若不以为然，则仍听之，余先刻不过气盛，偶有争(辨)<辩>，已知不是，现在无论如何，苟可以息君之怒，君可以平气，而欲余为者，余无不为之，不平之状，可以止矣。和生乃责余总须厚道待人，不必做(过)<作>，且言须出外吃食物，余均应之，遂同至时兴店购酒肴食之。六时食讫，和生始去。余乃至杨勉卿寓，谈及和生，勉卿言其心理实有失常度之处，以致喜怒无常，须为之设法方好也。余思其言实不错，不觉忧危之心顿生，盖此后有难解者二端：一对人之道，数年老友而见其生此难治之病，心神一坏，将来不知如何，吾人何以为之设法救治，此应有责者也；一对己之道，因其心理异常，必常与余作无谓之争(辨)<辩>，而余亦有神经病者，时时受此剧烈之刺(击)<激>，耗此有用之时间，亦必致有大不利益、不安宁之事，实为可虑者也。遂拟明日须与吴绍先商议，将以何方法为之治此病，或劝其入病院亦可，总须设法方好也。七时回。雨，寻止。精神异常疲倦，心境亦异常不快，盖因昨夜未足眠及今日受大震动之故也，遂早就寝。

六月十日雨　译《美国制度概要》。下午，曾松乔来，坐谈良久，余邀之至时兴店食面物，四时讫，别之而回。是日本应往病<院>，未果去也。

六月十一日晴　译《美国制度概要》，是日成四十(叶)<页>，搁学课五时间未往矣。下午，李和生来一片，言精神昏沉，欲往病院。四时，余即至和生寓，拟邀之至医院，至则和生已外出，乃至姚小琴寓，交还以去岁所借来之《日本文典》一册。良久，复至和生寓，仍未回，坐待至五时半，乃回。见桌上有一信，始知和生已来而返矣。信中因见余日记所书，谓余多不自知己过，盖余亦诚所不免者，近来未读阳明先生书，治心之道或疏忽矣。

六月十二日晴　译《美国制度概要》。十时，李和生来，遂同往青山帝国脑病院，十一时始至。该院长斋藤纪一者，曾留学德法，以精于治脑病、神经病名者也。先由医员诊视后，则院长诊视，既讫，院长云余为神经衰弱症，和生为脑神经衰弱症，均尚能治云云。余遂购得药十日分，下午二时回。夜，康保忠、董修武来，与余商及□□会事，言现今状态甚危，人才与财政尤为困难，欲邀集会中有常识者开一特别会议，研究善后方法，可（辨）<办>则（辨）<办>之，否则亦宜有以善其终云云。余赞成其说，并言余现在不欲任事之故，良久始出。接《南方报》来片，言余所寄订报金并未收到云。

六月十三日晴　译《美国制度概要》。下午写致李和生、吴绍先各一片，属其向熊秉三①售《大英百科全书》。夜，至市间散步，购得华盛顿像而归。

六月十四日晴　接康兴甫来信，约余今日下三时至新宿十二神社议事。译《美国制度概要》，是日译毕，共约六十页。下三时至新宿，良久始寻得十二神社，则康兴甫等已先至矣，来者董修武、杨笃生、黄树中、孙少甫及余共六人。兴甫乃提议欲维持□□会事。余言须先研究维持之方法及条件，否则所谓维持者亦无效也。诸人又讨论良久，乃决议以后有事须此数日商之，商定乃以孙少甫施行之（孙，此次会中庶务干事，安徽寿（世）<州>人也），使外人仍不知，以此举须带秘密性质也。余见所议均无大影响之事，欲再发言，而食物已具，诸人均若讨议已毕，无馀事者然，遂就饮，余亦止焉。然余心始终恐此举仍归无益，但势亦惟听之而已，至五时始饮酒毕。杨笃生、康兴甫邀余观东京座幻戏，言其奇妙真不可思议，余从之。七时遂同至东京座购券而入，已开演久，适正演催眠术讫，以次演出种种，有妙手之当物、三国国旗之当物、美人之隐术、活人画、美人阬镜大（麽）<魔>术、水中美人、看客头上之钓鱼、电气

① 熊希龄，字秉三。时为出洋考察政治二等参赞官抵达东京。

应用自由喷水等。其最奇者则如美人院镜术，一美人背大镜而坐，忽一声响，不复有人，而已自对面屋中而去；如水中美人，以玻柜盛水，以布拂之，良久揭之，则一美人斜卧水中，呼之乃去，周身水湿矣；如电气应用喷水，一人坐于上，以手指甲杯水，即喷水，复移指乙杯，则甲止而乙杯即喷水，且高低皆一应其手之上下，忽又指左一人头，则其头上又喷出，此人乃以手遮断之而向右一人指，则水又移至右一人头上喷出矣。如此展转数十次，终乃场中所陈诸物及此二人头上皆齐喷水，如数十喷水机器之动焉，良久乃已，至十一时始毕出，乃至曾松乔寓宿焉，就近也。

六月十五日晴　六时自曾松乔寓回，译《澳匈国财政制度》。下一时至杨勉卿寓，寻回。是日学校已悬示，来月二日举行毕业试验，至七日止云。

六月十六日晴　译《澳匈国财政制度》。下午，李和生来，言欲入病院。余约定明日下午送其往病院，六时去，余送之〈至〉神乐坂而回。夜，就寝甚迟。

六月十七日晴　译《澳匈国财政制度》，是日脱稿。上九时至杨勉卿寓，将其所译稿均取回校正之。下午二时至李和生寓，和生因事暂不入院。四时至公使馆，因更余在早稻田学校名而用宋鍊名，乃写证书一纸，请其盖保人印章焉。五时至《民报》社取去岁所遗蚊帐。六时回。

六月十八日雨　上课时见校中贴有湖南水灾募捐启，余见之，心恻然，念及湘中近日哀鸿满野，不知如何困苦，拟亦有所尽，以为一腋之助焉。夜，李和生来，宿焉，言熊秉三已应承购《大英百科全书》云。

六月十九日雨　寄金二元至《南方报》馆，再订阅报一份，又购邮票二角，寄往《通学报》社，购其英文表二张，又寄金二元至《中外日报》馆，以为湖南水灾救济之助。下午，孙少侯、康兴甫来，谈良久而去。六时至麟图阁购《物理学》书，不得而回。是日余将前所豫约《大英百科全书》之一切收据交李和生，以便交熊秉三，余于是又欲购丸善书店所再出之《英文大字典》，约百余元，豫约则每月四元，然尚未定也。戢元臣来，取所译书而去。

六月二十日晴　豫约《英文大字典》一事已计定，遂寄金申込金二元至丸善书店及契约书一纸。下午三时至会馆，购得《伦理学》一册。四时至一家具店，购得书柜一个。五时至樱亭食晚餐。六时回。

六月二十一日晴　练习数学，开卷茫然，良久始得头绪，始觉前此之功课皆未练习，至是已将试验，而一切皆不甚了然，甚为愧惧，拟此数日内须皆练习之，然期甚迫，尚不知如何也。下午，李和生来，属余写信一封至县中，用在东同邑人名，以计议其官费事。余前本曾应承写此信，但现以试验在即，无暇拟，待之来月初方可。和生大愤余之不应徒为己而不顾人，余亦无如之何也。夜，鲁汝昌来，言须借金十余元，余应之，约数日后交余焉。写一片致吴绍先，言和生今日之情状，并(债)〈倩〉其为之写致县中信。

六月二十二日雨　练习数学，始得头绪。下午思及李和生以写信相托一事，不如仍为之写就，以免其生气，遂拟日内即为之，乃写一片告知和生焉。夜，练习地理学。

六月二十三日阴　练习地理学。接李和生来一片，言欲往他处以作栖身计。下午，和生来，言先片所言非本意，仍须写信至县中，并属余待至来月初写之亦可，又言长久留学之计仍难靠，以后须通融财政，不可漫应他人之需，以免困难也。余极应之，并言以后总不必过虑云。晚餐后至乡间散步良久，见栽秧满野皆绿矣。七时回。欲开《王阳明全书》读之，不果。余屡次思及阳明学亦有偏向处及深奥处，须先读哲学、道德学之书方可了解，遂拟此后姑置之。

六月二十四日雨　下午一时至公使馆领官费，又请王克敏作购《センチユリー字典》之保证人，渠应之。二时至丸善书店，以保证书交与之。三时至中国书林清算余所购书账，共计欠款三十一元余，即以三十元交之，尚残留一元余，彼愿让不取，遂了结焉。四时至西路会场晤覃理鸣，谈良久，晚餐。六时至宋海南寓，得邓孟硕、仇式匡自上海寄余信各一。七时至《民报》社。八时回。得吴绍先一片，云已得县中信，李和生事已许可，可不必写信矣。又云和生近日以弟等对于此事不急取直追为咎，殊失宽宏之度，我辈至好，当直规之云云。余思其言固有理，但未免止于责人以心理的为人也（盖和生为人之病，由于生理的而起者居多）。得董修武来片，始知彼近已接任《民报》社事，并嘱余调停前秀光社出金八十元之事可免其出，惟求其印报快速而已（余前已言及，谓此事不应罚人，董君亦以为然也）。余遂写一片与秀光社，招其来谈焉。

六月二十五日雨　竟日练习历史。夜，秀光社藤泽外吉来，余告以董修武所言之事，彼诺而去。

六月二十六日晴　练习历史，七时易羲谷来，余就同之往《民报》社，坐片刻而回。

六月二十七日晴　学校停课。九时至李和生寓，不遇，良久复至始遇之。十一时遂偕至青山病院诊视，下三时回。六时至《民报》社，见第五号报已出，中间体例不一，舛误太多，遂与诸人言，须改正方可，并写一信至董特生言之焉。八时至西小川町，购得衣物数件。十时回。李和生来，言李星次已来东，明日可抵横滨云。

六月二十八日晴　练习历史。下午五时，鲁文卿来，言张步青已来东，约余叙谈，余遂偕之去，晤步青，言内地情事皆如故也，遂留晚餐。八时至李和生寓，拟询星次住址，不遇，遂至曾松乔寓，坐片刻，九时回。

六月二十九日阴　温习物理学。下午至西路会场，拟访李星次，尚未到也，遂至陈榆臣寓晚餐。适雨，遂留宿焉。夜不成寐。

六月三十日雨　九时至西路会场，李星次于昨夜已到，遂晤得焉，并同县人杨润礼、陈又章、田炳轩、田仲甫共五人，相见甚喜，至十一时余始回。下三时复至陈榆臣寓，时张子询邀余至公使馆，以时已迟，约于明日上午去。四时复至西路会场，与李星次会谈良久，言及内地风习之坏，人心之劣，令人泫然。五时回。

七月一日阴　九时至张子询寓，遂偕之至公使馆。十一时至丸善书店问《大英百科全书》何日到东。彼云须与横滨太晤士社直接言之云。十二时回。曾松乔‹来›，坐良久，余偕之至学校探开新班事（松乔欲进豫科）。下午三时回。

七月二日阴　十时至学校试验地理，问题凡四，答案稍有误。十二时回。下午试验历史，问题亦为四，答误一。横滨（大）‹太›晤士送来《センチュリー大字典》，余检收之，共计十册。

七月三日晴　是日上午试验日本语，共二次。下午试验物理学，问题凡四，误其二焉。李和生来，索余日记看。余不欲以日记与人看也，谢之。和生久索不已，余忽愤气大作，恶声对之，遂出日记以观，心中为之呕气者多时，且以不平心不由衷之言对之。入夜，和生始去。余就寝后，大悔余之气太不和，度太不宏，以后总须思得一善处人之方而后可也。

七月四日晴　寄《センチュリー字典》拂込金四元与丸善书店。上午试验日语，下午试验体操。四时至西路会场，偕田炳轩、李星次至中国药林，为陈又章购药（因染病），又至□□馆购酒食食之。六时至九段，星次购诸衣物，八时始返，余送之至可识归路处而回。接胡经武来一函，言将往他处有运动云。

七月五日阴　是日试验日语二次。下午五时邀杨勉卿至时兴号食晚餐。六时至王兰赓寓，坐片刻而回。微雨。

七月六日阴　是日试验日语书取及图画，试验至是已毕。下三时至新宿孙少甫寓，晤章枚叔，枚叔于前月(去)<出>沪狱，特来掌理《民报》者，与余一见面时，甫通姓名，即谈及哲学研究之法，询余以日本现出之哲学书以何为最？余以素未研究，不知门径对之，盖孤负其意不小矣，复谈良久。五时至朱凤梧寓，谈良久，留晚餐而回。

七月七日阴　杨勉卿邀余往浅草游览，九时遂偕李星次、田炳轩、勉卿至浅草公园，入其花屋敷及技术场观览良久。下一时至成昌楼食午餐，三时回。星次、炳轩与俱来，六时始去。余送之，途遇陈榆臣、李和生，乃偕之而回，留宿焉。

七月八日晴　九时偕榆臣、和生至西路会场，是日郡人约集商议常郡中学堂事，余未参一议。下午一时至《民报》社。二时回。覃理鸣来，谈良久，言及刘瑶臣在内地结集□会事，多有不诚实之处，并有假余名义情事，余心蹙然。理鸣又言有往南洋谋馆毂意，余遂应以将与朱凤梧谋之(因南洋爪哇张溥泉来信须再聘人也)。夜，至李和生寓，不遇。九时至杨润礼寓，坐片刻，复至和生寓，遂宿焉。时有雨，半夜止。

七月九日晴　十时为李和生觅下宿处，觅得光明馆。十一时至刘林生寓，坐谈最久，并午餐。下二时至曾松乔寓，遂偕松乔、戴仲昆至上野公园游览，入动物园观之。五时去，至一支那馆食晚餐。七时至胡勋臣寓，不遇，晤余立云，坐良久，八时回。

七月十日晴　七时上英文课。八时回。九时至饭田叩购英文书。十时至《民报》社交前所欠帐下金，寻回。复上英文课。至是日始，学校之英文班每(月)<日>九时至十一时两时间；自开之英文班则因教员王治昌归国，另请陶姓代理，尚待明日商议，另定时间也。下午一时至朱凤梧寓，商及覃理鸣往南洋事，凤梧言将为设法云。四时至青山病院诊视，得十日分药而返。六时至李和生寓，即光明馆，李星次、田炳轩亦寓焉。夜九时回。

七月十一日晴　下一时至李星次寓，星次欲治疮毒，遂偕之至顺天堂诊视焉。三时复返至伊寓，坐谈良久。李和生言，欲余教星次日本文，使其将来入学不受困，余应之。六时回。

七月十二日雨　下午拟定此后每周功课表，上午则习英文，下午习日文、日语及历史、地理、哲学、数学诸科，然以太多，恐未能实行，拟数日后再定之。六时至章行严寓，询前曾教日语之小川昇一郎，欲请之来教日文，行严约余将有回音，八时遂返。至同文馆，购得《日本俗语文典》及《花笑翁》一册而回。

七月十三日时雨时晴，气候甚恶　下午六时至西路会场，邀覃理鸣至朱凤梧寓，商往南洋就馆事，遂定议。九时回。

七月十四日骤雨数次　是日除上课外未出门。

七月十五日大雨，下午五时止　写家信一封，致石卿也。写时止，中伤感者良久。

七月十六日晴　十一时至李星次寓，偕星次至顺天堂诊视。下二时回。四时至张步青寓，谈最久。五时偕星次、步青至会芳楼晚餐。七时回。

七月十七日晴　十时，李和卿、星次、田炳轩来，邀余至哲学馆询问开速成师范班事，下二时遂至哲学馆晤其事务员。该馆特开日清高等部各科，中有速成师范班，星次、炳轩遂定议入学焉。五时余至《民报》社，知前所购《大英百科全书》已到社内。七时回。是日学校发表成绩，定于二十日行卒业式。

七月十八日晴　十一时至宁静馆张保元处，前所议售与熊秉三之《大英百科全书》，约定交与保元，遂许以三、四日内即送上云。彼偕余至时兴号食午餐。下一时至公使馆，为李星次、田炳轩取入哲学馆绍介书。三时至星次寓，遂偕星次至哲学馆，寻以下宿屋事，有一岩崎氏遂绍介至曙町一民家，遂与星次定议移寓焉。六时回。至星次寓晚餐。九时回。

七月十九日晴　下一时至《民报》社取前所存置各书而回。七时至鲁禹昌寓，禹昌患疟疾已愈矣，坐良久，九时回。

七月二十日晴　上八时至学校举行卒业式，八时半入场，校长鸠山和夫氏授与证书，讫，学监高田早苗氏乃演说训式语，大约谓言语学之必要及学问不可徒用记忆力云云，十时式毕回。下一时至青山病院诊视，院长以电气治之。下三时至戴渭卿寓，不遇。四时回。

七月二十一日晴　九时曾松乔来，邀余偕之至哲学馆，下一时遂偕往，松乔报名入学焉。三时至李星次寓晚餐。六时至西路会场，又访陈榆臣寓，不得。七时回。

七月二十二日晴　休息终日未出外。夜，至《民报》社雇送《大英百科全书》与张保元，寻回。

七月二十三日晴　下一时至张保元寓，不遇而回。

七月二十四日晴　下一时，大雨，寻止（此三日内除上课外皆未为何事也）。

七月二十五日雨　下一时至李和生寓。五时送和生至青山病院，和生入院诊治也。七时回。

七月二十六日晴　下一时至杨勉卿寓，遂偕至富士社观览。是日为该社祭期，甚形闹热。三时回。五时至刘式南寓，不遇而回。夜，复至富士社游览良久，九时回。

七月二十七日雨　未出门也，观藤井健治郎《哲学泛论国》，マオンキルヒマン氏原著也。浅浅尝试，不得要领，盖须讲心理学、论理学方可也。

七月二十八日阴　更拟自治功课表，上午学英文共三时，下一时治历史或地理、哲学，二时练习英文，四时日语、日文，馀均与旧同也。夜，至章行严寓，询彭希明寓所，寻回。

七月二十九日晴　李星次来，言近日吴绍先大怒李和生之所为，已作书与之绝交矣。大约言其近来行为多近于用智术，不公诚，尽为小人之所为云。余闻之不胜伤感，盖和生素有用小智术之短，其心原无他，惟近日脑病猝发，小脑不自主，故平日之习惯遂无所底止而发动，以致喜怒无常，对人之际每现出狡伪之状态。绍先系神经质之人，心灵明而执念甚深，故每遇人一言行、一喜怒，心中即不能忘，积久愈多，故有此结果也，亦可伤矣。余遂邀星次往青山病院访李和生，至则不遇，坐良久，余受诊治。下午一时回。七时至江户川河岸散步良久，九时始回。

七月三十日晴　下四时至巢鸭弘文学院吴绍先处，坐良久，绍先告余以与李和生绝交事，言和生行为愚弄、反复、多疑、用诈等弊甚多，非如此不可云。余稍劝之，冀其或解释。晚餐后同至鲁禹昌寓，余复劝之，言和生虽如此，然我辈交际之态度何必如是出之，绍先亦似有悔意矣。夜回。

七月三十一日晴　刘林生来，坐良久，午餐后固邀余下围棋，余言不识，林生遂告余以棋法，余似略明其意，乃布局开始，既终局，余败，遂略知其法矣。下三时至《民报》社，留晚餐。七时回。刘式南来，坐良久而去。

八月一日晴　是日未作何事。夜，康兴甫来，言明日邀同往江岛一游，并有要事相商，余应之。

八月二日雨　七时至新桥晤康兴甫、董特生、孙少侯、匡云官等七人，遂乘汽车往江岛。九时至藤泽，下车步行，十一时至江岛，憩于岩本馆，江岛名馆也，沐浴、午餐讫，遂议事，即四川新来一会党领袖筹处置之方法也。议定运动之入□会，然后渐开陈其利害，使勿躁动云云。下四时遂出外游览，登山顶望之，海天寥阔，风景绝佳，复雇一乡导率之，余等先入植物园观之，奇花异草，多不能名，次至辨天社，一神社也，次至海滨，有泳水者，投以钱则没水获贝蛤出焉，次则绕岛一周而行。游览既讫，乃至一店，内售贝类壳细工小物（是处贝类产甚多，制为种种衣饰器具之类），得茶碗二个、印章一口。六时遂自江岛返，坐电车至藤泽，复坐汽车，八时至新桥，九时回。寄《センチユリ一字典》第二回月赋金四元。

八月三日晴　九时至青山病院李和生寓，和生告余以吴绍先事，语多咎绍先。余言绍先固有过处，但人之来责我，我不必问彼之如何，直审己果有是否可耳，盖止谤惟有自修而已。十二时至公使馆，以此时不见客，遂回。

八月四日阴　董特生遣人来，邀余今日下午至新宿章太炎处议报事。下二时余遂至新宿，先至宫崎滔天家，不遇，乃至章太炎处，坐谈良久。特生、胡展堂亦至，乃议以太炎为总编辑，每月报由其总纂焉。五时大雨，回。夜，心中烦闷不堪，思及一切世事，皆令人烦恼之具，甚苦也。

八月五日晴　十时偕杨勉卿至青山病院，余诊病讫，至李和生室，和生已二日外出未归矣，余甚不以为然，拟寻和生劝谏之。下午一时至公使馆，领得药费。三时回。

八月六日雨，下午阴　李和生来，余即以劝其静养之语极力言之，适西村年一至，和生又以为余(有)<与>西村女有私行，余(辨)<辩>其无。五时遂偕至时兴食夕餐，余言余近日大以一切世事为苦恼之具云。

八月七日晴　写一信与李和生，劝其一不以多疑行诈待人、二须不可懈于治病、三上学后须奋勉刻励每日严行自治、四不可多外出日夜不归四条，并言如不以为然，则自十月初一日起即绝交云。下二时至振武学校访陈伟臣，至则彼已往片濑矣，遂至彭希明寓，坐良久。三时至李锺奇寓，问张保元为熊炳三携回《大英百科全书》并交余款事，彼云不知，惟交十五元在伊手云。四时至《民报》社，夜回。李和生来，诘余以写信事，余询以果以此约为然，则请行之，其益实在君身也；若不以为然，则是与我志不同、道不合，绝交之说实有理由也。和生又大怒，终则余将就其说不与较，始就寝，寝后犹冲突不已，彻夜未睡，其际余亦有非理之处焉。

八月八日晴　晨起，和生亦起，复与余争，余不答，将余所食之面包弃置于庭，其势甚(匈)<凶>。余一时怒不可遏，顾主人(励)<厉>声属其呼警吏来，主人不肯，余强之，和生亦愈暴乱，谓不呼至将不能已于是云。主人遂呼警吏，良久即至，问余以理由。余此时又不觉另生一种心理，以为假手于外人，使外人轻视我辈，此大不可，乃对警吏言：君不必问余等理由，余等朋友间之事，亦无告君之必要，君乃系主人为对于吾等而请来者，问主人可也。盖余欲以此使警吏知彼为主人所呼至，则不至视我辈有假外人残同胞之事，不过目我辈为横暴而已。警吏闻余言，与主人数语即去。主人乃责余云，此君之失计也，特为君呼至而君不言理由，警吏不能为主人而逐客，故去矣。余亦听之。时杨勉卿亦至，和生横强愈甚，一若有神(精)<经>病者，余则终不答。勉卿乃邀之至日乃出馆，和生谩骂不已，起而击余者二次，幸未大伤，余乃乘其不备逸出，即乘人力车飞行，和生追出已不及矣，乃至西路会场及《民报》社。十时至本乡访熊岳卿寓，不遇，乃至浅草公园游览良久，购食午餐。下午欲往一清净处小住三四日，以避和生，又欲晤吴绍先告以情形，并筹后策，乃发邮片约绍先明日会于曾松乔寓。二时余乃返，至神田，以昨夜未睡，今日刺激又甚，欲睡眠片刻以养神，乃即至曾松乔寓，松乔适不在，余遂登其床而卧，六时始醒，松乔犹未归，乃拟回寓取衣物少许，于今夜即往芝区海滨，兼以避暑。七时至一牛肉店夕餐，又至李(镗)<锺>奇寓，取熊秉三《百科全书》金十五元。八时回寓，即清检行李，甫毕将行，而吴绍先、李星次适至，告余以和生今日至彼处吵闹一日，现犹气概未平，君旅行须稍停数日方可云云。余言和生有脑病，不足怪，但余心实恐怖之，故欲避之，兼以避暑，非有他也。绍先言若君即行，则益增其怒，于其病亦不利矣。余遂止不行，良久，绍先等出，余遂就寝。

八月九日晴　写一信致李和生，极力谢罪，请其勿介意，并劝其以静治身心云。是日觉心中烦闷实甚，一时思及此身之将来如何，不觉厌世主义顿生，乃写一片致吴绍先，约其明日来叙谈一切，校中英文课亦未去上，并拟此后永不上此课矣。下午至杨勉卿寓，坐良久而回。

八月十日晴　吴绍先来，余遂告以和生之病原及其难于医治并将来之危险，且言余实为其扰害不堪，劝之戒之皆不听，余心实为之日日不宁，光阴与精神二者皆耗之于无用，余实无可如何，欲余舍己徇人又不能，余惟有避去东京而已，如何？绍先言可以不必，且将引伸言其故，适和生已至，气如甚怒之下，言将归国，欲余为之筹盘川，余已知其故为妄言，亦听之，惟劝其平气，又留之午餐。下午，和生又言，我实不欲与人绝交，我惟求人不恨我，且言其如何诚心，今后必能听前日函中所要约之四条，终又要约余以六条。余见其心平气静，且能听余之约，亦有悔心，遂皆从其所言，以免不安静云。晚餐后，和生与绍先遂去。

八月十一日晴　下三(晴)‹时›至«民报»社，与董特生约定明日夜间与前所言四川一会党领袖相会。四时至匡云官寓，取前所购«法政讲义»，不遇。五时至中国书林，购得小说书五六种，以为近日消遣烦恼之具。六时回。

八月十二日晴　吴绍先、李星次来，留午餐而去。下五时，余偕星次至中国书林，为之购书，余亦购«哲学纲要»及«名学»。七时至«民报»社，昨所约之会党领袖已至，余与相见，其人四川瀘州人，颇通时事，口舌亦(辨)‹辩›。谈良久，余询其一切情形，彼言我们总欲作一番事业，以为我同胞复仇，惟才力不及，一举事时，内政、外交皆不能(辨)‹办›，故不得不连合海内英雄志士，同力并举，此次来东，特为此耳，复询余以所见。余乃力赞其连合之说，并就四川之时势、地势言其利害得失，劝其勿卤莽从事。言毕，彼均以为然，若甚满足者，时已十一时矣。彼去，余遂留宿焉。

八月十三日晴 八时至张子信寓。十一时至匡云官寓，不遇。十二时至曾松乔寓，谈良久。三时至田仲甫寓。五时回。

八月十四日雨 心中纳闷，观小说以遣之，观《维新党升官发财》一册毕，觉心中无(恨)〈限〉感慨，盖当今全中国中凡能在社会上活动者矣，换言之，即今日之社会当此辈所组成之而撑持之者耳，欲求其改良振顿，真困难矣，亦可悲也。夜，李和生来，余心不喜其出病院在外留宿，然恐触其怒，遂隐忍留之。是夜未多言也。

八月十五日晴 晨起，询知和生已有二夜未归病院，余心甚不以为然。余未言，和生又要约余须同往病院同住，余不肯。下午，曾松乔来，邀余访刘式南，余遂同去，在式南处晚餐而回。写致罗律中信，大约多慨人心世道之语。

八月十六日晴 九时至鲁禹昌寓，坐良久，午餐。适廖允端至，谈及监狱，允端言日本监狱制度、规模及办事之善，与(辨)〈办〉事人之公正尽力，甚为可听；且言其横滨监狱参观时，一狱吏与之言曰：凡监狱之良，不在制度、规模，只在办事人之正心诚意而已。余听其言，不觉肃然，盖天下事何者又不当如是耶！狱吏且知此，宜乎日本之强也。允端考察监狱已年余，甚热心于此者也。下午二时至吴绍先处，坐良久。四时至李星次处，坐良久，晚餐。七时至张子信寓，子信及覃理鸣等告余言，李和生今日来此逼问陈榆臣等，谓余向榆臣及邑中人传播前日与余冲突之事，并言余不是以护其短云。余谓此本余之一时气甚，无足怪也。复谈良久，遂留余宿。

八月十七日雨 十时至西路会场晤毛延龄，告余谓张保元为熊秉三寄来《大英百科全书》金二十五元，并请余将书为之设法送至上海(前保元尚未带去，在李(镗)〈锺〉奇处)，余允之，并取得金。十一时回。下三时至刘式南寓。四时偕式南至曾松乔寓，留晚餐。

七时至上州屋，托其运《百科全书》事，遂偕其一人至李(镗)<锺>奇寓，属其取书。九时回。

八月十八日晴　八时至青山病院李和生处，和生又谓余前日在陈榆臣、张子信处彰言前日之事，气犹不平。午餐后，余遂返。四时至《民报》社，又至刘林生寓，坐良久，晚餐。林生欲邀余同学英文，以备考高等学校而入帝国大学。余思既不上早稻田学课，则明年三月不能入其高等预科，不如另为计之为愈，故允之焉。九时回。

八月十九日晴　余觉近日神经病较前犹甚，且饮食减少，精神疲倦，不可不亟医治之，乃思得东京脑病院，曾闻人言甚其好，乃往寻之。九时至上野坐汽车，至田端下车，询知即在停车场山西麓，遂寻得之。既入，其院长后藤省吾为余诊视，谓须入院治方可，余遂拟明日即入院居焉。下一时返，至陈监督寓，湘省新派来留学生监督也，请其作余入院保证人，彼允之。二时至一牛肉店午餐。四时至《民报》社交前帐欠款十元。五时回。写致吴绍先、李星次各一片，告余将入病院，且谢绝一切时事云。

八月二十日晴　晨起，清检行李，除在病院须用物外，仍置之，托主人照料。九时遂起身往东京病院。十一时至院，居其二等楼室，每日金一元六十钱。室广阔清洁，室外绿树围绕，时闻蝉声清咽，余颇慰乐也。时先入居者已有中国人三人，一江苏周枫伯，一山东邱佩珍，一江苏孙骨仍，余思每日清谈消遣亦有人矣。下午医士来诊视，是日服散药、丸药，夜至李星次寓，得家信一封，拆视乃余妻自家发者也，言须余归去方可云云。复坐良久，九时回病院，余细思既入病院，所费亦不(资)<赀>，自当专心医治，且此项费用何一非国民脂膏？吾湘中今年哀鸿满野，莫可拯救，吾得费用若虚耗之，其何以为情！拟居院期内决谢绝人事及往来应酬事，以专一从事于此焉。

八月二十一日晴　是日院长诊视，易散药以水药，属余须为运动及冷水磨擦云。与周枫伯、邱佩珍行象棋良久，看小说书《福尔摩斯侦探案》约三十页。

八月二十二日晴　是日受电气浴一次，其规则每间日则电气浴也。看《哲学要领》，此书为日本井上圆了作，前编言历史上哲学之种类及学派，后编言性质上哲学论理之发达关系，皆甚简括。时读得第一、第二两章。第一章绪论，分义解、范围、目的、疑问、学派、分类六节，其分类表：

甲为地位上历史上之分类，即：

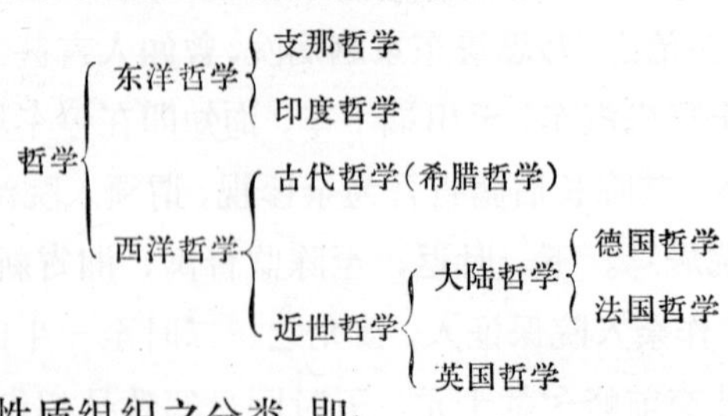

乙为性质组织之分类，即：

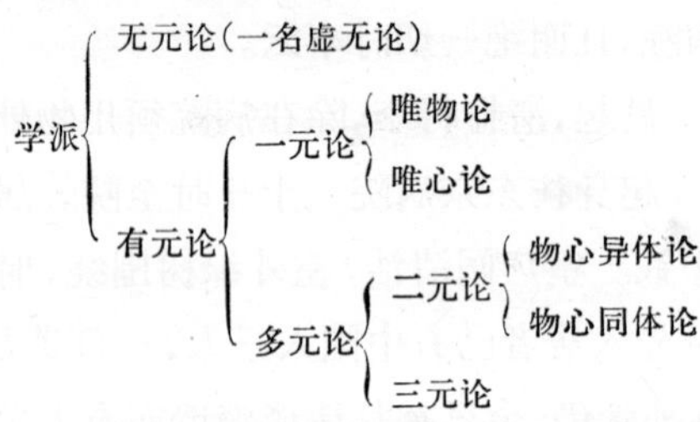

是也。

第二章东洋哲学，即论支那、印度哲学者也。下六时至青山弁当屋取衣物书物。夜九时回病院。

八月二十三日晴　是日受院长诊察，阅小说《一捻红》，日本侦探案也，较西洋侦探小说则有逊色矣。补书前数日日记。下午写致吴绍先、杨勉卿各一片，告以已入病院事。

八月二十四日大雨终日　观《哲学要领》第三章至第十一章，分论支那哲学、印度哲学及西洋之希腊哲学、近世哲学者也。是日又来一日本人入院，其人姓芳贺氏，夜间来余室谈良久。彼在满洲出征二年，今年始归，所谈奉天、辽阳、铁岭、昌图各处战况及土俗，亦颇可听。夜半雨止。

八月二十五日晴　定购《读卖新闻》一份，是晨即至，阅之有俄国一般同盟罢工事及古巴之叛乱（首领为コメツ将军）。又有《记世界之社会党》一篇，言美国新闻《评论之评论》中有ブリス氏计算世界社会主义者之总数为七百六十万一千三百八十四人，其国一别如左（按：此但西洋各国之社会主义者）：

国(民)〈名〉	年　度	社会主义者数	下议院议员数	机关新闻数
德	1903	3,008,000	全员 397 之中 81	159
法	1906	1,120,000	584 之中 75	45
澳	1901	780,000	878 之中 10	115
比	1904	500,000	166 之中 30	53
美	1904	442,402		40
澳洲	1904	441,070	75 之中 23	3
英	1906	342,196	676 之中 43	4
纽芳兰	1902	311,844	80 之中 66	0
意	1904	301,525	508 之中 32	92
荷	1905	65,743	100 之中 18	12
瑞士	1906	64,384	167 之中 2	5
丹	1903	55,479	114 之中 16	24
俄	1904	36,900	—	—
瑞典	1905	30,000	23 之中 14	33
塞耳维亚	1905	30,000	13 之中 0	—
那威	1903	24,774	114 之中 5	17
西	1905	15,000	341 之中 0	12
布加利亚	1900	10,000	189 之中 0	9
芬兰	1904	10,000	12 之中 0	2
亚耳然丁	1903	5,000	120 之中 0	2
卢森堡	1903	4,000	45 之中 5	—
加拿大	1905	1,867	214 之中 0	1
（合　计）		7,601,384	5,718 之中 405	638（内日报 77）

又ブリス氏谓社会主义者被选为下议院议员，次期改选时半皆落选而归于失败云云。观《哲学要领》后编第一章至第八章，即分论一物心二(六)<元>论、二唯物唯心论、三非物非心论、四无物无心论、五唯心无物论是也。六时至田端铁道侧高处(间)<闲>步良久，由田野间而返，见禾黍满畦，宛然乡景（黍茎叶穗与稻同，惟粒如高粱）。七时回。

八月二十六日阴　观《哲学要(编)<领>》第六至第十二章，分论有物、有心、物心同体，而终以结论。综观后编皆论性质上哲学论理之发达关系，详细分类而列举之。其首章列有一表，与前二十二日所录之学派表小异，即一元论之系中另加入唯神论、唯理论二者是也，余以己意更就其论理发达之次序而作一图如下：

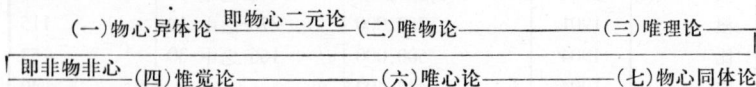

(一)物心异体论——即物心二元论——(二)唯物论————(三)唯理论——

即非物非心——(四)惟觉论————(六)唯心论————(七)物心同体论

大抵人智未发之时，只知有物而不知有心，次而起有物有心之思想，然以物心为【余】异其体者，故谓之物心异体论，此为伦理发达之(礼)<初>级；次唱物外无心亦无神，为唯物论；次于物心之外立理体，为唯理论；次唱无物无心亦无神，惟有(惑)<感>觉，为唯觉论，亦曰虚无论；次唱心外无物亦无神者，为唯心论；次唱物心二元同体，不离于物心之中立理体者，为物心同体论，而论理之发达终结矣。此外尚有于物心之外立有意有作之神体者，为唯神论，及立物、心、神三体者为三元论，此编皆不详论也。下一时乘汽车至上野，遂至中国书林，购得小说十余种。三时至匡云官寓，取前所(残)<存>《法政粹编》。四时至青山屋取书数种。时余所定作书柜已至，余即以不即读之书入之。五时讫，遂取近道往目白乘汽车，六时半时发车，七时回院。

八月二十七日晴　是日上午右肩稍痛，心甚不适。下午稍愈，乃观小说，为《马丁休脱侦探案》二册及《新蝶梦》一册。《新蝶梦》

设为意大利一伯爵观破世间一切富贵、功名、乐利、尊荣，足令人发深省也。写一片致李和生，告以入院事。

八月二十八日晴　(意)〈竟〉日无聊，观小说《卒业车中毒针》、《黑行星》二册。又观服部氏《心理学讲义》。此书前已阅之，今复细读也。时(续)〈读〉终提要及第一篇之一、二、三章，撮其要作表以记之：

(1) 心理学释义 — 就(以)〈心〉之发动作用考求其理法者也

(2) 心之发动
- 知识(知)……} 所动的
- 情感(情)……} 所动的
- 意志(意)…… 能动的

(3) 心身之关系……人体神经
- 脑脊髓神经系统
  - 脑髓
    - 大脑(心之所在)
    - 小脑
    - 延脑
  - 脑神经
  - 脊体
  - 脊髓神经
- 交感神经系统
  - 脊椎左右之一对神经索
  - 胸腔与腹之三神经丛
  - 全身血脉及内脏之神经球

(4) 心理学与他学之关系及异同
- 伦理
  - 异同(彼论行为之轨范，此论心发动之理法)
  - 关系(藉心理处多)
- 论理
  - 异同(彼思作用之规矩，此论其理法)
  - 关系(藉心理处多)
- 精神病学
  - 异同(彼论心之恶，此论心之常)
  - 关系(藉心理处多)
- 文学美术宗教等学 — 多藉助于心理学
- 生理解剖物理等学 — 心理学多假助之

- (5) 心理学种类
  - ①记述心理学(普通心理学、经验心理学)
  - ②实验心理学
  - ③儿童心理学
  - ④民族心理学
- (6) 心理学研究法
  - 内观法(直接法、主观的法、反省法)
    - 方法……以我观我心
    - 缺点……一遗忘不得真真不普通
  - 外观法(间接法、客观的法、他察法)
    - 方法……以我观他人之心于言色举动
    - 缺点……误解臆(侧)<测>

以上提要

- (1) 知之作用……
  - 感觉……如见色闻声(直现作用)
  - 知觉……如见色闻声而识别为何色何声(直现再现作用)
  - 记忆及想象……如记忆平日之书及以意匠画绘目睹之景(再现作用)
  - 思想……如断定推理等作用(再现作用)
- (2) 感觉
  - 种类
    - 普通感觉(外部的)
    - 特殊感觉(内部的)
      - 味觉
      - 嗅觉
      - 触觉
      - 听觉
      - 视觉

      神经系统不直触物,有感觉机关介之,其触机关之物曰刺激物,其动机关之力曰刺激力
  - 区别
    - 性……由感觉机关之异同而知物之异同,如声与色
    - 度……由所感觉之物之强弱而知刺激之强弱,如声有高下,色有浓淡
- (a) 味觉……
  - 机关……分布舌粘膜之味神经
  - 区别……五味之别及矿物性味之六种是也
- (b) 嗅觉……
  - 机关……分布鼻腔内粘膜下之嗅神经
  - 区别……区别甚少,如韭臭、硫矿臭、蔷薇臭等

- (c) 触觉……
  - 机关……肌肤及口臭窍内粘膜
  - 种类
    - 压觉……知轻重、硬软、粗滑，但甚强则变为疼痛感觉
    - 温觉冷热感觉……知寒、温、热
  - 区别……甚烦多不具

- (d) 听觉
  - 机关……分布耳内迷路中之听神经
  - （(接)<按>: 此外余从他书中加入者甚多）
  - 区别
    - 性……
      - 音响……
        - 乐音……大气分子之动有定律者
        - 非乐音……反对上者
      - 音波……音之高低疏密
      - 音色……音之波动之形，即发音器之同异
      - 音程……
        - 单音……一音之成律者
        - 复音……二音以上者
    - 度……音阶……音之强弱长短

（又按: 听觉中音波当表入于度之中，余误入于性之中者）　　（此表中，余以己意加入数处）

- (e) 视觉
  - 机关……分布于眼网膜之视神经
  - 种类
    - 色觉
      - 度……
        - 纯色……色纯者
        - 杂色……稍带白者
      - 性……
        - 原色……即红、橙、黄【黄】、绿、蓝、紫、青也
        - 间色……混合而为他色者
      - 补色……二三色光线相合而成白色者，以之互相补足也
    - 光觉……自悬于天之日光体以至黑暗，其度百种余
  - 色盲
    - 半色盲
    - 全色盲
  - 遗像
    - 正号遗像
    - 负号遗像……

(f) 筋肉感觉
- 意义……动肢体时其筋肉运动而生之一种感觉也
- 种类……
  - 运动感觉……肢体运动自在时所生
  - 抵抗感觉……肢体运动为外物所妨碍时所生

〔附〕 机体感觉
- 意义……四肢或内脏之态失常而刺激其神经所生
- 区别……健病、饥渴、疲劳、痛伤等

(3) 知觉
- 真实的
  - 触觉的知觉、视觉的知觉 }空间的
  - 时间知觉 }时间的
- 错误的
  - 幻觉
    - 因习惯者
    - 因成心者
  - 妄觉……无外物刺激而生者

(a) 空间的知觉
- 触觉
- 筋肉感觉
  - 运动、抵抗 }空间性相
    - 位置知觉……距离、方向
    - 形状知觉……宽、长、高
- 视觉

(b) 时间的知觉
- 听觉、各种感觉 }时间的形式……时间知觉……古往今来之谓，又心之作用，一去一来之谓

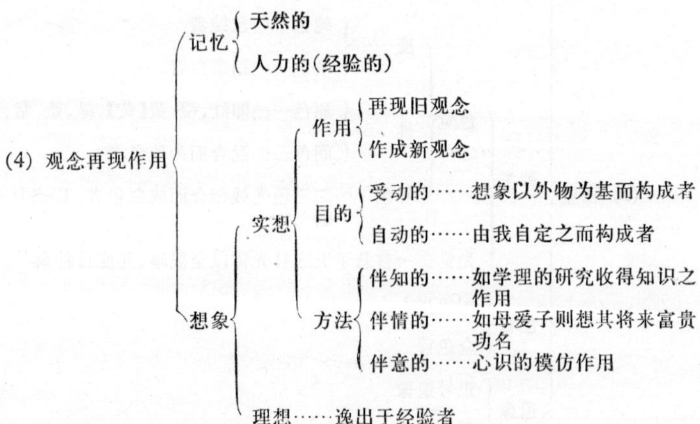

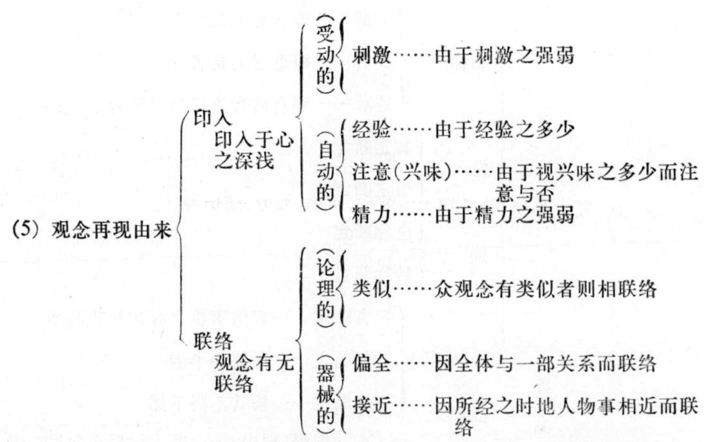

八月二十九日晴 是日身心觉稍舒。观小说之《新法螺》、《彼得警长》、《美人状》、《女麼力》共五册。下午觉稍倦,晚餐(彼)<后>至院后山上晚眺,良久归。展《阳明集》,读其诗,玩吟不忍舍。时缺月初升,明照窗际,心甚乐之。

八月三十日晴 观小说《小公子》二册。是书英国一侯爵家庭间事,其老侯暴戾乖张,残忍刻薄,无人理,其孙方七岁,素受母教,性活泼慈善,天真烂漫,宛如成人,日日与其祖居,祖遂为所化,终使一家成春风和气之象,盖家庭教育之功实不小也。观《心理学》书,续前之第一篇之四章,其要如左表:

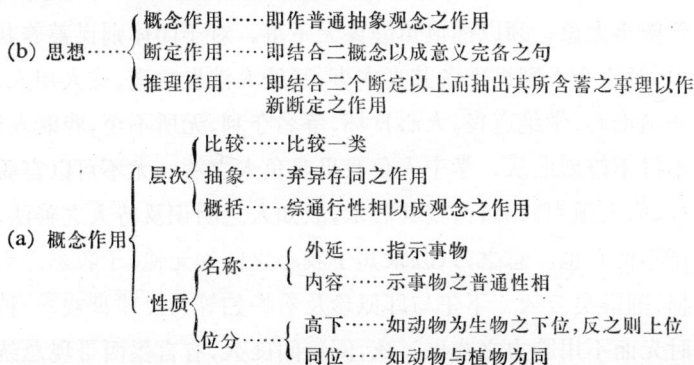

(b) 思想……
- 概念作用……即作普通抽象观念之作用
- 断定作用……即结合二概念以成意义完备之句
- 推理作用……即结合二个断定以上而抽出其所含蓄之事理以作新断定之作用

(a) 概念作用
- 层次
  - 比较……比较一类
  - 抽象……弃异存同之作用
  - 概括……综通行性相以成观念之作用
- 性质
  - 名称……
    - 外延……指示事物
    - 内容……示事物之普通性相
  - 位分……
    - 高下……如动物为生物之下位,反之则上位
    - 同位……如动物与植物为同

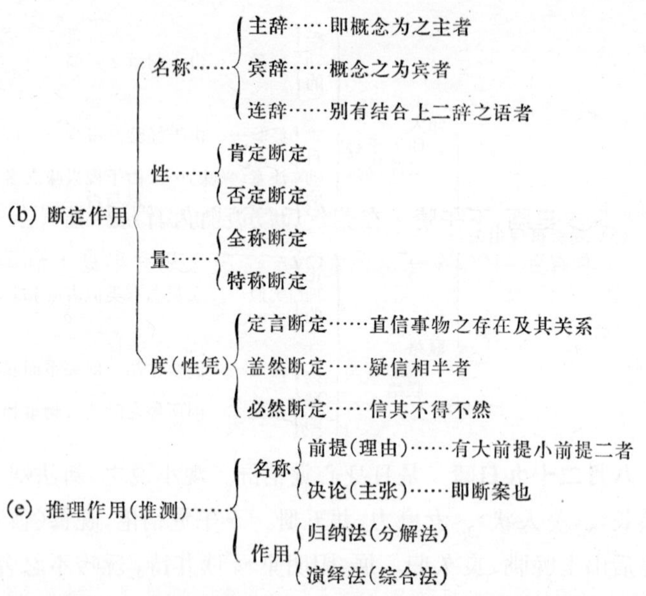

八月三十一日晴　观小说《包探案》，颇解无聊之苦。副院长小久保氏来诊察余，讫，与余(间)<闲>谈及日本文学。小久保氏言，日本文学中之一种，即我国词章之类，共分四种：诗(即汉诗)、歌(和歌)、俳句(十七字)、新体诗，其外尚有流俗品之数种，近来各种之专门名家皆不乏人云(彼曾举人名，余忘之)。

九月一日阴　写致刘瑶臣、胡幻菴信，略云不可倚赖人太重，希望事太急，须以谨慎镇静谋天下事，对于团体则谋蓄养其潜势力，对于个人则谋豫备其真本事，又处人涉世之道，交人用人之方，亦须细心，学绝道丧，人心日坏，争名夺利，无所不至，我既入世，则不得不俯就曲从，学宁人负我毋我负人之法，尤不可以言貌及名誉，取人须观其品行，察其心术，故知人之明识及待人之善法，均不可不留心也。总之，只以求其于我心之良知无愧，于我志之大事无损，则得矣云云。下午与邱佩珍及看护妇等为投球盘戏，一种消遣时光而不用脑力之戏也。夜，阅新闻良久，有言墨西哥现总统テアス氏（德阿士氏）之事为德氏政治为墨国政治之黄金时代。墨国昔人政治纷乱，革命时起，民不聊生，自德氏为统领后（本四年一任，德氏连任二十六年），国运勃兴，殖产兴业，制度文物，皆臻极盛，皆德氏为政之功也。德氏实墨国之彼德帝、克林威尔也云云。

九月二日雨，下午晴　在芳贺氏处谈良久，借得《世界杂志》一册阅之，中有西川某《箕子ノ古朝鲜ヲ李氏之朝鲜半岛ト混同スルノ误解》（上）一篇，言古朝鲜即今盛京省等地，与现朝鲜太祖之领地全无关系，并极言韩史家之铺张失实及日本人对韩思想之误谬等。盖彼等不甚悉中韩地理沿革，不知汉时平朝鲜未得占其南部，犹以浿水为界，浿水即今大同江，彼盖不知也。又有加藤弘之氏《无我爱即有有我爱》一篇，言利他心全由利己心而出，即世间无所谓利他，唯利己而已。又分利他心为三类：一、感情的利他，人在社会不能不事相互主义，即不能不为他人谋，然实则自己先有一种心情，己欲如此心情而后已，故虽舍生命等事，总不外满足自己之心与愉快自己之心而已；二、智略的利他，或欲人信用自己，或欲得人之利益及报答，故先与以利益，此利他固不待言而为纯然利己也；三、被教养的利他，或信宗教，以为不爱人爱物则受神罚，反之则受赏，或受道德伦理之教育，以为不爱人爱物则无人格，反之则有人格，是无论宗教、教育，必先人有利己心，而后可使其如是也云云。余观其言，颇有至理。余向曾对李星次、吴绍先等言为我主义，谓人世无兼爱主义，只有为我主义，为我者，兼爱之原因也，兼爱者，为我中之一种方法也，所以有宇宙，所以有世界，所以有人类，所以有社会，所以有万有，皆"为我"二字蔚成之也，若无为我，则道德、宗教、法律一切等等，皆失其所范围之的而无所用之，而宇宙、世界、人类，皆因无秩序无标准而扰乱而绝灭矣云云，即与加藤氏之说暗合。余观毕此篇，不禁（止）<心>动，拟将来大发明之（余又曾言"为我"者与杨子之"为我"异，盖"为我"者毕竟不过利害之关而已，余以为计利害之时，其范围不可不放之极广，其时间不可不推之极长，其关系不可不思之极真且大，而总以我为标准，以求真为我而已。推此义也，即使世界大同可也，何爱国保种之足云）。下午，写致曹亚伯信。亚伯于今春往伦敦，数数间接承其询问，并闻英语甚进步，将入航海学校云云，余故写信问候之也。

九月三日晴　写一信致《世界杂志》社，即(辨)〈辩〉驳其《箕子之古朝鲜ヲ李氏之朝鲜半岛ト混同スルノ误解》之文，谓其不知浿水为今大同江，故以为古朝鲜当今盛京地，不知今大同江流域皆古朝鲜领土，故以古朝鲜与今韩国无关系也。九时出外，乘汽车至上野，复坐电车至神田，至一书店，购得《宋学神髓》、《论理学表解》、《生理卫生学表解》、《东洋史年表》、《哲学真难》及《英文发音之误》各一册。十一时至刘林生寓，拟有所借贷，不遇，乃至樱亭食午餐，讫。二时至一冰店食冰，阅各新闻，有一新闻广告语中言，佛国东洋学者テーリヤンドラワーリー氏论定支那人之民族，实自小亚细亚キヤルテヤ之スメルアツカド人中迁徙而东来者，其论非徒臆断，乃自各学术方(间)〈面〉研究之结果而断定者也。又一新闻中言，美国宗教中新有クリスチヤンサイエンス教，亦耶稣教中之分派而出者，主张心灵之力(如病者不用医药，只依〈信〉仰之力可愈云云)，与日本所谓天理教者相似，其初唱者为エディ夫人，唱于波士顿，未之十年，其徒已有八万余，支部六百八十二之多，其会堂设于波士顿市，即奉教祖エディ夫人云。余于不意中得此二新知识，甚觉快意。余今日出外，未克归院按时服药，心甚歉然，至是觉稍解焉。四时至杨勉卿寓，坐片刻，遂至青山屋取书物。六时至陈监督处，领得学费十元，其案上有《时报》一份，阅之复得一余素日所常考究而未得要领之地理历史上实事，即中国云南边境失地于英国之纪实也。盖庚子岁滇督派勘界委员刘万胜等与英员巴维里划定滇缅境界，刘等含糊畏缩，遂失土地甚广，今逐条录之:

一、以尖高山(姊妹山)脉为界,而失滇滩关外四百里地。

一、顺太平江(海巴江)西岸洋洗帕河至喷千、暮西一带划界,而失木邦、孟密、孟养三宣慰司及南坎、遮兰、猛谷三副宣慰司,并弃汉龙、虎踞、天马三关之险。

一、自盆于退至猛卡等练山,而失三百余里之地。

一、自洗帕河溯太平江至古里戛一带划界,而失精伦等土司及铁壁关之险。

一、自暮西退至南宛河之线,而失陇川、猛卯二宣慰司地四百里。

一、自洗帕河溯红蚌河而下划界,而失里麻宣慰司及猛弄、猛老二安抚司地一千七百里。

共约失地四千余里。又言当时有生员王佐等,谋挽救之,奔走运动,反被罪。其后滇滩关外一土把总名左孝臣者起兵,谋抗英独立,为英人所败而亡。英人得地后,皆设知事于各处,隶于仰光总督,修兵房、练新军,大有虎视之势,其土人亦常起(亦)<以>抗英,然时起时蹶,终无大效。闻前岁英人又索以高良共山脉为界,滇督丁氏许之,果尔,则腾越、龙陵一带之地均失尽矣云云。噫,回想前明时我先民开拓滇边之功,征抚三猛之策,常时则镇守以重藩,变时则征发半天下,惨澹经营,可谓已极,乃为子孙辈拱手割送,不亦可痛乎!噫噫,可恨!可恨!七时至成昌楼夕餐。八时至真英一书店,见有《哲学杂志》及《东洋学艺杂志》,均不完全,彼言可配成全部,余遂嘱其配成,约以改日来购。九时乘电车至上野。十时回院。

九月四日晴　五时半起,左肩甚疼。饭后寄戢元臣一片,询其译书事。邮寄第三回《センチエリ一字典》月赋金与伦敦タイムス社。阅本日《读卖新闻》,载有清廷改革官制及宣谕立宪事,有庆王为内阁总理大臣之说。噫,人才不适于时势,亦徒焉已耳!又有(池)<记>间岛"独立国"事,言夹皮沟(间岛内之金矿名地)一带之地，东西约三百中里，南北约六百中里，四边皆山，殆已成为“独立国”之势。其统领曰韩登举也，祖为山东人，以开金矿聚众为头目，适当清俄交兵，其祖率其众与俄兵战，败之，清廷厚赏之，彼不受，而请以夹皮沟为己领地，清廷许之，于是此一带地方之行政、租税权皆握之，至登举势益强。当日清战争时，登举兵在海城附近与日军战数次，号曰“正义军”。庚子岁，俄兵入满洲，登举拒之，不敌而败，乃与俄和。刻下有兵六百（余按：此当作六万，彼兵实不只此数）。登举善爱抚人民，厚待四方游人旅客，治内颇有法，人民不纳租税，惟自生产物纳数分而已，以故境内宁静，盗贼绝迹，马贼亦不敢犯其境，四方来归者日益多也。其地产金、银、铁、石炭、人参、大黄、药草、兽皮，而木材为尤富，盖其具有独立国之资格已庶几矣，登举今年仅三十六岁云。夜间，李星次、田柄轩来，余骇然，询之始知其于无意中偶然寻得者也，遂留之，坐谈良久。余嘱其切勿告与他人以此处所，九时始去。是夜，余心中烦恼复发，寝不成寐，细思其故，盖因星次来，恐其转告他人，致有多人来访余也。

九月五日晴　写一信致李星次并田炳轩，祈其切勿转告他人以余居所，无论至亲知己，皆须守秘密之责任云云。下午思及所致星次信似太简略并唐突，必须再详言之方可，遂复写一信，言余所以定一专诚治病之主义，而附以秘密巧诈之规条者，实有不得不然之理由，即因研究受病之原因，治病之方法，并思及对于此事所起之感情而然也云云。是日未书毕，下午受电气疗法一次。

九月六日阴　接戢元丞复函，托余以译事，并托余邀友人助之云云。又接自青山屋转寄来《革命评论》报一份，不知何人寄来者，拆视之，则所记皆政治的革命、社会的革命之论文、小说、记事，而尤注重于中国革命运动，其编辑人则题曰宫崎(演)〈寅〉藏者也，余始悟此报为宫崎兄弟等所组织，不胜欣慰之至者久之。其中有《就支那留学生》一篇，言中国革命主义之盛及留学生之不可侮，中有论及吴樾、陈天华、史坚(史)<如>为国捐躯、慷慨就义之处，余心亦感动，不觉泪下良久也。下午续写致李星次信，续言余若因破坏治病主义而病不愈，则其结果甚不堪。末附张复请其恳切劝其兄和生云云。综此信之前后共约近万言。其纲领即如前所述，今复分目按序表之于下，以备遗忘，所表皆信中之文也。此信书毕后，观本日《读卖新闻》，有记美国浮游(般)<船>渠(船坞)ジューウヰー号事。该浮游昨年横(滨)<渡>太平洋，过苏夷士海峡，而由地中海出大西洋，今年七月归オロシガボ。此船渠近于米国之バルチモー之スパロ〇ースポイント之メリーランド钢铁会社所建设者，其工费百二十五弗，能容吨数二万，全体高六十呎，长五百呎，其形状恰如有底部及两侧而无盖部及两端之堰，底部为深十八呎六吋之方形タンク，开门孔而入水于内室时，全部沉入水面下，而可入船舰于两侧之中央，然后乃排出壁门及タンク中之海水，其时则船渠仅载船舰之全部浮上于海面而收容之，船体则露出其船底于气中云云，亦可<为>海事上之可特书大书者矣。晚餐后，出外登山，眺望良久而回。时微雨。接刘林生函，招余致伊寓。

九月七日雨　写致宫崎寅藏信，谢其送报，并请其每月送阅一份，改日即付上报资也。阅新闻，见有记海外之中国人数一则，摘取之：

印度支那　十五万余　独占商业为人口主要之部分

暹罗　二百万十万　从事实业而无政治上势力，且暹国将设排斥法

缅甸　五万　掌握商业，大抵从云南来者，【多】多与缅人结婚

海峡殖民地　百万　多资本，凡商业、农业、铁道、运输、矿山皆在其手

ベラツカ
セランゴール　十万　从事锡矿

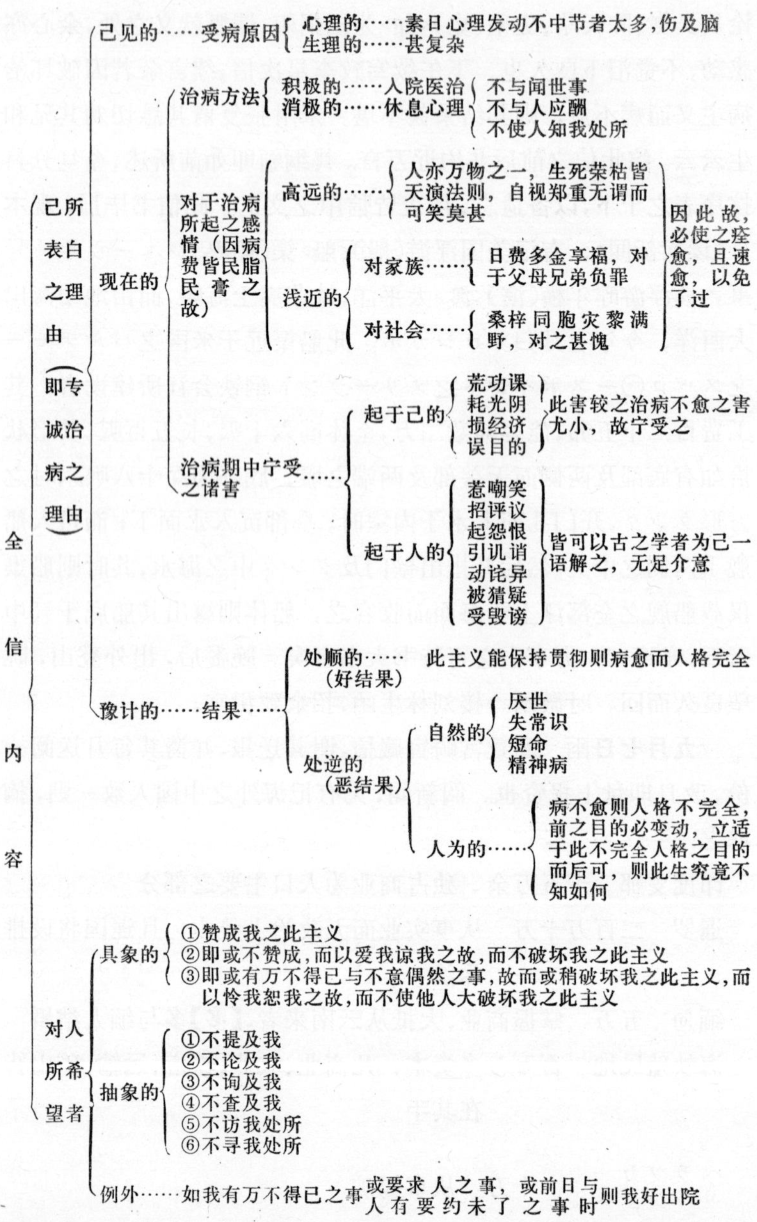

全信内容
己所表白之理由（即专诚治病之理由）
己见的……受病原因
心理的……素日心理发动不中节者太多，伤及脑
生理的……甚复杂
现在的
治病方法
积极的……入院医治
消极的……休息心理
不与闻世事
不与人应酬
不使人知我处所
对于治病所起之感情（因病费皆民脂民膏之故）
高远的……
人亦万物之一，生死荣枯皆天演法则，自视郑重无谓而可笑莫甚
浅近的
对家族……
日费多金享福，对于父母兄弟负罪
对社会……
桑梓同胞灾黎满野，对之甚愧
因此故，必使之痊愈，且速愈，以免了过
治病期中宁受之诸害……
起于己的
荒功课
耗光阴
损经济
误目的
此害较之治病不愈之害尤小，故宁受之
起于人的
惹嘲笑
招评议
起怨恨
引讥诮
动诧异
被猜疑
受毁谤
皆可以古之学者为己一语解之，无足介意
豫计的……结果……
处顺的……（好结果）
此主义能保持贯彻则病愈而人格完全
处逆的（恶结果）
自然的
厌世
失常识
短命
精神病
人为的……
病不愈则人格不完全，前之目的必变动，立适于此不完全人格之目的而后可，则此生究竟不知如何
对人所希望者
具象的
①赞成我之此主义
②即或不赞成，而以爱我谅我之故，而不破坏我之此主义
③即或有万不得已与不意偶然之事，故而或稍破坏我之此主义，而以怜我恕我之故，而不使他人大破坏我之此主义
抽象的
①不提及我
②不论及我
③不询及我
④不查及我
⑤不访我处所
⑥不寻我处所
例外……如我有万不得已之事
或要求人之事，或前日与人有要约未了之事时
则我好出院

英领婆罗洲　二万　独占商业

拉布安岛　一千　劳动者、耕主、商店

兰领印度　二十五万　支配耕地

地里及苏门答腊东岸　十万　种胡椒业，土人酋长之赌场归其所有

巴拉岛バネア　三万五千　从事锡矿山之劳动

西婆罗(州)〈洲〉　三万　皆矿夫、农人、商人

是日肩疼愈，但觉心中烦恼又起。下午，戏投球盘良久。

九月八月晴，下午阴　观《心理学讲义》第二篇《提要》，未完。接李星次来函，催其速为设法救急，渠前月宿料尚未了也。下(未)〈午〉遂往神田，至陈监督处领官费二十元。三时至刘林生寓，则林生已寻余三日未获，现已迁居，留一信告余，谓现暂在南路事务所待余，余遂至南路事务所，则又外出，不遇。五时乃至青山居取衣物。六时返，至饭田桥，则因东京市民反对电车值上，烧打暴动，遂至电车停止，乃徒步复至南路事务所晤刘林生，邀至一牛肉店食晚餐，谈良久。八时乃雇人力车至上野。九时回院。

九月九日晨，微雨，寻止　阅报，有佐佐木安五郎氏《读高楠博士论〈文珠所说宿曜录中所见二十八宿十二宫七曜〉之名目》中，有言法国人テーリセンドテクーブリー氏所谓为支那人祖先之小亚细亚キセルデセ之スメル、アツカド人种，与日本人最古祖先之名为スメラビツカド人种，不知有无关系，又与蒙古人所谓シマラン、バツクド相同与否，均尚未定，惟スメル、アツカド人若视为与支那人祖先有血统关系，则如尧舜亦当为スメル、アツカド人旁系，与日本(视)〈祖〉先之スクナヒコナ之同血脉，亦未可知，所以现今日本、支那、蒙古、希腊人中之语言多相同者云。其全篇则大概谓二十八宿之名目，蒙古语与梵语相同者多，又与希腊语相同者多也(余前者另见高楠氏所言，大约谓二十八宿之名目与满洲语之二十

八宿之名多同音，与蒙古语、梵语之二十八宿之名多同义云云)。九时乘汽车至巢鸭，遂至李星次寓，交以金五元，坐良久。下二时至鸡声店，购得《东洋史》、《心理(心)〈学〉》、《论理学》各一册及《虚无恬淡主义心理疗法》一册。虚无恬淡主义发明老子之哲学者也。三时回院。写致张保元一片，告以已运送《大英百科全书》一事及属其速汇寄书价到东也。又写一信致真英堂，属其寻集前日所定之杂志，并新加《东洋哲学》及《史学杂志》、《地理杂志》，亦属其集齐焉。观小说《侠恋记》，为日本人侦探至俄国遇一同〈？〉女子，心恋之，遂救之出险云云。

九月十日雨，下午止 观《心理学讲义》第二篇《提要》完。其要表于下：

- (1) 情之作用……
  - 性……
    - 苦与不快之心识状(熊)〈态〉
    - 乐与快之心识状(熊)〈态〉
    - ……但有一种情兼有苦乐二性者，如怒悲等是也
  - 度……苦乐之强弱不同也
- (2) 情与他心识状(熊)〈态〉之关系及异同
  - 知
    - 关系
      - 相害，情常蔽知，故知不明
      - 相利，有情则考究事理亦真，又有情假助于知，如爱国等情是
    - 异同……知静情动，知冷情热，知性明，情性暗，二者之性相反也
  - 意
    - 关系
    - 异同
    - 见后意之作用第二表中
- (3) 情与身体之关系……
  - 变于外
    - 颜色
    - 声音
    - 举动
  - 变于内
    - 呼吸
    - 血行
    - 消化
  - ……一情动于心，则此等状态与作用均随变，如悲则哭，喜则笑，快乐则颜面增光彩
- (4) 情之理法
  - 动用理法……由心身运动作用之得中，或过不及而生之情也
  - 变化理法(对比理法)……变化与心之活动作用相关之而生之情也，如苦乐由惯熟而减其力，或苦乐由比较而增其力是也
  - 身心作用相关理法……身体诸机关作用或心诸种作用各互相调和与否而生之情也
- (5) 情之不正者
  - 一其生理的作用强弱异常者
  - 二情之动未因大原由者
  - 三情动时其结果甚久者

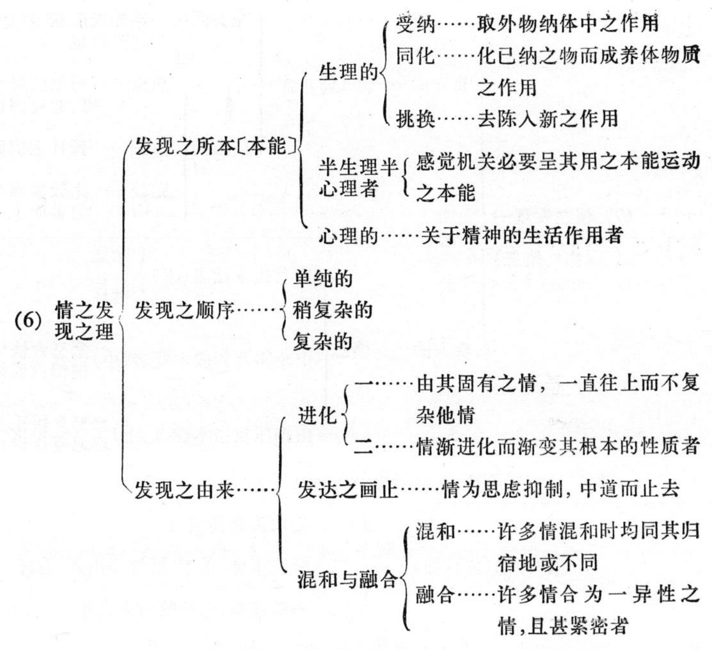

下午接李星次来一片，属余往李和生处，谓和生将归国云（星次因前曾来院，故知处所，此外皆未使人知者，所尝接人来信者，皆自青山屋转寄来者也）。观《石头记》小说（余前日在刘林生处借来者，余又欲作一小说，写尽中国社会之现在状态及将来之希望，然必先阅中西各种小说，以比较研究作小说之法，故余久拟多购买或借阅各种小说也），观至第三卷而止。

九月十一日雨　写致李星次、吴绍先一信，谓和生不宜归国，彼之病甚深，若归则内地医生必不能治此身体矣，不如仍劝其治病留此为要，若以经济问题为虑，则弟愿每岁【愿】补助些须，此外亦未必不可通融，盖其归国问题断不可因经济问题而起者也，若果已绝望，于和生以为已无可如何则可耳，否则尚当维持之也云云。观《心理学讲义》第二篇第一章、第二章，列其要焉。

- (7) 情之发现一(恐(佈)〈怖〉、愤怒)
  - 自守的……恐(佈)〈怖〉
    - 先天的……系先天所赋之恐(佈)〈怖〉情也
    - 经验的
      - 想象……想象已经验之危害,亦有因记忆者
      - 前识……预计危害而生者
      - 比较……比较事物与我之力量而生
  - 攻人的……愤怒
    - 由攻击本能者(下)
      - 忿怒
      - 破坏
    - 由攻击及驾驭本能者(中)忿怒含快乐弱恫愒或威迫之
    - 由抑压攻击本能者(上)忿怒含快乐强及增恶复仇设计

〔附〕 恐(佈)〈怖〉与愤怒发时之机体作用

- (一)恐(佈)〈怖〉……
  - 一、筋肉失其伸缩力
  - 二、唾液不流、舌不动,气不出入,背汗
  - 三、心脏痉挛,血脉收敛或立死
- (二)愤怒
  - 一、血管澎胀,面与体红,甚或立死
  - 二、筋肉加力,举动粗暴,鼻张口闭
  - 三、唾液多出而有毒

- (8) 情之发现二(同情与爱情)
  - 同情……
    - 无心识的……如见人笑我亦笑等是
    - 有心识的……
      - 相近的……与他人情相近
      - 相合的……人我相合为一,因又加入爱情也
    - 专由知的……人我观念思想同一乃同感情
    - 最高复的……范围甚广,即仁也,又甚坚持
  - 爱情……
    - 类别
      - 自利的(自爱)保全生命之本能
      - 他利的(爱他)
    - 状态
      - 心理的……心相合为一,且必相抱
      - 身理的……脸红体温呼吸速眼中如有泪

九月十二日雨　天气甚寒。接张步青(至)〈自〉西京来信,言

至联队后一切情状，并劝余当少用脑以免病云云。观《心理<学>讲义》第二篇第三、四章，表其要焉。

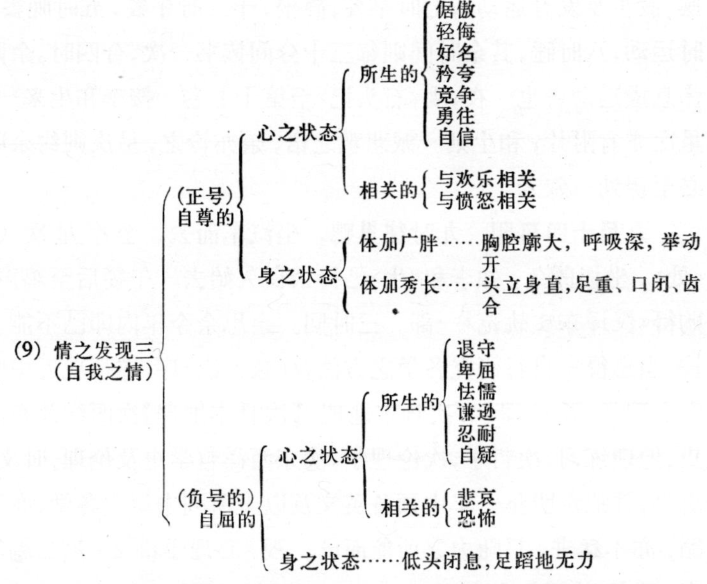

下午有同院日人岛村者与余谈最久，言及蒙古事。彼言日本有某书中谓，蒙古(或)<成>吉斯汗原为日本源氏之后，当日本清和天皇时，源赖朝之兄弟中有某者往满洲、蒙古一带，故留其后裔于其地，后遂为蒙古族云云。余闻之，亦觉有理。余记去岁在一书中见记有吉林省某处掘出一碑，记此日曾为版图云云。盖此问题犹属疑案，俟后再当详考也。观《石头记》至十五卷，觉其中寓意指点人世好色贪淫必有恶果之处不少，其作小说之法亦曲尽人情，但多参入神话为足惜也。

九月十三日雨，下午止　写致欧阳骏民、曹德民一信，不过寻常语，惟有劝其不必从速出洋，宜预备日语、英语及各种普通学云云之说及请其代寻余前岁所留于湖北书箱之说而已。下午，余思及在病院竟日无聊，虽云休息心理，然不知不觉中随观各书，已用心不少，不如定一动止表，每日割稍些时间以从事于读书，不可随行假借，仍以休息心理为主也。大约每日五时半起，扰身运动（体操、散步及发音运动），七时早餐、静坐，十二时午餐，五时晚餐，六时运动，八时睡，其余时间则每三十分间读书一次，合四时，余则皆休息或运动者也。夜，观《石头记》至第十七卷。接李和生来一信，星次亦有附片，和生则一派悲观之语，余亦怜之，星次则约余明日必至伊处一叙云。

九月十四日阴　九时往巢鸭，坐汽车而去，至李星次（去）<处>，坐谈良久，知李和<生>已待余良久始去。午餐后至鸡声堂，购得《汉译东文轨范》一部。三时回。余思余今年内即已不能上学校，当思得一自行研究各学之方法及（敕）<次>序，遂拟现近中则研究心理学，次论理学，次日本地理，【次日本地理】次西洋及东洋历史、地理练习，次哲学，次伦理学，次东西洋哲学史及伦理、时文、明史等，并拟定明年一年中预备英文及以上所列未尽之各学，亦不因循，亦不猛进，只随力之所能而已。观《心理学讲义》第二编第四章、五章，其要如左表：

(10)情之发现四（异性相爱之情）此理义与淫大异，此甚高复者，淫字实不在其范围也	
	本能的……稍高等动物由异性相求之本能，以感觉知觉激动而生相合之动作
	感情的……不但因本能，且加以爱情及各种之情，故甚高复，如男女相爱是，然非与好色好淫同
	知识的……不在肉体之快乐，而纯乎理想之快乐，古来中国无之，西洋则不少

以上为本能发现之单纯与稍高复者。

按：此后第五章即论情之简单者进而成复杂之理，以其与前所表情之发现之理相联络，故并表之于前系内。

九月十五日晴　观《东文汉译轨范》，尚未得要领。又观《英语发音之误》，此书专论英音之理者，颇中肯（紧）<綮>，余拟每日观数页即笔录之，如译书然，是日所观亦未得要领也。阅报，有记满洲马贼事，另录之于别册，其中有叙间岛一节云："间岛兵其总员有五万，草王韩登举今年四十有三岁，其军队皆操练精勇，有巨炮数门，粮粟山积，其都城在花树林子，约当吉林府南三十里云。"夜，观《石头记》第十八卷。

九月十六日晴　九时至李星次寓，晤得李和卿、吴绍先，谈及和卿归国事。余劝其不必作速归之计，且待二月以治病云。下午二时回。受电气疗法一次，自是每间日一次以为例。余欲再定每日动止表，以节制身心，思索良久，未成而罢。夜，观《石头记》第十九卷。

九月十七日阴　九时，将往早稻田，适接黄庆午来一片，言已于昨十一日回东，欲一见余。余遂乘车往神田，十时至一书店，购得《台湾郑氏纪事》一册，参考日支两国诸书，纪郑氏始末颇详。《泰东格物学》专注释汉字意义与《说文解字》略同，其间多以日本之事物为据，而解释造字原义者。《佛领印度支那》一册，纪越南之情事颇详。十一时至真英堂，询知所定购各杂志尚未得。十二时至黄庆午寓，相见甚喜，余欲问其别后一切情形，以坐客有外人遂止，(间)<闲>谈良久，留午餐。下二时至早稻田青山屋取书物。五时回院。

九月十八日雨　是日余心中烦恼不觉又起，似怒(似)<非>怒，似恨非恨。阅报半日，录其关于地理、物产者。下午，岛村来，以读《左传》之疑难问余，余为解明之，然心实不欲也。

九月十九日晴　烦恼更甚，似又愤懑，甚难过。下午，忽思前见报中有湖北图书发行所各书而余欲购之者，乃写信寄去，询其可否由邮便寄来。晚餐出院<至>后山上晚眺良久，将归时，忽遇见去岁余所识之永井得子，问其何来？则云游玩而来此者，且云将往米国去云云。余见其衣服、容貌均与前较华美，想或已走坏路亦未可知也。时已晚，余便即回院。观《石头记》至第二十一卷，觉除写恋爱嫉妒之情外，无他文字，甚觉其平云云。

九月二十日晴　九时坐车往芝区访戢元臣。下午至新滨町，良久始访得春月馆，则元臣已外出，余留一信，谓译事可承允，价即照旧亦可，即寄稿可也。十二时定购《满洲地志》一部，约其日内送至。又至嵩山堂，购得《杜工部诗集》及《真山民》一部。下一时至成昌楼午餐。二时至真英堂，其主人告余前所定购各杂志均齐，搜至去年止，惟中欠数册，后日亦搜齐，总约百余册（一年分者钉成一册），即百余年者也。余甚喜，但询其价，则共计须四十余元，余觉太多，然不能退之，遂告其将书暂置伊处，俟余退病院后再取书，价则先付清，惟略待日期而已。彼（久）<允>之。余之意盖将以译书得金后分数回交之，免现时仓猝困难也。三时至《东洋学艺杂志》社定购该杂志本年全年一份。四时至陈监督处领冬季学费。五时至会馆，借得《人谱》及《三国疆域志》各一册。六时至上野。八时回院，始服药食晚餐。十时始就寝。

九月二十一日阴，早餐后雨　独自无聊，乃取《真山民诗集》吟咏良久，又开《杜工部诗集》读之，一时感慨丛集，忆及余十六七岁在家时，常效作诗，曾于一夜得一联云："月来窗纸薄，露下客衣单。"又在县中读书时，登城晚眺，亦作成一诗，犹记其中四句云："晚烟绿隐临江树，早稻黄催负郭田。楼阁参差馀落日，关河萧索咽残蝉。"念及此数句，令人生乡国之感。最足奇者，中有一句，几为余今年入早稻田大学之（籤）<谶>，亦云异矣。下午，与岛村氏谈良久。其人较诚实，但总不免有自负（对于己国）之意，余甚愤。良久，看护妇长对余言："君之病因得毋色欲亦占一分子乎？"余云："否，余已二三年间未曾染此也。"彼曰："然则色情思想亦当有之，此亦或能成病因。"余曰："诚如所言也，人亦孰能免此哉？但能把持之耳。"彼曰："与其勉强把持或成病因，则不如偶一为之，犹能使心内淡泊也。"余姑应之，然余思究竟果如所言耶？固尚未定之问题也。夜，丸善店送《满洲地志》（采）<来>，付金五元而去。

九月二十二日雨　《革命评论》第二号送来，余观之，以为其议论固多壮烈慷慨之词，但于发挥真理上须再加切实之言方可。自作一记事总簿，凡余之笔记抄录之事之纲领皆记之于此，是时即以余所思自下次始改良日记法记于首云。日记每日须分三类写之：一、动止，又别为二：甲、为己之行为动作，乙、对人之言语、交际、应酬，皆须直书无隐，并自省其善恶是非；二、学问，凡读书、阅报或听闻人言而有关于学问之参考者，皆书之；三、思想，凡读书偶有所得之新义或与人谈论而有新发明之道理，皆记之。次则余所以为当存记之簿记以备遗忘者：一、拟作之事，分为远期、近期二者；(二)<一>、拟购之书，亦分为切要、不切要二者；一、拟为之学，并其次序；一、记友人或会社、学校处所；一、小说库（余欲作小说，须备材料），分为主观、客观二者；一、抄录杂事，分为地理、物产、矿产、会党四者，而地理中又分丛录、片片录。下午寄《革命评论》报资于该社。五时接真英堂来函，告余以各杂志册数并价值共四十九元。时岛村氏在余室，余询以价值贵否？彼言甚贵，当可再求其减价云，余遂拟书一日文信，索其减让。夜，雨止。

九月二十三日大雨　阅报，有佐佐木安五郎《高楠博士ノ<文珠所说宿曜录录见ユル二十八宿十二宫七曜ノ名目ニ就テ>ヲ读ム》一篇中所言有日本语与蒙古语相同处，如ミソ（味噌），蒙古亦曰ミソ（即中国之酱也）；マガ（不吉），蒙古亦曰マガ（灾殃）等是。又日本<语>与希腊语有百五十、与希伯来语有二百之相同处，但谁为主宾则犹不知耳。又言二十八宿之外有十二宫者，其名目虽亦当有自蒙古语、梵语中可解释者，盖其名目之发现在二十八宿确定以前之混沌时代，最初犹各目单立，后乃分之于二十八宿之外圈者也，其与二十八宿同时发现者则为七曜，七曜中之五曜（除日月外）之名目俱与二十八宿ノ名目同存于西藏、满洲、蒙古语中，且以汉籍证之，尤为确当。《周礼》《大宗伯》日月星辰注云："星谓五纬。"其疏又云："五纬即五星，言二十八宿随天左转为经，五星右旋为纬。"

此五星即火、水、木、金、土之五星也，合经纬计之为三十三星，与クイテイリーセ神话书之神话所谓三十三星者正相同也（高楠氏所说与此稍异）云云。下午，书一日文信与真英堂，索其减价，并言以自号文明国之国民而欺外人，殊失体面，若能减价固好，若不能减价，吾亦买购不悔云云。接黄庆午一信，约余二十五日之夜往伊寓谈叙。

九月二十四日晴　阅《满洲地志》，涉猎一通，其内容甚详细完备，而尤详于韩登举及间岛之事，但以韩与间岛分为二，若无甚关系者然，与余前所见诸说异，不知究以何为真也。余遂拟写一书与其作者守田利远，问其究竟何如。李和卿来片，欲余往星次处一谈，余即回片，谓无必要可不来。夜，接真英堂复信，谓可减价四元，但必要再多减价亦可云，余觉其可笑而已。

九月二十五日晴　寄《大英百科全书》第五回月赋金与丸善店。观《心理学讲义》二编之六章，其说社会的及道德的情，表其要领如下（按：书中因言社会的本能而列举社会形体之种类，今亦先表社会种类及有无此本能而后入正题）：

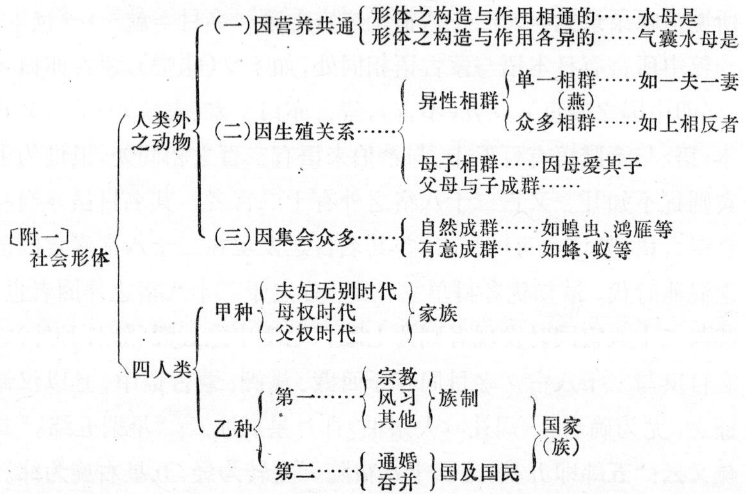

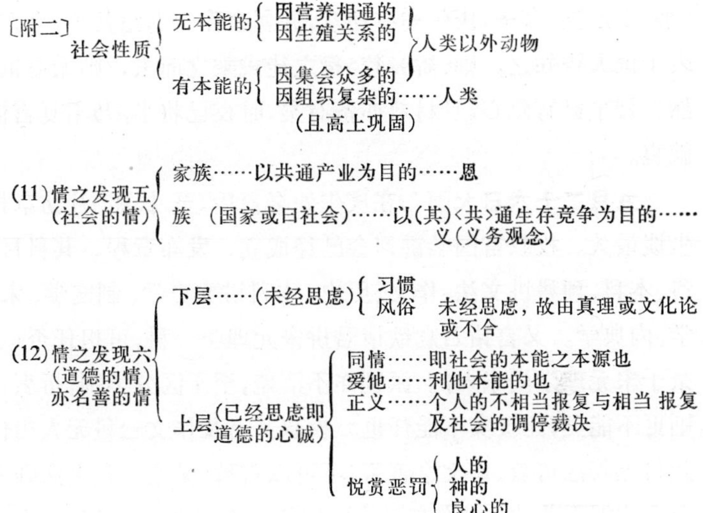

下午,真英堂同伙芳贺堂人来取金三十元,并议定共算四十一元五十钱而去。夜,至《民报》社访黄庆午,不遇。前田氏告余,前日曾寻余至早稻田,欲余往九州熊本伊家中居之,并云伊家在海滨,又远尘市,甚清静,适宜于养病云云。余答以待余思索后再定。八时乃至黄庆午寓,坐良久,庆午回,谈叙良久,问余以去岁为取缔规则风潮事,余悉言之,并言胡经武之为人。庆午言亦早知之。又谈及渠往南洋事,庆午言往西贡后乃往广南各处,所事稍有头绪,又回香港往南洋,南洋无所〈获〉乃回东京云。余听毕,觉其冒险心、激进心太甚,将来恐有孤注之势,欲稍劝之而不果。余又告以吉林南方韩登举事,谓此处势力甚巩固,若往运动之或有效,其效视运动者之目的如何而可分三理想:最高则握其大权,兴教育、整实业、练陆军、行招徕、讲外交,以图远大,此须有大才而能持久者方可行之;其次则谋占其地之实业权,殖产兴业,以得经济上之富裕(如林、矿、渔、猎等),此亦须有实业家才而稍能持久者方可行之;其下则直往游说,运动其多金而来,以资接济,此则不须岁月,只一(辨)

<辩>士足矣。言毕，庆午亦有动意，并属余作一书纪其事。余言恐发表于世人皆知之，则(狮)<狡>猾之徒或乘之而去，则无益也；不然，吾早已有此心，且材料亦备有矣。时夜已将半，乃不复言他，遂就寝。

九月二十六日大雨　在庆午处早餐后，至《民报》社访章枚叔，坐谈最久。枚叔言国学讲习会已经成立，发布章程，其科目分预科、本科，预科讲文法、作文、历史，本科讲文史学、制度学、宋明理学、内典学。又言诸君意欲请君讲宋元理学一科，可担任否？余谓余于宋元理学尚未入门，派别亦不清楚，至于区分学别，折衷古今，则更不能矣，此责实不能任也。枚叔又言及作文一科无人担任，且此科无善法可教，作文之善否，不可以言喻，又无一定之法则者也。余言此诚无善法，但亦有可能以理法规定之者，则以此教之足矣。作文总不外乎文之有道理与否及文之佳好与否，前者可谓之文理，后者可谓之文辞，文理即论理学，文辞即日本所谓修辞学，专就此二者循此二学之理法讲之，则亦可乎？枚叔谓此固然，但亦犹有未尽善者也。余又言中国宗教亦讲否？枚叔言亦于文史学中略讲一二，但中国除儒、释、道三教外，馀皆谓之异教，不能知其教理若何也。又推而言及现今中国诸教，枚叔言江苏泰州一带有大乘教，为佛教之别起于近时者；镇江一带有天心教，大概为白莲教之别派，以鼻梁上部两目中间之处为玄关，修炼至开通此玄关后，则呼吸皆可由此出入而得道矣云云。又谓道教现今最行世者不过三派：一邱长<春>派，即北京白云观为之宗主；一天师派，即龙虎山为之宗主；一茅山派，起于秦时茅濛，字初成，其宗主尚未及知云。谈至十二时，遂留午餐，讫，将往早稻<田>，忽忆及余所携之表及钱包均遗忘在庆午处，遂往取之，仅得表，而钱包则不知遗落何处矣。余觉余之记忆力日减，甚忧闷也，乃遂至早稻田青山屋取得衣物、书籍，又至早稻<田>大学取《南方报》。五时往目白坐汽车。六时回院。

夜，甚觉烦恼，忽接得家信一封，中有五月、八月两信。石卿兄言家计困难，衣物俱已当尽，又因饥荒预备积谷，将青苗田出售始了事，又言老母甚思念余，又甚望余之归家，又甚望余寄金回家或自己携回家，以纾家困云云。余视毕更加忧愁丛生，安得振翼一飞以归省吾老母耶！又安得一获多金寄家以慰吾母之怀，以供吾母之甘旨耶！噫，余之处境真难堪矣！愁思良久，遂急就寝。

九月二十七日阴　天气寒。接得陈伟臣来片，询余何以避人之涉。余即复片，言来周水曜日当来访询家乡情景云。阅《南方报》中有关于会党、物产、地理者，录之。下午读杜诗，令我百感交集，至“今(月)〈夜〉鄜州月，闺中只独看，遥怜小儿女，不解忆长安”处，不觉使余忆及余壬寅岁在武昌作七夕诗，末有“遥忆故园小儿女，应随阿母望河桥”之句。噫，不胜今昔之感矣！下午仍观《心理学讲义》第二编之七、八章，摘表之：

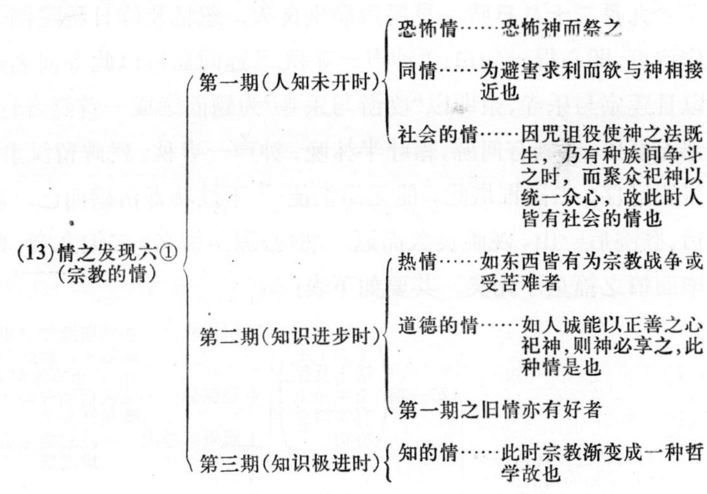

- (13)情之发现六①(宗教的情)
  - 第一期(人知未开时)
    - 恐怖情……恐怖神而祭之
    - 同情……为避害求利而欲与神相接近也
    - 社会的情……因咒诅役使神之法既生，乃有种族间争斗之时，而聚众祀神以统一众心，故此时人皆有社会的情也
  - 第二期(知识进步时)
    - 热情……如东西皆有为宗教战争或受苦难者
    - 道德的情……如人诚能以正善之心祀神，则神必享之，此种情是也
    - 第一期之旧情亦有好者
  - 第三期(知识极进时)
    - 知的情……此时宗教渐变成一种哲学故也

(按：　原书热情无所属于何时期，余以己意入于二期者)

① 此表与表(12)同，原日记如此。

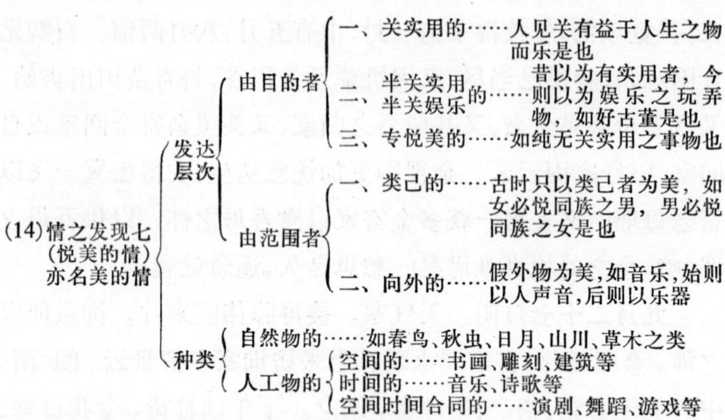

(14)情之发现七
(悦美的情)
亦名美的情
发达层次
由目的者
一、关实用的……人见关有益于人生之物而乐是也
二、半关实用 半关娱乐的……昔以为有实用者，今则以为娱乐之玩弄物，如好古董是也
三、专悦美的……如纯无关实用之事物也
由范围者
一、类己的……古时只以类己者为美，如女必悦同族之男，男必悦同族之女是也
二、向外的……假外物为美，如音乐，始则以人声音，后则以乐器
种类
自然物的……如春鸟、秋虫、日月、山川、草木之类
人工物的
空间的……书画、雕刻、建筑等
时间的……音乐、诗歌等
空间时间合同的……演剧、舞蹈、游戏等

晚餐后，偕岛村等数人出院外游览，至院旁一寺，遂入而散步。余入门，即<见>其壁上挂一扁额，细审良久，乃日清战争日人在金州所得者也，余不觉感伤。适岛村对余云，可作一游此寺之诗否？余答以不能，而心实欲作之，构思良久，不得而回院。

九月二十八日晴　早餐后静坐良久，忽忆及昨日游院侧一寺作诗事，即心得一句曰："钟声一寺秋。"遂问岛村以此寺何名？答以日莲宗与乐寺，余即以"晚游与乐寺"为题而续成一首焉，曰："他邦无复乐，老刹有何游，霜叶半林晚，钟声一寺秋；残碑留汉隶，古屋置辽俘，去国谁堪此，能无涕泪流！"不过聊寄伤感而已。晚餐后，登院后一山，晚眺良久而返。观《心理学讲义》二编九章，此章毕而情之篇止于此矣。其要如下表：

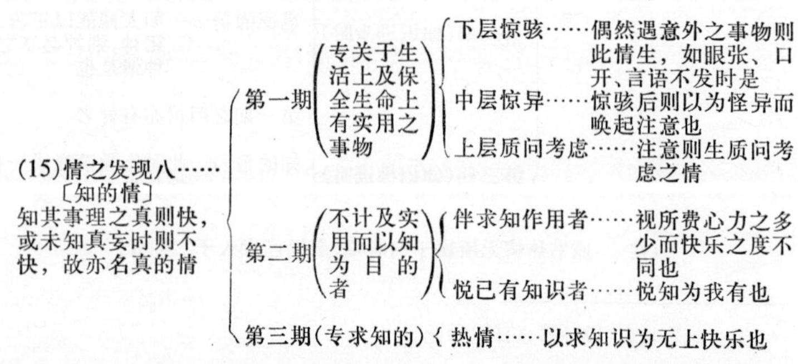

(15)情之发现八……
〔知的情〕
知其事理之真则快，或未知真妄时则不快，故亦名真的情
第一期
专关于生活上及保全生命上有实用之事物
下层惊骇……偶然遇意外之事物则此情生，如眼张、口开、言语不发时是
中层惊异……惊骇后则以为怪异而唤起注意也
上层质问考虑……注意则生质问考虑之情
第二期
不计及实用而以知为目的者
伴求知作用者……视所费心力之多少而快乐之度不同也
悦已有知识者……悦知为我有也
第三期(专求知的)
热情……以求知识为无上快乐也

九月二十九日晴　观《心理学》第三篇。此篇不分章，仅曰意之作用及其理法而已。时仅观数则，未完。

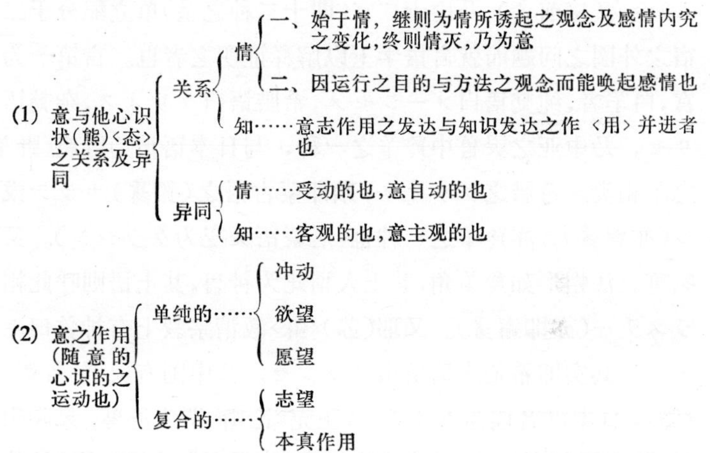

(1) 意与他心识状(熊)〈态〉之关系及异同
- 关系
  - 情
    - 一、始于情，继则为情所诱起之观念及感情内究之变化，终则情灭，乃为意
    - 二、因运行之目的与方法之观念而能唤起感情也
  - 知……意志作用之发达与知识发达之作〈用〉并进者也
- 异同
  - 情……受动的也，意自动的也
  - 知……客观的也，意主观的也

(2) 意之作用(随意的心识的之运动也)
- 单纯的……
  - 冲动
  - 欲望
  - 愿望
- 复合的……
  - 志望
  - 本真作用

按：意之外又有不随〈意〉的无心识的之运动，今附表之：

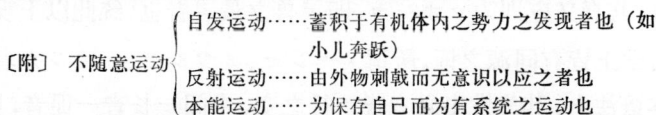

〔附〕　不随意运动
- 自发运动……蓄积于有机体内之势力之发现者也(如小儿奔跃)
- 反射运动……由外物刺戟而无意识以应之者也
- 本能运动……为保存自己而为有系统之运动也

下午作致守田利远书，问以间岛与韩边外之关系及韩登举之势力，又蒙江与东派子之关系，皆其书中所言与余所见有出入，或其书自相(茅)〈矛〉盾者也，约千余言，(糊)〈胡〉乱以日本文书之。晚餐后，出院闲步，良久归，而门番妇告余以有客来访。余欲避之，既而思之，彼既能知余处，或亦非无聊之人，遂入门视之，则李星次也，遂偕入室，坐谈良久。星次言常德近出一伪革命党狱，靖州有杨某居于祇园寺，以宿娼挟妓为事，为娼寮中人控诉于官，官捕之，并搜其居所并同居者之行李，不知自何人笥中索出秘密结社之章程等，遂酿成革命之狱，并株连多人，现闻杨某已被杀矣云云。余闻之，不胜叹息。噫，当今之时，一般社会竟为无知无行之学生与贪残酷之官吏所弄坏者大半矣！

九月二十九日① 阴　观本日报，又有佐佐木氏《高楠博士ノ<所说宿曜录录见ユル二十八宿十二宫七曜ノ名目ニ就テ>ヲ读ム》论文(接前者)，乃论十二宫(即十二种之星)单立配分于二十八宿之外圈之问题而就言语学上以解释证明之者也。言第一为白羊宫，白羊者，纯梵语曰メーシセメ，希腊语曰クリオス，杂梵语曰クリセ，乃中亚之灵兽中羚羊之一种，与日本语谓为氈鹿(カモシカ)(野羊也)之羊相类。希腊之クリオス，殆即蒙古语之(獬豸)カラチ或カラシ(亦獬豸)，亦羚羊之一种也(后蒙语又变为クラシシ)。又西藏喇嘛之法帽形如羚羊角，其土人谓此为神兽，其土语则呼此帽曰キラスナー(亦即獬豸)。又耶(苏)<稣>教谓宗教上有神兽曰キリストー，其实即希伯来语所谓メツシセ。又中国有灵兽名獬(觟)<鯱>，日本汉音读为カイチー(王充《论衡》谓为圣兽，皋陶用以听狱，验有罪与否)。又日本古事记有“真男鹿”，(古)<估>计为マナカ，其真义应训为マオシカ，即灵兽之最灵者也。统此以上观之，语言学上皆有同源之证，所谓メーシセ、メツシセ、マオシカ者，在日本语法上，其先发出之音皆マ行之变，中间一长音一促音，则口音之稍变者，最后则因カ、セ两行可相通而变者也。所谓クリオス、クリセ、カモシカ、カラチ、カラシ、クラシシ、キラスナ、キリスト、カイチ者，在日本语法上，始则为カ行之变，次则为ラ行之变，又次则为ア行之オ与ヤ行之ヤ之通，或サ行之シ与ス与タ行之チ相通，终则キラスナ与キリスト之大ト二音，则ナ行与タ行之通也(其中惟日语カモシカ之モ无可合者。余按：日语谓神为カミ，谓天为アマ，此二语本可由カ行ア行相通之法则及マ行中同行之音便而通为一语，则此语实训为神羊也)。然则所谓白羊即羚羊亦即神兽者，东亚各国皆同其语源可知矣。特后世以汉语意译之，则成白羊耳。又言中国之獬豸，古时(国)<固>为神兽，故尧舜时代，

① 二十九日重记，原日记如此。

法廷之神托裁判尚以此兽善触判罪之有否。王充《论衡》《是应篇》曰:“獬(鯱)<廌>者,一角之羊也,性知有罪。皋陶治狱,(有)<其罪>疑者,(使)<令>羊触之,有罪则触,无罪则(否)<不触>。斯盖天生一角【之】圣兽,【以】助(验狱)<狱为验>【者也】”。即以此兽助掌法权,故古时法律之“法”字,皆作“灋”,其中之“廌”,即獬豸,又即獬廌,所以入“廌”字于其中者,即本以羊助法律之谓也(《说文》:灋,平之如水,故从水,触不直者,故从灋。《<后>汉书》《舆服志》:“<獬>豸,神羊,能(辨)<别>曲直。”獬豸之豸,又作廌。《异物志》云:东北大荒中有一物,名曰廌,性直,触不忠者。又《史记》《司马相如传》注张揖云:豸似鹿而性忠,人君刑罚得中则出焉。法家之音为フワ,其义日本语谓之ノリ,考蒙古语普通谓羚羊曰ブハ,其音与フワ相近,西藏语谓羚羊为ヽニヨール,其音即ノール,与ノル亦相近,是其音义中日蒙藏皆同源,特其后乃稍变异(余佞或因引伸其义变迁其音而然也)。可见,古代东西皆有尊视此羚羊以为神圣之灵物之习惯也(余按:中国祥、善、义、美等字,皆从此义而作成。盖古时神权最重,既视羊为神托裁判之灵物,则此灵物即圣神也。圣神者,尽善至美尊严正大之义也,故(详)<祥>、善、义、美等字皆从羊也)。下午,观《心理学》第三篇,仍未完,录其冲动、欲望二节表之:

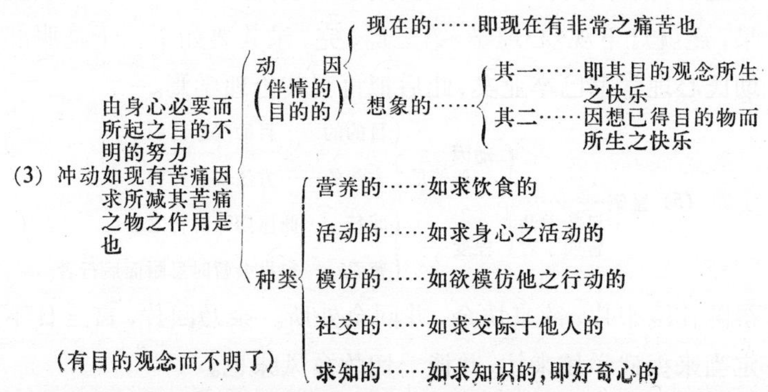
(3) 冲动
由身心必要而所起之目的不明的努力
如现有苦痛因求所减其苦痛之物之作用是也
(有目的观念而不明了)
动因(伴情的目的的)
现在的……即现在有非常之痛苦也
想象的……
其一……即其目的观念所生之快乐
其二……因想已得目的物而所生之快乐
种类
营养的……如求饮食的
活动的……如求身心之活动的
模仿的……如欲模仿他之行动的
社交的……如求交际于他人的
求知的……如求知识的,即好奇心的

（按：此二表内，余以他书补之或以己意解之者甚多。）

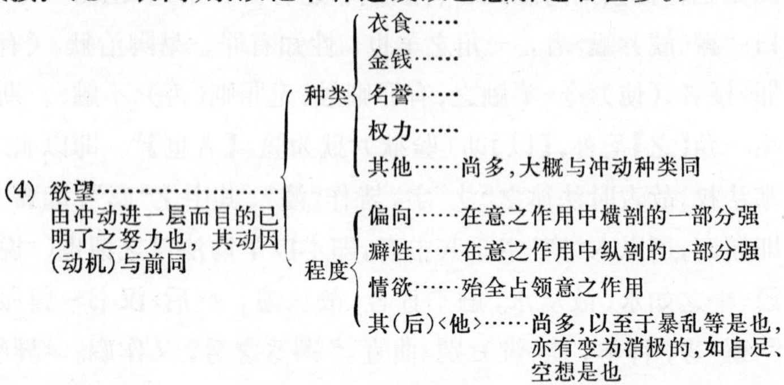
(4) 欲望……………………………
由冲动进一层而目的已明了之努力也，其动因(动机)与前同
种类
衣食……
金钱……
名誉……
权力……
其他……尚多，大概与冲动种类同
程度
偏向……在意之作用中横剖的一部分强
癖性……在意之作用中纵剖的一部分强
情欲……殆全占领意之作用
其(后)〈他〉……尚多，以至于暴乱等是也，亦有变为消极的，如自足、空想是也

晚餐后，出院闲步。时岛村退院迁居，遂随送之至其新寓而回。夜，观《石头记》至第二十三卷，亦觉无聊，遂就寝。时明月当窗，寝不成寐，随口得二诗云："孤枕虫声急，一窗秋月明。"遂欲作成一秋夜旅怀诗，然不果也。

九月三十日晴　晨起，至院后山上远眺，一时令人爽快，欲吟一(时)〈诗〉而不果，遂回。早饭后，独自无聊，乃再翻前日家信阅之，拟作复书，并拟此次直上母亲一书，内子与兄长各以余所欲言者告之，石桥、文卿亦各一通，以便详细嘱托叮咛也。遂提笔作上母亲书，未及数行，心中悲感交集，已泪下矣，乃忍耐写之，至下午三时犹未写完，乃休息焉。夜间一人冥坐，时窗间明月当空，因思家之情，偶吟得诗二句曰："去国已三载，思家又一秋。"欲续成而不果，遂就灯下观《心理学》第三篇，完，录其要如下。于是服部宇之助氏心理学书已卒业矣，此后拟再观其伦理学焉。

(5) 愿望…………
目的方法皆明了者
- 动因伴情的
  - 目的的……目的观念已明了
  - 方法的……方法观念亦明了
- 程度……
  - 即行……此愿望即时行之者
  - 暂忍……察机会暂时忍耐而后行者

得陈伟臣来片，欲来访余，并问余处所。余乃回片，言三日下三时定当来振武学校来访，并谈一切故乡风味也。

第五卷

开国纪元四千六百零四年

（一九〇六年十月一日——十二月三十一日）

十月一日 清晨起，至院后山上眺望良久而回。早餐后，写上母亲禀毕，其内容甚繁多，大约始则安慰之言；次则劝谏母亲不必忧伤，请放宽想；次则言待兄长，请母亲以柔道行之，养以廉耻，谕以利害，不发怒，不出骂，平声静气呼之至前，以理与情晓之，必令其生悔改心也；次则言待三姐，请母亲于出嫁之后勿与前同，三姐人家甚好，请勿仍泥于前者手背手掌皆是肉之义；次则言待么妹，请母亲不必择一有钱之人而始许字，但当求其子弟读书或入学堂而无败行者即可也，惟么妹若能再读书数年，且能放足，则更好矣；次则言待媳妇，尽可〈使〉之勤家事，知大义；最终则言男明年正二月或三四月必归来省母亲一次，将来学成归国，断无有不能慰母亲及不能见宗族乡党之处，请母亲宽心云云。下午欲观理论学书，既而心内烦闷，且不胜思家之感而止。晚餐〈后〉出院，散步良久回。读杜工部诗，又良久，且自成思家诗一首焉。章枚叔来一片，问余以宋明理学讲义能略说数篇否云。章枚叔来片中又有言及《说文》处，谓“灋”字平之如水，故从“水”，“廌”，触不直者去之，故从“廌去”，今风宪官皆以獬廌为补服，皆因此神话也。又与灋〈谳〉同。《思家诗》云：“去国已三载，思家又一秋。亲忧知白发，闺怨定蓬头。禹城腥膻满，天涯道路悠。有家归未得，期待灭匈奴。”

十月二日阴 写致兄长信，未竟。下午寄第四回《センチヨリー字典》月赋金于横滨タイムス社。观《石头记》第二十五卷，有宗

教迷信之言杂之，但写人情之不可测，有暗合心理学处者而已。阅报，知美国因古巴内乱不已，已遣陆军卿タフト氏至古，古巴大统领已辞职，タ氏设立假政府，自为总督，且宣言此假政府须永久占据古巴云云。盖美国由门罗主义变而为帝国主义，又实行一次矣。余思余之病源半属于物的方面，半属于心的方面。物的方面之病可由生理疗法疗之，即医药是也，心的方面者须由心理疗法疗之，即所谓自疗法是也。余在此病院内再居一二月，物的方面之病当可治愈，以后须专心从事于心理疗法，拟迁居有山近海之处，或平冢，或熊本，以实行其方法，并拟近顷先研究心理疗法之学焉。

十月三日大雨　早餐后，与同居人戏投球盘良久。时腹猝然疼，乃问看护妇长以何法治之？彼与余以散药，服之即愈。写一片致宋海南，索债也。下午三时冒雨至振武学校访陈伟臣，坐谈良久，伟臣言吾乡景态均与昔日无异，一点新机皆无，欲作事无论从何方面均难下手，惟从教育上或稍较容易耳云云。又晤江浴岷，因时迟未及多谈，遂辞去。六时乘车至上野，在一古书店见有《四书讲义》一部及《羽翼原人论》，乃唐时僧宗密所作，而日本僧圆通禅师为之解者也，遂购之。复见其店内罗列古书甚多，遂问其主人，谓余有多种古书欲购，君可代为搜集否？彼云可，余乃告以后日当开书目单持来，彼诺焉。七时至停车场待车良久，八时始回院。时看护人将睡，夕餐已无，余乃只询得药物服之而已。有一姓大石者，乃殷勤问余果不饿否？我可具膳来食之。余见其甚有善意，遂应之，乃得食焉。时夜雨滴窗，一灯独坐，不觉自怨自恨，今日何必为此恐失小信之事而外出，以致饮食起居之节皆乱，亦甚无谓之至也。时又接李和卿来一函，乃直接由伊处送来者，盖星次已告以余居处也。余甚怨星次背约，既而思之，大义灭亲，人所难为，亦不足责人也。乃观其信，始谓余不达观；次则谓己犹未医病；次则向余索金十五元；次则言熊秉三已到省，欲函催其寄《大英百科全书》价金而问余以数目；次则已官费已准，出缺即补云云。

十月四日阴　晨起，习哑铃体操良久。早餐后，写复李和卿信，始则言余未尝不达观，且较兄何如？次则劝其乘熊秉三在省，速归去一次，以运动官费，以催促《大英百科全书》之价金，并回家省亲，以免此间虚度不治病、不上学之无益之光阴；次则言余现在甚困，只剩十元，不可借出，兄可在宋海南处代索债款到手而用之，但必分五元与星次；终则劝其治病，既不往病院，可由心理疗法，并引《管子》、《韩非子》、《史记》、日本太白真人之言治心者以证之。下午观《石头记》至第二十九卷，虽皆恋爱之事，且不免有故意修饰处，然其中有多近于诡(辨)<辩>学者，可以证论理学之理法焉，又往往有合于言心理学发达之顺序者(儿童心理学)焉。其变幻不测处，亦足为小说家之特长也。夜写致兄长信，未竟也。将寝时，偶思及复李和卿信中未免多好(辨)<辩>语，且与人计较，意气傲然之概，亦不免焉。阅报，有荷兰军队征タバナン国之说，并说バリ人之首领已降，バードング已肃清，又言バリー氏降云云，此タバナン国大约<在>南洋群岛中，但バリー究竟是人名是种族名？バードング在何处？尚待考也。

十月五日雨(意)<竟>日　晨起，习哑铃体操良久。早餐后写致兄长信，大略劝其孝事母亲，力戒洋烟，善待宗族邻里等语，惟末言及办吾族中一房小学堂事必须慎重，必须请一通达学务之人商之而后可，或邀文卿至县中访罗力中，请商之县令派一委员下乡，或律中自荐一人来，以总学务上之成，而一切事务则举吾房中人办之可也云云。下午写致董特生一信，询《清国行政法》、(佐)<作>《国学讲义略说》事。又写一信致(张)<章>枚叔，言担任宋明理学讲义之责，决不敢承诺，一则教仁虽有志研究，而至今尚未得要领，不敢入切磋之席；一则此座须素服膺此学躬行实践而素为人所仰望者，方可担任，教仁实不能当此也云云。末又谢其教□示

“瀍”□字形义，且言法字实与希腊、犹太、西藏、蒙古、日本皆有言语学上及考古学上之关系(即前日所录佐佐木安五郎之说，而间以附以己意者)。受院长诊察一次，院长言切不可写字读书，夜间尤戒，必不得已，则每日读书写字必不可过四时间，上午二时间，下午二时间，已足矣。余觉其言甚中吾弊，吾近日来为信件事颇过于多写也，遂拟以后须再定一每周间动止表焉。夜观《石头记》，未数页，心闷，遂就寝。未及半夜忽醒，觉左腋甚痛，余不甚以为虑。良久，忽身体发抖，如疟疾然，而腋痛更甚，乃起呼看护妇告之，遂有医生来诊视。又良久，以药与余服之，始不发抖，而痛如故。未几，看护妇、医生皆去，吾目不能交睫，时万籁俱寂，惟一灯惨然立余前，窗外雨声时滴，余不觉万感交集，思及吾罹病于异国之不幸，又思及吾前岁在武昌病时亦举目无亲，较此更愁困数倍，又思考吾一身究竟结果如何？吾一身结果与吾祖国时势之关系何如？又思及一身飘泊海外，所谓朋友虽甚多，而真正志同道合者甚少，自顾此身，仍是孤怀独行，俯仰天地，恐终侧身无所耳！心中轴辘上下，悲感不堪，一时泪下如雨，几至失声，约二时间乃稍已，则衾枕皆有湿痕矣。然仍展转不寐，由悲感更生愁思，直至鸡声唱时始稍假寐，朦胧间觉随口得诗二联云:“四壁虫声急，孤灯夜雨寒。此身愁里过，故国梦【中】中看。”盖近日时读《杜工部集》，诗之观念早入脑中，当愁思之极，亦不觉为半心识之发动也。又良久，天已晓矣。

十月六日　食早餐时始起，腋痛犹未已。觉精神疲倦已极，早餐亦减少，餐后与同居人戏投球盘良久。接宋海南信片，约余至伊寓，余复以病势日重，不能践约，惟请速将债款交与李和生代收。十一时睡良久，午餐至，乃起而食之。下午，意欲续成昨夜诗一首，然以无聊赖，遂不果。夜观《石头记》，欲借以消遣，至三十一卷止。接李□□①来一片，骂我翻悔前日所许每年助伊学费百五十元之

① 当为李和生。

约为损阴德,又言不能听人言归国,以中人计云。余阅毕,心恼良久,初犹以为误为余意,后久思索,始知其一则以为余赞成己回国,乃欲免践百五十元之约;一则以为己归国若不得官费,将来再到东后不知余仍践前约与否,故故意骂余之翻悔前约,以激怒余,则余自不认有翻悔之言而已,乃得计矣;一则由其心神因病不规则,故诸疑并生,而所言往往出人意外也。余前次信中并未有翻悔之意,余一时怒愤并生,欲直以信斥之,既而思何必自己如此伤神,且又何必故与人挑战,乃仅写一片,只告以误会人意,以小人之心度人而已,然余心中则甚恼其为人也。阅报,谓美洲印第安人种中有巴比斯ヤビス族者,居于加利福尼亚湾之一隅的波龙(チボルン)岛上,人数不详,近年逐渐已减少数百人,其政治有议会,由寡妇组织而成,有一女子总揽万机,其国中男子甚无势力,仅女子势力最强云云。续成前夜诗,成一首,并改正之曰:“他乡久流落,独夜更萧(數)<疏>。孤枕梧桐雨,残灯蟋蟀秋。此生愁里过,故国梦中游。天下滔滔是,孤怀何日酬!”

余观《石头记》中,往往有一二哲学上语,但不健全,亦非真见透何者为真理也。三十一卷中有二意:一谓“人有聚就有散,聚时欢喜,散时清冷,清冷则生感伤,所<以>不如倒是不聚的好。比如花开时令人爱慕,谢时增惆怅,所以倒是不开的好”;一谓“只愿常聚,生怕一时散了。那花只愿常开,生怕一时谢了”。以余观之,前者是消极的,后者是积极的;前者引伸之近于老子哲学说与巴枯宁哲学说,后者引伸之近于(仟)<儒>墨家哲学说与边沁诸人哲学说。噫,看小说亦在于人以主观性善看之而已。

十月七日晴　觉腰、肩连腋皆痛,苦恼之极,并未作何事,闷坐而已。下午写致戢元臣一片,催其译书事。夜写致李和生一信,告以昨日一片实是愤气所致,务必原谅,但以后总须不疑人怨人,并莫作伪言,方不负去岁冬劝我购《阳明全集》讲治心修身之意也,又再三求其不发信来云云。观《石头记》至三十三卷，无甚趣味，但见中国家庭教育之野蛮而已。

阅报，又有佐佐木安五郎《读高楠博士文珠所说宿曜录所见之二十八宿十二宫七曜之名目论》，乃承前论十二宫者，谓第二为金牛宫，纯梵语有ヴリシヤ者，即云牛，蒙古语谓ウワロー，其原始语盖为ウフローシヤ，日本谓牛曰ウシ，盖日人不喜フロ二音，故略言之，其实皆同源也，不待寻加尔满克（カルムク，蒙古别种）语与チエン语之转化，只以英语拼法之无声字例之即合矣。其次希腊语曰タウロス，希梵语曰タウロー，亦皆不过加タ音于ウフロー及ヴリシヤ之上者耳，此タウロー者，与蒙古语之トホラウフロ同，盖即省略トホラ为タ音者，与中国反切相同者也，意译之トホラウフロ者，即形似豹而毛黄之牛也，其意中盖有金牛之金字意在矣。满洲语曰トラウハ，仍约トホラ而为トラ，亦可再约为タ也。西藏谓犁牛为ダムラシヤラリ，此ムラシセ者，即梵语之ブリシセ，再加ダ音，即为ダムラシセ，即希腊之タウロス也。又牛乳酒，蒙古谓为タラウス，亦与希腊之タウロス有关系。又中国汉字牛酪醍醐之“醍醐”二字，日本音读曰テイホー（中国读曰テイウー，又曰チーホウ（teehoo），亦即由タラウス之音译而来者。又日本正月元日必饮屠苏酒，中国亦有之。屠苏二字，以汉字意译之，即所屠牲畜之苏，即酥也。蒙古亦于元日饮牛乳酒，盖酥之意为牛乳之精制之意，又醋字，亦由苏字而来。屠苏者，以杀牛取乳而酸化之，以制成者也。又唐时有天英禄，亦外国之牛乳酒，日本作酴酉漉，皆与タウロス及ターヴリ相近也。由以上观之，可知牛为古时各国饮食必须之物，且择善者以祭天神，此各国之风俗皆同者，故至今日语言学上犹有关系也。因以牛祭天，故尊视牛，而以汉字在后世译其意，则成金牛宫矣。

余久疑中国六十甲子之名皆由西方而来，盖西方亚细亚各国或原有似于甲子之神话的记号或名目，及汉族东来亦仍用之。中国古史载三皇时代之天干、地支之名号，或有二字者，或有三字者，而且绝无意义可释，竟若后世翻译梵书之“波罗密”、“船若”、“苦提”等语，余以为此我族初到东时所口传记号之音，或仍沿用西方文字之音故也。及后世黄帝作甲子，命大挠正当统一华夏改定制度之际，则必谋所以改良前代之语言而统一之，且皆用新作文字以代表之，仍原意而用新音，故天干地支之名目均经改为单纯之一音一字，而“阏逢”、“摄提格”等之格磔钩辀之语，遂不复用于中国矣。及后有作古史者，欲记三皇时代之天干、地支时，而原始文字已不识，则惟有以后世汉字译其音，不顾其意而记之，故有此格磔钩辀之语音也。余又尝思中国语言文字在太古时或杂混不堪，自黄帝平定各酋长而建一帝国，则必行国语统一之法，故命仓颉作文字。自此以后，中国文字遂皆成为单纯简秩之语言，无论名词、动词、形容词、接续词、感叹词以及以外之各种词，皆可以仅用一字一音表明之而无遗义，不须如各国语文一名词、一动词须发二个以上之音而始明，此中国语言特别之处也。但余未知希腊、埃及及西方亚细亚各处语言，不能详以证明之耳。

十月八日晴　晨起，周身疲罢不堪，左方自肩及腰并尻骨、两大腿骨内均觉苦困，似痛非痛，似痒<非痒>，九时后稍好，下午又甚，且加头痛，余甚忧，盖以为脑病愈治愈甚之现象，若欲治好则甚难者也。余昨日犹以为余脑病已愈多矣，前夜之加病或不关于此也。三时顷惫(矣)<已>甚，乃睡焉，更觉独自无聊，心中悲感又起，以为若我终身患此病，则我将来必为无用之人，若因此病而殀，则更不能尽力于祖国，平生所立之志，皆成梦想。又思及我一人偃息在床，举目不见一同国人，皆因我不喜人到此所致，而究其何以不喜人到此，则皆因我平素观察诸人之为人，无几人真与我志同道合者，其甚者则且为我之魔障者也，故我在病中感觉既易动，心情亦不平，甚厌诸人之到此以扰我安宁也。想及此，涕泗横流，心如刀割。忽日人岛村氏问余何为如此？余言皆我祖国事，君不知者，吾因病而(残)<？>念，故不觉泪下也。恍惚间不知经几时许，看护人送晚餐，余不能下咽，退返之，仍卧焉。忽思吴绍先久未得见，何不邀之来，将我一切病因及悲感告之，亦或可以稍吐我之郁积乎？乃检电话簿，向巢鸭弘文学院打一电话，良久始达，余述余之意，绍先谓不晓余话，乃罢。余遂写一邮片告之，复就寝，终夜甚不安也。

阅报载英国效法国之云南经营滇缅境界各处，皆有建造兵营、扩张军备之状，里麻、猛老、猛异、尖高山、猛宁、猛谷、转伦、孟养、我木、庶地各处皆派遣官宪来驻，专努力经营云云。噫，此种土地面积合之不下于江浙之一省，其历史则皆明时历代竭天下之力而征抚之者，今竟如此，亦可伤矣！

清政府立宪之预备，先在改革官制，现在官制已经决定，其中首一条云："总理大臣之任，以皇族充之(下略)。"第三条云："设立上议院，其议员以皇族、贵族及三品以上官为之，下议院则俟民智开发之日，或十年或十五年之后乃设立之。"吾观至此，吾乃益信政府之不能开明专制与立宪也。总理大臣世界各国有定以皇族为之之宪法乎？况满清之皇族普通知识皆未一有，甚者则至于不通汉文，游荡淫乱，何能执政权乎！彼等不识外交如何下手，内政如何下手，实业如何下手，教育如何下手，兵备如何下手，理财如何下手，皆长安之轻薄儿而已，纵其中未尝无一二人差强者，然以较之汉人，其优劣为何如乎？永世以此辈总国权，则永世无刷新之一日，且较之以前旧制人多职分犹不如耳，何有于立宪哉！盖此即满洲人讲民族主义之证，而欲其本族永世执政权以压制汉人之策也。上议院即行设立，以皇族、贵族、三品以上官充之，而下院则须俟十年、十五年之后民智开时乃设立。夫当今民智未开，固中国之不可讳者也；然而均是中国人也，岂有皇族、贵族、三品以上官之智转先开进而有议院资格，而国民反不及者乎？平心论之，均无议员资格，而国民究犹是彼善于此者也。试问皇族、贵族、三品以上官从何处而来乎？亦犹仍是以前之皇族、贵族、三品以上官耳，以前在政府则不能尽心施政，以致须改官制，今乃一旦置之于上议院，则将改过迁善以尽职乎？抑天将启其聪明才力以尽职乎？此真可笑之极也！盖此即政府讲真正专制主义之策，而不欲实行立宪之明证，以压制国民者也。噫，今而后吾乃益知政府之不能开明专制与立宪矣；今而后吾乃益知异族的政府虽能开明专制与立宪，亦吾国民之不利矣！今而后吾乃益知民族的革命与政治的革命不可不行于中国矣！

十月九日晴 天将晓，两腿骨中甚作疼，急欲起，而天犹未明，乃稍待之，良久则反入睡乡，至七时始起，遍身之困倦则不可言状，而两腿则更甚。十一时顷，更加腹痛，下午始稍愈，乃阅报良久。有同屋一人忽至余室，余视之，似已晤过者，记忆良久，乃知为云南人，姓赵，前年在常德五省栈相识者也，乃延至坐谈片刻乃去。夕餐后，乃至院后山上，眺望良久而回。夜亦无他恙，无聊之际，乱翻群书，良久乃就寝。

毛里达尼マウリタリア Mauritania者，即摩海哥之古名也。

溜山バルヂバ Maldiva，自印度洋上果黑利海角之西南三三〇哩之处起，至南方五五〇哩止，其间有数百之珊瑚岛，有二百岛有居民，数约二万，明成祖时曾朝贡中国，称曰溜山国，今则称为巴尔的巴矣。

亚庚アツカ Akkan（アツカン Akkan）族，居于亚斐利加中央之漂泊人种，大头细颈而身短小色黑之人种也。

木兰皮 Muradit(Almardvide)国者，征服非斯及摩洛哥，侵入西班牙，自一〇五五年至一一四七年之间建一回教大王国焉。

十月十日晴，下午阴　疼处皆稍愈，但觉甚倦。早餐后，乃坐汽车至上野，游览良久，亦觉无趣，乃入图书馆观之，阅其（自）〈目〉录，有中国古书则抄录之，又借阅数书。下午一时乃出，复坐汽车（向）〈而〉回。夜，吴绍先偕李星次来，余遂告以余之病源，并劝伊亦须注意于此。又告以余现在病状，又言余病治好后，余将往乡（聊）〈野〉僻壤居之，一以避世，一以（损）〈省〉钱，而实则专以养病。惟有李和卿每月需钱之约，则将告于监督，每月准会长代领十二元，以与和卿，馀则无一事足以缠我矣云。绍先言亦不必如此，只要静心养之而已。又言前日见一书中有一语："凡人欲望不可太大，大则心多用而乱，则神经病起矣。"余闻之爽然，此语实中我之病根也。余一身所欲为之事，所欲求之学，不知凡几，今而后当删去其不主要者方可也。八时绍先、星次乃去，余心亦觉爽快，但谈话太多，稍疲倦耳。是夜安寝。

《昭代丛书》者，为新安张潮所辑，中有宛陵吴萧公《改元考同》，潮为之叙，有云："三代之世，初无年号，当时民伪未滋，书契之用寡，史官记当年事惟藉甲子。逮孔子作《春秋》，以后代之臣录前代之事，遂有谥法可称，即为某公元年是也。后世史家遵之为例，而官府文书，民间契卷，则必以年号纪之，庶足杜诈伪而妨诈欺。苟非然者，宁不以后甲子误为前甲子耶！"观此足知三代时纪年唯用甲子，盖非诬矣。余去岁曾主张此说，且谓至战国秦时始有用数字纪年者，与此仅大同小异耳。

十月十一日雨　早起甚迟，闷甚。早餐后，陈炳焕监督来一信，谓学务定章只准住三等室，属我转住三等室为要；若欲住二等室，则以后除与三等相当之金外，均须本人自出云云。余遂写一信复之，谓定此章者，不知治病之道者也，病有生理的病，有心理的病，治之亦有生理疗法与心理疗法，故欲筹治病之策，不可徒以经济的政略为计算，须合医学上理法、心理学上理法而计算之，以定规则，使患病者终须痊愈焉而后可者也。末言余不能转居三等，而三等以外之金，余愿自出，但今年困难已极，须请其垫出，明年扣除学费亦无不可云云。下午受按摩法一次，以后每间日一次也。夜颇安寝。

阅《卫生新报》，言主进化论者，其根据上之证明有四：一、人类与牛马当胎生初之卵子殆无区别，他动物亦然；二、人类之尾骶骨与动物尾同；三、人类之嫉妬愤怒等情之动态与动物同；四、亚洲、澳洲所发见之化石可以证明，太古时两洲本相连接，故当时两洲之动植物皆同样，亦足证也。

余思纪年原为时间的记号，其与空间的关系则随人事而变，或一国用一纪年，或数国用一纪年，或一国用二纪年（如日本、韩国等是），皆因其空间范围之大小而定，即皆因事之便利与否而由其人之自定之者也。假如余愿为回教回民，则自然用回教之纪年。余愿为欧美国民，则自然用耶（苏）<稣>之纪年。余愿为中国国民，则自然用黄帝开国之纪年。又假如余愿为日本国民时，则自然用日本神武之纪年，并用其明治之纪年。余愿为越南国民时，则自然用法国耶（苏）<稣>之纪年，并用其成泰之纪年。又假如余今欲与外国人结一条约，则自然用本国之纪年，并用彼国之纪年。余今欲辑述一战史，则自然用甲国之纪年，并用乙国之纪年。余今欲编辑一日本历史，则自然用日本之皇纪，并用其历代天皇年号之纪年。余今欲编辑一朝鲜独立时代史，则自然用其建国之纪年，并用其现皇帝建阳光武之年号。余今欲编辑一中国通鉴（编年体），则自然用中国黄帝开国之纪年，并用历代帝王之甲子数字年号之纪年。凡以上所举者，皆由我之主观性而自由定之者也（亦自然之理法当如是）。不过此等之纪年法，皆先有人定之，而为人所用焉耳，然其人之所以定之者，其始亦由于其主观性而定之，而为人所用之范围之大小，则仍由于用之之人之主观性而定之者也。亦有用年号而非由于主观性者，则必其由于易国改(性)<姓>之际，其一(班)<般>小民于此一事上无主观性以对之，故盲从之也，若有主观性于此者，如陶潜纪甲子，郑所南作《心史》、类皆未用新朝年号者也。至于改革既久，民已习而忘之，虽有识者，亦不知计及于此一问题，何论其主观性如何耶？此所以韩林儿虽起兵用龙凤年号，而余阙等尚愚忠尽死；洪秀全虽革命建太平天国，而曾国藩等尚顽迷力抗也。噫！余个人也有余之主观性者也。余对于一事，余之主观性若何，余便若何行之，此余之自由也(但余之主观性非天然的主观性也，在哲学上为唯心的，即是在心理学上为意志的，在道德学上为善的)。然则余之对于纪年之真正的思想，亦由于余之主观性随其事之如何而自定之，皆无不可者也。如为关于世界之事，则由于余以某时为起点而托始焉可也，如用各国大同盟之年之类。如为关于一国之事，则由于余之主观性观察之，或势不能不用其固有之纪年，或势不得不用他国之纪年(如日本编西洋历史或东洋历史，则每参用西历纪年是也)，皆由余之自定焉可也。如为关于本国之事，则亦由余之主观性斟酌之，或义不可不用我国开国之纪年，或时不可不用历代固有之纪年，或势不可不再开一新面而另用他种之纪年(如宗孔教者则主张以孔子生为纪年，单纯共和主义者则主张以周时周召共和为纪年，皆是也)，亦皆由余之自定焉可也。如为关于一人一事之事，则亦由余之主观性认定之，或因其人之行为，或因其事之纪念(如中国名人年谱之类，又如美洲人用哥仑布发见美洲之年为始以记事之类)，亦皆由我之自定焉无不可者也。至若有与一切无关，惟关于个人之事之时，尤为独立自由，尽可由我之主观性指于某点而自定之，更无不当之理由者也(如古人美术家绘画书字，其落款尝题云□□□书，时年□十有□，皆是此理也)(余思余以后写日记〔从明年始〕、纪事、作文、以及一切只关于余之个人而与其他无关系者，皆以余之个人的纪年法纪之，所谓君主、教主之纪年法，皆不足以污余个人之自由者也。余之个人的纪年法为何？即以余出现于世界而始有此身之年为元年也)。余久欲作《中国纪年说》而未果，今日偶思得此一层，遂书之，以为将来之旁证。

十月十二日晴　病状犹如昨日。八时顷正独坐无聊时，忽李和卿至，余甚恐，乃和卿甚和(荡)<蔼>，不如往昔，又为余购有葡萄等物至，盖和卿亦恐余之真病死与真心愤怒伊而始然者也。余告以病状及数日伤感，不觉泪下良久。食午餐后，和卿乃去，余亦散步外出，送之里余而返。下午，院长诊察之际，谓余不可读书，不可写字，即信件亦不宜写，不喜友人来则即宜禁止之可也云云。余思此后须万不读书写字，每日只宜静坐、游戏、散步、运动及作诗歌等事，但每日阅报及阅报时偶有所得者抄录之，写日记、随意观小说等事，则仍前也。夕餐后，至山上眺望良久而回。夜安寝矣。

美国尼瓦达ネバタ沙漠在美之尼瓦达(洲)<州>，广袤约与日本全国等，一望白沙无际，草类亦甚少，中有盐田，亦稍有山，但不甚大，望之恰如海中孤岛，其中惟石特凶。ステーション为横断铁路之经过处，其相连之大盐湖リートレーキ亦因地质相同，所含盐分甚多，约有二割半，广四十哩。铁路之铁桥横架湖上，以通过之湖水色如油，处处成盐泡或盐柱，中少生物。其附近土人谓昔时面积甚(太)<大>，近年其西部渐渐淤为陆地，遂稍狭小，其淤处即成为尼瓦达沙漠之盐田云，故尼瓦达沙漠之面积近年渐渐加广也。

《电报新闻》中有自署嵩山者，甚主张唯我主义，其《自我扩张》文中所言者，谓"吾人人类皆以'自我'为活动之源泉，但非抽象的、孤立的个人，而实为社会的个人，唯个人各有自我主义，不能绝对的相等，而有种种之差别，即因'自我'二字之扩张之范围、程度有广狭深浅之别也。其广而深者，有因遗传、教育、社会经验(狭义的)而得之意识统一的活动性，且其内容皆甚丰富者也。其狭而浅者，虽有因遗传、教育、社会经验而得之意识统一的活动性，而其内容甚贫乏者也。且再由大小而论之，有大之‘自我’之人类能容小之‘自我’之人类，而有小之‘自我’之人类则不能容大之‘自我’之人类者也。故人而欲修(义)<养>人格，当扩张一己之‘自我’，使之充分成长，不可为盲目的、陋风的而后可者也。”余阅其言，甚足以为言为我主义者之护卫。盖古今宇宙间除我之外，即无所谓万物，亦即无所谓古今，宇宙皆自我眼中、目中、心中以为有之始乃有之者也。我而欲谋真正完全之为我主义，则即余前所言范围不可不大，时间不可不长之谓也。但余犹有未想到者，即程度一面，盖程度亦不可不高者也。合此三者而又加之以利害关系，推之极真且大，则为我之说庶无弊矣。嵩山氏之说，亦可谓能发明此理者矣。惟余思此一大学说若发明尽净，实真理之中心，而此主义之名词究以何者为妥，似难酌定。杨子之“为我”二字实不好(不过不得已而仍用之亦可)，后人有谓“自我”者，有谓“自利”者，有谓“利己”者，皆不得其真相者也。嵩山氏之“自我”二字，似觉甚合，然犹只就推行上言之。余尝思及“上天下地”、“唯我独尊”二语，欲以“唯我”二字当之，不知何如，俟之后日再思索可也。

十月十三日晴　李星次来，为余送有支那菜，坐良久而去。九时，余坐汽车至上野，游良久。十一时至《民报》社，晤得孙逸仙，到东才二三日者也，问余病状良久。午餐后，又与章枚叔谈良久，又托前田氏以余行李欲寄在社内请其照料。下午三时至青山屋与主人算账，约明日搬运行李，讫，复至《民报》社，托前田氏明日为余将行李运至社内。五时回。六时至院。

烟草一物，中国作烟，亦有作淡巴孤者。日本作タバコ，广东俗语谓为吗姑烟，世人尝谓不解其何故。余曾记忆幼时见有《癸巳存稿》一书，记有淡巴孤事理，谓西洋有淡巴孤地方出产此，故以名之。明时为葡萄<牙>人贩至福建，始入中国，然又未遍行，后又至辽东各处盛行，及满洲入关，此物亦因之流入内地而大行矣。当时犹仅官吏等嗜之，故康熙巡幸山东时曾禁止大臣吃烟，其后则各等社会皆无不嗜之云云。今岁又闻诸孙逸仙谓此物先至日本，盖当葡人殖民美洲时，其商民营业亦甚盛，先运至日本，后乃至中国闽广各处，其后又从日本流入满洲，故明末之际满洲烟草甚盛也。至于淡巴孤、タバコ、吗姑等名词，皆不过随地方之译音而变耳云云。合而观之，则烟草之历史可知矣。

十月十四日晴　五时即起，极力振刷精神，以冷水通身抹擦后即往外运动，至东观山上眺望良久，乃回而早餐，觉身体非常愉快，病亦甚轻，盖卫生与心理疗法之不可不讲也有如是矣。余遂拟自今以后须极力振刷活动，勿徒委以病而听其萎顿，此病或可早愈也。吴绍先、李和生来，谈良久，至晚餐后乃去。得瞿孙娄一信，言到东已久，欲晤余而不得，余即写一片复之，约至李星次处相会。又写一信至《革命评论》社，属其每月送《革命评论》一份于西路会场，因余见此报甚廉价，又足以鼓吹人，故愿匿名购一份置于西路会场，以供众览，而使其直接送赠也。

佐佐木安五郎《读（商）<高>楠博士文珠所说宿曜录所见之二十八宿十二宫七曜之名目论》谓十二宫之第三宫汉名双女宫，亦名男女宫。双女者，梵语谓之ミト(ツ)<ウ>ナ，其ウナ之音(即女)与日本之オウナ(妪)相近，蒙古东北部谓媪亦为オウナ(谓翁为オイキナ)，其音亦同ミト之音(即双)，亦与日本音有关。日本谓三为ミツ，就日语之变转言之，ミ可为ピ之转音(按：此例东西各国甚多，如孟买为中国译音，而日本译为ポンパタ)，ピ之清音又为ヒ，而ヒ又可与マ转倒，此例蒙古语与日本之出云人种语中皆有之，故ミツ(三)之ミ可通フタツ(二)之フ，而フ又可为ヒ，则ミト之音原始语当作为ヒタ(タ又与ト同行)，而ミトウナ一语亦当作ヒタウナ者也。且ヒタ之タ行五音，日本熊本人尝读为ラ行之五者，故亦可作ヒラ。以蒙古语证之，即训为二之ホイロ之转音，何也？蒙古东北部某地有三泉：一名ハナ；一名ヒラ；一名イマ。所谓ハナ者，即朝鲜、日本、蒙古语之初之义；所谓イマ者，即蒙古语训为三之ヨロボイマ，与满洲语训为三之イラマ之转，略音则ヒラ者，为蒙古语之ホイロ无疑矣。然则双女宫者，以蒙古语及日本语解释之，皆可谓有关系者也。男女宫之男女，希腊语谓为テイトウモス，希梵语曰テイトウマ。今以蒙古语证之，蒙古语谓母为ウマ，谓父为デード（古代蒙古语）；与希腊梵语均相近。又以日本语证之，日本白石物语中谓父为ダダー，谓母为ガマ（カ与ア通，蒙古语所谓兴安（ヒンガン），日本谓之シンアン是也），与蒙古语近，与希腊、梵语均相近，即日本俗语亦谓父为ヂー样，谓母谓バー样，亦同行同假之音也。又以汉语证之，汉语谓父为爹（da デー），谓母为妈（Ma マー），亦与希腊语、梵语、日本语、蒙古语只有双声叠韵之别耳。父母与男女同物，自生理上言之，则皆谓之男女可也（父母者，由家族上言之）。然则男女宫亦可以希腊、梵语、蒙古语、日本语解释之，而原始为有同一之关系者也（但希腊语其尾多一ス音，即S之音，盖表其复数耳），此二意皆汉人后以汉字意译成之耳。

十月十五日晴　五时起，甚爽快。早餐后黄庆午同前田氏来，并携有果物。庆午言："昨日与宫崎氏等谈及君病，谓非仅在病院所能治愈者，须在最适于使心性快爽活泼之处居之而后可。现宫崎氏已赞成劝君速去院至伊家居之，谢绝世事，而日以爽快活泼之事自适，伊处亦无他人往来，且其家中甚自由，饮食皆可随意"云云。前田氏亦极力助言之，且谓宫崎家旁有一寺，无事时且可往寺中闲游，此地甚好也。余听其言亦觉有理，余又思居病院中日日一人独守，无论如何，心理上总有不适于自然中节处，且目下居院之金钱亦缺乏，彼二人之说或亦救余之一道，何不从之亦可。但余病尚有须用生理疗法者甚多，必再居院二三周间方可，遂答以："余甚谢诸君之意，余极愿从之，但余生理的病尚须医治法方可，余意欲待之此月完后退院何如?”庆午云:“此亦可，尔时余当筹款济君也。”遂定议。庆午又邀至一牛肉店食午餐。下午二时送之至停车场,余乃回院。余又思此一月内须极力疗治,一切饮食起居皆必节制而且适意方可,遂拟请一看护妇以调护一切。乃至事务所询之,遂议定明日起即遣来随余。夜,看护妇长又至,言夜间看护妇照章应在病室就寝,君以为何如?余言可不必在病室睡,唯日间调护而已。写致《南方报》馆一片,属其寄报至病院。夜不甚安寝。

佐佐木安五郎《读高楠博士文珠所说宿曜录所见之二十八宿十二宫七曜之名目论》谓十二宫之第四为巨蟹宫。巨蟹,纯梵语曰カルカタ,希腊语曰コルロス,希梵语曰クリラ。以蒙古语证之,训为大之古语カラ(与今语曰ハラ),均与カル、コル、リリ之音相通,即巨之意也,古蒙古语谓海虾为コロカタイ(今蒙古语谓为コルカイ),均与カルカタ、コルロス、クリラ相通(ラ与マ音相通者,日本语中有之)。以日本语证之,日本普通语谓黑蟹为クロカニ,关西长州某处,作者之故乡也,谓为ガダ山,均与カルカタ、コルロス相通。以满洲语证之,谓螃蟹为カタラノ之语亦相通(案:汉语之巨蟹,日本读汉音为キヨカイ,与蒙古今语之コルカイ亦相近,则巨蟹之关系尤密切也)。

十月十六日阴　早起甚迟,心甚郁。早餐后,看护妇来,姓大石者也。余睡良久。下午,写一片致杨勉卿,约其来余处一叙,盖余处久为多人所知,而仍欺相识者,甚不可也。观《石头记》至三十五卷,多风雅吟咏之事,馀亦无多领会者,盖余亦不甚注意观之也。夕餐后,至东观山眺望良久而回。夜不安寝,三四时顷,起坐复寐,展转无聊,以至天明。

十月十七日阴　五时即起,往外散步,眺望之际,颇觉清爽,回思夜尽更残,不能成寐之景,如云泥矣。口占得诗六句,而不能成,句云:“更残犹不寐,起坐独徬徨。月落千山晓,鸡鸣万瓦霜。客中惟病苦，海外伤国亡。”乃回而早餐。下午，阅《南方报》良久，看护妇禁余勿久阅，遂罢。夜，瞿孙娄同李星次来访，初见时甚惊余之瘦弱，坐谈良久，余所谈亦甚多，终则孙娄闻余作有数诗，索观之，八时顷乃去。是夜就寝更觉不安。

佐佐木安五郎氏《读高楠博士文珠所说宿曜录所见之二十八宿七曜十二宫之名目论》谓十二宫之第五为狮子宫。狮子，纯梵语曰シンバ，希腊语曰レオン，希梵语曰レーヤ，古代蒙古语曰アラボワラン，今蒙古语曰アラステン，皆同一渊源者。アラリボラン之リボ二音，再加以ン音，复显读之，即梵语之シンバ也。又テン二音中加以缓而重之音读之，即希腊语之レオン也。蒙古语盖兼二者而成者也。日本语谓暴为アラピル，谓雄伟为スハラシイ，谓可恐为オソロシ。此等语亦当起源于狮子，后乃失其名而专用为动词及形容词，反用译汉字狮子二字，读为シシ矣。此狮子一语之相关系者也。

十月十八日晴　天气甚热，身甚倦。上午睡良久，观《石头记》良久，至四十一卷，中有西洋机括一语，参照一、二、三卷中巡盐御史在扬州及贾雨村进石头城经过贾家宅门等处，可知此书作者为明末人无疑矣（且叙贾家人之官职名目与铨叙之法等，亦是明制）。下午杨勉卿〈来〉，坐谈良久，谈及余病时，余甚归咎于李和生，且愤怒恼厌之心顿生，视天下人皆无一人可与接谈者，出语亦声色俱厉。勉卿安慰余良久，而余晚餐后勉卿始出，未留其晚餐，余心甚不过意。夜复思及所谈不（勉）〈免〉过激，尚须制情方可也。

接守田利远复书，（折）〈拆〉视之，乃其部下冈野增次郎自旅顺都督府发者，谓“承守田中佐之命代作答书，《满洲地志》之起源，由于守田氏以多数支那人言为经，以已身满洲旅行日记为纬而编述者，与普通新闻杂志等不免有出入处，但皆已所凭信者，始乃执笔起稿，兹应尊问而简洁答申如左：

一、間島ト韓邊外領域トハ全然區劃ヲ別ニセリ然地續キナルヲ以テ草澤蒙味ノ地區ハ一方之併呑ヲ妨ケザルベシ;

二、韓邊外ハ露人故稱シテ小王子ト稱スルガ一般ノ支那人ハ韓邊外ト呼ヒ未タ吉林將軍軍凌駕スル力ナシ;

三、韓邊外當代之聖人登舉勢力ハ馮麟閣ト伯仲ノ間ニアルベシ其人深ク稱スルニ足ラザル如シ;

四、韓登舉養兵數數操練情況ハ拙著ノ通リヲ以テ正鵠ト認ム;

五、圖表中地名ノ取捨ハ其目的ニ從テ嵌脱ヲ異ニシタリ。”

阅毕，其所答尚有未尽余质疑书中之意者也。余思欲尽知其详细，惟有自身旅行亲历其境调查之之为妙耳。

十月十九日晴 下午，田梓琴来视余，并送以果物，坐谈良久，颇觉不厌。五时遂同之往《民报》社。甫出门，遇宋海南、杨勉卿，亦来访余者，遂邀之至一茶亭，告海南以所托事，即请向监督处言居病院之余费亦请监督暂为代出也。良久，遂同乘车至上野，又至饭田桥，乃别。余与梓琴遂至《民报》社坐良久，留晚餐，讫，余复清检书箱（前日已搬至社内者）。梓琴赠余以所辑《亡国惨史》一册，乃辑明季亡国、满洲残暴之事迹而成之者也。复向章枚叔取得《国学讲习会略说》一册，其所说以文字语言为多，他未及也。九时回院。

佐佐木安五郎氏读高楠博士论谓十二宫之第六宫为室女宫。室女之义，纯梵语谓为カヌヤー，蒙古语呼女子之美称曰ユナン，日本语戏曲中呼女亦曰ユナン，汉语呼女亦曰姑娘（クーニヤン），皆大同小异者也（室女之义，其所引日语与蒙古语相关之处甚多，未录）。又希梵语谓斋宫之女为バートーナ（斋宫之女以未婚之内亲王即公主奉祀之谓）。支那蜀地有蚕神曰马头娘，其像皆为有室女之像，以日本音读马为バ，通之即バートーナ之音译者也，日本语谓巫女为マツリオンナ,亦バートーナ之相近者也,盖支那、日本皆有源因于希梵语为室女者之语言矣。又希腊语谓寡妇为バルゼース,音亦与バートーナ相近,但意不同。然蒙古语亦曰バルゼース,其意与日本、支那之未亡人义异,盖谓年齿已达破瓜之后而犹无男子之女子也,此仍与室女无异,谓之室女亦无妨也。以日本(诘)<语>解释之,ノス即与(英语之 ノツテ wot 亦近) 日本语之ナシ(无)之音相近,ゼ即与日本之セ((背)<义>亦训为男)音相近,バル即与日本之ボル、一曰ホル(恋)之音相近(男女相爱之义又曰ホロホロ,满洲、蒙古类似),バルゼノス一语,即日本俗语中之ホレテナシ之一语也,ホレテナシ之义,训为无恋爱之意,即未曾娶聘之人之意,亦可谓与寡妇(即室女)之义同根者也。合而观之,其意义之来源更释然矣。此室女一语之相关系者也。

十月二十日晴　早餐后,至院后东观<山>上游览良久。山侧有一茶亭,余入饮茶,坐以远望,眼光为之一阔,心内甚适,十一时始回。下午六时思及戢元臣处译书事,遂坐车至春月馆访之。彼交余以译稿,约十日之内须译成,余答以待商之同译诸人,或能或否,即便复信。八时回院。

十月二十一日阴　写一信致杨勉卿,问其译书事。□□□①来,谈良久。余叮宁以此后毋须来此,余不久亦将出院。□□口出愤言,谓"不通往来约以三年乎?抑五年乎?"云云。午餐已具,亦愤不食,劝之再三始食。余不觉大恼其状态,直斥其多讦多诈,并嘱其勿再哓哓以激我气,我病要紧也,亦不听。余见其疑诈,怨怒之形益并现,乃置之而蒙被以卧,犹不已,余复垂涕,劝其速回去,亦不听,心恼更甚,厌嫌之心亦至极,觉其无一毫怜恤人之心,已无可如何,乃不与复言,然气愤起,塞于胸,苦闷之极,直至经院长诊之后,

① 口口口当指李和生。

乃稍已。此时则□□复又以善言劝余静养，余亦不辨其真伪，命看护妇为之速(顾)<雇>一车送之乃去。余复卧良久乃起。接陈监督来复余信，谓余所嘱各节(即请其代出入院金正项之外之馀费也)均可承认云云，余心甚喜。夜，同居之日人五六人均来余室，喧嗔不堪，余托故使之去乃已。夜安寝。

十月二十二日雨　上午，心身皆不爽适，下午方好。观《石头记》至四十五卷，无甚获我心者。为看护妇长书一帖以赠之。夜不甚安寝。

十月二十三日大雨　接杨勉卿片，谓可允译书事。观《石头记》至第四十九卷，亦无甚获我心者，惟觉其作法活动缜密而已。下午因同居人日日来余室骚扰，余遂对一饶姓者言此辈之不当，意欲传之诸人，自此至夜就寝后，果无一人来。然余自思此亦当为余之病的心理现象也。夜不甚安寝。

十月二十四日大雨　寄译稿与杨勉卿、吴绍先，又致一片与陈伟臣、龚铼伯，问其可允助译否？讫，心甚烦闷，似一团郁气蟠亘于胸者，良久乃已。下午，余思及余财政困难，戢元臣之译稿，余苟每日译一二页，十日内亦可稍得些须，即拟自今日始从事焉，然未知果能获二(坚)<竖>子之允可否也。霖雨潇潇，令人愁闷。入夜，雨犹未止，愁闷愈甚，因看护妇少不如余意，余稍责之，彼怒甚于余，余笑而不与较，良久乃言其故，彼乃心服。然因是不觉偶触余愁更甚，遂至泪下。就寝后，看护妇去，余遂独伴夜雨独灯，欷歔叹息，至十一时犹未寐，乃起而散步良久，复寝，乃成寐也。

十月二十五日晴　晨起甚迟，早餐后出院散步，至东观山上眺望良久而回。接杨勉卿来片，言家中有故，即须回归，属余不必送之，译事已转托王让耕、易秋涵二人云云。下午复出外散步良久，二时回。是日觉心甚爽适，译《德(官)<国>官制》二(叶)<页>，即戢元臣之所托者也。夜安寝。

十月二十六日晴　早餐后将往团子坂观菊，已而心内不快，遂不果。看护妇长来语余，言看护妇大石ヨリ须换去，将另遣一名石山者来云。余心实喜大石随余，然此非余之自由，遂听之，已而石山遂来余室。下午，青木嵩山堂寄《高青邱诗》至，余开而读之，甚喜也。龚錬伯来，言可任译书事，遂分数册与之。译《德国官制》一页。又观《石头记》至五十二回，中写家庭琐隙之事，男女关系之情，皆缜密之至，惟其中有真真国及俄罗斯国国名，令人迷惑不解。盖真真国明时史书仍未见之（或有之亦未可知，特余未见耳）。俄罗斯国清初犹不知，惟知为罗刹，惟《元史》中有之，然又作阿罗斯，不知此书从何而译出也，俟再详考（前余定决此书为明末人所作，亦未必然矣）。夜寝甚安，梦亦少作矣。

十月二十七日晴　早起往白梅园，眺良久而回（园中植梅甚多，以备人观者）。译《德国官制》二（叶）<页>。下午独坐无事，乱书义文行书十余（叶）<页>，觉手腕甚无力也。入夜，明月如昼，正当窗际，余乃坐窗下取《高青邱诗》读之，觉兴致逸然，良久遂就寝。

续成前日口占诗，并稍改正，题曰《将晓》，诗云："更残犹不寐，起坐独徬徨。月落千山晓，鸡鸣万瓦霜。客中忧病累，海外伤国亡。谁继枕戈志，中原逐犬羊。"

十月二十八日晴　上午至东观山茶亭间坐良久，十时回。译《德国官制》二（叶）<页>。下午，黄庆午来片，言明日当送金三十元来，余即复片，谓余明日下午拟至《民报》社，祈无须来云。观《石头记》至五十六回，无甚趣味也。惟其中有数语可玩者，谓"学问中便是正事，若不拿学问提著，便都流入市俗去了"云云，颇中为人立身之肯（紧）<綮>，此等小说中亦难得者也。又有"整理花木竹稻，不任其凋谢作践废弃无用，加以植养，每年采取，或制造有用之物，或发卖，皆可大有出息"云云一段，可谓有振兴实业思想者矣，亦别致处也。

十月二十九日晴　接瞿孙娄来片，劝余养病，谓"足下病非药石所能疗。古书有言：心虚无药医，惟凝养为上。如此则不如由行天籁，听其自然，或可愈也"。盖亦知余病唯心理疗法为宜也。译《德国官制》二(叶)<页>。下午，因看护妇言不逊，发怒良久，后思之，实系余过也。五时至《民报》社，坐谈良久，前田氏交余以黄庆午为余筹借之金三十元。余复阅报良久，八时回院。

十月三十日晴　上午，译《德国官制》二(叶)<页>。同居一日人来余室，以某所闻中和歌数首示余，索余译成汉诗。余见其中有颇切景者，其一云："二ツ三ツ残リシ柿ヘ鸦来テアラソヒ落ス秋ノ暮哉。"余戏译为二句云："霜林残柿剩两三，薄暮饥鸦争剥啄。"又一云："秋ノ夜ハ更ケ行ク钟ノ声スミテミ空ヲ渡ル雁ノ一ムレ。"余亦译为七律二句云："夜静疏钟沉远寺，秋高孤雁渡寒云。"亦颇有兴致也。接得一邮片，不署名氏，惟署"早稻田空虚子上言"，所言皆劝余养病者，略谓："弟到此间，兄病数月，大抵由愁过思多所致，必静养而后可愈，此万不移之道也。"余观毕，不觉甚愧，人之所以希望于我者如此，果何为而至者耶？下午乃写复瞿孙娄及空虚子各一片。夜，余思病院所费既多，且心理的病亦非病院所能疗，不如去院为便，遂拟来月初二、三日即退院，至宫崎滔天家居之。

十月三十一日阴，微雨　译《德国官制》二(叶)<页>。下午观《石头记》至六十卷，惟觉其写极琐屑之事能极缜密而已。至是而《石头记》上卷已完(余前自刘林生处借来，只得上卷，其下卷俟另觅之)。李星次来，谈良久，言山西有李君培仁□□□□□□，留学东洋大学，前日为山西矿与福公司交涉事，愤恨投河死之，留有遗书，甚痛切云云，即出其遗书与余观之。余亦为之感动，愤恨太息者良久也。晚餐后，星次出。夜，雨止。寄第五回《センチヨリ一字典》月赋金于横滨タイムス社，又寄《大英百科全书》第六回月赋金于丸善书店。

十一月一日晴　早餐后，至《民报》社逛最久。午餐后，偕前田氏至《革命评论》社，晤得(宣)<萱>野长知、平山周，池亨吉诸氏，与(宣)<萱>野谈最久。言及满洲马贼，(宣)<萱>野言奉天之马贼现【为】惟杨二虎为最，其原名云国栋，因强盛，人皆畏之，故名二虎也。吉林之韩登举，其人不足称，胆力甚小，不过徒有多金而已云云。三时乃辞去，往宫崎滔天家，至则宫崎已往《革命评论》社去，晤其夫人，告以近三四日内将移来同居，其夫人言已为余检扫房间矣。复坐良久，五时始回院。

十一月二日晴　是日退止看护妇。下午至上野一工场，购得藤箱一个而回，遂将书物收入箱内。为看护妇大石ヨリ书一帖赠之，并赠以金一元。夜，心甚不适，未用冷水拭身而寝。

十一月三日晴　接得胡经武一信，劝余提(唱)<倡>道德之学云云。是日本拟退院，因心内甚烦闷，遂不果。译《德国官制》，是日已译毕，此册约计万字，不欲再译矣。接得李和生来片，言将归国一次云云。

十一月四日晴　九时至巢鸭学校吴绍先处，不遇而返。接得杨晓江一信，言于三周前抵东，与晏君空虚同寓早稻田风光馆者也。余始知前日空虚子致余之片，即晓江同为之者也。其信亦劝余养病者，略云："足下之病大抵由于事繁、愁过、思多、血衰所致，然断非药石所能医，必静养而后能奏功(中略)。弟数年来亦同此病，百端疗治而卒罔效，乃择一幽僻之所静养半载，不独世情俗事绝之如敌，即家国之故、书史之事，概屏勿闻，惟旦暮数息一时半，或缓步数十余武，愁苦烦恼之来，以清适平淡解，初觉甚难，未及月余，心君即已泰然。三四月后，觉和(靄)<藹>之气蒸蒸顶背而生机发矣。迩年则健强如旧，万疾消化，遂复有问世界之心矣(下略)。不然，蒲柳之资，未秋先零，尚能横渡太平洋而东与足下相依乎？

倘不以为不然，请尝试之。”其语意亲切恳挚，由经验以言至理。晓江与余无深交而如此，余甚感之也。下午拟定退院，移至新宿宫崎家，遂清检行李，与事务所算帐，入院疗金均属其至监督处领之。晚餐讫，遂雇车载行李辞同居者及看护人而去院。七时行至牛込区，车夫索多费，余遂中途至《民报》社宿焉。

十一月五日晴　在《民报》社早餐，乃清检夜具等并昨日行李，雇一车送往新宿宫崎家。余复坐良久，忽张肖峰来（山东潍县人），言将往满洲去有所运动，余遂告以韩边外事并其历史、地理、产业、交通、位置等及余之理想运动（大约与前问黄庆午言者相同）。终更乞其到彼地后，常以信报告一切情形，彼甚喜之，良久去。午餐后，余往早稻田，至易秋涵、王让耕寓取得所译书（杨勉卿转托者）。二时至青山弁当屋，接得一片，乃戢元臣之同人江某所发，而催促译书者也。又至早稻田大学出版部，购得《生理卫生讲话》，又《历史地理科讲义》第一学年。三时乃往新宿。四时至宫崎家。宫崎之夫人即为余扫拾房间，少时，余之行李亦运至，遂搬入焉。其房在其家屋深处，有窗临街，颇可居也。宫崎氏有子二人，长名龙，次名震，女一人名セキ。夫人前田氏和坦可亲，其家庭之乐甚足羡。是日宫崎氏于余就寝后始归，未晤也。

十一月六日晴　晨起，宫崎氏与余握手为礼，同坐早餐，餐讫即外出，盖因《革命评论》社事无多暇也。余为易秋涵等校正其所译书，二时间毕。下午一时遂至江某寓，将易秋涵等译书交与焉，并取得译费金，良久始辞去，乃往田端脑病院，三时回。又至上野候火车良久，四时始至病院，以甚迟未受诊察，仅买药而返。五时至巢鸭弘文学院，在吴绍先处坐谈最久，七时始辞归。绍先与凤琴台、杨少迪送余至大冢车场候车一时间，绍先等亦陪余坐谈，直至余登车始返。九时回宫崎家。

十一月七日晴　宫崎氏属余为之取回前所托杨勉卿汉译之

《孙逸仙传》，下午余遂至王让耕寓，问知杨勉卿之行李均寄存此处，遂开其书筒，寻得所译之《孙逸仙传》。四时至麟圆阁，购得小说数种。五时至《民报》社晚餐。黄庆午言甯仙霞现将接充《民报》干事，彼在上海曾办《洞庭波》杂志，今亦同在《民报》社办之，欲以余为之总编辑云云。余答以不能担任，庆午谓可俟后日再商，刻不必定也，余遂听之。八时回，将《孙逸仙传》交与宫崎氏。宫崎氏甚喜，即属余为之删改，谓当付印刷云。

十一月八日晴　九时至田端脑病院诊视。院长言无他变故，遂购二日分药而回。下午为宫崎氏改订《孙逸仙传》，得数(叶)<页>而已。寄金与金港堂，购其《俚谚辞典》一册。夜译《普鲁士王国官制》，亦戢元臣前所托之书也，余以经济困难，故勉从事焉。

十一月九日晴　写一信致黄庆午，言前日所属为《洞庭波》编辑之事实不能任，并请其代告甯仙霞焉。译《普鲁士王国官制》，此书系日人从德文译出者，官制官名多系日本语，不可与汉文通译，时须参酌中国古今官制，择其相似者以易之方可，故甚为困难，自昨日起犹止得二(叶)<页>也。

十一月十日晴　九时至田端脑病院诊视，并得李和卿及星次信。和卿信言将归国，归后必将熊秉三《大英百科全书》价金由张保元处索得，索得后分百元交与余家，以济困苦，其馀则邮寄来东，但必分百二十元与李星次云云。星次信言困难已极，须为之筹款三十元以济之，并有言余为其鲍叔之语。余阅毕亦无可奈何，拟皆如其所言以应之。下午二时回。夜，宫崎氏夫人与余(间)<闲>谈，言云南省干崖土司都安仁住在对门，无事可往访之，以消遣云云。余前即闻云南有土司来东，但不知系其何所者，今始知其为干崖土司。干崖乃云南永昌府腾越厅之宣抚司，此处之土人皆苗人族，与暹罗、缅甸人相近，中国向来历史关于此之记载甚不详细，余因亟欲访之，以询问其一切情形，遂约宫崎氏夫人明日同往访焉。

十一月十一日晴 早餐后，偕宫崎氏夫人往访郗沛生，既晤面，询问其家世，则言其先祖系南京上元人，从明沐英征滇，遂被命为干崖宣抚使，世袭至今未变云。其人亦颇开通，谈论间亦有明世事、通时势之处。余问其所辖地之人民如何？沛生言：此地民智甚不开，因人民皆是土人，汉人呼之曰白夷，其语言、文字、风俗，皆不与汉人同，汉人与之往来交际甚少，皆以夷人视之，故至今仍未开化也。溯其人种之起源，大约自印度、西藏而来，当大理帝国时，此人种在南方建立思伦发王国，在明时即为麓川思氏，其当时所占住之地面，即云南南部及暹罗、缅甸二国之北部以及老挝皆是，故至今日其人民分居此等各处。在暹罗北者，其土语谓之曰"太"Day，在缅甸者，其土语谓之"珊"Say，而其全体种族之名称，则谓之"掸"Day，其语言则与暹罗之国语同，其文字则与缅甸之文字同，其人种与暹罗最相近，与缅甸亦不甚相远，且与缅甸同时采用此种文字也，此文字亦自印度而来者，即上所书（其土语谓汉人曰"此二"Cae，谓满洲人曰"法"Far）。全体人口合计约七、八百万人，在云南境内者有四、五百万，其中通中国语能晓汉文者亦不少，但中国文化甚不普及，今后非大兴教育，以其土语翻译东西书籍输入之不可也云云。余闻之思及《汉书》中有"掸国"，后世史中亦有所谓"掸人"者，解者或以为即缅甸，或以为即暹罗，或以为即云南之土人，从未有一言及其全体者，盖皆不如郗君亲生长其地之洞悉也。译《普国官制》《王家之官制》一节完，其王族、王家、王宫及侍从官吏甚为繁多，且王家有山林田园，皆有专官司之，盖纯然与专制国无异也。

十一月十二日晴 译《普国官制》。下午，龚铁铮送其译书来，余检阅之，见其误处及不达处甚多，为改正之。夜，与宫崎氏谈话最久，寝甚迟。

十一月十三日晴 早餐甚迟。译《普国官制》。郗沛生来访余，余延之入，坐良久，言及云南土人事甚详，十二时始去。下午至田端脑病院购药，五时至巢鸭弘文学院吴绍先〈处〉，取得前所托译之书。禹馀三邀余至其寓晚餐，余遂从之，至其寓。晚餐讫，适大雨至，乃留宿焉。夜，谈及满洲事，余即以韩边外事告之，适李星次、何梅生皆至，谈毕皆称赞此地之可有为云。何梅生亦同邑人，前九月来东者也。

郗沛生言，云南之土人种族类甚多，有白夷，即“掸”；猓猓，即“猔夷”；崩龙大种野人，即“猓夷”；小种野人在顺宁、永昌，阿昌。猡猡、白子等诸种，其间白子之历史较详，昔时大理南诏之蒙氏、段氏即此种，与白夷之思伦发氏并立，今其种犹强盛，细分为三族：一大理；一云南；一丽江。丽江、大理〈?〉有土巡检等诸土司，犹有蒙氏、段氏后在焉。白子之次则历史较详、文化较开、人众较多者即白夷矣。其次则大种野人，人众亦多，武力亦强，永昌以西南皆有之，但野蛮过甚而已。

十一月十四日雨　十时乘车回寓，译《普国官制》。下午，与宫崎氏夫人谈话，其夫人亦能见及人生问题，所言皆积极的现实主义，亦可佩也。

十一月十五日阴　九时至江□寓送交译稿。十一时至田端脑病院诊视，买得七日分药，十二时回。下午译《普国官制》。夜，至郗沛生寓，谈良久而回。

十一月十六日雨，下午阴　译《普国官制》。偕宫崎氏之令子女三人至一剧场观剧，所演状态皆约与吾国剧场同，惟役者不口唱而已，十一时始回。

十一月十七日晴　译《普国官制》。晤得宫崎氏之内弟前田九二四。下午至《民报》社，与黄庆午、章枚叔谈良久，并晤得甯仙霞。仙霞托余以作《洞庭波》文章，并言将改名为《中央杂志》云。余答以因病实难应命，或时评、小说等能稍为助力云云。六时回。

十一月十八日阴　译《普国官制》。寄金二元与《南方报》馆。阅前九月二十一日《南方报》【馆】载：北京政府新官制已发表。

余思中国汉文向无文法书，即日本人稍有作者，亦多不尽详细（大抵不解语言学比较之故也），须我国人自行研究作为此等之书方可。中国文字原为一字一音、一义，故无所谓字母，惟以字为单位而已（外国文字以字母拚成，已拚成之后即为一词，与中国之字不同，故外国文法无字之分类，惟有词之分类），则文法上自当从字始，以为分类之单位（如动字、静字之称）。积字成词，而后有词之分类（如动词、名词之称）。积词成句，而后有句之分类（如动句、接续句之称）。积句成语，而后有语之分类（如起语、承语之称）。积语成文，积文成章，而文法之事完矣。词之分类，现今各国文法已详，汉文或稍有特别处，须另为改易，然大概已具矣。字之分类则各国皆无之，而独为特别不同之法，句与语之分类则各国虽有之，而亦无精确相当之规，此皆当旁徵中外，博引古今，而详细撰定之者也（至于文章之法，则非文法上事）。他日有暇，或能竟此志乎？

十一月十九日阴　晨起，出外运动，至四谷区之山冈起伏处游览良久，见处处红叶满林，兴致逸然，回而朝餐，乃译《普国官制》，得六（叶）<页>。下午觉甚疲，盖过于写字太多也，甚自恨己身之不规则。夜，入浴讫，就寝。

阅《电报新闻》，有《不可忘之女丈夫》一篇，乃记日本自由党之女豪杰者也，摘译之曰：距今二十四年前，当自由民权论风靡于日本全国之际，有为板垣伯之急先锋，在洋洋须眉队之中，博得“万绿丛中一点红”之谣之三女丈夫焉，即岸田俊子（湘烟女史）、荫山英子（福田英子）、中川佐知子是也。三人者皆捧其热诚赤心，以如春之妙龄而加入政治运动，奔走号呼，以助成今日之维新事业者也（中略）。中川女史为越中国中新川郡之一平民，中川弘光之次女。

弘光善汉学，教授乡里子弟，甚有德望。女史幼从父读汉籍，嗜之不倦，少长，性质活泼，有丈夫气。二十二岁读卢骚《民约论》，热心奋起，乃慨然出乡关，欲有所运动于政界。当时有远山满氏，为一方宿将，遂投其骥下，相与尽力国事，东奔西走，殆无宁日，或演说于路旁，或秘谋于山中，以企自由民权之遂行，同志之男子皆惊愕不已。后明治二十三年，国家已立宪，开设国令，女史见素志已达，始卷旗而退，觉前此修养之实力不足，欲再涵养之，乃闭居专心修学。又数年，开三省学舍，专从事于青年男女之教育，欲以鼓舞士气，熏陶人才，效西乡南洲之所为。当代之名士无不赞助之，至于近日其学舍中人才辈出，称一时之盛焉。

十一月二十日晴　译《普国官制》。下午，何小柳来，与余谈最久，宫崎氏夫人留之晚餐乃去。夜与前田九二四氏谈最久，前田氏新自暹罗之盘谷归来，言彼处之风俗人情甚悉。

十一月二十一日阴　译《普国官制》。下午，瞿孙娄来，谈最久，余邀之至一牛肉店食晚餐。孙娄言经济甚困难，属余为之设法，余答之有译书事来则为之绍介。夜，孙娄始去。余回寓，既而细思孙娄今日之来，盖欲向余假金者，惜余先时不晤其意，又惜余刻下亦困难，以致其不便出诸口，且即出诸口而亦不能为力，再三思之，甚为不快也。

十一月二十二日晴　上午欲往病院，不果出。译《普国官制》。下午江天(泽)〈铎〉遣人送译金来。

十一月二十三日　九时至田端脑病院诊视，得药一周间而回。译《普国官制》。夜与前田九二四氏谈及暹罗事，言其国之教育甚不发达，刻下不过有普通中学之程度云云。

十一月二十四日晴　得吴绍先一片，言李和卿将起程，约于明日在守田馆为之饯行。又得黄庆午来一片，言"明日上午开湖南分会，议自治章程，甚为要切，君病可能来会否？"余皆拟亲赴之。译

《普国官制》，其《参议院》一节译完。参议院者，不过国王之顾问官而已，与俄国之参事院盖相同也。

十一月二十五日晴　九时至《民报》社，知湖南分会开于启智译社，遂往启智译社，至则已开会，正议自治章程，甲论乙驳，毫不中肯綮，只闻喧嚷之声，后又议各事，更加无秩序之甚，无一通达恢弘者，余见之甚为扼(捥)<腕>，盖其间固不得不推黄庆午矣。十二时，余甚不耐，遂辞去。二时至《民报》社午餐。四时至守田馆饯李和卿行，会者同邑十余人，尽欢而散。夜，大雨起，不得归，遂留宿是处，与诸人谈话最久，余约后日送和卿至横滨焉。

十一月二十六日晴　晨起将归，□□□①自卧中忽厉声诘余曰：“前日之信尚未见耶？余所言可依(从)<从>否耶？”余曰：“关于金钱之信余无不依(从)<从>者，但所谓送金百元至余家之说，余心虽甚愿，余实恐无以对在东之同志之苦困者，尚不甚欲为之而已。君既欲代我为之，亦随之而已。”余见其清晨未起，即如有宿怨，见面辄诟詈者，心甚不怿，且见其似欲以送金百元至余家一事，而讨余之好者，盖彼实误疑人意也。故以余之意告之，乃不意反触其怒，竟骂我“何独自挥霍而不一顾家”云云。余心益恶其伪诬，遂欲直诘其何意，彼复谓余：“一年已用尽七百金，非挥霍而何？”余谓：“余虽用七百金，尚有二百余金之放债在，固不似人之以嫖、赌、吃、着用尽者也。”彼复谓余：“放债何在？”余谓：“君即有将近百元之数也。”彼则益横，谓：“我几时欠君如许之债？将帐来我看！”余谓：“帐固有之，但余今日非索债，亦非欲君之将来如数偿我，何必问帐？抑谓余或有欺君之心耶？则更无其的也。”言至此，余心益厌，觉其似癫非癫，似狡狯非狡狯，余亦不暇辨之，惟急思逃避，以不使见其色、闻其声为好。适吴绍先亦劝解不必多言，余遂急出门而去，往停车场欲急归，至则车已过，遂折回向《民报》社去。沿途思

① □□□指李和生，下同。

索余之不喜□□□，实有如井上圆了所言之心理的病已成为见之则心动而病发之势，其实则□□之为人，诈伪用术，多疑不恕，渺小狭窄，为己责人，诚有使我见之生憎之原因也。思至此，则心益厌烦不快。良久，至《民报》社，早餐讫，犹不能忘今晨之事，乃与章太炎谈话，冀以消遣，谈至午后，始辞而回寓，然偶一思及□□之为人，则此心总如芒刺在背，恼怒并生。入夜，心内更苦，诸事不欲作，乃细思我身生于世间，岂有为一个人而羁绊我心不得自由之理，天下事须以明决刚断为要，我既与此事此物格格不入，且有苦我之处，则我自当绝之于我心，若不能，则绝之于我耳、我目，亦无不可，苟不背于人道大义而可能为之者，直为之而已矣，何犹豫之有乎？我之于□□亦已至于再无可尽情之处矣，今而后将乘我之虚而害及我心理焉（非被乘之，实我因病而不能抵御之，彼则直攻入之而毫不顾虑，故曰乘虚也），而害及我思想焉，而害及我精神焉，且进而害及我体质焉，而害及我身世焉，而害及我一切事业焉，皆不可知之事，我又不能牺牲一己之将被害之各节以将就之，则绝之于我心者，实救诸将被害之各节之根本也。绝之于我心，非先绝之于我耳、我目之方法，质而言之，则我直不见其面，不闻其声而后可耳。今而后吾惟痛悔吾此前之无知识、无观察而已（余因此而乱交人者，亦不止一次矣，盖余实一情易动、心易热、不暇审查而轻易许人之神经质者也，今而后当知戒乎）。思索良久，遂写一信致吴绍先，告以今日之余之行动思想，并言后日余亦不得送其行，请为我转达之，惟关于金钱上之约束，则余仍履行无异云云。盖余前已许□□每年百五十元之借助者也。讫，遂就寝，终夜不能成寐，甚苦人。

十一月二十七日晴　清晨即起，散步良久归，而早餐后甚罢敝沈郁，未几而禹馀三、鲁禹昌来，余心仍不快。馀三言译书之费（即吴绍先所译者，馀三亦同译者也）明日须取得为好。又言李和卿寄语余，将其去岁置在余处洋服一套为之带去云。良久，二人去，余乃译《普国官制》数页。下午四时雨，夜寝犹不能寐。

十一月二十八日晴 八时至《民报》社，清检行笥内，将□□□衣服拟遣人送往，既而思及余今日须为禹馀三送译书金，可交与馀三，请其带去。乃至江天(泽)〈铎〉寓取译书金，江不在，余遂空回。乃复思今日无钱，不能至馀三处，□□□衣服将以何法送达，思及此，便欲自送出，且欲与之晤一面，以诀绝。既而思之，此徒讨烦恼之举，彼既无情已久，惯怒成性，何必与之一晤，使我心病，且亦无必要之事也，余直舍之可矣。人虽有谓我不是者，亦姑听之，余自问无害于良心足矣。余既见人不足与交，绝之唯恐不及，何必畏人言而姑息之也！余前者容忍自抑以将就之者，亦已足矣，余当时认其有神经病(吴绍先如何认其无病，余亦(辨)〈辩〉之)，故如是，今则已知其利用他人谓己有病之说，以行其无礼非理之举动耳，余暂时虽或丁情之 面不免世俗之讥，然爱、恶、喜、怒皆是情，未有遍用之于一者，且余独行吾意志焉可也，遂拟不去。十二时复至《民报》社，适逢黄立君将归国，社中为之饯行，余遂亦入座，孙逸仙、章太炎等皆在座。酒讫，余遂遣人为李和卿送洋服，又恐禹馀三今日送和卿至横滨无盘费，亦送金二元与之，并写一言今日不能送行之信，遣其人持之而去。余与章太炎诸人谈良久，胡展堂言法国近出一小说，甚新奇，乃拟为德国与英战，直败英而入伦敦之实事者。孙逸仙欲汉译之，而不得暇，欲余就孙逸仙口说而译为汉文，章太炎与孙逸仙亦赞其说，余不得已，遂诺之。四时回。

十一月二十九日晴 译《普国官制》。下午出外散步，良久回。

十一月三十日晴 译《普国官制》完。其末为中央行政官，署首内阁有伯里玺天德、副伯里玺天德各一，及以下各官，次外务省，归并德帝国掌之，次度支省，次民政省，次学务省，次司法省，次陆军省，次农务省，次通商营业省，次工务省，各省中皆有尚书、侍郎，以下各官，则或有或无，其编制则皆有条不紊也。九时禹馀三来，余遂偕之至江天(泽)<铎>寓取译费，并交余所译书。下午一时至日比谷公园，游览良久，三时至神田各书肆观书良久，至北上屋，购得《中国官商快览》及《说文提要》各一册，又至富山房定购《日本家庭百科事汇》，此书系日本百科辞典之权舆，搜罗甚富，解说甚详，且有图幅附之，定价十元，预约五元五角，余即以豫约方购定者，明年正月取书云。六时回。

十二月一日晴　宫崎氏向余言，明日第一周年纪念大会，须到会演说，并邀余去，余允之。下午与前田九二四氏谈及暹罗事，前田言，暹罗在留之华人共有五百馀万人，以闽广人为多，广人中尤以海南人为多，但民智甚低，不知爱国心为何物。暹政府对于华人皆课人头税，外国人在暹者皆无之，此唯华人为然者也，同时台湾之华人在彼者亦不课税，现今华人中有唱议归化日本者甚多也云云。余闻之，不胜酸楚也。夜，观《卫生新报》，中有言当运动之理法甚详者。

十二月二日晴　九时，偕宫崎氏往赴《民报》纪念大会(在神田锦辉馆)，至则已开会良久，来者已满，门口立者约有千余人，余等不能入，自其旁一窗内蛇行而入。至会场侧望之，满场已无隙地，欲入场竟不可得，乃复出。徘徊良久，余忽思得一法，遂引宫崎氏自大门排挤而入，余在前大呼："有特延之来宾一人来，请少让勿却客"云云，则诸人皆偏身让出一路，遂得入场，比至演台后，则余之履物已失矣。时则孙逸仙氏正演说社会主义，拍掌声如雷，余不及细听。逸仙复演说将来宪法不宜仅仿三权分立，宜加入试验权、监察权，皆使独立，为五权分立方好云云。逸仙演讫，则章枚叔继之，又其次则来宾日人池亨吉氏、北辉次郎氏、(宣)<萱>野长知氏及宫崎氏，皆以次演说。余为之翻译一次，其余皆田梓琴及山西某君翻译之。讫，复有会员演说者数人，一时拍掌声、呼万岁声甚为烦杂，余几不堪。良久，有一人提议捐助《民报》经费，则皆赞成，一时投钱者、书名于册者不知若干人，良久讫，始散会。散会时发《民报临时增刊》赠书券人一枚，合计发出五千余枚，合其外未及发券及未得入场者计之，盖将近万人矣，亦未有之盛会也，亦足见人心之趋向矣。既散会，余忽遇得(曾)<鲁>文卿，皆以未午膳，故遂偕至成昌楼午餐。文卿言:“今日之会令人愉快，可见中国日有进步，且现今表同情之报，如《云南》杂志、《复报》、《豫报》、《洞庭波》等亦日益多，实为可贺。然回首一年前，学界萧条，寂然无声，无一人唱为此等动作者，自《二十(四)<世>纪之支那》杂志出现后，虽无大结果，然继之以《民报》鼓吹开发，遂有今日之现象，则溯其源亦未始非《二十(四)<世>纪之支那》之影响也，天下事固不必自我收效力耳”云云。余闻之亦深有感，盖《民报》力固大，然未办之前无一人赞成办报者(余于去年邀黄庆午等办报，皆不赞成，孙逸仙到东京，亦向余言，君等办报可邀宫崎氏同办之，亦无办报之意)。《民报》之发生，实由《二十(四)<世>纪之支那》之改名而来者也。回思余初至东京唱办《二十(四)<世>纪之支那》时，所共事者仅田梓琴、李和卿、郭瑶皆、张步青等，赞成者甚寥寥，反对者到处皆是，以陈星台之热心，而亦畏避之，经几次之波折，几多之变换，始克出报，其艰难之境及余当时之苦心孤诣，实不堪感慨系之矣。午<餐>毕，乃复偕之至秀光舍坐良久，五时乃别。余又至古今图书局王薇伯处，坐谈最久，薇伯以《孙逸仙传》及《文信国指南录》一册赠余。八时乃回寓。

十二月三日晴　江天(泽)<铎>遣人送译书金来。十时至邮便局寄《センチュリー字典》第六回月赋金于横滨タイムス社，又寄《大英(万)<百>科全书》第七回月赋金于丸善书店。下午至四谷劝工场，购得卫生衣及帽子各物，并抽福引(籤)，得零星小物而回。夜，孙□□① 来访宫崎氏，余与谈，知其晓催眠术，余遂言欲学之，

① 缺字当指孙竹丹。

□□言暇时当可教余，余遂请托之焉。

十二月四日晴　晨起，晤得池亨吉氏，昨夜来甚迟者也，谈良久，皆前日开会之事。宫崎氏托余将前日会场诸人演说之大义，(抄)<摘>钞其要，以便载入《革命评论【社】》，余诺之。下午至四谷区一牛乳店阅报良久，见有关于间岛问题之记事、抄录之而回。夜，至郗沛生寓，谈良久，余问沐氏后尚有在云南者<否>？沛生言，现今丽江土府即沐氏后也。又谈他事片刻，八时回。

十二月五日晴　下午至龚铼百寓，送交其译书金。三时至芳贺堂交前次购各杂志残金，并属其将书送至《民报》社，又购得《日本史学提要》及《修辞学》各一册。五时至成昌楼食晚餐。六时至《民报》社，芳贺堂送书已至。余坐谈良久，时袁雪菴在座，言及余病，雪菴劝余谓："君尚有一当慎者，谈话似过多，以后宜少谈话为要，伤气用脑皆在此也。"余闻其言，细思之，诚为切要，盖余诚有好多谈之弊，与人谈时，无所顾忌，人之愿闻不愿闻，皆所不问，惟信口滔滔而出，甚至忘时误事，往往后悔，当其际不惟伤气用(恼)<脑>，且或惹人之厌恶妒忌，亦所不免，刻下养病最要，诚宜亟戒者也，此后勉之勉之！九时回。

十二月六日晴　十二时至《民报》社，遇胡经武、陈少芝，皆甫到东京者。午餐后，清检昨日芳贺堂所送来各杂志，至五时始讫。晚餐后与章枚叔谈最久，谈及哲学，枚叔甚主张精神万能之说，以为"万事万物皆本无者，自我心之一念以为有之，始乃有之矣。所谓物质的，亦不过此之一念中以为有此物质，始乃有之耳。"余以"唯我"之理质之，并言此我非肉体之我，即所谓此之一念也云云，枚叔亦以为然。谈至八时，桂伯华来，枚叔介绍之于余，桂君江西九江人，讲佛学有年，甚深造有得者也，复谈片刻，始辞而回。夜就寝不安。

十二月七日晴　为宫崎氏改删《孙逸(生)<仙>传》，未讫。下午，瞿孙娄来，谈良久而去。阅《双金球》，侦探小说也，其译文甚劣。夜，身心均觉不舒，良久乃已。自定一每日动止表，大略与前同，惟上午、下午均只读书一时半而已，其余皆休息运动也。

十二月八日晴　为宫崎氏改《孙逸仙传》。下午至《民报》社，坐良久。五时至陈监督寓问医药费事，彼答以出院后则自行纳付云云，余遂退出，六时至芳贺堂，以各种杂志内所缺册数告之，嘱其补足。七时复至《民报》社晚餐，八时回。夜，雨。

十二月九日晴　写致杨勉卿一信，并嘱其调查靖州曾氏[①]谋革命之事实及其历史，以勉卿距曾氏处甚近也。下午至李星次寓，不遇，坐待良久。四时至巢鸭弘文学院访吴绍先，亦不遇，与杨少迪同至禹馀三寓，亦不遇，其主人出晚餐食之。七时复至弘文学院，坐良久，八时回。

十二月十日晴　改《孙逸仙传》。下午读《武侠舰队》，小说也。余拟每日下午读日本小说数页，以熟习日语，今日即始读之期也。夜，观《火里罪人》数十页，亦侦探小说。

十二月十一日晴　观《火里罪人》。十二时至郗沛生寓，谈良久，下午一时回。田梓琴、匡云观来，言成女学校现开有中国女学生速成师范班，需一汉文教授，特来请余为之尽此义务。余思亦可以借此以研究汉文法，遂允诺之。约定每一礼拜三点钟，下二次礼拜即开课焉。三时云官去，田梓琴邀余至乡间一游，遂拟往八王子去。四时至新宿乘汽车，五时抵八王子下车，至市上游览，市面甚宽展，亦颇繁盛。良久至一牛(岛)<鸟>肉店食晚餐，七时乃起身返，复乘车，九时回寓。是日余不名一钱，所费皆梓琴者也。

十二月十二日晴　阅报载江西萍乡革命党蜂起，已围县城，势甚危云。余思此当系马福益之同类，或前岁随余之楚淦、晏雄亦在，亦未可知也。下午至刘林生寓，询问萍乡事知其详情与否？林生

① 指清雍正间湖南曾静。

亦言，当是前岁旧同志，但亦不知详形也。谈良久，八时始返。途中购得《日本语言学》书数种及《世界小观》、《琐克拉底》等，时忽有大声唱卖"号外"者，购一张观之，则谓湖南醴陵革命党甚猖獗，外国人皆避乱至长沙，日本南清舰队已有二艘驶上汉口云。

十二月十三日晴　阅报谓湖南革命党已围攻浏阳县城，湘潭亦有起者，鄂督(亦)〈已〉派步兵一千、炮兵五百往援云云。噫，中原之风云盖蔚起矣！十时至《民报》社与枚叔、甯仙霞等戏谈良久。下午三时至巢鸭弘文学院吴绍先处，晚餐后回。

十二月十四日晴　改《孙逸仙传》。下午偕宫崎氏及其夫人至《民报》社，坐良久，又至何小柳寓。四时又至孙逸仙寓，与何小柳行象棋良久。时逸仙适自外归，又坐良久，晚餐后始回。

阅报载湖南革命党益盛，在萍乡者为吉安巡防军袁某所攻，避走宜春，然次日复大举向萍乡，江西臬司已至萍乡督战，在醴陵者为湖南军三营分攻，"暴徒"遂向浏阳而去云云。

十二月十五日晴　十时至彭希明寓午餐。下午一时至章行严寓。行严编有《汉文典》一书，余索观之，见其稿尚未成。询知其大约，其分类：一、名词；二、代名词；三、动词；四、形容词；五、接续词；六、副词；七、介词(又分为二：一前置词，一后置词)；八、助词；九、感叹词，多取法于英文法云云。下午四时至守田馆，吴绍先、覃理鸣等皆至，晚餐讫，谈叙甚久，遂留宿焉。

十二月十六日晴　九时至田端脑病院取药，下午一时回。改《孙逸仙传》数页。五时至胡经武寓，不遇，乃至《民报》社，坐谈良久。九时复至胡经武寓，以夜分遂留宿。余询其前所经营之事状及此后之方针如何？彼言多闪灼，若不欲令人闻知也者，余亦不复深询，乃就寝。

阅报载湖南革命军占领醴陵、浏阳一带为根据地，至湖南、江西间，至于广西，皆有同志之士，其军械多新式枪炮，甚为完备，且无打教堂、杀洋人之举，其情状甚非小可。现江西之兵与湖南之兵两面夹攻，正在激战中。湖北之兵亦到，湖北又派二营援长沙，两江亦派二营由轮船援江西，日本舰二只，英、德、美舰各一只，皆上驶往岳州云。

十二月十七日大雨　八时至《民报》社，与章太炎谈良久。黄庆午告余昨日湖南□分会开会选举，余被举为副会长云。余问及湖南暴动事，庆午言已派多人往各省经营之矣。下午三时回。刘林生来，谈良久，林生欲归国起事，或往助湖南之事，约余明日往与黄庆午商焉。

阅报，有言湖南革命军接战毫无屈色者，有言革命军被杀千余人者，不知孰是。又山东曹州、广西浔郁各处亦有起者，且江苏江北一带大起饥馑，饥民载道，清江浦聚集者有五十余万，势亦(匈匈)<汹汹>云。

十二月十八日晴　八时至《民报》社，刘林生亦至，遂偕之至□楼上坐良久。十二时偕至孙逸(生)<仙>寓，晤得黄庆午。林生询问归国之事，庆午不劝其去，谈良久遂罢。余乃别林生至西路会场瞿孙娄处午餐。下二时至宋海南寓。三时至陈榆臣寓，贺连仙亦在，遂在连仙处晚餐。六时回。

报载湖南革命军已占领萍醴铁路。

十二月十九日晴　九时至陈监督寓领学费，此学费内应扣留前豫支医药费七八十元，而监督则仅扣二十元，盖亦有心人云。十时至《民报》社，午餐后至李星次寓，送金十元与之，不遇星次。又至东洋大学，遇曾松乔、胡勋臣等。三时至杨小江、覃理门寓，坐良久。四时至刘式南、袁雪菴寓，询问其接有湘中稿信与否，皆云无之，已电问亦无回电，盖不通电信矣云云(二君皆醴陵人)。六时复至杨小江寓晚餐。七时回。

十二月二十日晴　九时至神田各书店购书，购得《汉文典》等及《精神学讲义》十余部。十二时至会芳楼午膳，二时回。平山周、(宣)<萱>野长知来，宫崎治酒饮之，余亦与座，中并有郗沛生及权藤□□□氏二人。余与郗沛生谈良久，复与权藤氏谈，始知其为汉学者，汉文、诗俱能作，并写二诗与余观之，皆清逸可诵也。良久，诸人皆醉，始散。九时余乃就寝，因饮酒故，终夜不能成寐。

郗沛生言，白夷之人种在昔原与暹缅同，自昔为思伦发王国，其自称曰果山皮 Gosampi，后思氏末时南部乃入于暹缅而仅存今地以属于中国。今猛卯土司思氏，犹思伦发后也。又唐时六诏，原为六酋长之义，以语言学上观之，其人或与白夷人种有关系，亦未可知，盖诏 yow 之一字，白夷亦同谓之诏 yow，译其义，亦酋长或主上主人之意，原无不同也。又白夷人谓王曰贺汗 Hohow，殆即可汗之同源异流者欤？果尔则土(尔)<耳>其人种与白夷人种或亦有最古之关系欤？（余按：白夷人种与暹罗、缅甸人种同为印度支那族，考暹罗之原始人种，实由印度古时婆罗门教僧而来，则白夷亦系由印度而来者可知。土耳其人种之匈奴突厥人，古时亦同发源于印度欤？未可知也。或则因印度之宗教土耳其人与白夷人种均信奉之，而言语上乃受其影响欤？亦未可知也）。

十二月二十一日晴　十时至一书店，购得英文《南洋群岛》及《支那日本事情》、《印度洋南洋事情》各一册。十一时至《民报》社，遇宋海南。海南邀余至其寓，谈良久，告余以欲归国运动，并言自己所拟军队编制之法，余亦赞之。晚餐后始返，至《民报》社坐良久。黄庆午言将有广东之行，以□□□□□□欲余同往襄助，且言不日即起行云云，余姑允之。八时回。

十二月二十二日晴　接周来苏信，约明日下午开会议事。九时至刘林生寓，以前所借《石头记》还之。十时至田梓琴寓，谈良久。午餐后至《革命评论》社，坐片刻。三时至匡云观寓，告以今日未往成女学校上课，不遇云观，写一字留置之。五时至一牛肉店晚餐，六时至一书店，购得《日本外史》及《英米文人传》各一。七时回。

十二月二十三日晴　改《孙逸仙传》。下午三时至启智社，赴周来苏所约之会也。五时至《民报》〈社〉,坐良久,八时回。

十二月二十四日晴　宫崎氏属余为之作《革命评论》文，余即作《姚洪业传》及余前所作诗数首与之。下午改《孙逸仙传》。心中无聊，作感怀诗，成一首。夜，前田九四郎索余为教支那语一时间。

十二月二十五日晴　十一时至田端脑病院购药。下午三时至上野，入世界馆食午餐。四时至一书店，购得《宗忠简文钞》及《和汉年契》、《露语文法详解》各一册，途中遇得湖北同学吴吟斋，约余日内至其寓，余诺之。七时回。

阅报载湖南革命军日益盛，其首领有二：一龚□，一孙□，皆甚通事理，有策略云。

十二月二十六日晴　改《孙逸仙传》。下午至刘林生寓，晤余松云，谈良久。松云言得有可制火药之药水及作炸裂弹之法，欲余为之寻一秘密地试验，余允之。三时至秀光社，坐良久。四时至《民报》社晚餐。六时至陈榆臣寓，不遇。七时至西路会场。八时复至《民报》社，遂宿焉。

阅报，言萍乡、醴陵、浏阳、湘潭已为革命军占领，长沙亦危在旦夕云。

十二月二十七日晴　八时至陈榆臣寓早餐。九时至吴吟斋寓，谈最久，遂留午餐。下午三时至刘林生寓，刘林生约余于今夜至黄庆午处谈话。五时回。夜未赴林生之约，因惫甚也。

十二月二十八日晴　改《孙逸仙传》。下午至《民报》社，晤得张溥泉。溥泉于今秋由爪哇至满洲，此次自满洲归者也，谈及爪哇及满洲事甚悉。是夜遂宿于社。

十二月二十九日晴　十一时自《民报》社回，观《中国人种考》，系诸暨蒋观云所作，搜罗众说颇众，但不免失之支蔓而已。至其主张汉族西来之说中，黄帝系迦勒底帝廓特奈亨台与否之问题，汉族系丢那尼安族与否之问题，神农系塞米底族之吾尔王朝之沙公与否之问题，则犹无确切之解释也。下午五时至日本桥青木嵩山堂，购得《陆剑南诗》、《萤(云)〈雪〉斋丛书》及《人心观察术》各一，又至一食店食夕餐。八时回。

十二月三十日晴　接覃理门信，谓将归国助湖南革命军，问余以有何方法。下午至理门寓，谈良久，余亦无所设法。四时回。改《孙逸仙传》。夜，观《鲁滨孙漂流记》。

十二月三十一日晴　改《孙逸仙传》。下午余松云、赵复臣、仇秉生来，坐良久，松云并携有火药料至，欲试验，以天将夜，恐火大为人觉，遂止。黄庆午来，言日内将往广东去，属余移居至《民报》社近所，余诺之。夜，观《鲁滨孙漂流记》完，觉其冒险性及忍耐性均可为顽懦者之药石云。

第六卷

开国纪元四千六百零五年

（一九〇七年一月一日——四月九日）

一月一日晴　晨起，宫(峙)<崎>氏治酒邀余共饮，余稍饮之，良久，(宣)<萱>野长知氏至，孙竹丹、吴亚男亦至，乃复共饮，余稍醉。十时至《民报》社，坐良久。十一时偕田梓琴、章枚叔至孙逸仙寓，留午餐。下午二时乘人力车至守田馆禹馀三处，坐谈良久。馀三言有人属其译书，书甚多，可分与余译，余诺之。四时至(弢学)<弘文>学院吴绍先、凤琴台处，遂邀之同至守田馆，谈及夜分，遂留宿焉。

一月二日阴，雨，雪　九时自守田馆回，与宫崎氏及(宣)<萱>野长知、郗沛生等饮酒良久，余稍醉，始罢。下三时至木村馆访杨仲达，至则不遇。五时至《民报》社晚餐。七时回。夜，雪愈大。汉文之学单讲组织之法，此犹不过为文中之一部分之文法学而已。由文法归纳而上，则先有单位之文字，文字有义，有形，有声，欲讲明此，则必有文字学。由文法(繽)<演>绎而下，则后有成文之文章。文章有体，有类，有辞，欲讲明此，则必有文章学。合此三者而后汉文学乃完，而后汉文学之范围乃宽，拟日后作汉文学书，即按此范围为之。兹列一表于下：

一月三日雨，雪　观《竹书(记)<纪>年》，中多疑问，遂摘录之以备考究。改《孙逸仙传》。夜，雪止。

一月四日阴　阅报，记湖南革命军被官兵战败云云。又山东曹州、直隶大名亦均有“暴徒”起事，势甚猖獗云云。寄《大英百科全书》及《センチョリー字典》月金于横滨太晤士社。九时至《民报》社，坐良久。黄庆午言，明日往□□去①，将有起义之举，此间庶务干事欲交余代理，并属余可迁至伊处居之云云。余思余现在养病，既不能作他事，庆午此去关系甚重，若不应之，殊为非是，且此职现亦无多事，亦可任也，遂应之。下午四时回。夜八时至孙逸仙寓，庆午亦在。逸仙与余言代理庶务事，余问其一切事务如何？逸仙不多言及。余坐良久，遂辞去，至《民报》社宿焉。

一月五日晴　晨起，往田端脑病院诊察，下午一时回，遂拟今日移居于黄庆午处。午餐讫，清检行李，四时遂辞宫崎氏夫人，五时至庆午寓。其处名曰伊势屋，与《民报》社甚相近。室在楼上，甚广大。余既入，安置行李，良久讫。复至《民报》社，时庆午已清检行李将起行矣，乃以一切要物交余。良久，庆午辞去，余不及送之。夜，至刘林生寓，谈良久。林生言欲结会，欲余为之定一章程，余不承应，乃出一已成之章稿，属余为改之，余不得已，允之。九时回。至《民报》社与前田氏议定，余每日来社中用膳，惟早餐则遣下婢送至余寓而已。十一时回伊势屋。

一月六日晴　九时至《民报》社。下午二时至杨仲达寓，谈最久。四时至徐运奎寓，五时至陈陶溪寓，皆未多坐。六时后至杨仲达<寓>晚餐。八时回。

一月七日晴　九时至《民报》社(是后每日晨、午、晚皆必往，不记也)。十二时至孙逸<仙>寓，闻知刘林生已入□会。下四时至林生寓，谈良久。六时至九段劝工场购物，七时回。

---

① 指黄兴赴越南河内，运动镇南关和十万大山一带会党，策划钦、廉起义。

阅报载有湘赣乱事，谓此次革命党根蒂强固，举动文明，起事后发行纸币，颁布禁令，有新式枪三千余枝、头绳枪四千余枝、大旧式头炮八门，已占有醴陵、萍乡、浏阳三县，人民从之者无数。闻其主张除为满洲奴隶者及富豪外，学界、商界及百姓均不扰害，外人及教堂尤力为保护，故人民虽在不安之中，然犹如常，执业务不恐。官兵往剿者未收效果，兵备处总办俞明颐自出马防守。革命党现已至距省十余里之永安市云云。

一月八日晴　九时至田端脑病院诊察。十二时至曾松乔寓，不遇，至李星次寓，亦不遇，遂至一体育器械店，购得铁哑铃一对。下午二时回。夜，至孙逸仙寓，坐片刻，九时回。章枚叔约余明日同往访权藤氏，余诺之。接禹馀三来片【信】，有译稿约余明日往取之。余思借此亦可以稍获金为春季生活矣。

一月九日晴　九时至宋海南寓及瞿孙娄寓，皆坐片刻而回。十时偕章枚叔往访权藤氏，十一时至其家，坐谈最久。权藤氏出其诗稿，言首倩枚叔与余改之。余谢未遑，枚叔为改数句，遂留午餐。下午三时，复偕至章行严处。行严罹病，在胃肠病院也。五时回。七时至禹馀三寓，取得译稿，为《日本地方渔政法规要览》，每千字增价一元五角。九时回。

一月十日晴　下午一时至孙逸仙寓。时有《国民新闻》记者来访，与逸仙谈良久。余亦与之(辨)<辩>论。谓：“前日贵纸对于支那革命军加以恶评，此甚为两国所不取，何也？支那革命乃国民的革命，贵社而加革命之恶评，即伤感情于支那国民。新闻为一国舆论之代表，贵国新闻如是，是即贵国舆论如是，是即贵国国民对于支那国民伤感情也。两国国民而有恶感，则影响于将来之国交不少也。”彼又谓：“支那土地广大，语言不一，革命虽起，能统一乎？”余曰：“革命之事原非一人的事业，乃国民的事业也。全国国民而有此思想，以起革命，则可成矣，何不能统一之有乎？”彼乃唯唯作辞而去。时陈陶溪亦在坐，遂邀余至其寓一叙。至则陶溪言，有同志数人欲入会，而不欲章明为之，可否另外设法与此数人秘密连结？余言："此无不可，惟君为之。"复谈良久。四时至徐应奎寓，坐良久，谈及梁卓如。应奎言："梁卓如于《民报》上见君文，欲一见君，且向与《民报》(辨)〈辩〉驳之事，亦出于不得已，苟可以调和，则愿不如是也。《民报》动则斥其保皇，实则卓如已改变方针，其保皇会已改为国民宪政会矣，君可与《民报》社相商，以后和平发言，不互相攻击，可乎？"余答以将与《民报》社诸人商之，改日将有复也。复坐谈至留晚餐。八时回。

一月十一日晴　八时至神田一书店，购得《催眠学》书。十时回。与章枚叔言及昨日徐应奎所言之事，枚叔言可以许其调和。余遂至孙逸仙寓，与逸仙及胡展堂言之，则皆不以为然，余遂已。下午三时回。

一月十二日晴　刘林生来，言其弟秉生被捕，倩余往杨皙子寓问信。十时至杨皙子寓，不遇。十二时至覃理鸣寓。下午三时回。

一月十三日阴　八时至社，曾松乔、刘式南来，谈良久，式南去，余留松乔午餐。下午，蒋雨岩、瞿孙娄至，各谈良久而去。夜，李濡生来访余，湖北汉川人也，言因王华仿以知余云云。其言似有谀意，谈一时许去，余阅报，见大坂《每日新闻》有俄国(社)〈杜〉尔斯兑《与支那人书》一篇，大约劝支那人不可学欧洲人之武装及代议政治，当以中国古昔之所谓"道"，即天之律、神之法为基础，而行"道"之政治，营"道"之生活云云。其言亦有至理。张溥泉遂议欲译登《民报》，余亦赞之，而译之者无人，余遂自任之，即将其报持回。

一月十四日阴　译(社)〈杜〉尔斯兑《与支那人书》，译成第一节，大抵痛诋欧洲人之残忍、鄙利、暴戾，而谓支那人有沉静、忍耐之德云云。接杨仲达来片，言刘秉生已被杀。余遂至刘林生寓问之,不遇林生而回。下五时至静冈劝工场购诸文具,六时回。陈汉元来,言《洞庭波》杂志前改为《中央杂志》者,今以此名不善,又改为《汉帜》,属余为之作发刊词一篇,余允之。接汤松来信,言端方密遣侦探数人探革命党事,并属余等戒严。

一月十五日晴　接匡云官来信,告余以成女学校汉文科今日开课。九时,余遂往成女学校。既至,其校长宫田氏与余谈良久,余遂登讲堂。女学生共十余人。余先讲汉文教授之困难,次讲汉文之定义,次讲汉文之分类,次乃讲文字形体,未毕而下堂。学生等言,须编一讲义方可。余思编讲义亦可藉以自为研究,且余素志也,遂许之。下一时回。接陈汉元片,催余作《汉帜》发刊词。余恐不能速作就,遂倩章枚叔代作之。夜,枚叔交稿与余,余乃寄与陈汉元焉。九时至孙逸仙寓,寻回。

一月十六日晴　九时至田端脑病院诊察。十二时回。刘林生来,言刘秉生被捕,仍未释放,并出一禀稿,乃同乡会为之(辨)<辩>冤于湘抚者,倩余改之,余遂与林生共删改,良久乃已。接汤松来信,云有日本人有毛瑟枪数万枝及弹药,称是吾党可购之,又有维新时一人愿教授吾党以炸药术云云。

一月十七日晴　九时至宫崎氏家,坐谈良久,留午餐。下一时回。四时至孙逸仙寓,与章枚叔、胡展堂谈最久,留晚餐。九时回。夜,雨。

一月十八日阴　编《汉文学讲义》第一章《总论》。写致汤松信,言枪弹事可俟后日,惟炸药事可订定之也。下午至上野图书馆观书,观得《汉隶字原》、《古今文字表》、《通志》、《六书略》、《七音略》及《四声五音九弄反纽图》,七时始回。

《四声五音九弄反纽图》者,唐沙门神珙之所作也,其论四声谓:"哀而安者平声,厉而举者上声,清而远者去声,直而促者入声。"其论五音谓:"东方喉声:何、我、刚、鄂、诃、可、康、各。西方舌声：丁、的、定、況、宁、亭、听、历。南方齿声：诗、失、之食、指、示、胜、识。北方唇声：邦、龙、剥、雹、北、墨、朋、邈。中央牙声：更、硬、牙、格、行、幸、亨、客。”又谓“宫音舌居中，商音开口张，角音舌缩却，徵音舌挂齿，羽音撮口取。”其所言与悉昙三十六字母法稍有出入。

一月十九日晴　编《汉文学讲义》第二章《文字学》第一节《形体之起原》。阅报，见有湘赣革命军已归平静之事，不胜惋惜。

一月二十日阴　九时至西路会场。是日开选举会，余被举为判理员。下午二时回。编《汉文学讲义》第二章第二节《形体之构造》。

一月二十一日雨　编《汉文学讲义》第二章第三节《形体之变迁》。夜刘林生来，言胡经武在汉口被捕。余不胜惊，欲设法救之，相与思索良久，不得其法也。八时至孙逸仙寓言之，亦无如何。九时回。

一月二十二日晴　阅报，见南京革命党员三人被捕，孙少（候）<侯>在其内云云。噫，我革命何不幸如此哉！十时至成女学校教汉文。十二时回。下午头甚晕疼，遂睡良久。六时，郑子舆来，言刘秉生已被杀云。余遂至刘林生寓，则林生已涕泗满面，示家信与余观之，凄惨之况，不忍言也。余安慰林生良久，九时回。

阅报，言湖北黄州附近有会党起事，有众三千人，张之洞派兵往剿之。又河南卫辉府因学堂与教堂冲突，会党乘之起事。又陕西华阴县会党因西潼铁路征收款项，相聚暴动云云。

一月二十三日晴　译《日本地方渔政法规要览》，得三（叶）<页>。十二时至瞿孙娄寓，留午餐。下午一时回。匡云官来，言欲以湘鄂二省同乡会名义打一电于张之洞，救胡经武，问余以为何如？余言恐其无效，但亦可以尝试之。云官又言无电费，余遂倩其往孙逸仙处商之，云官遂去。曾松乔来，邀余至上野图书馆阅书，余观吕维祺《音韵日月灯》之《同文铎》及戴东原《音韵考》,六时回。七时至孙逸仙寓。匡云官言曰，商定以留学生总会及湘鄂二省名义打电,电费孙逸仙暂代(去)<出>云。九时回。

一月二十四日晴　下午一时至孙逸仙寓,不遇而回。观《催眠术》,独稽古得悉催眠术之方法甚容易，欲一试之矣。夜，阅报良久,见记载支那革命事甚多,亦有加以好评语者。

一月二十五日晴　郑子余、邓子赞同来。子余言派遣□□归国,已去,尚乏川资，托余为之代筹,余允之，遂至宋海南处。海南已移居。下午二时至孙逸仙寓，三时至刘林生寓，四时至杨仲达寓,皆拟向之筹款者,而皆不得。六时至陈陶溪寓,亦言筹款事,陶溪允之。八时回。

一月二十六日雨　松井柾次来,言欲作一报,请余为之绍介一主笔人。余忆曾松乔前曾托余为寻自食其力之法，遂以松乔绍介之,属其自往商焉。下午,刘林生来,言欲为其弟秉生作传,请余及章行(年)<严>为之，并托余为之往行(年)<严>处言之。余不忍拂其意，遂姑允之。

一月二十七日晴　十时至西路会场,陈陶溪交余贷款二十元。余又向诸君言,胡经武被捕,我西路会应设法救之,不可坐视,诸人皆以为然。议定，筹金打一电报，遂以金二十元交余，属余为之。下一时回。时白楚香来,言湖北同乡会亦为胡经武事集金发电,余遂告以西路会事，以金交与之，属其合发一电焉。三时至宋海南寓,海南约明日送金与余。四时至章行(年)<严>处,告以刘林生请其作刘秉生传事，行(年)<严>不诺作。六时回。

一月二十八日晴　刘林生来。余告以章行(年)<严>不应作传之事。林生复邀余同往行(年)<严>处言之,行(年)<严>仍不应。十二时至成昌楼午餐，林生属余一人作之。余不欲诺而仍以重违其意,遂允之。下一时回。

一月二十九日阴 十时至成(文)<女>学校教汉文。下一时回。有一人来,言湖南革命军中有一人来东,住东京馆,言语不通,甚为穷困云云。余拟明日往访之。邓子赞来,属余以郑子余寄与□□之川资,并前日托余筹得者,皆为之汇寄,遂交余以金而去。

一月三十日雨 十一时至邮局汇寄郑子余所托之款。下一时至东京馆访湖南新来之革命党员一人,不遇,(寻)<询>之主人,则云已往他处去矣,怅然而返。观刘申叔《文学教科书》,见其编法无条理,且不合教授法及误以《马氏文通》状词为形容辞、介词为转接词、连词为前置词等处,甚不洽意。

一月三十一日晴 编《汉文讲义》第二章第二节《音韵》,未完。下午二时至上野图书馆观书,观冈仓由三郎《发音学讲话》、安吉《六书韵徵》。七时至一肆购食晚餐。夜八时回。写一片致徐应奎,告以调和《民报》(辨)<辩>驳《新民<丛>报》不谐。

冈仓由三郎《发音学讲话》言人之话音(又)<有>二:一口音,一鼻音。口音又分为父音、母音。父音又分为清浊音,清浊音又各分为断音、续音。其图如下:

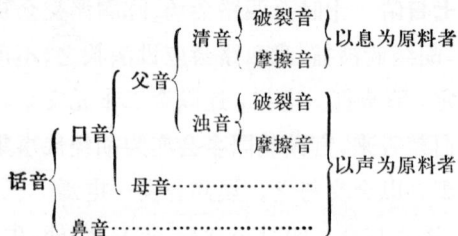

- 话音
  - 口音
    - 父音
      - 清音
        - 破裂音
        - 摩擦音
        - (以上)以息为原料者
      - 浊音
        - 破裂音
        - 摩擦音
    - 母音……………………
  - 鼻音……………………
  - (浊音、母音、鼻音)以声为原料者

又言鼻音有三种,即张麟之《韵镜》所谓三内:一曰唇内鼻音,使声经软口盖(腭之近喉者)之里面,而反之于鼻腔内出之,其音在英文为 m 之收音字,在日本文为ム之收音字,在汉文为浸、覃、盐、咸、寝、感、琰、豏、沁、勘、艳、陷之各韵;二曰舌内鼻音,舌之前端押于齿槽,使令不通,而出声于鼻,其音在英文为 n,在日本文为ヲ,在汉文为真、文、元、寒、删、先、轸、吻、阮、旱、潸、铣、寘、震、问、愿、翰、谏、霰之各韵；三曰喉内鼻音，舌之后截突起，押于软口盖之中央，使气不通，而出声于鼻，其音在英文为 g（按：当作 ng)，在日本文为グ，在汉文为东、冬、江、阳、庚、青、蒸、熏、肿、讲、养、梗、送、宋、绛、漾、敬、径之各韵（又言中国之喉内鼻音在日本之音读汉音为イ，吴音读为刀斤)。又言父音又分为五音：一曰唇音，两唇相合而发者；二曰齿音，舌端与舌之前截抵于齿槽者；三曰舌音，舌之正中与硬口盖相抵者；四曰腭音，舌根与软口盖相抵者；五曰喉音，出气息于声带，摩擦之而作声者云云。

二月一日晴　十一时至孙逸仙寓，下午一时回。刘林生来，坐良久，复同至逸仙寓。四时至陈涛溪寓，不遇而回。接徐应奎来信，言将邀蒋观云同往梁卓如处，劝告其不加恶口于《民报》事云云。

二月二日晴　刘林生来，言明日南路会为刘秉生开追悼会。十一时至孙逸仙<寓>，寻回。下五时至西路会场，晤李星次等，谈良久。七时回。瞿孙娄来，余邀其入《民报》社，孙娄允之。写一信致陈汉元，属其为刘(林)<秉>生、禹吉亭发起开追悼会。观《催眠术讲义》良久，已明其大略矣。

二月三日晴　八时至刘林生寓。九时回。十时至南路会场与追悼刘秉生会，余写輓联一副以哀之。下一时回。三时至西路会场。四时邀吴绍先至，谈良久，告以近日之事。七时至孙逸仙寓。八时回。

二月四日晴　接一信，乃旷若谷自长崎发者，言与黄庆午相约而去，因沪上风潮返东，至长崎金尽，祈速电汇二十五元至云云。下一时余遂至孙逸仙<寓>言其事，逸仙无金，乃向何小柳借得三十元，二时至牛込邮便局电汇之而回。郑子余来，约余后日往伊处一叙。夜写一信至成(文)<女>学校，告以明日不能上课。接上海一人来函，言杨恢、李善良被捕于(杨)<扬>州云。夜，刘式南来，为李善良等发电事告贷于余。余无以应之，甚残念也。

二月五日晴 （宣）<萱>野长知来，请余为之作东亚公司所出《东语自习》序文，余即书而与之。下午一时至陈汉元寓，谈良久。三时至本乡座观剧。夜九时回。

二月六日晴 九时至西路会场，陈榆臣邀余同往参观本乡各小学校，余应之。十时遂同至本乡高等寻常小学校。既入，晤其教员大久保氏，余述来意，大久保氏遂导余等往各教室观之，又往体操场、器械室等处，随观随即说明，余乃通译与榆臣闻之。校中一切设备甚完全，为东京市内第一云。十二时讫，遂辞去，至牛鸟肉店食午餐。下午二时至诚之小学校，观得其高等科各教室，此校较先者甚小，而结构极整齐。三时讫，辞去。四时至文求堂，购得《官话韵镜》及《春秋命历序考》各一。五时别榆臣而回。

二月七日晴 八时至宋海南寓，坐良久。九时至富山房取去岁所购《日本家庭百科事汇》一大册，并购《日本中古文典》一册。十时至三省堂，遇鲁文卿，坐良久。十一时至正则英语学校报名学英文，下一时回。编《汉文学讲义》第二章第三节《音韵》。

二月八日晴 旷若谷来，言昨日自长崎抵东京者，告余以上海情事甚悉。十时至公使馆，以余住(趾)<址>开示之。王克敏(留学生副监督)言改日将送交领费簿，以后每月持簿往银行取金云云。下一时回。夜八时至覃理鸣寓，不遇，至刘式南寓，式南言李善良之夫人张汉英痛夫被捕，将归国救之，而少川资，遂托余为之设法，余应之。九时至早稻田大学，取得文卿寄来信一函并先起龙公《腹笥草》诗一册，十时回。读《腹笥草》良久，其诗皆系古体，饶有六朝风，余拟于后日刻印之。文卿函中言家兄石卿烟瘾日深，且嗜博云云。

二月九日晴 十时旷若谷来，言及昨夜刘式南所言为张汉英筹款事，余言可向孙逸仙商之，若谷遂去。下午二时至逸仙寓，言此事，逸仙允助数十元。七时至陈涛溪寓，坐良久，八时回。

二月十日晴　周来苏、刘林生来，谈良久而去。下午曾松乔来，问余以现有可翻译出版而易于畅(消)<销>之书与否，余无以应之。夜，至孙逸仙寓，闻知黄庆午又将回东，不日可到云。八时回。接宏文学院来一函，拆视之，则南京总督端方与宏文学院生张劲松、石维高，令其侦探革命党者，因误入革命党员之手而转送来者也。余遂拟明日往查之，并拟设法仍送交信于彼二人之手。

二月十一日晴　九时至上野图书馆，因是日为日本神武天皇诞生节，休不开馆，遂返。十一时至熊岳卿寓，谈良久。岳卿告余前日杨皙子等结立一党，表面名曰政俗调查会，实则欲成为一政党者，其宗旨在反对政府及革命党，而主张君主立宪云云。留午餐。下二时至松山堂，购得《韵镜易解大全》一册，乃言汉文音韵声之书，系日本僧盛典所著者也。三时回。刘式南来，取前日所言之款，遂偕之<至>孙逸仙寓，取之而去。四时余回。

二月十二日晴　十时至成女学校，是日为中国之除日，休假。十一时至宫崎滔天家，谈良久。宫崎言孙逸仙近日有偶语秘密于不可信之人之事，属余言之，余诺之，并留午餐。下二时至李星次寓，不遇。三时至西路会场，与吴绍先等谈良久，留晚餐。七时至吴吟斋寓，问以知张劲松、石维高二人否？吟斋言知之，即大塚宏文学院生。余遂以前日之函托其密置于校中常置邮物之处，俟彼二人自取之，彼不知此函曾为人所开视，必喜而如端方所约，吾等则可暗中防制也，吟斋允之，乃以函交之。九时回。

二月十三日晴　编《汉文学讲义》第二章第三节《音韵》。写一信致赵遬，告以石维高事。十时至西路会场。是日为中国之元日，故皆到会也。下一时回。

二月十四日晴　观《戴东原集》，择其言音声之义细玩之。下午至孙逸仙寓，寻回。接成女学校学生贺年片，即复之。

汉文字之音与外国不同，当分为三原素：一音父，一韵(即音母)，一声是也。音母与韵无论声为汉音中发音之特色，中国言之者，古今不一，外国人讲汉学者，则以无比较之故，亦语焉不详，故无从折衷。余则以谓声之作用原与音乐同，故其等级亦与音乐无异，不可仅以四音限之，大别之则为平、仄，细分之则为平、上、去、入，再细分之，则为上平、中平、下平，上上、中上、下上，上去、中去、下去，上入、中入、下入之十二声。诗、赋用二声，乐府、词、曲或用四声，或用五声，或用七声、八声以致十二声。三代以前用二声，六朝以后用四声，隋唐以后用五声。今日闽广之间或用六声，或用八声，或用九声、十声以致十二声，此声之理法之大略也。

二月十五日晴　黄庆午自香港归来，至《民报》社，言广东近日非常戒严，香港亦难居，故不得已归来云。下午一时至孙逸仙寓，谈良久，三时回。编《汉文学讲义》第二章《音韵之起原》。

二月十六日晴　下午至上野图书馆观书，观得狩谷望之《转注说》、明僧真空《篇韵贯珠》、元刘鉴《切韵指南》，七时回。狩谷望之《转注说》谓转注为展转引伸，非互训之义。《说文解字序》中原无"转注者，建类一首，同意相受，考老是也"之文，今刻本中皆为后人所羼入者。观《北魏书》《江式传》载其所著《古今文字表》中所引之《说文序》，于"一曰指事"等之六条下，皆无"指事者，视而可识，察而见意，上下是也"等之十五字。则可知魏以前之《说文序》，并无解释指事、象形、会意、形声、转注(借假)〈假借〉之十五字明矣。自戴震据考老之说，而始解之为互训，不知转注二字，一训车轮转运，无互之义；一训灌注，无训之义(东汉前释古书者曰"解"，曰"说"，曰"传"，曰"故"，曰"章句"，曰"解故"，曰"说义"，无有谓为"注"者，至郑玄始有笺注之名)，转运灌注，即展转引伸之义，谓之互训，谬矣。

二月十七日晴　上午至上野图书馆观书，观得李因笃《古今韵考》、安吉《六书韵徵》、无名氏《四声》等，子卫畏连士《英华分韵撮要》，耶的坎士《上海语文典》。下午回。至西路会场，是日为陈榆臣、李星次等饯行，余迟至，未及与。晚餐后回。

安吉《六书韵徵》谓古韵实以宫、商、角、徵、羽五音分部，其所列韵即以宫、商、角、徵、羽及半宫、半徵七部为纲，会通《说文》谐声法以辨古音，不立东、冬、江、支之名，以鼻、喉、舌、齿、唇之异音者为断，其分列与今韵异者如下：一、宫声，鼻音，圆口读，即东、冬、江韵（江与东同，当圆口读，不可张口与阳同）；二、变宫声，横口读，即覃、盐、咸、蒸、侵韵，覃、盐、咸皆读如蒸、侵，与宫声近，顾亭林氏以蒸别自为部者，非也；三、商声，喉音，张口读，即阳韵，庚韵之庚、羹、横、兄、卿、彭、兵、明、行、抗亦是；四、角声，舌音读，如较、即、萧、肴、豪、屋、沃、觉韵，药韵之乐、勺、雀、爵、弱、小、翟、龠、虐、卓、敫、乔、暴、高、焦，尤韵之大半，锡韵之笛、宋、涤、激、的、铄、吊皆是，顾氏以屋、觉韵入遇韵，非也；五、徵声，启齿读，即支、微、齐、佳、灰、歌、麻、纸、尾、荠、蟹、贿、寘、未、霁、泰、卦、队、质、物、月、曷、黠、屑、职、缉、合、葉、洽韵，陌、锡韵之半亦是；六、变徵音，调舌读，即真、文、元、庚、青、寒、删、先、轸、吻、阮、旱、潸、铣韵及梗、回韵之半，震、问、愿、翰、谏、霰韵及敬、径韵之半皆是，顾氏不知庚、青、古、通、真、先，别立庚、青，非也；<七>、羽声，聚唇读，即鱼、虞、语、麌、御、遇韵及尤、有、宥韵之半，麻、马、祃韵之半，药、陌之少半皆是（羽声变于魏晋之间）云云。

二月十八日阴　编《汉文学讲义》第二章《音韵之分别》。刘林生来，谈良久去。下午，雨、雪。

二月十九日雪　举目成银世界。十时至成女学校教汉文。下一时回。编《汉文学讲义》第二章《音韵之和谐》。

二月二十日晴　至瞿孙娄寓，不遇。至宋海南寓。下午至北上屋，购得《五方元音》一册，又至文求堂，购得《小学考》一册，又至东京堂，购得《发音学》一册。夜至孙逸仙寓，良久回。

二月二十一日晴　刘林生来，催余为其弟秉生作传，余遂与之同拟定题目章法。下午，黄庆午邀余至凤乐园同诸人沽饮，下午三时回。张□□来，言甯仙霞被捕于岳州，欲打电救之而无款。余约其明日来，将为代筹之。

二月二十二日晴　张□□来，取电报款，余乃借《民报》社金三十元与之去。良久，刘林生引一人至，谓系王益吾之侄王宝臣，愿代打电至其伯父处营救甯仙霞。余遂与林生等共拟一电文，请其速发焉。下午，林生又来，言任子城亦被捕，遂与余及黄庆午商定速发一电，(辨)〈辩〉其非革命党。八时余遂〈至〉邮政局发电，九时回。黄庆午言，欲请余为其子一欧教汉文，余允之，约定每日下午三时一欧来余处上课。

二月二十三日晴　编《汉文学讲义》第二章《音韵之和谐》。下午，各省□会长来，议定选举留学生总会会长及东斌学校军事速成班二问题之办法。三时至新小川町近处寻得一人家有贷间，入而观之，房间颇好，余拟移居焉，四时回。寄邮片与李星次、田炳轩、陈榆臣，邀其明日来余处为之饯行。

二月二十四日晴　九时至覃理鸣寓，坐良久，邀之同至《民报》社。陈榆臣、李星次、田炳轩来，余遂邀之至凤乐园治酒共饮之，与坐者覃理鸣、田仲甫，下午二时始散。星次等约余明日为之导观学校，余允之。三时回。末永节、古河来，古河为日本一军曹，入满洲马贼中为其头目多年者也。余与谈良久，言及韩登举及各马贼事甚悉。夜，黄庆午邀末永、古河、张溥泉及余同至凤乐园食晚餐，遂谈商运动马贼事良久，决议古河前去，而吾党一人随之同去，因古河以联络各处而试其活动云云。庆午复向余言，欲余去，余答以且待稍思索再决，九时乃散而回。至孙逸仙寓，逸仙告余明日内田良平接余等至赤坂三河屋开晚餐会云云。十时回。

二月二十五日晴　十一时有一日本海军士官富泽氏来，言欲往见孙逸仙谈话，而苦于语言不通，欲余往通传之，余遂同之至逸仙寓，谈良久而回。十二时至李星次寓，星次及其同学诸人遂同余至□□小学校参观良久，见有一女教习教授甚善，能随事随时开发生徒之悟性。二时去，余遂别星次等而回。三时至孙逸仙寓。四时同逸仙、章枚叔、刘申叔、鲁（夕）〈文〉卿、胡展堂等至赤坂三河屋，时内田偕宫崎、清藤、和田诸氏等已至，坐良久，遂各一席，有艺妓七八人轮流奉酒，又良久，歌舞并作，约三四出讫，诸人不觉皆醉，余亦带醉意矣，夜九时始罢。十时回。

二月二十六日晴　十时至成女学校教汉文，十二时回。下二时清检行李，移居于前日所觅得之人家。既入，乃安置行李，议定每月食科十三元，余即交以十元。其主人姓黑川，其地为新小川町三丁目十四番地也。安置既讫，五时至巢鸭宏文学院吴绍先处，谈良久，留晚餐。夜七时至禹馀三寓，八时至西路会场，闻知陈榆臣明日起程归国。九时回。

二月二十七日晴　写致石卿信，又写致文卿、李和卿、张保元信各一，皆为去岁卖与熊秉三之英文书价金事，余意欲将此金二百八十八元请李和卿全行向张保元收得，交余家中，以济家困，以慰母心，故写信对于保元则请速筹得交出，对于和卿则请为余催收到手，对于文卿则请向和卿收得，转交母亲，勿入石卿手，对于石卿则告以故而已，拟请李星次为余带去。下午三时至西路会场送陈榆臣行，五时至新桥，余未待榆臣登车而回。李星次来，余遂以致文卿诸人信托之，且托其至桃源时为余催张保元及和卿速了此事，星次允之，留晚餐而去。夜，至孙逸仙寓。逸仙告余，言不日将往南洋去云云。余遂言黄庆午已来，□□干事一职，余仍当移交之于庆午，因余不日将往他处也。逸仙言可与庆午商之。十时遂回。

二月二十八日晴　接徐应奎来片，欲余往其寓一叙。下午三时至瞿孙娄寓，不遇而返。四时至宋海南寓，向之索债，不得。五时至东京堂，购得《印度史》、《简易安眠法》各一，又至中国书林，购得《白山黑水录》、《满洲地志》、《女首领》、《泰西历史演义》、《侦探案汇刻》、《狸奴角》、《二十年目睹之怪现（象）〈状〉》各一。六时回。七时至《民报》社与黄庆午言余辞职事，庆午不应。良久，庆午忽言，欲退会，断绝关系，其原因则以□□□以己意制一新国旗，而庆午以为不善，请其改之，逸仙固执不改，并出不逊之言，故庆午怒而退会。时诸人均在，皆劝之。余则细思庆午不快之原因，其远者当另有一种不可推测之恶感情渐积于心，以致借是而发，实则此犹小问题。盖□□素日不能开诚布公、虚心坦怀以待人，作事近于专制跋扈，有令人难堪处故也。今既如是，则两者感情万难调和，且无益耳，遂不劝止之。又思□会自成立以来，会员多疑心疑德，余久厌之，今又如是，则将来之不能有所为，或亦意中事，不如另外早自为计，以免烧炭党人之讥，遂决明日即向逸仙辞职，庆午事亦听之。十时回。夜，大风。

三月一日晴　十时至孙逸仙寓，言辞职事，并以一切文件交之。逸仙初犹不允，余固言之乃已，遂皆交代清楚。十一时回。十二时至刘林生寓，坐良久。下一时至西路会场，二时回。瞿孙娄来，谈最久，有谈及永顺民俗事，孙娄言永顺、龙山、保靖各处人民皆分三种：一苗家，即苗民也；一客家，即汉民也；一土家，则非苗非汉，风俗不同，语言亦异，其语法与日本语法相近，查其先皆谓自唐宋由中原迁入者，盖实则另一种人也云云。孙娄留晚餐后去。八时至《民报》社，知黄庆午事尚未调和，阅报良久而回。

《大国民杂志》中有桂啸谷《间岛游历记》一篇，言简岛之地势甚详，中有谓韩国会宁府城西三哩之地有云头山，即金时之五国，宋徽、钦所迁之处，城(趾)〈址〉犹存，山上有碑，刻“云渊”二字，相传为徽宗手迹云。

三月二日晴　九时至西路会场送李星次行，遇之于道，遂送之至新桥。十时星次登车去，县中诸人皆送至横滨，余独别而返。十二时至末永节寓，不遇。下一时至三省堂，购得《音韵新论》、《地理上发见史》，二时回。

三月三日晴　九时至徐运奎寓，不遇而回。十一时至西路会场，时诸人拟举同乡会职员，欲举余为会长，余辞之，乃已。下一时回。三时至公使馆。四时回。吴绍先来，示余以胡经武自鄂狱中来函，皆托绍先以身后事，盖不日将被杀也，词气悲壮，亦可伤已。余与绍先复谈及余求学事，余言余官费甚不愿得，欲移与覃理鸣及鲁禹昌二人，余则将往他处去云云。绍先则极力劝余勿如是，且劝余一意求学，余皆不听，良久绍先去。公使馆遣人送来领官费通帐一册，以后每月可持帐往兴业银行领取也。

三月四日阴　十时至神田寻兴业银行，不得。十一时至《革命评论》社与宫崎滔天、北辉次郎谈良久。下三时至麹町区常盘桥寻得兴业银行，以时间已过，未取得金而返。乃至末永节寓，亦不遇，四时回。观小说《狸奴角》、《女首领》，皆侦探事也。

三月五日雨，雪　未往成女学校。观《女首领》小说。曾松乔来，谈片刻去。阅报，知江苏饥民有蠢动之势。下午雪止。

三月六日晴　与黄庆午商往满洲事，议定余与古河氏同往，余遂拟预备一切，趁月内登程也。十二时至末永节寓，不遇，遂至兴业银行领得学费。下午二时回。三时至一毛织物店购得羽毛毡子一，又至皮鞄店，购得大鞄一。四时至谭发洋服店，定购洋服一套。五时回。

三月七日晴　九时至《民报》社，遂邀何小柳、前田氏往大森池上观梅。十时同乘电车至末永节寓，邀末永偕去，不遇，遂至品川换车乘之。十二时至大森，复乘人力车。下一时至池上大梅园。

园在一山之阳，周围约半哩，园中植梅无虑数千百株，皆开花正盛。既入园，则曲径通幽，人行梅林中，几莫辨方位，惟见山之半有楼阁，翼然耸崎，为一旅馆，游观良久，遂入馆中休憩，并购中食食之。馆名明保楼，高临山上，眺望甚佳，大森平原，东京海湾，皆宛然在目。食既讫，复入温泉浴，浴讫，又坐良久，乃辞而去，雇车乘之。将返，行未半哩，忽遇黄庆午偕末永节、古河□□于道。问之，亦来观梅者，且邀余等再往一游，余等遂从之，复至大梅园明保楼，择一最高处入坐之，眺望良久，购食夕餐。既醉饱讫，则已天晚，遂皆留宿焉。

三月八日晴　晨起，往园中游览一周，始回楼中早餐，讫，黄庆午与古河斗围棋。余观之良久，大有所解悟，余遂与古河氏斗之，余负数次，既已，乃食午餐。下午入浴一次，四时相与辞去而返。坐汽车至新桥，五时抵《民报》社。六时余遂回。

三月九日晴　宫崎滔天来，邀余及张溥泉、章枚叔、黄庆午等食午餐。十时余至瞿孙娄寓及宋海南寓，坐良久。十一时遂至凤乐园赴宫崎氏约，至则诸人已入席饮酒，讫，已下午二时，乃散而回。四时至覃理鸣寓，坐良久，留晚餐。七时至朱凤梧寓，拟向之筹款，彼允为谋之，又赠余以所办《中国新女界》杂志一册，嘱余为之作文，余姑应之。八时回。

三月十日晴　九时至瞿孙娄寓，请其代余教成女学校汉文，孙娄允之，遂邀之至匡云官寓，言之于匡云官，约定自下周始，孙娄即往上课。云官留午餐，讫，复相与往银世界观梅。下三时始至，入其园，梅花数百株盛开，红白缤纷，香气扑鼻，游步良久，入茶亭休憩，五时乃去。至十二社，入一料理店食夕餐，讫，复斗围棋良久，七时始回。

三月十一日晴　余拟不日将起行赴满洲，而川资尚未得手，乃欲往银行借款。十一时至广部银行，告以借款事，彼约以明日再议。十二时回。下午二时至吴寿田寓，寿田新自湖北逃捕而来者，谈及湖北此次被捕之同志共不下百余人云云。三时至田梓琴寓，与梓琴斗围棋良久，并留晚餐。八时回。

三月十二日晴　下一时至广部银行，彼告余借款须有担保云云，遂不果。二时至日荣社，社为介绍贷金者，余遂托其为余介绍，而以公使馆官费通帐质之，彼约余明日至。三时至田梓琴寓，坐良久，四时回。六时至黄庆午寓，谈良久。庆午言，俄国革命党亦欲在满洲有所运动，须吾人为之经营，不日当往横滨与之商议云云。八时回。

三月十三日晴　九时至日(营)<荣>社，言定借款事，惟利子甚贵，余拟俟数日再定，遂回。是日身体颇不快。夜，至黄庆午寓，坐良久而回。

三月十四日阴，下午雨　至何小柳寓，坐谈良久，又至陈涛溪寓，不遇，于其同居者手购得《宪法讲义》一册而回。接湖南同乡会来信，告余以余被举得为判理员，后因判理长辞职，余当转为判理长，余拟不日即辞之也。观《石头记》卷六十一、二、三，皆家人酒食徵逐游戏之事，其间屡有"叨登"二字，注云："叨登"，言叨得也云云。余见之，因思及《公羊传》有"登来之"一语，何注谓即得来之，齐语谓得来为登来也。作《石头记》者，亦知登为得，其亦齐鲁间人乎？抑不然，而古齐语转入他处者乎？甚为怀疑，拟他日详考之。夜，雨、雪。

三月十五日阴　余思前拟作《中国新纪年》一书，今将远行，当从速作成之，遂翻阅各书良久，下午遂执笔，【从】并改题为《中国纪年论》，及夜，成第一章《纪年之意义》。至实业绍介所，亦一绍介贷诸买卖者，余托以为余借金，并告将以银行通帐为质，彼云明日来余处复信。夜，至《民报》社，闻有美国桑港《大同日报》馆来信，托此间同人为之介绍一主笔人前去，诸人遂有劝余去者，余辞之。七时回。

三月十六日阴　观《石头记》〈卷〉六十四至七十。实业绍介所来信，言借款事须三月内归还云，余拟不借也。下一时至上野图书馆观书，观得宋苏辙《古史》，日本平笃胤三五《本国考》，又赤县太古传成文。七时回。

三月十七日晴　九时至朱凤梧寓，凤梧言借款事尚未妥云，复坐谈良久。下一时至刘式南寓，不遇而回。下二时至湖南同乡会事务所辞判理长职。三时回。刘式南来，谈良久，留之晚餐，并托其为余谋借款事，式南允之而去。黄庆午言，赴满洲可于二十二日前后起行，如何？余答以须俟余款集始可定也。

三月十八日晴　九时至瞿孙娄寓，坐谈良久，留午餐。下二时至宋海南寓。三时回。呼一道具店主至，购得书柜二个，遂清检书籍实其中。夜，读云友公《腹笥草》，卷首有公传，余见其不善，为改作之。因思及《国粹学报》馆曾搜求前明遗籍刊刻，可以公诗草寄至该社请其付印，遂又作跋于后，拟交刘申叔，托其代寄。

三月十九日晴　九时至公使馆，拟预支学费，不得而返。于途中遇白楚香，邀之同至寓午餐。楚香告余谓其县中寄有津贴私费生款二千余元，在其手中，因欲遂取之带往他处作事，问余以为何如？余力赞之，并告以往满洲事，楚香欣然愿从往，余约其明日再商焉。下三时至湖南会所。四时至吴绍先寓，借得金十元，并留晚餐。五时至郑子余寓，托以借款事，子余允之。六时至李宗藩寓，亦托以借款事，宗藩亦允之。八时回。

三月二十日晴　白楚香来，余与商定往满事，议定楚香同余及古河氏去。时黄庆午亦来，与楚香更议良久，遂约十二时至凤乐园与末永、古河等再行细商。十一时余偕楚香至船尾馆照相，讫，十二时至凤乐园，庆午等亦至，遂食午餐，议定于二十三日起程至马关，由马关坐船至朝鲜釜山，再由釜山乘车经京城往义州，渡鸭绿江抵安东县而止。至满洲后之策略，则联络各马贼劫取通化县款项，然后大行进取之策云云。议讫，遂散而回。四时至《民报》社，白楚香言，须于明日即起程方好，遂复议定楚香先去，至马关待余。夜至李宗藩寓，宗藩告余可筹得款百元上下，余复托其多筹。至刘申叔寓，以云友公《腹笥草》交之，请其代写至上海《国粹〈学〉报》馆，申叔允之。十时回。

三月二十一日晴　十时至天赏堂购得表一个，复至一书店，购得兵书数种。十二时回。至刘林生寓午餐。下一时至《民报》社，遇得宫崎民藏。民藏氏告余谓滔天氏今晚招余及黄庆午、章枚叔等至其家晚餐。良久，枚叔等皆去，余因清检行李未去。夜，作《黄庆午传》，潦草成之，即寄交宫崎滔天氏。八时白楚香来，并携行李至，言即起程往马关，遂交余以款三百七十元，约定在马关石田馆待余。十时楚香遂去。

三月二十二日阴　遣人往宫崎滔天家迎滔天及其夫人并民藏氏于十二时来凤乐园饮酒。十时至神乐坂购各衣物。十一时回。十二时邀黄庆午、张溥泉、前田氏同至凤乐园，坐良久，滔天氏夫妇至，遂入坐共饮，皆有醉意，下午三时始散。四时至郑子余寓，不遇。五时至李宗藩寓，亦不遇。六时至覃理鸣寓，亦不遇。七时至刘式南寓，坐良久，八时回。朱凤梧来信，言为余代筹之款约得百五六十元云，余即复片，约以明日往商。

三月二十三日大雨　九时至古川清寓，约以今日下六时起行。十时至朱凤梧寓，告余以借款事。有王魁元君者，直隶人，愿应以百三十元云，遂即招其人至，与余定约，余以官费通帐交之，王君亦交余以金。事既讫，凤梧劝余捐助其所办《中国新女界》杂志经费，余即捐十元。十一时至李宗藩寓，借得款五十元，李君并告余营口有段宝田者，系吾同志，君往满洲后可往访之，余颔之，遂回。致吴绍先信，并寄金十元与之。下二时至九段劝工场购诸物。三时至天赏堂，购得望远镜一个。四时回。写致覃理鸣信，告以将旅行，并寄金十五元与之。五时遂清检行李至《民报》社作辞，起行就道。六时至新桥车场，古川清氏亦至，遂同购二等车券。时宫崎滔天氏及田梓琴、鲁文卿等至车场送余等行，作送别谈良久。六时半余等遂登车，七时车开行，余等所居车室颇宽广，乘客亦少，甚为静适。八时车过大森。九时过静冈。十时过名古屋。

三月二十四日晴　辰起，车已抵大坂，早餐后复行。十时至神户，停车，询知往马关之车下午方有，遂下车至加藤旅馆暂住焉。下午五时复登往马关车，六时开行。车客甚多，混杂不能居，余乃与古川移乘一等室，十二时过广岛，雨。

三月二十五日晴　十时车抵马关，余等下车，复乘船渡门司海峡。十一时至门司市，询知白楚香寓石田旅馆，余遂<与>古川亦往寓焉。既至，晤楚香，议定不经釜山，乘船直往安东县，较为便□。时有咸兴丸明日开往安东县，遂购得一等船券三张，待至明日即起行。夜，与楚香及古川沽酒共饮，饮良久，古川提议呼艺妓来侑酒。又良久，即有艺妓四人至，劝酌既已，继以歌舞，至十一时始散，乃就寝。

三月二十六日晴　下午二时登咸兴丸，四时自门司开行。丸为大坂商船会社之船，能容二千余吨，颇宽广。余等所居一等室，室一客有一波①，以供给一切，甚便利。行良久，出<门>司海峡，入日本海。

三月二十七日晴　海风甚大，舟摇(⿱竹頗)<簸>，余与白楚香皆晕，不能饮食，惟睡眠而已。下午稍已，乃登甲坂散步良久，见舟行群岛中，盖当朝鲜西南之多岛海。遥见西方有一大岛，询之舟人，知为济州岛，朝鲜三大岛之一也。夜，舟甚平静，安寝焉。

三月二十八日晴　风仍大，余晕如旧，下午风息，乃已。五时

---

① 波，即侍役。

舟抵仁川,余等乘小汽船登岸,至日本旅馆松叶屋小住。夜至清荣楼,遂留宿焉。

三月二十九日晴　九时至一中国酒楼早食，食时以仁川情形询诸店中人,知此间有日本人二三万，中国人约六千，而韩人则甚无势力，较中人尤劣。中人有会馆,团结力颇固云云。食讫，遂至市间散步良久,见到处皆日本家屋，几与日本内地无异，韩人则惟有劳动者往来道上,其憔悴之态甚于中国人数倍,余与白楚香皆不胜叹息。十时至松叶馆，坐良久。十二时登舟。下三时舟自仁川启碇。

三月三十日晴　海平如镜,舟行甚适。下二时抵镇南浦下碇。余等登岸游览，是处日人有六千，中人约千馀。良久，遂下宿于朝日馆。晚餐时古川呼艺妓数人至，食讫，复偕至日本戏座观剧,夜十二时始回朝日馆宿焉。

三月三十一日晴　早餐后，余与白楚香至市间游览良久。十时遂皆楚香、古川登舟。下午二时自镇南浦启碇。

四月一日晴　八时抵鸭绿江口下碇，以江水浅不能入也。良久,遂换乘小汽船溯口而上。十二时过龙岩浦。下二时抵安东县,清检行李登岸,有日本旅店名大和馆者来招待,余等遂至其馆下宿焉。馆在日本租界内，其地名曰新市街，日人家屋鳞次栉比，俨然日本内地之风。既至馆,坐良久,发一电致末永节,告以到着,又写一信致黄庆午。四时偕楚香至中国街酒楼食晚餐。五时回寓。

四月二日晴　九时偕楚香至市间游览,市面亦颇繁盛,惟污秽不堪而已。下午一时至义顺居酒馆食午餐。三时回。与古川议定明日遣一人至大孤山李逢春处送信,遂托店主人代为雇人。

四月三日晴　代古川写致李<逢>春信,店主人已代雇得一人，遂遣之去。柴田□□来,古川、末永之友也,谈良久,邀余等至西洋料理店午餐,下午始回。夜,往聚仙茶园观剧,十二时回。

四月四日雨　咸兴丸中波以有名小长谷政治者来，言愿随余等作事，不取俸给，央余等容留之。余不知其为人，以问古川。古川谓彼前在船中时已屡言之，昨日该船船长及事务长亦为之请，谅可无妨，允之亦多一助手也云。余等遂容留之。夜，定议明日楚香偕小长谷往凤凰城一带调查事务。

四月五日晴　写致黄庆午信。白楚香偕小长谷起行，往凤凰城去。十二时偕古川至洋食店午餐，下一时回。古川友三好信太郎来，大孤山之商人也。余等遂拟不日往大孤山一行，与三好氏约焉。夜，至市间购诸物而回。

四月六日晴　九时至一书店，购得满洲地图二张而回。观守田利远《满洲地志》《地理》及《政体》编。下三时至中国街一纸店购笔而回。

四月七日晴　观《满洲地志》《产业》及《交通》编。下午接白楚香来电言："带有中国人二人至凤凰城，须三日后始回，何如？"余即复电，答以"可"字。下五时至一书店，购得和文小说数种而回。

四月八日晴　观《满洲地志》《宗教风》编及《化外区域》编。往大孤山送信之人夫回，携有李逢春之复信，拆视之，谓现因事不得来安，请余等往商云。余与古川遂拟日内即赴之。下五时至义顺居晚餐。七时至聚仙茶园观剧。十二时回。

四月九日晴　观《满洲地志》《满洲与山东人之关系》，已完。下四时至一中国书店，购得《大八义》及《儿女英雄传》。五时至一钟表店，其主人姓张，以余为日本人，邀余入，坐谈良久，五时回。

与李逢春、朱二角、金寿山、王飞卿、杨国栋、孟福亭、蓝黑牙等书曰：

　　某某英雄麾下：闻公等集义辽海之间，以扶弱抑强、抗官济民为志。敝处前有同人曾与公等握手，归来述其事，窃幸同志不孤，欣慰无极。虽然，则有一二为公等告者：

马军之起，几三百年矣。推其集义之始，实在明末。盖以明时盗贼蜂起，政府诛求无厌，民不聊生，于是北方豪杰乃互相团结，人自为守，御盗贼，抵抗贪官污吏，以图身家之安。其本旨固在保全人民，排斥暴政，非若绿林暴客，以劫杀焚掠为事比也。

及清兵入关，代主中国，乃益肆为暴虐，屠戮人民，搜括财产，酷法虐政，横征(荷)<苛>歛，较明季尤甚，于是马军团体，反抗政府日益力，而北方之相率投马军以图安身者日益多。马军与政府，几成不两立之势，相持至于今日，遂有公等之盛，此仆等所为中国庆幸者也。

然历时既久，宗旨渐忘，各部散居，不相统一，欲图大业，势不可成，以故党群虽多，仍与绿林无异。今政府视公等不过寇盗者流，盖其心实有所轻视耳。况公等祖宗受政府之残杀特甚，复仇之心，人所共有，天经地义，所不能外。今以有用之人材，而无合一之团体，不图大举之方，不知进取之策，此亦可为公等痛惜者矣。

或以清廷官军，精练难御，不敢轻于发乱。不知较量武材，官军不及马军远甚，特彼之军队较多，此之团体殊单，寡不敌众，故皆有所忌惮耳。

若统集辽河东西、黑水南北之义军，合为一团，共举大事，岂官军所能敌者。西渡山海关，则永平不守，南出喜峰口，则北京告危，大举以为革命之事，莫便于此！

仆等向在南方经营大业，号招徒党，已不下数十万众，欲扶义兴师久矣，而山川隔绝，去京绝远，欲为割据之事则易，欲制清廷之死命则难，视公等所处之地，形势不及远矣，欲与公等通好，南北交攻，共图大举，特遣派某某等躬诣戎幕，商议机宜，共训练士卒，编制军队，皆所谙晓，有足备公等之顾问者，若不嫌微末，而以提倡大义之事互相联合，则不独仆等之幸，亦中国四万万同胞之幸也。手肃敬请义安不宣。

某顿首。

案：此役也，清吏侦知白楚香在鹹厂，被逮就狱。宋君钝初乃复回东京，益从事于秘密运动，惧证据披露，而《我之历史》停矣。（文骏注）

附录

故纸堆中之滇人泪*

（一九一一年三月二十三日——四月九日）

滇界侦探记（一）

绪　言

英人窥我滇边二十一年于兹矣。光绪十六七年间，英人曾派通华、缅语者四人至潞江金沙江一带，侦察边地情形。当时有腾越举人张姓，痛国权之不振，争之不得，又因边地无兵，阻之不可，遂密嘱其弟侄，一名德馨，一名成瑜，饰为驼夫，尾英人后，日侦察英人之所侦察者，记以缅文。既归，译以华文。成瑜所历尤艰苦，事竟即病，译竟即死。顾当时某督，率循英领之请，穷治反抗英人者，故虽成书，无敢为之刊行者。适姚子梁先生，以勘界在滇，遂搜得之，附以其所著筹边记后。呜乎，张氏之用心良苦，忍使之埋没也哉！用觅得其原稿，按日载报，以见尖高山以西，广漠千余里，实为我之锦腄腴壤。彼英人以十余年之处心积虑，深入稽绘，成为精图，而中国置之不问，既相离咫尺之腾越厅，亦从未有一纸之报告。广土自弃，彼族坐大，卒酿成今日片马之交涉，固谁职其咎耶？张氏之

* 本文原载一九一一年三月二十三——二十八日、四月四——五日、九日《民立报》，署渔父注。

书，名侦探记，其名不确切，兹姑仍之，时雨手录并志。

滇界侦探记（二）

原　叙

予在太西，既定查看滇边缅界之议，尚未奉檄，闻印度政府先已派员遄行，分为两路，一路查看大金沙江上游，一路查看潞江下游以东至九龙江，皆滇之边界也。予因电属滇省所派驻缅坐探之张举人成濂，遴选晓事者，尾随英人，察其所为，以收知彼知己之效。维时张君之弟成瑜及其族人德馨愿任是役，充作驼夫前往，英人信之不疑，遂得悉知其底蕴，每日以缅文记所行事，及所经历之地，因同行者多通华文，故出于慎密也。既归，然后译出，各成行记一卷，详略互有不同，要求不辞险难则一也。成瑜归已病，译甫竟即亡，尤可悲也已。上海姚文栋。

侦探记卷之上

密察英人窥探大金沙江上游一带边地情形（腾越附生张德馨）

英人于光绪十六年十一月初八日辰刻由新街起行，乘小火轮船沿江而上。是日未刻至江边一缅寨，名曰清蒲，约有人烟十馀户。是晚即于此寨外停帆而宿，盘坐四日，查英员四名。

其一名曰："厄了徒"，年约三十余岁，身中材，面白有须，性情刚烈，略通汉言汉字，昔时曾署"猛其温道"之文职，今则奉委阅边，加为"阿也伴"之职，总理行程一盘大事，带领黑面小兵七十余名，为护卫，内有兵头二名，为管领，雇就我中国昔日大理腾越作逆逃生现住葫芦王地界之回人骡马九十四（查此回人实有骡马一百二十匹，许英人只用九十四）。

随从马夫三十名，锅头二名。每牲口一匹，按月给银四十（员）<元>，马夫别无工资，限五个月为期，倘只用三四个月，亦照五个月工资开发，不能少给分毫，先于冬月初四日由新街人马空闲取山路而进，限五日期内至清蒲，听候应用。另雇有木果船四支，朗船四支，亦已由新街载运一切粮饷，在彼待命多日矣。

自十一月初八日在清蒲盘坐至十二日，其三英员乘小火轮船而至，就此同往。

其一名曰“好不得”，年约四十岁，身中材，面白有须，体态厚实，性情平和，能言夷人之语，现受“阿瓦温道”之职，今亦奉委阅边，除图书外，带有小徒一人，乃黑面一流，亦能画，年约二十余岁，从者二十余人。

其一名曰“不来特”，年约二十八九岁，身上材高大，面白有须，情性勇敢，文兼武职，亦奉委阅边，测量道里，盘查一切人烟户口村寨，稍暇采寻奇花异草，从者四五人。

其一姓名未考，乃接替猛其旧阿也伴之新阿也伴也。

十一月十三日，限天明起行，水陆并进。英员“好不得”同猛其新阿也伴带兵二十余名依水道而行，沿江绘画地形，兼督催粮草。英员“厄了徒”同英员“不来特”以及“好不得”之小徒从山路而进，亦绘画山水形势。“不来特”天天后行，逐处测量，详记道里人烟户口村寨，“厄了徒”前行开路。查当时此项牲口不过驼运粮食二十余囊，其被盖行李不多，每驮略重十四五吨。是日午刻，即止宿于郊原，经过缅寨三四处(查每寨约有人烟十余户)。

十四日，仍以天明为起行之规(以后逐日如此)，经过三四缅寨，是日未初，即止宿于小江边。

十五日，起行，至猛其江边，用小船渡过，即宿于江之彼岸。

十六日，起行，过一小河，午刻即止宿于缅寨，名曰户干。现有洋兵五六十名(黑面人也)，在此寨之后驻防。寨前有江一湾，瞥见江之中流来数船，将欲到岸，观之乃即英员“好不得”与孟其新阿也伴督带粮草遵约来聚会也。

十七日，停骖。孟其新阿也伴告别，由孟其江而去。

十八日“厄了徒”令缅船先将粮饷行李渡江，越过彼岸，即宿。

十九日，仍水陆并进，经过缅寨三四处(每村约十余户)，内有野人一二户同处。

滇界侦探记(三)

记者本拟于原书中必要处加以按语，昨日仓卒未及登出，今补录之，此后亦逐条加入。渔父识。

又昨日篇中各处"猛琪"二字，应改为"猛拱"二字，"孟其"二字亦然。又识。

记者案：自英人灭缅，滇边遂多事。光绪十一年，曾惠敏公纪泽使英，与英商订善后条约，英人允中国稍展边界，凡潞江下游南掌掸人各部落，皆听中国收为属地，大金沙江东岸，亦允中国设一商埠，未成约而惠敏回华，事遂中辍，是为滇缅界务之始。其后薛庸菴使英，锐意欲整顿滇缅界务。光绪十七年，以参赞姚子良观察文栋精地理学，遣往查勘。姚氏周历滇缅，察其形势险要，作云南勘界筹边记以复命。其后薛氏与英人折冲数年，至二十年始成约，所谓滇缅境界通商条约也。姚氏原序中所谓"既定查看滇缅边界之议"，盖即指此事。二张氏侦探之举，即在姚氏查勘之前一年也。时英人屡次出兵，攻略猛卯、陇川各土司地，又时时遣员探看各处地形。是年正月，有副使贝得禄，曾率兵四百至麻汤、汉董(皆陇川地)，二月，返至八募。三月，又有英员某率兵二百五十攻后崩野寨(猛卯地)，四月陷之。张氏所随之英人之行，盖是年之第三次也(补入原序后)。

记者案：新街，亦名八募：亦名蛮莫，昔为中国土司。乾隆三十一年，其头目瑞团内附，道光以后没于缅。曾惠敏曾欲向英廷索还其地，其咨总署文谓其地在厄勒瓦谛江(即大金沙江)上游之东，龙川江下游之北，大盈江下游之南，屹然可为重镇，即此地也。清蒲，亦作新博，在八募西北，今亦成北缅重地(补入首条下)。

猛拱(昨误作猛其)又在清蒲西北，孟拱江南，昔时亦为中国土司，道光以后没于缅(第二条下)。阿瓦在缅甸境内，厄勒瓦谛江东岸，抹龙河来会之处，缅甸旧都也(第五条下)。

野人，凡北缅一带皆有之，一名卡青 Calnin，其人种属于藏缅族(十九日条下)。

二十日，起行，过一大河，后穿长林，至一地，名曰三鸦碶，有缅人十余户，野人一二户，间有华商住彼办树乳者。再行一里之遥，有一寨，名曰密己那，有缅人二十余户，内设头目一名，亦有办树乳之华商。寨前有一大江，水势颇深。对岸有一缅寨，汉夷人同处，约有十多户。对岸之上游，约相隔二十里许，有一缅夷寨，名曰蛮南，有缅夷人约共二十余户，其中野人一二户。对岸(上)<之>下游，相约隔二十余里许，有一缅寨，名曰允冒，亦缅夷人住寨，约有二十余户，亦有办树乳之华商寓其间。由允冒再下，约相隔八九里，有寨，名曰戛鸠。由戛鸠再下，约二里许，有寨，名曰打落查。以上四寨，皆顺江边而立，由此数寨后越山而至汉土司地，不过三日之遥也。

二十一日，停骖，盘坐。

滇界侦探记(四)

记者案：三鸦碶，亦作三丫拱。密己那，亦作密芝那。米纪那，俱在迈立开江西。蛮南、允冒、戛鸠、打落查俱在江东。此六地在明时为里麻土司地，本朝为允冒土司地，不知何时没于夷。近日英人延长其铁道至密己那，阔为北方重地，骎骎乎有窥腾越西北之势，今年侵入片马亦由其来也。

二十一日，停骖，盘坐。

二十二日，停骖，盘坐。英员等三人预为选雇缅人中熟悉野夷言语者四五人，以为领路，每人按月给劳资洋银三十(员)<元>。

二十三日，水陆并进，如前所行之程，尽属荒郊。溪深，人马几陷，所经之寨，已无缅人踪迹，考之，乃缅之边限也。是晚，宿于郊中。

记者案：缅甸境界，昔时不及于野人山。光绪十八年，英外部照覆薛星使文，谓缅甸管理江东之地，直至恩买卡河及迈立开江汇流处，是亦明认缅境只至二江汇流处而止也。观此书所言，至密芝那北无缅人踪迹，乃缅之边限云云，益可信矣。

二十四日，宿于大江边，缅人呼其地曰米聪。是晚水道官兵粮食未至。记者案：米聪，在迈立开江与恩买卡河会流处之西岸。

二十五日，停骖候之。至巳刻，有水道兵丁皇然来告曰：此江下流，乱石丛杂，江面露水皮阻塞，船只不能逆上，更加水势紧急，拖拉数次，皆坏绝，徒劳甚矣。于是三英员商议，因"不来特"带有巨绳，领强壮兵丁二十名折回相助，督令壮丁竭力拖船上行。及船到米聪，视之，已多半伤损，粮食染水渍者亦不少矣。余观此江之上约半里许，乃是两叉江，其江有两条而归为一者也。查左边一江，由华界腾越之明光练来源，右边一江，由夷地坎底来源。叉江以上，石露水面，船亦无能再上。英员议以为船既断不可行，只当别图良策。一员曰：此举必游至坎底方可相度机宜，照此看来，非驼运二个月之粮饷不可，拟设新章，以牲口六十匹运粮，每匹驼粮三囊，每囊约二十砘。以三十匹运行李等三捆，每捆亦约重二十砣。闻脚人等怨声咨嗟，大众告辞，不愿前行，英员"厄了徒"不允，脚人暗地啧啧，虽隐有愤恨之心，然亦无奈何。

记者案：两叉江者，其左边一江，即恩买卡河、上流实由野人山来，其所谓由华界腾越之明光练来源，盖指小江支源之滚马河而言，滚马河发源于腾越之明光练土司，北流入小江，小江下流又入恩买卡河，故如是云也。其右边一江，即迈立开江上流，亦由野人山来者。坎底，即野人山地，在野人山东北，亦称为树浆厂，产橡树，可制橡皮，即树乳也，亦称树浆，故名，又产黄果树及金矿，今英人经营野人山，已据为己有矣。又按：野人山有二，腾越西边之野人山，即南牙山，为腾越诸土司地，昔薛星使尝力争者，今已大半隶英，缅甸北边之野人山，即猓夷、猍夷、卡青等，自古不属中缅二国，此书上卷中所称之野人是也。

二十七日，英人强逼驼运而行，中途闻脚夫怨言，仍然骂不绝口。查英人所带之粮，其数不少。是日早晨，先命兵丁将下剩三个月之粮饷等装入船内，命兵丁二十名同船夫解运，顺流仍回密已那地方，草创一行粮台，小心守护，留待二个月后再行搬运。

二十八日，起行，陟彼高山，恍若在云雾之间，未刻即止宿于野人寨。

二十九日，登山越岭，所行之道真鸟道也，倘人身长四尺即当鞠躬而行，又况两旁藤刺交加，所谓"碍帽藤盘屈，拘衣树攫拿"，正合此诗之言也。如此连行三日，端然不异，俱宿于野人寨，且经过大河二道，两岸亦无人烟船只，对岸水势甚大，策马而渡，所运之粮食行李等被水淹其大半，染水渍者十之三四，兵丁马夫皆掠衣卸甲相牵而过，越三日。

十二月初二日，行至一野人寨，山高悬绝，四面险崖，间有出乳之树数柯，见力所砍之痕，从根至枝，尖刀口所隔不过一寸许。是晚即宿此寨，至夜间，忽觉牲口有惊惧之状。

初三日，天未大明，脚人来告英人，昨夜牲口失却二头，英人并不许脚人找寻，即催赶前行。脚人恨之切齿，口出怨言如前，无奈，勉强忍之而已。是日午后，宿于而排下山野人寨之次。

初四日，停骖，脚人折回寻获牲口一匹，其一匹被虎食去。

初五、六、七、日，挨寨雇野人领送。先步一山，其山高险无路，英人命野人寻鸟而往，所上之坡，不啻云梯，所下之坡，不啻井底。雾锁深林，天日莫睹，一连三日，皆是如此。

初八日，行至一野人寨，名曰而排蚌笼捧，约有野人三十余户，是日即于寨内宿。

滇界侦探记(五)

前二十四日,本文十六日条下再补入案语如下:“记者案:户干亦作户工,在迈立开江西岸,孟□□(发源野人山)自西北来汇处之北,孙士毅《绥缅纪事》尝载之,所谓江以西之门户也。”

又,前廿五日案语“Calnin”应作“Kachin”。

又,前廿五日本文末行二十一日条应删去。

记者案:而排蚌笼捧,在迈立开江西卡青山脉中,为野人山一大部落,地望东与丽江府相直,其人种亦属卡青人。盖侦探队由迈立开江恩买卡江汇流处西北行,入野人山深处矣。观下文野人头目之言,可知野人山素为瓯脱地。

初九日,停骖。至晚,有本头号目来,对英员言曰:我自主此山以来,汉、缅兵丁未曾到此,为何尔洋人突如其来也?倘要越过此地,必须先给洋银二千元,鸦片烟四五百吨,始肯用情,不然,万难容。英人当给洋银一百元,鸦片烟一二吡,收受者一人,其他众人不肯受,即言倘若不给所需之数,纵尔英人等过去,我必先往前途邀众阻拦。领路人闻之,急告英人。是晚,此寨野人不知如何号令,转瞬间,见野人四路蜂拥而来,各持军器,略计其数二百余人。是夜闻其刀木之音,英人大惊,卧不安枕,密令兵丁人人持械,通宵防备。

初十日,天明,尚欲前往,命领路人探查。回报前边道路尽被树木拦阻,不能再行,此外亦无可行之路。英人闻之,即刻传令折回原路,别寻他道而行。刚出此寨后二三里,野人枪炮并发,响声震地。英人只管行,不理,官及小兵人人丧胆,各各惊心,无不色变矣,只得照旧路折回,越四日。

十三日,起行。脚人又告英人,言昨夜牲口又失却一头,竟无踪迹。英人亦不许找□□□□不知下落,是日过一横山斜□□□□□地名曰抱空渡渌,间有□□□□乳者,寨内仅有野人三户□□

□□于此寨之外江边。

记者案：抱空渡渌在迈立开江西岸，亦野人山地，盖由而排蚌笼捧折返，又东行至此，将渡江也。

十四、五日，停骖，寻船渡江不可得。

十六日上山，起行。绕出江边，寻渡，亦不可得。

十七日，沿江而下，再寻渡，亦不可得，英人命兵丁伐木为筏。

十八日，命兵丁乘筏至下流寻渡，约行四五十里许，始有渡口，又因水势汹涌，江口宽阔，非用绳索拉扯不能渡过彼岸，奈无惯渡水手，亦无绳索，此时诚束手无策矣。再回寻思，见江中有一大石。

十九日，天初明，即取脚人所用皮绳将大筏拴妥。"好不得"带有树乳造成之小船一支，可容二人，先用此小船渡数人并绳至大石上，竭力拉扯，方将大筏上所载官兵军装粮饷等渡到大石，复用小船渡一人携绳往彼岸，用力拉扯大筏如前，意欲数十人过得去，无如渡至江中，人船顺水而下，仍行折回，一连数次，不能渡过。众皆盘坐于大石上纳闷。午后，突然有野人八名忽至江边。英人命路人唤之，与多金，命其来渡。野人即寻小筏来，至石上，将粮食军器载之而行。野人八名，同"厄了徒"及"不来特"二人亲身并领路人三四名，共十四人，竭力擎渡。十四人不容稍间，连渡数次，至戌刻，尚未告尽。是夜，洋兵、脚人宿于江中大石上者大半。

记者案：此所渡之江，即迈立开江，江东即前此屡次勘界案中所谓迈立开江恩买卡河间瓯脱地也。

二十日天明，"厄了徒"及"不来特"同领路人野人十四人竭力如昨接渡，至午刻方尽，此一举足见英人之不畏难而苟安也。

二十一日，穿越横山而行，至未刻，又至江。此处已有渡船，是晚宿于彼岸。

记者案：此所渡之江，当是恩买卡河。盖渡江而南，以向蛮南也，蛮南已见前。

二十二日，起行，顺江而折。是晚宿荒郊坝。

二十三日，起行，顺江直向大坝而折。巳刻，见坝中一汉夷人寨，约有人烟四五十户，是晚宿于郊原。

二十四日，由坝尾起至一坝，有汉夷人三十余户，耕田而食。是午，折至蛮南，宿于寨之前江边。

二十五、六日，停骖。

二十七日，停骖。重运粮食，另选领路人四名，从蛮南之后东南方再游。是日宿于小沟边。

二十八日，起行，宿于汉夷人寨，名曰龟图，有人烟三十余户，此地属野人管也。

记者案：龟图，亦名古拖，在密已那之东，迈立开江东，腾越西边之野人山西麓。盖由蛮南东行至此，将东探中国边徼也。

二十九日，游一高山，宿于高山野人寨之侧。

滇界侦探记（六）

前二十六日首段案语应增补如下："三鸦○密已那，俱在迈立开江（即厄勒瓦谤江上流）西，蛮南、允冒、戛鸠、打落俱在江东。此六地明时均为孟养土司地，后分江东地为里麻土司，至本朝，江东之蛮南为南甸土司地，允冒、戛鸠为盏达土司地，打落为蛮夷莫土司地，江西仍为孟养土司地。斯时除江西地已没于夷外，江东地尚未尝绝于中国，惟以境界不明晰，仅稍羁縻之而已。光绪二十年划界，尽归英密已那，今为北缅重镇，英人已修有铁道通此，骎骎乎可窥永昌、大理，今年进据片马，即由此地来者。允冒，即明时允墨，本朝乾隆时，传恒征缅尝于此济师者也。"

十七年正月初一日，起行，下山至一坝，约隔寨七八里之遥，耳闻有枪炮之声，英人大恐，有欲折回之意，即时停骖道左。英人命领路人往彼寨查问，当时见汉夷人数名来告无事，请勿多疑，英人再四详询，知其心诚，遂壮胆前进。是晚，宿于田坝，田坝一里外有寨，名曰大地方，有汉夷人三十余户，内有中国盏西土目孟正太之弟在斯同住，其地深属野人所管。

记者案：大地方在龟图东，当时实为腾越厅南甸土司所属盏西土目地，当神护关外，野人山西方，地处群山之间，为一平野，周三百里，其西南有一古城，或以为即明时里麻土司故址，书中谓亦属野人所管，盖当时有野人头目在盏西土目治下也。光绪二十年划界，此一带地悉归英矣。盏西土目，为南甸土司所辖地，本姓闷氏，《永昌府志》所谓南甸世袭知事谢氏居曩宋、闷氏居盏西是也。地在南甸西北槟榔江（亦名盏西江）西岸，此谓孟氏者，盖夷语相传之误，土目今如故。

初二日，停骖。英人遣调野人头目，不会，再调夷人至，问曰："此去有古永一地从何路而去？"予在侧闻之甚为诧异，婉转进辞曰："古永乃我中国腾越厅所属，十八练中之一练也，尔英人纵然游历，不宜妄越内地边界。"英人曰："闻此边有一可路通古永，不过三五日之程。"余又将古永人民刚强说之，英人又唤该地人问之，该地人告曰："此去古永，道路崎岖，人马难行。"英人方罢前进之念。英人又曰："此寨之后，有一路至昔董，直达盏西。"余曰："昔董乃中国地界也，况言盏西，勿行为妙。"盖昔董有中国土司孟正太镇守，有夷兵数千，盏西有中国汎官把守，统领雄兵数百，侥勇非常，一可当英之十，英人闻之，未敢决进。余又私告脚人曰："英人如此胡行，不知利害，妄信缅向导之言，倘有逆难，不得不先作计较，防其未然，我等皆中朝赤子，当尽忠心，设有遇内地守边将兵，我等当乘机夹攻此英人，藉表隐忠，或者可转邀一线之荣。"脚人皆喜曰："翁之意深为合众人意，窃我众马夫自从同英人游历以来，朝夕被他言语相伤，不时呼众曰犬也，鸟兽也，猪也，非人也，受之折辱，恨之切齿，但敢怒而不敢言，只因他小利，受彼无边辱骂，非一二日也，情愿盟誓，同翁行事。"余再命脚人以利害先为阻之，脚人往谏，反被英人羞辱而退。余又思英人若如此胡行，恐有不便，于戌初往告孟正太之弟曰：“尔兄弟世食汉禄，今日尔何将英人迎入境界？”孟正太之弟曰：“小弟不知其情，彼系误为该地向导引进，万望包涵。”余曰：“尔虽迁居异地，宜思尽忠于中国。今英人欲适昔董，君以利害阻之，假威势惊之，则尔大有幸也，不然汉员知觉，恐尔兄弟难保性命。”孟正太之弟言也曾有意欲往阻之，奈言语不通，若得老翁从旁相助方妙。于是余亦同往，孟正太之弟告英人曰：“昔董，前次汉员带领精兵数百，曾言英人越界，则必迎敌，切不可轻进。”英人迭次见告殷勤，始罢前行之念。

记者案：古永，亦作古勇隘，腾越厅属之土把总也，地在厅西北槟榔江上游东岸，土把总今如故。十八练在腾越西北，所以防夷人者，即大塘隘土把总，茨竹隘土把总，古勇隘土把总，明光隘土把总，滇滩关土目，神护关正副抚夷，止那隘抚夷，铜壁关正副抚夷，万仞关正副抚夷，巨石关正副抚夷，坝竹隘抚夷，铁壁关正副抚夷，虎踞关正副抚夷，杉木笼正副抚夷，邦中山正副抚夷，天马关正副抚夷，崩冈寨抚夷，所谓八关九隘是也，再加以马面关抚夷，为十八练。光绪二十三年，割天马关于英，余如故。昔董在盏西土目之西北，神护关北，野人山东麓，当时实为盏西闷氏辖地，光绪二十年亦割归英。

初三日，由大地方起行，上山岭，横山斜下，再游他山，至一野人寨宿。

初四日，宿于山岗。

初五日，宿于野人坝。

初六日，下山，宿于平荒坝。有汉夷人寨，名曰蛮线，约有人烟十余户（此乃由盏西、盏达迁来之夷人，耕田而食者也）。

记者案：蛮线在大地方南，野人山中，原为南甸土司地，光绪二十年亦割于英。

滇界侦探记(七)

初七日,停骖。

初八日,由山路再往他山,而至一野人寨,即宿。

初九日,起行,至山岭,有野人寨,曰朗速,兵丁人马先已过去。"好不得"在后画图,画毕,即乘马遄行。至北寨外,忽然有野匪二人,见其身旁一无兵丁,二无军机器,仅一人一马,当下将"好不得"拉扯下马,口出大言。此时势孤,岂不碍难,有先行之兵一名,遥见,即奔告前途,英兵折回救援,野人见其势大,遂远去矣。

记者按:浪速,亦作浪宋,在蛮线东,野人山中,亦属南甸。或谓《永昌府志》言南甸所属世袭知事谢氏居曩宋,闷氏居盖西,其曩宋即此,今亦归英。

初十日,宿于山凹。

十一日,宿于山凹。

十二日,宿于野人寨之外。

十三日,宿于山颠之间。

十四日,登峰,游一横山,宿于野寨,名曰跑夺,有野人二十多户,汉语者多(由此去昔点只一日之程,昔点乃中国地界,闻得如此)。是日,即宿于寨外二十里间坡中。至晚,有一野人姓李名老四,来告余曰:"我虽野人,原籍汉家,故姓李也。"又云:"我乃密奉汉员之委,来此以探英人虚实动静,尔等汉人切不可同英人前往,否则有害也。"次日,该寨野人头目亦来力阻。英人当初必欲往昔点一游,此时方醒悟。脚人亦同余往阻之,英人乃不敢前进。

记者按:跑夺在浪速东,昔点又在跑夺东,皆野人山地,今亦归英。

十五日,英员三人带小兵二十七名,出跑夺山后游河即返。

十六日,照原路折回,宿于霸,遇大雨。

十七日,陟一山,又遇大雨,即宿于树林。

十八日，由树林起行，至山下霸中，即宿。

十九日，又游山岭，宿于野人寨外。

二十日，折回，下山至霸边汉夷人寨下。“厄了徒”接展缅人跑呈之信，开视后顿然泪如雨下，口不能言。余旁问之，乃伊母亲亡故之音。即日赶程，午后至允冒即宿。

二十一日至二十五日，停骖。重运粮草至允冒。

二十六日，由允冒重运粮草顺霸而下，即宿郊中

二十七日，起行，至于荒霸，木不及供，督令分食，断不能多，即宿于此。

二十八日，再行，连过二溪。是日午后至打落，即宿。人烟二十余户，亦有汉商作贾者二一人

二十九日，至二月初一日，盘坐。

初二日，重运粮草，再游山，是日未刻，宿于打落后之坡下。

初三日，游一大山，过一河，即宿于山凹。

初四日，越山而行，复顺山而下，至一霸，汉夷人约十余户。

初五日，越对霸山尾，直上一山，有领路之野人获鹿一只，献上。午刻，宿于半山岭，忽遇大雨（由此去昔马只一百一二十里）。

记者按：昔马在盏达土司之巨石关外，为腾越往北缅新街之三要道之一，本属盏达土司，道光中没于缅。光绪二十年划界，收回此地。二十三年划界，又失于英。

初六日，因雨盘坐不行。英人曰：“此去定往昔马霸一游。”余闻之，不安，突然有野人二名（乃由昔马来，原籍汉人，久而变为野人也），余即用善言命二野人以利害阻英人，野人欣然往告曰：“前数日，汉闻英兵犯界，已发来昔马霸汉兵六七百名，往必起衅，切不可往，非敢妄言，如不信，请往试之。”是夜，遥遥共闻有枪炮之声，各山响应，英人皆惊恐。

滇界侦探记(八)

初七日,早,英人皇然催促起行,迅速折回,随下山,仍宿原宿之地。

初八日,别游一山,至一田霸,有汉夷人二十多户,即宿。

初九日,直上一尖山,遇有野人寨,约十八九户。越十里许,又至一寨,约有野人三十余户。是午,转下山,宿于坡脚。

初十日,出霸,至霸外,观之,亦宽大,即有缅夷寨,名曰蛮妹,有人烟十五六户。前面有河一道,过后宿于河边。至此有脚人一名,因三日前沾有疟疾,英夷不能调治,病已垂危,命该寨头目照料,三日即亡也。是午,即宿。

记者按:蛮妹,未详,或云当即蛮莫,考蛮莫即昔时蛮莫土司治所,亦名老蛮莫,亦名老八募,在尼勒瓦谛江东,大盈江北,与大盈江南之新街遥对,道光时没于缅,但以当时所经方向与日数推之,不应至蛮莫也。

十一日,起行,由霸头山上,即宿于野人寨之五里外,偶见脚人告英人曰:"此半山之间,一无草,二无水,牲口无食,何以能行?必下坡放马方可,兼可驼运草料。"告毕,脚人牲口一并下坡。此坡与宿地相隔不过二十余里,途中有野匪三四人截抢去牲口三匹,脚人手无军器,何以为情?有一年幼者,大胆空手御之,被野匪举刀砍伤,约去肩皮二三分,不甚重,彼即上山奔告英人,英人即差该寨野官究治,已无纵迹。

十二日,照原路折回,宿于河外缅寨,约有人烟十多户。

十三日,停骖候之。又唤野官追究抢案,至晚,来告云:人虽查出,是否亦未可知。至晚,英人即又差寨外缅人往告野夷头目,若还,可随后速为送交,不还,姑听之可也。

十四日,折回原路,一直下坝,返至打落地方。是日午刻,宿于小沟边。至酉刻,有野人二名,送牲口二头来还,下余一匹,诈言失落，不知去向。

十五日，起行，皆游荒郊，草旺丈余。由此山至山脚约二百馀里，中有大江，顺流，长约七八百里，乃一带硐缪之大坝也，树木森森，惜无耕种。

记者案：硐缪为一平原，在野人山西方，自大地方以西南，西接允冒、戛鸩，迄于南太白江以南皆是，明时为孟养土司地，后以江东地分为里麻长官司，至国朝，南为盏达地，北为南甸地，不知何时没于缅甸。硐缪，亦作列牟，亦作李麻，皆即里麻一声之转也。其地襟江倚山，内通盏西、盏达，当滇缅间出入要道。当时姚子良氏曾议划大金沙江〔即尼勒瓦谛江〕为界，收里麻为内地，后卒不得，竟失于英。

十六日，宿于荒郊。

十七日，宿于河边。

十八日，宿于树林中。

十九日，折至打落，再停骖三日。

二十日至二十二日，停骖。

二十三日，由打落直顺江坝而下，宿于河之对滩。翌日，"好不得"因足染小恙，已于打落乘舟从小道折回新街矣。

二十四日，起行，上一山，游一山，宿于小沟之左。

二十五日，起行。午刻，即止宿于小沟之左。查此小沟之水，深不过四五尺，宽不过五尺，沟之下有一积水池，约深一丈，宽七八尺，因水不流，久之而积为池塘。脚人到此，求鱼为食，入水取之，因知水性，往来不惧。有一脚人，乃夷地之野人，久与汉同，彼不知水性，妄入其间，落水而亡。

二十六日，直往坝外而游，过小河，即宿于缅寨。

二十七日，宿于郊中。

二十八日，宿于打哩坝。

记者按：打哩坝，在厄勒瓦谛口东，南接蛮弄，东倚野人山，地势宽大，原为蛮莫土司地，即所称为野牛坝者，道光中没于缅。此次侦探时，英人尚未治理此地。其后有某氏上陈滇督，请于打哩坝分驻军队，以握沿边形势，卒不照行，遂失于英。

滇界侦探记（九）

二十九日，由打哩坝起，越过中下二路坡脚，后顺河而下，宿于姐阁。

记者案：中下二路者，蛮弄有上下三路，以通干崖土司之蛮允，上路即过打哩坝入铜壁关，而至蛮允者，计二百五里，中路则经石梯而至蛮允者，计百六十五里，下路则经蚌洗而至蛮允者，三路皆越野人山而行，为滇缅商人大道。姐阁在蛮弄东北，野人山西麓，大盈江北岸，今亦属英。

三十日至三月初二日，由姐阁下蛮弄，量道里。是日，“不来特”由此起身下新街矣。

记者案：蛮弄在野人山西麓，大盈江北，原为蛮莫土司地，道光中随蛮莫土司失于缅。缅亡后，英人犹未治理其地，有南云练官马武相驻扎之，以保滇商出入。此次侦探时，中国兵队亦尝往来其间。其后，姚子良氏请移数营扼守之，不果，后竟失于英。其地盖滇西南极重要之门户也。

三月初三日，移粮过江，即宿。

初四日，宴于老蛮弄。

记者案：老蛮弄，未详，以上文过江一语推之，当在大盈江南岸，新街东不远处。考新街东二十余里有旧八英城，昔曾惠敏公尝向英国索允，于其地设关收税而未实行者，或即是处乎，其地今亦属英。

初五日，官兵人马折至新街。查此次脚人随同游历之期，实只有四个月，而仍得五个月之工资，共计洋银一万八千（员）<元>。以

上皆余所身亲阅历者也。（卷上终）

记者案：此次英人所探查者，皆在野人山地方，盖专以探查野人山为目的者。计其进路，自新街起，渡厄勒瓦缔江，沿江北上，经密芝那，入野人山深处，为野人所阻，乃还。东渡迈立开江，折而南，渡恩买卡河，于是回旋于腾越西边野人山诸处，历故里麻、蛮莫二土司地，复归于新街。吾人惜未能得见英人之游记，以一考其风土民俗及其他人种学上之情况也。兹略写粗图，以备读者参考。

前月二十五日三续中案语“亦名蛮莫，昔为中国土司”，应改为“原为蛮莫土司地，蛮莫于”。又同条“道光以后没于缅”句下，应加入“新街”二字。

二十六日四续中案语“又产黄果树”，应改为“又产木材”。又同条“此书上卷中所称之野人是也”，应改为“此书上卷中所称之野人，十二月二十日以前，此属前种，以后属后种”。

二十六日六续案语“光绪二十三年，割天马关于英”，应改为“光绪二十年，割虎踞于英，二十三年，割天马崩冈铁壁于英”。

本月六日七续中，案语朗速条下“亦属南甸”，应改为“巨石关西不远处属盏达土司”。又同条“今亦归英”改为“今如故”。又本文礼六日条后，应加入案语如下：“昔马坝在巨石关内，属盏达土司，今如故”。

七日八续中，案语“蛮妹未详”，应改为“蛮妹，亦作蛮抹，在野人山西麓，巨石关西南，原属盏达土司，即姚子良氏《筹边记》所谓山外之蛮抹也，今亦归英”。又末段案语“打哩坝在厄勒瓦谛江东”，“口”字应改为“江”字。

国民党宣言*

（一九一二年八月十三日）

一国之政治，恒视其运用政治之中心势力以为推移。其中心势力强健而良善，其国之政治必灿然可观；其中心势力脆薄而恶劣，其国之政治必暗然无色。此消长倚伏之数，固不必论其国体之为君主共和，政体之为专制立宪，而无往不如是也。天相中国，帝制殄灭，既改国体为共和，变政体为立宪，然而共和立宪之国，其政治之中心势力，则不可不汇之于政党。

今夫国家之所以成立，盖不外乎国民之合成心力；其统治国家之权力，与夫左右此统治权力之人，亦恒存乎国民合成心力之主宰而纲维之。其在君主专制国，国民合成心力趋重于一阶级，一部分，故左右统治权力者，常为阀族，为官僚；其在共和立宪国，国民合成心力普遍于全部，故左右统治权力者，常为多数之国民，诚以共和立宪国者，法律上国家之主权，在国民全体，事实上统治国家之机关，均由国民之意思构成之。国民为国家之主人翁，固不得不起而负此维持国家之责，间接以维持国民自身之安宁幸福也。惟是国民合成心力之作用，非必能使国民人人皆直接发动之者，同此圆顶方趾之类，其思想知识能力不能一一相等伦者众矣，是故有优秀特出者焉，有寻常一般者焉；而优秀特出者，视寻常一般者恒为少数，虽在共和立宪国，其直接发动其合成心力之作用而实际左右其统治权力者，亦恒在优秀特出之少数国民。在法律上，则由此少数优秀特出者组织为议会与政府，以代表全部之国民；在事实上，则由此少数优秀特出者集合为政党，以领导全部之国民。而法律上之议会与政府，又不过藉法律俾其意思与行为为正式有效之器械，

* 本文录自一九一二年八月十八日《民立报》。

其真能发纵指示，为代议机关或政府之脑海者，则仍为事实上之政党也。是故政党在共和立宪国实可谓为直接发动其合成心力作用之主体，亦可谓为实际左右其统治权力之机关。

夫政党之为物，既非可苟焉以成，故与他种国家之他种中心势力同其趋向，非具有所谓强健而良善之条件者，不足以达其目的。强健而良善之条件者非他，即巩固庞大之结合力，与有系统有条理真确不破之政见是也。苟具有巩固庞大之结合力与有系统有条理真确不破之政见，壁垒既坚，旗帜亦明，自足以运用其国之政治，而贯彻国利民福之蕲向，进而组织政府，则成志同道合之政党内阁（责任内阁制之国，大总统常立于超然地位，故政党不必争大总统，而只在组织内阁），以其所信之政见，举而措之裕如，退而在野，则使他党执政，而己处于监督之地，相摩相荡，而政治乃日有向上之机。是故政党政治虽非政治之极则，而在国民主权之国，则未有不赖之为唯一之常规者。其所以成为政治之中心势力，实国家进化自然之理势，非如他之普遍结社，可以若有若无焉者也。

今中国共和立宪之制肇兴久矣。举国喁喁望治，皆欲求所以建设新国家之术，然为问国中，运用政治之中心势力果何在乎？前识之士，皇然忧时，援引徒众，杂糅庞合，树帜立垒，号曰政党者亦众矣，然为问适于为运用政治之中心势力者谁乎，纵曰庶几将有近似者焉，然又为问能合于共和立宪国之原则，不以类似他种国家之他种中心势力杂乎其间，而无愧为共和立宪国运用政治之中心势力者谁乎？质而言之，中国虽号为共和立宪，而实无有强健而良善之政党焉，为运用政治之中心势力而胜任愉快者。夫共和立宪国之政治，在理未有不以政党为其中心势力，而其共和立宪犹可信者。而今乃不然，则中国虽谓为无共和立宪国之实质焉可也。嗟乎！兴言及此，我国人其尚不知所以自反乎？我国人之有志从事于政党者，其尚不知所以自处之道乎？

曩者吾人痛帝政之专制也，共图摧去之，以有中国同盟会。比及破坏告终，建设之事，不敢放置，爰易其内蕴，进而入于政党之林。时则俊士云起，天下风动，结社集会以谈国家事者比比焉。吾人求治之心，急切莫待，于是不谋而合，投袂并起，又有统一共和党、国民公党、国民共进会、共和实进会之组织。凡此诸党，薪向所及，无非期利国福民，以臻于强健良善之境。然而志愿虽宏，力行匪易，分道扬镳，艰于整肃。数月以来，略有发抒，而不克奏齐之功用，树广大之风声，所谓不适于为运用政治之中心势力者，吾诸党盖亦不免居其一焉（此吾人深自引责，而不能一日安者）。若不图改弦更张之策，为集中统一之谋，则是吾人放弃共和国民之天职，罪莫大焉。且一国政党之兴，只宜二大对峙，不宜小群分立。方今群言淆乱，宇内云扰，吾人尤不敢不有以正之，示天下以范畴。四顾茫茫，此尤不得不以此遗大图艰之业，自相诏勉者耳。爰集众议，而谋佥同，继自今，吾中国同盟会、统一共和党、国民公党、国民共进会、共和实进会相与合并为一，舍其旧而新是谋，以从事于民国建设之事，以靳渐达于为共和立宪国之政治中心势力，且以求符于政党原则，成为大群，藉以引起一国只宜二大对峙之观念，俾其见诸实行。

共和之制，国民为国主体。吾党欲使人不忘斯义也，故颜其名曰"国民党"。党有宗旨，所以定众志。吾党以求完全共和立宪政治为志者也，故标其义曰：巩固共和，实行平民政治。众志既定于内，不可不有所标帜于外，则党纲尚焉，故斟酌损益，义取适时，概列五事，以为揭橥：曰保持政治统一，将以建单一之国，行集权之制，使建设之事纲举而目张也；曰发展地方自治，将以练国民之能力，养共和之基础，补中央之所未逮也；曰励行种族同化，将以发达国内平等文明，收道一同风之效也；曰采用民生政策，将以实行国家社会主义，保育国民生计，以国家权力，使一国经济之发达均衡而迅速也;曰维持国际平和,将以尊重外交之信义,维持均势之现状,以专力于内治也。凡此五者,纲领略备,若夫条目,则当与时因应,不克固定。

嗟乎!时难方殷,前途正远,继自今吾党循序以进,悬的以赴,不务虚高,不涉旁歧,孜孜以吾党之信条为期,其于所谓巩固庞大之结合力,与有系统有条理真确不破之政见,庶几可以计程跻之乎!由是而之焉,则将来运用政治之中心势力,亦庶几可以归于政党之一途,而有以副乎共和立宪国之实质。世之君子,其亦有乐与从事者乎!是尤吾党之人所愿为执鞭者耳。

中华民国元年八月十三日

中国同盟会本部、统一共和党本部、国民公党本部、国民共进会本部、共和实进会本部公布